国家出版基金项目
NATIONAL PUBLICATION FOUNDATION

清代战争全史 ◎ 李治亭 杨东梁 主编

· 第四卷 ·

西南边疆之战

邹建达 著

中山大学出版社

· 广州 ·

版权所有　翻印必究

图书在版编目（CIP）数据

西南边疆之战/邹建达著. —广州：中山大学出版社，2020.12
（清代战争全史/李治亭，杨东梁主编；第四卷）
ISBN 978 - 7 - 306 - 07030 - 2

Ⅰ. ①西⋯　Ⅱ. ①邹⋯　Ⅲ. ①战争史—中国—清代　Ⅳ. ①E294.9

中国版本图书馆 CIP 数据核字（2020）第 215723 号

XI'NAN BIANJIANG ZHI ZHAN

出 版 人：	王天琪
策划编辑：	徐　劲
项目统筹：	李　文　赵丽华
责任编辑：	王延红
封面设计：	刘　犇
责任校对：	姜星宇
责任技编：	何雅涛
出版发行：	中山大学出版社
电　　话：	编辑部 020 - 84111946，84113349，84111997，84110779
	发行部 020 - 84111998，84111981，84111160
地　　址：	广州市新港西路 135 号
邮　　编：	510275　　传　真：020 - 84036565
网　　址：	http：//www.zsup.com.cn　E-mail：zdcbs@ mail.sysu.edu.cn
印 刷 者：	广州市友盛彩印有限公司
规　　格：	787mm × 1092mm　1/16　28.75 印张　440 千字
版次印次：	2020 年 12 月第 1 版　2020 年 12 月第 1 次印刷
定　　价：	85.00 元

如发现本书因印装质量影响阅读，请与出版社发行部联系调换

总　　序

李治亭　杨东梁

2015年春夏之交，中山大学出版社策划了一个选题——清代战争史，并盛情邀请我们主持其事，组织撰写团队。

这实在是机缘巧合，我们都曾研究过清代战争史，发表过相关论著，期待将来能写出一部完整的清代战争史。多少年过去了，终因种种缘故，迟未动笔。现在，中山大学出版社有此创意，我们自然乐于玉成！于是，就设计出一套共九册的"清代战争全史"丛书，并约请了九位研究有素的中青年学者共襄此举。在本丛书的撰写接近完成之际，有必要把我们对有清一代战争的认识及本丛书撰写思路披露于众，以与各册的具体阐述相印证，也许读者会从中获得对清代战争的新认识。

一

提起战争，即使未经历过战争的人们也会懂得：战争就是杀戮、毁灭、灾难……尽管人们厌恶战争，但战争或迟或早总是不断发生。数千年来，在世界各地发生的大小战争不计其数。仅世界性规模的大战就有两次，几乎将全人类都卷入其中。即使今天，战争也仍然在地球上的某个地方进行着。可以说，战争与人类相伴相随，自从产生了私有制，形成不同利益的阶级及集团，战争便"应运"而生。人类的历史证明，战争是人类生活的一部分，在其要爆发的时候一定会爆发，实非依人们的意志为转移。

在中国数千年漫长的历史进程中，充斥着无数的战争记录，二十四史中哪一个朝代没有发生过战争？从传说中的黄帝大战蚩尤开端，到有文字记述的夏、商、周时代，战争从未间断过。史称"春秋战国"时期的四五

西南边疆之战

百年间,实则是"战争年代",从上百个诸侯国,兼并成七国,最后,秦战胜诸国,一统天下。自秦始,王朝的兴替,哪个不是通过战争来完成的(只有个别王朝通过政变或所谓禅让获得政权)!再者,几乎每一代中原王朝都面对北方及其他边疆地区的"夷""狄"政权,彼此冲突不断,战祸惨烈,又远胜过地方割据与农民起义。其历时之久长、战事之激烈、规模之庞大,为世界所仅见。例如:

西周末年,西夷"犬戎"族攻到骊山,杀死了西周最后一位国君周幽王。

匈奴与中原王朝之争,自周秦,历两汉,至魏晋,几近千年,战争不断。

隋朝西北与突厥,东北与高句丽,征战频繁,终至亡国。

唐朝与突厥、高句丽的战争也是烽火连天。

北宋先与契丹族建立的辽王朝争战数十年;以后女真族崛起,建立金王朝,先灭辽,再灭北宋;继而蒙古族崛起,先后灭西夏和金,建立元王朝,再灭南宋,一统天下。

明朝建立后,与北方蒙古族的战争持续了很久,与东北女真族的战争也时断时续。努尔哈赤统一女真各部后,又与明军在辽东地区征战了近30年,直至明亡。同时,明政权与西南土司之间的战争,也旷日持久。

以上所列,主要是中原中央王朝与边疆各民族之间的战争,不过举其大略,具体战役则不胜枚举。

贯穿中国古代史的反封建战争,是农民起义。历朝历代都发生过规模不等的农民起义。其中,陈胜、吴广起义敲响了大秦帝国的丧钟;赤眉、绿林起义导致了新莽政权的覆灭;东汉末年的黄巾起义动摇了东汉王朝的根基;唐末黄巢领导的农民起义,声势浩大,席卷全国;元末的农民大起义,历时近20年激战,终把元朝推翻;明末的农民大起义,持续17年,直至攻占首都北京,宣告明朝灭亡!

这是清朝以前历代农民战争之大略,其战役何止千百次!

还有一类战争,即统治阶级内部各政治、军事集团之间的战争。例如:西汉宗室吴王刘濞发动的"七国之乱";东汉末年的军阀混战,进而演变成"三国鼎立";西晋的"八王之乱"及少数民族进入中原,最后形成南北朝的对立;唐中叶后有藩镇反唐的"安史之乱";明初则有燕王朱棣起兵夺位的"靖难之变";等等。这些战争,都属于统治阶级内部为争夺最高统治权而引发的武装斗争。

以上各类战争中,绝大多数属于中华民族内部各阶级、阶层,各民族,各政治集团之间的战争,并不存在近代意义上的国与国之间的战争。少数例外的是中原王朝对高句丽、安南的战争以及明万历年间援朝抗倭的战争。

清朝以前的历代战争,大略如此。

下面,有必要对清代战争做一全面回顾,以扣本丛书主题。

以明万历十一年(1583)努尔哈赤起兵创业为开端,迄宣统三年(1911)清帝退位,共历328年,战争的历史贯穿了清史的全过程。若与历代战争相比,有清一代展示了各类战争的全貌,其战争次数之多、战争时间持续之久、战争规模之大,可以说,超过了以前任何一个朝代!

第一,清统一全国之战。以努尔哈赤创业为起点,以康熙二十二年(1683)收复台湾为标志,实现了国家统一,其间恰好是100年!在这一个世纪的战争中,历经女真诸部统一之战,明(包括南明政权)清之战,与李自成大顺军、张献忠大西军之战,与台湾的郑氏政权之战,还有清军与部分地区抗清武装之战,等等。在中国历史上,还没有一个王朝经历过如此之久的统一战争!

第二,清朝同西北准噶尔分离势力展开的战争。始自康熙二十九年(1690)征剿噶尔丹,经雍正朝,至乾隆二十四年(1759),历70年。先后同噶尔丹策零、达瓦齐、策旺阿拉布坦、阿睦尔撒纳等为首的分离势力展开不间断的征战;又在南疆回部,平定了大小和卓之乱,始将新疆完全纳入版图。道光时,大和卓博罗尼都之孙张格尔发动叛乱,清军反击,历三年将其平定。同光年间,又有浩罕军官阿古柏入侵,勾结国内分离势力占领天山南北,经左宗棠率兵西征,新疆才得以重归版图。

第三,雍正五年(1727),在西南少数民族地区实行"改土归流",引起部分土司反抗,遂爆发平定土司的大规模征战。至乾隆时,战事再起,此即大、小金川之战。

第四,康熙年间,西藏动乱,清军进藏,驱逐准噶尔叛乱势力;乾隆年间,廓尔喀(今尼泊尔)入侵我国西藏,清军迎击,终将其击溃。

清代农民战争的规模也超过历代水平。先有嘉庆元年(1796)爆发的白莲教大起义,后有道光末年爆发的太平天国起义。白莲教起义使清王朝元气大伤,成了清朝由盛转衰的转折点。太平天国起义则始于广西,挺进两湖,沿长江顺流东下,奠都江宁(今南京),清王朝竭尽全力,耗时14年才将其镇压下去。同时,北方还有捻军起义,角逐于中原地区;在云贵等地,则有回民、苗民起义。在台湾岛,康熙时有朱一贵、乾隆时有林爽文先后两次起义。嘉庆时,天理教在山东、河南起义;更有部分天理教徒闯进北京皇宫,造成古今之"奇变"!

由清圣祖决策撤藩引发了"三藩之变",平西王吴三桂率先反清,其他两个藩王(靖南王耿精忠、平南王尚之信)随即响应。战乱波及八省,持续八年,以吴三桂等失败而告终。清代统治阶级内部为争夺政权引发的战争,仅此一例。

清代还有以前历朝所不曾经历过的战争,即康熙年间的两次雅克萨抗俄之战,以及近代以来反抗西方殖民主义侵略的战争。正如人们所熟知的,诸如第一次、第二次鸦片战争,中法战争,中日甲午战争(包括台湾军民抗击日本侵略之战),八国联军侵华及义和团反帝之战,沙俄侵占东北及东北义军抗俄之战,英军入侵西藏之战,等等。自道光二十年(1840)以来,迄光绪二十六年(1900),西方列强(包括东方后起的日本军国主义)侵华与中国军民的反侵略战争,前后持续了60年。

清代战争史上的收官之战,当属革命党人发动的武昌起义。此战一打响,便敲响了清王朝的丧钟。不久,宣统皇帝退位,清朝就此灭亡!清代的战争史至此谢幕。

以远古黄帝战蚩尤的涿鹿之战为开端,至清代最后一战——辛亥革命,共历4600余年。可见,中国战争史之漫长,在世界战争史上恐怕也是独一无二的!至此,人们不禁会发出疑问:战争何以不断发生?直到当今文明高度发达的时代,世界上战争不但没有停止,规模反而更大,杀伤力更强,破坏程度更深,其原因是什么呢?这就不能不牵涉到战争的本质问题。

19世纪上半叶,普鲁士杰出的军事战略家克劳塞维茨在其不朽的《战争论》中,阐述了关于战争的一个基本思想:"战争无非是政治通过另一种手段的继续。"① 毛泽东进一步发挥了克氏的观点,更明确地说:"政治是不流血的战争,战争是流血的政治。"② 他在《中国革命战争的战

---

① [德]克劳塞维茨:《战争论》(中文版),第25页,陕西人民出版社,2001。
② 《毛泽东选集》第二卷,第447页,人民出版社,1966年横排本。

略问题》中,又具体指明,战争是"用以解决阶级与阶级、民族与民族、国家与国家、政治集团与政治集团之间的矛盾的一种最高的斗争形式"①。总之,战争是关系到国家、民族、阶级、政治集团命运的生死搏斗,是一种特殊的社会活动形态。远离战争,和平发展,一直是人类社会孜孜以求的梦想。但现实的世界却是残酷的。只要世界上还存在着阶级,还存在着国家,战争就不会消灭。因此,我们必须不断地了解它的来龙去脉,研究它的发展规律。

战争的实践也推动人们开展对战争的研究,总结其胜败的经验与教训,并在认识战争的过程中提出种种军事理论主张,用以指导战争,以获取战争的胜利。如同政治、经济、文化诸领域的学术研究一样,军事学、战争论也是一门特殊的学问。春秋战国之交,这门学问被称为"兵家",与儒、墨、法、名及黄老等学说并列为"诸子百家"。孙武、吴起、孙膑、尉缭等都是兵家的代表人物,他们的著作《孙子兵法》《吴子兵法》《孙膑兵法》《尉缭子》,及战国时由齐国大夫合编的《司马法》(即《司马穰苴兵法》),流传百世。其中,以《孙子兵法》最为著名,已成千古不朽之作,它所阐发的军事思想及作战原则与规划,为历朝历代所继承,用作战争攻防的指南。如今,《孙子兵法》早已走出国门,为世界各国兵家所公认,如美国西点军校便将此书列为教学的必读之书。

值得注意的是,自秦汉以后,尽管战争并未减少,也出现了一些军事家、战略家,但军事理论的研究却相对薄弱。宋代曾公亮、丁度等编辑了《武经总要》,朱服等人校订了我国古代第一部军事教科书——《武经七书》(即校订《孙子》《吴子》等七部兵书)。明代戚继光撰《纪效新书》,颇有影响;茅元仪辑《武备志》,汇集兵家之书2000余种,算是略有成效。到了文化繁盛的清代,典籍如林,著述山积,唯独兵书不足;学者之众,文艺千万,"兵家"却寥若晨星!何以至此?历来以"战"为国之"危事",视为凶险,故学者罕有论兵之人;又清代科举制度盛行,文人沉湎于八股,武人少通文墨,故兵家论述稀见。总之,不论什么原因,自秦汉以降,迄清代,有关军事、战争的研究并没有超越前代。

---

① 《毛泽东选集》第一卷,第155页,人民出版社,1966年横排本。

二

中国几千年来历朝历代之兴亡盛衰,战役、战斗无数,内容丰富而厚重,适足以构成一部系统的中国战争通史!其中,清代战争史就是中国战争通史中最精彩的篇章之一。

清朝是我国历史上最后一个封建王朝,它处在从传统社会向近代社会转型的重要历史时期,处在中西文化碰撞、交流,中国逐渐卷入世界历史漩涡的特殊时代,各类社会矛盾错综复杂,不同性质的战争此起彼伏,不但对当时而且对以后的中国社会都产生了深刻影响,留下了许多宝贵的经验教训,这些都是后人要认真研究和总结的。那么,学术界又如何对其展开研究,并取得了哪些成就呢?下面就做一简单的学术回顾。

早在20世纪初,清亡前后,国人耻于列强侵华、中国丧权辱国,刘彦的《鸦片战争史》于1911年出版。其后,又有两部鸦片战争史问世。1929年,王钟麟的《中日战争》,由商务印书馆出版;1930年文公直的《最近三十年中国军事史》,由太平洋书店出版。至40年代,谢声溢的《中国历代战争史》(1942)、黎东方的《中国战史研究》(1944)等也相继出版。

中华人民共和国成立前,有关中国战争史的探讨不过如此,已出版的这几部战争史,尚缺乏深入、全面的研究。专门研究整个清代战争史、中国近百年战争史的著作则付之阙如。正如毛泽东在《改造我们的学习》一文中指出的:中国"近百年的经济史、近百年的政治史、近百年的军事史、近百年的文化史,简直还没有认真动手去研究"[①]。该文写于1941年,距1840年鸦片战争爆发约100年。

这种状况在中华人民共和国成立后稍有改变。但有关战争史的研究,明显偏重于中国近代战争及历代农民战争。例如,1950年至1955年间,先后出版了与《鸦片战争》同名的五本通俗读物,仅有一部可算作学术著作,即姚薇元的《鸦片战争史实考》(新知识出版社1955年版)。1955年至1965年,魏建猷、方诗铭、来新夏、蒋孟引等四位学者,分别撰写出版了关于第二次鸦片战争研究的著作。此外,牟安世的《中法战争》(上

---

① 《毛泽东选集》第三卷,第756页,人民出版社,1966年横排本。

海人民出版社1955年版）也于此时出版。中日甲午战争是当时的一个研究热点：贾逸君的《甲午中日战争》（新知识出版社1955年版）、郑昌淦的《中日甲午战争》（中国青年出版社1957年版）、陈伟芳的《朝鲜问题与甲午战争》（生活·读书·新知三联书店1959年版）、戚其章的《中日甲午威海之战》（山东人民出版社1962年版）等，也于这一时期问世。

农民战争史研究，主要集中在太平天国运动、义和团运动以及各地农民起义几个主题。史学领域堪称"热门"的有关太平天国史的著作就有八部之多。其中，较有影响的成果，当推罗尔纲的《太平天国史稿》（中华书局1957版）、戎笙的《太平天国革命战争》（生活·读书·新知三联书店1962年版）等。史学界还关注清代中叶以后的农民起义，如白莲教、天理教、捻军、苗民以及上海小刀会、山东宋景诗等农民起义，发表的论著颇多。再有就是关于辛亥革命史的研究，成果如陈旭麓的《辛亥革命》（上海人民出版社1955年版）、章开沅的《武昌起义》（中华书局1964年版）、吴玉章的《辛亥革命》（人民出版社1961年版），但这些还算不上纯粹的战争史著作。

概括这一时期的战争史研究，著作者的本意似乎不在军事与战争本身，战争不过是外在形式，着眼点则在于阐发阶级斗争理论。故其研究远未深入。虽然这些著作不失为爱国主义教材，但终归学术含量不足。

十年"文革"动乱，极"左"思潮泛滥，学术凋零，整个历史学研究领域被"影射史学"笼罩，更何谈战争史研究？

改革开放，拨乱反正，迎来了史学研究的春天，战争史研究也呈现出空前盛况。军事科学院率先推出全三册的《中国近代战争史》（军事科学出版社1984—1985年版），这应该是第一部较为完整的中国近代战争史，具有学术开创意义。但这一时期研究成果仍然集中在鸦片战争、太平天国、中日甲午战争、辛亥革命等专题①，属于旧题新作。值得称道的是，

---

① 这些著作是：茅家琦等《太平天国兴亡史》，上海人民出版社，1980；金冲及、胡绳武《辛亥革命史稿》，上海人民出版社，1980；章开沅、林增平《辛亥革命史》，人民出版社，1981；郦纯《太平天国军事史概述》，中华书局，1982；孙克复、关捷《甲午中日海战史》，黑龙江人民出版社，1981；戚其章《甲午战争史》，人民出版社，1990；罗尔纲《太平天国史》，中华书局，1991；茅海建《天朝的崩溃：鸦片战争再研究》，生活·读书·新知三联书店，1995；萧致治《鸦片战争史》，福建人民出版社，1996；等等。

这些著作摒弃了"阶级斗争为纲"的治学理念,实事求是地表达了作者较新的学术见解。另一部较有代表性的著作,当推戴逸、杨东梁、华立的《甲午战争与东亚政治》(中国社会科学出版社1994年版)。该书不但进一步阐释了战争与政治的关系,而且把甲午战争史的研究内容扩展到整个东亚地区。该书为纪念甲午战争一百周年国际学术研讨会的推荐图书,并由日本学者翻译成日文,在日本出版。

从军事学眼光看,这些"战争史"还不是严格意义上的战争史之作,说到底,仍是政治观念的图解。从战争史的角度讲,尚没有明显的突破。

改革开放时期,战争史研究新进展的突出表现之一,是开拓新领域,研究新课题,产生新成果。例如,明、清(后金)战争持续近半个世纪,其战争史内容极为丰富,多少年来,一直无人问津。直至1986年,孙文良与李治亭的《明清战争史略》(辽宁人民出版社1986年版)问世,才弥补了该项学术空白。该书2005年江苏教育出版社再版,2012年中国人民大学出版社重版,可见此书已得到社会认可。

民国以来,清代战争史研究一直局限在鸦片战争、太平天国运动、甲午战争、辛亥革命、义和团运动等几个重大历史事件的范围内,其中鸦片战争史10余部、甲午战争史近10部。学界和读者急需一部清朝军事或战争通史。迟至1994年,杨东梁、张浩的《中国清代军事史》(人民出版社版)问世,才填补了这一重要空缺。尽管军事史与战争史还是有差异的,但该书也勾勒出清代战争的基本状况。稍晚,1998年多卷本《中国军事通史》(军事科学出版社版)出版,其第十六卷为由邱心田、孔德骐撰《清前期军事史》,第十七卷为由梁巨祥、谢建撰《清后期军事史》。同年,杨东雄、杨少波的《大清帝国三百年战争风云录》(中原农民出版社版)问世。

2000年以后,有关清代战争史、军事史的研究成果层出不穷,又形成一个不大不小的高潮。世纪之初,有郭豫明的《捻军史》(上海人民出版社2001年版)、廖宗麟的《中法战争史》(天津古籍出版社2002年版);到2015年,则有十几部鸦片战争史出版,内容大同小异,如欧阳丽的《鸦片战争》、李楠的《鸦片战争》、张建雄的《鸦片战争研究》、刘鸿亮的《中英火炮与鸦片战争》、张建雄与刘鸿亮的《鸦片战争中的中英船炮比较研究》等。中法战争史研究也推出新书,如汪衍振的《中法战争》(中国青年出版社2012年版)。甲午战争史亦有新著面世,如许华的《再见甲午》（人民出版社2014年版）、杨东梁的《甲午较量》（中国青年出版社2015年版）等。

与此同时，有两部中国战争通史出版。一部为《中国历代重大军事战争详解》，全九册，其第八册为《清代战争史》，第九册为《近代战争史》，由吉林文史出版社于2006年出版。另一部是武国卿与慕中岳的《中国战争史》，其中第七卷为"清朝时期"，这部多卷本中国战争通史于2016年由人民出版社出版。

值得注意的是，台湾地区学者也颇关注清代战争史研究。早在1975年，罗云的《细说清代战争》由台北祥云出版社出版。自1956年始，台湾又集中全岛军事专家与史学家合力编纂《中国历代战争史》，历时16年，至1972年书成，1976年由黎明文化事业公司出版。该书出版后，复成立"修订委员会"予以审订，至1979年完成。全书共18册，近500万言。其中，第十五册至第十七册为清朝战争史，最后一册（第十八册）为太平天国战争史。这是一部中国战争全史的鸿篇巨制，实属空前之作。该书"修订委员会"阵容强大：由蒋经国任主任委员，聘请钱穆、王云五、陶希圣、蒋复璁、黄季陆、方豪等学术名家出任委员。其规模之庞大、内容之翔实、文笔之流畅是有目共睹的，但在史观把控、材料搜集、学术规范等方面仍有可斟酌之处。

任何一部史书都难称完美无缺，必然要受到认识水平和客观条件的限制，因此，存在一些缺陷也是不足为怪的。已经面世的战争专史或通史，必将为其后的战争史研究提供借鉴。我们撰写"清代战争全史"时，上面提到的研究成果俱有参考价值。

纵观以往百年特别是改革开放以来清代战争史研究的状况，我们觉得有三点是值得思考的。

其一，研究的着重点不平衡。从各时期战争史出版的状况看，一个明显的现象是：其内容主要集中在鸦片战争、中日甲午战争、中法战争、太平天国运动、义和团运动、辛亥革命等主题，仅鸦片战争史就多达20种，其他的也有四五种或七八种。相反，清兵入关前以及清朝前中期，虽然战事频发，内容丰富，却少有学者问津，研究成果不多。其中原因，一方面是自中华人民共和国成立后，近代史从清史中分离出来，成为一个独立的研究领域，并且成为显学。这固然是政治思想教育的需要，但对完整的清史研究不能不产生一定影响。另一方面，研究经费不足、研究人员缺少也限制了清代战争史研究的进展。改革开放后,清史研究突飞猛进,成果累累,琳琅满目,唯独清代前期战争史研究不显,除有关个案战役的零星论文发表外,并无一部战争史著作问世。直到1986年,始见孙文良、李治亭的《明清战争史略》出版;至今已过去了30余年,该书仍是国内唯一的一部明清战争史。清代战争史研究明显落后,是毋庸置疑的。

其二,忽略了战争本身的特色。在以往战争史研究中,一种倾向是,以政治史观为指导,把战争史写成政治史,而忽略了战争本身的特色。战争史的要求,是写战争,也就是以军事斗争为主要内容,如战争准备、战场环境、战争过程、指挥艺术、后勤保障、武器装备等。当然,国家的政治状况、经济与财力等,是孕育战争的母体和保证战争进行的物资条件,无疑也是不可或缺的重要因素。

其三,没有处理好人与武器的关系。在战争中,武器和人的因素哪一个更重要?这是一个老问题了,但时至今日,仍有一些学者过分强调武器的作用。毛泽东早就指出:"武器是战争的重要因素,但不是决定因素,决定的因素是人不是物。"① 这是对以往战争中人力、物力对比的科学总结。我们从清代战争史中也足以证明这一论断。仅以近代为例,在中法战争中,冯子材率领清军,面对装备精良的法军,仍取得了镇南关大捷;甲午中日战争时,北洋海军的实力与日本相比并不弱,结果却在"避战保船"的错误方针指挥下,全军覆灭。可见,武器不是战争胜败的决定性因素!

我们讲人是决定因素,但绝不否定物的重要作用,"落后就要挨打",这是我们从近代备受列强欺凌的事实中总结出来的深刻教训。在近代,中国与西方的差距是明显的。在生产方式、政治制度、科学技术、人员素质等方面,清朝统治下的中国都远远落后于世界潮流。洋务办了几十年,虽然聊胜于无,却没有取得突破性的进展,所以有人说"仅有空名而无实效"②。恩格斯讲,战争的胜负"取决于人和武器这两种材料,也就是取决于居民的质与量和取决于技术"③。无数事实证明"落后就要挨打"是一条铁律。

---

① 《毛泽东选集》第二卷,第437页,人民出版社,1966。
② 〔清〕王韬:《弢园文录外编》卷三。
③ 《马克思恩格斯选集》第三卷,第210页,人民出版社,1972。

三

任何学术研究，都应坚持继承与创新相结合的原则。对前人或当代学者的研究成果及科学结论，毫无疑问应予以借鉴与吸收。但学术研究的脚步是不能停滞的，更重要的是要在前人的基础上大胆创新！所谓学术创新，就是突破传统观点，放弃已不适用的成说、规则，提出新说新解，补充前人之缺失。一句话，发前人所未发、论今人所未论，纠正其谬误，开拓学术发展之路。我们这个学术团队正是遵循这一原则：在继承以往研究成果的基础上，坚持学术创新，力图写出一部富有个性特点的清代战争史。那么，本丛书有哪些特点呢？

特点之一，在于"全"，它系统地展示了有清一代战争的全过程。本丛书以努尔哈赤于明万历十一年（1583）起兵复仇为开端，终结于最后一战——辛亥革命战争（1911），历时328年。在这漫长的历史过程中，凡发生的较重要战争，均无遗漏。一般战争史著作，对具体战役的描述失之于简，本丛书则要求对每场战役战斗尽量展示其全过程，全景式地再现战争的历史场面。

特点之二，是规模大。本丛书共九册，330万字。综观已经问世的中国战争史，尚未有一部断代战争史达此规模。

特点之三，是体例上的创新。体例是对全书框架的整体设计，如同盖一座楼，设计方案好坏，直接关系到建筑物的质量、使用价值及美观程度。传统的战争史体例模式或以时间为序，从首战直写至战事结束；或按战争性质分类，将同类战争分成若干板块，组合在一起。我们则在认真研究清代战争全过程的基础上，分析与归纳其战争特点，试图打破传统的体例模式，重新设计全书的架构，从九个方面（分为九册）来构建有清一代的战争史系列。

清朝创业伊始，即以战争为开端，先战女真诸部，后战明帝国、大顺军，由辽东入关，定鼎北京；复战大顺、大西农民军，由山陕而四川；伐南明，平定江南；最后战郑氏，收台湾。至此，统一大业告成，历时一百年。故首册名曰《清代统一战争》。

国家统一不久，整个西北地区又燃战火，历经康、雍、乾三朝，血战70年，终于统一蒙古，平定西藏、青海的叛乱，此战横跨两个世纪。故名曰《西部世纪之战》。

西北分离、分裂势力再燃战火。道光年间，叛乱头目张格尔在浩罕汗国支持下，骚扰南疆，清廷出兵平叛，终于活捉张格尔，献俘京师；以后，浩罕军官阿古柏入侵，直至新疆大部分地区沦陷。左宗棠临危受命，力挽狂澜，终将新疆收复。故称《保卫新疆之战》。

当时西南地区实行土司制度，实际处于半独立状态，清朝推行大规模"改土归流"，遭到反叛土司的抗拒，战争由此而起。同时，西南邻国缅甸、越南因多种原因与清王朝发生冲突，导致清缅、清越战争。故名为《西南边疆之战》。

台湾岛孤悬海中，战略地位重要，对内、对外战争频繁，故自成一个系列。前有收复台湾之战，后有朱一贵、林爽文起义及甲申、甲午两次保卫台湾之战。故名《清代台湾战争》。

自1840年开始，西方列强不断发动侵华战争，其间有两次鸦片战争、中法战争、甲午中日战争、英军侵藏战争、八国联军侵华战争等，为清代战争史的重要组成部分。故名曰《近代反侵略战争》。

东北地区有其特殊性，即沙俄不断蚕食、侵吞东北领土，前有雅克萨之反击战，后有日本入侵东北，直至沙俄占领东北全境。故以《保卫东北边疆之战》为一册，叙述其全过程。

清代农民武装反清斗争频发，以清代中叶以后为盛，如川楚陕白莲教起义、太平天国运动、捻军起义等大规模农民战争，还有少数民族（以农民为主体）反清战争等，足以构成一个战争史系列。故集中编为一册，定名为《农民反清战争》。

清代最后一次大规模战争，毫无疑问，就是辛亥革命战争，此战结束后不久，大清王朝寿终正寝。故《辛亥革命战争》即为本丛书的殿后之作。

以上九个部分组成有清一代的战争全史。

我们认为，这九个部分或称九种类型的战争，基本反映了清代战争史的全貌，充分体现了其战争的特点。纵的方面，以时间为线索贯穿了清王朝的兴、盛、衰、亡；横的方面，以空间为线索，突出了发生在不同地区的战争特色。有些战争未囊括在"纵横"之中，就按战争性质分类，如农民反封建、各民族反侵略、辛亥革命反帝制等，各有特点，自成一种类型。

如此布局，是根据清代战争的不同特点做出的，反映了清代战争的真实面貌。仅以保卫新疆之战为例,从清初到清末,新疆地区战事频发,其中既有追求统一的战争,也有平定叛乱的战争,更有驱逐外来入侵势力、捍卫国家主权和领土完整的战争,在同一个地区却体现了战争的多样性、复杂性。这有利于读者更加全面地认识清代战争。

特点之四,在于观察视角上的全面性,即不就战争论战争。研究战争史、编写战争史,最忌讳孤立地看待战争,只关注战争本身,却忽略与战争有关联的其他方面,这就是单纯军事观点,把本来复杂的战争历程简单化了。

我们认为,考察每次战争,必须将战争置于时代大背景下,考察作战双方的经济状况、军资储备、精神要素(包括国家领导人的决策能力、军队统帅的指挥才能、民族的精神面貌、人民对战争的态度、参战人员的素质等)。这些都是关系战争胜负不可缺少的因素。"战争的胜负,主要地决定于作战双方的军事、政治、经济、自然诸条件,这是没有问题的。然而不仅仅如此,还决定于作战双方主观指导的能力。"① 我们需要"大局观",或称"全局观",也就是要全方位地关注与战争直接或间接相关的方方面面。以上认识是我们研究、撰写"清代战争全史"丛书的指导思想,我们将努力在实践中贯彻之。

那么,怎样才能写好战争史呢?这是我们一直关注并在不断深化认识的问题。坦率地说,对于军事或战争,本丛书的主编和全体作者基本上是"门外汉"(因为我们没有战争的经历和经验)。为克服自身的弱点,力求避免以往战争史研究中的某些缺失,我们提出,要正确处理好九个方面的关系:

其一,战争的必然性与偶然性。从理论上说,任何事情的发生都有其必然性,而必然性往往通过偶然性表现出来。历史上的重大战争的发生各有其必然性,至于哪一天爆发,却是出于某种偶然。本丛书要求,对每场战争之发生,首先要从社会诸矛盾中,以及交战双方矛盾逐渐激化的过程中,寻找战争的必然性;从战争发生的直接原因,或称导火线来确认其偶然性。只有按此思路去研究战前的种种矛盾,才能说清楚战争的由来。

---

① 《毛泽东选集》第一卷,第166页,人民出版社,1966年横排本。

其二，战略与战术。战略是指导战争全局的计划和策略，战术则是进行战斗的原则和方法。前者是全局，后者是局部，两者密不可分。战略目标是通过各个具体的战役、战斗来实现的，如果战役、战斗都失败了，战略目标也就化为乌有！本丛书要求，既要突出战争的战略指导，又要具体阐明指挥者的战术原则，两者不可偏废。

其三，在叙述战争过程时，交战双方都应兼顾，不以其为正义方或非正义方而决定详略。也就是说，要写清楚作战双方的战略、战术，如一方写得过多过细，另一方写得少而笼统，势必出现一方独战而无交战了。

其四，战役的共性与个性。凡是战争，不论大小，必然是交战双方的互动。每次战役作战的双方都有筹划、准备，调兵遣将，这就是战役的共性。所谓个性，是指每次战役、战斗并不尽相同。例如，各自的战法或谋略不同，战场地形、地貌不同，战场状况瞬息万变，经常出现意料不到的新变化，如此等等。这些就构成了各个战役、战斗的不同特点。本丛书强调，要写出每次战争、每个战役、每场战斗的特点，不雷同，力戒千篇一律，只有这样，才有可能把战争史写得更真实可信！

其五，战争与战场。这两者自然是密不可分的，试问哪场战争、战斗不是在特定的战场上对决的？但以往战争史多数战场不明，只有地名，却无具体的地形、地貌，实则是把战争的空间隐去了！在军事上，占据有利地形、控制交通线、据险而守等，是打赢一场至关重要战役的必要条件，故对战场的描述是战争史必不可少的组成部分。本丛书要求，每写一场战役特别是重大战役，要在材料许可的前提下，把战场写得具体细致些。

其六，将军与士兵。战争是人类的一种实践行为，人是这一实践过程中的主角，所以，写战争必写人！须知统帅或将领在一场战争、战役中扮演着主要角色，因此，要把他们的智慧、勇气，乃至个性、作风等逐一展示出来；而当军队投入战场，与对方捉对厮杀时，无疑士兵就成了战场的主人，他们的勇气、意志、作战技能往往是决定胜负的关键因素。不言而喻，写战争史不写统帅、将领的运筹帷幄，不写士兵在战场上的战斗表现，战争史将变得空空洞洞而索然无味。总之，战争史不写人，就不能成为名副其实的战争史！

其七，战争的阶段性。在一次历时较长的战争中，自然会形成若干个阶段。写战争全过程，重在写各阶段的衔接与异同。通过对战役不同阶段的描写，以反映战局的不断变化，反映出战争的发展规律。

其八，战役的胜与败。每次战役结束后，胜败自不难分辨，即使难分胜负，也可以看出交战双方的各自得失，这是不言自明的。问题的关键是要求对胜败做出有深度的分析。何以胜，何以败，何以不分胜负，都应有理论上的阐述，给人以启迪。有的战役，很难以胜败论，遇此情况，只需如实反映战况，不必做出结论。

其九，正义与非正义战争。这是就战争的性质而言的。对于帝国主义列强侵华，尽人皆知，是非正义的侵略战争，自无疑义。但对于国内战争，如何界定，却是一个复杂问题。总之，不能一概而论，要区分不同情况，给出不同定位。我们的标准是：不站在清王朝的立场，不以维护清政权的利益为转移，而是要坚持维护中华民族的整体利益，维护国家的主权和领土完整；凡分裂祖国、分裂中华民族，闹割据、搞独立的集团和个人，都应予以否定。如新疆噶尔丹叛乱及其后的张格尔之乱，皆属分裂、分离势力背叛祖国的活动。又如明清鼎革之际，天下大乱，已分裂成几个军事政治集团，他们之间的火拼、搏斗，意在争夺天下。这里，既有民族的冲突，也有阶级的斗争，还有权力之争。对此我们要做具体分析，不可简单地厚此薄彼，表现出明显的倾向性。

以上所列九个方面的问题，可以勾勒出我们撰写清代战争史的"路线图"。当然，肯定地说，归纳得还不够全面，只是提出了一些基本的规则，以便统一本丛书作者们的思想，以求认识上的趋同。同时，我们也鼓励各位作者勇于创新，在基本趋同的规则下，努力发挥个人的才智，使每册战争史各具特色，精彩纷呈。

最后，还要说说史料和语言。目前已出版的清代战争史，一个明显不足就是史料单薄。受史料局限，一些战役、战斗写得不够形象生动，而是干瘪平庸。本丛书强调，各位作者一定要厚集史料，除《清实录》、《清史稿》、各种官书等基本史料外，更要注重参考历史档案，以及个人文集、地方志书、国外记载等。只有史料丰富，战争史的内容才能随之而丰富。

一部书的质量如何，文字表达也是一个重要方面。我们要求作者使用精练的现代汉语书面语言，力求准确、流畅、简洁、生动。我们的语言应该有中国的做派，有时代的生命力，只有如此，读者才会欢迎！

我们期望这套 330 万字的"清代战争全史"丛书能成为一部爱国主义教材，因为它讴歌了无数为国家的统一、为维护国家主权、为正义的事业而勇敢战斗的仁人志士。同时,也揭露、鞭挞了那些残暴、凶恶的外国侵略者以及分裂祖国、分裂民族的历史罪人,把他们永远钉在历史的耻辱柱上!

这部战争史能否符合要求,能否实现我们的愿望,只有等待广大读者的鉴定和批评指正了。

2017 年 7 月 6 日

于北京神州数码大厦

内 容 简 介

作为"清代战争全史"丛书之一，本书以《西南边疆之战》为书名，所研究的对象有以下限制条件：一是在地域上，限于发生于西南边疆的战争；二是时间上，限于雍正、乾隆两朝，因为其他时段内发生于西南边疆的战争，已归入丛书的其他卷；三是限于规模和影响上都较大的战争。

"西南"作为一个方位大区的概念，自秦汉时，已奠定了以"西南夷"分布区域为基础的"西南"范围，即以川、滇、黔为核心的区域。但无论在理论上还是在历史上，"西南"都是一个动态的概念。方国瑜先生首先从地域的视角，将"西南"大致分为狭义和广义两种概念，狭义的"西南"相当于今天的川、滇、黔三省，广义的"西南"则还包括藏、桂两地甚至湘、鄂西部某些地区，"此两种划分既都体现了一定的历史延续性，并考虑到了其所指内部在许多方面的一致性"①。而至少从明代开始，广西逐渐体现出稳定的"西南"省份地位。如成书于万历二十五年（1597）的《广志绎》，对全国分区论述时，其中卷五论"西南诸省"，即云："蜀、粤（指广西）入中国在秦汉间，而滇、贵之郡县则自明始也。相去虽数千年，然皆西南一天，为汉夷杂错之地，未尽耀于光明，故以次于江南。"②虽然王士性的《广志绎》对"滇、贵之郡县则自明始"的看法并不准确，而其称此时的"西南"范围包括滇、黔、川、粤（广西）的意见则值得重视。

"西南"一词，除所指地域概念之外，在民族分布格局上又呈现广泛的相似性，"云、贵、川、广汉少民稀，在川为蛮，在云贵为苗为猓，在

---

① 杨廷硕、罗康龙：《西南与中原》，总序第9页，云南教育出版社，1992。
② 〔明〕王士性：《广志绎》卷五《西南诸省》，第106页，中华书局，1981。

广为狼,为猺獞,为狞狼,虽种类甚繁,强弱不一,而暴虐凶顽若生天性。"① 元明以来,在此区域内设置了大量土司,清廷通称其为"西南土司",湖广也成为重要的土司地区。因此,入清以后,湖广地区也被纳入西南的范围之内。如《明史·土司传》称:"西南诸蛮,有虞氏之苗,商之鬼方,西汉之夜郎、靡莫、邛、莋、僰、爨之属皆是也。巴、夔以东即湖、湘岭峤,盘踞数千里,种类殊别。"② 同样,《清史稿·土司传》也将川、滇、黔、桂、湖广明确称为"西南诸省"。③

西南地区彼此地域相连,相互间政治、军事、经济、文化的联系密切,尤其在民族问题、土司问题上具有许多相似之处。入清以后,清政府从地方"有管辖之殊,而靖地安民原无彼此之别"的原则出发,制定了一些普遍适用于整个西南区域的统治政策,使西南五省的概念被进一步确立和固化。而与川、滇毗邻的西藏,作为一个特别的区域,则并未被包括在西南大区之内。

在清代,西南五省均在所谓"内地十八省"范围内,但云南、广西因其辖境与其他国家接壤,毫无疑问属于边疆,而贵州、四川及湖广,其辖境虽未与其他国家接壤,并不是严格意义上的边疆,但其境内俱有所谓民、苗、蛮错处之区,在相关话语中也被泛称为边疆。因此,本书所指"西南边疆",其地域范围即为清代的川、滇、黔、桂、湖广五省。

清朝历史,从明万历十一年(1583)努尔哈赤起兵,到清宣统三年(1911)清朝覆亡,历300余年。据李治亭先生的意见,清朝300余年的历史,可划分为三个一百年,即"百年创业""百年盛世""百年衰亡",无论是哪个时期,都战争频仍,贯穿于清朝历史的全过程。相比较而言,在清朝的三个百年历史中,"百年盛世"时期所发生的战争相对要少一些,中原腹地基本无战事,相对宁静,而在边疆地区,尤其是西南边疆地区,则战事不断。

雍正、乾隆两朝,处于"康乾盛世"鼎盛时期,同时也是其边疆巩固、疆域奠定的重要时期,相应地,战争也频仍,仅在西南边疆域内域

---

① 《雍正朝汉文朱批奏折汇编》第19册第665页,雍正八年十二月十七日云南总督鄂尔泰奏。
② 《明史》卷一九八《土司传》,第7981页,中华书局,1974。
③ 《清史稿》卷六一二《土司传》,第14203页,中华书局,1974。

外，所发生的大小战争便难以计数，其中规模和影响较大的有5次：一是始于雍正四年（1726）五月，迄于乾隆元年（1736）六月，历时10年零2个月，在雍正朝大规模"改土归流"背景下，以武力"改流"和开辟"苗疆"为内容的"改土归流"之战；二是始于乾隆十二年（1747）二月，迄于乾隆十四年（1749）正月，历时整2年的第一次征讨大小金川土司的战争；三是始于乾隆三十年（1765）十一月，迄于乾隆三十四年（1769）十一月，历时整4年的清朝与缅甸雍籍牙王朝之间的战争；四是起于乾隆三十六年（1771）六月，迄于乾隆四十年（1775）二月，历时4年零8个月的第二次征讨大小金川土司的战争；五是乾隆五十三年（1788）十月至乾隆五十四年（1789）正月，历时仅3个月的安南之役。以上所指时间，均只是各次战争的用兵时间，战前筹划和战争善后的时间未包括其内。

以上5次战争，涉及的地域不同，规模大小不等，持续时间长短不一，性质、目的、结果各不相同，但所产生的影响都较大。其中两次征讨金川土司的战争，性质与雍正年间征讨其他土司的战争并无区别，但不在所谓"大规模改土归流"的时间范围内，且用兵的规模和影响均较大，因此未将其纳入第一章"改土归流之战"的讨论范围，而是单独成章。事实上，乾隆朝两次征讨金川土司，以及与缅甸的战争和安南之役，均被纳入清高宗的所谓"十全武功"，即乾隆朝十大最有影响的战争中，其中发生于西南边疆的战争就占了4次，而围绕大规模"改土归流"发生的战斗，更是大小数百次，范围遍及整个西南，影响广泛而深远。

本书所涉及的5次战争，皆独自成章，按时间排序。但考虑到前后两次征讨金川战争的关联性和完整性，遂归并为一章，将清朝与缅甸的战争和第二次征讨大小金川战争在顺序上做了调换。

目　录

一、"改土归流"之战 … 1
1. 征剿云南土司 … 5
2. 剿灭广西不法土目 … 34
3. 开辟"苗疆" … 52

二、两征金川 … 101
1. 第一次金川之役 … 104
2. 第二次金川之役 … 138
3. 金川善后 … 193

三、清朝与缅甸的战争 … 223
1. 缅军对"内地土司"的侵扰 … 226
2. 冲突的爆发和升级 … 240
3. 杨应琚乖张偾事 … 253
4. 明瑞统兵再征 … 271
5. 傅恒执钺再征 … 289
6. 善后安排 … 315

四、安南之役 … 335
1. 清前期与安南的关系 … 337
2. "扶黎复国"之决策 … 347
3. 克复黎京，册封黎维祁 … 374
4. 孙士毅败逃回国，福康安奉旨收局 … 388

5. 清朝与安南重建藩封 …………………………………………… 407

结语 ……………………………………………………………………… 420
参考文献 ………………………………………………………………… 429
附录　本卷涉及的战役战斗名录 ……………………………………… 433
后记 ……………………………………………………………………… 435

一、"改土归流"之战

一、"改土归流"之战

土司制度是元、明、清三朝施行于西南边疆民族地区的一项特殊制度。秦汉至唐宋时期，中央政府所施行的"羁縻政策"，使西南少数民族社会由"历代以来自相君长"发展为"彼大姓相擅，世积威约"①，为土司制度的施行创造了条件。元、明、清封建王朝通过建立和实施土司制度，授予地方少数民族首领可世袭的大小不等的官职，在其承担朝廷所规定的赋役、征调等义务的同时，给予他们一定特权，自主管理境内人民，实现以"土人"治"土民"，即"以夷制夷"。这些享有世袭官职的地方少数民族首领即所谓的"土司"，对其治下的土地和人民，"世领其地，世掌其民"，封建中央政府则通过控制土司以实现对西南边疆民族的间接统治。

土司制度作为历史的产物，具有两重性。在实施土司制度的初期，中央王朝以此实现了西南各民族由"化外"到"化内"的转变，即由"不治"到"间接治理"，有利于促进多民族国家的统一，沟通边疆与内地之间的联系，增进区域内社会、经济和文化发展。"今之土司，无异古之封建。但古制公侯不过百里，今之土司之尤者延袤数百里，部落数万余。"② 土司制度是变相的"分封制度"，随着土司制度的发展，土司势力膨胀，"（土司）小者如子男，大者竟数倍于公侯"③。一些土司擅土自雄，甚至拥兵叛乱。有学者统计，《明史·土司传》记载的有明一代的土司反叛便有七八十次；土司间争土仇杀之案有五六十起，争袭夺印之乱有三十余次；有的土司抢劫村寨，欺压平民，地方官莫敢指。④ 土司与朝廷之间、土司与土司之间、土司与土民之间的矛盾日益尖锐激烈，成为区域内动荡

---

① 〔清〕张廷玉等：《明史》卷三百《土司传·序》，第7981页，中华书局，1974。
② 《朱批谕旨》第21册，雍正五年闰三月二十日黄焜奏。
③ 〔清〕师范：《滇系》9，《土司系》。
④ 李世愉：《清代土司制度论考》，第23页，中国社会科学出版社，1998。

不安的主要原因。尤其是变相的分封，使土司具有天然的割据性，严重削弱了国家疆域的整体性，"改土归流"已成为历史发展的客观需要。"改土归流"，即以流官取代世袭的土官，将对原土司治下的土地和人民的间接统治变为直接统治。但受历史条件的制约，在清雍正朝之前，虽有数量众多的土司因各种原因被改流，但都是零星的、局部性的，改流仅仅是作为控制土司的一种手段，而并非针对土司制度本身，故未能从根本上触动土司制度。始于雍正四年（1726）的西南"改土归流"，是清政府以武力或以武力为后盾，有组织、有计划、有步骤地在西南广大区域内实施的全局性行动，并将打击不法土司与"开辟苗疆"结合起来进行，因此被后世称为大规模"改土归流"。

雍正三年（1725）十月，鄂尔泰由广西巡抚调任云南巡抚，管总督事。雍正四年（1726）二月至六月，鄂尔泰连续上疏奏请改流。世宗接受了他的意见，并委其主持，西南范围内的大规模的"改土归流"随即展开。

鄂尔泰，字毅庵，西林觉罗氏，满洲镶蓝旗人，康熙三十八年（1699）举人，四十二年（1703）袭佐领，五十五年（1716）迁内务府员外郎。时世宗尚在藩邸，嘱鄂尔泰为其办事，鄂尔泰以"皇子宜毓德春华，不可结交外臣"拒不承应。世宗认为他有公忠之气度，即位后召见他，赞赏道："汝以郎官之微，而敢上拒皇子，其守法甚坚。今命汝为大臣，必不受他人之请托也。"① 鄂尔泰以此见信于世宗。世宗即位，即擢其于郎署，充云南乡试副考官，特擢江苏布政使。雍正三年（1725）八月，迁广西巡抚，甫上官，调云南，遂谋划和实施西南"改土归流"。

在改流过程中，清廷采取剿抚并用、以剿为主之策，伴随着多次规模大小不等的战争，较多集中在雍正四年至九年间，即《清史稿》所称："（雍正）四年至九年，蛮悉改流，苗亦归化，间有叛逆，旋即剿灭。"② 改流情形，西南五省各异。因"云南土官多半豪强，所属苗众悉听其指挥，残暴横肆，无所不为"，反抗最为激烈，且改流之后镇沅、乌蒙又发生大规模叛乱，因而云南境内战争主要集中于滇东北和滇南，用兵规模较大。而"贵州土司单弱，不能管辖，故苗患更大"。在"开辟苗疆"的过

---

① 〔清〕昭梿：《啸亭杂录》卷十《宪皇用鄂文端》，第366页，中华书局，1980。
② 《清史稿》卷五一二《土司传·序》。

程中，苗民反抗激烈，用兵范围较广，包括长寨、谬冲、八寨、丹江、清江、古州、台拱等，又因雍正十三年（1735）春，先已开辟的"苗疆"发生大规模叛乱，战争过程延至乾隆初年。而广西一省，"各属土职之为患者少，版目、所目之危害者多"。① 其用兵主要是对西隆州八达寨和思明州邓横寨不法土目的征剿。四川用兵较少，改流不彻底，保留的土司较多，因此才有乾隆年间对上下瞻对（今四川新龙县一带）土司的征讨和两次金川之役。湖广则几乎没有用兵，多为土司自请改流，在西南各省中改流最为彻底，有自此之后"湖广无土司"②之说。

1. 征剿云南土司

滇东北武力改流

鄂尔泰筹划西南"改土归流"，首先将目光投向当时隶属于四川的乌蒙（今云南昭通市）、镇雄（今昭通市镇雄县）和隶属广西的泗城（今广西凌云县）土府。此三土府均处于川、滇、黔、桂省际交界处。乌蒙、镇雄唇齿相依，地处今滇东北，元代分设乌蒙、芒部军民府，隶云南行省，明朝洪武年间，改隶四川。嘉靖时，芒部改流，设镇雄府，后因原土司陇氏叛乱，复"革土归流"，仍隶四川。乌蒙土府"骄悍凶顽，素称难治""凡黔、滇、蜀接壤之处，莫不受其荼毒"。③ 镇雄土府接连乌蒙，"其凶暴横肆与乌蒙土府无异"。④ 广西泗城土府"逞顽肆虐，势埒罪均"。"大

---

① 雍正八年正月十三日，《云南总督鄂尔泰奏报巡查广西所见沿途城池营伍土官彝情暨水利河道等情形折》，《雍正朝汉文朱批奏折汇编》第17册第696页，江苏古籍出版社，1989。
② 《皇朝经世文编》卷八六《蛮防上·湖南苗防录序》。
③ 《朱批谕旨》第25册，雍正四年三月二十日鄂尔泰奏。
④ 《朱批谕旨》第25册，雍正四年九月十九日鄂尔泰奏。

凡四省劫杀之案，多由三郡酋房诸凶，总以逼近临疆，沿成恶习，杀人房人越境以逃，缉人拿人隔省无法。幸而擒获，偿牛偿马，视人民为泛常。一或潜踪，移咨移关，目官府为故事。"鄂尔泰认为："三土府不除，则四省界难靖。"① 但乌蒙、镇雄土府隶属四川，泗城土府隶广西，均不是云贵总督的辖地，要实现"改土归流"，须云贵与川、桂之间协调配合。

按照鄂尔泰的设想，解决乌蒙、镇雄两土府问题，首先必须将东川从四川划归云南。东川接壤乌蒙，与云南寻甸、禄劝和沾益三土州相邻，离云南省省会昆明更近，离成都较远，又与镇雄邻近，坝子宽广，为膏腴之府、物产之区，不但可屯兵筹饷，且战略地位十分重要，是云、贵、川三省交界之地。乌蒙、镇雄虽地近滇黔，但"滇黔有可制之势而无其权，四川有可制之权而无其势"。② 更重要的是，东川在康熙三十一年（1692）已经改土归流。顺治十六年（1659），东川土知府禄万兆投顺清廷，仍得保其职。禄万兆去世之后，其子争位，互相征杀，清廷遂于康熙三十一年（1692），将其地改土归流。③ 鄂尔泰认为，一旦实现东川归滇，用两三年时间经营好东川后，与其接壤的乌蒙、镇雄或可一举大定。

雍正四年（1726）三月，鄂尔泰正式奏请将东川由川省划归滇省管辖，提出以下理由：一是该地"土人凶悍，专事劫掠，川民不肯赴远力耕，滇民亦不敢就近播垦，故自改流以来，历经三十载，风俗仍旧，贡赋不增""以天地自然之利，致为荒芜不治之区，良可惜也"；二是东川距昆明仅400里，而距成都1800里，一切事宜俱有鞭长不及之势。雍正三年（1725）十月，"乌蒙土府禄万钟之叔禄鼎坤统众攻打东川村寨，东川知府周彬虑川省远不可恃，具报滇省，经前督臣高其倬拨兵应援，始获解散。解散之后，而川省所发令箭方得到府。是川省之无济于东川，而东川之无益于川省"。鄂尔泰认为，东川不属滇省，但实为滇省之累，"若得东川改隶云南，声教易及，凡滇、黔两省商民有力能开垦者，广为招徕，以实其地，并将附近营汛斟酌移驻，以资弹压，不但兵民众多，土人自不敢横肆。且从前茂草皆变为膏腴，民受福利，国增钱粮，似亦因地制宜，及

---

① 《朱批谕旨》第25册，雍正四年十一月十五日鄂尔泰奏。
② 〔清〕魏源：《圣武记》卷七《雍正西南夷改流记上》，第284页，中华书局，1984。
③ 道光《云南志钞》卷八《土司志下·废官·东川府》。

时变通之一法也"。① 世宗朱批："所奏甚合朕意。"②

其实，鄂尔泰奏请东川归滇，是希望利用东川的地缘优势，进图乌蒙。在世宗批准其奏请后，鄂尔泰便表明其目的："臣之初意，以东川新属，民志未齐，待移营之后诸务俱就，然后计及乌蒙，一举可定。"他认为："乌蒙土官凶恶习惯，可以威制，似难以恩化，不改土归流，终非远计。"③

东川归滇后，鄂尔泰除在此重新布置营汛、屯田练兵外，一直将目光盯住乌蒙、镇雄二土府，采取措施"渐离其心腹，徐剪其党羽"。④ 其中重要的举措便是对东川境内被称为六营长、九伙目的土目更撤改流。

东川土府虽早已改土归流，但地方辽阔，境内仍有数量众多的土目盘踞。这些营长、伙目侵占田亩，私派钱粮，甚至纵土民劫杀，绑掳平民，危害地方。鄂尔泰奏请将这些营长、伙目擒拿投献，于巧家营地方增设巧家县，将营长、伙目改立乡约、保长，一体编甲，设典使、巡检等管理其地，并计划"待六营既靖，党羽已除，然后计及乌蒙"，再图镇雄。至于进取的步骤，"或先制乌蒙，徐图镇雄；或一举两就，出其不意；或令二土府相互吞并，然后剪出"。总之，鄂尔泰认为："乌蒙必须征剿，断难诱擒。"世宗朱批："是极！密之。徐徐斟酌为之。此事急不得！"显然，世宗担心鄂尔泰操之过急，引出事端，指示其与川陕总督岳钟琪商酌办理，并称"此一大事，全赖二卿协衷，勉力为之也"。⑤

接下来，事机发展之顺利超乎世宗的预料。

乌蒙土府兵马不及一万，兵器皆为标刀、弓弩，大炮仅有2座，鸟枪300余杆，土知府禄万钟年仅15岁，既无能力，又无实力，土府兵马主要为驻居鲁甸的其叔禄鼎坤控制，禄万钟母子与禄鼎坤不和，唯听从"汉奸"刘建隆主使。禄鼎坤是解决乌蒙土府的关键人物，鄂尔泰认为："但得禄鼎坤，其余皆可应手。"川陕总督岳钟琪以乌蒙土府不法，将禄万钟题参。世宗指示滇、川两省派员，将其拘提至贵州威宁会审。刘建隆唆使

---

① 《朱批谕旨》第25册，雍正四年三月二十日鄂尔泰奏。
② 《朱批谕旨》第25册，雍正四年三月二十日鄂尔泰奏。
③ 《朱批谕旨》第25册，雍正四年十一月十五日鄂尔泰奏。
④ 《朱批谕旨》第25册，雍正四年六月二十日鄂尔泰奏。
⑤ 《朱批谕旨》第25册，雍正四年九月十九日鄂尔泰奏。

禄万钟，以拘提牌内无摘印拘审字样，支吾不赴。鄂尔泰奏称，自己早已料到川省委员不能将禄万钟拘提到案，并引康熙五十三年事案：当时钦差侍郎噶敏图奉旨会同云贵督抚拘提土知府禄鼎乾至贵州毕节审拟，禄鼎乾抗不赴质，坐待两月，不得已，命流官赴乌蒙为人质，禄鼎乾才赴毕节，到案后并未严讯，草率结案，换出流官。因此，鄂尔泰使用的办法是招降禄鼎坤。

鄂尔泰利用赴贵州长寨途经东川的机会，调集官兵，做出进兵乌蒙之状，扬言如禄氏敢于抗拒，即行进剿，并一面令东川知府黄士杰派人前往乌蒙，将消息散布，一面谕令曲寻镇总兵刘起元、粮储道张允随赴东川准备。禄鼎坤和禄万钟受到震慑，呈文黄士杰，称："乌蒙与东川紧连，去滇不过六百里，情愿照例拨归云南"。禄鼎坤带数百人至乌蒙与东川交界的牛栏江岸察看，黄士杰禀明督抚后，只带领数人往见，谕以顺逆，晓以祸福。禄鼎坤见状，认为朝廷诚心招抚，于是率其儿子并各头目至东川，改服剃头，归顺清廷。

雍正四年（1726）十一月二十五日，鄂尔泰于长寨事（详后）竣后，从贵阳返回云南，亲赴东川，禄鼎坤父子迎至百里之外，匍匐道左。鄂尔泰加以奖赏，并委其为土守备，令其随同游击张鹤前去乌蒙招抚禄万钟。随后，禄万钟母子表示将亲赴辕门纳降，但因受主文刘建隆等人唆拨挟制，未能前往。之后，禄万钟又以川陕总督岳钟琪发来印牌，令其带5000名乌蒙土兵协助进剿凉山，以功赎罪为由，要求宽期赴审。鄂尔泰于十二月二十九日从东川启程回昆明，"示以缓势，以安夷心"，一面密令兵将做好准备，一旦乌蒙有变，"相机行事，径取土府"。鄂尔泰认为，禄鼎坤已经投顺，乌蒙大势已定，即使此时遣官兵直抵乌蒙，料也不敢抗拒。一俟乌蒙改流后，镇雄的改流会很容易。只是一经改流，善后事宜大须调剂。而川陕总督岳钟琪驻扎陕西，鞭长不及，川省抚、提恐闻见不确，亦难遥度，因此鄂尔泰奏称："或准两土府改归云南，俾臣就近料理；或俟乌蒙事定，仍隶四川。臣加意钤制，以便预先筹画，有所遵循。"世宗接到鄂尔泰奏折，大喜过望："为此一事，朕不能释怀。万不料其如此完结，实非人力。朕惟以手加额，心叩苍穹，我圣主君父在天之灵赐佑耳。此事岂不用张弓持矢所能了者，国家祥瑞之事，卿之奇功也。朕之庆喜，笔难书谕。"对鄂尔泰奏请乌蒙、镇雄归滇，批谕："自然就近归滇为是。"①

鄂尔泰离开东川后不久，乌蒙土府在"汉奸"刘建隆、杨阿台等筹划下，以禄鼎坤投顺清廷，欲杀之以坚众志，遂勾结辅佐镇雄土知府的范掌案、纽纽巴等，以2000余土兵往攻禄鼎坤居住的鲁甸，又以1000余土兵包抄后路。此时，左协营游击张鹤已带兵由曲靖随同禄鼎坤驻扎于鲁甸，于是便分拨弁兵，与禄鼎坤一起，带土兵3000名迎战。乌蒙、镇雄土兵听闻枪炮之声密集，又见有官兵参战，便开始溃散。待曲寻镇总兵刘起元带兵赶到鲁甸应援，谕令贵州威宁游击哈元生、威宁知府杨永斌整兵直奔乌蒙，一路招抚，沿途各寨头目纷纷投诚。刘建隆等人见大势已去，遂将禄万钟母子簇拥上马，带着家眷和数百名土兵及财物逃走。刘起元于雍正五年（1727）正月初二日带兵抵达乌蒙，分拨兵弁追击禄万钟，拿获刘建隆妻女8人。

鄂尔泰认为：乌蒙与镇雄两土府"互相朋比""唇齿为奸"。乌蒙已然内附，只剩禄万钟等逃遁在外，而镇雄依然"怙恶不悛"。镇雄的情况与乌蒙相似，土知府陇庆侯年幼，平日悉听范掌案、纽纽巴等为之主使，也有胞叔陇联星"为之养奸"。鄂尔泰进兵乌蒙之时，专程从镇雄路过，"以慑其胆"，同时密令威宁镇总兵孙士奎、知府杨永斌招降陇联星。陇联星果然效仿禄鼎坤投诚，不只为进兵镇雄做向导，还因熟悉山川地形，愿意作为前驱进剿乌蒙。陇联星在进讨镇雄中的作用，不亚于进攻乌蒙时的禄鼎坤。陇联星业经投诚，则"镇雄之势已分其大半"。鄂尔泰乃密致贵州提督杨天纵，率兵来与各将一同会剿镇雄。鄂尔泰认为此时的关注重点应该从乌蒙改为镇雄，"以乌蒙已穷，镇雄未艾，先难后易，一举两得，料此二凶皆可计日成擒。"② 雍正五年正月十四日，清兵入镇雄土府，陇庆侯携土知府印出逃。

清军由乌蒙、东川、威宁多路追剿禄万钟，另一路清军直奔镇雄堵截陇庆侯。禄万钟逃出乌蒙后，先带领土兵至小关，后又奔大关（今昭通市大关县），走盐井渡（今昭通市盐津县）。贵州毕赤营游击吴朝应、大定协守备何廷凤带兵直扑镇雄，在将抵镇雄时，陇庆侯出奔，到处藏匿。吴朝应等听闻陇庆侯与禄万钟相约会于盐井渡，并欲一同逃往木甲寨，吴朝

---

① 《朱批谕旨》第25册，雍正五年十二月二十一日鄂尔泰奏。
② 《朱批谕旨》第25册，雍正五年正月二十五日鄂尔泰奏。

应等便星夜赶往盐井渡，分派兵丁把守道路，邀截堵御。范掌案、纽纽巴等见势头不好，将禄万钟母子送出盐井渡，走筠连县潜匿。岳钟琪派遵义协副将张玉领兵1500名，并谕令四川巡抚马会伯挑选汉土兵3000名前往，堵截两土府逃跑后路。清军四面合围，禄万钟、陇庆侯等走投无路，分别投到四川军营，"计滇黔进兵之期在上年十二月二十七日，而得乌蒙土府在是月二十九日，禄万钟等之投川员在正月初七日，得镇雄土府在正月十四日，陇庆侯等之归川营在正月十七日"。① 仅用时17天，即攻占镇雄、乌蒙两土府，可谓十分迅速。虽然乌蒙、镇雄两土府兵众甚多，熟悉地形、路径，占据有利地形，拥兵守险，设伏劫营，伏击清军，但两相比较，清军在装备和战斗素质上都胜于土兵，又得禄鼎坤、陇联星投诚，引领清军登高涉险，攻关搜箐，很快便击败抵抗的土兵。

此次清军与乌蒙、镇雄土兵对仗，除零星战斗外，最激烈的是发乌关之战。发乌关又写作"伐乌关"，位于今昭通市彝良县西北的钟鸣乡，距彝良县城50公里，西与大关毗邻，北与盐津相连，是重要的军事要塞，有号称"一夫当关万夫莫开"的"三关口"，即小关口、中关口、大关口，24个山头连绵20余里，崇山峻岭，峭壁悬崖，一望罗列。发乌关建有木栅一座，数千土兵在此防守，头领名叫白女迭。

先是，威宁镇总兵哈元生差人探听到有五六千土兵盘踞在一个名叫老李渡的地方，曲靖镇总兵刘起元派遣把总吴启周带领汉土官兵前往侦探，遭土兵劫抢，3人受伤。东川候补游击刘昆等带兵往援，杀败土兵，一路追击到发乌关，扎营山下。这时，哈元生也带兵赶至。当晚，彻夜营火满山，到处都是土兵。第二天上午，清军分为四路，一路由千总陈万策、革职游击贺元吉带领，进攻第二山口；一路由千总李启唐带领，攻打第三山口；一路由把总燕仕科带领，攻打第四山口，形成犄角策应之势；另一路由哈元生带领把总姚宅中、候补守备熊权等，由发乌关山口登岭直扑，据守山口的土兵以枪炮、擂石、弩弓、药箭抵抗，双方激战至中午，多名兵丁受伤。哈元生先用炮轰击，山谷震动，之后督兵前进，土兵败逃。清军追击20余里，土兵逃入深箐大林之中，因天色渐晚，哈元生令就地扎营。

就在清军进攻发乌关时，镇雄土知府陇庆侯派遣头目洛泽等袭击清军

---

① 《朱批谕旨》第25册，雍正五年三月十二日鄂尔泰奏。

后路，因哈元生早有防范，未能得逞。游击刘昆从向导处得知，头目白女迭藏于名叫翁铁屯的寨子，便带领兵弁潜至山巅，用炮轰击。哈元生领兵攻入屯内，白女迭逃遁，清军遂夺其屯。此战，千总李启唐和2名兵丁因伤重而亡，20余名兵丁受伤；斩杀土兵30余名，擒获土兵10余名及妇孺200余名，以及牛马、枪弩无算。

发乌关之战，"哈元生率领候补守备熊权等身冒矢石，连破险关，群凶丧胆，两府潜奔。此番效力，实属首功"①。因此名声大噪。

哈元生，直隶河间人，康熙间入伍，授把总，累迁建昌路都司，因失察私木过关，夺官。雍正二年（1724），命引荐，发直隶以守备用，补抚标右营守备。贵州威宁镇总兵石礼哈请以元生从剿仲家苗，有劳，雍正三年（1725），补威宁镇总兵。②发乌关之战后，授寻沾营参将。之后，参与多次征剿土司和苗民的重要战斗，官至扬威将军，"平西南夷多其力"③，是西南"改土归流"中的一位重要人物。

为了消除土司对乌蒙和镇雄的影响，"绝其根株"，雍正五年（1727）三月十二日，鄂尔泰奏请将乌蒙、镇雄两土府"改土为流"：乌蒙仍保持府治，设一名知府，于鲁甸区域设厅治；镇雄土府改为镇雄州，划归乌蒙府管辖，并在东川、乌蒙、镇雄三府之地设一镇，"以资控制"；镇雄设一营，与东川之营"相互声援"。世宗批复："筹画甚是妥协……乌蒙、镇雄等处扩地甚广，应添兵处，不可惜此小费，当谋一劳永逸，万不可将就从事。俟归化日久，一切如内地一般时，再议减撤，未为不可。"④闰三月初十日，世宗批准"镇雄地方改土为流，并归云南就近管辖"。⑤同年五月初十日，世宗再批："乌蒙属滇，朕只谓前已有旨……已降旨属云南管辖，卿可一并委员料理。"⑥六年二月，世宗批准"乌蒙设立一镇"，"所有贵州之威宁、云南之镇雄、东川三营，总归乌蒙镇管辖，俱受云南、

---

① 《朱批谕旨》第25册，雍正五年闰三月二十六日鄂尔泰奏。
② 赵尔巽：《清史稿》卷二九八《哈元生传》，第10408页，中华书局，1977。
③ 〔清〕魏源：《圣武记》卷七《雍正西南夷改流记上》，第285页，中华书局，1984。
④ 《朱批谕旨》第25册，雍正五年三月十二日鄂尔泰奏。
⑤ 《世宗宪皇帝实录》卷五五，雍正五年闰三月癸亥。
⑥ 《朱批谕旨》第25册，雍正五年五月初十日鄂尔泰奏。

贵州提督节制"①;"寻定乌蒙曰乌蒙府,附郭县曰永善县。镇雄曰镇雄州"。② 至此,滇东北区域为设置三府一镇。至此,乌蒙、镇雄两土府的"改土归流"暂告一段落。

平定米贴。米贴(今昭通市永善县黄华镇米贴村),位于金沙江南岸,与四川雷波县、金阳县隔江相望,为明清时期乌蒙与四川之间来往的交通要地,境内多雄关险隘,有险峻高耸的黑铁关、金锁关,与务基村的回龙关并峙,合称米贴"三关"。

禄永孝本是米贴地方的土目,其胞弟禄永忠为四川马湖府治下磨坡长官司长官。禄永忠病亡后,妻子陆氏"招赘禄永孝",由此禄永孝袭任磨坡长官司,同时占据米贴,控制两处。鄂尔泰以米贴为通川要道,受土目控制,阻截道路、扰害行旅,题请将禄永孝监禁,革土归流,于米贴设县,派流官1员、守备1员,驻兵200名,并于凉山设游击1员,驻兵300名,控制此地。同时拟拘提陆氏,招至问斩。但陆氏一直拒不赴官。援剿右协副将郭寿域、左协游击张农、署乌蒙府耿靓漠等禀告:"陆氏抗不服拘,非带兵往提,难以捕缉。"③ 鄂尔泰以陆氏为一女子,不难设法诱擒,遂饬郭寿域领兵前往米贴擒拿陆氏。

雍正六年(1728)二月初一日,郭寿域率千总谭盛元、把总张士俊及300余名兵丁前往米贴。初五日,将抵米贴时,陆氏派人于30里外迎候,然官兵一到,陆氏即行逃遁。郭寿域当晚驻扎米贴,次日展开搜捕,初六晚探知陆氏已入川境。郭寿域令张士俊带兵分布江口把守,谭盛元等带兵过江追擒,自己领兵50名在营等候。米贴土人见清军分散,便于十二日夜,伙同四川沙骂与建昌巴布土民2000余人一起劫营,围杀驻扎米贴的官兵,郭寿域中箭身亡,50名兵丁中,只有甘正位等10余名兵丁逃脱,其余全部被杀,印信、马匹、器械均被抢去。土民劫营之后,又纠合凉山彝民把守各紧要路口。

谭盛元带兵过江追擒陆氏,追至铁桶寨,与土民相持数日。郭寿域被害后,米贴土民赶至,遂四面围攻谭盛元。谭盛元领兵一路突围,二月二十日从小道渡过金沙江,二十三日回到乌蒙大营。是役,郭寿域启程时所

---

① 《世宗宪皇帝实录》卷六六,雍正六年二月癸巳。
② 《世宗宪皇帝实录》卷六六,雍正六年二月戊戌。
③ 《朱批谕旨》第26册,雍正六年三月初八日鄂尔泰奏。

带300名兵丁,被杀120名,逃回180名。

乌蒙、镇雄平定后,鄂尔泰一直认为滇东北"夷民安堵,并无蠢动",但不到一年,却发生如此严重的土民劫杀清兵事件。鄂尔泰闻报,奏称米贴之事,主要是因郭寿域受命后,毫无机谋,又无防备,仓猝生变,以致殒命损兵,甚属孟浪!但实由自己轻忽所致,因此惶愧愤恨。于是调兵遣将,以米贴与四川凉山、沙骂等地相连,地涉两省,委任鹤丽镇总兵张耀祖总统全师,领本标兵400名,拨督标左协兵500名,调贵州兵900名并土兵1000名,共3100名进剿,同时咨照川省督、抚、提诸臣调兵会擒,谕令:"务将逆贼悉行剿灭,毋得少有姑息,即逃窜山箐贼党,亦细加搜擒,以尽根株,毋贻后患"。①

进剿将士于乌蒙会合后,张耀祖分兵三路,议定径赴米贴,占据米贴后,再围攻井底屯。中路由游击卜万年、康世显率领,于三月二十四日自乌蒙启程至大关,再经洋泥至耶鱼库;右路由参将哈元生率领,也于三月二十四日起程,经大关、豆沙坝、正溪到达门坎山;左路由张耀祖亲自统领,于三月二十五日起程,由洒鱼河至耶鱼库;威宁镇总兵孙士奎领兵驻扎乌蒙,负责安台护粮,游击张崔带兵分驻抵补等地防御。

左路兵以王五采等为前锋,夺占险要关口,张耀祖在后策应。途中接报,米贴叛乱土兵有2000余人,陆氏正与头目立之户吞在井底屯商议,欲逃往拖迭、白达屯。左路兵过黑铁关山梁后,行至离米贴仅10里的寸金关,遇土民据关抵抗,将其击溃,一路追赶至米贴。四月初一日,左路兵抵达米贴,陆氏已将房屋烧毁,领兵逃走。同日,卜万年率领中路兵丁也赶至米贴。随后,哈元生率右路军到达。清军从拿获的米贴妇人处得知,陆氏与其土目立之户吞等逃往井底屯。张耀祖便派遣兵丁攀藤附葛,从井底屯后山上至屯上,枪炮齐发,杀伤米贴土兵62名,将此屯攻占,米贴土兵逃至井底。四月初三日,清军中、左、右三路齐进,攻入井底,并在此扎营。四月初四日,哈元生率右路绕道屯后,拟两面夹攻,当日抵达会溪,初五日至大茅滩,初六至大险屯,初七晨抵达蛇腰马、吞都、门坎山等屯。

四月初四夜,米贴土民前来井底劫营,双方自半夜战至天明,米贴土

---

① 《朱批谕旨》第26册,雍正六年四月二十六日鄂尔泰奏。

兵被清兵枪炮打退，退守门坎山。初五、初六两日，清军攻屯，米贴土兵放擂石、滚木、弩箭，阻清军于屯下。初七日晨，米贴土兵从门坎山蜂拥而下，清军一部守住门坎山右侧山口，一路攀爬上屯，米贴土兵不敌，逃奔门坎山关，仍放滚木、擂石、弩箭以拒。清军继续向上攻打，抢至二层岩。至下午时分，哈元生率兵从屯后出现，清军多路夹攻，杀伤无数，米贴土兵逃往山箐。

清军攻屯搜箐，深入至四川境内。至雍正六年（1728）四月底，鄂尔泰转据张耀祖报称："各路官兵自进剿至今，斩杀倮夷一千余名，各箐、各路伤毙者无数。"①

此次进兵米贴，遭到当地土司、土民的顽强抵抗。米贴土司联合川省吞都土司德昌，踞关守屯，占据有利地形，利用滚木、擂石、弩箭，抵御清军枪炮，双方发生多次激烈的战斗，清军杀伤土民较多，对俘获土民，审系与清军对仗者，全数斩杀。例如，四月初九日，哈元生接把总刘宽报称，行至吞都五险屯，进攻受阻。哈元生遂亲带弁兵前往应援，战斗从上午持续到下午，仍毫无进展，该屯牢不可破。哈元生出奇兵抄此屯要路，砍开箐林以阔视野，连发20余炮，督兵从山腰攻至山顶，攻占五险屯，擒获陆氏小女儿，搜获25名，既有吞都土兵，也有米贴土兵，"系吞都、井底逆夷，即在吞都正法，系米贴逆夷，解往米贴正法。有妇人、男娃共一百二十七名口，查半系陆氏奴婢，半系德昌部夷、妻奴，即赏给有功官弁为奴"。②

五月初一日，游击曹元文在当地土民的指引下，将藏于硐中的陆氏搜获。而清军从抓获的吞都土司德昌的主文梁家楷处得知，米贴倡乱，夺印杀官，系有吞都土司德昌帮助，陆氏和其头目等已逃往吞都之牛角寨。而据四川永宁协副将张瑛报称：雷波土司地方有陆氏余党潜匿。鄂尔泰认为："川属凉山地方紧连米贴，延袤千余里，原甚荒野，向多夷贼，从未睹兵威。吞都、沙马、雷波、黄螂等各土司又俱陆氏姻亲，一带土夷，川省鞭长不及，故米贴倮贼恃有党援，敢于蠢动，德昌土司即帮兵助恶，谋逆显著。是德昌一犯，实此案之渠寇。而雷波等土司隐匿逆贼，不行拿解，亦难姑容。若不示以大加惩创，然后示以抚恤，恐此滇、蜀交界终难

---

① 《朱批谕旨》第26册，雍正六年五月二十一日鄂尔泰奏。
② 《朱批谕旨》第26册，雍正六年五月二十一日鄂尔泰奏。

宁帖。"① 其称现滇黔兵丁已深入川境，必须将吞都土司德昌等拿获，解省审拟，并咨商川省，严督各土司将倡乱者擒献。

之后，清军陆续将参与米贴之乱的各头人拿获。到五月中旬，鄂尔泰以陆氏已解到昆明省城，米贴"逆贼"擒剿已尽，虽然德昌土司尚未擒获，可交由川省办理。议定米贴驻兵300名、井底屯驻兵200名，弹压并巡防沿江一带的渡口，滇黔兵丁陆续撤师回云南，米贴军务告竣。

七月初六日，在四川结觉土司安永长的配合下，川省兵弁将吞都土司德昌擒获。但接下来，雷波土司杨明义发动叛乱，哈元生再次领兵入川，并在撤兵过程中，遭到阿驴部落土兵伏击，由此引发平定阿驴之战。

平定阿驴。雍正六年（1728）七月间，因之前有米贴"叛夷"逃到雷波土司境内，四川提督黄廷桂派兵搜擒，并以雷波土司杨明义曾帮助米贴"逆夷"，将其调至行营，勒其擒献。杨明义潜逃出营，并纵其部众杀伤兵丁，劫夺粮运，诱结觉、阿路、阿照、平底等处苗蛮聚众妄行。世宗闻报，谕令滇、川两省出兵会剿。川省派兵8000名，由提督黄廷桂统领。鄂尔泰调拨滇黔汉土兵丁3000名，令参将哈元生统领入川，至阿驴交界的阿路吗地方驻扎，堵截会剿。九月十六日，杨明义被擒，哈元生统领滇黔兵丁撤回。九月二十日，哈元生令游击张世杰带兵先行，自己率游击卜万年等自校头口起营，并"令阿驴土目落资随营护送"。② 二十二日，哈元生率兵行至阿驴、倮古地方，"忽见四山蛮子数千，披甲、挂弩、悬刀，环绕数十层，竟来抵敌，将卑职同卜万年围困核心。随唤阿驴讯问蛮子为何叛逆，回称并不知道。卑职带兵二百名，架大炮冲开杀散，贼蛮数十层，抢上赤布岩，把总张应举、马玉四员阵亡"。③ 鄂尔泰接报，谕令总兵张耀祖就近调拨兵丁，亲自过江，星往应援，又令从鲁甸调拨土兵1100名，由鲁甸投诚头人禄鼎坤管领，前往协剿，并咨川省提臣发兵堵擒。

阿驴地处金沙江之外，与四川沙骂等地相连，虽向属乌蒙管辖，实际久已不服管束，素称"野夷"。之前哈元生领兵进剿米贴时，曾追"叛夷"至江外，路过阿驴，阿驴土官就抚归诚。之后，哈元生再次领兵入川，协剿雷波土司，阿驴土官还曾送牛羊、炒面来营犒军，并帮助抬送军

---

① 《朱批谕旨》第26册，雍正六年五月二十一日鄂尔泰奏。
② 雍正《四川通志》卷十八《边防·建昌道属·题平阿驴疏》。
③ 《朱批谕旨》第26册，雍正六年十月二十日鄂尔泰奏。

装。哈元生赏赐其一些银两、缎匹、花红等物。此次所发生的土民围攻兵丁事件,"只缘哈元生将阿驴土官带于行营听用,其母疑有伤害之意,而头目等遂言'他将土官、土目都擒杀完了,那里饶得你我?好也做一出,不好也做一出',随令部落夷蛮勾连亲戚,借称报仇,乘哈元生回兵之日,纠众数千,重重围住,行凶截杀"。而哈元生认为,这次遭土兵围攻,"总因卑职进剿乌蒙、米贴,杀贼过多,故贼蛮痛恨,特来报复"。鄂尔泰则认为:"野夷不法,故应回兵合剿,以示惩创。但念此事,阿驴土官既并无反复,亦何必拘留行营?即便留营听用,亦应先行晓谕,以安夷心。"而哈元生自恃勇敢,气高志满,遂至偾事误师,致千把4员、兵丁40余名被杀。在弄清起事情由后,鄂尔泰奏称:"已札檄张耀祖,谓造意不自阿驴,毋得滥行屠戮,但歼其渠魁,应抚其余党,并就近与川提臣妥酌。"然而,兵丁被杀达百余人,三省官兵已齐集进剿,提、镇亲临,一场带有报复性的战斗已无可避免地展开。而"逆蛮"毫无畏惧,拼死抵抗,其结果:"各处贼蛮被官兵斩杀捕获者甚众。"①

"逆蛮"一时间聚众甚多,是因阿驴附近的拉金、者呢、阿都、沙骂所属土目拖科、拖却等,与阿驴是姻亲,拖科是阿驴土官落资的妻父,拖却系落资的姨夫。

哈元生所率兵丁有2014名,张世杰部回兵,与哈元生会于赤木台,共同抵御土民的进攻。双方激战两昼一夜,才将土民杀退。十月初八日,升任肃州镇总兵王刚率四川汉土兵1400名到达。张耀祖率兵在黄平寨大井坝打造船只后,于十月十八日渡江,赴赤衣台与哈元生会合,土兵不敌,逃至阿都、阿不啰地方。

据张耀祖呈称:"于十月二十四日,抵杂罗古地方,会同肃州镇,商得阿驴逆蛮虽已逃遁,无非潜匿川、滇接连地界内。除首恶者呢已诱擒外,其余如在滇省,本职派遣官兵搜剿,入川者,移会川提发兵扑灭,庶三省官兵得免耽延时日。"② 于是川省分兵五路,以阿不啰为进攻目标,滇省分兵三路,以阿都为进攻目标,各于界内剿擒。

清军于雍正六年十一月初七日开始进攻,至十二月二十四日,将所有土兵头目全数擒获,军务告竣。此役死于清军枪炮、刀箭以及被拿获后斩

---

① 《朱批谕旨》第26册,雍正六年十月二十日鄂尔泰奏。
② 《朱批谕旨》第26册,雍正六年十二月初八日鄂尔泰奏。

杀者近千人,扑岩、滚箐而死者亦不少。哈元生因"效力殊多",补授为古州镇总兵。

雍正七年(1729)正月十二日,哈元生奏报:"所有阿驴、者呢等犯,前经就缚,而贼首拉金父子四人并家属,已于十二月二十四日拿获。奉鹤丽镇张总兵谕令撤师,随于二十七日,带领官兵起程回营。"①

平定米贴和阿驴部后,鄂尔泰认为,滇东北经历次用兵,局势已"犹易控制"。然而,一年之后,之前已改流的乌蒙土司大规模叛乱,清军再次进剿,战争规模较之前更大。

平定乌蒙"叛乱"

"叛乱"起因。雍正八年(1730)八月二十五日,值乌蒙府街期(赶集日)。与往日街期不同的是,是日赶场的"夷倮"很多,均佩刀带弩。乌蒙镇总兵刘起元派兵查问,但"夷倮"不遵化诲。响午时分,"夷倮"从四面将乌蒙府城围住,并于八月二十八日,攻打府衙、镇署和其他衙门,将衙署烧毁,游击刘崑、马秉伦力战而死,衙署被烧毁,刘起元出逃,乌蒙失守。"夷倮"占据乌蒙府城后,继而夺取大关与鲁甸,并煽动东川、镇雄及四川凉山"夷众"数万,分路攻打永善,将东川府城围困,"焚掠村寨,遇汉民,则焚掠一空,遇倮人,则丝毫不动","叛乱"迅速波及整个滇东北地区。

这次乌蒙"叛乱",造谋于禄鼎坤,成祸于刘起元,实施于禄万福。

禄鼎坤在乌蒙"改土归流"时投诚归附,被授以土职,并为清兵前锋,在之后的征剿中出力甚多。雍正五年间,当清军进剿乌蒙时,土知府禄万钟母子逃往大关,禄鼎坤"自备干粮,率土兵三千攻击镇雄之肋"。②米贴之乱时,禄鼎坤愿去军前效力,并将妻子送至省城作为人质。鄂尔泰并未批准,但也认可其"实心努力"。因此,乌蒙改流之后,清政府原拟将禄鼎坤安插于江宁,鄂尔泰以其向化有功,请旨改为安插省城。阿驴之变时,禄鼎坤请带鲁甸土兵1100名前往援剿,将首恶拉金父子4人擒获。因其剿捕有功,被授为河南归德营参将。然而,下达的任命文书却是外委守备,而不是参将,须送部引见,禄鼎坤甚不满意,为引发乌蒙"叛乱"

---

① 《朱批谕旨》第26册,雍正七年正月十六日鄂尔泰奏。

② 《朱批谕旨》第26册,雍正六年六月十二日鄂尔泰奏。

的一个重要原因。

鄂尔泰以禄鼎坤一人进京，路途多有不便，恰好开化镇游击徐成贞升补参将，也要进京引见，便要徐成贞与禄鼎坤同行，兼示照看。刚出省城昆明，路过杨林（今昆明市嵩明县杨林镇），在店内歇下后，禄鼎坤便同他儿子禄万福和头人罗阿莫、罗斤、李六斤、段番、段连伯、江孔泽、顾阿兔和他的哥子蛮儿、阿二矮以及汉人李逢春、庄正宜等密谋一夜，告知这些人：官府既送我进京，又差徐副将伴送，分明是半押半送，"不知是叫我京里去受罪，也不知是去当苦差。就是给我做一个汉官，总不如做我的土官无拘无束，好不自在"。认为"我家乌蒙土职，比不得别个土官，自周朝世袭到今，几十代了，一旦将地方都没有了，倒得个不孝的罪名"。① 禄鼎坤要他们回去做好准备，去到北京，一旦朝廷对自己不利，他们就发动叛乱，这样一来，官府便会放他回乌蒙收拾局面，如此便不至"失了地方"。第二天走到易隆（今曲靖市马龙县易隆镇）地界，禄万福和部分头人便返回鲁甸，禄鼎坤的心腹余康宁和顾阿兔则准备返回省城。待引见后赴河南任，到达湖广杨店地方歇店，禄鼎坤以世宗授其为参将，又赏给银子，意识到此次进京确是好事，便写了两封家书，令主文刘汉英带给他的儿子禄万钟与兄弟禄鼎新，叮咛他们暂时不要妄动，且等他告假回来葬母时，再商量。

雍正八年（1730）七月初二日，刘汉英回至鲁甸，见到禄万福，交与家书，将禄鼎坤叮咛不许妄动的话转达。头人们对禄万福说：已经与凉山、下方、阿驴的人约好了，现在已拦阻不住了。七月初三日，禄鼎坤的弟弟禄鼎新和前在杨林说事的头人们都来相会，刘汉英又将话转达了一遍，众人皆不信。刘汉英便启程去昆明，禄鼎新让刘汉英设法将禄鼎坤的家眷带出昆明。七月初十日，刘汉英到昆明后，又将禄鼎坤的话转达给其妻子和弟弟禄鼎明。禄鼎明说，禄鼎坤得了官，只是他好，自己哪儿也不愿去，只想回鲁甸。

乌蒙、镇雄"改土归流"后，乌蒙总兵一职由原曲寻镇总兵刘起元担任。刘起元"莅任既久，恣肆忽生"，对当地土民压迫甚重，"夷民之马，上者官取之，中者兵需之。不幸而妻女可观，无不媵也。凡有薪炭入市，

---

① 《朱批奏折》，"民族事务类"第1678号，雍正八年十月十一日鄂尔泰奏，中国第一历史档案馆藏。

兵役轮抽，以为'过税'。旧时酋目向来自贵，今见工匠务须下马，迟者捶楚加之。大关通判刘镇宝丈量土地，苛刻为能。教授李焜管督城工，迂疏繁碎。于是远近夷民皆无生之气，有死之心"。① 早在雍正七年（1729），鄂尔泰就发现刘起元"竟敢侵欺粮饷，扣克马价，私派公费，擅役兵民，并将恩赏兵丁搬家银两亦复侵那（挪）"。② 雍正八年（1730）八月初，就在乌蒙"夷倮""叛乱"之前，鄂尔泰还奏报："乌蒙有客民被劫事，刘起元并无只字具报，又不查明名姓，混将各寨头人逐日拷打追比，以致彝民衔怨，情不能甘。"③ 鄂尔泰随密差中军副将魏翥国前往乌蒙，一面摘印看守，一面据实题参。魏翥国尚未抵达乌蒙，即发生"叛乱"。

乌蒙土府改流后，设东蒙镇，于乌蒙府驻兵3000名，东川、威宁、镇雄三营又各驻兵1000名。总兵刘起元"但少知防范，即便反复，亦不难预调应援，并先事密报，以凭指示。乃毫无知觉，并不通闻，势如垒卵，犹视为安巢"。④ 在禄万福回至鲁甸后，见刘起元"贪虐无军律"，认为正是"恢复祖业"好时机，便开始纠约"夷目"。有人将此情况密报刘起元，但刘起元怒骂此为妄言，并未做任何应对变乱的布置。八月二十五日，禄万福趁乌蒙赶街之期聚众作乱。作为总兵的刘起元并未整兵力战，或据险待援，而是曲意求和，"直至逆倮重围，凶横益甚，仍同游击汪仁尽出帑饷，贿买贼目，欲保全家口，奔赴东川，尽被杀于离城二十里荔枝河地面。于是贼势愈炽，谓官兵伎俩不过如此。以致东、威倮属群起附和，四布流言，人心惶惑"。⑤ 之后，东川土目禄良珍、禄应爵、禄天锡、禄承鼎等将东川境内外关隘、要道、水路等全部堵塞截断，咸宁土司阿底与黑寡、暮末、拘雄等头目，镇雄施额、法漏、阿路、唎刀等，以及四川凉山、下方、阿驴各地方土民，金沙江、牛栏江两江内外，"凡禄氏凶目皆起而应之"，众至万数，"杀伤塘兵，抢劫粮运，施弩放炮，公然据敌，且串结汉奸，代传

---

① 〔清〕倪蜕：《滇云历年传》卷十二，第592页，云南大学出版社，1992。
② 《雍正朝汉文朱批奏折汇编》第19册第102页，雍正八年九月初四日鄂尔泰奏。
③ 《雍正朝汉文朱批奏折汇编》第19册第102页，雍正八年九月初四日鄂尔泰奏。
④ 《雍正朝汉文朱批奏折汇编》第19册第103页，雍正八年九月初四日鄂尔泰奏。
⑤ 《雍正朝汉文朱批奏折汇编》第19辑第534页，雍正八年十一月二十八日鄂尔泰奏。

木刻，遍委奸细，四布流言，以致贼势汹涌，民心惶惑"。①

镇雄奏捷，恢复乌蒙，进抵东川。鄂尔泰获悉乌蒙叛乱，寝食俱废，无地自容，但仍然保持住镇定，认为："料此乌合之众，官兵既集，自不难屠灭凶残，恢复疆土。"② 并迅速做出布置：调集云、贵两省兵丁一万数千名，土兵半之，除分防各城池、各要隘外，所余兵丁分为东川、威宁、镇雄三路。东川一路，先委派新任临元镇总兵魏翥国统领，后因魏翥国被禄鼎坤之弟禄鼎明刺伤，改委楚姚镇总兵官禄总统兵马，听提督张耀祖调度；威宁一路，委派贵州安笼镇总兵哈元生总统兵马，以副将徐成贞为副手；镇雄一路，委派参将韩勋总统兵马，听哈元生调度。三路兵马的首要任务是扫除"羽党群凶"，救援三座城池，然后再会剿乌蒙。鄂尔泰告诫诸军，叛军繁多，应各审度地势，量兵多寡，守住紧要隘口，不可轻率前进，待各路会齐，约会日期，再分路进攻。并札告四川抚、提诸臣调兵堵御。

三路之中，首先报捷的是镇雄一路。

镇雄改流后，镇雄参将韩勋领兵400名，驻扎于距离镇雄州城4站、连接镇雄与乌蒙的要隘奎乡。乌蒙变乱，有劖刀、说革等人在州城附近雨撒河附近山箐抢劫行人，并诈称原镇雄土司陇庆侯庶母二禄氏正招兵聚众，引起州城居民恐慌。知州徐德裕差人将劖刀等擒斩，民心始定。又有镇雄州城镇雄土目施额、者布、法漏、者约等，连同乌蒙"夷倮"，集众数千，举着缴获的东蒙镇盔甲、旗帜、号筒，大张声势。韩勋领兵主动出击，九月二十日，在一个叫莫都都的地方，与"倮众"激战。双方众寡悬殊，清军以一当十，一昼夜血战27次，连破4寨，杀死"倮众"300余名，杀伤无算。乌蒙"叛目"阿路等带领"倮众"七八千人，扎营于奎乡对面山岭，呐喊猖獗。九月二十七日，韩勋带兵前往，分7路攻击，"倮众"分9股迎拒。双方从早晨战至黑夜，"夷倮"被斩杀百余人，带伤数百人。次日，"倮众"前往离营盘5里的寸铁塘抢劫仓房，韩勋领兵分五路前往迎击，双方又从早晨战至黄昏，"夷倮"被斩杀200余人，伤300余人，4人被擒，割首级50余颗。韩勋令雄所土目安国兴抄截后路，"夷众"败溃，被杀50余人。十月初二日晨，韩勋带兵攻入"夷倮"营

---

① 《朱批谕旨》第28册，雍正八年十月十七日鄂尔泰奏。
② 《雍正朝汉文朱批奏折汇编》第19册第103页，雍正八年九月初四日鄂尔泰奏。

一、"改土归流"之战

盘，杀 200 余人，斩首 60 余级，将营寨焚毁。

韩勋开始仅带有 400 名兵丁，抵敌数千，血战一昼夜，杀敌数百，连破 4 寨。其后，各处来援，兵丁增至 1500 名，而"夷众"则多至 8000 余名，双方连战 3 日，韩勋率兵斩杀 2000 余众，鄂尔泰称："大挫贼锋，实自韩勋始。"①

威宁一路也旋即告捷，并克复乌蒙。

哈元生于九月十九日领兵抵达威宁，此时所调各处兵丁尚未集齐，加上驻守威宁的兵丁，共计仅 2000 余名。哈元生亲领千余名兵丁驻扎于得胜坡。九月二十一日，约有 2 万余名"夷倮"，分作三股，张旗呐喊，杀奔前来。哈元生以三路迎敌，施放枪炮，而"夷倮"不断冲击，进退十数次，"夷倮"被射杀无数，斩首 30 余级，始而溃散。二十二日，"夷倮"又分十余路而来，双方近距离搏杀，有威宁阿底地方名叫黑寡的头目，用长枪刺向哈元生，哈元生"一手隔过，随拔箭射中黑寡，落马堕地，斩其首级，又射死凶目暮末一名"。② 在击退"倮众"的进攻后，清军援兵陆续到达。十月初一日，是"夷民"的传统节日，哈元生密令兵弁乘机扑剿，杀死无数。十月初八日，哈元生等率领 4000 名左右的清军进至以那（今贵州威宁县迤那乡），见"倮众"数万，联营十里，众寡悬殊，决定设伏，出奇制胜。十月初九日，哈元生令游击曾长治率威宁土千总安疆，带领汉土兵丁 1800 名埋伏于麻窝山后"夷倮"营寨右侧，又令参将康世显率土目捕儿等，带领汉土兵丁 1800 名埋伏于"夷倮"营寨左侧，自己和副将徐成贞、土千总安天爵，督率汉土兵弁拟由中路突破，约定信炮。初十日晨，"倮众"分股前来，直至两军相近，哈元生命发信炮，一时枪炮声震天，三路并起。"倮众"猝遭伏击，惊慌奔窜。清军乘势追杀，连踏敌营 80 余座，救获被难男妇千余人。其后，哈元生等率兵经乌蒙府所属稻田坝，于当日抵达乌蒙府城外凤凰山扎营，继而进入府城，克复乌蒙。

雍正八年（1730）八月二十五日，"倮众"叛乱，乌蒙府城于八月二十八日被占据，哈元生以少击多，于十月初十日即恢复乌蒙，可谓迅速。

---

① 《朱批谕旨》第 28 册，雍正八年十月十七日鄂尔泰奏。
② 《朱批谕旨》第 28 册，雍正八年十月十七日鄂尔泰奏。

鄂尔泰闻报，称赞哈元生："此非止谋勇过人，实由忠义在念。"①

镇雄、威宁两路相继奏凯，而东川一路，云南提督张耀祖、楚姚镇总兵官禄领兵分路进剿，虽有斩获，但逡巡畏缩，迁延缓进。

东川接连鲁甸，"夷民"众多，"夷目"半系禄姓。禄鼎坤之子禄万福遍行勾结，并率众乘势渡过牛栏江，抢厂劫粮，肆行劫掠，而东川"诸夷"则将府城附近村寨焚掠，截断粮道，杀伤塘兵，围困府城。雍正八年（1730）八月二十八日，魏翥国于前往乌蒙途中，到达东川黄草坪塘时，听闻东川于二十五日被围，便领兵驻扎隘口，等待援兵。鄂尔泰调集兵丁，以提督张耀祖和新任曲寻镇总兵魏翥国分别统领，初有数千，后增至万余，由张耀祖调度。

因乌蒙"叛乱"后，尚在省城昆明的禄鼎坤之弟禄鼎明力求从军平叛，鄂尔泰遂同意其前往魏翥国军营。九月初四日，禄鼎明到达后，见到魏翥国，即拔刀将其刺伤（魏于十月间伤故），禄鼎明旋即被逮住后正法。

魏翥国被刺，其职由楚姚镇总兵官禄接替。官禄率领大军，一路仅遇到一些零星抵抗，但其迁延观望，直到九月二十七日才抵达东川。官禄领兵入城后，即将城门紧闭，既不出城缴杀，也不派兵过江打通与鲁甸之间的联系。在鄂尔泰的一再督令之下，才领兵出城，敷衍应对。提督张耀祖则"震于贼势，流于惑言"，屯兵功山（今昆明市寻甸区功山镇）数日，至十月十八日才起营前进，二十一日抵东川府城，虽拨兵丁四路分剿，但无意邃进乌蒙。

开通两郡，恢复"三关"。清军虽恢复乌蒙，占有东川、镇雄两城，但"一江三关"等要隘仍为"夷倮"占据。乌蒙为云、贵、川三省交界地，牛栏江不通，则与东川阻隔；伐乌关被占，则与镇雄阻隔；豆沙关被占，则与大关阻隔，"此声息之所以不通，而凶焰之所以忽炽也"。② 所以鄂尔泰认为，尽快打通"一江三关"，是战略重点。但"三关均属天险，悬岩峭壁，箐大林深，失之虽易，得之较难"。③ 而牛栏江为鲁甸凭陵之区，"倮众"于江内江外蔓延，凶锋甚烈，不易解散。哈元生恢复乌蒙，只带有不到6000兵丁，仅敷弹压，难资攻剿，而镇雄兵丁无多，川省又

---

① 《朱批谕旨》第28册，雍正八年十月十七日鄂尔泰奏。
② 《朱批谕旨》第28册，雍正八年十一月二十八日鄂尔泰奏。
③ 《朱批谕旨》第28册，雍正八年十一月二十八日鄂尔泰奏。

路途遥远。鄂尔泰认为：就哈元生而言，只能少待，以张耀祖而论，则应催其前进。首先要打通东川与所接壤的寻甸、武定、宣威三府州之间的联系，而此三府州并未随乌蒙叛乱。

提督张耀祖屯兵功山，继而领兵至东川，沿途安设台站，寻甸与东川道路已通。武定与东川、宣威与东川之间的联系，分别阻于毕古坝和者家海（今会泽县者海镇）。鄂尔泰令游击王先领兵进至毕古坝，游击曹世贵续领兵丁到达，以两路攻破"夷倮"巢穴大鲁屯，杀死杀伤无算，余众逃往四川的多步可地方，招抚"夷倮"1268名口，救出被掳汉民24人。清军占据毕古坝，打通了武定与东川的道路。者家海为滇东北较大的坝子，为东川通达乌蒙的捷道，境内土目众多，有六营长、九火目等，尤以土目禄承爵势大，号称"东川第一凶顽"，聚众于三多多等寨。十月初五日，官禄遣游击纪龙等分两路攻打，宣威州土勇千余名也赶到，"夷倮"不敌，奔逃至牛栏江边，在陡红箐持弩抵抗，被兵丁击散，杀死杀伤无算，禄承爵等逃至巧家营。清军占据者家海，宣威与东川之间的道路也得以开通。

哈元生所领驻扎乌蒙的兵丁虽不到6000名，但仍遣参将康世显领兵至鲁甸，再赴牛栏江，接引东川；遣游击曾长治领兵经龙洞山至法漏屯，接引镇雄。十月十二日，康世显领兵至高鲁，十三日抵鲁甸，救出在乌蒙叛乱时遇害的原乌蒙镇游击张鹤之妻等难民五六十口，十六日抵牛栏江，将附近村寨洗剿后，搭设浮桥，令把总杨旭带兵300名直抵东川府城，迎接提督张耀祖过江。十月十六日，曾长治领兵至龙洞山，十七日抵法漏屯，"夷众"施放滚木、擂石，兵丁冒险攀援，杀死数十人，"夷众"溃散，遂于下江搭造桥梁，与江对岸的川军相遥应。

哈元生仅领有兵弁6000名，除驻守乌蒙府城外，又到处分兵接引，其不知内顾，一意前驱，致清军受挫。除分兵前往东川、龙洞山外，哈元生还遣游击王弼领兵300名，巡游近地；令外委、土目等领汉土兵丁500名，运粮鲁甸；令千总蔡斌、陈策等领兵800名，搜寻江边。王弼贪功深入，在高鲁寨遭伏击身亡，损兵百余名。运粮汉土兵丁在马鞍山遇袭，损失20人。十一月初四日，蔡斌等至鲁甸五棵树地方，遭五六千"夷倮"围住，双方相持之时，恰好提督张耀祖派遣过江应援乌蒙的游击曹世贵、王先率兵从火红到鲁甸，闻枪炮之声，赶往救援，将"夷倮"击退，追至贵州草海子（今毕节市威宁县草海），歼灭百余人。

先是，张耀祖进抵东川府城后，令兵丁四处搜剿，并称"东川一日不靖,一日不能过江"。鄂尔泰以乌蒙虽已恢复,但哈元生兵寡,难以发兵搜剿,而"乌蒙一日不定,诸夷一日不能息心",令张耀祖从所统12000名兵丁中抽拨4000名过江,应援乌蒙。十一月初一二日,张耀祖派遣游击曹世贵、王先过江,正好解了蔡斌等之危。鄂尔泰称自己对此心有余悸:"向使过江官兵但迟一日,不及应援,则八百汉土官兵纵极勇敢,亦岂能当逆贼数千?"①

开通牛栏江,打通东川与乌蒙的联系,使驻扎乌蒙的清军得到来自东川兵丁的支援,哈元生便分兵六路,搜剿乌蒙境内的"叛倮"。

镇雄营参将韩勋领兵,在土目戛虐的引导下,杀奔伐乌关,一路擒斩,于十月三十日攻破伐乌关,随即派兵捣毁附近村寨,进兵大关。大关为乌蒙锁钥、三省枢纽,乌蒙"叛倮"啸聚于此,合力抗拒。

乌蒙"夷倮"叛乱,鄂尔泰札咨川省官员派兵堵御。十月初旬,四川守备王敬简领兵抵镇雄,游击王谷宰领兵抵雷波,游击李继经领兵抵盐井渡,继而克取豆沙关,截断"叛倮"逃跑入川的后路,与滇黔兵丁遥相呼应。

韩勋领兵由伐乌关至大关,十一月初四日经过翁迭寨,此系禄鼎坤胞弟禄鼎新住处,但禄鼎新并未从逆反叛,反而收留保护之前从乌蒙、大关等处逃出的兵丁和家口,并将之前千总付以其养活兵丁及家口的200两银子原封不动地保存,交给韩勋。清军顺利通过翁迭寨,兵进黄水河,分兵四路,合攻大关:右路,以守备王应熊领兵由麻柳河进攻;左路,以守备李世禄领兵进攻;后路,以千总谭盛元带领土目戛虐等,带兵由地瓜坪经透老林至雄魁脑抄截;中路,由韩勋亲率守备马骐等,由葫芦口进攻,四面夹攻,立破排栅5层,杀伤无算,"倮众"大溃,大关克复。随后,清军克复永善,搜获遗失的东蒙镇关防。

至此,川滇会合,疏通两郡,恢复"三关",贯通三省,大局已定。

鄂尔泰奏称:"今三省大兵云集数万,若不将禄氏尽行屠灭,丑类酌量遣发,恐即暂时平定,终必仍有反复。此臣之所以一意主剿,剿后再抚,断不容避难就易、粉饰贻误者也。"② 并认为:"通查此案,造谋者禄鼎坤,指示者禄万福,知情者禄鼎新,号召期约者鲁甸头人,不待及期而

---

① 《朱批谕旨》第28册,雍正八年十一月二十八日鄂尔泰奏。
② 《朱批谕旨》第28册,雍正八年十二月十七日鄂尔泰奏。

启衅者乌蒙头人,闻风响应而起者东川头人。"于是发下牌文:"锐意屠剿。不捣巢穴,毋得旁及;不获逆首,毋得空回。"① 并进一步谕令诸军:"凡禄氏逆族及逆党头人,一孽未获,则罪不抵功;一寨未清,则赏不胜罚。"② 大规模的追凶擒首行动随即展开。

禄鼎坤早在乌蒙叛乱之初就在河南被拿解,禄鼎坤之弟禄鼎新在雍正八年十一月初四日在大关授首,禄鼎坤之子禄万福则在十二月二十四日于鲁甸后山被擒获。雍正九年(1731)四月初九日,据鄂尔泰奏报:"各处巢穴、牛栏、金沙遍搜。二江内外,不独贼子禄万福、贼弟禄鼎新、白迫阿得等皆已擒缚因解,并乌蒙倡逆之兄目庚沮、西戈、补卧、切黑窝、龙山甲甲、高鲁、维业等,鲁甸倡逆之凶目段良伯、鼠寿长、段璠、李六斤、奔苴等,镇雄倡逆之凶目刷刀、法漏、者约等,阿底附逆之凶目黑寨、构雄等,东川发难之凶目禄良珍、禄良臣、禄天宰、禄天锡等,川界抢厂之凶目禄良贵、禄良相等,以及各路大小头目,无不或斩或擒,殆无噍类。计前后擒拿解省之逆目要犯,共四百七十名,逆犯眷属共一千余名口。"③ 提出对这些人的处置:凡属头目,俱应剪除,断难令一名漏网,即罪不当诛,亦必须迁徙,庶既尽根株,斯可绝萌蘖。乌蒙、鲁甸"逆首皆已全获,而凶俸且剿屠殆尽矣"。鉴于东川一境,"禄良珍等为之倡,而禄氏蜂起者甚众,禄良贵、禄良相等乘势劫厂,统众作叛",大量"叛俸"逃至四川。因此,东川和川界内,"逆首并无漏网,而斩杀之凶俸亦且数千人矣"。据鄂尔泰奏报:"统计逆首逆党及附从凶俸,前后临阵斩杀并滚崖、投江自尽者已万余人,擒获、搜获讯明枭示及刹去右手者数千人,所获俸贼男妇,分赏在事有功者亦数千人,准予安插并暂准投诚者亦万余人。"④

平定乌蒙叛乱期间,清军不仅大肆杀戮,其手段还特别残忍。十月初四日,游击王先自武定进兵东川时,在毕古坝擒获"贼首"勿替,将其斩杀后祭旗。十月十八日,何元在黑革地方搜剿时,拿获"汉奸"许登科、张国彦、袁标,将其脚筋挑断后释放。十月十七日,在火红地方,拿获张

---

① 《朱批谕旨》第28册,雍正八年十二月二十日鄂尔泰奏。
② 《朱批谕旨》第28册,雍正八年十二月二十日鄂尔泰奏。
③ 《朱批谕旨》第29册,雍正九年四月初九日鄂尔泰奏。
④ 《朱批谕旨》第28册,雍正八年十二月二十日鄂尔泰奏。

姓"汉奸"和禄承鼎亲信头人沙奴，将二人钉手秤杆示众。对于投降后并随军效力的威宁阿底土目补凶，鄂尔泰认为其投诚非出本心，密令哈元生在回师之日，将补凶及一同投降的数百"强倮"尽数擒杀枭首，沿途悬示，以除后患。另外，斩杀示众、割取首级、割取耳记不计其数。《清史稿》有谓："鄂尔泰檄提督张耀祖，督诸军分道穷搜屠杀，刳肠截胫，分悬崖树间，群苗詟慄。"① 制造极其恐怖的气氛。如此行为，应该谴责！鄂尔泰也意识到杀戮过重，但仍辩称："自始事至今，或谓过于严急，或谓近于残刻，臣皆不遑恤。鬼神鉴察，未期勿欺衾影已耳。"②

"改土归流"是雍正实施民族"大一统"思想的体现，是完成国家统一的必然要求，核心是以流官取代土官，剥夺土司土目沿袭数百年的特权，变间接治理为直接治理。那些被改流的土司土目不甘心失去权力，心怀忿恨，而之前雍正五年（1727）时的改流不彻底，给了他们反叛的机会，这应是造成乌蒙大规模"叛乱"的深层次原因。雍正五年乌蒙等地改流之后，虽然在境内设官置镇，兴建儒学，吸引了大量汉民进入，部分改变了当地的社会面貌，但善后整体规划不足，推进不力，加之刘起元等漫无调度，恣意巧取，终致激变。正如鄂尔泰所称："至乌蒙一隅，则尽系倮属，犷悍横肆，已历数百年，流毒最广。臣前经理改流，原以计取，并未大加惩创。今日反复，故所应有。"③

如此大规模的叛乱，"恢复郡治不及二旬，克取三关才经两月"，取胜迅速。其原因：一是作为统帅的鄂尔泰战略选择正确，调度得宜。以三路进兵，迅速恢复乌蒙，占据乌蒙、东川、镇雄三座主要城池，稳定了局面，继而占据关隘，疏通两郡，恢复"三关"，贯通三省，控制住了大局。二是世宗的支持，哈元生等将领用命。乌蒙叛乱，将鄂尔泰推向风口浪尖，其承受着巨大压力，"谓苗倮原不应惩创，谓边疆原不必开辟，皆鄂尔泰好事，皆鄂尔泰启衅"。但世宗则宽慰他："朕从前屡谕敕诫者，意中只觉必有此一反复。可定神平和，次第办理"，并明确告知其"此非卿咎，亦朕之过"，"朕实毫无罪卿之意"，并安慰他"祸兮福所倚。焉知此举非上天赐将来永永奠安之恩乎？倘蒙天地神明慈佑，经此一番，而顽蠢不敢

---

① 赵尔巽：《清史稿》卷二八八《鄂尔泰传》，第 10234 页，中华书局，1977。
② 《朱批谕旨》第 29 册，雍正九年四月初九日鄂尔泰奏。
③ 《朱批谕旨》第 28 册，雍正八年十二月十七日鄂尔泰奏。

再肆其狂,而地方文武亦不敢疏忽防范也"。鄂尔泰对此感激涕零,奏称:"乌蒙覆没,不啻瓦解,惟圣明可宽臣之罪,天下谁谅臣心?"认为这是皇帝对自己"推嘘噢之意欲纳诸怀,极爱护之情如擎之掌",自然不敢废事误公。① 于是,将粮饷、赏号、火药、铅弹及军中一切机宜,"心画手书,昼夜其间;轻重缓急,各有次第,备极鲜明。而安笼镇总兵哈元生等倾心努力,一遵指示"。② 三是清军与"叛倮"相较,是有目的的进攻对无目的的防守,枪炮对刀剑、长枪、弓弩、滚木、擂石,清军虽在人数和环境熟悉上处于劣势,但在战争组织、战斗素质、武器装备等方面则优势巨大。

平定乌蒙叛乱后,各项善后事宜随即展开。主要措施:一是对有功和阵亡将备弁兵的赏赐和抚恤,以及对征剿不力官员的处理。哈元生、徐成贞、韩勋劳功最多,擢升哈元生为贵州提督,徐成贞为乌蒙镇总兵,韩勋为贵州安笼镇总兵。之前,原楚姚镇总兵官禄与鄂尔泰不和,向云南提督张耀祖挑唆:"提台老大人如何受他辖制,我实不服。况他时运也该败了,将来也不过像年羹尧,还要连累多少人。若提台与我同心,与他打官司不难。"③ 张耀祖将此话转给鄂尔泰。军务告竣,张耀祖被调署固原提督,官禄则被以临战退缩例革职。二是将滇东北土地招民复业垦种,移民开垦。"滇省汉彝民人如有愿往乌蒙开垦者,呈报地方官,分给田地垦种,给照以为世业。""外省携眷入川之人,尚未得安业者,于存公银内量给盘费,将男妇人口造册,咨送来滇,安插乌蒙垦种。"云南地方官认为:"如此,则一二年间,乌蒙一郡尽换良民,生聚日繁,开垦日广,将见千古荷戈之地遂为万年宁一之区。"④ 三是更改郡名,增加驻兵。鄂尔泰认为:"乌蒙"有乌暗蒙蔽之意,奏请世宗赐为"昭通"嘉名,"举前之乌暗者,易而昭明;前之蒙蔽者,易而宜通"。议定乌蒙驻兵5400名、东川驻兵1500名,其余参与战斗的云贵土兵通檄全撤。鄂尔泰还令于云、贵界上

---

① 《朱批谕旨》第28册,雍正八年十二月十七日鄂尔泰奏。
② 《朱批谕旨》第28册,雍正八年十月二十六日张允随奏。
③ 雍正八年十一月二十八日,《云南总督鄂尔泰奏请简补乌蒙、临安、古州三镇总兵并陈楚姚总兵官禄贻误军机折》,《雍正朝汉文朱批奏折汇编》第19册第533页。
④ 雍正八年正月十三日,《云南总督鄂尔泰奏报巡查广西所见沿途城池营伍土官彝情暨水利河道等情形折》,《雍正朝汉文朱批奏折汇编》第17册第696页。

筑桥，名曰"庚戌桥"，以纪其绩。

用兵滇南

镇沅土府的改流及反叛。地处滇南的镇沅土知府（今普洱市镇沅县）和地处滇东北的沾益土知州（今曲靖市宣威市），是鄂尔泰临滇之后最早以武力实现"改土归流"的地方。

鄂尔泰首先瞄准此两土司，实施武力改流，是因为他们"势重地广，尤滇省土司中难治者"。① 冀望通过对此两土司的武力改流，杀一儆百，使"群小各知儆惕"。

镇沅土知府刀瀚，"人本凶诈，性嗜贪淫。自威远盐井归公，长怀不法，强占田地，阻挠柴薪，擅打井兵，流毒地方，恐贻后患"。② 鄂尔泰密令督标游击杨国华带兵前往镇沅，雍正四年（1726）六月十九日，将刀瀚一举擒获，并摘取印信、号纸，押解省城。沾益土知州安于蕃，"势恃豪强，心贪掳掠，视命盗为儿戏，倚贿庇作生涯，私占横征，任其苛索，纵亲勾党，佐其恣行，卷案虽多，法不能究，比刀瀚更甚"。③ 鄂尔泰派抚标左营游击署寻沾营参将祝希尧前往沾益，雍正四年七月初四日，安于蕃就擒解省。鄂尔泰奏请按律定拟，将两土司"改土归流"，增设流官，以威远同知刘洪度署镇沅知府。

邻近镇沅府的者乐甸，设有世袭土长官司，长官司长官刀联斗昏庸乖戾，受把目主使，危害地方，加之该地为"野贼"出没门户，山势险阻，为运盐要道。雍正四年九月间，鄂尔泰命杨国华、刘洪度带兵100名，径赴者乐甸。刀联斗投献印信、号纸，该地"改土归流"。

因"强不如安于番、刀瀚，势不如刀联斗者，皆遵法输诚"，不烦威力即实现改流，给了鄂尔泰很大的信心。但接下来的镇沅叛乱，则是鄂尔泰始料未及的，由此引发对滇南的用兵。

---

① 雍正四年七月初九日，《云南巡抚管总督事鄂尔泰奏报擒制积恶之镇沅土知府刀瀚、沾益土知州安于番折》，《雍正朝汉文朱批奏折汇编》第7册第632页。
② 雍正四年七月初九日，《云南巡抚管总督事鄂尔泰奏报擒制积恶之镇沅土知府刀瀚、沾益土知州安于番折》，《雍正朝汉文朱批奏折汇编》第7册第632页。
③ 雍正四年七月初九日，《云南巡抚管总督事鄂尔泰奏报擒制积恶之镇沅土知府刀瀚、沾益土知州安于番折》，《雍正朝汉文朱批奏折汇编》第7册第632页。

一、"改土归流"之战

雍正五年（1727）正月二十六日，鄂尔泰接到游击杨国华禀报：正月十七日夜间，镇沅"夷倮"勾通威远（今普洱市景谷县）"倮黑"，聚众数百人，放火焚烧府衙，将知府刘洪度杀害，抢走印信。鄂尔泰闻报，即谕令临元镇总兵张弘本、元江协副将张应宗、新嶍营参将曹登云、景蒙营参将李登科、普威营参将邱名扬各领官兵前往，会同游击张国华相机剿抚，并确查起事缘由。

情况很快就查清。镇沅事变，"系镇沅参革土府刀瀚族舍、把目、衙蠹人等，或称署府刘洪度编粮苛刻，或称刘洪度家人勒索钱粮，威逼寨民，致奸民同谋不轨。其为首者系刀西明等，纠合倮黑千余人，放火劫杀"。而这千余人中，"同伙夷人五百，窝泥有四百，倮黑有三百，大头倮倮有二百，摆夷有四百，领头是土官的老兄弟刀应才、圈倮的周倮倮、黄庄的张把司"。① 并了解到"彝倮"还准备邀集更多人，攻打者乐甸和景东府。

清军决定四面合围，以张应宗部为中路，从他郎（今墨江县）直进，曹登云部为左路，由哀牢、者乐甸进攻，邱名扬为右路，从威远进发，李登科部出景谷，断其后路。各路清军仅遇到零星抵抗，二月十四日抵达镇沅，"夷倮"星散。拿获倡乱要犯50余名，审系主谋巨恶，即行正法。被逼胁附从之人，分别发落安插。其中30余人是"必不可留之人"，因人数过多，鄂尔泰称杀之是无奈之举。世宗朱批："不可留之人，即一人亦不可疏纵。若不应正法，即一命亦当详慎。盖千人、百人、一人，皆同一命耳，不可就数目而论多寡。"②

鄂尔泰认为：此次"夷倮"杀官烧衙，原因有三：一是之前刘洪度任威远同知时，因当地"倮黑"两次放火杀人，鄂尔泰令其查拿，刘洪度带兵拿获5人、杀死1人，故"倮黑"衔恨；二是威远出产井盐，刘洪度在威远任上，剔厘盐弊，严禁土棍把持需索，引得土目人等衔怨；三是刘洪度署镇沅知府后，查出镇沅土目、土役等人皆白占"夷民"田地，还令"夷民"纳课上租。刘洪度欲将田地撤还归民，各令输赋，土目等从此衔

---

① 雍正五年三月十二日，《云南总督鄂尔泰奏报遣发官兵擒获彝倮情形折》，《雍正朝汉文朱批奏折汇编》第9册第244页。

② 雍正五年五月初十日，《云南总督鄂尔泰奏报审办镇沅地方叛逆首恶缘由折》，《雍正朝汉文朱批奏折汇编》第9册第774页。

恨，遂捏造浮言，煽惑"夷众"，称刘知府要将民田尽数入官，有愿领种者，先交价银24两，定限完纳，当堂收取，违者重处。借此煽惑，威逼寨民，勾结"倮黑"，杀官烧衙。鄂尔泰认为：刘洪度虽过于严切，但镇沅事件非其激变而成，而是"夷倮"猖狂不法，明相勾结，核心在于之前镇沅改流不彻底。临元镇属镇沅、威远、元江、新平、普洱、茶山等地，少数民族众多，有当时称为"倮黑、苦葱、摆夷、窝泥、大头倮倮"等，出没哀牢、鲁魁之间，危害地方。之前官府虽加以惩创，但又将招出头目授予土职，"计图以贼制贼，殊不知始犹潜踪外地，近则流布内境，诸凶之余孽未尽，党羽日蕃"。指出："若经此一事，再不彻底料理，仍复苟安，恐威远、普洱、元江、新平之间终难以宁帖。"① 认为现在兵丁云集此地，正好乘此兵威，对临元镇境内的"倮夷伙贼"多加擒剿，安良除暴，扫穴擒渠，净其根株，不贻后患。由此展开对滇南多地的用兵。

清军冒瘴深入威远、新平。滇南瘴疠盛行，威远、新平两地处于鲁魁、哀牢山区，为通往滇南要地，虽早已设流官，但统治仍难以深入，"倮贼"猖獗。镇沅事变时，出兵助逆的威远、新平"倮贼"张义登、马亦风被清军杖毙，威远"倮贼"扎铁匠、周大妹等以报仇相煽惑，乘机率众打井劫寨，掳掠乡村，新平李百叠等也率众抢杀。镇沅事件平息后，鄂尔泰"严檄官弁，趁此兵威，前赴威远、新平二处协力擒剿，务尽根株"，遣督标游击李化龙带领弁兵会擒，"倮贼"逃入深箐。七八月份，正值盛暑，瘴疠薰蒸，兵丁染瘴甚至病故者较多。鄂尔泰矢志深入擒剿，派遣抚标守备席嘉旺持其令箭到营，称："倮贼一日不除，官兵一日不撤。纵触锋冒瘴，宁死必前。能灭贼，死有余荣。不能杀贼，生有余辱。"其无犹豫之心，认为"若不及此剿灭，又行撤兵，纵暂时安帖，后必猖狂。姑息之恩，适所以养祸"。在鄂尔泰严促之下，兵弁冒险深入，搜箐搜山，多所擒获。拿获"倮贼"60名、眷口182名，枪炮打死941名，其中斩首384级。武力震慑之下，有称为"黑老胖"的头目将扎铁匠擒献，以求赎罪。李百叠亦自动投献。

清军深入威远、新平，艰苦异常，付出极大代价：染瘴病故千总2员、把总2员、巡检1员，带伤把总2员，兵丁阵亡13名，受伤后不治

---

① 雍正五年五月初十日，《云南总督鄂尔泰奏报审办镇沅地方叛逆首恶缘由折》，《雍正朝汉文朱批奏折汇编》第9册第774页。

身故 3 名、染瘴身故 189 名，土练阵亡 6 名、染瘴后病故 6 名，带伤兵丁、土练 35 名。鄂尔泰称："每念此事，实切难安。欲图一劳永逸，势不能不出于此，固莫可如何。"①

深入茶山、车里。在滇南车里宣慰司（今西双版纳州）慢课、慢林等处，居住有哈尼族先民，时称"窝泥"，居于万山之中，多以采茶为生。威远、新平事件时，"窝泥"头人沙比结与莽芝人麻布朋和克者老，于雍正五年（1727）四月初六、七两日起事。鄂尔泰檄令车里宣慰司刀金宝带土兵往剿。而居住于橄榄坝的车里版目刀正彦，欲夺车里宣慰司职，于是纠合六茶山"窝泥"，将刀金宝挟持，焚烧车里土司境内的倚邦各寨，并将前去招抚的 18 名清军掳去，全部杀害。

与威远、新平相较，六茶山、车里瘴疠更盛。鄂尔泰认为："滇南凶傈原不止威远。新平近接鲁魁，哀牢远连茶山，孟养绵亘数千里，直抵江外，种类不齐，顽悍则一。而六茶山尤系久叛之区，从无数年宁帖，目前虽无大害，日久将为隐忧。总因从来将弁畏其凶焰，不敢深入，内则莫窥其巢穴，外则不熟其路径，故来无知踪，去无由迹，以致未事不能防御于先，既事不能追擒于后。而封疆大吏智识浅鄙者固不能远见，其瞻顾粉饰者反每多支词。此贼风之所以日肆猖獗，而莫知所底止者也。"② 于是，调临元镇总兵孙弘本率 2000 余名官兵、1000 余名土兵前往擒剿。在元江协副将张应宗、普威营参将邱名扬的督率下，清军持斧锹开路，焚栅湮沟，连破险隘，直抵孟养。

雍正五年十一月二十日，邱名扬率兵抵蛮破，适遇"倮众"千余，清军将其杀败，一路追至攸乐深箐之中。六茶山绵亘数千里，人民数万，攸乐居其一，有 40 余寨，穷一日之力不能遍搜一箐。鄂尔泰认为："现在孟养、攸乐、橄榄坝、九龙江等处，各将皆已深入。臣必欲将六茶山千余里地尽行查勘，安设营房。""不论江内江外，其逼近外国，应示羁縻之地，仍着车里土司，以备藩篱。凡应安营设汛，并可建州县之处，一一斟酌妥

---

① 雍正五年九月十六日，《云南总督鄂尔泰奏报进剿威远等处倮彝情形折》，《雍正朝汉文朱批奏折汇编》第 10 册第 650 页。

② 雍正五年十一月十一日，《云南总督鄂尔泰奏报调兵进剿边地窝泥逆贼情形折》，《雍正朝汉文朱批奏折汇编》第 11 册第 15 页。

协，以为一劳永逸之举，庶滇省边彝可永无后患。"① 于是，清军以"降彝"做向导，十二月初五日自攸乐出，于初六日抵莽芝，深入千余里，无险不搜，拿获麻布朋及克者老两父子，俘斩千余。刀正彦潜往孟腊。云南提督郝玉麟亲往查勘，直抵九龙江、橄榄坝等处，"约邻国勿纳"。雍正六年（1728）三月初四日，将刀正彦擒获，解往省城。鄂尔泰奏称："车里宣慰司刀金宝自知年幼，不能约束，业经具呈，情愿将江内各版纳归流官。"② 世宗批准：普洱设府，思茅设通判，攸乐设同知，置普洱镇，辖中左右三营和元江营，分汛防守。

其后，原刀正彦管辖的橄榄坝大塔缅寺和尚，以及刀正彦亲信党羽扒护、扒瞻等，以"流官到来，你们决无生路，我们也存住不得了"煽惑当地民众，于雍正六年（1728）七月二十一日夜间，集众放火焚烧民房和刀正彦原住大楼，杀伤驻防此地的兵丁。鄂尔泰檄调永顺镇兵500名、抚标兵500名、元江协并100名应援，加上原驻扎车里各地兵丁，共超过4000名。

七月二十四日晨，数百名"摆夷"各戴皮盔，身披棉被，手执梭镖、弓弩、枪械，声言要替刀正彦报仇，攻打驻扎攸乐的孙宏本部。清军四面埋伏，用枪炮打死数十人，"摆夷"败散。扒护、扒瞻等煽惑橄榄坝附近猛遮、猛笼等地的"摆夷"，不断攻击清军，皆被击退。清军因援兵未到，烟瘴未消，兵弁半数染病，不敢追击，只能就地防守。车里土司刀金宝心存畏惧，避匿于猛者。九月初九、初十日，1000多名"摆夷"手持枪炮、挡牌拥至叭泥，经过激烈战斗，打死清军3人，"摆夷"虽死伤多人，但仍将各隘口占据，并阻断清军水口、粮运。

虽然形势严峻，但鄂尔泰了解到，这次变乱者仅为橄榄坝的"摆夷"，车里土司其他地方的"摆夷"并未附和。他认为临元镇总兵孙宏本调度不力，只有云南提督郝玉麟亲往督率，相机剿抚，才能完局，札谕郝玉麟带本标兵600名赶赴前线。

其后，之前所调官兵除郝玉麟所率兵丁尚未到达外，其他全部抵达。

---

① 雍正六年二月初十日，《云南总督鄂尔泰奏陈滇南地方安设营汛管见折》，《雍正朝汉文朱批奏折汇编》第11册第657页。
② 雍正六年六月十二日，《云南总督鄂尔泰奏钦奉圣谕备陈版纳地方防务情由折》，《雍正朝汉文朱批奏折汇编》第12册第671页。

一、"改土归流"之战

孙宏本于十一月十三日晨，调遣兵弁分路出击，迅速克复被"摆夷"占领的橄榄坝、九龙江等地和要隘。十一月十六日，郝玉麟率兵抵达攸乐，令车里土司刀金宝出见。十二月初二日，车里土司刀金宝携家口赴郝玉麟行营。郝玉麟赏给刀金宝银两、袍帽，并告以"尔乃无罪之人，不过为逆夷势逼逃避，如今出来，可安慰各头目，招抚百姓，宁家乐业"。① 随后，将车里十二版纳人民全数招抚。扒护、扒瞻逃往"莽国"、老挝境内，郝玉麟带兵前往擒拿。"莽国"致信郝玉麟称："大兵不必进来。橄榄坝的人造反，如走到我们地方，我们自然拿解。"郝玉麟回称："不可容隐一人，若容留住坐，大兵进来，恐扰及你们地方。"② 随后，猛拿头人将扒瞻等3名"贼首"拿获，事件平息。议定车里留驻2500名汉、土官兵，其余清军全部撤回，而临元镇总兵孙宏本则在营病故。

清军用兵车里后，"惟江外归车里土司，江内地全改流。升普洱为府，移元江协副将驻之。于思茅、橄榄坝各设官戍守兵，以扼蒙、缅、老挝门户。于是，广南府土同知、富州土知州各愿增岁粮二三千石，并捐建府、州城垣。孟连土司输银厂，怒江野夷输皮帑，而老挝、景迈二国皆来贡象，缅甸震焉"。③ 有关老挝"输诚"情况：雍正七年（1729）五月初六日，老挝王子岛孙差遣头目，备驯象2只和其他礼物，输诚进贡。鄂尔泰奏称："老挝是其俗名，南掌是其国号，共有三十六版，每版如中国一府，地方与交阯、缅甸接壤，俱系平衍。其人民繁庶，疆域辽阔，亦与两国相等。方言以水为南，以象为掌，因水土出象，故名'南掌'。"④ 又称："老挝国即古越裳氏。……自周成王时献雉之后，数千年未闻入贡。虽元、明之处名属内附，然皆迫于压制，未有不加兵威、不事招致而自效恭顺，万里远来如今日者也。"世宗闻报，十分欣喜，称："朕所喜者，非因外国

---

① 雍正七年正月二十五日，《云南总督鄂尔泰奏报剿捕橄榄坝首犯暨酌拨官兵情形折》，《雍正朝汉文朱批奏折汇编》第14册第439页。
② 雍正七年正月二十五日，《云南总督鄂尔泰奏报剿捕橄榄坝首犯暨酌拨官兵情形折》，《雍正朝汉文朱批奏折汇编》第14册第439页。
③ 〔清〕魏源：《圣武记》卷七《雍正西南夷改流记上》，第288页，中华书局，1984。
④ 雍正七年八月十八日，《云南总督鄂尔泰奏报接待老挝贡使情形折》，《雍正朝汉文朱批奏折汇编》第16册第408页。

之纳款,盖以此国内附,则镇沅新定一带可保永永无虞矣。"①

2. 剿灭广西不法土目

广西一省为多民族地区,元、明两朝于此设置过众多土司。入清之后,在清军统一全国和平定"三藩之乱"过程中,广西土司多有投诚,甚至帮助过清军,因此大多数土司得以继续保留。在康熙年间,一些土司或因不法,或绝嗣后无人承继,俱被改流。进入雍正朝,广西南宁、太平、庆远、思恩四府境内有"土府二,土县四,土巡检、长官司十四,通计四十九属"。② 其中,泗城土知府岑齐岱、思明土知府黄晟、龙州土知州赵殿红、思陵土知州韦世革、忻城土职衔莫振国、兴隆长官司韦绍岳、永顺长官司邓朝宸,被官府认为是"土司之中不肖者"。③ 除土司外,广西境内还有众多土目,相较于土司更为凶悍,即鄂尔泰所称:"广西各属土职之为患者少,版目、所目之危害者多。"④ 广西民风强悍,"在桂、平、浔、南四府者犹知守本分,而隶于梧、柳、庆、思等郡者性多强悍,习尚凶横,置法令于罔闻,以劫杀为能事。其巢窟之险深,器械之锐利,伙党之繁衍,所在皆然。洵非捕役、兵丁所能勾摄"。⑤ 广西土司、土目的存在是造成地方不安定的主要因素,"其边患,除泗城土府外,余皆土目,

---

① 雍正七年七月二十四日,《云南总督鄂尔泰奏报老挝国输诚进贡折》,《雍正朝汉文朱批奏折汇编》第15册第855页。

② 雍正元年九月二十八日,《广西总督孔毓珣覆粤西设官管见折》,《雍正朝汉文朱批奏折汇编》第2册第37页。

③ 雍正二年八月十三日,《广西提督韩良辅奏陈抚绥边民劝惩土司折》,《雍正朝汉文朱批奏折汇编》第3册第447页。

④ 雍正八年正月十三日,《云南总督鄂尔泰奏报巡查广西所见沿途城池营伍土官彝情暨水利河道等情形折》,《雍正朝汉文朱批奏折汇编》第17册第696页。

⑤ 雍正七年正九月十九日,《云南总督鄂尔泰奏报料理广西蛮人事宜情形折》,《雍正朝汉文朱批奏折汇编》第16册第657页。

横于土司"。①

纵观雍正时期广西的改土归流,"先改土司,后改土目"② 是一大特点。泗城土知府势大地广,侵扰邻封,"差役携带兵器,越境拿人,甚至调兵数千于者相地方扎营七盘,以夸强悍"。③ 西隆州八达寨和思明州邓横寨土目凶悍,最为不法,成为用兵主要对象。泗城土府在大兵压境的情况下,自请改流,而擒剿西隆州八达寨和思明州邓横寨不法土目,则引发两次较大规模的战争。

泗城土府改流

雍正二年(1724),广西提督韩良辅奏称:"粤西各土司中,其官之昏愚贪暴,民之困苦颠连,从来如是,非一朝一夕之故也……如思明土知府黄晟、泗城土知府岑齐岱、龙州土知州赵殿红、思陵土知州韦世革、忻城土知县莫振国、兴隆长官司韦绍岳、永顺长官司邓朝宸,此土司之中不肖者也。"题请将这些不肖土司改流。世宗朱批:"土官相袭已久,若一旦无故夺其职守,改土为流,谁不惊疑?其有贪暴昭著者,该督抚照例严加训饬;若有犯法抗拒者,即行剿灭,则言正理顺。若有大逆不道,明正其罪而再议。改土为流,还当斟酌,岂可生事?无因而举,此无益之事也。"④ 没有同意韩良辅所请。

雍正四年(1726),鄂尔泰筹划西南"改土归流"时,就将目光对准滇东北的乌蒙、镇雄和广西泗城三土府。此三府均处于川、滇、黔、桂省际交界处,"大凡四省劫杀之案,多由三郡酋宄诸凶,总以逼近临疆,沿成恶习,杀人房人越境以逃,缉人拿人隔省无法。幸而擒获,偿牛偿马,视人民为泛常。一或潜踪,移咨移关,目官府为故事"。鄂尔泰认为:"三

---

① 〔清〕魏源:《圣武记》卷七《雍正西南夷改流记上》,第284页,中华书局,1984。
② 〔清〕魏源:《圣武记》卷七《雍正西南夷改流记上》,第290页,中华书局,1984。
③ 《清世宗实录》卷六十,雍正五年八月癸卯。
④ 雍正二年八月十三日,《广西提督韩良辅奏陈抚绥边民劝惩土司折》,《雍正朝汉文朱批奏折汇编》第3册第477页。

土府不除，则四省界难靖。"① 乌蒙、镇雄用兵之后，泗城土府的改流便成为鄂尔泰关注的目标。

泗城土府"西南接滇，西北介黔，万山叠峙，四面皆蛮"。② 即今广西壮族自治区百色市凌云县。鄂尔泰提出将该地改流，遭到署理广西巡抚韩良辅的反对。世宗支持鄂尔泰，痛斥韩良辅的意见是"小知小见"。雍正五年（1727），世宗上谕内阁："若泗城土司怙恶不悛，有应行用兵处，交与鄂尔泰调度，广西巡抚、提督、总兵官俱听鄂尔泰节制。"③ 韩良辅回奏："今幸同邻省督臣同心，共绥边境，又蒙天语教诫悖切，臣倍增踊跃，敢不万分慎密，竭力预为料理准备？俟云南督臣到日，会同审究，面商改土为流之策，庶几不致贻误。"④

雍正五年五月，在用兵乌蒙、镇雄的同时，鄂尔泰历数泗城土府罪状："泗城土府承袭数百年，举动、仪从盛于制抚，而富饶强悍复倍于乌蒙、镇雄。岑映宸倚资交结，藐视流官，夷民受其鱼肉，边境肆其凭凌。若不及此惩创，使归法度，目今虽无能为，日后必将贻患。"⑤ 正式奏请将该地改流。

用兵乌蒙、镇雄，对西南各土司造成很大震慑。但鄂尔泰认为，"兵乃凶器，不得已而用之"。之前用兵乌蒙时，为了不让乌蒙土知府知道清军的虚实而预先有所准备，兵弁的调遣是秘密进行的。而今情形不同，对泗城土府，需使用相反的策略：即应借对乌蒙、镇雄用兵形成的威慑，明确告知泗城土知府岑齐岱，大兵即将深入其境，让岑齐岱感到压力，其必然不肯重蹈乌蒙、镇雄覆辙，定会审时度势，主动献土缴印。

岑齐岱听到改流的风声，便将其手下的土兵屯于江北，遣人四处侦探，做出准备抵抗的姿态。鄂尔泰调集数千云、贵、桂兵丁，又于六月初二日，亲抵贵州安笼镇坐镇指挥，札谕署理广西巡抚韩良辅赴泗城土府，

---

① 雍正四年十一月十五日，《管云贵总督事鄂尔泰奏议除乌蒙等三十一府以靖云贵川粤四省边界折》，《雍正朝汉文朱批奏折汇编》第8册第451页。
② 《广西通志》卷九《沿革》。
③ 《清世宗实录》卷五三，雍正五年二月丙戌。
④ 雍正五年四月初九日，《广西巡抚韩良辅奏报交送抚篆并赴安笼会议边境机宜折》，《雍正朝汉文朱批奏折汇编》第9册第601页。
⑤ 雍正五年五月初十日，《云南总督鄂尔泰奏报泗城土府事宜折》，《雍正朝汉文朱批奏折汇编》第9册第771页。

檄令岑齐岱随韩良辅同赴安陇,明确谕知其如不前来,将率兵进剿。岑齐岱见大兵云集,大势已去,主动呈缴印信、号纸,恳请从宽免死以存祀。清军大兵压境,泗城土府没有任何反抗,也未造成该地区的动荡,在未伤一兵一卒的情况下,即将泗城改流。

征剿八达寨

广西西隆州(今百色市隆林各族自治县),远在土田洲、泗城土府之外,界连滇黔,为三省交界地,烟瘴酷烈,明洪武元年(1368)设长官司,清康熙五年(1666)"改土归流",设流官,但因"诸事草昧,其民语言不通,文字不识,抑且习俗犷悍,幅员辽阔,不能不用土目为之经理。是以虽设流官,仍循土俗"。① 西隆州改流之后,境内原有黄、王、卢、陆、岑、覃、龙、颜"八姓兵目",便充当牌头、甲长、保正,势力仍旧,"未尝少减其凶焰也"。② 正如署理广西巡抚韩良辅所指出的:"徒有改流之名,而无改流之实矣。"③ 这些土目之中,尤以古障土目王尚义、西林土目潘定远和八达寨土目颜氏兄弟最为不法。

雍正五年(1727)六月,泗城土府改流。八月间,清政府通过重新划定西隆州境内的管辖区域,增加此地的驻兵,解决了古障土目问题。九月间,新任广西提督田畯到任后,调遣兵丁,准备擒剿西林土目潘定远。但尚未出兵,潘定远即率众投至军营。唯西林境内的八达寨土目颜光色、颜光东兄弟,田畯屡次檄委隆林营将弁,会同文员缉捕,两兄弟不仅抗不服拘,还于雍正六年正月间,带其土兵焚掠附近的者莫、者岗两寨,并进图弄忙寨。西隆州知州刘德健呈报提督田畯,请求发兵,擒剿首恶,解散其党羽。田畯咨商广西督、抚,经督抚会议,一面调拨兵丁,一面奏报。此次所拨为泗城、思恩二协以及上林、隆林二营精兵700名,土田州土兵300名,汉、土兵丁共1000名,以署泗城协副将常显虎统领调度,并差提

---

① 雍正五年八月十九日,《广西巡抚韩良辅奏报清查改流州县科派陋规情形折》,《雍正朝汉文朱批奏折汇编》第10册第439页。

② 雍正二年八月十三日,《广西提督韩良辅奏陈抚绥边民劝惩土司折》,《雍正朝汉文朱批奏折汇编》第3册第446页。

③ 雍正五年二月初二日,《署广西巡抚韩良辅奏进泗城地图并恭缴朱折》,《雍正朝汉文朱批奏折汇编》第9册第3页。

标中军守备熊文举兼同办理军事。

雍正六年（1728）三月二十八日，常显虎领兵自泗城皈乐起程，前赴八达寨。四月十二日，行至西隆州罗英地方。该地的周邦寨，系颜光色长子所踞，其率众拒敌。四月十六日，清军攻破周邦寨，斩杀"土蛮"5名、擒获41名，其余逃散，救出颜光色掳去的土黄寨民男女3名，兵丁、土兵各受伤1名。四月十八日，到达八达前面山岭。四月十九日，"土蛮"前来攻打，被枪伤数人。常显虎以八达寨地方山岩险固，并不出兵追赶。真实的原因是："当西隆州知州刘德健具详请兵之初，原不过欲借兵威以为胁服之计。"① 常显虎领兵前往八达寨，其目的并非要将其剿灭，而是希望以兵威使颜氏兄弟慑服，以抚为主。之后颜光色之子颜光应赴营盘，诈称投顺，恳请宽限，以劝解其父颜光色、叔颜光东等出投。常显虎深信不疑，冀颜氏兄弟悔罪投首，于是拨兵，同颜光应前往化海。颜光应诈降，用的是缓兵之计，以赢得八达寨筑炮台、掘陷坑、插枯簌、围鹿角的时间，并联络西林县弄忙寨同党岑颠、岑扭和泥洞寨土目苏亚养，四出劫粮。六月初四日，思恩协把总李光玉带兵护粮，遭到伏击，致把总李光玉及兵丁6名、土兵1名被伤身故，幸得援兵赶到，打伤"土蛮"10余人，军粮并未丢失。

常显虎领兵1000名，至八达寨两月余，并未进攻，只在外围有过零星的战斗，双方互有杀伤。唯一的战绩，是捕获泥洞土目苏亚养，以及弄忙寨土目岑扭投首到营，而两人旋经病故。

常显虎擒剿无功，究其原因：一是目的不明，"始而欲抚，继而欲剿"。② 二是指挥不灵，兵丁胆怯。常显虎甫经到任，即奉命征剿，所领兵丁怯懦，"间或遭兵御敌，非技艺不精，即器械不利"。③ 驻师两月，旷日持久，迟疑观望，茫无调度，坐失机宜，加之天时暑热，路径不熟，终致玩寇养奸，靡费钱粮，骚动边境。

---

① 雍正六年八月二十四日，《广西左江镇总兵齐元辅奏报出师会剿八达寨土目颜光色情形折》，《雍正朝汉文朱批奏折汇编》第13册第273页。
② 雍正六年七月二十日，《贵州安笼总兵蔡成贵奏报援剿八达寨土目颜光色情形折》，《雍正朝汉文朱批奏折汇编》第13册第6页。
③ 雍正六年七月二十日，《贵州安笼总兵蔡成贵奏报援剿八达寨土目颜光色情形折》，《雍正朝汉文朱批奏折汇编》第13册第6页。

一、"改土归流"之战

面对如此状况,两广总督孔毓珣只得添兵换将,添拨土田州土兵400名,左江镇标兵丁300名,以中军游击邬元度带领,派遣右江镇总兵段宗岳赶往前线指挥,并嘱其详慎办理,相机进取,以剿为主,务将"蛮恶"捕获净尽,以靖地方。段宗岳行调思恩协千总1员、兵100名,左江镇标游击1员、千把2员、兵300名,又亲率镇标千把3员、兵180名,于六月十二日抵达八达寨之八阳驻扎。弄忙寨土目岑颠闻右江镇总兵段宗岳亲赴军前,统领官兵进剿,即潜遁至云南广南地方。广西提督田畯、广西巡抚郭铁咨商云南督、抚、提臣檄行协拿。这次参与进剿的汉土兵丁总数超过2000名,段宗岳随即率兵展开对八达寨的进攻。

六月二十日,清军分九路进击。因八达寨高筑炮台、排栅,"叛民"恃险抵抗,虽打死"叛民"20余名,清军损失更大,右江镇标千总罗文虎及官兵22名受伤身死。战斗自中午一直打到天黑前,清军不能破寨。六月二十一日,段宗岳改变战法,下令兵丁围攻第一屯子,但遭遇埋伏,被竹签乱扎,标子乱打,受伤身死千总1员、兵数10名,受伤达100余人,3名兵丁被活捉。"叛民"用绳子绑住其手脚,在山顶坐地饮酒,吹号鸣锣,再将俘获的兵丁枪刺箭射,以示威勇。七月初三日,段宗岳再次下令兵丁带领西隆州、西林县、土田州土兵去攻打屯子,被八达寨"叛民"用"巫术"趋退。将弁谕令进击,但土兵畏惧,不肯前进,而汉兵正欲前行,"只见颜光色寨外坡上,有汉人指点,炮台上有土婆子三人,身穿艳色新衣,手拿五色布摇摆,官兵昏迷,回头奔走。囤内之叛民赶下,伤兵七八十名。西隆州之泥洞寨已投归颜光色,反攻汉兵"。①

段宗岳以进剿八达寨,兵不敷用,仍需增添,而于广西本省拨兵,不仅途遥不及,有需时日,且广西兵懦弱,不堪使用,遂咨移云贵大员请就近添发官兵、土勇四面围攻,协力进剿。在咨会贵州提督杨天纵时,段宗岳称:自己"甫莅新任,一切营务未暇整理。及抵八达,验试前后官兵,虽有千余,素非训练,且天气炎蒸,诸军染瘴,指臂乏人,终难扑灭"。②在札致云贵总督鄂尔泰时称:"粤兵怯懦,土兵二心,本职初到,实无可

---

① 雍正六年七月二十一日,《云南总督鄂尔泰奏报广西西隆州八达寨土目颜光色等拒杀官兵情形折》,《雍正朝汉文朱批奏折汇编》第13册第22页。
② 雍正六年七月二十日,《贵州安笼总兵蔡成贵奏报援剿八达寨土目颜光色情形折》,《雍正朝汉文朱批奏折汇编》第13册第7页。

如何。"① 鄂尔泰咨会贵州提督杨天纵，就近调拨贵州安笼镇兵赴援，并行令云南广罗协、广南营、广南府派拨兵丁、土勇，多带大炮，由广南协副将杨洪统领，赶往八达寨。照会曲寻镇拨兵，以游击顾纯统领，断八达寨粮道。八达寨后路通向云南之广南，颜光色等于六月二十六日添设炮台2座，以阻广南援兵。鄂尔泰还嘱咐段宗岳：进剿八达寨，应首先断敌粮路，截其附从，绝其声援；其次攻毁其炮台，填塞其陷坑，将官兵布置严密，用大炮火箭四面环攻，计敌不过数寨，众不满2000，一鼓成擒，料可预定。但战事的进展并未照鄂尔泰所预计的发展。

安笼镇中军副将贺成率兵300名、右营游击田昌友率兵400名丁抵达后，段宗岳再次指挥兵丁，分三路展开对八达寨的围攻。贺成、田昌友率安笼镇兵进攻左寨，广西隆林营游击左吉等率兵攻前寨，段宗岳则督同右江镇标游击常显虎率兵攻右寨。七月二十一日黎明，三路同时发起攻击，战斗至傍晚，仍然无法攻下八达寨，段宗岳遂令收兵。此次战斗，双方互有损伤。左吉一路：汉土兵丁伤24名、死11名；段宗岳和常显虎一路，汉土兵丁伤12名、死9名；贺成等一路损失最大，千总袁登贞、陈思仪以及营兵50名、土兵4名带伤，守备李文仲、把总王承文以及营兵26名、土兵13名战死。

这次战斗，是广西、贵州兵丁首次合力进攻，但损失惨重。对于失败原因，两省官员各执一词。贵州官员指责广西官员不行应援，以致兵败；广西官员又指责贵州官员冒险贪功，以致失事。贵州安笼镇游击贺成、副将田昌友称："当日职等率兵，照依左右山梁攻进，守备李文仲督炮攻取敌人炮台，已经攻到八达寨脚。讵知粤西各路兵丁四山观望不前，离寨十余里放炮虚应故事，未临八达先即奔溃，以致敌人四路围绕，将职等困于寨脚垠下，致害官兵。职等奋勇攻出，守备李文仲、把总王承文俱皆阵亡，千总袁登贞额上枪伤，陈思仪左额枪伤。"② 而广西右江镇总兵官段宗岳则称："兹于七月二十一日，议以三路进取。本职督同左右两江官兵取右平寨，田昌友等取左平寨，游击左吉、土田州等取弄高寨。俱系中间

---

① 雍正六年八月初六日，《云南总督鄂尔泰奏报安笼镇官兵会剿粤西土司颜光色伤亡情由折》，《雍正朝汉文朱批奏折汇编》第13册第133页。

② 雍正六年八月二十日，《贵州提督杨天纵奏报会剿广西八达寨土目颜光色及伤害情由折》，《雍正朝汉文朱批奏折汇编》第13册第232页。

一、"改土归流"之战

之寨,山横箐密,非若平荒大野,一目相顾者。比我兵奋勇进攻,俱难近寨。恐兵丁进老,退之不及,频用大炮施放,叛民仍不畏惧。讵意田昌友等轻敌进老,其师遂致有失。本职督令官兵奋攻八达,叛民多潜藏,密布枪弩于箐林。我兵一进,枪炮齐举,兵丁伤死者十人,带伤者二十人。急遣游巡兵驰救,施放沙炮,打死叛民六人,始得渐次以退。犹令于八阳河北遥作复进之状,以待田将兵退。今田将等反欲诬饰卸过,理合咨呈。"① 其后,经两广总督孔毓珣查实,七月二十一日发兵进剿,实系仓促:"因段宗岳急于成功,又因黔将田昌友催促会进。因八达寨左有数十深沟,可藏匿叛民,以暗袭官军。此前未留应援,段宗岳调度之疏略无疑。左、右江官兵分驻隔河,渡河仰面,上攻费力甚多,而成功甚难。至于田昌友等申报粤中各路将卒一人未到,以致黔兵失机,叛民恃粤通同外应之语,是因为当日各路进取,相隔大山,不能援应,黔将的指责实系诿饰之词。"② 鄂尔泰基本同意以上评判,奏言:"安笼游击田昌友等奉令进攻,已抵贼寨,粤兵不能前,原非所逆料,伤亡弁兵,可以情恕。乃自以畏罪之故,竟以贼人恃粤通同外应等语通详,此实系诿饰之词。大约镇将之禀报,俱各有私心。惟当平心合看,其事甚明,彼此争辩,皆未可谓确据也。"③

虽然两省官员相互争辩诿过,但黔兵勇敢,粤兵胆怯,则是事实,且战争还得继续。对此,段宗岳加以肯定,并再次咨商鄂尔泰:"在安笼官兵,业已奋勇攻上弄高贼寨,烧着排栅,而攻炮台之土兵见贼放枪,即行飞退。弄高贼寨并力推来,各路粤兵望风即走。若不恳请添拨附近精锐官兵以为后劲,则止赖粤兵,即本职之后事亦不知何如。"④ 鄂尔泰再调滇黔汉土兵丁赴援:贵州安笼镇总兵蔡成贵率兵丁350名、土兵750名,贵州提标守备许应虎带领提标手、安顺、长寨等营官兵770名随往;调云南广南府土勇4000名,土目陆尚安、广南革职土同知侬绳英之子侬振裔各

---

① 雍正六年八月初六日,《云南总督鄂尔泰奏报安笼镇官兵会剿粤西土司颜光色伤亡情由折》,《雍正朝汉文朱批奏折汇编》第13册第133页。
② 雍正六年十月二十日,《两广总督孔毓珣奏报官兵攻取广西八达情形折》,《雍正朝汉文朱批奏折汇编》第13册第732页。
③ 雍正七年正月二十五日,《云南总督鄂尔泰奏覆滇黔官兵会剿八达寨情形暨西隆州知州刘德健劣迹折》,《雍正朝汉文朱批奏折汇编》第14册第450页。
④ 雍正六年八月初六日,《云南总督鄂尔泰奏报安笼镇官兵会剿粤西土司颜光色伤亡情由折》,《雍正朝汉文朱批奏折汇编》第13册第133页。

带2000名，分别由广南营千总高长生、广南营把总王玉林带兵监同，督率前往；另外，除之前已派千总黄士玠带领广罗协枪手200名前往外，广罗协副将杨洪再亲率300名兵丁、五嶰土兵500名、炮8位前往。广西提督田畯也拨发提标游击1员、千把4员、精兵400名，驰赴八达策应。广西巡抚郭铉橄调平乐协副将胡灏带领枪炮手、藤牌手400名前往协助，命平乐府知府胡醇仁协理八达军前粮饷。这次增兵超过6000名，加上原已调派的，进剿八达寨的汉土官兵总兵力达到近万人。而八达寨一方，户口不过五六百户，壮丁不过千人，在彼此力量悬殊的情况下，仍再次重挫清军。

八月初三日，千总黄士玠会同土目陆尚安、侬振裔，率领广南土兵抵达广西右江镇总兵官段宗岳行营所在地八阳。原定于初四日早晨齐到八达山后扎营，但段宗岳认为后路要紧，"叛民"凶悍，既然土兵先到，营垒未备，便于当日夜间，即传令于深夜各路汉土兵丁分路于深夜攻进八达寨，又令千总黄士玠带领广罗协官兵200名，同陆尚安土兵进攻西边炮台，以分敌势，以便广南土兵得以安营下寨。黄士玠领广南汉土兵丁过河，攻至屯边，但粤省官兵直至天亮时尚未下山，而八达寨"叛民"先于深箐中埋伏数百人，待土兵扎营之际，突出齐攻，土兵不备，不能抵敌。段宗岳急令攻打西面后山炮台的兵丁救援，保护汉土官兵过河。广南汉土兵丁奋勇力敌，双方激战一昼夜，至初四日黄昏，广南汉土兵丁得以在八阳山后屯扎营。此战，兵丁阵亡14名、重伤3名，土兵阵亡26名，打死"叛民"20余名。

攻打一个壮丁不足千人的小小八达寨，万余兵丁云集，旷日持久，却屡遭挫折，将士何颜？边疆何赖？鄂尔泰以此指责段宗岳："土兵新到，尚未安营，即何得黑夜传令，骤督进攻？况以进攻为安营之计，尤所未闻。且此等埋伏，皆不能料，是智短于贼，何以胜贼？"① 眼看广西官员毫无措置，滇、黔、桂兵将不能协力同心，广西一省，只有两广总督孔毓珣有能力挽回局面，但其驻扎广东，鞭长莫及，如果自己仍避越俎之嫌，恐怕事态会越来越糟，不得已，只能明檄通饬，提出：贵州汉土官兵只听安笼镇总兵蔡成贵调遣，广罗协汉土官兵只听副将杨洪调遣，段宗岳统领

---

① 雍正六年九月初三日，《云南总督鄂尔泰奏报会剿广西西隆州土目并斩颜光色缘由折》，《雍正朝汉文朱批奏折汇编》第13册第346-347页。

广西汉土官兵。若需三省兵丁会合攻剿，必须和衷妥商。鄂尔泰认为必须改变战法："粤贼狡狯，多设伏陷。应先侦探确实，四面布置，各于通达贼寨隘口十数里以外，断其粮道。一月以后，三省约齐，各离贼三二里以外扎营，计我军大炮可以打寨，贼寨枪弩不能到营。只用大炮环打，渐次逼近，看贼势不能支，再用鸟枪连环排进，仍用大炮打寨，用火箭烧房，并力齐攻，自可一举成功。若毫无定算，徒以躁气乘之，在官兵奋勇杀贼，虽死有余荣，而屡损军威，徒长贼志，将何所底止？总之，立于不败之地而后可以攻，料有必胜之势而后可以攻。机无可乘，不妨缓待。势料可图，务须神速。"[1] 并又再派遣督标把总李显解送火箭3000支、火毒瓜炮22个、软档牌100面至军前应用。

广西巡抚郭鉷则建议以广西提督田畯取代段宗岳："该镇臣既两次失机，则官兵之气必馁，敌人之志益张。该副将等即到，究必以该镇臣为主军，倘仍调度乖方，恐亦未能破敌于旦夕。况据贵州游击贺成等既称该镇臣坐视不救，后此进攻，恐黔兵亦复因循，彼此瞻顾，甚非所宜。臣当已飞札致商提臣田畯，兼程亲赴军前，统率大兵进剿。庶主将得人，兵勇尽力，小丑可一鼓定也。"[2] 世宗则谕令鄂尔泰一肩担承，称："广西兵将既如此伎俩，卿当独任料理之。"并告知鄂尔泰，欲将广西就近拨入云贵，由鄂尔泰任总督，统辖三省。

雍正八年（1730）六月初四日，就在广南土兵遭伏击的当天，贵州安笼镇总兵蔡成贵抵达八达寨前。蔡成贵了解到，八达寨附近各寨皆是"叛民"同党，各寨土民多向八达寨支援物资，必须先行招抚，断其党援。即于当日饬发委牌，分头招抚。

蔡成贵的计谋取得成效。八月初六日，泥洞寨反叛头人抱表等8人到蔡成贵营盘投顺，愿帮兵效力，花贡各寨也愿率众开路，蔡成贵皆赏给花红、牛、酒。八月初七日，颜光色、颜光东等突然到蔡成贵营盘山脚大呼饶命。蔡成贵恐其狡诈，施放枪炮将其逐去。八月初八日，颜光色、颜光东等复率众到营，极口称冤，恳求伸雪，死亦甘心，并称情愿归黔而不愿

---

[1] 雍正六年九月初三日，《云南总督鄂尔泰奏报会剿广西西隆州土目并斩颜光色缘由折》，《雍正朝汉文朱批奏折汇编》第13册第346–347页。

[2] 雍正六年八月初七日，《广西巡抚郭鉷奏报右江镇总兵段宗岳进剿土目颜光色失机缘由折》，《雍正朝汉文朱批奏折汇编》第13册第142页。

归桂，又将盗去马匹、遗失器械逐项投缴。颜光色兄弟屡次到营求饶，到底是真心投诚还是诈降，蔡成贵拿捏不准，但认为无论如何，可借此化导"叛民"，决定静观动向。鄂尔泰则认为：颜光色等凶恶横肆，为粤害已久，因见滇、黔兵势期在必剿，遂极口称冤，大呼饶命，又有愿隶黔不隶粤之语，是计穷力尽，欲寻生路，而亦势不得不出此。告知蔡成贵，如果颜光色等自缚投见，即应受降。如不自出，仅差人传禀，断不可轻信。

右江镇总兵段宗岳则用计，发银购买线人，将颜光色兄弟诛杀。段宗岳之前任广南营参将时，结识广南土目陆尚贵，陆尚贵与结戈寨土人鲍钮相识，鲍钮又与颜光色之把事何光成相好。陆尚贵率土勇来粤，说起上述情形，段宗岳嘱陆尚贵邀约鲍钮到营效力，段宗岳要鲍钮到八达寨内探听虚实。因八达寨守护较严，不容外人进出，段宗岳便与参将武绳谟发银，令鲍钮购买盐斤，入寨贩卖。八月初五日，鲍钮挑盐入寨，"叛民"需盐，鲍钮得以进入。鲍钮见到把事何光成，何光成说起颜光色欠伊银36两，担心颜光色被兵丁拿获，欠银无法追还。鲍钮出寨，将此禀知参将武绳谟。武绳谟即给银36两，令鲍钮带入，照数代还，并嘱其告知何光成，如果将叛首擒获，给赏银300两，并先发给赏银一半，何光成便开始布置。八月二十日夜，鲍钮带何光成等3人先领赏银150两，留何光成在营充当人质。鲍钮同2人回八达寨，暗邀寨内百姓，于二十二日黄昏，诱出颜光色、颜光东，用梭标将其杀死。① 段宗岳之计谋能得以成功，是因为三省兵丁1万余名齐至八达寨，必欲擒剿，而八达寨百姓久遭围困，弹尽粮食，计穷势迫，自寻活路。

颜光色兄弟被诛杀后，八达寨"叛民"仍恃险负固，不即投诚，鄂尔泰即令三省官兵迅速会剿。八月二十八日，清军分路进攻，安笼镇总兵蔡成贵攻破弄高寨，八达寨"叛民"称愿归顺，蔡成贵便暂停进取，谕令投诚。广罗协副将杨洪则夺取炮台，攻抵八达寨，见黔、粤官兵未到，遂据险扎营，暂缓进取。广西兵丁进攻夺取炮台5座，焚毁平寨、鬼亭两寨。八达寨"叛民"见滇兵攻入，便夺路出逃，冲向广西军营，将营盘冲散，提标游击赵君良被石击胸，数日后身故，伤损兵丁无数。八月二十九日夜，蔡成贵设谋，诱"叛民"出奔，放火烧寨。清军破屯烧寨，杀死叛民

---

① 雍正六年十月二十日，《两广总督孔毓珣奏报官兵先后攻取广西八达寨情形折》，《雍正朝汉文朱批奏折汇编》第13册第732－733页。

一、"改土归流"之战

无算,倒戈投降及擒获奔窜男妇180余名口,包括颜氏兄弟妻子、家口在内则得以逃出,清军大规模用兵宣告结束。

八达寨战斗结束后的九月初四日,广西提督田畯才抵达前线。当日,云贵汉土兵丁撤兵回省。田畯饬令广西兵丁及西隆州知州密缉零星窜匿之犯,之后又虑及八达一带风雨寒暑无定,官兵染病甚多,于是,仅留兵300名,令隆林营游击左吉驻守弹压,其余陆续撤回,田畯也于九月十一日启程回柳州,并向世宗奏报其了解到的八月二十二日进剿八达寨情形:"八月内,三省师集,设计散党,先诛首恶。皆仰伏我皇上天威,遂得剪除。但余党口称投诚,实据险隘。臣标官兵于八月二十二日到八阳,乃会商定期于八月二十八日分路进攻。一日之内,竟取炮台五座,并焚平寨、鬼亭。粤兵正在奋勇,忽安笼镇官兵自烧弄高炮台之后即收兵回营,而云南汉土官兵皆退去。贼遂并力攻粤。臣标官兵奋力杀退贼众,后营游击赵君良被石击胸,数日身故,并伤损兵丁。若使当日同心并攻,则大寨立破,此粤西行间文武众口一词也。臣抵营之日,云贵总兵业已撤回,未得面询。查焚俘平寨、鬼亭之后,贼党始惧,乃焚大寨后遁,计黔、粤所获余党男妇共三百余名口。"① 田畯在奏折中,认为广西兵丁作战勇敢,战绩突出,战斗中兵弁多有伤损,是滇、黔兵将不予配合所致。

进剿八达寨以来,广西与云贵官弁一直相互指责,卸责争功。之前,颜光色兄弟被诱杀,还发生贵州、广西官员争抢首级之事。颜光色于八月二十二日晚被杀后,段宗岳、蔡成贵都差人调取首级,鲍钮等无所遵从,以致到八月二十三日,首级尚未献出。广西文武官员与段宗岳相商,认为若彼此相争,令土人观之,殊失大体。于是,段宗岳随赴安笼营盘等候,称将土目首级调到后公验,住居一宿后,于八月二十四日回营。蔡成贵于八月二十五日移咨段宗岳,将诱杀颜氏兄弟视为己功。广西镇将心中不平,纷纷具禀。两广总督孔毓珣以此为朝廷公事,应不分彼此,止期有济,严谕不许争辩。鄂尔泰亦认为蔡成贵器量狭小,不知大体。

世宗将田畯的奏折发给鄂尔泰,称:"此系田之奏,发来与君一笑。竟有如此良心,何在之论?然黔省官兵轻厌粤西兵,将见大局已定,有心留与伊等为难,或亦有之事。今总将广西归并,着卿总督,此案卿自

---

① 雍正六年九月二十二日,《广西提督田畯奏报审视访查八达山势战守情形并呈舆图折》,《雍正朝汉文朱批奏折汇编》第13册第521页。

有秉公查理之道也。随便发来与卿看。钦此。"鄂尔泰认为,八达寨之战,攻破对战局影响最大的弄高和山顶炮台,均是云贵兵丁所为,广西兵攻破的平寨、鬼亭,只是两个距离八达寨尚远的小寨,并非起到关键作用,而云贵兵丁焚寨,广西官兵将并不知情,"叛民"冲向营盘,又不能抵御,致伤损兵弁。鄂尔泰还指责田畯在颜氏家属及党羽多数未能擒获的情况下,草率布置,善后料理"殊属疏漏",称:"颜光色等本系小丑,纵夜郎自大,实不难擒剿。实不能擒剿,独以巢穴坚牢,器械锐利。粤省弁兵先有畏敌之意,以故临阵不用,益致猖狂。今仰仗天威,不旬日皆已屠灭。然逆贼家属早经逃匿,凶恶党羽多未擒获。为粤省计,正应趁此声势,搜除恶类,将附和余众加意安插,庶可惩一儆百而力半功倍。乃提臣田畯计不出此,于九月初四日抵八达,遂于十一日回柳,仅留游击一员弹压。"①

之后,世宗简述了征剿八达寨情形,并对善后做出布置:"广西八达寨凶苗素行不法,从前提督田畯意欲用兵征剿,一面具奏,一面即行发兵。朕此时谕令慎重筹划,不可轻举。总督孔毓珣亦据田畯知会,具折奏闻。田畯既欲举行此事,若果遴选兵弁,调度有方,何难计日安贴?乃田畯遣弁失宜,临事疏忽,以致极小苗寨,相持日久,不能迅速成功。及黔省兵至,鼓勇向前,竟被损伤。或黔兵急于成功,轻敌受损,或粤西兵丁坐视不救,其情事俱未可定。粤西韩良辅、李绂、甘汝来等数人,办事习为惰玩,既不能操练兵丁,又不能抚绥苗众,兵力懦弱,诸事废弛,相沿日久。而田畯又系中平之才,以致凶苗公然肆恶。迨云贵总督鄂尔泰调发滇、黔之兵,甫至其地,逆侬即行授首,党众悉皆向化。鄂尔泰办理甚属可嘉!查广西地方,离广东总督驻扎之处较远,而与滇、黔两省相近,着鄂尔泰总督云、贵、广西三省,一应军民事务,俱照总督之例管辖。滇、黔官土兵丁年来剿抚,所到成功,不独官兵奋勇,即土兵亦俱效力。着动正项银十万两,交鄂尔泰酌量分别赏给。其征剿八达寨之官弁兵丁中,有阵亡受伤者,已令加恩优恤,仍照例给与恤典、赏赉。凡属征剿蛮夷,不但官兵损伤者,朕心甚为轸恻,即苗民被害,亦深可悯。此番总兵段宗岳,虽统兵失利,但伊到任未久,又所用者乃广西懦弱之兵,或有不得已

---

① 《朱批谕旨》第25册,雍正六年十月二十日鄂尔泰奏。

之处。田畯系总统调度之员,难辞其责。其间功罪轻重,俱着鄂尔泰详查,分别议定。"①

地处云、贵、桂三省交界之地的西隆州八达寨,户口不过五六百户,壮丁不过千人,因其土目肆恶,抗不服拘,广西地方官请兵擒剿。雍正六年(1728)三月,广西1000名汉土兵丁进剿,遭到失败,擒剿无功,于是增兵选将,调集云、贵、桂兵丁万余合剿。无论在战斗人员的数量、武器装备和后勤供给上,清军均占有优势。在彼此力量悬殊的情况下,清军屡次受挫,最终于雍正六年八月底,才将八达寨"叛民"剿灭,历时近半年。客观上,由于八达寨山横箐密,烟瘴酷烈,"叛民"又构筑炮台,挖壕设陷,易守难攻,并得到附近村寨的支援。主观而言,清军始则战略不明,继则战术不当,措置失误,加之桂西兵丁懦弱,三省将弁不能配合,甚至诿过争功。为擒剿土目颜氏兄弟,甚至发银购买线人将其诛杀。此战,虽最终将八达寨"叛民"剿灭,但清军也付出较大的伤亡代价,相当数量的将弁兵丁,或死伤于阵前,或死伤于瘴疠。广西提督田畯、右江镇总兵、西隆州知州刘德健、平乐府知府胡醇仁,皆因赴八达而身染瘴疠,战后不久即病故。

八达寨之战后,清政府通过将西隆州、西林县划归新改流的泗城府管辖,并移州同驻扎靠近八达寨的八阳,隆林营游击领兵700名驻扎八达寨,加强对该地方的控制,同时,还促成了云贵广西总督的设置。而在八达寨之战中发挥重要作用的贵州安笼镇总兵蔡成贵,于雍正六年十一月调任广西右江镇总兵,在其后平定广西思陵州邓横寨的战争中发挥了关键作用。

剿洗邓横寨

邓横寨是广西思明土府(今宁明县境内)辖下靠近安南的一个寨子。泗城土府改流之后,在广西境内府一级的土司仅剩下思明土府。思明土府境内村寨众多,因历任土知府懦弱昏庸,一些村寨为土目盘踞,肆为不法,邓横、安马、那练、雷蓬4寨很难约束,其中又以邓横寨为最。邓横寨方圆不过3里,户近200,编有保甲3处,以四甲、六甲、九甲为名。三甲成鼎足之势,唇齿相依,无崇山峻岭,但寨内路径纡盘,仅容一人,

---

① 《清世宗实录》卷七四,雍正六年十月丁亥。

挖有地道，数寨相通。寨内恶目、"叛民"平素凶悍，历来于寨内密种竹林、开挖壕塘、修筑城垣。"邓横三甲，虽强贼不满千人，而巢穴险固，器械坚利，即论炮台，竟多至百余座。黔苗、滇倮从无此凶悍者。"①

邓横寨一直以来存在私筑竹垣、开壕挖塘、藏匿枪械、截路掳掠、接纳盗犯、恃险拒捕等种种不法行为，早就引起官府的重视。自康熙朝后期，或通过化导，或勒以兵威，敕令其填塘砍竹、毁垣缴械、献出首恶，懔遵化导，尊法向善，但并未取得实际效果。雍正五年（1727）间，鄂尔泰访闻得"有思陵州（今广西宁明县南部）邓横寨渠魁王兴运（按：又写作黄兴运）等，以大竹环门，深塘绕寨，器械毕备，自卫甚固。差役不敢窥探，官兵莫能拘捕，截路掳掠，横行尤甚"。② 雍正五年十月，地方官会同将弁勒兵招抚，以蓄意滋事为由，将安马寨土目蒙士孔、麻德孔因迁徙安插于柳州、庆远二府，对邓横寨的情况，则报称：竹已砍完，所藏刀牌等械俱各缴出，土民悔罪输诚，递具不敢为非甘结。③ 实际上，邓横寨所上缴的数十件刀器，皆属废坏之件，甘结不过是糊弄官府的空文。到雍正八年（1730），新任广西提督张溥将查访得"该寨收藏军器，密栽箐竹，高砌石墙，遍挖深壕，窄开曲径，经历坚固，恃为不法"④ 的情况报告鄂尔泰。鄂尔泰认为："广西一省，盗贼殊多，而讳匿不少。大吏粉饰宁靖，有司瞻顾考成，上下相蒙，积习已久。如邓横一寨，特尤甚者耳！"于是札行广西抚、提、藩、臬及各文武大员公同查议。广西巡抚金铁报称：邓横寨不仅自相仇隙，抢掠人畜，还经常执械抢掠邻近村寨，截路横行。连年勒缴枪械，今仍执悍为匪；不但并未悛改，复敢明肆劫杀，当剿

---

① 雍正九年五月二十六日，《云南总督鄂尔泰奏报委派右江镇总兵蔡成贵剿平广西太平府属邓横寨叛苗折》，《雍正朝汉文朱批奏折汇编》第20册第614－615页。

② 雍正六年六月十二日，《云南总督鄂尔泰奏报会剿不法夷目王兴运等情形折》，《雍正朝汉文朱批奏折汇编》第12册第679页。

③ 雍正六年三月二十五日，《署广西巡抚阿克敦奏覆原抚臣韩良辅条陈左右两江土司事宜折》，《雍正朝汉义朱批奏折汇编》第12册第54页。

④ 雍正八年八月十八日，《广西提督张溥奏报发兵擒捕思明土府邓横寨滋事土人折》，《雍正朝汉文朱批奏折汇编》第19册第57页。

一、"改土归流"之战

已属显然。① 广西一干文武则"知不可讳,始详报请剿"。②

鄂尔泰就任云、贵、广西三省总督,在了解相关情况后,认为邓横寨"必不可纵",札移广西提督张溥,调遣左江镇协、营兵丁2300名,委令思恩协副将尚清统领进剿。雍正八年七月二十九日,尚清统兵抵达邓横寨所在的思明府宁明州境内。此时,广西官员仍希图对邓横寨进行招抚。金铁嘱咐尚清:邓横寨"如果悔罪输诚,自当分别治罪。若稍有抵抗,自应竭力剿灭,以惩凶顽"。③ 并遣思明土知府、同知往谕,示以祸福。但邓横寨冥顽不悟,闭寨不理。八月初一日,兵抵邓横寨。初二日,尚清陈兵寨外,胁以兵威,尤冀邓横寨能悔罪输诚,则不必用兵。但邓横寨"叛民"不仅拒不就抚,还首先施放枪炮,伤及兵丁。尚清遂督兵进剿。兵丁抢进,因寨内路径盘旋,深壕高墙层叠,不能深进,只能退出。面对邓横寨的密竹高墙、曲径深壕,尚清一筹莫展,提出"惟务役使民夫筑墙坚垒,为自守计"。④ 尚清领兵刚抵达邓横寨,施行先抚后剿之策,在招抚未取得成效,且并未查明寨内情形,毫无布置的情况下,便贸然进攻。兵丁攻寨,不得深入,于是变进攻为防守,束手静待,挫损兵威。

鉴于尚清征剿不力,张溥咨准鄂尔泰后,续以左江镇总兵齐元辅带汉兵1080名,并土兵2300名,接替尚清指挥进剿事宜。此次攻剿,汉土兵总数达到6000余名。张溥等坚信:一个小小的邓横寨,苟延残喘,这次由总兵大员亲自统领征剿,必然是一举成擒,计日蒇事。然而,征剿进程并未能如张溥所愿。

雍正八年(1730)九月初一日,齐元辅领兵抵达邓横寨。附近村寨百姓频年受八达寨抢掠,早已心怀怨忿,闻清军进剿,纷纷前赴军营,情愿奋勇效力。但齐元辅并不布置进剿,而是采用所谓"内控贼粮,外遵土目"之策。即兵丁将邓横寨围困,断其粮食来源,依靠土目土勇,欲托招

---

① 雍正八年八月十八日,《广西巡抚金铁奏缴朱批并续报调兵会合擒剿邓横四寨滋事土人等情形折》,《雍正朝汉文朱批奏折汇编》第19册第892页。
② 雍正九年正月二十八日,《云南总督鄂尔泰奏报委替军营总统严剿思明土府邓横寨凶苗折》,《雍正朝汉文朱批奏折汇编》第19册第894页。
③ 雍正八年八月十八日,《广西巡抚金铁奏缴朱批并续报调兵会合擒剿邓横四寨滋事土人等情形折》,《雍正朝汉文朱批奏折汇编》第19册第892页。
④ 雍正八年十一月十五日,《广西巡抚金铁奏报进剿宁明州等横寨损伤兵弁旷误时日折》,《雍正朝汉文朱批奏折汇编》第19册第433页。

降之名,诱使"叛民"投诚,再将其擒杀。但一个月过后,不见有半点起色。及至月余之后的十月初十日,才以四路兵丁展开进攻。兵丁攻进寨内,在攻开第二层竹栅后,再也无法深入。邓横寨"叛民"凭借坚寨锐器,将数百兵丁杀伤,此次进剿宣告失败。

之前清军两次进剿失利,伤损严重,"不过数百贼,已伤数百兵",总计阵亡兵丁77名、土兵24名,受伤千总2员、把总3员、兵丁360名、土兵421名。①

鄂尔泰得报,指责齐元辅较之尚清"懦弱更甚,日事迁延。视叛党为腹心,以招安为长策。不能杀敌,每为敌愚。不过数百敌,已先伤数百兵,仍不知悔悟,屡堕计中。其有往来敌寨者不问,馈送敌寨者不问,账外呐喊者不问,营盘偷挖者不问,甚至有营内土兵鸣锣暗号,约敌杀兵者亦不问。以致三五成群,出寨窥探,不能擒杀;数十结对出寨猖狂,不能剿捕。明知敌乘夜必来,并不设伏,而专藉土勇。明知敌暗枪屡中,并无防备,致日伤兵丁。敌不出寨,转能杀兵。敌既出寨,尚不能杀敌。伎俩如此,谋勇安在?"而齐元辅身为堂堂总兵大员,所称用计诳诱擒杀"叛民",鄂尔泰更是蔑称:"以堂堂官军,不能用正,不能用奇,而欲诳诱杀降,无论智出贼人下,早为贼觑破,计必不成。即便计成,亦非男子事。而损威失信,所关尤巨!"② 在与新任广西提督张应宗札商后,鄂尔泰改调右江镇总兵蔡成贵赴军前统领进剿,令齐元辅回本任,听候参处。

客观地说,邓横寨凭仗险阻坚寨、深壕高墙增加了清军进攻的难度。为应对清军的攻剿,邓横寨又在巩固原有防御体系的基础上,新筑炮台3座、木栅3层、涧壕3道,无疑更加大了进攻的难度。清军用以攻寨的利器,通常有所谓"西瓜炸炮、火毒群蜂炮以及火箭、火砖"等。世宗在得知邓横寨凭仗险阻,兵丁屡攻不克的情况后,让大学士马尔泰、张廷玉寄信鄂尔泰,询问是否需要从京师运送冲天大炮攻寨。当鄂尔泰接到此寄信

---

① 雍正八年十一月十五日,《广西巡抚金铁奏报进剿宁明州等横寨损伤兵弁旷误时日折》,《雍正朝汉文朱批奏折汇编》第19册第433页。

② 雍正九年正月二十八日,《云贵广西总督鄂尔泰奏报委替军营总统严剿广西思明土府邓横寨凶苗折》,《雍正朝汉文朱批奏折汇编》第19册第892页。

一、"改土归流"之战

上谕时,清军已将邓横寨攻破。①

雍正九年(1731)二月十四日,蔡成贵领右江镇标右营游击袁世杰、左营守备罗金忠,以及千、把各员,兵丁555名、西隆州土勇400名、田州土兵500名,抵达邓横寨。为防止八达寨"叛民"与附近土民内外勾结,蔡成贵将当地土兵全数遣出军营,将营盘前移,逼近邓横寨后扎营驻守,抢筑炮台,形成围困。又卷土砍竹,置备火具,做好填塘攻寨的准备。经过整顿和准备,"官兵震肃,土勇警心,淬砺其锋,愿效其命"。②扭转了军营内由于连续失利造成的士气低迷、信心不振的状况,为最终攻破邓横寨准备了条件。

雍正九年三月二十日,清军分左、中、右三路,分别攻剿邓横寨四、六、九三甲。清军利用人数和装备的优势展开进攻,而邓横寨"叛民"则利用坚寨深壕进行防守,战斗异常激烈。清军不分昼夜,卷土填壕,放干水塘10余口,攻占炮台10余座,用了一个多月的时间,始占据寨外各要隘,并彻底切断邓横寨与外界的联系。四月二十四日,清军三路齐进,发动对邓横寨的总攻。在参将刘成和游击王钦、袁世杰等的督率下,汉土兵丁斩栅毁垣,率先将九甲剿平。四月二十八日,天色暗后,副将尚清、游击陈典派遣土练潜入四甲埋伏,至二更时分,沿寨举火,寨内"叛民"惊恐奔窜,清军乘势杀入,四甲遂平,烧毙、斩杀"叛民"无数,其余逃至六甲。参将周仪和游击罗玉秀、刘钦攻剿六甲,遭到顽强抵抗。之后,四甲、九甲败逃"叛民"皆奔至六甲,合力抗拒。三路官兵齐攻六甲,战斗至五月初四日,将六甲占据大半。邓横寨已是势穷力竭,在此情况下,有"叛首"冯韦高等带领四甲、九甲男女老幼及六甲妇女600余名口,奔赴袁世杰军营求抚。之后,冯韦高自请带领12名土兵入寨,杀首恶首级呈献。寨内"叛民"自知罪重,清军必不肯纳降,有100余人呐喊冲突,杀向营盘,全部被清军用乱枪密杆杀死。延至五月初六日,清军用大炮轰击并将"叛民"占据的最后据点攻占,生擒104名。清军四处搜捕,又搜出大小男妇34名。至此,邓横寨终被剿平。

---

① 雍正九年八月初一日,《云贵广西总督鄂尔泰奏覆攻打苗寨不须颁发冲天炮折》,《雍正朝汉文朱批奏折汇编》第20册第913页。

② 雍正九年五月十六日,《广西提督张应宗奏报官兵平定邓横寨情形并将投出男妇起解赴省交审折》,《雍正朝汉文朱批奏折汇编》第20册第541页。

此战，清军缴获大量鸟枪、长杆、藤牌、腰刀、挑刀，擒获"叛民" 104 人，搜出男女老幼 672 名口，其余全部在战斗中被杀死，无一漏网。清军将俘获的 104 人绑至营门，斩杀枭首，以祭旗纛。投出之人全数押至省城审理，异地安插。将邓横寨密竹全部砍除，壕塘全部填塞，其地招民垦种，编立保甲，照额纳粮。

清廷以思明土府不能约束土目土民，降其为思明土州。至此，广西境内再无府一级的土司。广西左江镇总兵齐元辅被撤职，以云南永顺镇总兵霍升调补。增设新太协右营守备 1 员，领千、把 3 员，兵 400 名，移驻原思明土府地方，贴防宁名、思陵 2 汛，于邓横寨万包岭等处要隘设汛防守。

清军以大兵压境，迫使泗城土知府改流，在派兵擒剿八达寨、邓横寨不法土目和"叛民"的过程中，伤损兵丁较多并付出巨大代价，最终将两寨剿平，并将思明土知府降为土知州，清除了违法土目势力，极大地震慑了境内其他土司、土目，有益于维护该地区的社会秩序和稳定。

3. 开辟"苗疆"

新辟"苗疆"十余处

"无君长、不相统属之谓苗；各长其部、割据一方之谓蛮。"① 这里所称的"苗"，是指流土俱不受的西南各民族；所称的"蛮"，是指土司控制下的各民族，"苗、蛮"之别在于统治方式的不同。元、明至清初施行土司制度，在西南民族地区设置土司，以土司管理土民，采取"以夷制夷"，是一种间接的管理方式。"改土归流"，即以流官取代土司，将其地纳入郡县，进行直接管理。而苗人聚居的"苗疆"，是"自古未归王化"

---

① 〔清〕魏源：《圣武记》卷七《雍正西南夷改流记上》，第 283 页。

一、"改土归流"之战

的"化外之区",是"不治之地"。开辟"苗疆",意味着将这些苗民聚居地从"不治"直接过渡到直接管理。

"苗疆"主要指中国西南地区的苗族聚居区。广义的"苗疆"包括云南、四川、贵州、湖南、重庆、广西等各省市区部分的苗民聚居区,狭义的"苗疆"指以今湖南湘西州腊尔山为中心的"红苗"聚居区和今贵州黔东南州以雷公山、月亮山为中心的"黑苗"聚居区。这一地区多丘陵而少平地,山势连绵起伏,重峦叠嶂,交通闭塞,自古就是重要的边防要塞,同时也是历代中原王朝的权力触手难以伸及的"化外之地",长期以来一直处于一种"不隶版籍,不奉约束"①的状态。

根据受国家"王化"程度的不同,又有"熟苗"和"生苗"之分,"近省界者为熟苗。输租服役,稍同良家,至年则官司籍其户口,息耗登于天府。不与是籍者,谓之生苗。生苗多而熟苗寡"。②另外,还依据其居住地区、风俗和以汉民交往的程度,分为"红苗""黑苗""花衣苗""仲苗""山苗"等等,"其俗各以其党,自相沿袭,大抵懁忮猜祸,睚眦之隙,遂至杀人"。③

清雍正朝以前,历代统治者针对出行劫掠的不法苗民也进行打击,但均未能深入其界。雍正朝则在大规模"改土归流"的背景下,通过武力开辟区域广大的"苗疆"。雍正四年(1726),鄂尔泰在筹划大规模"改土归流"时,就把开辟"苗疆"列为其中事项,并确立了剿抚兼施、以剿为主的策略。他认为:"苗疆四围几三千余里,千三百余寨,古州踞其中,群寨环其外,左有清江可北达楚,右有都江可南通粤,皆为顽苗蟠据,梗隔三省,遂成化外。如欲开江路通黔、粤,非勒兵深入,遍加剿抚不可。"④此时期所开辟的"苗疆",主要指今黔南、黔东南的广大苗族聚集区。

雍正三年(1725)元月,贵州巡抚毛文铨奏报安顺府"仲苗"焚劫地方,要求进兵讨伐,世宗批以"凡事贵协于中,不宜偏执。若贪功而妄

---

① 〔清〕方显:《平苗纪略》。
② 〔明〕田汝成:《炎徼纪闻》卷四《蛮夷》。
③ 〔清〕光绪《湖南通志》卷八一《武备志四·苗防一·总纪》。
④ 赵尔巽等:《清史稿》卷二八八《鄂尔泰传》。

逞兵威，断然不可！"① 其后，署理贵州巡抚石礼哈奏请进取黎平府之古州，世宗谕："将八万古州生苗俱令归诚之说断乎不可！……虽云从报效起见，岂宜锐意轻举妄动？"② 毛文铨、石礼哈奏请征讨的安顺府"仲苗"和古州"生苗"，都是流土俱不受的"化外苗民"。其后所实施的大规模"改土归流"，则是将打击不法土司并将其控制的地方改流与开辟"苗疆"一体进行的，但强调二者的不同："云南土官多半豪强，所属苗众悉听其指挥，残暴横肆，无所不为""贵州土司单弱，不能管辖，故苗患更大""欲靖地方，须先安苗猓；欲安苗猓，须先制土司"。现在学界将两者都视为"改土归流"的内容，模糊了二者的区别。而在当时，世宗则是将二者区别开来的，认为如骤然深入"苗疆"，后果难料，因此才会在毛文铨、石礼哈的奏折上写下"断然不可""断乎不可"。这是理解和认识世宗为何未批准毛文铨、石礼哈的奏请，而之后态度发生转变，批准鄂尔泰奏请实施大规模"改土归流"和"开辟苗疆"的关键。

首攻长寨，再剿谬冲。长寨在今贵州省黔南布依族苗族自治州长顺县境。长寨之役，是清政府首次对"苗疆"的开辟，也是鄂尔泰出任云南巡抚后的第一次用兵，对其后大范围开辟"苗疆"意义重大，被土司研究学界视作雍正朝大规模"改土归流"的开端。

事起于雍正三年（1725）四月，时任云贵总督的高其倬以贵阳府广顺州长寨、者贡、同荀、焦山一带离省城贵阳较近，该地仲苗"性好抢掠"，且"附近数百里深山之地、数百寨凶苗连成一片"，因其地离州县较远，地方官鞭长莫及，请求在此设官安营，加强巡防，控制苗民，获得世宗批准。随即确定在宗角、长寨两处建盖衙署、营房。因宗角离州县较近，非"仲苗"核心区，衙署、营房建盖顺利。而长寨一地，"内接安顺府属之十三枝，普定县属之五枝，外通粤西獞獠，实为盗薮"。③ 已深入到"仲苗"核心区，衙署、营房建盖遭到该地苗民阻挠。贵州提督马会伯拨兵350名前往，以护卫匠役等施工。但苗民将正在施工的衙署、营房烧毁，

---

① 雍正三年正月二十六日，《贵州巡抚毛文铨奏报知府守备勒捕苗犯缘由折》，《雍正朝汉文朱批奏折汇编》第4册第354页。

② 雍正三年六月初三日，《署理贵州巡抚石礼哈奏陈治理黎平八万古州管见折》，《雍正朝汉文朱批奏折汇编》第5册第245页。

③ 〔清〕乾隆《贵州通志》卷二四《武备·师旅考·国朝》。

一、"改土归流"之战

地方官和兵弁前往晓谕，苗民不尊化诲，仍不允许建盖，"每日离营五里，吹角呐喊。自宗角至长寨，五层关口，俱用档木垒石，每关加五六十人把守，马枪、盔甲、药弩、长枪俱已准备"。雍正四年（1726）三月，马会伯将此情况移咨刚到任两月的云南巡抚管总督事的鄂尔泰，并称拟派兵进剿，建议在四月间趁天气还未转热、雨水还未来时举行。鄂尔泰认为："黔省诸苗，仲家恶焰独盛。每小有争斗，则勾连各寨，一呼百应，凶狠久著，实为通省大患。今既明肆顽梗，杀之有名，藉此一举以慑伏群苗，诚两得之计。"① 他还解释了用兵的理由："制苗之法，固应恩威并用。然恩非姑息，威非猛烈。到得用着威时，必须穷究到底，杀一儆百，使不敢再犯，则威仍是恩，所全实多。"鄂尔泰拟调派黔省各镇协营兵2700名，会同之前派往之兵相机剿抚，并咨调定番州属剋把朗苗兵100名、12土司兵600名和平远州属苗兵200名为前锋，"以苗攻苗"，许诺事竣后将所俘获人口、什物赏给。至于为何要以重兵进剿长寨，鄂尔泰称："进攻长寨，原不须多兵。但此一举，不独为剪此丑类，实欲慑伏群苗，故不得不稍张军威。"②

新任贵州巡抚何世璂不同意用兵长寨，奏称："若一旦骤行进剿，无论约束少宽，不无骇扰之累。路径未熟，不无蹉跌之虞。即使动出万全，而大兵所到，玉石难分。"世宗完全支持鄂尔泰，谕何世璂："鄂尔泰非寻常抚督。其人之材具、心复公诚，实难多得者。此等事，听其指挥，不可另立主见掣肘，以失机宜。"③ 并在鄂尔泰奏请用兵长寨的奏折上批示："前者马会伯奏到，朕恐其孟浪。后见何世璂之奏，朕又恐其怯懦因循，正在忧疑，览汝此奏，朕始宽怀，量尔料理必得事情之中也。事定之时，应具本题奏，当以军功赏叙。"④

据鄂尔泰奏报：所调集的兵弁到达后，先出示晓谕，再三化诲。后据

---

① 雍正四年四月初九日，《云南巡抚管云贵总督事鄂尔泰奏为请肃清顽苗以靖地方事折》，《雍正朝汉文朱批奏折汇编》第7册第118–119页。
② 雍正四年四月初九日，《云南巡抚管云贵总督事鄂尔泰奏为请肃清顽苗以靖地方事折》，《雍正朝汉文朱批奏折汇编》第7册第118–119页。
③ 雍正四年三月二十日，《贵州巡抚何世璂为奏闻事事折》，《雍正朝汉文朱批奏折汇编》第7册第115页。
④ 雍正四年四月初九日，《云南巡抚管云贵总督事鄂尔泰奏为请肃清顽苗以靖地方事折》，《雍正朝汉文朱批奏折汇编》第7册第120页。

前线将弁报告，该地苗民"愈化愈顽"，遂决定分兵三路进剿长寨及附近苗寨：一由谷隆进兵，以游击田玉、官禄领兵700名；一由焦山进剿，以游击刘业浚率领兵丁1000名、土兵200名；一由马洛孔进兵，游击詹天祥率马步兵900名、土兵300名，刘业浚率兵700名驻扎宗角，以为大本营。

雍正四年（1726）五月初九日子夜，田玉、官禄一路，分兵三路，由谷隆关而入，占据关口后，先用大炮轰寨，遭到众多苗民抵抗，清军将其击败，苗民纷纷逃散，焚烧7个寨子后，占据谷隆关，炮伤苗民数人，生擒4人。刘业浚一路，因进兵大路被苗民塞断，兵丁便攀援上至山顶，见漫山布满药签，苗民施放擂石、弓弩拒敌，清军施放枪炮，击散苗民。清军顺势压下，渡过一条小河，占领翁忙寨，又经过井口寨，在击败苗民的抵抗后，由后山进入长寨。苗民俱已逃散，清军据守空寨。两路清军占据长寨、焦山、谷隆及谷隆附近的寨子，而进剿羊城屯、者贡、同荀一路的清军，则阻于羊城屯。据贵州巡抚何世璂奏称："顽苗将家口、牲畜、米粮藏匿羊城屯内。此屯上平下陡，四围壁立，一径羊肠，地势险峻，颇难仰攻。其余贼党潜伏于深硐密箐之中，大兵纵捣其巢穴，而擒斩无多。现今阴雨连绵，难于搜缉。容俟稍晴，相机进攻，擒获首恶，安抚余党，以彰军威。"① 鄂尔泰闻报，对何世璂的拖延和清军的攻剿情形十分不满，奏称："臣不以擒贼之少与并无首级为虑，而以逃窜之顽苗又不搜剿为患。"世宗朱批："此事何世璂亦奏闻，未免书生之见。况初到，未审情形，大有姑息之论，朕著实严谕训示。倘事有稍迟时日处，一切粮饷、赏劳之需少掣肘贻误，朕必罪汝之旨已谕两次矣。尔可应如何料理、指画，一面料理，一面奏闻可也。"② 之后，进剿之兵增至5000名，其中汉兵4000名，土兵1000名。

五月三十日，天气开霁，清军开始进攻。先攻者贡，斩首3级，生擒数十人，枪炮打死无算。清军虽也有伤损，但仍将者贡攻占。六月初二日，清军会攻羊城屯。迫于清军兵威，苗民降顺，羊城屯不攻自破。

---

① 雍正四年五月二十九日，《贵州巡抚何世璂奏为奏闻事折》，《雍正朝汉文朱批奏折汇编》第7册第350页。

② 雍正四年五月二十五日，《云南巡抚管云贵总督事鄂尔泰奏为进剿顽苗收获诸寨事折》，《雍正朝汉文朱批奏折汇编》第7册第322页。

一、"改土归流"之战

至此，清军以 5000 汉土兵丁，用了 3 个月时间，将长寨及附近村寨全部攻克，所有隘口全部占据。长寨之役，清军受伤把总 1 员、兵丁 47 名、土兵 20 名，之后又有 9 名兵丁因伤重身故。

攻占长寨后，原议定在此设一营，驻扎 200 名兵丁弹压。参将刘业浚以长寨三面皆山，一面临水田，地势狭隘，而四面皆为苗寨，驻扎 200 名兵丁不仅不能御苗，恐反为苗制，提出对苗寨"三不可剿"，仅于宗角设一大营，将 200 名兵丁也归并宗角，其余各寨皆不再设兵。此议遭鄂尔泰反对，驳以"三不可不剿"，认为：宗角靠近内地，长寨为仲苗腹心，只于宗角设营，不在长寨驻兵，仍不能控制"仲苗"，这且不是又回到之前的状态？于是，鄂尔泰派遣贵阳镇总兵石礼哈前往察勘，将刘业浚调往黎平，以参将刘朝贵接替。最终议定：将土兵全撤，用于征剿的兵丁 4000 名，撤回 2600 名，留 1600 名驻扎。以游击卜万年领兵 700 名驻扎长寨，游击赵文英领兵 500 名驻扎谷隆，参将刘朝贵领兵 400 名驻扎宗角，督盖营房。

十月初四日，鄂尔泰亲赴长寨，经谷隆关进入，见"沿关陡峻无比，今虽凿开小径，尚须平治。及登关远望，各寨分明，顽苗盘踞其内，洵属险要。由谷隆关而进，峰岭峻嶒，丛箐隐秘，人迹罕到"。慨叹："大抵仲苗凶顽皆由此恃险负固，得肆猖狂。凡烧杀劫掳之返，即明知其人，无论千数名兵役，不敢直入，而巢穴诡秘，亦难以搜捕"，"实藏奸之所！"由此造成"此数百年来所以因循忍事，莫可若何，而地方难以宁谧也"。① 其在此驻足 5 日，遍访各处，布置善后：查丈田亩，豁免此地当年应缴的 140 两额赋；奏请将贵阳通判移住长寨，文武同住；收缴大量武器；审讯俘获苗民，处斩"首恶"13 名，另 13 名斩监候，其余释放归农。

用兵长寨，对附近苗寨产生极大震慑。其后，长寨附近有数百苗寨合数千户、数万人口归附，刻木为契，认纳钱粮，编保立甲。邻近长寨的安顺府"生苗"之后也不招自来，输诚向化。

剿平长寨及附近苗寨归附，只是"开辟苗疆"的第一步，接下来鄂尔泰便开始筹划会剿谬冲"花衣苗"。

谬冲也称扭冲，位于湖南靖州与贵州黎平府五关卫交界处，靠近广西

---

① 雍正四年十一月十五日，《云南巡抚管云贵总督事鄂尔泰奏蒙圣训事折》，《雍正朝汉文朱批奏折汇编》第 8 册第 448 页。

怀远县，属湖南靖州管辖。谬冲一寨，"三方峭壁，一线通门，羊肠曲径，鼠穴盘踞，汉彝不能侦探，兵役无从捕觅"。① 该处"花衣苗"以黔、楚两不管，"恃险负固，频年劫杀"。鄂尔泰认定"花苗之恶不减仲苗"，必须予以打击，但其地属楚不属黔，而楚省又不主动进剿。他认为："若黔省亦以其地属楚，不便越俎，则彼此两悬，凶苗何由扑灭？地方何由宁谧？"② 决定遣贵州兵弁跨省擒剿。清军兵分三路：一路由黎平协中军副将左垣和黎平知府张广泗带领，一路由镇远协左营游击韩勋带领，一路由楚省将弁带领，于雍正五年（1727）闰三月二十四日清晨开始进攻，"火炮攻打，当即攻开寨子，举火焚烧巢穴，杀死苗子一名、生擒一名并苗妇一口，群苗逃窜"。二十九日，张广泗察知谬冲寨民200余人躲藏于黄柏屯，带人往擒，苗民抗拒，打伤兵丁1名。清军乱枪齐放，杀伤苗民数人，并将打伤兵丁之人捉住后枭首，另擒获20余人。鄂尔泰对黎平知府张广泗极为赏识，称其"以文员而称兵事，务期灭此朝食，以副值守，殊具心肝"。③

张广泗，号敬斋，汉军镶红旗人，由监生捐纳知府。康熙六十一年（1722），选授贵州思州府知府，后调云南楚雄府知府，未任，转黎平府知府。在开辟"苗疆"过程中展示出其才能，官至贵州按察使、贵州巡抚，后任西北军前副将军。雍乾之际，贵州"苗乱"，出任经略将军，指挥清军平息"苗乱"，是开辟"苗疆"的重要人物。

谬冲一战，清军共拿获包括掌寨头人姚安美在内的"顽苗"230余名口，而附近归欧、鬼垒等寨的"花衣苗"也闻风向化，纷纷投诚。官府造清册、定赋额、编保甲、取甘结，将其地纳入郡县管辖。

剿平长寨、谬冲，以及靠近黔省的广西泗城土府在兵威之下顺利改流，为开辟"苗疆"奠定了基础，坚定了鄂尔泰的信心，他开始将目光移往黎平府属都柳江、镇远府属清水江流域的"生苗"，在今黔东南地区实

---

① 雍正五年九月十六日，《云南巡抚管云贵总督事鄂尔泰奏为谬冲既靖，各寨归诚事折》，《雍正朝汉文朱批奏折汇编》第10册第654页。
② 雍正五年五月初十日，《云南巡抚管云贵总督事鄂尔泰奏进剿谬冲花苗事折》，《雍正朝汉文朱批奏折汇编》第9册第771页。
③ 雍正五年闰三月初十日，《云南巡抚管云贵总督事鄂尔泰奏为进剿谬冲花苗事折》，《雍正朝汉文朱批奏折汇编》第9册第712页。

施大规模的"苗疆"开辟。

招抚古州。谬冲事竣后,雍正五年(1727)十一月间,黎平知府张广泗即带领文武官弁前往都柳江一带,即今贵州黔东南苗族侗族自治州榕江县,将八万里古州招抚。据鄂尔泰称:"八万里古州,即元时所置八万洞军民长官司地也,在黎平之西南隅,自府城一百三十余里,抵古州土司所辖寨麻地方,又自五十里过八匡冲,即入八万里古州之地。其间形势宽敞,田土膏腴。南至车寨,北抵乐乡,约长三十余里,而横阔之处,或十余里,或六七里,总计周围约有八十余里。"内有众多大小寨落,大寨有千余户或数百户,小寨有百余户或数十户,总计约有四五千户、二万余丁,户口稠密,风俗淳朴,"界内有古州江,其高厂处有诸葛营,相传诸葛亮曾驻兵于此。四望宽平,后依大山,周围土垣尚存基址。而古州江临其前,又有都江潆其后,溶江绕其右,二水抱,汇合南流,直达广西怀远县界。江内现有小舡,装载盐货,就近贸易。因多系生苗阻隔,不能远行。其土垣基址之内,可居住数百户。基址两边以外,地势亦皆平正,可居住数千户。若设立郡县,商贾往来,人民辐辏,较胜黔省内地"。①

八万里古州内附,鄂尔泰奏请暂不科粮,亦不编户。他希望借此可由内及外、由近及远,渐次料理,将整个都江流域"生苗"招抚后,再酌议设官安兵,做到一劳永逸。他分析道:由八万里古州"东去一百二十余里,为黎平郡系之境,而有八匡冲等生苗间之。西去一百七十余里,为都匀府属烂土司之境,而有滚粽、千家等处生苗间之。南去二百一十余里,为广西罗城县属景里之境,而有苗谷、滚里等处生苗间之。北去二百八十余里,为黎平郡属清水江之境,而有山婆、乌矮等处生苗间之。东南七十余里,为永从县郎巨洞之地,而有苏洞、廷洞等处生苗间之。西南一百四十余里,为广西荔波县水西之境,而有都江、人飞厂等处生苗间之。东北五十余里,为黎平属曹滴土司之境,而有高丽洞、寅赖洞等处生苗间之。西北二百一十余里,为镇沅府凯里司之境,而有丹江、勒牲等处生苗间之。四境所至,八方所到,均属内地。其中约有一千二三百里,其寨约有

---

① 雍正五年十二月十三日,《云南巡抚管云贵总督事鄂尔泰奏为古州彝苗愿附版图事折》,《雍正朝汉文朱批奏折汇编》第11册第244页。

数千,其户口约有十数万,可设两三州县,并可建一府,以统率之"。①鄂尔泰认为其地苗众招抚不难,只需黎平文武会同,领黎平协兵数百名并府属健役、乡勇前往,多方劝谕,总计不过一年,料可就理。其施行方案:"先将八万里古州之外通达都匀一带生苗设法布置,俾尽输诚。次将通达广西一带生苗亦如法招抚,开晓法纪,俾令输粮编甲,再直抵清水江,会调镇沅协官兵,明张声势,却秋毫无犯,懔切化导,以招抚九股苗。"②

其后,招抚进展顺利,但是否要将八万古州全部开辟,封疆大吏产生不同意见。八万古州有里外之别,境内之苗有"生熟之分"。新到任的署理贵州巡抚祖秉圭密奏:开辟八万古州,需兵费饷,终成后累,万不可取。世宗支持鄂尔泰,将祖秉圭调离,以云南巡抚沈廷正暂署贵州巡抚。鄂尔泰将张广泗传调至云南府,面授机宜,详细商酌,指出:"都匀之八寨为生苗门户,凯里之丹江为生苗关隘,镇远之九股为生苗窟薮,而黎平之八万古州为诸苗之隔截。"③ 确定剿抚战略:"先由都匀、凯里,次及镇远之九股等彝,然后至黎属之八万古州收局。"④ 至于所采取的战术,其认为苗民乃"乌合之众,志气不一,始锐中懈",因此,"对垒时,起初不可轻敌,到交敌时,则断不可轻纵,务用全力以搏小丑。但杀伤数人,则数千人皆无斗志,然后乘机速进,剿抚并行,畏其胆,招其心。此破竹之势,无不应手。若横肆,少存畏疑。因复涣散,又复怠缓,则断无有可济者"。⑤ 至于剿抚策略,采取的是"剿强抚弱"。因"苗疆"地方广大,苗民种类多,且良顽有别,强弱各殊,弱者多受强者胁迫,而强者率多抗顽,"若不先择其最顽、最强者首加擒剿,就其素良素弱者明示抚恤,则

---

① 雍正五年十二月十三日,《云南巡抚管云贵总督事鄂尔泰奏为古州彝苗愿附版图事折》,《雍正朝汉文朱批奏折汇编》第11册第244页。
② 雍正五年十二月十三日,《云南巡抚管云贵总督事鄂尔泰奏为古州彝苗愿附版图事折》,《雍正朝汉文朱批奏折汇编》第11册第244页。
③ 雍正六年八月初六日,《云南巡抚管云贵总督事鄂尔泰奏为八寨生苗招抚完竣事折》,《雍正朝汉文朱批奏折汇编》第13册第136页。
④ 雍正六年七月二十一日,《云南巡抚管云贵总督事鄂尔泰奏为报明委员招抚生苗情形事折》,《雍正朝汉文朱批奏折汇编》第13册第21页。
⑤ 雍正六年八月初六日,《云南巡抚管云贵总督事鄂尔泰奏为八寨生苗招抚完竣事折》,《雍正朝汉文朱批奏折汇编》第13册第136页。

不足以慑其胆而抚其心。恐逐节为之，亦难得要领"。①

剿抚八寨。 鄂尔泰谕令调拨兵弁，由张广泗统一调度，前往剿抚，首要目标为都匀府境内的八寨，即今贵州黔东南苗族侗族自治州。八寨周围一百四五十里，有大小110寨，地势辽阔，"生苗"错处，是大小丹江以及清水江"生苗"之门户。其地原为天壩土司所辖，该处苗民将天壩土司杀害，遂改归府辖，但官府根本无法管理，苗民益加横肆。

张广泗亲往八寨察勘，在详细了解该地情形后，于雍正六年（1728）六月初九日，与都匀营参将赵文英一起，带领抚标及都匀汉土兵丁600余名进至八寨隘口扎营，并派通事往谕。该处苗民犹豫观望，经反复开导，遂有代理、代省等十余寨苗民趋赴行营，表示愿意归诚。其后，又有九门、长塘等30余寨"生苗"恳求招安，认纳粮赋。而与九门一山之隔的杨牌、杨尧二寨，恃其寨大人众，于六月十二日，"纠众持械前来，欲行阻抗"。抚标守备张瑢带兵往擒，苗民被杀十余人，余众奔窜。六月十三日，牌乐、壩固等寨苗民投见，称之前受杨牌、杨尧挟制，参与阻截兵丁，现知悔过。其后数日间，大肚、小肚、乜告等数十寨苗民相率归诚。

六月十三日，独山汛兵丁在千总的率领下前往八寨时，遭到交归、羊甲等寨苗民堵截。清军斩杀苗民8人，并割下首级，顺势攻破交归、羊甲等6寨，交归附近的甲些等苗寨就抚。

张广泗移兵驻扎于八寨中央核心之地斗魁，遂有此前与清军接仗的杨牌、杨尧二寨苗民前来求抚，张广泗不允，谕令须将倡谋首犯献出，才准予宽宥。

六月十八日，有番仰、番扛等大小11寨无管"生苗"，以"其险胜于长寨"，恃险负固，不服化诲，将家口、衣食藏匿，以丁壮护寨，欲行抗拒。张广泗令都匀马哈汛千总带兵攻番仰，抚标守备张瑢带兵攻番扛。清军或擒或杀，部分苗民就赴，部分逃散。

经剿抚后，张广泗奏称："所有八寨等处投诚苗民大小一百余寨，计一千八百余户；又就抚生苗共大小四十五寨，计一千二百余户，周围地界

---

① 雍正六年七月二十一日，《云南巡抚管云贵总督事鄂尔泰奏为报明委员招抚生苗情形事折》，《雍正朝汉文朱批奏折汇编》第13册第21页。

约计二百六七十里，局面已定。"①

平定丹江。八寨剿抚事定后，张广泗被擢为贵州巡抚，继续执行原定的剿抚计划，开始筹划进剿丹江，即今黔东南苗族侗族自治州雷山县。

之前开辟古州、八寨，均以抚为主，而对于丹江，张广泗认为则应以剿为主，自称有如下理由：

一是丹江"生苗"恃众恃远，及遣向导、通事等再三晓谕，始终执迷不悟，不仅不遵化诲，还将已向化的八寨内的杨牌、杨尧等寨设计勾窜，希图反复。二是兵丁临其境时，竟敢公然违抗，益肆顽梗。三是丹江逼近凯里，靠近州县，且与都匀的八寨、镇远的九股等地接壤，如不严加整顿，不仅对其无以示儆，也不能使其他地方的苗民闻风怀畏。因此，对于丹江"则是恩不能用，非威不可矣"。②

张广泗调集凯里营、平越营兵，加上都匀营参将赵文英带领进剿八寨的抚标及都匀营营兵，共2550名，分三路前赴丹江。其后，贵州提督杨天纵又派拨贵阳营兵丁200名前往协剿。

七月二十四日，三路清军展开进攻。张广泗和赵文英率领的一路兵丁，于七月二十四日，由八寨进抵枯桐隘口时，遭苗民堵截，双方对仗，清军杀死苗民10余人。二十五日，双方又战，清军将苗民击溃。二十六日，苗民又四路前来，被清军击散。连续3天的战斗，苗民被杀数十人，清军2人毙命、5人受伤。

凯里营都司罗资衮率领的一路清军，之前即受张广泗的调遣，抢占乌留。乌留系丹江、桃绕、高坡、鸡讲、上下九股一带门户。五月十七日，罗资衮领兵抵达乌留，该寨100余户苗民联合丹江等处苗民共1000余人，披戴盔甲，抛刀呐喊，堵截兵丁。罗资衮分兵三路夹攻，击败苗民，顺势攻入乌留寨。其后连续3日，苗民均前来骚扰。五月十九日，罗资衮将兵丁分三路布置，待苗民前来，三路出击，各打死打伤6人，苗民溃散。罗资衮带兵占据乌留后，遵照张广泗指示，派兵丁四处招抚。接到进剿丹江的命令，罗资衮率兵由乌留出发，七月二十四日，行至囊孟隘口，该处已

---

① 雍正六年八月初六日，《云南巡抚管云贵总督事鄂尔泰奏为八寨生苗招抚完竣事折》，《雍正朝汉文朱批奏折汇编》第13册第136页。
② 雍正六年八月初六日，《云南巡抚管云贵总督事鄂尔泰奏为奏明开通苗疆情形事折》，《雍正朝汉文朱批奏折汇编》第13册第222页。

一、"改土归流"之战

被苗民占据,清军将隘口攻占。二十五日,苗民来攻,双方接仗,苗民被杀9人,带伤多人,清军4人毙命。

丹江离凯里仅30余里,逼处都匀、镇远腹里地区,共有百余寨,丁壮数千名,多枪炮甲械。清军三路进剿,各路均遭苗民顽强抵抗,在击散"苗众"后,三路清军会合于乌叠。苗民依靠崎险山势,毫无畏惧,伏于隘旁深菁之内,时聚时散,与清军周旋,双方相持,清军一时难以取胜。张广泗担心相持下去,不仅已经就抚的苗民会有反复,且附近村寨有很多犹豫观望的苗民被其勾连,也可能加入抵抗之列,于是决定暂缓进攻,咨请鄂尔泰增加进剿兵力。

清军暂停进攻,而贵州省内则轰传清军遭受重大失败,汉土兵丁伤亡数十名,装备被抢夺一空,张广泗则乘夜逃遁,狼狈不堪。①

面对如此局面,鄂尔泰认为丹江"生苗""凶恶强悍甚于群苗",强调"若不用全力剿除,既无以畏服投诚各寨,而九股生苗亦断难以就抚"。② 鄂尔泰、张广泗和贵州提督杨天纵会商后,决定再调贵州提标兵丁400名、抚标兵丁300名,大定、黔西、平远、定广、新添5协营兵500名,以及其他营分兵丁350名,丹江前线的兵力达到4300名。鄂尔泰嘱令张广泗"相机慎动,宁迟勿错"。③

然而,鄂尔泰、张广泗所担心之事还是发生了。之前已经就抚的八寨内的杨牌、杨尧、杨鸟、乜告、交归、羊甲、番仰、番扛等寨,在丹江"生苗"的勾连下复叛,加上丹江苗众,"顽苗"达到六七千人,声势很大。

丹江与八寨互为内外,互助声势,互相援防,若想荡平丹江,必先扫清八寨,使丹江失去援助依靠。如果八寨不先收服,则一旦反叛,清军将腹背受敌,后果不堪设想。面对形势的变化,张广泗决定:"先进八寨,后进丹江",即先剿平杨牌等先前已就抚后又反叛的村寨,待扫清外围后,

---

① 雍正六年十一月初十日,《云南巡抚管云贵总督事鄂尔泰奏报办理八万古州苗地事宜折》,《雍正朝汉文朱批奏折汇编》第13册第910页。
② 雍正六年九月初三日,《云南巡抚管云贵总督事鄂尔泰奏报丹江生苗不服化悔添拨官兵剿抚折》,《雍正朝汉文朱批奏折汇编》第13册第347页。
③ 雍正六年九月初三日,《云南巡抚管云贵总督事鄂尔泰奏报丹江生苗不服化悔添拨官兵剿抚折》,《雍正朝汉文朱批奏折汇编》第13册第347页。

再集中力量进剿丹江。张广泗将大营移至靠近八寨的翁城，占据此地后，既可进剿八寨，也可弹压丹江，在此等待援兵。鄂尔泰同意张广泗的筹划，强调"苗疆"内苗寨有大小之不同，但小寨多受大寨挟制，皆视大寨为向背，"若不先制其强者，其弱者也难以归附"。决定再次增兵添械，大加惩创："查生苗之役，原欲示抚，故不须多兵。今丹江既敢抗拒，则非重兵不足以济事。"谕令再调安笼镇标兵300名，安南、普安、盘江三营兵共200名，平远、黔西、大定三协并各100名，长寨营兵200名，提标兵200名，再从应援广西撤回的安笼镇标兵中选调，加上原有及此前所增调的，进剿兵力达到6300名，并发火箭3000枝以及档牌、火毒炮和两尊"靖蛮大炮"至军前应用。鄂尔泰告诫张广泗："群苗负险，狡诈莫测。天时可乘，地利宜审。近功速效，终虑远图。须知大兵齐集，慎重图之。凡事先易者后难，虽先难者后必易。务筹一劳永逸，俾无须再举。则此一大布置，庶可以昭示来兹。"①

鉴于清军各标、协、营装备的各类大炮，射程均较近，而射程较远、攻击力较强的"威远大炮"，又因炮体太重，加之"苗疆"处处山高箐密，运输不便。贵州提督杨天纵命工匠赶制出射程远又便于运输的"靖蛮大炮"3尊、"过山鸟"18杆，运往军前，在其后进剿丹江的战斗中发挥重要作用。②

世宗获悉有关进剿丹江的情形后，批谕："古州八万之举，张广泗既见不透，则此时少急骤矣。再有如此等应整理者，当缓一步，徐为之矣。云贵官兵甚觉劳苦，朕心实为不忍，亦即有旨加恩于伊等，俟旨行。"③显然，世宗对张广泗在八寨未能完全抚定的情况下，便急于进剿丹江有些不满，派遣国子监司业穆克登、翰林院侍讲春山二人为钦差，前往军前，向张广泗颁发上谕一道、给苗民敕谕一道并和硕怡亲王允祥暨大学士等字寄。还担心贵州额设兵丁不敷应用，要鄂尔泰斟酌，是否从靠近贵州的湖

---

① 雍正六年十月二十日，《云南巡抚管云贵总督事鄂尔泰奏报添拨官兵剿抚丹江各寨并九股等处投诚情形折》，《雍正朝汉文朱批奏折汇编》第13册第709页。
② 雍正六年九月二十日，《贵州提督杨天纵奏报制造大炮攻剿丹江折》，《雍正朝汉文朱批奏折汇编》第13册第759页。
③ 雍正六年十一月初十日，《云南巡抚管云贵总督事鄂尔泰奏报办理八万古州苗地事宜折》，《雍正朝汉文朱批奏折汇编》第13册第910页。

南各营抽调1000名兵丁、荆州驻防满兵1000名赴贵州听用。鄂尔泰奏覆：现在所调兵丁已足敷用，但仍可将湖南抽调的1000名兵丁，在湖南与贵州的交界处堵御。至于荆州满兵，则毋庸遣调。

世宗上谕张广泗：

> 从前石礼哈署理贵州巡抚印务时，曾折奏古州八万地方未入版图，其人愚悍无知，往往相互仇杀，时出劫夺，扰累居民。今各处苗彝皆倾心向化，独此一隅未通声教，应请用兵剿抚等语。朕比时批谕石礼哈：古州八万苗民虽未归政化，但用兵进剿，震慑苗众，朕心实为不忍，所请切不可行！是以石礼哈遵奉谕旨而止。后因尔奉差，经过其地，报称苗人等欢欣迎接，情礼恭敬，佥称愿归版图，共沐圣化。朕又访问从滇黔来京之大臣，亦云彝情恭顺是实。朕思内地、苗疆之人，皆吾赤子，其果能抒诚归向，朕岂忍令其独在德化之外？是以准尔所奏，令尔料理扶绥，以慰苗众。近闻尔在彼地，有抚剿兼行之事。想因苗寨繁多，心志不一，其中有实心归附者，亦有中怀疑惧而来即就抚者。若令仓猝之间胁以兵威，未免戕残苗命。且强所不愿，非朕本怀。今特遣翰林官二员前来，将朕意宣谕。倘伊等到日，尔所料理之事已竣，则加意扶绥，使之得所。倘或执迷不悟，切勿徒恃兵力杀伤苗民。统俟从容再行化导，以副朕好生胞与之至意。特谕！

怡亲王暨大学士等给张广泗的字寄，内容与世宗上谕大体一致，其强调：

> 闻古州八万苗人一案，非用兵不能清结，昨沈巡抚已经折奏。皇上圣意，以用兵或致多伤苗命，甚为不忍。此地苗民，虽互相仇杀，出境劫夺，而其罪尚小，无显然抗违国法之罪。只因从前闻得招抚甚易，圣意不忍拒之化外，故令举行。今闻苗众之心不一，似非扶绥可以竣事。但用兵剿灭，尽收其地，而将来料理，措置亦不言易。是以皇上特发谕旨与巡抚，并颁敕谕晓谕苗人，令翰林二人赍捧前来。翰林到日，巡抚可相机料理。若苗众原欲就抚，易于招徕，不至大有诛戮，则仍照巡抚前请施行。或撤兵有不便之处，亦就近商酌。倘撤兵

可行,巡抚应将敕谕抄录,宣示苗众,俟其敬谨恭迎,然后将敕谕发往。一切钦差与巡抚面加酌量。巡抚不必因从前所奏,存回复为难之心。巡抚身临苗疆,凡进退机宜,自然明晰。应行应止之处,总期妥贴办理。①

其后,鄂尔泰就世宗谕旨及怡亲王暨大学士等的字寄奏覆,言明之前对古州抚而未剿,以及进剿丹江和开辟"苗疆"的理由:"都匀、黎平二府连界,而由都匀不能直达黎平者,正以丹江一带横截道路,并非古州苗界有以隔之也。清水江诸水,下通楚之黔阳县,直入大河,下通平越属之重安江,并可至黄丝驿。而舟楫不通,货财不广者,则以九股一带生苗动劫商旅,亦并非古州苗众有以阻之也。从来富庶之地,半少顽民,为其身之可爱,而欲重保其赀也。今既称古州富庶,更多土产,而以烧杀抢掳等事全以归之,恐事不尽然。是以臣于昨岁,委张广泗亲至古州,业经招抚,而并未科粮编户。若不欲取者,诚欲开通丹江,次及九股。先沿江设汛,俾河路通行,然后合八万古州,该镇添兵,以筹长久。此黔省百世之利,大局所关。"并陈明张广泗暂停进剿丹江,并非受挫,而是慎重起见,称:"苗疆贼薮,兵事所时有。凡举动,务当示以镇静,斯可以安民心而一众志。方张广泗初进丹江,见苗贼强多,恐众寡不抵,或至失事,遂暂退衙门寨,以待添兵。"鄂尔泰还表态称:"钦差翰林穆克登、春山二臣现在军前,同张广泗详勘八寨毕,业前进凯里,相度形势,酌量剿抚。仰赖圣主仁威,或易于就绪,自应速图。倘进取实难,不过勉强从事,即当宣布上谕,徐徐撤兵。断不敢回护前议,以致纷扰。"世宗在鄂尔泰奏折上朱批:"欣悦览之!朕惟恐张广泗有进退为难之处,因有此钦差来黔之命也。今张广泗即料理从容,事已七八分就绪,自不必中止。已有旨谕张广泗矣。卿与张广泗书稿,一派浩然之气,大公之论,有何可谕?欣悦览之!"② 表明其支持鄂尔泰、张广泗继续开辟"苗疆"的态度。

在世宗有了明确态度后,鄂尔泰、张广泗等加紧筹备,待所调兵丁集

---

① 雍正六年十月二十二日,《贵州巡抚张广泗奏酌议安抚生苗事宜折》,《雍正朝汉文朱批奏折汇编》第 13 册第 749-750 页。

② 雍正六年十一月初十日,《云南巡抚管云贵总督事鄂尔泰奏报办理八万古州苗地事宜折》,《雍正朝汉文朱批奏折汇编》第 13 册第 910 页。

一、"改土归流"之战

齐后,已是雍正六年(1728)九月底,清军展开进攻,全力进剿丹江。

九月二十八日、二十九日,清军进讨甲些、乌归等十余寨,或擒获杀,但时值阴雨,并未烧寨。

十月初四日,定广协副将苏大有带兵于营盘六七里外设伏。初五日天明时分,有苗民千余,各执火枪前来劫营。清军伏兵四起,苗民遭伏,惊慌奔窜,清军分路追杀。一路直追至摆楷等寨,杀死苗民数十人,将摆楷、也略、壤顶、坝构等寨烧毁。另一路清军追至乜告关口,恰好张广泗派来应援的300名兵丁也赶到,冲开寨门,杀入寨内,杀伤苗民数十人,并取首级,其余苗民奔窜山箐,清军将乜告等3寨烧毁。初六日,清军乘苗民惊魂未定,四处攻剿,将杨牌、杨尧、杨乌暨附和违抗的也条、杨列等20余寨尽行捣除。初七日,又将者良等寨攻剿。此次用兵,前后打伤打死苗民无数,俘获10人,斩首67级。清军受伤5人、1名土兵身死。

清军用威之后转而行抚。张广泗遵照鄂尔泰授意,出示晓谕:除首恶大寨断不宽宥外,其余被胁从之寨,既已知威,仍准就抚。在清军强大的军事震慑下,甲些、乌归、坝构、杨亭、番仰等寨前来投降,并愿引路捉拿倡首者。清水江、九股、古州等远近苗民也纷纷就抚,刻木输诚。据鄂尔泰称:"古州八万前经招抚,至今宁帖。九股地方及清水江各苗现在归附者已四千八百九十余户,即八寨一带前投诚受抚者业有三千余户。虽杨牌等数寨复入伙丹江,而反复者亦不及十分之一。今敢于抗拒者止丹江一处。"①

丹江分大丹江、小丹江和鸡讲三处。大丹江居中,有桃绕等40余寨,小丹江在左,内有乌叠等20余寨,均沿江立寨。鸡讲在右,内有乌骚等寨。"乌耶为大小丹江要隘,抱得亦大丹江出没之区,乌骚则延属鸡讲。"②苗民在丹江各险要处均筑有土城,盖有草棚,给清军的进攻增加了难度。清军兵分三路:一路由张广泗率领安笼镇标游击田昌友、贵阳营游击史应贵,带领兵弁,于雍正六年十一月十一日前往乌耶,控制要隘,统领战局;一路由镇远协副将张禹谟带领兵弁,于十一月十二日,由乌留启程,经抱得寨,进剿大丹江;一路由定远协副将苏大有率领兵弁,于十

---

① 雍正六年十月二十日,《云南巡抚管云贵总督事鄂尔泰奏报添拨官兵剿抚丹江各寨并九股等处投诚情形折》,《雍正朝汉文朱批奏折汇编》第13册第709页。

② 〔清〕乾隆《贵州通志》卷二四《武备·师旅考·国朝》。

一月十二日,由八寨经枯桶,进剿小丹江。同时,分兵屯驻乌骚寨山岗,以牵制鸡讲寨苗兵。

苏大有一路,开关破寨,仅用10天时间即夺占小丹江。

苏大有兵进枯桶,将所统兵弁分左右两路,左路由蜂塘寨抵枯桶,右路抄枯桶之后。十二日,到达枯桶寨,苗民俱已躲避,留下一空寨。十三日,苏大有分拨土兵于要路设卡,有苗民欲回寨取粮,被守卡土兵放弩打伤4人。十四日,清军沿运粮道路搜寻,有四五百苗民于山梁山放枪,清军施放大炮,打死打伤苗民多人。清军拟在石板寨扎营,有千余苗民蜂拥而来,被清军击败,追赶至坡下。苏大有见坡下地形易于设伏,于是令在此埋下伏兵。而令前往追赶苗民的清军佯装败退,待苗民追至坡下时,遭埋伏于此的清军攻击,死伤十余人,其余溃散逃遁。十六日傍晚,苏大有再次设伏,并亲往诱敌。此战,苏大有仅带领少量兵丁前去与苗民对仗,佯装败退,四五百苗民从后追杀,进入清军埋伏地点后,被埋伏的清军打伤数十人,打死3人。十七日,雨雪交加,天冷雾重,双方休战。十八日清晨,苏大有带人往乌叠山梁查探,并令其余兵丁于其后埋伏,以防不测。果然,苗民见苏大有所带兵较少,千余苗民遂对其围攻。苏大有领兵且战且退,半敌半诱,双方从早上战斗到中午,渐渐进入清军预先设好的伏击圈。待围攻苏大有的苗民进入伏击圈后,埋伏的清军冲出,苗民被打死数名、打伤数十名,遂退回土城防守。二十日,苏大有开始变防守为进攻,分兵四路,围攻最靠外的头关土城。苗民于土城垛口放枪拒敌,清军则用大炮轰城。该土城甚为坚固,清军从早至午攻击,仍未攻破。无奈之下,苏大有督率备弁兵丁,冒险逼近土城,强行跃进,斩杀45人,最终将此土城攻下,并乘势连破其余5座土城,一路将苗民追至小丹江的乌叠寨,又斩杀12人。乌叠寨土城更为坚固,苏大有指挥清军施放"平逆靖蛮大炮",将土城轰塌,并打死打伤多人,将乌叠攻克,并乘势烧毁附近8座苗寨。二十一日,苏大有领兵至小丹江。

张广泗带领兵弁驻扎于乌耶坡,遣田昌友带兵夺取乌耶寨左右山岗,进兵至头关口。有苗兵来犯,田昌友连日攻击,但苗兵"旋败旋聚",清军始终无法将其彻底击溃。而经抱得寨进剿大丹江的张禹谟一路,则被阻于囊猛、囊尧二寨。

十一月十二日,张禹谟率领兵弁进抵开怀寨。十三日,分中、左、右三路进攻乌留。乌留寨苗民先前已将家口迁出,退至寨后山梁拒敌。清军

一、"改土归流"之战

放火将乌留寨烧毁后，攻上山梁，苗民退往抱得寨。清军随后将抱得寨攻破，并将附近两寨一起烧毁。十四日，清军开始搜山。十五日，清军至抱得，从乌留、抱得逃散的苗民皆逃至囊猛、囊尧两寨内躲藏。该处异常险峻，苗民占据高岭固守。张禹谟见进攻困难，且已深入苗境，担心被壹荡、谷裸等寨的苗民抄袭后路，便将大营扎于抱得，放弃进剿，转令凯里苗兵前去招抚附近的苗寨，拟待后路安全后，再设法进取高岭，从高岭进大丹江。

苗民不仅成功阻挡了张禹谟一路的进攻，还乘机袭击驻扎乌耶的清军。十一月二十一日黎明，千余苗民往攻乌耶关口。驻扎此地的游击史应贵指挥清军施放枪炮，将苗民的进攻击退后，史应贵以苗民气势正甚，并没有令兵弁追击，而是料定苗民还会再来进攻，于关口四周附近设下伏兵。二十二日午时，苗民果然再次前来攻打，被埋伏的清军打死数十人，余众退去。二十三日，史应贵指挥清军反守为攻，主动向苗民发起进攻，苗民被打死打伤多人，便放弃对张禹谟部的进攻和袭扰，转而攻打夺占小丹江的苏大有部。

十一月二十四日，苗民聚众千余人前来攻打，苏大有率领兵弁枪炮齐发，将苗民击退，并追上山梁，杀死数十名。十一月三十日，大丹江苗众千余人往攻天柱营参将营盘，苏大有领兵由小丹江应援，两路夹攻，将苗民击退，苏大有等提兵追至黄毛岭。该处2000余苗众早已将各险峻隘口占据，阻截清军。苏大有身先士卒，领兵冲杀，在连续射杀6人后，左腿被苗民施放的火枪击中，子弹穿腿而过，仍不下火线，督兵将黄毛岭及附近8个寨子攻破。经此一役，该地苗民对苏大有深感畏惧，"妇人小子，闻其名无不咋舌"。①

在乌耶和小丹江情势稳定后，张广泗亲往抱得寨张禹谟行营督战，议定兵分两路，强攻囊猛、囊尧。以都司罗资衮领兵出左路，攻囊猛；守备梅先春领兵出右路，攻囊尧，张广泗和张禹谟领兵遥应。囊猛在山岭之上，砌有土城一座，居高临下，守城苗众二三百人。都司罗资衮领兵率先对囊猛发起进攻。清军系仰攻，经过反复厮杀，最终将土城攻破，苗众逃散。守备梅先春领兵进攻囊尧则较顺利。罗资衮、梅先春两路会合，将囊

---

① 乾隆《贵州通志》卷二四《武备·师旅考·国朝》。

猛、囊尧焚毁。随后，三路清军围攻大丹江。苏大有领兵进中路，史应贵令兵击左路，罗资衮、梅先春领兵攻右路。

中路和左路进兵，均未遇到抵抗，沿途者飞、小箐、杨乌、交归等寨纷纷就抚，并割据木刻。而罗资衮、梅先春所攻右路，遭到苗众抵抗。先是，有百余苗民据守关口，被清军用大炮轰散。清军夺占关口后，正准备在此扎营，有五六百名苗众趁此时机前来劫营。清军突遭攻击，仓促之间，一面筑墙据守，一面施放枪炮，苗民死伤甚众，被迫退回。连续多日，苗众均前来袭扰。十二月初三日，清军反攻，由上往下，一路烧杀，打死打伤苗民无数，焚毁6座苗寨。至此，三路清军将大丹江附近苗寨全部清剿。初五日，清军三路齐进，很快便将大丹江最后的据点桃绕等6寨攻克，大丹江平定，各寨苗民"刻木来降"。攻占大、小丹江后，清军随即进剿鸡讲等寨。

鸡讲寨寨大人众，有苗民五六百户，周围有若干小寨，前面有抵箇大寨，共有数千苗民坚守不出，一同抗拒清军。清军采取的策略是先攻抵箇，后剿鸡讲。十二月初十日，张广泗令田昌友等人同游击史应贵率兵，分左右两路攻打抵箇寨。苗民聚集数千人，在抵箇、鸡讲山梁顽强抵抗清军。左路由黄施、安南、普安等营组成的清军，两次进攻均被苗民杀败，5名炮手阵亡。虽然苗民人数众多，也较顽强，但最终仍未能抵抗住清军的两路夹攻。清军抢上山梁，苗民溃退，清军追至鸡讲山梁扎营，苗民也在对面山梁驻扎。十一日，张广泗派副将张应宗领兵应援。驻扎山梁的清军拔营下山，苗民亦下山对敌，遭清军多路围攻，苗民大败而逃，丢下的各种枪炮器械填满了山路，山径为之阻塞。清军一路追击，直追至鸡讲山后。鸡讲苗众在稍做抵抗后，即全面溃败，清军将鸡讲等5寨焚毁。苗众逃入密箐，随后抵箇、鸡讲及附近各寨600多户苗民相继就抚。

至此，古州"宁帖"，而镇远府属清水江即上下九股的招抚亦取得明显成效。钦差穆克登、春山随张广泗同赴大小丹江，以丹江事竣，回京复命，张广泗则启程回贵阳接受巡抚印篆，以镇远知府方显等继续展开招抚。

方显，字周谟，湖南巴陵人，自岁贡生授湘乡教谕，稍迁广西恭城知县。雍正四年（1726），诏诸行省举贤能吏，布政使黄叔琬以显应，超擢贵州镇远知府。总督鄂尔泰议开苗疆，"改土归流"，云南东川、乌蒙、镇雄诸土府既内属，贵州苗未服。"鄂尔泰召显问状，显力言宜如云南例改土归流。问剿与抚宜孰施,对曰:二者宜并施。第先抚后剿,既剿则仍归于抚耳。因条上十六事,曰:别良顽,审先后,禁骚扰,耐繁难,防邀截,戒姑息,宥胁从,除汉奸,缴军器,编户口,轻钱粮,简条约,设重兵,建城垣,分汛塘,疏河道,各为之说甚备。鄂尔泰韪之,檄按察使张广泗招抚古州、丹江、八寨诸苗,而以九股、清水江诸苗属焉。"① 方显被认为是在开辟"苗疆"过程中秉持"剿抚兼施、以抚为主"的代表性人物。《清史稿》称:"自鄂尔泰议开贵州苗疆,事发于广泗,而策决于显,卒终始其事,崎岖前后七年而事集。"② 在九股、清水江的开辟中贡献较多,累官至贵州按察使、四川布政使,署理四川巡抚。

雍正七年(1729)五月间,前已受抚的丹江桃绕寨苗民,因受"汉奸"老杨、老许等人煽惑,复萌叛念。都司罗资衮听闻后,差遣当地头人阿豹等5人前往开导,令其将"汉奸"缚献请赏。该处苗民受"汉奸"蛊惑,将阿豹等杀害,并于雍正七年五月二十一日夜,往劫清军大营,被清军枪炮打死打伤甚众,清军则无一人伤亡。附近苗寨并未随桃绕寨反叛,但担心清军进剿,受到连累,纷纷前赴清军大营剖白,并成功说服桃绕寨头人阿尚归降,将"汉奸"老杨、老许及眷属缚献。审讯之下,老杨供称:"小的原是新添多罗堡人,于三月初七日才走到桃绕寨去。苗众问是哪里来的,小的就哄他们说:前日苏总爷与你们打仗,是我与他做鬼,故此仗仗俱赢。他原许我七百两银子的,如今打赢了,不给我银子,我才到这里来。你们若凑几百两银子送我,包管赢他,不要上钱粮。苗众信了,许下七百八十两,终日供养。于二十一日夜攻营,小的拿着一葫芦水,假做使法,不想官兵先知道了,被枪炮打死几十,带伤百余人。苗子败了,小的就想要走,被他们围住不放。是小的该死。"据老许供称:"小的是黎平府人,于戊子年就到苗寨做阴阳看地。昨因苗子听了老杨唆拨,要赶去官兵,叫小的看日子。小的没奈何,与他看,说牛虎日子好,只是犯了婆星,不利开阵。他们不肯信,就于二十一日夜冲营,被官兵枪炮打死了几十,伤了一百多个。小的腿上亦带了枪伤,该死了,只求饶命。"③

---

① 赵尔巽:《清史稿》卷三〇八《方显传》,第 10579 页。
② 赵尔巽:《清史稿》卷三〇八《方显传》,第 10581 页。
③ 雍正七年六月十八日,《云贵总督鄂尔泰奏报剿抚公鹅等寨及丹江苗众情形折》,《雍正朝汉文朱批奏折汇编》第 15 册第 595 页。

鄂尔泰认为，桃绕等寨苗众反复"实由汉奸之拨弄，汉奸不尽除，苗人终难宁靖"。另外，丹江等处开辟之后，未及时设官安营，在事各官欲"将就完事，即致误事，必转费事"。他赶赴贵州，与贵州各官商议后，决定以安笼镇总兵官哈元生带兵2000名前往丹江，筹划善后事宜。

剿洗清水江。与施秉旧县接壤的清水江地区，即今贵州黔东南苗族侗族自治州剑河县，主要居住的是"黑苗"。"清江上通重安，以达都匀，下通黔阳，以会朗水。舟楫往来，虽较潕溪为便，而佑客帆樯不至焉"。①该地民风剽悍，常四出抢掠。早在明万历年间，就参与过播州之乱。清顺治十六年（1659），曾将地方官杀害。

鄂尔泰以清江、九股"生苗"尤顽梗难化，嘱镇远知府方显领人前往，相机招抚，令张禹谟随往，领兵驻扎于清江北岸的旧施秉县柏枝坪弹压。方显亲赴清江查勘，见有名为"梁上"的地方，形势险要，东北与内地邛水司连界，西南与挨磨、者磨等界相连，认为须从此地开始招抚，树之风声，乃得要领。而九股上接丹江，下连清江北岸，分上、下九股。雍正六年（1728）三四月间，方显领人先后将清江北岸梁上18寨以及挨磨、者磨8寨招抚，令各寨头人定期云集，行"宰款合榔"。所谓"宰款合榔者，苗俗也，即汉人歃血盟誓之意，又曰'合款'，亦曰'诂话'。其会盟处曰'款场'。其首事曰'头人'，头人中之头人曰'榔头'。诲盟者有罚，曰'赔榔'。皆苗语也"。②

施秉县琵琶寨、石狗洞寨被盗，盗犯藏于台拱、在农二寨内，清军捕之不得，副将张禹谟欲屠之。诸苗畏惧，奔窜林谷。方显闻之，说："如此则诸苗人人自危。"方显独自入苗寨，寨空无人，便宿于寨中。翌日晨，匹马张盖出，命人绕林谷大呼："镇远太守来救汝曹命。""二寨苗人拥马首问汛，显各之曰：'汝曹既已受抚，即属良民，圣朝无屠戮良民理。旧染污俗，咸以维新。其急抚汝父母，携汝妻子归汝寨，勿自取屠戮。'苗罗拜泣：'公实生我'。显因下马，坐石上，与谈家常琐事，询问疾苦。苗大欢。"③方显住宿苗寨3日，苗人将盗犯缚献。方显又顺势招抚清江南岸九股之交汪、反号、陶赖等二三十寨。

---

① 乾隆《贵州通志》卷二四《武备·师旅考·国朝》。
② 〔清〕方显：《平苗纪略》第5页，清同治十二年武昌刻本。
③ 〔清〕方显：《平苗纪略》第6页，清同治十二年武昌刻本。

一、"改土归流"之战

清水江及上、下九股诸苗寨不烦兵威，相继就抚。但地处清水江南岸深处的公鹅、柳利、鸡摆尾、鸡呼党、白索、白汗等20余寨，紧临江岸，沿河相依，环寨箐林茂密，地势极险，河面虽不甚宽，但水深流急，苗民恃险负固，受"汉奸"曾文登等以"汉兵自古不渡河，诸葛武侯立石为信。汝辈不宜纳粮，若今岁纳一两，明岁即须纳十两，且将丈田供役"①之说的煽惑，于雍正七年三月十八日，集众数千，由南岸渡江而来，进攻驻扎于清水江北岸柳罗寨的清军。驻扎此地的副将张禹谟部，"以少兵当敌，遂失利，苗骄甚，啸聚益众，及围营。禹谟欲突围出，显不可，坚意固守，时遣劲卒出击，小有斩获。以众寡悬殊，被围者二十七日"。② 四月十四日，张广泗率援兵赶到，围乃解。

张广泗以书面文字报鄂尔泰："公鹅一寨素称强暴，久为生熟苗夷之害，实有难以德化者。其余各寨，虽听公鹅勾结，然系乌合，本不固结，今闻自丹江统兵而下，各自涣散。柳利苗人自来坡下喊求叩见，情甚可怜，此义所当收。鸡摆尾等寨各自归守，皆有愿来投诚之意。公鹅一寨，亦遣人恳求招安。"鄂尔泰见张广泗有准抚之意，回复其仍当以剿为主，称："柳利、鸡摆尾等寨，虽伙同助恶，然既有可原之情，即有可宽之法。至于公鹅一案，先则伏路截兵，继复渡江挑战，威逼邻夷，指挥众寨，实属巨恶，断难姑留。况该寨进逼清江，盘踞要害，将来疏通河道，舟楫往来，宁不遭其劫掠。是务当乘机剿灭，以计其久远。即或哀乞，诚切投降，亦必令将倡谋造意诸犯擒缚投献，明正典刑，然后收抚余党，免其全寨诛戮，庶几威不损，恩不滥，以示群苗，方为妥计。"③

方显见清军欲进剿，担心良顽不分，进言道："公鹅素强悍，若不殄灭公鹅，固无以慑各寨，若不解散各寨，亦难以制公鹅。与其先制公鹅，不如先散公鹅之党。"④ 于是遣人往各寨招抚。除鸡摆尾一寨恃寨大人众，尚犹豫观望外，其余各寨均就抚，公鹅被孤立。

由于连日阴雨，河水暴涨，直到雍正七年（1729）五月十二日，天气

---

① 〔清〕方显：《平苗纪略》第9页，清同治十二年武昌刻本。
② 〔清〕方显：《平苗纪略》第7页，清同治十二年武昌刻本。
③ 雍正七年六月十八日，《云贵总督鄂尔泰奏报清江顽苗就抚攻克情形折》，《雍正朝汉文朱批奏折汇编》第15册330页。
④ 〔清〕方显：《平苗纪略》第8页，清同治十二年武昌刻本。

才开始转晴。十四日，乘清晨起大雾，张广泗、方显派兵泅渡过江，夺获船只，绕开苗众防守较严的江岸，从上游暗渡过800名兵丁。十五日清晨，清军从后面杀来，公鹅苗众猝不及防，被清军杀败后，先是逃入林箐，继又归寨固守。清军用炮击毁墙垣，冲入寨内，举火焚烧，苗民被伤毙、擒杀及焚烧者无数，其余逃入林箐。千总曹文元受腿伤，不日身故，另有8名兵丁受伤。清军扎营于南岸，方显告知张广泗，苗众至夜必来劫营，要兵丁做好防备。十四日夜，苗众果来劫营，因清军已有准备，将苗众击退。十五日，公鹅寨又伙同鸡摆尾苗众千余人前来攻营，打伤兵丁1名，反被清军杀死无数。十七日，鸡摆尾寨以及柳利、白索等之前同公鹅一起抗拒清军的各寨前来清军营盘就抚，并将"汉奸"曾文登及妻子6人缚献，认纳钱粮。鸡摆尾头人称：原本已割了木刻，欲投诚纳粮，因误信"汉奸"之言，才与公鹅"合榔"，一同抗拒，被清军杀死多人，自己的儿子也被杀死。又称：待清军攻破公鹅寨后，公鹅寨的人又到鸡摆尾寨，告知头人："我们原与你合过榔，如何不救我们？又是曾文等说：你们且再去打一仗。因此公鹅又约了各寨共千人去打仗，鸡摆尾寨众死了二十六个，带伤十六个，各寨死伤的甚众。"①

鄂尔泰欲对公鹅苗众穷追猛打，赶尽杀绝，札谕张广泗："贼寨虽毁，贼众未必尽伤，倘容其暂时躲避，不极力搜擒，恐兵退，而贼复聚，又将有事。应乘此兵威，务将公鹅尽行屠灭，此为上策。如势有不可，或宣谕鸡摆尾等寨，并力攻取，许掳其子女，分其田土，犹得中策。"② 张广泗认为："探其公鹅逃匿之苗，若发兵搜捕，势难尽俘。其众捕之愈急，逃匿愈深。即不能穷追，徒为他寨添羽翼。"③ 督、抚之间经过一番商讨后，最终决定对公鹅苗众去剿行抚，允许其就抚，但须令其缴献枪械，并须托榔寿等大寨担保，方准收抚。六月初五日，各寨苗头带领公鹅苗人赴清军大营，合款归顺。至此，清水江南岸远近投抚"生苗"40余寨万余户，

---

① 雍正七年六月十八日，《云贵总督鄂尔泰奏报剿抚公鹅等寨及丹江苗众情形折》，《雍正朝汉文朱批奏折汇编》第15册第596页。

② 雍正七年六月十八日，《云贵总督鄂尔泰奏报清江顽苗就抚攻克情形折》，《雍正朝汉文朱批奏折汇编》第15册第330页。

③ 雍正七年六月十八日，《云贵总督鄂尔泰奏报剿抚公鹅等寨及丹江苗众情形折》，《雍正朝汉文朱批奏折汇编》第15册第596页。

纳粮编甲。张广泗于公鹅安设大营,调之前受伤的总兵苏大有前往弹压,并于沿河择地另立汛塘。

至此,清政府在广阔的黔南、黔东南地区新辟"苗疆"十余处,计地二三千里。

贵州铜仁府以及与之相邻的今湘西之地,除居住有"红苗"外,还有所谓的"无管生苗",广袤千余里,北连湖广,西接四川,并未明确属何省管辖。明万历年间,筑"苗疆边墙"将其隔离,但日久废弛,"流官不敢轻出边墙,苗人转复侵扰内地",千里"苗疆","或为强横土司所割据,或为凶悍顽目所分侵,向好'四不管',积习相沿,由来已久"。鄂尔泰派人将铜仁府内的"生苗"招抚,但对于湘西"苗疆",因属楚界,不便越省料理,因此奏请下旨,令川、楚两省协济,在开辟"苗疆"的同时,将邻近的川省酉阳、楚省容美等土司一并"改土归流"。世宗从全国角度和当时的形势出发,就鄂尔泰提出将酉阳、容美等改流,批谕:"此事万万不可!事情重大,若清理此事,必四省督抚得人,同心全力,预为筹画万全,一举而可就绪。今者,迈柱、查郎阿、宪地、王国栋,皆非料理此事之人,暂且听之。再者,川陕精锐多派出口,滇黔官兵亦当令休息。湖广民风刁悍而未醇,兵骄悍而未经事,非其时也。此举当密而又密!"而对于开辟湘西"苗疆",朱批:"楚省苗疆事宜,可暂缓之,且将已化之苗能令相安,感戴国恩,知内化之益。其附境,观望一二年,将来更易为之(后朱笔改为:不理而自出)。若急欲举行,倘遇不法凶苗,再有汉奸挑拨,则新附之苗不能保其不被煽惑也。此事愈缓愈妥。可遵旨行。"① 其后,鄂尔泰再次奏请先密派川省建昌道道员刘应鼎和新设贵州贵东道道员、黎平知府方显前往化导,待西北军务完竣,再令岳钟琪带兵进剿。世宗仍未同意,朱批:"亦且不必。况酉阳、荣美皆久经受职之苗,非生苗可比,今若无故委员化导,虽此数人不露威严,而委用之人或少圭角,万一致生事端,转费料理。且伊等亦颇知畏惧,奉法敛迹。再者,刘应鼎原系川省第一优员,若不令伊上司闻之,恐一切掣肘,亦难从事从命。卿一人总理调度,伊等于本省上司,自有不得不将顺之势也。况委员化导,但革面而不能革心,将来愈觉措置无辞。若稍露不法之景,又不便

---

① 雍正七年七月二十二日,《云贵总督鄂尔泰奏请招抚黔川楚交界生苗折》,《雍正朝汉文朱批奏折汇编》第 15 册第 865 页。

遽尔料理。仍缓缓相机为是。至于招抚生苗，可不必分论省界。遵前谕，竭力料理可也。"① 鄂尔泰遂暂时放弃开辟湘西苗疆之念，着力于对已辟"苗疆"的善后。

鄂尔泰认为："苗性多疑，汉人多诈，武易张大，文易废弛"，"苗疆"善后"实较创始为犹难"。② 对新辟"苗疆"的善后，世宗连续向鄂尔泰下达谕旨，提出意见和要求："善后事宜须谋完全，倘少有疑二，即经此一番惩创，必有数十年之安静。若可，仍如旧安插相安，庶免异日之烦劳。如信得及，一劳永宁，何乐而不为也？此全在卿通盘悉心筹画而为之者。详慎之！""添设（营汛），朕原有旨，不可惜费。但数千里生苗地界内设汛弹压，恐武弁中未必尽得其人而用之，倘因些小事激成事端，所关甚巨，恐将来不胜其料理，当熟思万全，妥协而为之，不可因目下恭顺，而必其蠢顽之不复作也。朕意：可相其险隘，苗界与内地相连处多设兵，以镇抚为上。朕遥度之意，卿就近亲视情形，自有定见。朕所谕者，正恐因目下情形有误局外远大之心目也，悉心筹画料理，不可视为轻易。夫苗顽之反复，如何可保其必无？只不令伤国体，不至于不可歇处办理可也。慎重为之！"③ 鄂尔泰认为：虽然贵州境内的苗地，有的或尚未开辟，或苗民仍行阻梗，尚未向化，此皆既非难事，也非急事，"俟营制既定，诸务就绪，然后相其顺逆，一举可毕"。④

再辟古州、清水江

雍正七年（1729）十一月，鄂尔泰赴广西坐镇攻剿八达寨，事毕，取道贵州，前往古州察看新辟"苗疆"情形后，将"苗疆"善后确定为以古州为中心，以诸葛大营为核心，"建营设汛，开路浚河"；奏设古州镇，以苏大有任其职，八寨、清水江、丹江设协；增设贵东道，以黎平知府方

---

① 雍正七年十一月初七日，《云贵总督鄂尔泰奏报黔省苗民归依诚恳地方安静宁帖折》，《雍正朝汉文朱批奏折汇编》第17册第157页。

② 雍正七年十一月初七日，《云贵总督鄂尔泰奏报黔省苗民归依诚恳地方安静宁帖折》，《雍正朝汉文朱批奏折汇编》第17册第157页。

③ 雍正七年十一月初十日，《云贵总督鄂尔泰奏报黔省苗民归依诚恳地方安静宁帖折》，《雍正朝汉文朱批奏折汇编》第17册第157页。

④ 雍正七年九月十九日，《云贵总督鄂尔泰奏请招抚生苗以安三省边境折》，《雍正朝汉文朱批奏折汇编》第16册第695页。

显任其职,道、镇均设于诸葛营。鄂尔泰之所以如此布置,是因为"古州一处,东自黎平,西抵都匀,计程五百里。北至清江,南抵粤西荔波,计程七百里"。① 不仅地势形胜,且地界宽广,户口稠密,黔省下游"苗疆","以诸葛营居中坐镇,而都江、清水江左右环抱,中有丹江为之指引,所隔陆路止五十里,一为开濬,则三江会合,楚粤皆通"。② 因此,"欲开通生苗,必先将古州安顿,而后可以他处,逐渐图维"。③ 雍正五年(1727),张广泗尚在黎平知府任上,成功招抚八万古州"生苗",但鉴于当时情形,并未在此用兵,也未于此设官安营。为久远计,古州仍"有应向外控制者,有应深入扼据者"。④ 凡是不利于古州稳定,有碍于"建营设汛,开路浚河",无论是直接的或潜在的因素,统统都在鄂尔泰、张广泗整顿的范围内,先后奏准对清水江鸡呼党等寨以及古州定旦、来牛和车寨等处用兵。因此,就经理苗疆而言,虽名为"善后",实为再次"开辟"。

在此前,雍正七年(1729)六月二十五日,张广泗于清江事竣后启程前往黎平。其此行的目的是剿平紧邻内地、靠近古州,被称为古州"铁门栓"的岑梗、梅得二寨。康熙六十一年(1722)时,时任黎平知府的姚哲就曾遣兵丁擒剿,未有成效,不仅伤损兵丁,连大炮也被苗民抢去。张广泗招抚古州时,虽然岑梗、梅得"平日烧杀劫掳,罪恶不为与谬冲、长寨等处无异",但该二寨未有明显抗拒之状,因此未对其用兵,也未招抚,具有潜在威胁。张广泗先遣通事往谕,"令其缴纳枪炮,擒献凶苗。乃彼等知罪无可赦,始终违抗"。⑤ 于是,派副将赵文英领兵往剿,苗民放枪打伤兵丁。雍正七年七月二十五日,清军攻破该二寨并搜山箐,抓获男妇

---

① 雍正八年三月二十六日,《云贵总督鄂尔泰奏报剿平定旦来牛等处开通都江河路情形折》,《雍正朝汉文朱批奏折汇编》第18册第291页。
② 雍正八年九月初四日,《云贵总督鄂尔泰奏报剿平古州摆砢方胜等寨情形折》,《雍正朝汉文朱批奏折汇编》第19册第97页。
③ 雍正七年八月初六日,《贵州巡抚张广泗奏报安顿古州生苗事宜折》,《雍正朝汉文朱批奏折汇编》第16册第318页。
④ 雍正七年八月初六日,《贵州巡抚张广泗奏报安顿古州生苗事宜折》,《雍正朝汉文朱批奏折汇编》第16册第318页。
⑤ 雍正七年八月初六日,《贵州巡抚张广泗奏报安顿古州生苗事宜折》,《雍正朝汉文朱批奏折汇编》第16册第318页。

20余人。其后，该寨苗民将打伤兵丁的"正凶"擒杀，割献首级，缴纳枪械，认纳钱粮，听候编甲，而靠近岑梗、梅得的30余寨苗民也情愿就抚。此事完竣，张广泗自黎平回贵阳。

剿洗清水江鸡呼党寨。清军剿平清水江公鹅寨时，曾与公鹅"合款"的鸡呼党等寨，因投顺清军，得以保全。鸡呼党寨大人众，鄂尔泰担心其与逃散的公鹅等寨苗众潜相纠结，对已开通的清水江航运造成威胁，必欲剿之而后快。恰在此时，鸡摆尾寨头人前往苏大有行营报称：鸡呼党等寨正潜相勾结，欲行对抗，劝阻不住，担心受到连累，因而密报。雍正七年（1729）十一月初六日，苏大有便领兵前往擒剿，杀死苗民十余人，兵丁带伤2人，苗众奔窜山菁。鄂尔泰闻报，指责苏大有"仓促之际，良顽未分，骤而进剿，反滋惶惑"。又指示苏大有："先明白晓谕，与别寨无干，然后指定鸡呼党等寨，尽力屠灭，即缚献哀乞，切不可轻纵。"其后，苏大有报称：附近各寨皆赴省叩见，唯独鸡呼党等寨并未前来，其所反复之机已露。鄂尔泰批示："今自作之孽，何用姑息？倘再纵恶，致多效尤。是不杀少而杀众，名为用爱而实残。故未经化导而抗拒者情有可恕，已归向而反复者法必当诛。虽反复者只三四寨，而渐不可长。万不可因事易而轻忽之！"①

鸡呼党寨并非决心抗顽到底，雍正七年（1729）十二月十八日，鸡呼党寨头人计包辛带人并牵牛一头前往苏大有营寨"诂话"，苏大有称须由鸡摆尾等寨担保，且附近各寨头人须同来"合款"。鸡摆尾寨头人称不敢担保，苏大有告知："汝等众寨共知其恶，不可不诛，先来密禀，足见汝等良心。目下且为担保，与之同来，尤见汝等效力。"计包辛等见鸡摆尾寨愿意担保，毫无防备，于二十二日，遵照约定，会齐本寨及附近各寨30名头人前来。苏大有责问计包辛"何以匿凶藏械？"计包辛答以"凶手不知谁何，刀枪用于护寨"。苏大有随令伏兵将计包辛等擒拿，斩杀"首恶"祭旗，在鸡摆尾寨头人的指引下，发兵攻寨，斩杀苗民数十人，获首级6颗，苗众奔逃，附近各寨畏惧之下，纷纷就抚。对敢于"抗顽"的鸡呼党等寨，苏大有谕令："凶器尽剿，首凶擒献，方准招安。"其后，鸡呼党等寨苗民央求鸡摆尾等寨担保，呈缴军器，认罚牛只，听抚编甲。鄂尔

---

① 雍正八年正月十一日，《云贵总督鄂尔泰奏报派拨粤西官兵会剿黔省定旦苗人等三事折》，《雍正朝汉文朱批奏折汇编》第17册第691页。

一、"改土归流"之战

泰闻报,十分满意,批谕:"清水江之鸡呼党寨,因昨岁轻易招抚,未曾示以兵威。苗性犬羊,故复小有蠢动。今经此一番剿洗,加此一番布置,则凶顽破胆,良懦自愈倾心。"①

剿平定旦、来牛。位于古州境内紧临广西柳州、庆远二府的定旦、来牛,沿河立寨,据都江河道咽喉,因其僻远,之前未经招抚。鄂尔泰认为:"欲开通都江水道,必该剿抚定旦、来牛。欲慴服定旦、来牛,必须(黔)粤兵两路进攻。"雍正七年(1729)十一月间,发生定旦"凶苗"伤害其他寨放马苗夫之事。鄂尔泰以该处苗民敢于伏草截路,即称"剿之有名,机不可失"。②调派广西左江镇标兵300名、提标兵700名、庆远协兵200名并土兵若干,以庆远协副将潘绍周、永宁营参将施善元统领,前往古州诸葛营与黎平副将赵文英部会合;又调广西抚标兵300名、宾州营兵200名,以副将董芳统领,贵州都匀协副将卜万年领兵300名,前往平宇地方会合,预备沿都柳江上下夹击,进剿定旦的同时带剿来牛。鄂尔泰调黔、粤两省数千汉土兵丁进剿定旦、来牛,不仅希望做到"用力省而成功速",且欲让黔省苗众知道贵州、广西两省呼吸可通,以慴其胆而消其萌。

雍正八年(1730)正月二十一日,清军攻破定旦土城,杀死苗民6人,烧毁房屋,该寨苗民四处逃散。鄂尔泰接报,担心前线将弁就此收局,恐该处苗民反复,于开通都江不利,批谕:"定旦、来牛恶众必当穷搜严治,以尽根株。务使商贾辐辏,汉彝乐利,黔粤交通,庶几边疆永宁。倘今日之姑息,即异日之残杀;今日之草率,即异日之烦难。若谓大局粗定,即应收拾,只了目前,是即欺罔心、盗贼心。人或以为解事,我实不敢负恩。其详思而慎处。"③其后,赵文英禀报:定旦头人阿埃带人赴营投顺,已准其招安,同沿河40余寨苗民一起"砍款"。鄂尔泰以定旦倡首之人并未拿获正法,不足以慴其胆,再次批令:"剿、抚二字虽须并

---

① 雍正八年三月二十六日,《云贵总督鄂尔泰奏报清水江苗业已剿定各寨畏服情形折》,《雍正朝汉文朱批奏折汇编》第18册第289页。
② 雍正八年正月十一日,《云贵总督鄂尔泰奏报派拨粤西官兵会剿黔省定旦苗人等三事折》,《雍正朝汉文朱批奏折汇编》第17册第690页。
③ 雍正八年三月二十六日,《云贵总督鄂尔泰奏报剿平定旦、来牛等处开通都江河道折》,《雍正朝汉文朱批奏折汇编》第18册第292页。

用,却是两端。不当抚即剿,不必剿即抚,非剿非抚,希图了事。而终能济事者,惩创安定事宜,必须彻底筹办,毋许得半而止。"① 最终,清军将倡谋抗拒的10人抓获,将"首恶"阿当枭斩。

进剿来牛的一路,董芳带领的广西兵与卜万年带领的贵州兵,于雍正八年(1730)二月初七日在三硐地方会合。初八日,即有邻近来牛的杨甕、杨邦两寨头人前来请求招安,并引导清军前进。次日行至平宇,又有九屯等6寨头人前来听抚,董芳等令其开路搭桥。十二日,九屯、杨甕、杨邦前来禀告:"有摇牌、摇晒、革招、革雄等寨,因我等诚心向化,开路搭桥,随集千余山苗,隔江放炮,声言欲洗我等各寨,望大兵作主。"鄂尔泰闻报,批谕:"顺者即抚,逆者即剿。剿为上,抚次之。先剿正所以为抚,但恐抚终难免于剿。即应分别良顽,速行剿抚。若归顺者不能保护,不但他寨裹足不前,又何以服向化之众?"② 接到鄂尔泰指示后,董芳等遂督兵进剿,打死苗众30余人,并将摇牌、摇晒、革招、革雄等寨烧毁。鄂尔泰认为董芳等不得要领,未能抓住重点,批谕:"来牛首恶,不可不除。今羽翼既剪,乘其孤立,速行进剿。江南北众苗,专视来牛之向背为从违,来牛剿灭,而即伏者益专向化之志,其观望犹豫者亦绝其犹豫之心。凡事须得主脑,则其余易于收拾。"③

二月二十一日,董芳等督兵直扑位于都江南岸的来牛寨,枪炮齐发,攻入寨内,打死苗民2人,其余苗民则渡船至北岸。九屯等寨苗众为报私仇,乘机劫杀来牛苗众。二十五日,董芳于南岸设伏,自己仅带少许兵丁至北岸,诱使苗民出箐过江。苗民见清军兵少,遂出林箐,乘船追击。董芳指挥清军且敌且诱,待大量苗民至北岸,清军伏兵四起,枪炮齐发,打死数十苗民。清军乘机夺船渡江,于北岸追杀,又打死数十人,斩杀7人。二十七日,董芳等移营至北岸,时进剿定旦获胜的赵文英、施善元领兵来援。两军会合,于次日进剿革招、摇牌、摇晒等寨。在清军的强大攻

---

① 雍正八年三月二十六日,《云贵总督鄂尔泰奏报剿平定旦、来牛等处开通都江河道折》,《雍正朝汉文朱批奏折汇编》第18册第293页。

② 雍正八年三月二十六日,《云贵总督鄂尔泰奏报剿平定旦、来牛等处开通都江河道折》,《雍正朝汉文朱批奏折汇编》第18册第293页。

③ 雍正八年三月二十六日,《云贵总督鄂尔泰奏报剿平定旦、来牛等处开通都江河道折》,《雍正朝汉文朱批奏折汇编》第18册第294页。

势下,各寨刻木就抚。革招后山有名叫"老你"的苗寨,有900余户,寨大人众,清军欲在来牛建营,认为老你寨对其威胁很大,便于三月初八、初九日,以2000余兵丁进剿老你寨,杀死数十苗民,将其寨焚毁。至此,定旦、来牛一带的威胁全部扫除,以董芳、卜万年领兵驻守要隘,保护粮运,并督同已抚各寨苗民开修通江河道,赵文英、施善元率兵回古州的诸葛大营。

洗剿三保及车寨。古州有称为"三保"的地方,分上、中、下保,下保的车寨即清军诸葛大营所在地,诸葛营即占用车寨田地而建。清军用地,据鄂尔泰称,已给付当地苗民相应价银。之前张广泗招抚古州时,车寨已就抚,但鄂尔泰仍以"招抚时原止结以恩惠,并未示以兵威。苗性犬羊,何知信义为长久?"一再嘱咐张广泗"必当相机剿除,以图善后"。还说自己为此一直不能安枕。张广泗回称:"车寨恭顺已如内地,实可以放心。"然而,鄂尔泰一直心系车寨,他调广西兵进剿定旦、来牛,让其赴诸葛营与赵文英部会合,目的之一就是针对车寨。张广泗拟抚,不愿对车寨用兵。于是,鄂尔泰绕开张广泗,密嘱赵文英,带兵进剿定旦时,空城而出,营内仅留兵二三百名,造成营内空虚之状,而设伏兵于外,察车寨动静,如其乘机劫营,则回兵剿洗。赵文英按此布置,车寨苗民并未有任何动作,赵文英如实禀告鄂尔泰"(车寨)实系恭顺,所免加兵"。并将此事转禀张广泗。张广泗再次札告鄂尔泰车寨恭顺之状。鄂尔泰札复张广泗:"愚非好杀人,人所共信。但恐今日不少杀,日后将多杀,反是罪过耳。如果恭顺,何须加兵?其余不恭顺者,则无可姑息。"同时严谕军前文武:"查上江之要险在来牛,下江之咽喉在溶硐,诸葛营在中,权以扼首尾,庆远、荔波在两头,以作关键。形势所在,应计通盘。其溶硐一带,虽现无违抗,然系通粤要道,务当妥筹。又滚里七寨,前曾肆恶,亦须大施惩创。若一处或纵凶顽,将诸务皆有阻碍,利害不在目前,功过自有圣鉴。"① 意思很明白,不仅要用兵剿平三保,还要进剿都柳江下游的溶洞,且必须用威,即便是没有违抗,也要逞威。在鄂尔泰的授意下,赵文英等便开始筹备进剿三保。

其后,赵文英禀报:"自来牛回营后,商议布置。滚里等处,五月初

---

① 雍正八年七月二十四日,《云贵总督鄂尔泰奏报剿抚古州三保等处之苗备细情形折》,《雍正朝汉文朱批奏折汇编》第18册第1038-1039页。

八日，据巡兵禀称：寨头地方见杀死一人，又挑盐一人被苗子杀死，盐皆抢去。初九日，又据土司称：兵被寨头寨苗子砍破藤帽，背戳一枪，又见口寨、月寨、寨头、藏弩苗人隐于树间击鼓。初十日，又据报杀死挑麻客民一人。十四日，又报杀死种菜客民二人。职等通行严查，惟车寨前来洗白，其余等寨俱不曾来。职等奉令觇中、下二保诚伪，今果露反复，会议必剿。"① 口寨、月寨、寨头、藏弩、江墨、田墨6寨，位于中保。清军兵分三路，进攻6寨。一路由施善元等领兵1300名，往永镇官邀截；一路由赵文英、潘绍周率领兵丁1100名，架浮桥渡江，从后山夹击；一路由史应贵领兵200名，保护后路。

雍正八年（1730）五月十四日，清军发动进攻，先施放"靖蛮大炮"，后枪炮齐发，打死六七百苗民，并放火烧寨，连绵十余里火光冲天，苗民四散奔逃，烧死、溺死者不计其数，被俘男女50余名，缴获枪械无数。清军汉、土兵各一名身死，受伤6人。口寨、月寨、田墨等寨苗民哀恳招降，情愿尽缴军器，捆献首犯。十八日，江墨等6寨苗民也来营恳请招安，表示军器一件不留。鄂尔泰闻报，札嘱张广泗并谕军前文武："古州三保既未示以军威，亦未晓以法纪。寸铁未缴，一人不杀，而骤望其宁帖，无此理，无此事。此番反复，固早在意料中，犹不幸中之幸事。今六寨肆恶，其中必有一寨主谋。时刻隐忧者，车寨耳。今反以车寨洗白为辞，若无歹念，何用洗白？既欲洗白于后，何不出首于先？口、月等寨，在所必戮，而车寨亦须审察。万勿失此机会，更待后举。本部院身受殊恩，捐糜不能报。凡事务筹远久，断不忍少有文饰。难固不辞，罪亦不避。倘目前惟图苟安，日后又将有事。即迟至十年二十年，官去身亡，犹有余愧，犹有余恨。此即前谕所谓人禽介盗贼心也。诸文武其各凛体。"②鄂尔泰念念不忘的仍是车寨，必欲剿洗而后快，一再批饬："车寨为腹心之患，屡经密谕，盖亦几经筹画，非了无确见者。讵料此报宁帖，彼称恭顺，直言不疑，惟恐多事，不知该文武等何受于车寨。始则养痈，继则讳疾，若必欲庇护而听从之者。今且潜为口、月六寨之主谋，暗作龙早等寨

---

① 雍正八年七月二十四日，《云贵总督鄂尔泰奏报剿抚古州三保等处之苗备细情形折》，《雍正朝汉文朱批奏折汇编》第18册第1039页。

② 雍正八年七月二十四日，《云贵总督鄂尔泰奏报剿抚古州三保等处之苗备细情形折》，《雍正朝汉文朱批奏折汇编》第18册第1040页。

一、"改土归流"之战

之羽翼，此实老奸巨猾，绝非蠢苗比。若复姑息养奸，终必受其大害。今亦无多言，示剿示抚，听汝等为之。王法无私，军令具在，惟功与罪，其各自取。大约凶器不尽缴，凶寨不尽除，即如何调剂，如何抚绥，恐终为不终年之计。以云善后，则万不可得也。"①

清军征剿中保6寨后，以滚里曾逞凶顽，伏草伤人，先未剿车寨，而是进剿滚里7寨。滚里为一地名，位于下保，离诸葛营70余里，由龙早、佳沙、党祥、摆里、党鸠、分遮、分摆7寨组成。清军分兵四路，一路由赵文英、潘绍周率领兵丁1140名，从右边攻打龙早、佳沙；一路由史应贵领兵870名，由左路攻打党祥；一路由游击徐希达领兵于分董隘口策应；一路由守备张凤翥带兵于摆乃隘口堵截。六月初四日，清军先炮轰苗寨，继而放枪，冲入寨内，打死苗民数十人，割取耳鼻11副，苗民逃入深菁。初五日，清军在方圆40余里的深菁内穷追遍搜，又打死数十人，斩首级21颗，割取耳鼻42副，将其悬挂于营门，制造恐怖氛围。据赵文英禀报：抓到活口1人，讯得口供，称伏路杀人是一名叫老夏的车寨人来到寨内指使的。随后，分摆、党鸠、摆里、分遮4寨的头人到军营洗白，称伤人抗拒系龙早、佳沙、党祥3寨所为，并备牛只，砍款起誓。而党祥、佳沙两寨头人称起意伤人是龙早干的，与己无关。最后，龙早的苗人央求之前已就抚的腊西、佳色等6寨苗人担保，称是车寨人老夏前来勾结抗拒，起意杀人也是老夏指使的，领头的共14人，已被打死11人，逃走的3人，愿意将其缚解前来。如此一来，即坐实了各处山苗杀人抗拒俱系车寨勾结，进剿车寨便"名正言顺"。

清军集中兵力，将车寨四面围住，多路进击，"打死不计外，斩取首级一百一十六颗，活擒凶苗男妇一千六百余名口，夺获火枪一百余门，杆子一百零七根，及盔甲、刀弩等项，立焚凶寨"。清军受伤15人。车寨这一"腹心之患"被征剿后，消除了"建营设汛，开路浚河"的阻碍和潜在威胁，达到了鄂尔泰之前制定的战略目标，即"乘此兵威大集，可以图定旦、来牛，致河道之通，可以谋三保，除腹心之患。将都江上下密置汛防，大营在中，以扼首尾，声势既壮，脉络相通，即此外尚多生苗，皆可

---

① 雍正八年七月二十四日，《云贵总督鄂尔泰奏报剿抚古州三保等处之苗备细情形折》，《雍正朝汉文朱批奏折汇编》第18册第1041页。

以次第料理，不致为新疆大害也"。①

清军的征剿激起苗民的反抗。雍正八年（1730）九月初八日，清军以滚锻"山苗"每每潜行出没，发兵进剿，该处苗民佯败诱敌，设伏击杀，致包括1名千总在内的清军死16人、伤24人。

十一月初六日，定旦寨苗民于临河处设伏，待清军赍文差役小队经过时，滚木、擂石齐下，打死40余人。

因此，虽然局面初定，鄂尔泰一再札告军前文武："查苗蛮之畏威甚于感恩，若威无可威，亦恩不知感，故必先惩创而后收服，庶足以慴其胆而坚其心。此从来料理苗疆之大较也。"② 在这一思想指导下，清军对不遵化诲仍伏路截旅的"山苗"，以及就抚后反复的苗寨展开持续剿洗。

雍正八年八月十八、十九日，两日之内，将摆调、方胜、摆保、杨乌等之前未曾招抚的9寨"生苗"杀死数百人，焚毁其寨。

雍正八年十二月，清军再剿定旦。

雍正九年（1731）六月，清军剿平下游的溶洞、滚塘等寨。

至此，古州及其上游、下游各寨全部剿平。鄂尔泰宣称："古州地方苗众，势险习悍，枪炮锐利不减于官兵，故剿抚之役，视各处倍难。"经剿抚后，"苗众皆知畏知感，而远僻畸零之寨并不招自至，缴械输诚……楚粤江路通行，现在商船皆直抵镇协新城下。目下古州大局始可谓全定"。③ 然而，更大的危机正在酝酿着。七月，鄂尔泰进京入觐，高其倬接署云贵总督，不久，便发生清军台拱大营被围困之事。

解台拱之围。位于清水江、丹江扼要之区的九股苗地，寨多苗悍，台拱则为控扼九股诸苗要地。雍正七年（1729），方显任黎平知府时将九股苗招抚，并未于此设兵安营。鄂尔泰离开云贵广西三省总督任后，仍题请于台拱设立一营，以参将一员领兵1000名驻扎，获世宗批准。因方显熟悉此地，贵州巡抚张广泗即奏请由方显会同清江镇总兵赵文英以及贵东道

---

① 雍正八年七月二十四日，《云贵总督鄂尔泰奏报古州定旦等寨建营设汛开路浚河事宜折》，《雍正朝汉文朱批奏折汇编》第18册第1048页。

② 雍正九年九月初二日，《云贵总督鄂尔泰奏报下江滚塘等寨剿抚已竣古州大局全定折》，《雍正朝汉文朱批奏折汇编》第19册第146页。

③ 雍正九年九月初二日，《云贵总督鄂尔泰奏报下江滚塘等寨剿抚已竣古州大局全定折》，《雍正朝汉文朱批奏折汇编》第19册第145-146页。

一、"改土归流"之战

王世文，带兵2500名前往台拱办理安营事宜。因兵粮储存于离台拱50里的下秉屯，以兵丁200名驻排略，300名驻稿贡，保护粮运，2000名驻台拱办理建城安营事宜。

方显等于雍正十年（1732）八月初四日抵达台拱，该处苗民牵羊持酒，伏道相迎。之前，张广泗已奉调西北军营，以广西布政使元展成署理贵州巡抚。元展成于雍正十年六月间曾亲赴清水江察看，也称该处苗民十分恭顺。此次建营，不派苗民，全用夫役，集工匠数百名、夫役千余名，于八月十五日兴工开建。羊翁、乌罗、桃赖等寨，担心建营之后于己不利，倡谋阻扰，遍传木刻，勾连南世、羊甲、墨引等寨，并联络丹江的高坡和鸡讲空稗等寨，一同抗拒，并砍牛盟誓。靠近清军营盘的台拱、在农两寨，不愿附和倡乱，赴营告变。就在此时，发生苗人偷劫，夫役追赶，苗民放枪以拒之事。接着于九月初六日夜，苗民先于台雄寨杀夫役，又于羊翁寨杀通事，之后又围营放枪。虽然清军营垒初立，仅建有台而尚无城墙护卫，但因苗民告变，早有准备，设伏击杀，打死数十人。初七日，赵文英发兵进剿羊翁寨，战斗十分激烈，"枪炮如数百万爆竹同时迸裂"，虽最终将该寨攻破，清军也损失较大，把总苏凤林以及外委把总张璧、王贵中炮而死。初九日，苗民聚众数万围攻台拱大营，清军固守待援。苗众见大营不能克，于十一日，转攻排略，驻守此地的守备高本阳中枪身故。赵文英遣镇远营千总程锦鹏带兵往援，驻扎稿贡的清军也赶到，虽然三路会齐，但苗众兵少，排略又无水源，于是三部分清军全部从排略撤至台拱大营。排略既失，苗民据险断路，阻断台拱大营粮道，隔绝其与外界的联系，以为久困之计。这一困便长达69日。

总督高其倬、巡抚元展成闻报，立刻就近调集镇远等营汉土兵丁前往应援。而此时，贵州提督哈元生进京陛见，以广西左江镇总兵霍昇署理贵州提督，因霍昇尚在广西，遂由元展成代护提督印。面对如此紧急的局面，高其倬认为："苗人性情，聚众皆各带米食用，十日半月之后，米粮食尽，即各散归本寨，不能久聚一处。官兵乘其食尽散归之时，则攻剿更易。"因此饬令军前文武："当苗人初集，气锐之时，稍缓击，以老之，乘其粮尽剿之。"对高其倬的缓击之策，世宗质疑："既言恐虑苗人煽动，何可缓击？此二语大相矛盾。况兵贵神速，迟则恐久生变，又添枝蔓。深恐在事官弁托此一语迁延，与用兵之道甚不相协。未知汝具何意见，朕甚为此缓击二字忧之。"①

台拱被围，营内数千人，每日米粮消耗较大，存粮只能支撑几日，须尽快设法将粮食运入。九月二十四日，贵州抚标游击马似龙、平越营游击罗资衮冒险率兵由下秉往台拱运粮。二十五日，行至排略，遭苗民劫杀。排略崇山峻岭，一线羊肠，苗民据险放枪，清军虽然奋勇，但由于向上仰击，枪难施，优势难以发挥。双方鏖战两日一夜，虽互有杀伤，清军最终不敌，败回下秉。此战，游击罗资衮以及千总2名、外委2名阵亡，1名千总、1名外委受伤，所有军粮、铅弹、火药全部被夺。经此一战，清军遂放弃向台拱运粮，专意杀开一条道路，解台拱之围。

十月初，据从台拱逃出的夫役报称：台拱大营已经断粮，开始杀马充饥。鉴于情况十分危急，高其倬、元展成发下令牌，谕令将弁领兵开路，解台拱之围。但因排略地势险要，苗民防守甚严，清军放弃从此路进攻，另觅得在台拱后路离大营仅10里的乾翁可通台拱，遂决定由此路进攻。十月初二日，马似龙与贵州抚标左营游击马骐、提标后营游击王友文，带领1700名标协营兵，经稿贡抵达乾翁，与在此据守的苗民昼夜激战。苗民在乾翁筑有土墙，进攻的清军虽打死苗民百余人，占据附近的几座山梁，但始终未能将乾翁攻破，双方形成对峙，平远协、黔西协把总以及众多兵丁阵亡。

应援的清军陆续抵达下秉屯，元展成令大定协副将杨馥带领兵丁前往乾翁增援。乾翁山岩陡险，清军系仰攻，杨馥领兵丁赶至，但众兵将纷纷畏战。杨馥曰："路诚险峻，然穴中之关，将勇者胜。台拱孤军忍饥待援，岂我辈观望时耶？"遂确定由马似龙等带领原有之兵进攻左路，杨馥率领续到之兵进攻右路，两路夹攻。清军先以大炮轰击，因大炮威力有限，炮弹根本打不到苗民的土墙，只得攀援进攻。苗民则依托土墙掩护，施放滚木、擂石以拒。双方枪炮如雨，马似龙头带枪伤、身中石伤，杨馥则被冷枪打中左胁身亡，兵丁冒死将杨馥尸体抢回。苗民乘势掩杀，左路清军溃退，右路清军被苗民围困3日，粮尽，夜半从间道杀出，"死伤及半，苗势愈炽"。长寨营参将宋朝相领兵由清水江的鸡讲进援，闻杨馥败于乾翁，遂就地屯扎不进，台拱大营更孤立无援。

---

① 雍正十年九月二十二日，《两江总督署理云贵广西三省总督高其倬奏报调拨官兵剿捕台拱不法苗民情形折》，《雍正朝汉文朱批奏折汇编》第23册第325页。

一、"改土归流"之战

台拱大营内，自收兵于营内后，主要做三件事：一是组织防御；二是解决食物；三是稳定兵弁情绪。

清军2000余人被困于大营，因有高台和未完工的土墙做掩体，枪炮齐备，苗民也难以攻破。夜晚，为防苗民偷袭，方显"令每人燃香两枝，香灰厚分许，即弹去其灰。苗望之如火绳状，疑畏不敢近"。而军中米粮至九月二十三日即告罄，开始杀马为食。外部应援的枪炮声，十里之外的台拱能清晰听闻。待枪炮声退去，知应援失利，加之苗悍粮匮，悲观情绪开始蔓延。方显以台拱、在农两寨苗民并未附逆，便召来二寨头人，愿给两倍的价银向其购粮。该二寨苗民感激之前方显不剿之恩，欣然赴营交易，粮荒暂时得到缓解，但并不能使兵丁饱食，"每人日止给米一合，牛马肉一片"。其后，交易之事被"逆苗"察觉，欲攻二寨，两寨苗民畏惧，不敢再往。军中乏食，方显和赵文英担心引起兵丁哗变，商议后决定"因粮于敌"。十月三十日夜，发兵攻破靠近大营的世盖中寨，抢得一些牛羊、米谷，勉强维持了军营几天的饮食，但付出的代价也大，千总苏成凤、把总徐三锡、唐其凤殁于阵。受到清军出战的鼓舞，台拱、在农两寨苗民又继续来营交易，但其所储有限，兵丁食不果腹，加之天气转寒，饥寒交加，军心开始不稳。十月二十二日，又接到总督高其倬檄札，要赵文英、方显放弃台拱，领兵退至下秉，与驻扎于此地的清军会合。赵文英、方显召众将商议，认为台拱至下秉悬崖峭壁，道路迂回，羊肠一线，以饥寒之师断难通过。再者，大军退回，示敌以怯，前功尽弃，必致整个苗疆动摇。既已坚守近50日，再坚守几日，援兵必至，遂决定固守待援。此时，军中柴薪将绝。十一月初二日，赵文英发兵进攻大营后山的乌孟、井底二寨，以获取柴薪。但苗民早有准备，四次进攻不克，千总黄招贤战死。樵路阻绝，军中只能以草木根炊爨。但天无绝人之路，"入地三四尺，有黑土，状如煤，试以火，即燃。众惊异，以为天助"。① 为消除乌孟、井底二寨对大营的威胁，赵文英、方显等商议后，决定主动出击。十一月十一日夜，挑选500劲卒，由守备李启荣率领，于苗民防守薄弱的危崖绝壁之处，手足并用，攀爬而上，绕至乌孟、井底二寨后山高。十二日天亮之后，李启荣领兵从上压下，赵文英、方显率兵出营，上下夹击，将乌

---

① 〔清〕方显：《平苗纪略》第23页，清同治十二年武昌刻本。

孟、井底二寨攻破，获取大量米谷，不仅饥疲之军得以饱食，并占据山梁。此时，距援军到来还剩3日。

台拱大营被围，应援兵丁两次失利，将弁兵丁伤亡甚众，大量炮位、枪械、火药落入苗民之手，清军再未敢尝试。其后，所调包括广西、湖广兵丁在内的一万四五千名兵丁陆续到达下乘。十一月初一日，署贵州提督霍昇也赶到下乘军营。至此时，苗民围困台拱已近两月。

霍昇令安顺营都司侯弘道领兵200名前往鸡讲，会同之前带有2000名兵丁在此的长寨营参将宋朝相，进剿台拱后路；令马似龙等带原领兵弁再次进取乾翁；霍昇率黔西协副将康世显、提标右营游击夏成贤等领兵2100名，由中路进取排略。

十一月初二日，千余苗众在江对岸山梁呐喊放枪，清军施放"威远大炮"，打死十余人。次日一早，有2000余苗众过江而来，霍昇早有布置，三路夹攻，苗众在死伤四五十名后浮水而逃，霍昇下令不必追赶，按之前的布置推进，谕令各路不准突进，夺占险要山梁、关隘后节节连营，相互呼应联络。

鸡讲一路，宋朝相等督兵攻克鸡讲、台盘等7寨，斩获首级29颗，虽未能通达台拱，但起到了牵制作用。乾翁一路也有斩获，并重新占据了一些险要山梁。排略一路，康世显等领兵进攻，于初九日至十一日，连日激战，斩获首级80余颗，突破排略，进抵离台拱八九里的松树岩。此八九里地面，高山深堑，苗民筑有土墙、炮台防守。霍昇增派提标守备姚明达带领汉土兵丁往援，又差弁持令督剿。十五日，天未破晓，乘着夜雾，在苗民防守松弛之时，康世显等率兵大举进攻，打死200余人，斩首百余颗，苗众大溃，四散奔逃。清军乘势而进，直抵台拱。至雍正十年（1732）九月初六日至十一月十五日，被围困69天的台拱大营终获解救。霍昇令各将弁严督兵丁防守要隘，保固粮运，不给苗众以任何可乘之机。

大营解围，清军对台拱、在农二寨苗民给予厚赏，遣兵剿平大营附近"叛逆"的苗寨，消除对大营的潜在威胁。其后，贵州提督哈元生遵旨由京回黔，接办进剿军务。

哈元生就如何处理九股苗事宜请旨，世宗谕以"大学士鄂尔泰奉有寄字"。后接鄂尔泰字寄："趁此三省兵威，须固一劳永逸。尽洗固属伤残，而漏网或致贻害。欲速必致草率，濡滞又防远逃。但存一毫私意，则论剿论抚，定全无是处。"对鄂尔泰如此模糊的意见，哈元生称："读之惴惴恐

一、"改土归流"之战

惧,不禁进退维谷。"表示不敢自行主张,必须与巡抚元展成相商,"功则与共,过则独当。"并亮明自己办理此事的原则:"去具已往、将来成见,凭此一点血心,就事论事,用剿用抚,竭诚办理,以期无负皇上任使之恩。"至于具体实施方法,哈元生提出:"分顺逆,定剿抚。即以彰天讨,即以广皇仁。"九股分上、下,进围台拱大营始于殴家、世界等寨,而这些苗寨之前已经焚毁,苗众皆已逃遁,再剿无益。下九股的壩长和上九股的番招,实系首谋,且壩长逼近下秉,为台拱咽喉,番招东接清军、西南近鸡讲,地处枢纽,为必剿之地。对其他苗寨,则"察苗情之向背,开悔罪之门路"。① 意思很明白,只针对"首恶逆寨"用剿,对绝大多数苗寨、苗民而言,则网开一面,不再赶尽杀绝。在具体实施中,他基本上贯彻了这一思想。

哈元生以时值冬令,雪深雾大,难以进兵,进剿之事延至雍正十一年(1733)元月初四日开始实施。议定先剿壩长,后剿番招。哈元生分兵三路进屯靠近壩长的高坡寨:中路由康世显带领贵州汉土兵2500名,由台拱进驻交工寨;左路先由广西梧州协副将王无党带广西兵1200名、贵州兵300名,由清江鸡摆尾寨进驻撒乌寨,后又有湖南应援的1500兵丁赶到,并分派于此路,调霍昇前往统领;右路由贵州提标中军参将纪龙带贵州兵2600名,由鸡讲空裨寨进驻番祥寨。哈元生领兵驻扎下秉,保护粮运,令三路大军经过之处,"原有未助逆及曾被胁之寨出迎王师,即令抚绥,随营当夫,运粮修路。赏之、劳之,以散其逆党,疏其逆众"。其后,哈元生"以存营之弁兵,率恭顺之苗寨,先剿洗壩长上、中、下六寨,后剿洗杨家、石家、扣枕、平故、老毛屯五寨,斩杀焚烧……首凶解交抚臣审拟,其余助恶,即于军前正法。下九股既清,即遣效力顺苗归农,以安其心,以绝上九股之外援"。② 随后,哈元生移营至台拱,督兵征剿番招。

番招寨上有踞山之屯,高插云霄,群峰环护20余里,共23座,状如莲花。除番招屯高险坚固之外,苗民又于群峰各山梁筑有炮台,置滚木、擂石,易守难攻,其他苗寨逃遁之人多聚于此。清军见险畏难,裹足不

---

① 雍正十年九月二十二日,《贵州提督哈元生奏报统领官兵剿平九股苗疆始末情形折》,《雍正朝汉文朱批奏折汇编》第24册第508页。
② 雍正十年九月二十二日,《贵州提督哈元生奏报统领官兵剿平九股苗疆始末情形折》,《雍正朝汉文朱批奏折汇编》第24册第508页。

前。霍昇认为，必须提督亲行督剿。三月二十五日，哈元生亲至其地，宣谕恩威，谕令对番招寨"逆苗"藏匿引送、资其银粮的各寨，一并除之；对侦探首报、协助清军堵截擒拿的"效顺"之苗，即行抚绥，令其安农。对兵弁勒以军纪，指授机宜，兵分为23路，各攻一峰，又令将各隘口分兵严守，不使漏网。二十八日，哈元生亲司战鼓，飞令督催。清军施放枪炮、火箭，冒烟突火向上进攻，苗民则还以火枪、弩箭、滚木、擂石如雨下。经过激烈战斗，清军攻上山峰，苗民"败入屯内，哀求饶命，不许"。苗民顽强抵抗，但最终还是屯破寨毁。清军遍搜深箐，有附和"反叛"的附近各寨苗民自缚投营，俱准安插。而如空裨一寨，有九股苗民逃入，内有12户附和为歹，该寨头人将其绑献。哈元生于军前将其正法后，宣布对空裨免其再剿。

攻破番招，九股悉平。哈元生以此奏报，并题请以4000兵丁驻扎台拱及周围要隘。自四月始，恢复台拱大营的修建。

据哈元生称：自接办军务以来，"凡所擒剿之寨，擒获、斩杀、俘虏约计二千七百余名，阵前、箐内枪炮打死、滚崖死者不及查报"。① 此役，清军也付出很大代价，兵丁伤损很多，官弁自游击、守备、千总、把总、外委千总、外委把总以至土官战死者十余人。其后，赵文英被劾以未能预示先机、临机处置不当而去职，镇远总兵一职由康世显接署。方显是台拱战事的当事人，对此愤愤不平，其称："就九股而论，非哈提督纵横扫荡，则九股之丑类不平；非霍总兵霆击风驰，则台拱之长围不解；非赵总兵忠勇过人，各将士素明大义，则台拱早已失守，全局早已震动，不特不能待哈提督之扫荡，并不能待霍总兵之驰援。"②

经此一番惩创后，新辟"苗疆"并未如清政府所希望的那样从此大定，更大规模的反叛正在酝酿中。

张广泗经略"苗疆"

"生、熟苗"同反。雍正十一年（1733）二月，黎平府岩寨一个叫银华的苗民，"年老家贫，艰于度日，因捏造谣言，自称苗王，能作祸福，

---

① 雍正十年九月二十二日，《贵州提督哈元生奏报统领官兵剿平九股苗疆始末情形折》，《雍正朝汉文朱批奏折汇编》第24册第509页。

② 〔清〕方显：《平苗纪略》第26页，清同治十二年武昌刻本。

一、"改土归流"之战

煽惑愚苗,希图口食"。① 银华假做鬼神附身之状,口称宰猪祭奉可以免祸福。苗民素信鬼神,"苗王"出世并能降祸福的信息很快在黎平传播开来。岩寨为"熟苗"聚集地,被视为"内地",发生如此妖言惑众之事,立刻引起官府的警觉。总督尹继善、巡抚元展成即札令古州镇总兵韩勋派兵往擒,很快将银华及其他3名妖言传播者拿获,经黎平知府滕文焵讯明:银华素有疯病,时发时止,因年老家贫,便以妖言哄诱苗民,图骗些酒食。其后,将银华及其他3名传谣者从重发遣。

清政府开辟"苗疆"后,筑城建营,对"生、熟"苗民大肆需索科派,地方官又征粮不善,引起苗民怨忿。雍正十二年(1734)七月,一个名叫包利的黎平苗民到古州,再以"苗王出世"相号召,逐渐聚集苗众,点燃"反叛"的情绪。雍正十三年(1735)二月间,苗民聚众围攻古州城北的王岭汛地,被古州镇总兵韩勋率兵击散。苗众非但没有就此解散,且远近各寨蜂起,聚集数万人,于三月二十一日,围攻台拱与清江之间的番招屯汛城。贵州巡抚元展成并未认识到事态的严重性,认为此仅为"生苗"所为,"熟苗"必不致反,又因其与哈元生不和,不让哈元生领兵出征,而是令驻扎古州、清江的清军前往剿逐,又以抚标副将宋朝相率兵5000名往援,但被苗众围困半途而不得进。此时,贵州省内绿营兵大半分布于新辟"苗疆","内地"城镇、营汛兵单,守备空虚,苗众遂围"新疆",攻"内地"。闰四月初三日,将镇远府黄平旧州焚毁,其后又将重安堡、凯里等处焚毁;初十日,又攻破都匀府清江县城;十八日,将平越州余庆县焚掠一空,甚至在靠近湖南沅州的思州府内,沅州副将傅为丰率兵前往堵截,被苗众杀败,兵丁伤损甚多;五月二十七日,攻入思州府清溪县城,焚毁衙署和居民房屋。上述地区均属所谓的"内地",境内并无"生苗",仅有"熟苗"。而在"生苗"聚居的新辟"苗疆"各处,苗民将台拱道路阻断,围困清江、丹江、鸡讲等清军大营;闰四月二十一日,苗民围攻排咱营汛,驻守排咱的总兵卜万年调兵往援,因调度失宜,致该营汛守备高谋,把总王兴泰、蔡文魁及400余名兵丁被杀。

此次苗民起事,聚众至数万,既有"生苗",也有"熟苗",短短的一个多月的时间内,"四面并起,七府被残",所攻掠和围困的城镇、军

---

① 雍正十一年五月二十四日,《贵州巡抚元展成奏报审办造言疯苗银华一案情由折》,《雍正朝汉文朱批奏折汇编》第24册第574页。

营,不仅位于新辟"苗疆",有的已在"内地",且能一次杀死清军兵丁400余人,规模大、波及范围广,影响巨大,"逆氛四起""人心汹惧"。① 鉴于事态严重,世宗谕令宝亲王弘历、果亲王允礼、大学士鄂尔泰、张廷玉等十余人组成办理苗疆事务大臣会议,协调用兵事宜;六月,调云南、四川、湖南、湖北、广东、广西六省清军会剿,特命贵州提督哈元生为扬威将军、湖广提督董芳副之;七月,又命刑部尚书张照为抚定苗疆大臣、副都御史德希寿副之。因"苗疆"反复,鄂尔泰认为自己难辞其咎,请辞伯爵,解大学士任;张广泗则奏请革职赴军前效力,被补授湖广总督。

苗民聚众数万,贵州省内已无兵可调,云贵总督尹继善紧急调派2000名云南兵丁应援,并咨邻省派兵协剿。但所调援兵缓不济急,不得已,提督哈元生仅带亲兵300名,前往清平县杨老驿打铁关扼守,以遏止苗众进一步向"内地"蔓延,保护靠近黄平的平越、余庆不被攻陷,以期稳定局面后,待各省应援之兵赶到,再以贵州、云南、四川清军由清水江上游进兵,湖南、湖北、广东、广西兵丁由清水江下游进兵,实施"两面夹剿,开通大路;先图内地,再剿新疆"的战略。②

随着清军不断集结,聚集的"生苗"由"内地"退回"苗疆"。在清军将"内地"城镇、营汛逐渐收复的同时,"苗疆"内的台拱、清江、丹江、八寨则又告急。而此时,"八寨协副将冯茂复诱杀降苗六百余及头目三十余冒功,于是苗逃归,播告同党,诅盟益坚,多手刃妻女而后出抗官兵,蔓延不可招抚"。③ 七月间,贵州省内调派及各省应援的兵丁2万余人已赶至军前。而张照、德希寿抵达沅州,见大量难民涌入沅州,苗众聚集数万,苗务难办,张照便"密奏改流非策,致书诸将,首倡弃地之议,且袒护董芳,专主招抚,与哈元生龃龉"。④ 张照与董芳商议后,未与哈元生相商,即向哈元生发去咨文,提出分地分兵:以施秉为界,施秉以上

---

① 〔清〕魏源:《圣武记》卷七《雍正西南夷改流记下》,第293页,中华书局,1984。

② 雍正十三年六月二十九日,《云贵广西总督尹继善奏报攻剿屡获大捷并分别进剿情形折》,《雍正朝汉文朱批奏折汇编》第28册第702页。

③ 〔清〕魏源:《圣武记》卷七《雍正西南夷改流记下》,第293页,中华书局,1984。

④ 〔清〕魏源:《圣武记》卷七《雍正西南夷改流记下》,第293页,中华书局,1984。

为上游，由哈元生率一万数千名滇、黔兵丁进剿；施秉以下为下游，以董芳率 11000 余名楚、粤兵丁进剿。上、下游分兵相等，而上游"生苗"村寨数百倍于下游，"将顽苗众多、深险紧要之地尽委之哈元生，而仅以八弓七十二寨弹丸之区交付董芳办理"。正如其后张广泗所称："张照于董芳则多恕辞，于哈元生则多苛责，已不足以服哈元生之心。"① 不仅如此，据之后张广泗查出：张照还令将之前已调派好的兵弁各归上、下游，致军机延误。例如，之前清水江柳罗营寨被苗民围困，哈元生派湖广九溪协副将李椅、广东惠州协副将马成林各领湖广、广东兵丁，会同清江协参将柳定国前往解围。三路清军赶至，将围困柳罗的苗民驱散，正准备再行进剿之时，张照令董芳将李椅和马成林调至八弓，等待董芳至八弓后再重新布置，失去大好战机。哈元生与董芳为分兵分界之事"文移辩论，致大兵云集数月，旷久无功"。"当是时，中外畏事者争咨前此苗疆之不当辟，目前苗疆之不可守。前功几尽失，全局几大变。"②

张广泗经略"苗疆"。雍正十三年（1735）八月二十三日，世宗去世。其子弘历即位，次年改元乾隆。高宗继承其父遗志，继续用兵西南，全力解决苗疆归入版图问题。二十四日，高宗便谕令："调刑部尚书张照回京，以湖广总督张广泗总理苗疆事务，谕令速往办理。"③ 十月，又授张广泗为经略，谕令自扬威将军哈元生、副将军董芳以下俱听张广泗节制调遣。将张照革职拿问，元展成、董芳、德希寿逮京，革去哈元生扬威将军之职，留任提督，听张广泗调度，效力军前，贵州巡抚一职由张广泗兼任。张广泗奏称："苗疆"之事，明年秋冬即可告竣。高宗谕以"但一劳永逸，即再迟一二年亦不妨。不可再蹈彼数人之辙，而苟且因循。此事乃我皇考所贻我君臣之最要最重事件，于皇考颜面所关，我君臣不可不慎也"。④

十一月初十日，张广泗由湖北启程赴哈元生扎于凯里的军营，即刻看

---

① 无日期，《张广泗奏报总理苗疆事务张照立意阻扰军务情形折》，《雍正朝汉文朱批奏折汇编》第 33 册第 22 页。
② 〔清〕魏源：《圣武记》卷七《雍正西南夷改流记下》，第 293—294 页，中华书局，1984。
③ 《清高宗实录》卷一，雍正十三年八月庚寅。
④ 《清高宗实录》卷七，雍正十三年十一月乙丑。

出之前攻剿不力的原因:"首逆未除,党羽未散。哈元生等但见何处告急,遣兵往何处堵剿,竟系随苗奔逐,所以茫然无绪。"① 他认为,以前之所以进剿无功,是因苗众多至数万,"生熟"相参,地界相连,"我只一路前进,他路绝无声援,而苗贼反得以从容接应。以全力堵御,则苗众我寡、苗强我弱"。因此必须改变进剿策略,变各处分散征剿为直捣巢穴。张广泗分析道:"此番生熟逆苗互相勾结,侵犯内地,共分为三四股。如攻陷凯里司、清平县暨所属汉民村寨,系上九股、鸡讲、丹江各新疆逆苗勾结清平县旧管五十二寨熟苗之罪。如攻陷黄平州、余庆县、岩门司、新城司并围施秉县及所属各村寨,则系下九股并高坡各新疆逆苗之罪。如攻陷邛水司、青溪县并思州府、镇远府县所属汉民村寨,则系清水江新疆逆苗勾结镇远府县旧管熟苗之罪。是丹江、鸡讲、上下九股、清水江、高坡等处逆寨,实为三方首恶。"张广泗认为,"熟苗"各寨以及丹江、八寨等"生苗"村寨,若无其他苗寨帮助,仅能自守,对这些地方的征剿可以从缓,而鸡讲、上下九股、清水江、高坡等处,必须速行进剿,以消除彼此联络,涣散其党。议定分三路进剿:以四川署副将寿长、贵州定广协副将曾长治、云南参将哈尚德等领兵4000名,进剿上九股和鸡讲;左江镇总兵王无党、黔西协副将康世显等领兵4000名进剿下九股,台拱镇总兵纪龙声援策应;因清水江苗寨繁多、地势深广,且接连古州,张广泗率同副将军董芳赴清江协驻扎,督率襄阳镇总兵焦应林、广东协副将马成林、湖广副将李椅、清江协副将柳定国领兵5000名进剿。分配既定,克期而行。

此次进剿的鸡讲、上下九股、清水江、高坡等寨,皆为此前开辟"苗疆"时被清军征剿过,但现今皆又"高垒深沟,依险设备",众多苗寨"高筑土城,垒砌炮台,盖造苗营,深挖濠堑,安签下竹",极大地增加了清军进剿的难度。

鸡讲和上九股各寨,"俱分据高深深箐,犄角相依,坚筑土城、石卡约数十处,各路口俱已挖断,密布竹签,防据严密"。寿昌等领兵进剿,采取分进合击之策,先剿小寨,再集中力量进攻最为艰险的空稗大寨,取得较好效果。自十一月三十日开始进攻至十二月初四日,仅用5天时间即

---

① 雍正十三年十二月二十日,《经略苗疆事务张广泗奏报攻克上下九股、鸡讲、清水江等处苗寨及苗人纷纷请招抚折》,《雍正朝汉文朱批奏折汇编》第30册第313页。

一、"改土归流"之战

攻入空犀,全线告捷。

王无党等领兵进剿的下九股,台雄、排咱、打革等寨,最为险固。十一月三十日,清军在进攻台雄、排咱时遭受重创,广西抚标游击曾维,千总熊禄,把总史能、杨玉、蒋可正、曹廷栋、外委夏兴朝及145名兵丁阵亡。清军失利的原因,张广泗认为是"因苗众有必死之心,而我兵怀贪生之念,不能奋力撄锋,遂至仓惶奔北"。令将首先退缩之兵锁拿,按军法究治。之后,王无党等"挑选勇健,重加赏赉",十二月初四日重新组织进攻,经过激烈战斗,至十五日,终将台雄上下三寨焚毁一空,乘势将打革及下九股其他苗寨攻克。

清水江各寨,以鸡摆尾、鸡呼党等寨抵抗的决心最大,仅鸡摆尾一寨就筑有炮台20余座,并将家口搬匿,以做殊死抵抗。清军挑选300人组成"杀手官兵",其实就是敢死队。以这些"杀手官兵"在前冲锋,翻墙越濠,突入土墙,然后大队清军跟进,四处放火,一路扫荡,自十二月十一日至十三日,3天时间即将清水江一带苗寨剿灭。

随后,清军逐寨搜擒,并于各隘口分布兵丁捉拿逃散的苗众。随有大小百余寨愿呈缴凶器,有的还将本寨"首凶"擒献,求请招安。张广泗谕令军前官弁:"除凶恶苗寨在未反之前素称强悍,今又恃其寨大人众,虽非造意为首,而乐于附从为逆者,皆难轻恕。其余果系威胁从逆,以及相离营汛之僻远小寨,诛之不可胜诛,自应酌量收抚。然必应勒令擒献苗寨之中妄称名号,并本寨内之首凶,更令其尽缴凶器。三者果能遵依,方可准其收抚。"① 之后,据经略张广泗奏称:"分剿新疆,首逆各寨俱已捣毁,各请招安,俟办理妥协,即进攻高坡一带,分兵部署大小丹江并八寨山苗等处。"得旨:"黔省逆苗不法,扰害地方。自上年四月以来,用兵征剿,以蕞尔蠢苗而合五省之兵力,历七八月之久,尚未宁帖。此皆从前张照等乖张所致。朕以卿熟悉苗疆情形,且从前悉自家办理之事,是以即位之初即将张照撤回,命卿更换,旋即授为经略。今据奏征剿情形,较前已有头绪。是以明降谕旨,特加褒奖,以鼓士气,且使中外咸知苗疆渐次就理也。但朕细阅情形,首恶逆寨虽经攻克,而其余附逆尚多,又八寨尚复告警,黄平内地犹有余孽。且调川兵三千名之多,则剿抚之事,不但未有

---

① 雍正十三年十二月二十日,《经略苗疆事务张广泗奏报攻克上下九股、鸡讲、清水江等处苗寨及苗人纷纷请招抚折》,《雍正朝汉文朱批奏折汇编》第30册第318页。

十之六七，且未及十之四五也。此时正当慎重筹画，勠力同心，以期早奏肤功。断不可因略有头绪，侈然自足。又不可苟且塞责，以图了事。从前张照、元展成辈，或有掣肘之处，今伊等皆拿解回京。哈元生又受卿节制，权既归一，时日亦不为不久，卿更何所诿乎？若今年四五月间尚无成效，朕则惟卿是问。至于请兵请饷，一如卿奏，谕部速行矣。朕以苗疆关系甚大，因见张照不能胜任，是以即位之第二日，即简命卿往。若不能早奏肤功，永成安全，则朕匆匆办理为可笑之举矣。卿当为朕全用人之颜面，倍加勉励。朕此谕，非督催卿苟且了事而已也。向来封疆大吏，奉一褒奖之旨，则欣幸自满，奉一申饬之旨，则仓皇失措，此岂公忠体国大臣之所为？夫大臣惟当以国事为重，不为目前之谋，为远大可久之计，俾地方宁谧，百姓乂安，方为不负倚任。朕知卿故无所观望，但君臣交勉，不得不然者，卿即体朕相期之意，以满朕望可耳。"① 可见，此次办理"苗疆"，必须一劳永逸，不留后患，因此高宗和张广泗都承受很大压力。

乾隆元年（1736）一二月间，清军攻克大小丹江及高坡等处后，进兵牛皮大箐。

围剿牛皮大箐。贵州"苗疆"内，最险之处为高坡，而其中至险之处即称为"牛皮大箐"，即雷公山的核心区，位于镇远、黎平、都匀三府交界处，"绵延数百里，横亘新疆之中，丹江、鸡讲在其北，古州、上江在其南，八寨、九门居其西南，清江、台拱环其东北，山势插天，树竹幽密。黔地本多雨，而此箐内更复罕见晴霁，阴雾迷漫，数丈莫辨，即遇晴明之日，必至辰巳刻以后，雾气方开"。② 此前开辟"苗疆"时，皆以大箐之内人迹罕至，竹树丛杂，无田可耕，难以生存，因此清军每次进剿，即到此止步，从未进入过。通事、兵役等也无人知其路径。即便当地"苗蛮"，也仅知大概，深箐之处亦不能知悉。此次清军进剿大小丹江、高坡等处，尾追逃散的"逆苗"进入箐内，方知箐内有苗寨十余处，依险而建，主峰雷公山直插云霄，易守难攻，上下九股、大小丹江、清江、高坡、八寨等处逃出的"首凶、逆党"皆窜入其内，资藉口粮。张广泗认为：虽进兵艰难，但"首凶"未获，"逆党"未散，欲尽根株，不得不

---

① 《清高宗实录》卷十一，乾隆元年正月甲子。
② 乾隆元年三月二十九日，经略苗疆事务湖广总督张广泗《奏报深入苗疆擒获首逆搜剿余党情形事折》，档案号：04-01-01-0005-016，中国第一历史档案馆藏。

一、"改土归流"之战

剿。之前已调入黔的云南、贵州、广西、广东、湖南、湖北弁兵，有的用于攻剿，有的用于驻守"新疆"各地。为进剿牛皮大箐，张广泗将其全部集中，并咨川省督抚续调川北镇总兵王廷诏统领四川汉土兵丁3000名，其中包括"惯登山险，最为骁健"的木坪、瓦寺土兵，赶赴军前。进剿兵丁超过2万名，分为8路，"广泗檄诸军分扼箐口，以坐困之，又旁布奇兵箐外，以截逋逸，如陆网兽、渔竭泽，重重合围，以渐逼近"。①

自乾隆元年（1736）二月中旬，清军分进合击，围困搜剿，"犯瘴疬，冒榛莽，靡奥不搜，靡险不剔"。② 而苗民一方，虽据险而守，但内缺粮草，外无援兵，前无生路，后无退路，虽大多抱有必死的决心，勇敢无畏，但仍难以抵御强大的清军。至二月下旬，清军将牛皮大箐内的苗寨剿洗焚毁，并占据了主要山岭，"八路大军营垒相望，四面合围，逐渐逼近。逆苗等不敢藏匿箐内，有潜逸外致被官兵擒获者，亦有各寨苗人来营投抚，责令擒获凶首方准收降。伊等求抚心切，因而深入箐中，各觅本寨首逆擒献，以图赎罪者。始初擒献凶犯犹不过一二名，或三五名而止，今兵威大震，各处所献凶犯多至百余名，少亦不下数十名。现在各寨苗人纷纷自相擒献，日夕不绝，虽亲戚、兄弟亦皆不敢隐匿。统计官兵对阵斩杀割有耳级耳记呈验并投抚苗人斩级来献者约有二千五百级。当阵生擒并投抚苗人拿献赎罪者，约共二千三百名……至各路官兵当阵斩杀未及割取首级并枪炮中毙、投崖滚箐以及饿毙山林者，实不计其数"。③ 其后，清军"搜剿大箐，擒获首凶"。④ 魏源称："憨魁罔漏，俘馘万计。""盖穷开辟以来，人迹不至之区，天日不临之地，而大搜深入，山泽不能匿污，从来鬼方挞伐未有涤荡廓清若斯之列者。"⑤ "新疆"事竣，张广泗回兵搜剿"内地熟苗"，据其奏报清理内地"熟苗"情形："自本年八月以来，各路

---

① 〔清〕魏源：《圣武记》卷七《雍正西南夷改流记下》，第295页，中华书局，1984。

② 〔清〕魏源：《圣武记》卷七《雍正西南夷改流记下》，第295页，中华书局，1984。

③ 乾隆元年三月二十九日，经略苗疆事务湖广总督张广泗《奏报深入苗疆擒获首逆搜剿余党情形片折》，档案号：04-01-01-0005-016，中国第一历史档案馆藏。

④ 《清高宗实录》卷十九，乾隆元年五月癸亥。

⑤ 〔清〕魏源：《圣武记》卷七《雍正西南夷改流记下》，第295页，中华书局，1984。

官兵暨各该地方文武员弁搜剿查拿,共斩获逆苗一千三百八十余级,生擒苗犯并逆属男妇二千四百余名口。现在新疆剿抚事宜俱已全竣。"而魏源则称:"六月,复乘兵威搜剿附逆熟苗,分首恶、次恶、胁从三等,涉秋徂暑,先后扫荡,共毁除千有二百二十四寨,赦免三百八十有八寨,阵斩万有七千六百有奇,俘二万五千有奇,获铳炮四万六千五百有奇,刀矛、弓弩、标甲十有四万八千有奇。"①

为做好"苗疆"善后,高宗上谕:"将古州等处新设钱粮尽行豁免,永不征收。""嗣后苗众一切自相争讼之事俱照苗例完结,不必绳以官法。"并改变云贵总督建置,分设云南总督和贵州总督,以张广泗为贵州总督,兼管巡抚事务,专心办理善后,并赏给骑都尉世职。以尹继善为云南总督,专办云南事务。设镇安营、立郡设县、屯田养兵诸善后事宜随即展开。张广泗奏辞骑都尉世职,得旨:"此次平定逆苗,实赖卿忠勇素著,才智兼全,用能肤功克奏,永靖妖氛,了皇考未了之圣心,成青史难成之功业。朕惟深庆得人,岂宜赏罚倒置。在卿责己之诚,并非掩饰,而朕酬功之典,自有权衡。"② 乾隆十年(1745),鄂尔泰卒,以开辟"西南夷"功,配享太庙。哈元生、张照、元展成、董芳、德希寿均免于治罪。

"置郡县,易封建,则九州之大归于一统。此长治久安之道也。"③ 大规模"改土归流"和开辟"苗疆",就其目的而言,在于消除土司的割据和打破"苗疆"的封闭,归入国家版图,变间接治理或"不治"为直接治理,促成国家的统一,维护西南边疆民族地区的安定,实现"大一统"。但大规模"改土归流"和开辟"苗疆",是以武力为手段实现的,大大小小的战斗难以计数,造成西南民族地区大量人员死伤。清军也付出了重大的伤亡与财力耗损的代价。"一时之创夷,百世之恬熙。"④ 大规模"改土归流"和开辟"苗疆",从根本上看,就是实现国家统一,消除长期以来

---

① 〔清〕魏源:《圣武记》卷七《雍正西南夷改流记下》,第295页,中华书局,1984。
② 《清高宗实录》卷二九,乾隆元年十月己丑。
③ 《(光绪)普洱府志稿》卷九《建置志》。
④ 〔清〕魏源:《圣武记》卷七《雍正西南夷改流记下》,第296页,中华书局,1984。

一、"改土归流"之战

西南边疆民族地区的社会动荡，营造相对安宁的社会环境，打破该地区长期以来封闭隔绝的状态，增进边疆与内地之间的联系，以及西南各民族之间的交流、交往、交融，推动该地区社会、经济、文化的发展。

二、两征金川

二、两征金川

历史上的金川分为大金川和小金川,位于今四川省西北部阿坝藏族羌族自治州小金县境。金川为世人所熟知,并非由于其地产金,而是因为在乾隆年间,清政府为征讨这个"地不逾五百里,人不满三万众"的土司地区,历经两次大规模用兵,在此进行过乾隆时代耗时最长、投入兵力最多、花费最为浩大的战争,列为清高宗"十全武功"之一。

第一次金川之役,又称为大金川之役,发生于乾隆十二年(1747)二月至乾隆十四年(1749)二月,历时两年,征讨对象主要为大金川土司。清政府先后调集东三省、京、陕、甘、两湖、云、贵、川等省满、汉兵弁及当地土兵8万余众,耗饷银千万余两,四易主帅,其中庆复、张广泗、讷亲三位主帅,皆为雍、乾两朝名臣,却在征讨弹丸之地的金川时因攻剿不力、劳师靡饷、丧师失律,被高宗诛杀。第四任主帅经略大学士傅恒,也未取得太多进展。在短期内无法在战场上取得胜利的情况下,高宗知难而退,指示傅恒和四川提督岳钟琪接受大金川土司的投降请求,结束了第一次金川战争。

20多年后,乾隆三十六年(1771)六月至乾隆四十年(1775)二月,发生第二次金川战争,征讨的对象为大金川和小金川土司,耗时近5年,先后调派7省满、汉兵弁及当地土兵十余万人,费饷7000余万两,其间又有木果木惨败,主将温福战死,最后在名臣阿桂的指挥下,清军用尽全力,付出极高的代价,才将两金川荡平。与第一次金川之役相较,第二次金川之役历时更长、规模更大、损伤更多、战斗更为残酷激烈。

西南边疆之战

1. 第一次金川之役

用兵金川之缘起

"金川者,小金沙江之上游也。其一促浸,水出松潘徼外西藏地,经党坝而土司境,颇深阔,是为大金川;其一赞拉,水源较近,是为小金川。皆以临河山有金矿而得名。"① 促浸、赞拉为藏语,意思分别为大川和小河。这两条川、河,位于大渡河上游,盛产金子,因此得名金川,即所谓"两金川遍地生金,命名以此"。②

"合两金川地,不过千有余里,僻在四川省之西,其西北通甘肃回部,西南控前藏,与十八家土司部落毗连。"③ 大、小金川所在的川西北地区,是操嘉绒语的嘉绒藏族的主要生活区,又称嘉绒藏区。嘉绒藏区西通西藏,南连云贵,北邻甘青,东接成都平原,是控制西藏、捍卫四川的咽喉要道,战略地位十分重要。境内大江纵横,山高谷深,土地贫瘠,自然环境恶劣,交通不便,加之"夷俗尚武,咸工击刺之术,虽妇女亦皆谈兵,闻有征调,殊踊跃向往,临阵奋不顾身"。④ 当地民众,12岁以上者皆腰插短刀,俗称"左插刀",习枪矛弩箭,民风刁悍,无论男女皆好勇斗狠、勇敢善战。显而易见,这是一个不易治理之地,历代统治均未能深入,形同化外。元以前,历代王朝对嘉绒藏区仅羁縻而治,元代开始设置土司,明代在元代的基础上继续增设土司。入清后,此地土司纷纷归顺清朝。

小金川土司原称为金川土司,其所管辖地域包括大、小金川区域。土

---

① 〔清〕魏源:《圣武记》卷七《乾隆初征金川土司记上》,第298页,中华书局,1984。
② 〔清〕李心衡:《金川琐记》卷四,商务印书馆,1936。
③ 〔清〕郑祖光:《金川旧事·舟车所至》,中国书店,1991年影印本。
④ 〔清〕李心衡:《金川琐记》卷四,商务印书馆,1936。

二、两征金川

司衙署（习称官寨），设于小金川之美诺（今阿坝州小金县美兴镇）。该土司于顺治九年（1652）归附，清政府授予其安抚司职衔。当时的大金川之地尚未设有土司，其为小金川辖下的土舍之地。大金川土舍色勒奔于康熙六十年（1721）投顺清朝。清政府鉴于当时小金川土司强横，在嘉绒藏区各土司中势力很大，于雍正元年（1723），时任川陕总督年羹尧以大金川土舍色勒奔曾随岳钟琪出兵羊峒，著有劳绩，奏准给予安抚司头衔，驻大金川之勒乌（今阿坝州金川县勒乌乡），以分小金川土司之势。① 至此，遂有大、小金川之分。经过增置改设，形成所谓嘉绒14土司格局：（一）金川安抚司（即大金川土司，又称促浸土司，位于今阿坝州金川县）；（二）金川寺演化禅师（即小金川土司，又称儹拉或儹纳土司，位于今阿坝州小金县）；（三）鄂克什安抚司（即沃日土司，位于今阿坝州小金县）；（四）党坝长官司（即党坝土司，又称丹坝土司，位于今阿坝州马尔康市）；（五）梭磨宣慰司（即梭磨土司，位于今阿坝州马尔康市）；（六）卓克基长官司（即卓克基土司，位于今阿坝州马尔康市）；（七）松岗长官司（即松岗土司，位于今阿坝州马尔康市）；（八）杂谷安抚司（即杂谷土司，位于今阿坝州马尔康市）；（九）革布什咱安抚司（即革布什咱土司，位于今甘孜州丹巴县）；（十）绰斯甲布安抚司（即绰斯甲土司，位于今金川县）；（十一）巴旺宣慰司（即巴旺土司，位于今甘孜州丹巴县）；（十二）布拉克底宣慰司（即巴底土司，位于今甘孜州丹巴县）；（十三）瓦寺宣慰司（即瓦寺土司，位于今阿坝州汶川县）；（十四）董卜韩胡宣慰司（即木坪土司，又称穆坪土司，位于今雅安市宝兴县）。此外，在打箭炉（今甘孜州康定市）还设有明正土司、鱼通土司，在今甘孜州泸定县还设有沈边土司、冷边土司，这4家土司与其他14家土司所操方言不同，统称"嘉绒甲卡却吉"（嘉绒十八土司）。梭磨、卓克基、松岗3土司因在杂谷境内，又称为"三杂谷"。据《平定两金川方略》中阿桂所奏称："金川及鄂克什、三杂谷、丹坝、革布什杂、绰斯甲布、巴旺、布拉克底各番人，俱系跣足披发，步行山箐，谓之甲垄。其德尔格忒、麻书、章谷、纳林冲等番人，习于马上风俗，与蒙古相似，谓

---

① 〔清〕来保等：《平定金川方略》卷一，第14页，文渊阁四库全书第356册。

之霍尔。族类各殊，本非一种。"① "甲垄"即"嘉绒"，"霍尔"当指川西羌人。嘉绒地区各土司相互间的位置："瓦寺、沃日、三杂谷稍迤而北，木坪、明正、革布什杂稍迤而南，惟小金川横亘其中，金川又在小金川之西。"②

嘉绒藏区各土司之间为争夺土地和人口，常常相互攻杀。而清政府治理该地区，采取的是多封众建、以番制番、恩威并施的政策，强调"不可任其争竞，亦不必强其协和"的治理策略，以使众土司彼此钳制，达到力量均衡，即庄吉发先生所指出的："固不愿使其日寻仇杀，亦不欲其和睦相处，彼此勾结。"③因此，当地方官以"土司性嗜报复，若不摄以兵威，愈无忌惮"为词，奏请"勒兵化诲"，高宗批示："待此等人，不可不使之畏天朝兵威，亦不可但以兵威压服，而不修德化也。"④即尽量避免以军事介入其内部争斗。在此情形下，土司之间为扩充地盘而彼此相互攻杀就变得频繁。大、小金川，尤其是大金川土司，在与其他土司的相互攻杀中不断扩充土地和人口，实力大增，渐成强横。乾隆七年（1742），大金川土司色勒奔病故。次年，清政府以其弟色勒奔细莎罗奔（即莎罗奔）承袭土司职衔。莎罗奔比其兄更为凶悍，四处扩张，不仅与巴底、革布什杂等土司相争，还因小金川土司泽旺性情懦弱，莎罗奔把自己的侄女阿扣嫁给泽旺，以期对其控制。随后，阿扣与泽旺之弟良尔吉私通。乾隆十年（1745），莎罗奔便勾结良尔吉，袭取小金川，生擒泽旺，夺走小金川土司印信。于是，小金川遂由良尔吉管理，而实际则被莎罗奔所控制。此外，莎罗奔还将自己的女儿嫁给巴旺土司，以实现对巴旺的控制。

乾隆十一年（1746）初，四川巡抚纪山奏称："大金川土司莎罗奔侵占革布什杂土司地方，彼此仇杀，又诱夺伊侄小金川土司泽旺印信，并把守甲最地方，扬言欲攻打革布什杂。"⑤尽管此时大金川土司在当地已闹得很厉害，影响了地方安定，但正如川陕总督庆复所指出的："伊自在土

---

① 〔清〕阿桂等：《平定两金川方略一》卷五一，第733页，乾隆三十八年二月辛巳阿桂奏，文渊阁四库全书第360册。

② 《录副奏折》，乾隆三十七年正月十三日温福奏，见庄吉发《高宗十全武功研究》第110页。

③ 庄吉发：《高宗十全武功研究》第110页，（台北）故宫博物院，1982。

④ 《清高宗实录》卷一〇一，乾隆四年九月癸巳。

⑤ 《清高宗实录》卷二八四，乾隆十二年二月癸酉。

二、两征金川

司内相扰,并非干犯内地。要在该管文武务得大体,令其彼此钤制,以保无事。"① 故而此时高宗并无意派兵攻剿金川土司,仍寄希望事态能够自行平息,因此谕令:"蛮苗易动难驯,自其天性。但如小小攻杀,事出偶然,即当任其自行消释,不必遽兴问罪之师。但使无犯疆围,不致侵扰,于进藏道路、塘汛无梗,彼穴中之斗,竟可置之不问。如其仇杀日深,势渐张大,或当宣谕训诲,令其息愤宁人,各安生业。亦当相机行事,声威足以慑服其心,使之沮耳输诚,方为尽善。苗蛮玩梗无知,得其人不足臣,得其地不足守,蜂屯蚁聚,无足深较。倘果有拒抗侵轶,不得不宣布皇仁以全国体,亦当相度机宜,慎之于始,不可轻为举动。"② 高宗还特别指出:"边吏喜于生事,营弁不知远谋,往往过为张皇,因小酿大。不知千钧之弩不为鼷鼠发机,惟当修善守御,厚蓄声威,令其畏惮奉法,恩抚威怀,各得其道。"③ 在地方官的调节和压力下,色勒奔细释放了泽旺,交还了小金川土司的印信。然而,大金川土司的扩张野心并未收敛,不到一个月,情况急转直下。

乾隆十二年(1747)二月,四川巡抚纪山奏报,大金川土司色勒奔细率兵攻打革布什咱土司控制的正地寨,又进攻明正土司所属之鲁密、章谷等地,坐汛把总李进廷抵敌不住,退保吕利地方。之后,大金川土兵又进攻霍耳,巡抚纪山派兵堵截弹压,遭到伏击,千总向朝选阵亡;金川兵又侵压毛牛,枪伤游击罗于朝。

大金川土司进攻相邻土司,侵扰汛地,枪伤官兵,扰及"内地",引起川西北地区的动荡,已超出清政府所能容忍的限度。高宗接据奏报,于三月十二、十九两日,连下谕旨,以"贼酋恃其巢穴险阻,侵扰诸番,张大其势,兵敢扰我汛地",而"毛牛迫近西泸,逆酋敢于侵扰,伤及官兵,势甚猖獗",指示军机大臣:"谕令该督抚等迅速选派官兵,遴选将弁,统帅前往,相机进剿。"开始调兵选将,运粮转饷,准备大举进攻。④

高宗调派贵州总督张广泗为川陕总督,明确指示:"此番进剿一应机宜,专听张广泗调度,申明军纪,指授方略,筹划粮饷,迅速进兵。"并

---

① 《清高宗实录》卷二七九,乾隆十一年十一月辛酉。
② 《清高宗实录》卷二八四,乾隆十二年二月癸酉。
③ 《清高宗实录》卷二七九,乾隆十二年二月癸酉、三月辛丑。
④ 《清高宗实录》卷二八六、二八七,乾隆十二年三月辛丑、三月己酉。

定下战略目标:"务令逆酋授首,铲绝根株,以期永靖边陲。"①

张广泗,汉军镶红旗人,以监生入资授知府,因开辟"苗疆"有功,于雍正五年(1727)擢贵州按察使,六年,超授贵州巡抚,后以副将军职衔随宁远大将军岳钟琪征讨准噶尔,因弹劾岳钟琪"误国负恩",致岳钟琪被罢官下狱。之后,张广泗被授为正红旗汉军都统,后任湖广总督。高宗即位,贵州九股苗叛,以张广泗经略"苗疆"有功,进三等阿达哈哈番世职,后又任贵州总督,加太子少保。高宗以张广泗替代庆复为川陕总督,作为金川前线统帅,一方面是因张广泗"办理苗疆事务甚为妥协",希望以其强硬的"治苗之法"替代屡屡失败的"以番治番"政策;另一方面,是因为庆复之前办理"瞻对事件"不称高宗之意。

庆复,字瑞园,佟佳氏,满洲镶黄旗人,佟国维第六子,雍正五年袭一等公,授散秩大臣,迁銮仪使,兼领武备院事,后历任正白旗汉军副都统、正蓝旗汉军都统、议政大臣、工部尚书、户部尚书、领侍卫内大臣等职。高宗即位,命其代平郡王福彭为定边大将军,出北路征讨准噶尔,之后历任刑部尚书、两江总督、云贵总督、两广总督、川陕总督等职,是阅历丰富的封疆大吏。

乾隆十年(1745)七月,地处打箭炉边外的瞻对(今四川甘孜藏族自治州新龙县)土司纵容"夹坝"(按:即抢劫之人。这些人平时以打猎为生,遇有行旅则行抢劫。)四处抢劫,严重影响了川藏大道的畅通。经川陕总督庆复、四川巡抚纪山、提督李质粹疏请,清政府决定出兵进剿,调动满汉官兵及土兵2万余名,分三路进剿。然而,清军围攻半年余,虽也获得进展,取得一些胜利,但仍未能攻克下瞻对土司班滚所居碉卡林立的泥日官寨。之后,在清军的围攻下,班滚自知难以抵抗,于是导演了一出自行焚烧泥日寨,佯装已被烧死,却暗中潜逃的好戏。清军在灰烬中搜得据称属于班滚的鸟枪、铜挽,于是庆复等以"贼番尽行烧毙,鸡犬无存。班滚及伊家口并俄木丁、姜错太等一齐烧毙"② 上奏。高宗当时即对班滚是否已被烧毙表示怀疑,认为"据报烧死情形,尚有可疑之处。班滚

---

① 《清史列传》卷十七,第1268页,中华书局,2005。
② 乾隆十一年五月(无具体日)川陕总督庆复《奏报贼巢已破班滚已歼灭惟有办理善后以期宁谧折》,《录副奏折》,档案号:03-0460-043,中国第一历史档案馆藏。

二、两征金川

系众酋头目,危急之际未必即坐以待毙,其潜逃藏匿自必有之事。即使烧毙,想其行迹亦必与众人不同,断无俱成灰烬不可辨识之理"。① 但因没有确凿的证据,此事便不了了之,还将庆复晋为太子太保。

金川事起,高宗便将金川之事与瞻对之事联系起来,认为:"瞻对甫经平定,即有大金川之事,揆厥所由,因渠魁班滚未曾授首,无以示威,使之闻风慑服。"② 而金川土司敢于跳梁,"总因前此瞻对之事办理未善,无所惩创,不足以震惕蛮心"。③ 他把金川构衅的责任也推给庆复,称:"从前瞻对一役,庆复若实心办理,必不致金川复生反侧。"④ 高宗这是在指摘庆复等办理"瞻对事件"不彻底,未能使金川番酋慑服,群起效尤,轻视朝廷,认为"若瞻对办理妥协,何至有金川等事?"⑤ 高宗甚至怀疑金川起衅是因班滚未死,逃至大金川,勾通大金川土司而致,要求新任川陕总督张广泗在进剿金川时调查班滚之事。张广泗经过一番调查后,确认班滚其实并未烧死,也并未至金川,而是逃回其老巢。其中原因,"皆缘督、提、镇臣始由于不谙事机,继则急因竣事,以致乖谬错乱,而终归于欺罔也"。⑥ 高宗责令张广泗,此次征剿金川,既要擒获金川土司色勒奔细,也要搜获下瞻对土司班滚,一个都不能放过。这是高宗的一个心结,不解不快!乾隆十四年(1749),在第一次金川之役结束后,班滚看到大金川土司投降后获得赦免,也"乞命归诚",投降清政府,得到高宗宽免。但对庆复等,高宗却给予重处,上谕:"班滚未死,早有明验。今既亲身率众归诚,从前庆复等之欺罔捏饰,更无可置辩。此何事也?而朕岂可赏罚不明乎?"⑦ 乾隆十四年九月,原川陕总督庆复以"贻误军机律论斩",后被赐自尽,四川提督李质粹于次年被处斩。

促成清政府用兵金川,除上述因素外,还有一个原因不得不提,即昭梿在其《啸亭杂录》中所揭示的:"时制军庆复用兵瞻对土司,草率完

---

① 《清高宗实录》卷二六八,乾隆十一年六月丁卯。
② 《清高宗实录》卷二八六,乾隆十二年三月壬寅。
③ 《清高宗实录》卷二八七,乾隆十二年三月己酉。
④ 《清高宗实录》卷二九八,乾隆十三年九月辛丑。
⑤ 〔清〕程穆衡:《金川纪略》卷一,见张羽新主编《中国西藏及甘青川滇藏区方志汇编》第43册,学苑出版社,2003。
⑥ 中国第一历史档案馆《朱批奏折(民族类)》第1328号,乾隆十二年八月丁亥。
⑦ 《清高宗实录》卷三四九,乾隆十四年九月辛未。

局，颇不当上意。巡抚纪山觊觎其位，遂主用兵进剿之说。"①《金川纪略》的作者程穆衡则称："贵督张广泗，自雍正时坐镇滇黔，前后用兵剿灭番蛮，所得精环宝、夷锦珍直万万以上，复掠苗夷童男女，选尤美者充备内室。……而云督张允随，亦废顺宁府属之猛缅长官司，疏请改土归流，没入其重宝金银珍货无算。"这些封疆大吏，都因领兵征剿苗蛮有功而升官发财，使纪山等"羡彼滇黔二人所为，争以开夺番地，掠其畜聚为事。唯欲寻衅为兵端，而于国家之经费、生灵之涂炭，概置不问也"。②这正如高宗所指出的："边吏喜于生事，营弁不知远谋。"③ 因为只要衅端一开，朝廷就得转饷运粮。上至督、抚、提、镇，下到弁兵、士卒，就获得升官发财的机会，因此人人趋之若鹜，尤其是对民族地区的征剿相对较易，更为踊跃乐从。正因为如此，就在乾隆十二年（1747）三月八日这一天，当金川土司与其他土司相互攻杀时，总督庆复提出官兵"止许守险养威，勿得邀功生事"，而巡抚纪山则奏称："与其日久滋蔓难图，不若此时声罪致讨，较为易也"。④ 地方督抚大员的想法完全相左，于是才会出现当金川土兵攻打明正土司辖境霍耳、章谷、毛牛等处时，纪山一面奏报，在未获批准的情况下，便蓦然派兵堵截弹压。高宗在平定大金川之后，回顾用兵金川情形时称："金川奏凯，大功已成。而始事之轻遽，则纪山究难辞责。"其缘由："朕因纪山业已出兵，难以遽行收回，因命兴师致讨。"⑤ 为惩处纪山，高宗撤去其四川巡抚之职，仅赏给其副都统职衔，并命其自备鞍马前往西藏效力。

张广泗、讷亲督师无功

新任川陕总督张广泗于乾隆十二年（1747）四月抵达四川。虽然由于道路崎岖，运粮转饷较困难，但进剿大金川的准备已渐次就绪，而杂谷、小金川等土司也均已望风投诚。张广泗抵达军营，很快了解到："大金川

---

① 〔清〕昭梿：《啸亭杂录》卷四《金川之战》，第97页，中华书局，1980。
② 〔清〕程穆衡：《金川纪略》卷一，见张羽新主编《中国西藏及甘青川滇藏区方志汇编》第43册，学苑出版社，2003。
③ 《清高宗实录》卷二八四，乾隆十二年二月癸酉。
④ 〔清〕来保等撰：《平定金川方略》卷一，第22、23页，乾隆十二年三月戊戌庆复奏。
⑤ 《清高宗实录》卷三三五，乾隆十四年二月丙申。

二、两征金川

土司莎罗奔凶横不法,官兵屡次失利。现调汉、土官兵虽有二万余名,但土兵各怀二心,非逡巡观望,即逃匿潜藏,此土兵之不可足恃也。而官兵又单弱,将来深入贼巢,或攻剿碉寨,或押护粮饷,或沿途防守,断难支持。"请求再增调贵州协营兵2000名往剿。高宗认为张广泗奏请添兵,"意在重兵压功,易于速捷",于是遂允其请,并指示在已调拨饷银60万两的基础上,再拨银60万两协济,但强调"既已添兵,惟应克奏肤功,仍当以班滚为戒"。① 但两个月过去,仍不见有进剿动静,高宗有点等不及了,下旨询问:"从来兵贵神速。名将折冲,未有不以师老重费为戒者。大金川之事,调兵逾半载,拨饷过百万矣!……何时可捣贼巢?"② 张广泗则信心满满,以为可稳操胜券,奏称:"征剿大金川,现已悉心筹画,分路进攻,捣其巢穴。附近诸酋输诚纳款,则诸事业有就绪,酋首不日可以殄灭。"③ 然而,战争的进程则远远超出高宗君臣的预期。

大金川山径陡险,"境界南北约三百余里,东西约二百余里,丁壮约七八千"。④ 有官寨4个:勒乌围(又称"勒歪""立叶乌围""勒叶乌围")、刮耳崖(又称"噶拉依""噶喇依")、马尔邦和独松,其中勒乌围和刮耳崖两处最为险固,"重关叠隘,山路险峨,马蹶不能驰,人喘不能骋",尤其是刮耳崖,"蜿蜒线栈,约长数百丈,石壁峻嶒,转侧伛偻,势与俱倾。苟一昏眴,颠蹶无底"。且坚碉四卫,"碉楼如小城,下大巅细,有高至三四十丈者,中有数十层,每层四面,各有方孔,可施枪炮。家各有之,特高低不一耳"。⑤ 勒乌围和刮耳崖均在大金川河东岸,两者相距百余里,分别由土司莎罗奔和其侄子郎卡把守。只要夺取这两处官寨,就等于荡平了大金川。

为攻占此二处,张广泗和庆复计划将2万余名官兵分兵两路,从西、南两个方向进攻。西路官兵14500名,由松潘镇总兵宋宗璋统领调度,分兵四个方向:总兵宋宗璋统兵4500名,由党坝进取勒乌围;参将郎建业

---

① 《清高宗实录》卷二九一,乾隆十二年五月庚戌、戊午。
② 《清高宗实录》卷二九二,乾隆十二年六月癸酉。
③ 《清高宗实录》卷二九二,乾隆十二年六月丙子。
④ 〔清〕阿桂等:《平定两金川方略一》卷二九,第502页,乾隆三十七年五月辛亥温福等奏。
⑤ 〔清〕李心衡:《金川琐记》卷二。

统兵 3500 名,由曾头沟、卡里进取勒乌围;威茂协副将马良柱统率汉土官兵 3500 名,由僧格宗进攻刮耳崖;参将买国良、游击高得禄统兵 3000 名,由党坝进攻刮耳崖。南路官兵 8000 名,由建昌镇总兵许应虎统领调度,分两个方向:参将蔡允甫统兵 2700 名,由革布什杂攻取正地、古交后,再与西路宋宗璋、郎建业会合,夹攻勒乌围,泰宁协副将张兴、游击陈礼统兵 3300 名,由巴底进兵后,再与西路马良柱、买国良军会合,攻取刮耳崖;另由游击罗于朝统兵 2000 名,会同绰斯甲土司汪结所率土兵,由绰斯甲进发,剿洗河西各寨。张广泗原拟驻扎杂谷,后发现杂谷偏西,不便居中调度,改由汶川经瓦寺取道沃日,抵达小金川的美诺官寨驻扎,将大营设于此地。原川陕总督大学士庆复驻扎汶川弹压。定于乾隆十二年(1747)六月二十八日,各路齐进。

开始时,清军进攻还算顺利。八月初,张广泗奏报"剿抚巴旺、孙克宗等处,西、南两路兵行、粮运无阻":西路,马良柱率兵也连战克捷,各寨望风乞降,已进兵至距离刮耳崖 20 余里处;南路,许应虎领兵攻取碉卡数处,金川土司兵退守独松碉寨,许应虎攻独松未破。然而,高宗对所取得的战绩并不满意,谕称:"自汝等定期会剿之奏至,朕日夜望捷音之来。迟至如今,也不过小小之破碉克寨,何足慰朕耶!……且攻碉获胜情形,总与班滚之事无异。"高宗低估了大金川的抵抗能力,以为以 2 万余大军征剿一个小小土司,指日便能扫穴擒渠,奏凯完局,而不是只取得如此小胜。因此,他认为张广泗、庆复等未能领会其意图,不能筹划"出奇制胜之策",警告张广泗等:"朕所虑者,将来金酋又似班滚之生死不明,则劳师动众,讫无成功,必有身受其咎者。"并再次重申:"总之,此次用兵,非小小克捷、惩创于目前所可了事。必须统计金川番情,大为筹办,实足以慑服诸蛮,为一劳永逸之策,方不至事久复有蠢动。"① 然而,更令高宗料想不到的是,此后清军在大金川的战碉面前一筹莫展,被阻于碉前,兵不能进。

其后,张广泗奏报:"臣自入番境,经由各地,所见尺寸皆山,陡峻无比。隘口处所,则设有碉楼,累石如小城,中峙一最高处,状如浮图,或八九丈、十余丈,甚至十五六丈者。四周高下皆有小孔,以资瞭望,以

---

① 《清高宗实录》卷二九五、卷二九七、卷二九八,乾隆十二年七月甲寅、八月辛巳、九月辛丑。

二、两征金川

施放枪炮。险要尤甚之处,设碉倍加坚固,名曰'战碉'。此凡属番境皆然,而金川地势尤险,碉楼更多。至攻碉之法,或穴地道,以轰地雷;或挖墙孔,以施火炮;或围水道,以坐困之。种种设法,本皆易于防范,可一用而不可再施。且上年进攻瞻对时,已尽为番夷人所悉,逆酋皆早为预备,或于碉外掘壕,或于碉内积水,或护碉加筑护墙。地势本居至险,防御又极周密。营中向有母子炮、劈山炮,仅可御敌,不足攻碉。据臣纪山制有九节劈山大炮二十位,每位重三百余斤,马骡不能驮载,雇觅长夫抬运。以之攻碉,若击中碉墙腰腹,仍屹立不动,惟击中碉顶,则可去石数块,或竟有穿者。贼虽颇怀震惧,然却甃补如故。"① 清军掘地道、挖墙孔、断水道、用特制劈山炮轰击,各种办法都不能奏效。即如掘地道,据张广泗称:"掘地穿穴至碉底,多以火药轰放地雷,即可震塌碉墙。因拣调各厂矿夫,攻取曾达一碉。讵掘成于穴中,听闻碉内贼声,以为已到碉底,不意举发地雷,尚离碉二三丈远,致未收功。复于木耳金刚之大碉,挖地道已成,令于穴中打通地上一小孔,看明已在碉内,即放火药轰击,乃系贼寨东北耳碉,虽经震塌碉顶,西南耳碉亦冲破一孔,然正中大碉止摇动而未倾倒。自此贼皆设防,各于碉外周掘深堑,此法不能再施。"② 清军又试着用火攻:派兵砍伐树木,将柴薪堆积在战碉附近,临进攻时,将柴薪运至碉墙之下,举火焚烧,然后再发大炮轰击。张广泗奏报此方法"易于攻克,各路行之,已有成效"。高宗原认为清军已进攻到离刮耳崖20余里,似乎不久即可以成功扫穴歼渠,在了解到攻碉如此耗力需时,有些不耐烦了:"看此,则奏凯尚需时日,何能慰朕西顾之忧哉!"③ 短时间攻取勒乌围、刮耳崖无望,当地恶劣的气候则开始让高宗忧心。

川西北高原山高林密,高处海拔达4500米,气候寒冷,常年飞雪。据记载:金川地区"多寒少暑,春夏雨雪经年累月,罕有晴时。每雨则霹雳大作,电光中皆有声。至八九月,始得晴霁。隆冬积雪丈余,山谷弥漫,坚冰凝结,道路不通"。④ 九月间,高宗谕:"如此时已经捣穴歼渠,

---

① 〔清〕来保等:《平定金川方略》卷三,第57页,乾隆十二年九月庚子张广泗奏。
② 《清高宗实录》卷三〇九,乾隆十三年二月己卯。
③ 《清高宗实录》卷二九八,乾隆十二年九月庚子。
④ 《嘉庆重修一统志》卷四二三《懋功屯务厅》。

诚为尽善。若尚需时日，则彼处地近雪山。朕思际此冰霜严冷，我师屯聚，诚恐堕指裂肤，难于取捷。或且暂行退驻向阳平旷之地，令得稍为休息，俟气候融和，再加调官兵，厚集军威，以成一举扫除之计。"并强调："其应行防范之处，务当严密周详，无令（金川土司等人）乘机兔脱。"①这时，张广泗已感受到巨大压力，他向高宗报告："臣查有昔岭（又称腊岭）山梁，可以俯瞰勒乌围，而直下刮耳崖为尤近。拟于九月中，亲往督率，指示进攻。务期于九、十两月内进取贼巢。"② 张广泗希望能在寒冬来临之前结束此战役。

然而，张广泗的想法根本不切实际，无法完成。四川巡抚纪山奏报："党坝等处，九月中旬已连降大雪，不但粮运堪虞，我兵亦应筹画万全，或应通盘筹算，酌留官兵防守，修养士卒，俟春融再候进止。"③ 运饷进兵都已成问题，更何谈进攻？这时，金川土司莎罗奔遣人投禀乞降，张广泗等奏称"断难允行"，即不接受金川土司的投降。因为"自八月以来，我兵阻碍不前，贼应愈肆鸱张，而反投诚乞命，实非本心。缘进兵已经半载，贼境失去大半，秋不得获，春不得耕，番众势在穷迫。且兵临贼巢不远，故急求撤兵，以便稍为休息，复出肆掠。若我兵一退，正堕其计"。高宗批示"所见极是！"但告诫张广泗："如果力不能取，即如是困彼数年，彼尚能支乎？但领兵者，固不宜存此心，更忌出此言，以懈兵志耳。"强调"此番官兵云集，正当犁庭扫穴，痛绝根株，一劳永逸。断无以纳款受降，草率了局之理！"④ 表达了不达目的誓不罢休的态度，并加添饷银50万两，发九节炮10位运至军前。

清政府不接受金川土司投降，是因为已花费如此巨大的财力物力人力，而灭不了一个小小的边疆土司，这会大大损伤朝廷的威严，其他土司会相继效尤，这一地区会更不得安宁。但事实上，这时清军进不能进，退不得退，已陷入两难境地。如按高宗所说，将官兵撤往向阳旷地驻守，俟春融再集兵进剿，则已攻占的地方必然又被金川土兵夺占，若再次进剿，到时又得费一番功夫；若按现在情形就地防守，则当地气候严寒，兵弁苦

---

① 《清高宗实录》卷二九九，乾隆十二年九月丁巳。
② 《清高宗实录》卷三〇〇，乾隆十二年十月辛酉。
③ 《清高宗实录》卷三〇一，乾隆十二年十月癸未。
④ 《清高宗实录》卷三〇一、卷三〇五，乾隆十二年十月癸未、十二月乙亥。

二、两征金川

不堪言,必然影响士气和战斗力。无奈之下,张广泗下定不获全胜绝不收兵的决心,奏称:"此番用兵,务期剿除凶逆,不灭不已。今岁不能,至明岁;明岁不能,至后岁。决不似瞻对烧毁罢兵。"高宗批示:"甚是!甚是!足慰朕怀。"又批"好!明告之,甚是。看此,朕实庆用卿之得人也。勉之!虽迟何妨?"① 显而易见,战事拖得越久,对清军越是不利。

虽然清军不接受金川土司的投降,但金川土司并非专于防守,坐以待毙,而是趁清军困疲、疏于防守之机,主动出击。先于九月初,之前已投诚清军的戎布寨土目恩错,因建昌镇总兵许应虎抚驭乏术,复行叛归大金川土司,并带领金川兵攻占清军防守松懈的运粮要道扎果山梁。粮道受阻,对清军而言是致命的威胁。为确保运粮道路的畅通,在张广泗的严督之下,清军用了几个月的时间,终于再次将扎果山梁及戎布寨重新占据。十一月间,随泰宁协副将张兴进剿刮耳崖的游击陈礼,驻扎于马帮山梁之右边山梁,遭到金川土兵攻击。金川兵用"石炮法",即架设木架,以机发石相攻击。清军不能抵御,退至山麓驻扎,金川兵占据山梁、河口,阻断张兴、陈礼的粮食通道。张兴求援,张广泗斥其无能,拒不应援。在外无援兵、内无粮草的窘况下,张兴与金川领兵头人讲和,许与重金,希图能让所部兵弁撤退过河,却被金川土兵诱至右山梁沟底围攻,包括张兴、陈礼在内的五六百名兵弁被歼,仅有300余人生还。② 一次就死伤这么多兵弁,这是金川用兵以来清军遭受的最大失败!张兴部的惨败,使驻扎在对岸河东曾达沟山梁的郎建业部失去掎角之势。郎建业部不仅丧失了进攻优势,还遭到金川兵的攻击。乾隆十三年(1748)正月初二日,金川兵进攻噶固碉卡,守碉的80余名土兵打开碉门,随金川兵渡河而去;十日,金川兵攻占郎建业所立的卡伦7处,游击孟臣阵亡;二十日,在金川兵的追击下,郎建业率部退至巴底,总兵马良柱部仓促间也撤退到孙克宗碉寨,丢下许多军装、炮位。③ 清军损兵折将,进攻大金川的计划其实已经破产。

张兴部失利,打乱了清军的整个部署,担心腹背受敌,被迫后撤。作为主帅的张广泗理所当然地负有责任,他也自请交部严加议处。高宗认

---

① 《清高宗实录》卷三〇五,乾隆十二年十二月乙亥。
② 《清高宗实录》卷三〇五,乾隆十二年十二月己酉。
③ 《清高宗实录》卷三〇九,乾隆十三年二月甲申。

为:"偏裨失律,主将咎无可辞。但果能全局取胜,中间稍有挫衄,尚在可原。"高宗并没有将张广泗立即交部议处,仍以其才猷素著,相信其能力,仍将成功的希望寄托于他。为使张广泗能"专意征剿",高宗特遣户部尚书班第作为钦差,前往四川调度粮运,陕甘事务专交黄廷桂、四川事务交巡抚纪山办理,并按张广泗的要求再为增兵添饷,甚至认为张广泗本系旗人,管辖旗兵亦无不可,因此考虑调派八旗兵参与进攻。但高宗在满足张广泗增兵添饷要求的同时,也对其提出要求,并定下了取胜的时间:"去冬不能进取,尚可诿于兵力未足。今张广泗所请调兵铸炮,随奏随准,抽拨调取,增兵多至万余,军威不为不壮。春间即应鼓勇克捷,若迟至五六月,尚不能乘机奋迅,克期取胜,将使士卒沮气,贻笑群蛮,当作何究竟耶?"① 然而,张广泗自张兴失事后,"愈加愤懑,将阖营将弁一概谩骂,至不能堪"。② 张广泗自己首先乱了方寸,实在找不到获胜的办法。其实,此时高宗对张广泗届时能否告捷已持怀疑,他要钦差班第到四川,一个重要原因就是查看军前情形,"果如张广泗所奏,夏秋之间可以告捷则已,万一揆度形势,夏秋之间又不能竣事,迁延至于明岁,则应另为筹画,为先事图维之计"。③

班第,博尔济吉特氏,蒙古镶黄旗人,时任《会典》馆总裁,兼正蓝旗满洲都统。乾隆十三年(1748)正月,授内大臣,受高宗派遣,前赴金川军营办理粮饷。

班第到达金川前线,在了解到实际情况后,向高宗奏称:要解决金川问题,"增兵不如选将"。他认为:"大金川地纵不过二三百里,横不过数十里,蛮口不满万人。现在军营集汉土官兵及新调陕、甘、云、贵四省兵丁已至五万。乃闻将弁怯懦,兵心涣散,土番因此观望。张广泗自去冬失事后深自愤懑,亟图进取。第番情非所熟悉,士气疲积。倘朕功不能速奏,非将蜀民輓运难支,且蛮性无常,即内附部落亦当虑及。"他推荐赋闲在家的岳钟琪至军前,领兵进剿。其理由是:现在金川军营中的提、镇各员均非其选,岳钟琪"夙娴军旅,父子世为四川提督,久办土番之事,向为番众信服,即绿旗将弁,也多伊旧属。……办蜀番,实属驾轻就熟"。

---

① 《清高宗实录》卷三〇七,乾隆十三年正月丁未。
② 《清高宗实录》卷三一二,乾隆十三年三月癸丑。
③ 《清高宗实录》卷三一〇,乾隆十三年(1748)三月丁亥。

二、两征金川

他并非提出以岳钟琪取代张广泗为统帅,而是建议授予岳钟琪为提督或总兵,"统领一面,或令独当一面"。班第之意,岳钟琪熟悉金川"番情",而张广泗只知"苗情"而不知"番情"。高宗深知岳钟琪的才能,也知其与现任主帅张广泗不和,因此对班第的建议有所顾虑,批示:"此见亦可。但不知张广泗与彼和否?若二人不和,恐又于事无益。"①

岳钟琪,字东美,四川成都人,据称是岳飞的第十七世孙,为康雍乾三朝名将。康熙五十年(1711),由捐纳同知改武职,补松潘镇游击,后擢永宁协副将。康熙五十八年(1719)率军进藏平叛有功,康熙六十年(1721)议叙,授左都督,寻擢四川提督。雍正元年(1723),随年羹尧征讨罗卜藏丹津,得授奋威将军、三等公。雍正三年(1725),授川陕总督。雍正七年(1729),拜为宁远大将军,征讨准噶尔。因曾静案发,岳钟琪被推到舆论的漩涡中心。雍正十年(1732),遭张广泗弹劾,被免官、下狱,十二年(1734),拟斩监候。乾隆二年(1738),获赦免,回成都闲居。

岳钟琪对金川情形十分熟悉,康熙年间就曾成功地处理过涉及金川地区土司的事务。康熙末年,"四川杂谷、金川、沃日土司争界,年羹尧以旧属金川之美同诸寨划归沃日,至仇杀不已。至是,钟琪奉命秉公详勘,美同诸寨仍归金川,而以龙堡、三歌地归沃日,各土司悦服"。②

高宗经过一番深思熟虑,决定接受班第的建议,起用岳钟琪。乾隆十三年(1749)四月,上谕:"岳钟琪前在西陲用兵,以失机致罹重辟,久系囹圄,经朕宽恩,放归乡里。今当大金川用兵之际,因思伊久官西蜀,素为番众所服,若任以金川之事,自属人地相宜。……岳钟琪著加恩赏给提督衔,以统领听候调遣,予以自新之路,俾得奋勉图报,以收桑榆之效。如果能迅奏肤功,更当从优奖叙。"③高宗没有用岳钟琪取代张广泗为金川前线统帅,仅给予岳钟琪提督衔,虽有制衡张广泗之意,但仍受张广泗节制。虽然如此,张广泗对高宗起用岳钟琪,心里颇不是滋味,接到上谕后,即奏称:"岳钟琪虽将门之子,不免纨绔之习,喜独断自用,错误不能悛改,闻贼警则茫然无措,色厉内荏,言大才疏。然久在戎行,遇

---

① 《清高宗实录》卷三〇九,乾隆十三年二月甲申。
② 《清史列传》卷十七,第1250页,中华书局,2005。
③ 《清高宗实录》卷三一三,乾隆十三年四月乙亥。

事生风，颇有见解。"张广泗对岳钟琪的评价前后矛盾，是因二人有嫌隙，于是故意强调和放大其缺点，以证明岳钟琪确只是将才而非帅才，只能担任提督、总兵，而不能胜任统帅。岳钟琪与张广泗难以合作共事，因此，当岳钟琪前赴金川军营后，张广泗"令（岳钟琪）前赴党坝（又称丹坝）军营统领，兼管绰斯甲一路"。① 这样便形成以岳钟琪统兵负责进攻勒乌围，张广泗统兵负责进攻刮耳崖，两军互不干涉，也互不协调配合，各自为战的局面。

在家赋闲多年的岳大将军此时已年过六旬（时年63岁），得到再次回到军营统兵的机会，自然是踌躇满志，准备再建功勋。据班第奏称：岳钟琪于四月二十日到营，班第即向其询以军中应办事宜，岳钟琪便向其阐述对金川作战的看法："赏罚宜严。番兵嗜利，即汉兵亦须悬定赏格，方能鼓舞。惟信赏而后可必罚，倘有违犯法令，及临阵畏缩，即行军法从事，庶人皆勇战，肤功可成。至兼用汉、番兵，直各尽其长。闻伊等总以番兵当首，汉兵随后，一有惶惑，相率奔溃。查番蛮所用刀杆等器，止利短攻。汉兵鸟枪、弓矢，俱能及远。自应令汉兵居中，首当其冲，而番兵分左右翼夹攻，乃能取胜。若攻碉寨，则宜分番、汉兵队，各攻一寨，惟用大炮，令汉兵遥为助势。其硬扑硬进，各展其力，庶胜不相争，负不相干。再用番兵，须释其疑，乃收其益。若用之而复疑之，兵法所忌。今宜以恩威宣谕诸土司，俾皆信服。即如所统党坝一路，杂谷土兵最多，应令挑易精锐从战。而绰斯甲，系金酋后户，将来败北逃窜，擒酋须藉其力，皆宜预为抚定。"班第对岳钟琪表现出的才能钦服不已，认为其"种种筹议，颇中肯綮"。②

班第举荐岳钟琪，虽得高宗采纳，但仅给予岳钟琪提督衔，并未能取代张广泗的主帅位置，而张、岳二人之间的矛盾尽人皆知，难以形成合力。因此，班第又奏请高宗"特遣重臣，识见在张广泗之上者前往料理"。高宗朱批："所见甚是！"并发出上谕："此番驻师日久，兵气不扬，将士懈怠。现在各省调拨官兵云集川省，张广泗一人未能独任，且自张兴覆没以后，益加愤懑，其抚驭将弁亦未能恩威并著。若令班第协同参赞，其力量、识见、物望均不能胜此重任，张广泗亦未必倾心信服。看来此事，惟

---

① 《清高宗实录》卷三一三，乾隆十三年四月癸未。
② 《清高宗实录》卷三一五，乾隆十三年五月甲辰。

二、两征金川

大学士讷亲前往经略,相机调度,控制全师,其威略足以慑服张广泗,而军中将士亦必振刷归向,上下一心,从前疲玩之习可以焕然改观,成克期进取之效。"高宗在授讷亲为经略的同时,告诫张广泗,要其务必与讷亲"诸凡同心协力,务期早得渠魁,速殄群丑"。①

讷亲,钮祜禄氏,满洲镶黄旗人,清朝开国元勋弘毅公额亦都之曾孙,其祖父遏必隆为康熙初年四辅臣之一,其父为领侍卫内大臣果毅公尹德,其兄策楞为两广总督,出身贵胄,满门高官显爵。讷亲以其勤慎、清介、深刻,深得高宗信任,加官进爵,恩宠无比,以致左都御史刘统勋疏称其"执掌太多,遇事过锐"。乾隆十年(1745)晋保和殿大学士,出任首席军机大臣。作为军机大臣,讷亲"办事精详,急公黾勉""料事每与上合",应该说是非常称职的,深得高宗信任赏识。正因为如此,高宗授其为经略,前往金川前线,希望其能扭转金川战局。然而,讷亲作为军机大臣赞襄军务曾展现出优异才能,但"素未莅师",毫无战场经验,对前线军事指挥一窍不通。高宗以其经略金川,用非其才,其失败自是必然。

乾隆十三年(1748)六月初三日,讷亲抵达张广泗驻扎于小金川美诺寨的军营,"讷自恃其才,蔑视广泗。甫至军,限三日克刮耳崖,将士有谏者,动与军法从事。三军震惧,极力攻剿,多有损伤"。② 初四日,张广泗即起身赴卡撒美沟军营,将讷亲独自留下。讷亲对军营情形茫然不知,心中无底,便于初六日也赶往卡撒,与张广泗会合。初九日,讷亲与张广泗自卡撒共同赴腊岭勘察后,认为虽然此处"山陡箐深,碉寨层层",但"数路皆通刮耳崖",只要下到沟底,去刮耳崖仅有数里。而腊岭是进攻刮耳崖的核心要地,只要攻下腊岭,顺山梁而下,便可直取刮耳崖,比从卡撒美沟正路攻取更为得势。③ 十四日,讷亲、张广泗以总兵任举、副将唐开中、参将买国良领兵,分为三路,从地势稍为平坦的色尔力山梁进攻。虽然色尔力山梁上只有木卡数座,碉楼在梁旁,但清军的进攻却遭到重创,任举、买国良阵亡,唐开中身负重伤,进攻腊岭以失败告终。

贸然进攻腊岭,应该不是讷亲的主意,而是张广泗的意图。因为在讷

---

① 《清高宗实录》卷三一二,乾隆十三年四月甲子。
② 〔清〕昭梿:《啸亭杂录》卷一《杀讷亲》,第14页,中华书局,2006。
③ 《清高宗实录》卷三一八,乾隆十三年七月壬辰。

亲未到达军营之前，张广泗就奏称："分十路进攻，定期于五月初八日齐进。"① 即以党坝、美卧、甲索、乃当、正地五路攻勒乌围，以卡撒、腊岭、纳索沟、纳贝山、马奈五路攻刮耳崖。攻勒乌围正路为党坝，攻刮耳崖正路为卡撒。之后，张广泗又奏称："各路进攻，均有克获。查进攻之路，惟腊岭最要。现惟木岗一城，与中峰大战碉一座未克。如能攻夺此二处，则可俯诸碉，直取刮耳崖。"② 讷亲至军营后，并未去了解金川战场的整体情况，也未进行全局谋划运筹，在缺乏各路协调配合的情况下，急匆匆以一路突破进攻，冀望尽早奏凯，导致丧师损将。经此惨败，讷亲"不敢自出一令，每临战时，避于帐房中，遥为指示"，畏敌避战，再也不去临阵督师，甚至奏称：兵士向碉放枪，自己从帐房中看见火光。因见金川战碉难以攻克，获胜无期，讷亲便向高宗奏称："就现在情形，今秋能否告竣，尚难预定。"提出"贼番因险据碉，故能以少御众。今我兵既逼贼碉，自当亦令筑碉与之共险，兼示以筑室反耕之意，贼番自必摇动。且守碉无须多人，更可余出汉土官兵分布破寨，似亦因险、用险之策"。③

对讷亲荒谬的"筑碉共险之策"，高宗称自己思之一夜"不得其解"。他分析道：其一，"彼之筑碉原为自守，我兵自应决策前进，奋力攻取。乃转令攻碉之人效彼筑碉，是亦将为株守之计耶？"这是攻守互异。其二，"盖能克其碉而守之，犹属因势乘便之意。今因彼守险，我亦筑碉，微特劳费加倍。且我兵已深入贼境，地利、气候素不相习，而守碉势须留兵，多则馈运难继，少则单弱堪虑。……浮寄孤悬，客主之形既别，……师老财匮，长此安穷！"这是客主互位。其三，"将来金川扑灭之后，其地不过仍归之番。是今劳师动众，反为助番建碉之举，恐贻笑于国人，跃然于番部矣"。这是"命攻碉者为之建碉，是所谓借寇兵而资盗粮者"，于是要求讷亲"速罢之为宜"。同时，高宗认为，对讷亲提出的荒唐之策，老于戎行的张广泗岂能不知？而其随声附和，明显是在推诿，以证明讷亲之无能。讷亲与张广泗两人不能协和，这令高宗十分不安。他告诫讷亲，作为经略，统领全军，"众人之谋皆其谋，众人之力皆其力"，不要以为只有自己出的主意才是自己的功劳，只需"挈其大纲"，相机指示，而"宣猷效

---

① 《清高宗实录》卷三一五，乾隆十三年五月庚戌。
② 《清高宗实录》卷三一七，乾隆十三年六月己巳。
③ 〔清〕昭梿：《啸亭杂录》卷一《杀讷亲》，第14页，中华书局，2006。

二、两征金川

力,仍当责之张广泗等,使各尽其长";并谕令张广泗"当竭诚协力,经画机宜。不可因大学士在营,稍有推让之心,或存彼此之见"。但在此后一段时间内,包括张广泗在内的金川前线将领,始终"未发一谋,未出一策",皆袖手旁观。①

战事无进展,高宗听闻御史王显绪父子熟悉金川情形,便将王显绪之子王柔派至军营。王柔到营后,提出雇觅"汉奸"去擒杀酋首的主意,之后又称"不得其人";后又建议请终南山道士施展法术,"用五雷法击碉",实在是荒诞不经!② 高宗还提出用反间计擒杀莎罗奔,称"革布什咱等与彼世仇,或许以重赏,令其设计擒献"。③ 为攻破金川坚碉,"高宗读太宗实录,知其时攻城用云梯,命教其制,督八旗子弟习焉"。④ 于乾隆十三年(1748)七月,命令"于八旗前锋护军内,上三旗每旗派五十人,下五旗每旗派三十人,择其少壮勇健者,演习云梯,以备遣用"。⑤以此组成300人的特种部队,之后又扩建至千余人,"十四年,以旗兵习练云梯,随征金川有功。凯旋后,别建健锐营。云梯兵千名为一营,统以大臣,专练云梯、鸟枪、马步及鞭刀等艺,并随侍行围"⑥。其后,正式将所组建的云梯部队定名为"健锐云梯营"。经过训练的"健锐云梯营"虽然在第一次金川之役中未能有太多机会表现,但在第二次金川之役中发挥了特殊作用。为剿灭大金川,高宗可谓用心良苦!

杀讷亲、诛张广泗

乾隆十三年(1748)闰七月中旬,高宗接到讷亲、张广泗的联名奏折,称:"日毙数敌,不使稍休。目下(金川)日食不继,将来必益无以为生,可以坐待其毙。"但同时又请求再增兵3万,而对于何时可以竣事,两人则意见不一。张广泗认为"今冬明春,不难扫穴"。而讷亲则称并无可乘之机,因"贼巢食用果否匮乏,究难臆测",认为要等到增加的兵卒

---

① 《清史列传》卷二二,第1635页,中华书局,2005。
② 《清高宗实录》卷三二一,乾隆十三年闰七月辛未。
③ 《清高宗实录》卷三二一,乾隆十三年闰七月丁巳。
④ 《清史稿》卷三三三《列传一二〇·论曰》,第11000页,中华书局,2003年。
⑤ 〔清〕来保等:《平定金川方略》卷九,第148页,乾隆十三年七月己亥。
⑥ 《清史稿》卷一三九《志一一四·兵十》,第4124页。

到达后,迟至明年四月可以成功。同一天,讷亲又单独奏称:增兵即需增费,久驻终非长策,不如只留万余兵丁在彼防守骚扰,消耗其力,等到二三年后,再乘其困乏之时调兵进捣,自必一举成功。高宗接到上述奏报,慨叹道:"现在军营情形,几于智勇俱困!"斥责讷亲"身为经略,而持此两议",并说如能确保明年破敌,添兵费饷在所不惜,而如果认为终不能成功,不妨明说自己力不能及,早图归计,以全始终。同时,讷亲还指责张广泗:一是将4万余兵丁分为十路,"分路太多,势微力弱",以致各路"多顿兵不进";二是袒护征剿不力的贵州官兵,而将力战阵亡的任举等说成是"轻冒锋刃",将"忠于王事者转加以不美之名,而干犯军纪者偏欲为之脱卸",以致"好恶不公,人心不服"。很明显,讷亲企图把失利的责任全都推到张广泗、纪山等人的头上,还说自己身为经略,理应参奏,但如果这样做,自己"与督臣势难共事"。

至此,高宗已明白讷亲对金川事务已是无能为力,于是上谕军机大臣:"大学士心臂重臣,诸务资其赞襄,岂可久驻边徼!"并说要召讷亲还朝办事,但又没有立即下旨,他希望讷亲能鼓足余勇,打几个胜仗后再回京,保存其体面,也给自己的用人失误挽回些颜面。而对讷亲指责张广泗一节,高宗说"至为确当",但"金川事务,究当赖伊办理,今亦不必论矣"。①这为之后诛杀张广泗埋下伏笔。

而就在此时,岳钟琪向高宗连上两道奏折,指责张广泗,其大意可归结为两条:其一,不肯增兵给党坝一路,致该路进攻没有起色。党坝为勒乌围门户,立营盘25座,放卡105座,在在需兵。营兵虽称有万余,除守营、放卡、伤病及战毙外,分防粮台、塘站实止7000有余,其中土兵居多,汉兵不到1000人,且土兵懦弱,疲猾难用;再者,为夺取水泉,保障军营水源,营卡已插入敌境,因此,岳钟琪咨请督臣张广泗再增兵3000名,以继续进取。但张广泗称"分派已定,无兵可拨"。岳钟琪又称:张广泗一路进攻腊岭、卡撒受阻,即使自己统兵攻克刮耳崖,离莎罗奔所在勒乌围仍还有百余里,道路险阻,不易进取,提出不若将已撤几路兵丁重新调配,正地之兵归并腊岭,卡撒、甲索之兵归并党坝,对敌首尾夹攻。党坝至勒乌围只有五六十里,地势相对平坦,只需攻破康八达,便

---

① 《清高宗实录》卷三二一,乾隆十三年闰七月辛未。

二、两征金川

可直捣勒乌围。岳钟琪将此咨商督臣张广泗，但张广泗称"不便更易"。原进攻勒乌围的五路官兵，张广泗谕令撤去四路，只留党坝一路，由岳钟琪率领单独进攻，还将新近增添、原预备调往党坝一路的2000名兵丁亦调归卡撒。张广泗不仅不肯分兵给岳钟琪指挥的党坝一路，反将之前已调各路兵丁撤往卡撒，岳钟琪质问"不知督臣是何意见？"他指责张广泗，明知使用土兵难收失效，但其"缄默不言"，实不能解。其二，重用小金川土舍良尔吉及"汉奸"王秋。大金川土司莎罗奔将其侄女阿扣嫁给小金川土司泽旺，良尔吉私通阿扣，勾结色勒奔细袭夺小金川，将小金川土司印信交良尔吉掌管，土民不服。色勒奔细进攻沃日时，官兵应援，而良尔吉率小金川土兵烧毁沃日各寨，并率土兵与官兵交战，至官兵击退大金川土兵后，良尔吉才投降清军。张广泗到达小金川，虽将印信交泽旺掌管，但并未将良尔吉、阿扣并助恶头人及"汉奸"王秋即行正法，反令良尔吉领兵，兵士俱怀疑，且恐良尔吉暗通大金川，更生他变。最后，岳钟琪提出两点建议：一是军营中共有14000余名土兵，多属无用，建议裁掉10000名，从湖广重新调拨官兵；二是将进攻重点从刮耳崖转到勒乌围，认为只要"勒乌围一破，四路自溃"。高宗批示："伊所指陈诸事尚属近理"，与讷亲之言相合，但为了不引起不必要的麻烦，要岳钟琪暂时不宜声张，谕令讷亲迅速查实。① 这同样又为之后诛杀张广泗埋下了伏笔。

直到此时，高宗还无意处理讷亲、张广泗。因此时正当秋令，金川气候正适合于清军进攻，高宗仍寄希望于他们能够在战场上有所表现，获得胜利。但此后从金川前线传来的战报并不能令高宗满意。闰七月间，岳钟琪所指挥的党坝一路，进攻康八达取得一些进展，攻占了几个耳碉、平房，杀敌百余人，焚碉歼敌，抢收或毁坏一些金川地面的庄稼，但最终仍未能攻下康八达。张广泗所统率的卡撒一路，在进攻色尔力一线右山梁双碉时受阻，改攻喇底二道山梁，分左右两路，左低右高，左路已攻至沟底，但右路至沟口而止，左右不能相互照应，"忽闻贼番数十人应援，我兵三千余众拥挤奔回，多有损伤"。几十个金川土兵将3000余名清军打得落荒而逃，高宗惊叹"此事实出情理之外！"更令高宗气愤的是，张广泗闻报，亲率兵丁应援，将敌兵及双碉团团围住，准备一举歼灭，"讵在旁

---

① 《清高宗实录》卷三二二，乾隆十三年八月庚寅。

官兵所安堆卡不严，贼于三十日夜潜遁"。① 这充分暴露出清军统帅指挥调度无方，将弁畏缩不前，士兵畏敌如虎，纪律涣散，战斗力差，遇敌即溃。

八月间，据讷亲、张广泗奏报："于初九日攻克普瞻左膀新碉水卡、双树石卡及尾碉，杀贼数十，生擒九名。用大炮、火球轰焚单碉，贼弃碉奔窜。其双碉内贼众及碉下石卡之贼亦皆潜遁。左梁已经扫清，正拟合围色底并卡撒双碉，贼已畏惧潜逃，随拨官兵驻守，大获全胜。"高宗对卡撒一路攻剿进展给予肯定，甚至从中还看到了一丝成功的希望，称："左膀山梁已全行攻克，即进剿渐有制胜之机。若乘此穷幽凿险，所向克捷，正可望其一举成功。"但其后讷亲奏报："近日金川军情，既不能分路并进，又不能长驱深入，不过为得寸守寸、得尺则尺之计，皆由兵力单弱。"即每攻克一碉一卡，均需添兵驻守，导致兵不敷用，请求添兵。高宗怒斥讷亲，称"既得碉楼，自应毁弃"。如按照讷亲的做法，得一碉即守一碉，而金川碉楼林立，则千万之兵也不足守，且官兵一退，所得之碉又复被敌占去，这是在帮金川敌人守碉！对于讷亲的增兵之请，高宗很不耐烦，怒称："岂有弹丸之地，四万之众尚不敷调遣之理！将增几何而后可耶？"他对讷亲、张广泗彻底失去了耐心和信心，称："即添兵至数万，而统帅不能指示方略以鼓励戎行，虽多何宜？"② 于是，降旨要讷亲、张广泗驰驿回京。

乾隆十三年（1748）九月，乾隆发表长篇上谕，分析用兵金川的原因和情形，历数张广泗、讷亲负恩误国的种种失误和罪行，并自责"朕也不能辞过，朕亦实为抱惭！"谕令军机大臣向讷亲和张广泗面降此旨，著其明白回奏。很明显，高宗这时已下决心要处理讷亲、张广泗。其后，高宗再发出上谕，历数张广泗、讷亲的罪行，并提出初步的处理意见："张广泗自受任金川以来，措置乖方，赏罚不当，喜怒任性，诿过偏裨，致人人解体；又复观望推诿，老师坐困，糜饷不赀。且信用贼党良尔吉、王秋，泄露机密，曲法庇护，玩兵养寇，贻误军机，法所不囿。著革职，拿交刑部治罪，令侍卫富成押解来京。讷亲为大学士，付以经略重任，前驻军营，漫无胜算，且身图安逸，并不亲临督阵，鼓励众心，转以建碉株守为

---

① 《清高宗实录》卷三二三，乾隆十三年八月庚子。
② 《清高宗实录》卷三二三、卷三二四，乾隆十三年八月丁未、九月己未。

二、两征金川

长策;及传谕欲召取回京,伊并不计军情紧要,非克捷无以报命,而以面奏情形为词,亟思回京自逸。朕以国体攸关,宽其以待,伊复无敌忾之志,惟是迁延时日,以俟归期。至陈奏之事,矛盾舛错,不可枚举。……论其负恩之罪,理应拿交刑部问罪,但观其退缩偷安之意,即就狱亦非所深耻。然在朕,十余年加恩眷旧,始终不忍令其拘系囹圄。讷亲著革职,赴北路军营,自备鞍马,效力赎罪。"①

此时,高宗已流露出杀张广泗之意,但并无杀讷亲之心。然而,讷亲遵旨回奏,将责任全部推到张广泗的头上,把自己置身事外。高宗对讷亲的回奏甚为不满,命兵部尚书舒赫德驰驿逮讷亲赴军营,会同新任金川经略大学士傅恒、尚书达勒党阿严审,定拟具奏。之后,侍卫富成又向高宗报告,称讷亲向其说:"番蛮之事如此难办,后来切不可轻举妄动。这句话,我如何敢上纸笔入奏!"高宗认为讷亲"辄思以不愿用兵之言,博天下读书迂愚无识者之称誉,而以穷兵黩武之名归之于朕。其心怀狡诈,实出意想之外,其心已不可问";再者,讷亲在回京途中遇见云梯兵经过,还说"这都是我罪。若我今年办得好,何致圣心烦躁,又令这些满洲出来受此苦累"。高宗认为讷亲之言"摇惑军心,俾众人闻之,不知贼境如何险阻,如何难办"。②事已至此,高宗对处理讷亲的态度已发生转变,讷亲必死无疑了!之后,高宗再次发出上谕,重申张广泗、讷亲之罪,并表明将二人一道明正其罪的态度:"金川用兵以来,张广泗贻误于前,讷亲贻误于后。两人之罪状虽一,而其处心积虑各有不同。至于自逞其私,罔恤国事,则实皆小人之尤矣。今日接到富成所奏,讷亲明白回奏一折,其乖张舛谬之处,经朕所指出,悉无可置辩,惟思求见朕面。不知伊尚有何颜见朕?且求赴军营效力,伊曾为大学士,将欲效士卒奔走,犹得觊骁骑校耶?其顽钝无耻实甚。观此,则张广泗乃刚愎之小人,讷亲乃阴柔之小人,自当偾事一至于此矣!讷亲身膺重寄,退缩无能,早为张广泗所窥。任举败后,遂至一筹莫展,且恐固原兵丁生事,曲加重赏,转嘱张广泗弹压,而于张广泗之挟诈误公,又不据实陈奏,意欲留以为卸过之地。伊两人互相推诿,其过恶之刚柔异,而其心则皆不可问也。夫讷亲、张广泗,在大臣中皆练达政事之员,使不遇此等重务,均可拥高爵而历亨衔,优游

---

① 《清高宗实录》卷三二五,乾隆十三年九月庚戌。
② 《清高宗实录》卷三二九,乾隆十三年十一月丁丑。

终老，何至败露若此？可见人臣居心，惟当一秉至诚，使能公忠体国，自邀休佑。如其怀私自为，虽以讷亲之小心谨密，张广泗之熟娴军旅，而方寸一坏，天夺其魄，虽欲倖免而不能，岂不大可畏哉！讷亲、张广泗固不幸而遇此事，而朕因此而益见知人之难，则金川之事，未尝非上天昭示之深仁也。朕临御十三年，思与大小臣工共臻惇大之治，而水懦易玩，亦朕所深戒。岂肯曲法纵容，为姑息之主耶？伊等当此军国重务，而深负朕恩，实非意料所及。今特明正其罪，以彰国宪，乃朕赏罚无私，大公至正之道。"① 乾隆十三年十二月初七日，高宗亲至瀛台提审张广泗，5 天后，将其斩杀。原定将讷亲于军前营门正法，后于乾隆十四年正月二十九日，在班斓山，以伊祖遏必隆之刀将其斩杀，销去其所得特加之一等公，又因其无子嗣，仍以伊先世军功之二等公，令其兄策楞承袭。戴逸先生认为，高宗"杀庆复、张广泗、讷亲，制造了清朝历史上诛杀大臣的突出事件"。②

傅恒、岳钟琪纳降班师

乾隆十三年（1748）九月，傅恒自行请命至金川军营督师，高宗于是决定以傅恒取代讷亲经略金川。九月二十八日，上谕内阁："朕自御极以来，第一受恩者无过讷亲，其次莫如傅恒。今讷亲既旷日持久，有忝重寄，朕实为抱惭。则所为奋身致力者，将惟傅恒是属"，要求将"经略印信交额宝驰驿赍赴金川军营，候协办大学士暂管川陕总督傅恒到日接受，即授为经略，统领一切军务"。③ 十月，晋傅恒为保和殿大学士兼户部尚书。此时的傅恒还不到 27 岁，但已贵为朝中重臣。

傅恒，富察氏，满洲镶黄旗人，察哈尔总管李荣保第十子，高宗的郎舅，其姊为孝贤皇后。傅恒出任经略之前，自乾隆五年（1740）至乾隆十三年，曾任蓝翎侍卫、头等侍卫、总管内务府大臣、管理圆明园事务、户部右侍郎、军机处行走、户部左侍郎、内大臣、会典馆副总裁、议政处行走兼銮仪卫事、户部尚书、会典馆正总裁、领侍卫内大臣，加太子太保、

---

① 《清史列传》卷二二，第 1647 页，中华书局，2005。
② 戴逸、华立：《一场得不偿失的战争——论乾隆朝金川之役》，《历史研究》1993 年第 3 期。
③ 《清高宗实录》卷三二五，乾隆十三年九月庚戌。

二、两征金川

协办大学士、经筵讲官等职,早已是朝中"年轻的老臣",深得高宗宠信。

高宗在任命傅恒经略金川的同时,增兵、拨饷、运粮、添炮:首次从京师、东北调派包括云梯兵在内的八旗满兵 5000 人赴金川前线,从西安、成都驻防旗兵内分别调取 2000 名和 1000 名,陕、甘、湘、鄂、云、贵调取汉、土兵 2.7 万名,其中云南广南府土官精壮沙兵 2000 名(内带板蚌习水性者 300 名)、临安府纳楼司土官精壮"黑猓猡"1000 名、元江府土官精壮"黑猓猡"1000 名,贵州长寨、定番带狼毒药箭土兵 500 名,"皆勇悍惯战,为金川所畏";加上金川前线裁减后所留战兵 2.5 万名,合计 6 万余名。除从京师运去威力更大的威远炮、得胜炮、糌粑拉鸟枪等外,岳钟琪还在金川前线制造出"火器喷筒",据说很有实效,同时还造出"制度坚稳"的战船;① 为确保兵行、粮运、文报顺畅,于南北多省沿途安台设站,并于户部及山西、广西拨饷银 200 万两;又从广储司拨银 10 万两送至军前,还让傅恒携带花翎 20 支、蓝翎 50 支,布告军营:"著将汉土军士分别赏赉,以示投醪实惠,鼓励士心。"乾隆十三年(1748)十一月初三日,经略大学士傅恒出师,高宗亲诣堂子行祭告礼,祭吉尔丹纛、八旗护军纛于堂子大门外,张黄幔于东长安门外,亲赐傅恒酒,命于御道前上马,并制诗曰:"大清声教及遐陬,岂有来王稽蜀酋?黩武开边非我志,安良禁暴藉卿谋。行军吉值初阳复,赐食恩同湛露流。转瞬明年擒莎虏,还教凯宴侑封侯。"又命众皇子及大学士来保等送傅恒至良乡,视饭罢乃还。之后,又命将致祭过的八旗护军纛送至金川军前。② 高宗对傅恒"湛恩优渥,迥越常伦"。③ 所要表达的是对傅恒的器重,以及一举荡平金川的决心。傅恒受此荣宠,感激之外,更表达了不灭金川誓不还的决心:"此番必须成功,若不能殄灭丑类,臣实无颜以见众人。"④ 傅恒日夜兼程,冲风冒雪,途中马匹迟误,为不耽延到达金川的时间,减骑轻从,步行而过,于十二月二十一日赶到卡撒军营。

到达军营后,傅恒了解到张广泗等所以失败的一个重要原因,是重用

---

① 《清高宗实录》卷三二九,乾隆十三年十一月丁丑。
② 《清高宗实录》卷三二八,乾隆十三年十一月癸丑;《清史列传》卷二十,第 1485—1486 页,中华书局,2005;《平定金川方略》卷十五,第 245 页。
③ 〔清〕来保等:《平定金川方略》卷十五,第 246 页。
④ 〔清〕来保等:《平定金川方略》卷二十,第 312 页。

小金川土司泽旺之弟土舍良尔吉,因此,还未到达军营前,即派副将马良柱以迎接经略为名,将小金川土舍良尔吉诱至邦噶山,将其擒杀,并将阿扣和"汉奸"王秋斩杀,以良尔吉之弟小郎素统领小金川土兵。

傅恒踌躇满志来到金川,在亲历金川的高山峡谷后,开始感受到金川战事的艰难,感叹:"臣随侍车驾,所历诸山,从未见有此险峻者。"① 并逐步体察到运粮、攻碉作战之不易。清军攻碉,各种办法效果都不明显,无奈之下,只得用士兵扑碉,或以人力攻上碉顶,牺牲很大。例如,"从前进攻阿利山左首一碉,贼知我兵习于上碉,预于碉顶挖穿小孔,俟我兵跃上,贼于孔内施枪,各兵鞋袜底皆穿,不能站足。所带火炮,不及挖投,上碉四十人悉被伤损"。② 因此,傅恒到军营后提出:"扑碉终非善策,应另为筹办。"高宗询问傅恒:"贼番据险负隅,凡属要害,俱有坚碉。扑碉而外,更有何策?"③ 傅恒还了解到金川军营存在种种弊端:"军营习气,惟事张大其词,攻一碉伤数十百人,则云查明再报;伤贼一二人,则云数十、数百,皆拖尸而去,无首级可考。一碉不过内地一户,得一户而伤数十、数百,借此报功,欺罔已极!贼碉守者七八人,敌我兵数百。攻以大炮数百,仅缺墙壁,随破随整。"④ 瞒报、谎报、军纪差、士气低落,在金川军营中普遍存在。例如:八月二十四日,金川兵二三十人,假扮成革布什杂土兵,混入马奈一路杂谷营卡,趁官兵熟睡,疏于防守,杀伤官兵,抢去炮位。兵士奔逃,守备王良弼受伤,致所得营卡尽失。再如,张广泗在被拘禁后供称:"作固山顶,旧有大金川逆酋碉房一座,我兵攻夺,贮放火药,派官兵分日轮管。乾隆十三年(1748)四月二十九日,值日兵贻误失火,延烧火药,轰倒碉楼,压死官兵十六员名。叠溪营游击阿尔占以雷击碉倒情形通报,经臣饬究得实。所有叠溪疏防之员,叠溪游击阿尔占前派催士兵离营,其统辖事务,俱交靖远营游击吕大智接管。"⑤ 此事便不了了之。因此,傅恒及至军营,立即着手筹划粮运,整顿军纪,提升士气。然而,此时高宗对征剿金川的战略思想已开始发生

---

① 《清高宗实录》卷三三三,乾隆十四年正月丙寅。
② 《清高宗实录》卷三二八,乾隆十三年十一月戊午。
③ 《清高宗实录》卷三三二,乾隆十三年十二月己酉。
④ 《清高宗实录》卷三三二,乾隆十四年正月癸丑。
⑤ 《清高宗实录》卷三二八,乾隆十三年十一月己未。

二、两征金川

改变。

还在傅恒奔赴金川前线的途中,乾隆十三年十一月初,高宗便上谕军机大臣:"至攻剿事宜,如能生擒莎罗奔及郎卡献俘,固属大快。即或逆酋自知不免,先伏冥诛,或窜伏他部,而我兵能捣其巢穴,夺踞勒乌围、刮耳崖,或擒获伊用事头人,即当奏凯献俘。……经略大学士应即回京,襄赞政务,不必定待莎罗奔之就擒也。"① 这与之前谕令张广泗、讷亲必"扫庭歼渠"的目标已有所不同,高宗降低了傅恒督师征剿的目标,为傅恒此次征剿留了余地。紧接着,高宗又发出上谕:"朕意,此时且应亟力进剿,倘至明年三四月间尚不能刻期奏绩,不若明下诏旨,息事宁人,专意修养,亦未始非两阶千羽之遗意。"② 高宗定下此次攻剿的期限,无论攻剿情况如何,到四月必须撤兵。定下于四月撤兵的期限,是因为高宗从办理转饷、粮运的户部尚书班第、刑部侍郎兆惠、四川布政使高越等人的奏报了解到,金川前线积储的兵粮不足以支撑十余万兵弁、夫役食用,而金川道路崎岖,"蜀中辇运军需,全资民力,输流更替,即村曲乡民亦多征拨不已。近添新旅,雇募尤众。一出桃关,山路歧险,雪深结冰,艰苦视内地倍甚"。③ 且金川地方冬寒雪大,转运困难,军粮从成都运至军前,几百里山路的脚价竟与从前出征西北时长运几千里的脚价相等。金川用兵已近两年,花费已近千万,若到明年四月奏凯,还要花近千万,"经费实亦难乎为继矣!……若不改弦更张,则人事尚为为尽。……且入夏雨多,进取非便。而京兵不耐水土,又岂能暴露蛮荒,驻待秋晴攻剿?"④

乾隆十三年(1748)十二月,高宗接到四川布政使高越奏称:预计从乾隆十三年十二月至十四年五月,金川前线需粮250万石,银870余万两。因此,于当日便发出上谕,重申金川战争,以明年四月望前为期,并首次提出可以接受莎罗奔等的投降,因为:"倘过此以往,则署雨时行,馈饷艰难。此际几用至千万,岂可更滋繁费耶?目今若能直捣勒乌围,擒其渠首,固为快惬;或鼓勇催锋,屡有克捷,贼酋穷迫乞命,因而开三面

---

① 《清高宗实录》卷三二八,乾隆十三年十一月壬戌。
② 《清高宗实录》卷三二九,乾隆十三年十一月戊寅。
③ 《清高宗实录》卷三三一,乾隆十三年十二月戊申。
④ 《清高宗实录》卷三二九,乾隆十三年十一月戊寅。

之网,俯准纳降,亦可绥靖边徼。"① 金川用兵,已耗银千万余两,各省协拨钱粮已动及留备。此时户部所存只剩有2700万两。国家运转需要经费,高宗不愿将此经费再投到金川战争这个无底洞,因为"设令内地偶有急需,计将安出?"不得已,作为权宜之计,清政府已开捐纳银。而此时,高宗又接到高越以成都米价昂贵,奏请将常平仓谷碾米平粜报告;班第则奏报,在泸州道衙署前,出现"有印信朱标告示一张,皆大逆不道之言"。高宗认为:"军务固为重要,而内地尤切抚绥",担心此时成都这样的内地地方,如民众被煽动,深为可虞,一旦出事,影响更大,于是再次重申:"四月初旬之论,所为谆谆也。"②

对高宗的谕旨,年轻气盛、一心想在金川建功立名的经略傅恒难以接受,奏称:"金川军事误于起初之时。蛮酋本在化外,止可略惕以威,不必深入其险,一误再误,以迄于今。若复轻率蒇事,则贼焰愈张,众土司皆罹其毒,边圉将无宁日。使贼境果非人力可及,臣亦何敢强必成功?但审度形势,贼碉非尽当道,其巢尤皆老弱,但舍碉而直捣中坚,贼亦必出碉而内顾分扼。我兵且战且前,一面乘间夺碉,一面携两旬干粮,由昔岭直抵噶尔崖,实有破竹建瓴之势。今功在垂成,弃之可惜!且臣受命调兵大举,若不扫穴擒渠,亦复何颜返内地?"而对于高宗定下的用兵期限,傅恒则称:"将来若下班师之诏,请先降旨询问,容臣覆奏到日,然后撤兵。"傅恒的意思非常明白,就是要高宗宽以期限,因为如到四月下旨询问,再下班师之诏,文移往返,又需一月以上,正式撤兵可以拖到五六月间,这样可以赢得更多攻剿的时间。为使傅恒打消此念头,高宗连下谕旨,动之以情,晓之以理,苦口婆心,但语气坚定。他指出傅恒仍存功名之见,并借皇太后的名义告诫他:"经略大学士此行,原为国家效力,非为一己成名。如为成名起见,岂有国家费如许帑项,用如许生命,专供一己成名之理?"要傅恒将其"'无颜以对众人'之见涣然冰释"。高宗当然希望傅恒能在所定期限内奏凯,但又担心战事拖延,无休无止,提醒傅恒"垂成之功不可弃,难成之功不可图",要傅恒自己衡量轻重,悉心体会,并告知其如能因势纳降,也不失为识时务之俊杰。高宗还自责称:"看来去年此番办理,竟是错误,朕今实悔之。只因办理至此,势难终止,不得

---

① 《清高宗实录》卷三三一,乾隆十三年十二月丁酉。
② 《清高宗实录》卷三三二,乾隆十四年正月丙辰。

二、两征金川

不趁此兵力,以侥幸万一成功,然亦所谓文过饰非之举耳。"① 为安抚傅恒,高宗制诗一首相赠:"安边底绩本丹忠,请命番酋势已穷。上将有心期利执,大君无物不包蒙。那须一日闻三捷,早觉千忻达两宫。晋国勤劳予厪念,速归黄阁赞元功。"② 但还没到之前设定的期限,即乾隆十四年(1749)正月初,高宗则以毋庸置疑的口吻谕令傅恒:"番境险阻,向所未习。如果能三月内大功克成,自属美事。如其不然,朕前谕以四月初旬为期,连获胜阵,纳降班师,乃至当不易之理!朕再四熟筹,实属万全良策,经略大学士必当遵循,从长审处,顾惜内地民力,不可固执成见,图难成之功,耗有限之帑也。"③ 对于乾隆设定的四月间竣事的期限,傅恒以长篇回奏,除表达获胜的信心外,还对之前金川战事发表了自己的看法,并提出自己的战略战术构想:

> 金川之事,臣到军以来始知本末。当纪山进讨之始,惟马良柱转战直前,逾沃日,收小金川,直抵丹噶,其锋甚锐。其时张广泗若速济师策应,乘贼守备未周,殄灭尚易。乃坐失机会,宋宗璋逗留于杂谷,许应虎失机于的郊,致贼得尽据险要,增碉备御,七路、十路之兵无一路得进。乃讷亲至军,未察情形,惟严切催战。任举败没,锐挫气索,晏起偷安。将士不得一见,不听人言,不恤士卒,军无斗志,一以军务委张广泗。广泗又听奸人所愚,惟恃以卡逼卡、以碉逼碉之法。无如贼碉层立,得不偿失,先后杀伤数千人,尚匿不实奏。臣查攻碉,最为下策,枪炮惟及坚壁,于贼无伤。而贼不过数人,从暗击明,枪不虚发。是我惟攻石,而贼实攻人。且于碉外开壕,兵不能越,而贼得伏其中,自下击上。又战碉锐立,高于中土之塔,建造甚巧,数日可成,随缺随补,顷刻立就。且人心坚固,致死不移。碉尽碎而不去,炮方过而人起,客主劳佚,形势迥殊,攻一碉难于克一城。即臣所驻卡撒,左右山顶即有三百余碉,计半月旬日得一碉,非数年不能尽。且得一碉,辄伤数十百人,较唐人之攻石锋堡,尤为得不偿失。如此旷日持久、劳师糜饷之策,而讷亲、张广泗尚以为得

---

① 《清高宗实录》卷三三一、卷三三二,乾隆十三年十二月戊申、十二月己酉。
② 《清史列传》卷二十,第1487页,中华书局,2005。
③ 《清高宗实录》卷三三二,乾隆十四年正月癸丑。

计,臣不解其何心也。兵法:"攻坚则暇者坚,攻暇则坚者暇。"惟有使贼失其所恃,而我兵即得战其所长。

臣拟俟大兵齐集,同时大举,分地奋攻,而别选锐师,旁探间道,裹粮直入,逾碉勿攻,绕出其后,即以围碉之兵作为护饷之兵。番众无多,外备既密,内守必虚。我兵即从捷径捣入,则守碉之番众各怀内顾,人无固志,均可不攻自溃。卡撒为进噶尔崖正道,岭高沟窄,臣既身为经略,当亲任其难。至党坝一路,岳钟琪虽称山坡较宽,可以水陆并进,兼有卡里等隘,可以间道长驱。但臣按图咨访,隘险亦几同卡撒,且泸河两岸贼已阻截,舟难径达,惟可酌益新兵两路并进,以分贼势,使其面面受敌,不能兼顾。虽有坚壁高垒,汉奸不能为之谋,逆酋无所恃其险矣。至于奋勇,故仗满兵,而乡导必用土兵。土兵中,小金川尤骁勇。今良尔吉之奸谍已诛,泽旺与贼仇甚切,驱策用之,自可得力。至沃日、瓦寺,兵强而少;杂稜、绰斯甲等,兵众而懦;明正、木坪,忠顺有余,强干不足;革布什杂兵锐,可当一路。是各土司环攻分地之说,虽不可恃,而未尝不可资其兵力。前此讷亲、张广泗,每得一碉,即拨兵防守,致兵力日分,即使毁除,而贼又于其地立卡藏身,以伤我卒。是守碉、毁碉,均为无益。

近日贼闻臣至,每日各处增碉,犹以为官兵狃于旧习,彼得恃其所长。不知臣决计深入,不与争碉,惟俟大兵齐集,四面布置,出其不意,直捣巢穴,取其渠魁。定于四月间,必有捷报。"①

然而,在进兵路径的选择上,是听从岳钟琪的建议,从党坝进取勒乌围,还是遵照傅恒所坚持的从腊岭进攻刮耳崖,高宗与傅恒意见不一致,这也成为其决定提前撤兵,谕令傅恒立刻还朝,致使傅恒未能在金川一展才华的一个最重要原因。

此前张广泗督兵进攻金川,所谓分为十路,实则为两路:卡撒一路,以张广泗、讷亲率领进攻腊岭,最终以失败告终;而党坝一路,在岳钟琪的统领下,虽然由于兵力有限,未能取得重大突破,但进攻颇有成效,打

---

① 〔清〕魏源:《圣武记》卷七《乾隆初征金川土司记上》,第299-301页。

二、两征金川

了几个胜仗。岳钟琪还曾奏请高宗:如果由其专责办理金川事务,只需用兵3.5万名,以直捣腹心之计,由党坝一路进攻,一年内可攻破勒乌围。对岳钟琪的奏请,高宗没有立即表态,而是将其交军机大臣讨论,但对岳钟琪的能力则加以肯定,称:"申达等处官兵颇有斩获,非卡撒诸路退却不前者可比,足见岳钟琪实心任事。"① 身在卡撒军营前线的署川陕总督傅尔丹、署四川巡抚班第也奏称:卡撒一路"士气积馁,进辄遭衂,仅堪驻守,党坝兵气较甚"。② 他们基本同意岳钟琪由党坝直捣腹心的意见,但认为最好还是由党坝、卡撒两路同时并进,以成掎角之势更好。但这时还在赶赴金川前线途中的傅恒却称岳钟琪的主张"犹属偏见"。恰在此时,岳钟琪又奏报:于十一月十八日,派兵1200名,采取围点打援的战术,进攻木耳金岗,诱使塔高山梁的金川兵应援,乘机攻夺处在康八达和木耳金岗之间的塔高山梁。塔高山梁地处进攻勒乌围道路之总汇,只是因临近黄昏,降雪约有二寸,未能乘势攻下,须等天气开霁再行进攻,但斩获颇丰,毙敌100余人。高宗朱批:"欣悦览之。汝调度有方,实可嘉悦。总俟克成大勋,从优议叙。"岳钟琪还奏称:据报大金川土渠郎卡病重,莎罗奔、郎卡均在勒乌围,派人乞降,称已派人去验看。鉴于此,高宗发出明确指示:"经略大学士应由党坝进攻,将卡撒交傅尔丹等相机进剿。"这实际上等于同意岳钟琪提出的进攻主张。对高宗的指示,作为经略的傅恒心里实不痛快,回奏称等自己到达卡撒军营查勘后,如果卡撒地势不便进攻,将转道党坝,"并飞速行文,令大兵不必复往卡撒,即于中途分道直趋党坝,军粮即行运往"。但最后又说:"此时未便悬拟,俟臣到营商度。"高宗以为傅恒已经同意由党坝一路进攻,非常高兴,上谕军机大臣等:"览经略大学士傅恒所奏筹酌军营进取诸务,事事周详妥协,洞中款要,深为嘉悦。将来径趋党坝,直捣勒乌围,而于卡撒一路,大张声势,严密防御,贼酋已在网中,自可收犁庭扫穴之效。"并踌躇满志地向大臣们说:"昨览岳钟琪所奏党坝情形,深用嘉悦!党坝乃攻取勒乌围正路,而莎罗奔、郎卡现聚勒乌围,岂非上苍孚佑,拘此二酋,待经略大学士之至,成此大功耶!要之,此事总不可过四月望前,必应成局,更无疑虑。"但战事的发展很快就使高宗感到失望。据岳钟琪奏报:十一月二十一日,

---

① 《清高宗实录》卷三二七,乾隆十三年十月己亥。
② 《清高宗实录》卷三二九,乾隆十三年十一月甲戌。

天气稍晴,派兵分五路再次进攻塔高山梁,仗打得十分艰苦,兵丁奋力攻下了一些碉卡,但"番众于城上泼水,水冻不能摇动,火不能焚。自三更至黎明,连攻八次,未能夺碉。路险不能久驻,只得撤回"。① 此时的金川天寒地冻,滴水成冰。金川土兵因地制宜的一个小小战术,即使清军进攻塔高山梁无功而返。

更令高宗不安的是,傅恒奏称:"卡撒一路尤属险要,请亲身督军。若与岳钟琪共驻党坝,恐未免转滋顾忌,非其所愿。不若将此一路添调重兵,专委岳钟琪办理。"傅恒此举是要高宗在他与岳钟之间二选其一,非此即彼。高宗认为傅恒"所见未免太过",自己已经过再三裁酌,因"地有平险,势有难易。与其致力于卡撒,邀不可必之功,徒挫士气,究难进取。不若由党坝一路,避奇险之坚碉,乘可用之兵力,尚可速获胜阵,歼丑执馘,以为纳降奏凯之地"。指出傅恒力主直取刮耳崖之策"究属险着",不能舍易就难,更"断无因避岳钟琪争功之嫌,甘心冒险前赴之理!"并质问其"如谓党坝为与岳钟琪争功,则由卡撒独非与傅尔丹争功耶?"② 要傅恒与岳钟琪之间开诚布公、协力共济。可能担心傅恒年轻气盛、意气用事、鲁莽蛮干,高宗于乾隆十四年(1749)正月甲子发出谕旨,决意撤兵,称:"朕思用兵一事,总系从前不知其难,错误办理。今已洞悉实在形势,定计撤兵",谕令傅恒"著即驰驿还朝"。并告知其"朕前谕所云'睡成之功不可弃,难成之功不可图'二语,乃系未悉情形,尚欲得一二胜阵,固有是言。今则惟有'难成之功不可图'一语矣"。③ 为使傅恒彻底打消得胜还朝的想法,高宗谕称:"经略大学士一到军营,即将起衅之奸细良尔吉、阿扣等明正典刑,又亲身督战,屡克贼碉,整顿绿旗积习,并将情形据实入告,即此已可为宣力效忠之成绩,正不必以未殄灭逆酋为歉也。"又称:"贼据地利,万无可望成功之理!朕思之甚熟,看之甚透。上年办理实属错误,及早收局,信泰来之机,朕改过不吝。"警告傅恒"遵谕而行,则诸事妥协。所为顺天者昌,吉祥善事,无踰于此!"甚至要求傅恒提前于二月初即星驰就道,如莎罗奔等纳降,

---

① 《清高宗实录》卷三三〇,乾隆十三年十二月辛卯、十二月乙未。
② 《清高宗实录》卷三三二、卷三三三,乾隆十三年十二月己酉、十四年正月戊午。
③ 《清高宗实录》卷三三二、卷三三三,乾隆十四年正月甲子、正月壬申。

二、两征金川

交策楞、班第等办理,不必坐等。①

大金川土司莎罗奔、郎卡一方,虽凭气候、地势之优,借坚碉、重卡之势,以及众志成城的决心,暂时抵挡住了清军的进攻,保住了勒乌围和刮耳崖。但毕竟金川地方狭小、水土恶劣、出产无多、人口有限,经过两年的战争,消耗严重,据称此时能够战斗的兵员已不足3000人,粮食也将耗尽,很难再长期支撑下去,因此不断喊降。傅恒则一直以莎罗奔、郎卡必须亲缚赴辕为条件,拒绝纳降。乾隆十四年(1749)正月十二日、十五日两日,莎罗奔两次派人到傅恒军营具禀,并放回俘虏的3名绿营兵,表达投降的诚意。傅恒坚持要莎罗奔、郎卡必须亲缚赴辕,方许投诚,并奏报称,可"乘其投诚,仍抵贼窟,将二酋带入内地,还朝献俘"。高宗谕:"抚番之道,惟当开示恩信,使之弭耳贴首,革面革心。"虽然傅恒"受钺专征,志期执馘",但既已允其纳降,便不能这样做,这会有损朝廷在群番中的威信。②

傅恒拒不接受莎罗奔的投降,莎罗奔便转求绰斯甲土司从中斡旋,于乾隆十四年(1749)正月二十日向岳钟琪军营投降,呈现甘结,并遵依六事:一、永不敢侵犯诸番;二、供役比各土司黾勉;三、尽返还所夺邻番地;四、将向来误犯天兵凶手擒献;五、送还从前侵掠人民、马匹;六、照数献出枪炮、军器。岳钟琪立即将此情形禀报傅恒,征得其同意后,"带兵四五十人进抵贼巢,(莎罗奔)迎谒甚恭。是夜,即宿勒乌围。明日至经堂,令绰酋擢结,同莎罗奔依番礼誓于佛前。随赴卡撒,告知经略。复至巴郎,带领该土司、土舍膝行叩降"。③ 高宗在岳钟琪奏报带人赴大金川接受莎罗奔投降的奏折上批道:"此事固经略大学士之忠诚。至于能承大学士之指示,开诚见贼,致彼不疑而来,亦卿之功也。甚慰!甚嘉许之!"④ 对岳钟琪只身赴勒乌围,夜宿敌巢情形,袁枚在《小仓山房文集》之《威信公岳大将军传》中的描述更为生动:"乃袍而骑,从者十三人,传呼直入。群苗千余,皆麋布裲裆,衷甲持弓矢迎。公目酋长,故缓其辔,笑曰'汝等犹识我否耶?'惊曰'果然岳公也。'皆伏地罗拜,

---

① 《清高宗实录》卷三三三,乾隆十四年正月乙丑、正月丙寅。
② 《清高宗实录》卷三三三,乾隆十四年正月丙子。
③ 《清高宗实录》卷三三四,乾隆十四年二月甲午。
④ 《清高宗实录》卷三三四,乾隆十四年二月甲午。

争为前马，导入帐，手茶汤进公。公饮尽，即宣布天子威德，贷以不死之意。群苗欢呼，顶佛经立誓，椎牛行炙，留公宿帐中"。① 二月五日，莎罗奔、郎卡设坛除道，带领喇嘛、头目多人，焚香顶戴，作乐跪迎。傅恒"轻骑减从，示以不疑"，并义正词严地"示以德威，宥之不死"。莎罗奔呈献古佛一尊、银万两，并发誓永不敢再有违犯。傅恒"受佛却银，颁赉恩赏，手授荷包"，莎罗奔膝行领受。② 纳降成功！傅恒于次日即启程返京，善后事宜交由岳钟琪、傅尔丹等办理。高宗谕令将此"宣示中外知之"，并于乾隆十四年二月甲午，御制《平定金川告成太学碑文》，勒石太学。三月，傅恒凯旋回京，高宗命皇长子率诸王大臣郊劳，并御殿受贺，行饮至礼，制诗赐傅恒；又先后晋傅恒太子太保，赐其四团龙补服、红宝石帽顶、豹尾枪二杆、亲军二名，并为其曾祖、祖、父敕建宗祠，春秋官为致祭。又以岳钟琪"历练戎行，信孚蛮部，深入贼巢，胆勇雄决，奋往任事，克副委任"，特命授兵部尚书衔，封三等公。同年十月，岳钟琪进京陛见，高宗命其在紫禁城内骑马，免其西征时应赔银70万两，并赐号"威信"，还制诗一首赐之："剑佩归朝矍铄翁，番巢单骑志何雄！功成淮蔡无惭李，翼奋渑池不独冯。早建奇勋能鼓勇，重颁上爵特褒忠。西南保障资猷略，首席敷陈每日中。"③

金川投降后，莎罗奔奏请选进当地男女童各10名代其进京服役，并于刮耳崖为傅恒建祠供奉，还表示欲赴阙谢罪。高宗特颁给莎罗奔上谕，强调："尔等之地，皆皇朝之地；尔等之人，皆皇朝之人。"告诫其"安分守法，勉力向善，皈依佛教，各守封疆，永无侵轶"。却其所进幼童。颁给随清军打仗出力的各土司上谕，褒奖他们在金川之役中出力，向化恭顺，并告诫其"务宜各守疆域，休养众生，安居乐业，遵崇佛法，长享太平"。④

为促进嘉绒藏族地区的稳定，清政府在第一次金川之役后的善后措施上做出一些有针对性的安排。因为在嘉绒藏族地区，"就中顽梗者，杂谷、金川为最。杂谷土司仓旺贪狡殊常，然外极恭顺，调遣从无迟误；大金川

---

① 〔清〕袁枚：《小山仓房文集》卷四《威信公岳大将军传》。
② 《清高宗实录》卷三三四，乾隆十四年二月癸巳。
③ 《清史列传》卷十七，第1257—1258页。
④ 《清高宗实录》卷三三五，乾隆十四年二月丁未。

二、两征金川

土司色勒奔细,性更凶悍"。① 考虑到杂谷与大金川两土司之间能够互相牵制,因此,增强除大金川、杂谷两土司之外其他土司的势力,加强各土司间的联合以抵御大金川及杂谷的兼并就显得很有必要,即四川总督策楞提出的:"劝谕各土司和好,声其联络,为合众之计,遏窥伺之机,可以弭衅。"② 等到若干年以后,"俟诸番信服既深,或严其疆域,或稽其出入,随时留心,设法整治,于修养抚字之中,寓防微杜渐之意,使番民相安,萌蘖不作,斯为国家久远之计也"。③ 在此思想指导下,策楞等拟订金川善后十二条:一、巴底、巴旺各立土千户,责令革布什杂管辖。二、革布什杂之扎什诺尔布,请予承袭。三、杂谷、革布什杂、沃日、小金川四土司,应联为一气。四、小金川、沃日宜结婚媾,协守疆圉。(小金川土司泽旺与沃日女土司泽尔吉婚配)五、沃日印务,请仍令泽尔吉护理。六、小金川被毁碉房宜督修,孙克宗、佔固二处宜驻防。七、小金川大、小郎素宜分别安插。八、土舍汪尔吉(郎卡异母兄弟)应暂为安插。九、梭磨、竹克基、党坝各土司土舍(皆与杂谷土司为兄弟),宜加衔奖励,以分杂谷之势。十、各部土司请加级鼓励。十一、严汉奸出入番地之禁。十二、夷民典买汉地,应赎归以分疆域。④

历时两年的第一次金川之役,以清政府接受大金川土司莎罗奔的投降而宣告结束。清政府投入巨大的人力物力财力,但并未能在战场上取得真正的胜利,反而损兵折将,统帅被诛,嘉绒藏区的势力格局并未被打破,其固有的矛盾和问题未能得到解决,不安定因素依然存在。这也为第二次金川之役的爆发埋下了伏笔。

---

① 《清高宗实录》卷二九七,乾隆十一年十一月辛丑。
② 《清高宗实录》卷三三五,乾隆十四年二月丁未。
③ 《清高宗实录》卷三三五,乾隆十四年二月己巳。
④ 《清高宗实录》卷三三六,乾隆十四年三月壬戌。

2. 第二次金川之役

"以番攻番"的失败

乾隆十七年（1752），清政府攻灭杂谷，斩杀土司仓旺，将其地"改土归流"。

杂谷"延袤二千余里，为西南一大部落，距旧保县不远，中有古维州（今理县），最为险要"。① 土司仓旺因助清军征剿大金川有功，第一次金川之役后受封为宣慰土司，实力大增，辖境内百姓有10万余众，成为嘉绒藏区各土司中土地最广、人口最多、势力最大的土司。但仓旺很不安分，常常侵占邻近土司的土地和人民，又没有处理好与其他土司之间的婚姻关系，与众土司构怨结仇，且对地方官的调解"抗执不遵"，理所当然地成为清政府重点打击的对象。

乾隆十七年九月，四川总督策楞、提督岳钟琪奏报：土司仓旺"将梭（梭磨）、卓（卓克基）属人民、番寨集兵攻毁，又私造铁炮，潜蓄逆谋"，指出"若任其层次吞并，一到古维州，便可直趋保县"。② 同年八月，策楞、岳钟琪发兵400名进剿，攻进杂谷，占据三关隘口，切断杂谷与外界连接的通道、桥梁，截断水路。此时仓旺正带土兵围攻卓克基官寨，清军往擒，仓旺退守至松岗寨抵抗。九月下旬，策楞、岳钟琪亲自领兵，分三路围攻松岗寨，生擒仓旺，并将其当众正法。于是，"远近番众尽数投降，统计一百余寨，四万余人，……吁请改属内地"。③ 清政府顺势废杂谷土司，将其地方分为几个部分，以不同方式进行管理：一、以杂谷土司之地设置杂谷厅。二、将其占据的梭磨、卓克基等各土司各寨分别

---

① 《清高宗实录》卷四二二，乾隆十七年九月辛酉。
② 《清高宗实录》卷四二二，乾隆十七年九月辛酉。
③ 《清高宗实录》卷四二三，乾隆十七年九月丁丑。

二、两征金川

归还，并将其北部的一部分划给梭磨土司管辖。三、杂谷东部、南部因靠近内地，将其地改流，推行土屯制，置杂谷厅，设理番同知管理，驻兵1200名。四、以"杂谷本吐蕃苗裔，自唐宋以来世守其土，明代授为安抚司，康熙十九年（1680）率属内附，仍予旧封，未便以仓旺一人悖逆，遂致亡其世守"①；又因杂谷西部的松岗远离内地，不便改设流官，确定仍在此设土司，选取向为土人所信服的梭磨土司勒尔悟之弟根濯斯加，授其为松岗长官司土司，管理该地。

杂谷土司被废，加绒藏区原有的"杂谷素惮金川之强，金川则畏杂谷之众，彼此钳制"②的均势格局被打破，大金川土司便凭借其强横势力，一家独大。为遏阻大金川势力，清政府采取"以番攻番"，怂恿、支持各土司加强联合，共同对抗大金川土司。于是，便有了后来九土司联军攻打大金川之事。因此，有学者认为："杂谷事件可视为乾隆帝发动第二次金川之役的前奏。"③

乾隆二十三年（1758）二月，时任四川总督开泰奏报，大金川土司与革布什杂土司因结亲而构衅。其起因为：革布什杂土司所属的丹多番众暗通大金川，里应外合夺取丹多。革布什杂土司四郎多博等以及闻信赴援革布什杂的小金川土司之子色岗桑均被围于吉地官寨，大金川土司还派兵攻打小金川所属逊克宗地方。开泰除拨兵前往打箭炉以及靠近革布什杂之章谷、泰宁等处驻扎外，又令沃日、章谷等各土司派土兵赴孙克宗帮助小金川防范，还令绰斯甲土司乘大金川兵围攻吉地时相机攻击其薄弱之处。高宗认为，这是土司之间"蛮触相争"，影响不到打箭炉，开泰等办理有些张皇，要其镇定处理，并指出："金川原属不安分土司，若众土司等能协力除之而分其地，于番境转可久远相安，正不必以滋衅不已为虑"，指示开泰等"绰斯甲布现与沃日、小金川土司联络，其人众、兵力不甚单弱。或传之该土目，果能自出其力，惩创金川，则所得地方、人众，不妨量赏伊等，以示鼓励。以番攻番之策，亦属可行"④。其后，大金川兵被章谷、

---

① 《清高宗实录》卷四二五，乾隆十七年十月癸卯。
② 《清高宗实录》卷一〇五，乾隆四年十一月壬申。
③ 彭陟焱：《乾隆朝大小金川之役研究》第126页，民族出版社，2010。
④ 《清高宗实录》卷五五七、五六〇、五六二，乾隆二十三年二月丙戌、四月乙丑、五月丙戌。

绰斯甲布两路进攻击溃。清政府对绰斯甲布及助战的党坝土目等分别加以犒赏。土司们受到鼓舞，请求清政府派兵协助，给予其炮位、火药。清政府只答应给予火药，并告知"尔等果能攻打金川，其地即行赏给，额外还有赏赐"。开泰甚至奏请将邛、雅、灌、汶等州县所产茶叶，除行销额引外，将所余茶叶，借支地方官的养廉银购买，再卖到其他地方，将获得的利润留作犒赏土司之用。①

乾隆二十五年（1760），大金川土司莎罗奔病死，其侄子郎卡应承袭其职，禀开泰等："我本天朝土司，惟与众土司不和，众土司因将不法之事向内地官府前控告。如今止求作主剖断，情愿恪遵，丝毫不敢多事。"开泰以各土司围堵大金川两年多时间，"既不能克日奏功，转恐日久生懈"，便"传之各土司，将各处土兵及土练次第撤收"。② 开泰等未能将高宗"以番攻番"之策贯彻始终，而是担心地方生变，于己不利，于是借此息事宁人。郎卡要求将新铸土司印信给还，开泰等以"郎卡只见有罪，未见有功，即使分当承袭，亦应照例取具各土司印结，由地方官详报具题"为由，将印信收贮于成都，迟迟不给郎卡。至乾隆二十七年（1762）二月，开泰等又奏称：担心金川土司为取具各土司印结，会互相间通同附和，大金川因此会设法与其他土司重新结好，建议不用再要求这样做。高宗赞同此建议，但要求开泰等晓谕郎卡："邻近土司与尔素有嫌隙，若因承袭之事照例取结，各土司定不乐从。今据尔恳求，竟免其辗转取结，以示嘉惠之意。但袭职之后，如或妄思滋事，在尔与邻境诸部既不能相安，而封疆大吏亦断不肯为尔少贷。"③

郎卡在承袭土司之职后不久，便出兵攻掠党坝，众土司前往援助，同拒大金川。事平之后，开泰奏报拟派员诘责查办。高宗指出：开泰等"未免事先豫设调停之见"，谕令其"断不可有先事部署官兵，协力助剿之计"，只需听之任之即可，指出："土司内革布什杂、党坝等类，其力之强弱虽殊，然皆可借此以为狼酋之敌。如果因其挟仇攻击，竟将狼酋吞噬，岂非策之最善者！"之后，松岗、梭磨、卓克基、鄂克什、革布什杂、绰斯甲、小金川、丹坝、巴旺九土司联合攻打大金川，郎卡派人到成都控

---

① 《清高宗实录》卷四四六、五七三，乾隆二十三年六月甲申、十月癸未。
② 《清高宗实录》卷六三四，乾隆二十六年四月癸酉。
③ 《清高宗实录》卷六五四，乾隆二十七年二月乙亥。

二、两征金川

告,开泰多次许其进见,并加以抚慰。高宗严责开泰:"既用谲以笼络郎卡,复隐为援助各土司,殊失控制大体。"将开泰革职,以阿尔泰为四川总督,指示其"惟应明白宣示绰斯甲布等,以'郎卡既得罪众土司,尔等悉锐往攻,倘能剿灭番碉,亦免尔等后患'。但不必官为应援。而于郎卡来人,严为拒绝,且切谕以'尔既结怨邻境,岂甘为尔蚕食,必将联集各寨奋力复仇。此亦尔所自取,我等断不肯曲为庇护'"。① 之后,阿尔泰进京陛见,以阿桂暂署川督。阿桂建议:"将金酋罪在不赦传谕各土司,以破其疑"。乾隆认为如此办理,"则似郎卡已获罪天朝,于理即当声罪致讨,又岂应假手九土司?"此时清政府还无意介入土司间的冲突,更无意去平息冲突,而是希望把水搅浑,设法加剧土司间的矛盾,在暗中支持九土司,希望借九土司之力消耗大金川的力量,然后坐收其利。因此,乾隆反复告诫四川地方官:"以蛮攻蛮,止当用其力而不可使之知。"② 即不能把朝廷的真实意图告知众土司,而要让他们明白,郎卡扰害众土司,是害群之马,各土司集众往攻,是"自除己害",而朝廷没有派兵剿灭,是因其并未侵扰内地,但绝不会袒护,他的土司印信还扣在成都没有给他。如果众土司能将其攻灭,朝廷不但不会制止,还会给予奖励,夺得的地方就给予众土司。

然而,各土司间的争斗和冲突并没有朝高宗希望的方向发展。事实上,各土司之间的关系非常复杂,相互间既有冲突,也有利益的考量,且各土司的势力大小不一,想法各异,很难形成巩固的联盟,时间一长,便开始分化。而大金川土司的实力并没有因九土司的围攻而损伤,反而越战越强。乾隆三十一年(1766)初,大金川土司发兵攻占党坝额碉、巴旺卡卡角,其他土司闻风胆怯,观望不前。乾隆三十一年六月,上谕称:"九土司会攻金蛮一事,相持已将数载,尚无就绪。兹询之岳钟璜(四川提督),亦未有善策。惟奏称,土司中与金蛮最近之党坝,力弱兵单,难以抵御。其地处阻远,如沃日等土司,大率意存观望,不为策应。而其中绰斯甲布,又与金酋迹涉姻党,不无首鼠两端。看来土司等性多狡猾,以蛮攻蛮之计,似难责效。"③ 这等于宣布"以番攻番"政策的失败。

---

① 《清高宗实录》卷六九一,乾隆二十八年七月壬午。
② 《清高宗实录》卷七五六,乾隆三十一年三月癸酉。
③ 《清高宗实录》卷七六三,乾隆三十一年六月甲寅。

其后，郎卡表示自己将依照地方官的饬谕，归还所占各土司的地方和人口，但提出条件：将其土司印信给发，允许其与绰斯甲土司联姻，放还被扣的自藏回川的 7 个喇嘛，开通赴成都及进西藏的道路。四川总督阿尔泰、提督岳钟璜奏称："郎卡既与各土司同听约束，将来差人赴省投禀贸易等事，似可准其与各土司一律遵行。其求还自藏回川之喇嘛，亦应给予。至金川土司印信，现贮司库，恐该酋反复靡常，拟俟查看数月，果属安静，明春再行给发。"高宗认为封疆大吏不能很好地驾驭金川土司，"诸事悉遂其所欲，为此和事老人之举，适足为外夷所轻"，斥责其"只图苟且了局"，并发出警告："倘此次办理不善，将来或仍不免跳梁滋扰，朕惟原办之人是问。"①

如果说处理杂谷土司是第二次金川之役的前奏，那么，清政府施行"以番攻番"政策，怂恿九土司联合进攻金川的失败，就应是第二次金川之役的序曲。

攻克小金川

乾隆三十年（1765）至乾隆三十四年（1769）间，清政府陷于与缅甸的战争，对于金川的情况，高宗虽然一直比较关注，但无暇投入更多的力量，这一地区的局势愈发恶化。乾隆三十二年（1767）初，当高宗得知郎卡将女儿嫁给小金川土司泽旺之子僧格桑时，立刻意识到"此又一伏衅端"，谕令阿尔泰等"当留心，不可隐讳"。②高宗担心大、小金川之间出现联合，会使情况变得更糟，此地区会变得更为动荡。

这时，大、小金川内部正发生重大变化。乾隆三十五年（1770）四月，大金川土司郎卡病故，由其第四子索诺木承袭土司之职。据《金川档》记载："索诺木乃郎卡后妻所出，年才十九岁，为人软弱，印信、号纸皆在勒乌围，为伊兄喇嘛莎罗奔③等收管，一切事务多系喇嘛作主。"④

---

① 《清高宗实录》卷七六八，乾隆三十一年九月辛巳。
② 〔清〕阿桂等：《平定两金川方略》卷五，第 240 页。
③ "莎罗奔、扎勒达克皆非人名，番人称出家为莎罗奔，谓掌管印信为扎勒达克"。见《清高宗实录》卷九〇五，乾隆三十七年三月辛未乙丑温福等奏。
④ 《金川档》第 1852 号，乾隆三十八年二月初一日上谕，中国第一历史档案馆藏。

二、两征金川

从后来发生的情况看,索诺木绝非软弱之人,而是一个好勇斗狠、乐于滋事的人。而小金川一方,土司泽旺年老力衰,不能主事,其子僧格桑将泽旺移到僻远的底木达寨居住,而自己占据美诺官寨,发号施令,成为小金川事实上的领导者,联合属下的一帮头人,开始生事。

乾隆三十五年(1770)三月,僧格桑以沃克什土司色达克拉用"诅咒之术"害得自己与泽旺父子生病为由,发兵攻掠,占据沃克什寨落。四川总督阿尔泰、提督董天弼亲往调解,明正、木坪两土司也从中说和。至当年九月,僧格桑同意交还所攻掠的寨落和人口,但提出要按"蛮夷"之俗,沃克什拿出一些地方给予小金川作为赔罪之物,并表示能否如此办理,愿听众土司调处。阿尔泰等认为处理这事,不便绳以内地官法,只能听其自然。又因沃克什弱小,建议留1名把总,带20名兵丁和400名土练驻扎沃克什,帮助其防守小金川。① 此事为其后的第二次金川之役埋下了祸根。

乾隆三十六年(1771)五月,四川总督阿尔泰奏报:革布什杂土司属下头人勾结大金川土司索诺木,占据革布什杂官寨,革布什杂土司索诺木多布丹不知所踪(实已被害),派遣游击宋元俊带领土兵、土练前往弹压,自己也将亲往督办。高宗谕令不必"持之过激",只需派人严行晓谕,让其退还所占之地就行。之后,大金川土司索诺木请求朝廷"将革布什杂地方百姓赏给当差"。高宗批示:"此事断不可允行!"认为这"显系觊觎土境,妄思占据。……使彼得逞其意,势必于附近土司渐图蚕食,又复何所底止?不可不防其渐",要求阿尔泰"择其近支众所悦服者,立为土司"。并警告其不能"姑息游移,急图了事"。②

然而,一波未平一波又起。乾隆三十六年七月,阿尔泰奏报小金川僧格桑又发兵围攻沃克什,已派提督董天弼临以兵威,带兵前往弹压。高宗闻报,认为小金川系内属土司,去年就攻掠沃克什,现在又效法大金川,再攻沃克什,如果不加以惩创,伊等不知畏惧,殊失抚夷之道。于是谕令董天弼等:"竟当直捣其巢穴,或计以诱擒,或竟以力取,将僧格桑擒拿,解省候旨,另择驯谨奉法之人立为土司。"如此办理,也是做给大金川看

---

① 《清高宗实录》卷七五五、卷八六四、卷八六六、卷八六八,乾隆三十五年三月丁未、七月壬子、八月庚寅、九月壬子。

② 《清高宗实录》卷八八五、卷八八七,乾隆三十六年五月丙寅、五月甲午。

的,可使大金川"闻风震慑,禀受约束,敛迹归巢"。① 接着,阿尔泰又报:因明正土司与僧格桑是郎舅关系,其曾屡次劝阻僧格桑不要攻掠沃克什,双方因此结仇,僧格桑又发兵攻占明正土司所属纳顶等寨。高宗怒称:"断不可稍存姑息!"谕令加调成都八旗兵1000名,绿营兵、土练5000名,并沿途征集土兵,分西、南两路,并定下"捣其巢穴,务获凶渠"的目标。② 高宗决定用兵小金川,一大原因是担心大、小金川之间相互勾连,所以"宜乘其诸事未集,且未与(大)金川勾结,急速派兵剿办"。考虑到阿尔泰虽贵为大学士兼四川总督,但"伊由部员出生,未娴军旅,且齿迈躯肥,于驰驱行阵殊非所宜"。决定派云贵总督德福前往帮办,以成都副都统铁保率领成都满洲兵进剿。③ 第二次金川之役,就这样拉开了序幕。

值得注意的是,此时高宗定下的目标只是征讨小金川,其并没有要征讨大金川的想法,所用兵力也仅限于四川本省,属小规模用兵。因此,当阿尔泰担心"(大)金川与小金川先后启衅,若一并剿办,需兵较多,靡费愈重"时,高宗斥责其不得要领,告知其大、小金川两处情形判然不同,僧格桑是罪无可逭,必须先办小金川,治其重罪,大金川自然就会"闻风知畏,不待剿而自退"。④ 即以修理小金川来警示、震慑大金川。之后,清军在征剿小金川时,还派人联络大金川土司索诺木进击小金川,但没有得到回应。其后,随着情况的变化,清政府征讨的对象由小金川扩大到大金川,对战争的投入也迅速增长,最后达到令人吃惊的程度,为乾隆朝所有战事之最。

第一次征讨大金川时,小金川一开始就投顺清政府,清军即以小金川为进攻大金川的前沿基地,其境内许多重要的关隘、村社曾作为清军驻防屯守之所,加之其地势比大金川平坦开阔,又没有大金川的坚碉重卡,高宗认为此次攻克小金川巢穴会比较容易。但战事的发展出乎高宗的预料。小金川为防御清军的进攻,在一些重要隘口和村寨添建了碉卡,使清军的进攻增加了难度。

---

① 《清高宗实录》卷八八八,乾隆三十六年七月甲辰。
② 《清高宗实录》卷八八八,乾隆三十六年七月丁未、七月戊申。
③ 《清高宗实录》卷八八八、卷八八九,乾隆三十六年七月壬子、七月癸亥。
④ 《清高宗实录》卷八八九,乾隆三十六年七月癸亥。

二、两征金川

清军分西、南两路进攻小金川。西路,由四川提督董天弼率领,前后调集绿营、土练6800名,由汶川出发,七月二日,抵达瓦寺土司之沃龙岗,离小金川占据的沃克什巴朗拉寨80里。小金川土兵已在此建有防御碉卡,阻断清军进援沃克什官寨达木巴宗。董天弼奏报,巴朗拉山势险峻,难以仰攻,留下成都总兵福昌驻扎巴朗拉山脚邓仍地方,自带3800名兵练,另觅距沃龙岗40余里的山神沟小路,绕出巴朗拉,夺取德尔密碉卡,占据险要。时值该地雨雪交加,清兵8天没有能生火做饭,非常疲惫。小金川土兵乘雪雾弥漫主动发动对清军的进攻,守碉的瓦寺土兵辄行溃散,小金川土兵便将碉卡夺回,董天弼只好退兵,守住要隘,又拟改为从木坪一路进攻。高宗认为:碉卡得而复失,是由于此路兵力不足,加之绿营兵懦弱无能,土兵、土练又不出力所导致;小金川敢于抗拒天兵,必应厚集兵力,捣其巢穴,"僧格桑一日不擒,其事一日不了"。① 于是决定增兵,谕令尚在云南的定边右副将军温福,带领1000名满洲兵、3000名贵州兵从云南奔赴金川前线,并令阿桂随同前往,又调集成都满兵1000名听温福派用。

南路,由四川总督阿尔泰率领汉土官兵5500余名,从打箭炉出发,于九月中旬进到章谷,发兵收复被小金川占据的明正土司地方。此战,土练、土兵甚为出力。因此,高宗认为:"此辈未尝竟不可用,惟在善为驾驭,令其奋勉向前。"为激励这些土练、土兵及绿营兵奋勇作战,谕令:"我兵攻贼之时,土练中之奋勇向前者,自不能禁其抢掠。如番地所有米谷、牲畜及粗糙衣具等类,原不妨听其取携,使土兵心有所利,自更踊跃争先,并可借此以示赏劝。即官兵中果有能勇往出力者,收获亦所不禁,并不拘泥于秋毫无犯之说也。"② 作为皇帝,何能以纵兵抢劫来鼓舞士气?而每当进攻之时,总令土兵在前,官兵在后,土兵如溃败,官兵便跟着溃散,这也成为之后清军屡次进攻不力的原因之一。

南路,清军攻下明正土司之地后,要进击小金川,中间尚隔一大河。平时土人过河来往用皮船,每船只能乘一二人,难以运兵,且沿河有小金川兵把守,因此阿尔泰计划造木船应用,用了半月左右的时间,将船只用竹索缆结,联络成桥,以利大兵竞渡。渡河之后,攻剿还算顺利,到十月

---

① 《清高宗实录》卷八九一,乾隆三十六年八月丁亥。
② 《清高宗实录》卷八九三,乾隆三十六年九月丙辰。

间，开始围攻小金川的重要据点约咱大寨。

这时，清政府内部出现反对用兵金川的声音，高宗便借处理德福来压制反对者。此前，由于阿尔泰不谙军事，高宗将德福由云贵总督调任四川总督，替代阿尔泰，但他"乃甫至四川，即意存自满，全不似向年之实心任事。且敢逞其乖谬之见，借滇省事宜，欲以讽喻罢小金川之事"。① 德福抵四川后所上奏折，内容全是云南边疆之事，毫无一字提及小金川。高宗认为其"名为不必袭击缅匪，其心实不肯办理小金川，故为指东陈西，以售其诋欺之术"。于是革其总督之职，赏给三等侍卫，令其前往伊犁效力，以陕西巡抚文绶补授四川总督，并谕令在军机处行走的桂林驰赴金川前线（之后，文绶尚未到任，又以桂林为四川总督）。并借此于十月间发表长篇上谕，力陈用兵小金川的原委，强调"佳兵之戒，朕所深知，岂肯稍存好大喜功之见？"而此次用兵，实在是不得不用，"此朕审慎筹度之衷，与必应剪刈之势，更无不可共白于天下也"。②

进入十月间，因山路陡险，碉卡坚固，又正值冰雪凌结之时，致清军兵力疲弱，西、南两路均攻剿不顺利，进展不大。高宗对此非常不满意，斥责阿尔泰、董天弼等调度无方，且战术单一，只知攻碉一计。他认为：虽然小金川到处坚碉林立，但碉卡都设立于要隘之处，并非所有路径都有战碉。如果一味攻碉，不仅旷日持久，而且兵丁伤亡较大。应当舍其坚碉，绕道而进。另外，高宗还认为应展开宣传和心理攻势，晓谕番众，指明此次只办僧格桑，与其他人无涉，是抗拒还是投降，祸福自取，以此瓦解其斗志。作为防守一方，小金川的战术非常明确，即凭险筑碉，固守碉卡，白天据守碉内，晚上则四处潜出，骚扰偷袭。

十一月初，温福奏报已抵达成都，并陈述自己对金川战事的认识：从地形上看，南路阿尔泰所攻约咱，在小金川美诺官寨的南面，虽相距很远，但已属小金川之地，且邻近大金川所占据的革布什杂，为防止大金川抄袭其后路，断其粮道，须处处设防，虽有8800余名兵丁，实际能用于进攻约咱的兵丁不及2000名，仍不敷用；而西路，提督董天弼进攻的木坪一路，为沃克什土司地面，离小金川美诺官寨稍远，但与被小金川围困的沃克什官寨达木巴宗相距不远，中间仅隔甲金达一寨，进攻的兵丁超过

---

① 《清高宗实录》卷八九一，乾隆三十六年九月丁卯。
② 《清高宗实录》卷八九四，乾隆三十六年十月戊辰。

二、两征金川

5000名,已不为少;总兵福昌进攻的巴朗拉,离美诺最近,只要能夺取巴朗拉,便可直进美诺,直捣小金川腹心。但福昌处兵力最弱,因此,温福称,自己将亲率从云南带来的满兵和贵州兵奔赴西路。钦差桂林也持与温福相同的观点,但两者略有不同。桂林认为,巴朗宗是直入小金川的咽喉,当为进攻大路;攻取金甲达,解达木巴宗之围后进取美诺,是为中路;进兵约咱,攻取后再进攻僧格宗,再进兵美诺,此为末路。如将重兵放在末路,且得随时担心被大金川抄袭后路,又不得不再添兵防备,这显系阿尔泰之误。① 高宗可认了上述说法,因此革去阿尔泰的大学士、总督之职,以桂林补授四川总督,谕令再调派5000陕甘、贵州兵赴金川。桂林对南路是否应当进兵的论断有些绝对,温福的认识则要客观得多。他认为:"阿尔泰由章谷进剿,虽距贼巢迂远,然系两金川接壤之地,既可攻击小金川,更可使(大)金川心怀顾忌。是此路官兵,亦不可少。"②

十一月间,三路攻剿情形各异。南路,据桂林奏报:于十一月二十一日将约咱攻克,准备分兵攻取西边的喇嘛寺,一面攻取东山山梁,一俟得手,便赶搭浮桥,过河攻取卡丫,再攻通往美诺的紧要之地僧格宗,并称此次攻碉,甚得阿尔泰所铸大炮之力。阿尔泰为攻克大寨坚碉,于军营铸造大炮,号称3000斤重,食药十一二斤,加上生铁炮子,重20斤。虽然阿尔泰被处理,但高宗以此炮为其所铸,称"朕不肯没其善,亦有旨赏给散秩大臣衔,令其仍督办粮饷等项"。③ 董天弼一路,于十一月初一日攻克金甲达。初十日,该处复被小金川兵夺回,金甲达得而复失,并损失许多官兵和器械。高宗怒夺其职,以阿桂接替四川总督缺。巴朗山一路,温福于十一月初赶到山神沟,带领满洲及绿营兵2000名进攻。小金川在山顶建有7座大碉,又在周围建有卡寨。温福督兵攻取了一些卡寨,但至二十二日,又被小金川全部夺回。温福退驻向阳坪地方,自请严加治罪,称川省绿营兵全不可用,应等到应援的3000名贵州兵赶到,再行进攻。温福到金川后,第一仗就吃了败仗,高宗不仅未加责罚,还说温福实心任事,没能夺取巴朗拉,是因兵数太少,绿营兵又不给力。为激励温福,高宗将其交部议叙。

---

① 《清高宗实录》卷八九六,乾隆三十六年十一月辛亥。
② 《清高宗实录》卷八九七,乾隆三十六年十一月壬辰。
③ 《清高宗实录》卷八九八,乾隆三十六年十二月庚午。

进入十二月后,虽然天气寒冷,道路冰冻严重,但三路均传出捷音。温福一路,所调贵州兵于十二月初十日到齐后,于十二日开始进攻,经过激战,至十五日,将巴朗拉攻克。此战,歼敌数百,攻毁碉卡十余座。在战术上,温福改变以往以绿营兵在前、旗兵在后的做法,而以旗兵在前,黔省绿营兵在后。在战斗中,贵州兵作战勇敢胜过川兵,因此,攻克此地后,温福奏报留川兵400名防守后路。高宗指示:川兵作战不力,而黔兵作战勇敢,防守后路也不可全靠川兵,为确保后路安全,要求川兵、黔兵各留200名。董天弼一路,于十二月八日由蒲松岗小路进兵,十四日到达沃克什土司官寨达木巴宗,将被小金川围困半年之久的沃克什官寨达木巴宗解围。乾隆三十六年(1771)四月,坐汛把总洪廷瑞带领20名绿营兵、200名土练到此防守。从六月开始,小金川千余人围攻达木巴宗,洪廷瑞与沃克什土司色达克拉拼死抵御半年,几乎弹尽粮绝,一直没让小金川将其攻破,而且只损失绿营兵2名、土练51名,堪称顽强!桂林接替阿尔泰指挥的南路,用围点打援的战术,预先设伏于喇嘛寺周围,不攻喇嘛寺,专攻卡丫,待喇嘛寺兵应援卡丫时,一举将其歼灭,夺取背山而建、三面陡峭难行的喇嘛寺。高宗闻报,非常高兴,称赞桂林:"于无意中用汝,竟能得力,亦赖半载在军机处日听朕训也。"① 桂林奏报毙敌34名,抢占平碉97座、大小碉35座、石卡31处,而防守碉卡之敌只有200余人,这样算来,每处不过一二人,高宗称难以理解。桂林则解释称:"口外番夷皆住碉楼,随处各成寨落,栖身拒敌于此。其碉房枪眼,高下俱可放枪。每碉数人防守,兵即难通过。卡丫系小金川要隘,各碉贼本众,因调往他处,只留二百余,分碉抵御,是以碉多贼少。"②

桂林还奏报:大金川土司索诺木遣头人到副将宋元俊的军营请安并呈送礼物;而据被清军俘获的小金川人供称:大金川曾打发2名头人帮助僧格桑,加之之前宋元俊曾去大金川面见索诺木,要求其出兵,从后面袭击小金川,即便大金川不出兵,一旦官军攻破小金川,僧格桑如逃到大金川,要求索诺木必须将其擒献。索诺木则称,只要清廷答应将已攻克的大金川革布什杂之地给予大金川,大金川就答应帮助清军。很明显,大金川是以此要挟清军。鉴于上述情况,高宗君臣认定:大、小金川之间久相勾

---

① 《清高宗实录》卷八九九,乾隆三十六年十二月癸巳。
② 《清高宗实录》卷九〇二,乾隆三十七年二月甲戌。

二、两征金川

连。但高宗此时仍没有下决心要一并剿灭大金川,称:"朕不欲穷兵。若僧格桑果能迅速就擒,则小金川全局已定,即一面传檄索诺木,令将所侵革布什杂之地尽行退出,受约归巢。如索诺木知畏惧恪遵,则金川原可毋庸办及。但须查其是否诚心慑服,所侵之地果否全行退出,及所拘革布什杂番户曾否尽数送还,自可宥其过往。倘系勉强面从,冀救一时之急,而于所侵地界、人户不肯逐一清还,是狼性尚未能驯,难保其不效僧格桑故智。官兵甫退,彼仍出而滋扰,又复何成事体?即酌量于切要处所分驻官兵,严为控制,使索诺木知所儆畏,不敢复逞,方为一劳永逸。"①

温福一路,攻克巴朗拉之后,前面是小金川防守的重要据点资哩,在达木巴宗以西,距离小金川美诺官寨仅七八十里,中隔木阑坝、沃克什旧寨、路顶宗、蒙固等寨。桂林一路攻克卡丫后,前面即是小金川门户僧格宗,为赴美诺的必由之路,离美诺只有不足半日的路程。温福原以为据此可以很快攻取美诺,但进入乾隆三十七年(1772)后,清军为攻占资哩和僧格宗这两个据点,足足用了近11个月的时间。

清军不仅进攻异常艰难,且屡遭敌兵乘夜偷袭。高宗君臣认为:"小金川贼众不谙战阵。"② 若不是大金川从中助恶,战事不会这样艰难。之后,这一判断得到证实。清军从投诚的小金川土兵处了解到,僧格桑以献地为诱饵,耸动大金川派兵帮助。大金川遂派有700名土兵,由2名大头人带领帮助小金川防守,还放话称:"即打到维州桥亦不难。"高宗认定两金川已相互勾结,"竟思侵扰内地,其情尤为可恶!僧格桑之敢于跳梁不法,实恃索诺木狼狈为奸。不但僧格桑必当剿办,即索诺木亦不可轻纵。"③ 此时,高宗实已下决心将两金川之事同办,并提出选派京师健锐、火器两营之兵2000名到金川前线的动议,还对桂林提出的从南路分兵攻剿大金川所占据的革布什杂之地,以牵制大金川的建议予以支持,且认为,如占据革布什杂,对将来进攻大金川也甚为有益。高宗谕令派人诘问大金川土司索诺木,何以有大金川帮助小金川抗拒官军之事。索诺木则诡称,所派之人确有,是随伊姐陪嫁过去的,只为保护伊姐,并未与官兵接仗。

---

① 《清高宗实录》卷八九九,乾隆三十六年十二月庚寅。
② 《清高宗实录》卷九〇九,乾隆三十七年五月辛酉。
③ 《清高宗实录》卷九〇四,乾隆三十七年三月己巳。

清军与小金川土兵在阵前各施其能，各用各的战术，相互拼杀。如进攻资哩，长期没有进展。鉴于清军已占据山梁高处，俯攻资哩碉寨，仍不能克，高宗建议高建木架放炮下击。温福奏报："资哩碉寨在两山之间，就山麓设炮，较木架犹为得胜。但贼寨地穴，据俘获贼供：面横巨木，木上填土，土上铺石，穿穴而出，昼藏穴中，夜出修葺轰损处。官兵进攻，贼出伏墙根，由墙孔放枪抵拒，固屡攻不克。拟夜间更番施炮，不令偷暇修筑，庶易攻取。"① 虽说如此，效果可想而知。而两金川土兵熟悉路径，最擅长"窃劫后路，抄截营盘"，使清军吃了不少苦头。如参将薛琮率领的2000余名官兵在墨龙沟被围歼，即为一例。桂林督率官兵攻打噶尔金山梁，屡攻不克，因此命参将薛琮带领2000余名四川营兵，拟从墨龙沟绕至噶尔金后山梁，两路夹击。不料在墨尔沟，薛琮所率领的清军被小金川兵截断后路，围困7日。薛琮告急，一再请兵救援。桂林发兵策应，却没有找到救援的道路，致使薛琮一部几乎全军覆没，仅有200余人泅水逃脱。对此败仗，桂林匿不奏报。阿尔泰等奏劾桂林："修屋居住，终日酣饮欢畅，及闻官兵覆没，毫无恻隐之心。"还说桂林向小金川交银，赎取被俘官兵。② 高宗谕令将桂林逮问，派福隆安查办，以阿桂接替其四川总督印务，由温福军营赶赴指挥南路官兵。之后，福隆安查实，阿尔泰等所参各款不实，但桂林在军营身图安逸，不能与士卒同甘苦，且损失官兵并不据实奏闻，意存掩饰，则是实事。高宗遂将其发往伊犁当差。

阿桂，字广远，章嘉氏，满洲正蓝旗人，大学士阿克敦之子，以荫生任大理寺丞，乾隆三年（1738）中武举，补兵部主事，累迁员外郎、郎中、军机处行走，十三年（1748）正月，随兵部尚书班第赴金川军营办事。时讷亲、张广泗获罪，岳钟琪奏劾阿桂勾结张广泗蒙蔽讷亲，奉旨逮问。后高宗以阿桂年少无知，与贻误军机者有别，且阿克敦年高，只有这一个儿子，加恩释放。后又累迁江西按察使、侍读学士、内阁学士，参与平定准噶尔、大小和卓及征讨缅甸，因功由正蓝旗抬入正白旗。征缅战争后，随温福由云南调往金川前线。高宗以阿桂统领南路军，此时并未料到，平定两金川的功业最后会由阿桂来完成。阿桂也未曾想到，平定两金川会是自己一生最耀眼的功绩。阿桂一生四处攻战，功绩卓著，"立功绝

---

① 《清高宗实录》卷九〇四，乾隆三十七年三月己巳。
② 《清高宗实录》卷九〇八，乾隆三十七年五月辛丑。

二、两征金川

域,将材相业,冠绝一朝"。《碑传集》称其"出师万里,位极人臣,天子郊劳,云台画像,丰功伟烈,无事宣述"。《胡海诗人小传》卷七则称其"统兵所至,决策如神。自在西陲,即亲行行阵,屡著肤功。木果木溃后五日而复美诺,二年而扫金川"。①

清军的进攻并不顺利,每攻一碉卡,动则经时,与小金川土兵逐寨、逐碉、逐卡的争夺,既耗费时日,兵丁伤亡也很大,加之为防其抄截侵扰,得处处设防,以致兵力不敷,不得不增兵、运粮、筹饷。至乾隆三十七年(1772)十月,实际达到金川前线的贵州、甘肃、陕西、云南等省兵丁已达3.8万名,加上川省营兵及练兵、土兵3万余名,总兵力已突破7万名。一批能征善战的将领也陆续被派往金川前线,如丰升额、哈国兴、福康安、海兰察等,在其后的攻剿中发挥了重要作用。此时,清政府花费在金川战事中的军需银已达1400万两,超过了第一次金川战争的总额。②但高宗一再表示,只要能剿灭两金川,一劳永逸地解决问题,断不惜费。他还说:"此时部库所积,多至八千余万,朕每以存积太多为嫌。"③ 可见此时高宗解决金川问题的决心之大!

清军攻剿小金川,得到该地其他土司的支持。这些土司或派兵帮助,或为进攻指引路径。在清军持续的攻击之下,小金川的防守开始松动。至乾隆三十七年十月,战事开始向着有利于清军的方向发展。十一月,捷报频传,"西路军营,自攻破路顶宗、兜乌,进攻明郭宗,可以直抵美诺。南路则由翁古尔垄及甲尔木等处,直压僧格宗。而各路分剿之兵,亦皆奋勇克捷"。④ 在基本扫清周围的障碍后,开始围攻美诺官寨的最后屏障明郭宗和僧格宗。

僧格宗一带,为小金川西南门户,田地稍饶,户口最多,地势极为陡险,碉寨也密。但据阿桂奏报:"今番人接踵乞降,臣遵奉谕旨,投降者尽予抚辑,拒守者即加骈戮,番人已尽解体。"⑤ 清军没有耗费太多的周

---

① 均见《碑传集》卷二八,见王春光纂《清代名人轶事辑览》第6册第2689—2690页,中国社会科学出版社,2004。
② 《清高宗实录》卷九一九,乾隆三十七年十月戊子。
③ 《清高宗实录》卷九〇〇,乾隆三十七年正月辛亥。
④ 《清高宗实录》卷九二一,乾隆三十七年十一月丙辰。
⑤ 《清高宗实录》卷九二一,乾隆三十七年十一月丁巳。

折,十一月间即将僧格宗攻下。而桂林则在布置停妥后路防守后,亲率7000官兵,直捣美诺官寨。

明郭宗一路,"碉房坚大,据守贼人甚多"。① 温福率领清军先用大炮猛轰,然后分兵四路围攻。战斗最激烈的是攻取西南面的念经楼,"内有红衣贼目抵死守拒,我兵复攻围,断贼去路,并堆积木柴、火药,焚烧贼楼,将贼目及守碉贼番俱行烧死"。于十二月初五日,攻下明郭宗,"共杀贼三四百人,擒获活口二十七名,夺取牛羊马骡、粮食、军械、火药无算"。②

就在温福率军攻下明郭宗的当日,即乾隆三十七年(1772)十二月初五日,阿桂已率南路军抵达美诺,"官兵三面合击,于初六日寅时,将美诺碉寨全行攻取,并拿获喇嘛及男、妇三十四名。是日辰刻,温福、丰升额亦即会合"。③ 小金川僧格桑从美诺逃到布朗郭宗,将其妻妾及心腹大头人等安排由寨后的美卧沟送往大金川,又从布朗郭宗赶到底达木官寨,求见其父泽旺。泽旺闭门不见,僧格桑于是从底达木过河,亦由美卧沟逃往大金川。阿桂一路,于十二月十一日进抵布朗郭宗;温福一路,也于十一日抵底达木,小金川土司泽旺出寨投降。至此,差不多用了一年半时间,清军终于将小金川全境荡平。

清廷原确定的攻剿小金川"扫穴擒渠"的目标,因为僧格桑逃到大金川,索诺木将其收留,高宗谕令派人向索诺木要人,但指出,无论索诺木是否将僧格桑交出,都要进取大金川,两渠并获。他认为:"索诺木为小金川主谋,罪更浮于僧格桑……若非乘此兵力,进讨金川,直取渠魁,尽平其地,更无终止之理。"④ 而且"官兵既扫清美诺,即日可剿金川。如噶喇依、勒乌围等处,虽向称险隘,谅亦与西路之路顶宗至明郭宗,南路之翁古尔垄至僧格宗形势相等"。并表示,"当此帑项充盈,即再费一二千万两,为一劳永逸之计,朕在所不惜!"随即开始布置进剿事宜,授温福为定边将军,阿桂、丰升额为副将军,以刘秉恬为四川总督。准备兵分三路进攻大金川:温福一路,以舒常为参赞大臣;阿桂一路,以海兰察为参

---

① 《清高宗实录》卷九二二,乾隆三十七年十二月辛未。
② 《清高宗实录》卷九二三,乾隆三十七年十二月丙子。
③ 《清高宗实录》卷九二三,乾隆三十七年十二月丁丑。
④ 《清高宗实录》卷九二一,乾隆三十七年十一月丁巳。

二、两征金川

赞大臣;丰升额一路,以哈国兴为参赞大臣;提督董天弼领兵驻守底达木,防范后路,刘秉恬驻守美诺,总理粮饷。高宗谕令部库再拨银500万两解往金川备用。

清廷所调集的汉、满兵和土兵丁已达7万余名,花费1000万两饷银和数量巨大的粮食,经过艰苦激战才攻占小金川全境,如不乘胜进剿大金川,正如高宗所说:"目前之费,与现得之功,皆为虚掷。"① 另外,大金川索诺木狂妄异常。僧格桑逃往其地,索诺木派人递禀帖给温福,要其派人前往其寨内议事,且禀内多悖逆之言。对此,高宗愤然道:"昨温福所奏,索诺木差人递到番字禀帖,于僧格桑逃往金川之说全不提及,转自夸其兵强于各土司,冥顽无知已极。可恶!甚至请内地大臣,或差官员往彼议事,冀欲羁存为质,公然以敌国自居,尤属狂悖不法。而禀内称其父郎卡为纳木喀济雅勒布,妄谈悖逆,更为覆载所不容。查纳木喀济雅勒布,即西番语之天汗,其意以为番语,非中国所能通,自矜得意。岂知我国家中外一统,西北辟地二万余里,累译皆通。而西藏喇嘛,久隶天朝,凡西番字语,内地素所通晓。此等鬼蜮伎俩,其将谁欺?况郎卡么么杂种,仅若蝼蚁。前此大兵进剿,扫穴无难。朕念其归命投诚,宥其大罪,仍赏给土司。郎卡尚不得拟于天朝臣仆之列,何得以天汗为称?至索诺木,童年凶悖,禽兽不如,乃于禀内不称父名,妄加名号,又自称沙罗奔掌印土司,而隐匿其名。种种违背天理,不过自取灭亡。将军等即将朕此意缮后回文,严切问罪。即微末兵弁,亦不可遣令前往,堕其术中。各路官兵,更宜迅速攻剿,以靖边氛。"② 然而,高宗仍低估了大金川的实力,此时的大金川战斗力却比小金川要强得多。据温福称:"(大)金川境界,南北约三百余里,东西约二百余里,丁壮约七八千,从前稍逊于小金川,近年生聚,加以侵掠邻封,已与小金川相等,而山径陡险,其人亦较斗狠。"③ 其处处坚碉险隘,又时值冬令,雪大路滑,清军在未做好充分准备的情况下便匆匆进剿大金川,成为之后温福木果木惨败的一大原因。

---

① 《清高宗实录》卷九二二,乾隆三十七年十二月癸酉。
② 《清高宗实录》卷九二五,乾隆三十八年正月甲寅,谕军机大臣。
③ 〔清〕阿桂等《平定两金川方略一》卷二九,第502页。

木果木之败

乾隆三十八年（1773）正月，定边将军温福奏定，分三路进攻大金川。温福自领一路，由功噶尔拉至喀尔萨尔；阿桂所领一路，自僧格宗、纳围、纳扎木至当噶尔拉，此两路攻取目标为噶拉依（即刮耳崖），温福一路为进攻正路。丰升额一路，由章谷、吉地前赴绰斯甲布，会同已在该处的舒常，由俄坡进攻勒乌围。因曾头沟至大板昭一带，路通大金川，为大兵进剿后路，僧格桑即是由位于此地的美卧沟逃往大金川的。为防大金川袭扰后路，温福拨兵2000名，交董天弼分驻要隘，并谕令其留驻布朗郭宗、底达木，随时巡查。因大金川土兵惯于抄截后路，窃劫营盘，高宗以"营中守御宜严，途次巡查宜慎""须留心规划，调度得宜""后路严密防查，实为第一要义"等指示温福等，① 此后又增派1600名兵丁加强后路，但还是由于疏于防守，被大金川抄了后路，致温福木果木惨败。此为后话。

清军三路大兵进攻大金川，虽然阿桂等誓称："进兵伊始，非即破碉夺地，示以惩创，不足以寒其胆。"② 可事实上，三路攻剿均不顺利。

丰升额一路，带领绿营兵4000名、土兵2000名，会合舒常所带土练8000名，由绰斯甲布一路进剿。因后路受到金川兵滋扰，高宗命额宝带兵严防丰升额后路，以使其无后顾之忧，得以深入。于正月十八日开始，以多路进攻达尔图山梁大碉，大金川土兵放枪掷石，顽强抵抗，加之雪深冰滑，难以措手，于是令舒常进攻日旁寨。日旁壕深林密，清军抵达壕边，用蜈蚣梯垂下，不能到底，只好用柴捆排立沟沿，以为防守，然后用"喷筒火弹"杀伤潜匿于沟中的金川兵。高宗认为此路兵单，难以急进，亦只可如此办理。

阿桂一路，率领汉、土官兵12000余名，自正月二十日开始，顶风冒雪进攻当噶尔拉。当噶尔拉系大金川地界，山系绵延20余里，险峻异常。此处有战碉14座，排立两峰丫口之间，左边靠近纳围，右边靠近纳扎木，横墙、石卡环列碉外，可以相互联络应援，墙外又建有木栅，木栅外又掘有深壕，壕中置松签，泼水凝冰，层层布防，坚固异常。阿桂欲从中间突

---

① 《清高宗实录》卷九二六，乾隆三十八年二月乙丑。
② 《清高宗实录》卷九二五，乾隆三十八年正月己未。

二、两征金川

破,派遣侍卫、章京分五路进攻,首先攻破第 5 碉。第 5 碉位于西山梁,于二十五日,乘天气稍晴,分四路攻剿。二月初二日,占据西山梁,开始攻碉。清军先用大炮集中轰击,待碉卡倾欹,拨开木栅,越过深壕,推倒石墙。清军系仰攻,大金川兵于碉上放枪下击,兵弁贴近碉根以避枪弹。近距离之下,金川兵抛石以击,清军则用长矛上戳,用弓箭仰射,又抛火弹于碉上。但碉高三层,碉顶又排有横木,上铺石板,涂上泥土,火弹威力小,作用不大。无奈之下,清军以最原始的办法,通过刨挖碉根,拆毁碉墙,使战碉倒塌,才将此碉攻克。攻克第 5 碉后,清军便于此扎营,开始进攻第 4 碉。金川兵于碉外增添卡座,卡墙以柳条编结后灌以泥土而成,又在碉卡内掘有地窖,于地窖旁斜处穿眼,易于藏身,又便于放枪攻击。清军于三月底才将第 4 碉攻克,足见攻剿之艰难!之后,清军又连次攻碉,或因山径险仄,兵弁不能展开,或因攻此碉时,彼碉番兵应援,均未能得手。如五月间,进攻第 3 碉时,在侍卫科玛等的带领下,清军用刀斧砍断木栅,推墙涌入,将守碉金川头目砍死,而欲乘势夺碉时,忽从林箐中窜出番众三四百人来援,清军只得退回。

温福一路,为进剿正路,有汉、土官兵 2 万余名。乾隆三十七年(1772)十二月二十六日,温福带兵抵达功噶尔拉山下。功噶尔拉峰峦剑立,中有丫口,一线羊肠,碉卡据险排列,值连日严寒,积雪深至四五尺。进攻功噶尔拉,也系仰攻,须凭借大炮之力。为便于运输,温福将储于美诺的炮位融化后,将铜斤运至军前,赶铸成食子 16 斤的大炮,用以进攻。乾隆三十八年(1773)正月初一日,清军开始分队进攻,欲夺取丫口,但至初九日,仍未能攻克。进攻无果,2 万余名大军不可能在此株守,温福拟分兵进攻昔岭,即第一次金川之役时张广泗久攻不克之地。而要到达昔岭,如从喀尔萨尔前往,计程 3 站;如经固木布尔山进抵木果木,再到昔岭,只须一日便可,相较而言为捷径。温福派李熙、常保柱带兵 3000 名在功噶尔拉策应,仍做进攻状,派德尔森保、多隆武带兵 1200 名防守木果木背面山梁,派张大经带兵 500 名驻扎簇拉角可,将大营扎于木果木。昔岭距离噶喇依不远,中隔大山沟一道。温福称:据投降的金川之人指点,相去不过四五十里。高宗也从投降的金川兵虎儿的供单中了解到:"攻克昔岭碉座,分路而下,右手即可抵勒乌围,中间只隔数寨,并非险要。其左手可抵噶拉依,中间虽有色尔里地方,然在此架炮,便可直打噶拉依。此路进兵最便。"因此,对温福移兵木果木及防守布置,高宗表示赞同,只是一再强调,官兵已深入敌境,后路防守尤为重要,对防守之将弁,"不责伊等以攻剿,而责伊等以守御,毋致温福等有后顾之忧,即是伊等之功"。并谕令刘秉恬带兵500名,于帛噶尔角克、簇拉角克等处驻守协防。刘秉恬奏称:"查木果木山梁,在温福军营之北。翻过山梁沟内,即德尔森保等驻扎之地。该处东北直接金川之勒物沟,设卡五处。其附近隘口,安卡二十二处,分布巡防。至贼人所居丫口,在功噶尔拉军营之顶,我兵于山腰设有石卡,每日用炮轰击,复于左右紧要处所,排列卡隘二十九处。防范严密,不致贼人有掩袭之事。"① 至二月底,经过艰苦激战,清军才攻得第9、第10两碉。之后,数日连下大雪,高处积至二三尺,难以进攻,只得昼夜施放大炮,复分兵1000名至功噶尔拉,希图乘机有所进展,但被金川援兵所阻挡。高宗对兵弁能奋勇出力加以赞赏,同时指出:"若于冻滑中冒险而行,转属无益而有损。"要温福等爱惜士卒,不必过于焦急,冒险轻举。这时,军营传出温福至昔岭,是因攻不下功噶尔拉而败退之言。高宗力挺温福,称其办理非常得当,并非退缩,告诫温福:"以大学士膺将军之任,尤当有休休之度,岂可以此等事芥蒂于中乎?"② 之后,温福等想尽各种办法,均未能奏效,大兵困于木果木。

大金川土司不仅成功阻挡清军的三路进攻,还不断袭扰粮台、抢夺炮位,放夹坝劫掠兵丁,使清军防不胜防,疲于应付。另外,大金川土司还利用当地少数民族笃信喇嘛教,对清军展开心理战,"贼酋令喇嘛每日念经诅咒官兵"。③ 军营中有许多土、屯兵练,高宗担心这些人会受煽惑,谕令不得在军营中传播。虽然高宗一再强调要防守好后路,但不幸的是,由于清军防守后路的提督董天弼防守松懈,致使大金川有机可乘,指使小金川投降之众潜归故里,并勾结在军营中的降众,里应外合,先占底木达,后劫木果木大营,遂致温福战死,官军大败而退。具体战况如下:

乾隆三十八年(1773)六月初一日夜三更时分,大小金川土兵由大板昭正南山口潜出,偷袭底达木官军营寨,焚毁帐房,占据底达木。在此防守的提督董天弼并不在营驻守,而是独自住在一小营中。大金川土兵突袭营寨得手,董天弼见情况危急,令其子带两名屯练背负印信出逃报信,自

---

① 《清高宗实录》卷九二七,乾隆三十八年二月癸未。
② 《清高宗实录》卷九二九,乾隆三十八年三月乙未,谕军机大臣。
③ 《清高宗实录》卷九三六,乾隆三十八年六月丁酉。

二、两征金川

己则带兵从住所前赴底达木救援，半路与金川兵接仗，右肋中枪，还未逃至碉房即伤重身死，官兵四散。自初二日清晨，大板昭一带卡座遂相继失陷。初三日晨，喇嘛寺粮台被金川兵夺取，温福大军的后路已被截断。之后，金川兵四处攻杀，之前清军已攻占的布朗郭宗、科多等地又相继被大金川兵夺回，导致温福、阿桂两路大军之间的联系中断。

在获得底达木被攻占，后路被大金川兵截断的消息后，阿桂即派兵救援，同时，温福也派遣海兰察领兵收复失地，并与刘秉恬会合，击退进犯簇拉角克的番兵。初六日夜，海兰察听闻德尔森保营寨木栅被金川兵占据，便赶回木果木大营。温福则欲将昔岭附近之兵撤防后路，以增强后路防守。而驻扎于木果木的绿营兵听闻后路被断，大金川兵围攻大营，便弃营逃遁，致军营大乱。于是，温福下令将大营四门紧闭，不许绿营兵溃出。此举导致正在运粮入营的民夫3000余人不得入营，便向刘秉恬所在的登春粮台奔逃，一路自相践踏。大营内外皆乱，渐至失控。初九日，大营东北木栅被金川兵夺踞，并将大营的水源切断，抢占炮局。初十日，大营后山木栅也被金川兵抢占。温福欲整兵突围冲杀，夺回被占木栅。在与金川兵鏖战中，温福身先士卒，冲突在前，混乱中左胸中枪，坠马身亡。其子侍读永保也左腿受伤，跌落昏迷。金川兵于大营四处放火，军营一片混乱。其惨状，如《金川旧事》记载："方兵溃时，三官桥下跨大江为往来之道，士卒、民夫夺路过桥，拥挤堕落无数。须臾桥段，一哄而前，尽填天堑。尸积断流，人马蹂躏而过，贼又追杀于后，一军之众，几无孑遗。事平后，白骨如山。"①《金川琐记》也有相同的记载："方木果木失事时，撤回兵马及被伤民夫莫不求生夺路，挤堕者不可胜数，须臾桥为压断。人既拥挤，一哄而前，势如排山倒海，不能自主，纷纷籍籍，皆趋入大江，江为断流。未几，积尸成堤，人马皆蹂躏而过，土番追蹑于后，复杀伤无数。"② 海兰察见大势已去，令领队大臣福兴等带领官兵由达扎克角山向功噶尔拉军营撤退，自己带领八旗兵殿后。是日夜半，到达功噶尔拉军营，十二日，大军撤至美诺。海兰察命刘秉恬从登春台站撤回，增派兵丁防守美诺至巴朗宗一线，并派兵接应阿桂大军。

阿桂颇具统帅风范，遇事镇定，并不慌乱。他并不急于撤退，而是有

---

① 〔清〕郑光祖：《金川旧事·舟车所至》。
② 〔清〕李心衡：《金川琐记》卷六。

条不紊地展开布置，稳定军心。当获悉底达木失守后，阿桂即以色木则地方为当噶尔拉至僧格宗的必由之路，即派委署前锋西当阿带兵前往占据，为顺利撤退创造了条件。又派奎林、崔文杰带兵堵截金川兵，为防止投诚的大小金川里应外合，谕令将当噶尔山至章谷一带小金川精壮男人全部屠杀；又添兵于达乌、翁古尔墨等处防剿，并派兵防护纳围粮站，将河以南的拉约寨剿洗后焚烧，使其成为空寨，并将渡河的皮船收藏，使金川兵不得渡河往来。为预防军营之中仍有小金川投降之人为内应，命令明正、巴望、布拉克底头人带领土兵，会同官兵一起，将当噶尔拉以西各寨投降男子尽数调离碉寨，收缴军器，稍有桀骜者，或杀死，或捆缚后抛入河中，其余押送至章谷及打箭炉，分赏明正等各土司。阿桂大肆屠杀无辜金川民众，应当予以谴责！但此举使其后路无忧，为之后整师而出提供了保障。

  高宗在获悉木果木惨败、温福阵亡的消息后，大为骇异！木果木之败，损失惨重，自主将至兵丁3000余人同时陷没，遗失米1.7万余石、银5万两、火药7万余斤、大炮5位、九节炮7位。这是清朝开国百余年来从未有过的事！高宗认为木果木兵败，主要由两个原因所致：一是军营中无八旗劲旅，绿营兵不堪依恃；二是防守松懈。进剿小金川之初，高宗就筹议派遣京营满洲八旗参战，而温福、阿桂以调京营满洲八旗参战动静太大，花费甚巨上奏。高宗也犹豫，遂而终止。高宗认为这既是温福等倡议不用京兵所误，而自己误信其言，也只能引咎自责。至于防守松懈，其罪主要在董天弼和德尔森保，称董天弼死有余辜，德尔森保罪无可逭，虽然两人均已身死，但不能曲为原宥，谕令将伊子拿交刑部治罪，家产抄没。同时指出，刘秉恬也有贻误，将其四川总督及所加官衔概行革去，自备斧资效力赎罪。至于温福，高宗开始以其身为统帅，临阵捐躯，加恩赏给一等伯爵，世袭罔替。后了解到木果木失事，乃"民变在前，兵溃在后，实系温福未能预防所至……乖方偾事，以致损兵折将"。高宗愤恨地称："则温福之仓皇失算，其死乃由自取。""倘身尚在，即当立正典刑，以申军纪。"于是收回了之前赏给的伯爵头衔，仅交部议叙，原有世职由其子永保承袭。① 至乾隆四十一年（1776）三月，两金川均平定后，高宗从俘获的金川头目供单中了解到，木果木之败全系温福坐失时机所致，又

---

① 《清高宗实录》卷九三八，乾隆三十八年七月丁卯。

二、两征金川

谕令销去永保所承袭的三等轻车都尉世职。

主帅阵亡,对一支军队而言意味着重大失败。木果木之败的原因,《啸亭杂录》引时任参赞大臣明亮之言:

> 明参政亮谓余曰:"兵家之事,宜于乘锐直进。若不审敌势,坐失机宜,使兵心至于溃败,虽欲振起,不宜得也。"往昔温将军木果木之败,可为殷鉴。昔宋总兵元俊,乘胜直捣美诺,若当时厚集兵力,一鼓歼灭,金川可以早定。乃温公狃于易胜,不复调檄各路兵马,惟日与董提督天弼辈置酒高宴。额驸色布腾巴尔珠尔屡次劝阻,温公反以其煽惑军心,致登白简,上召还额驸。护军统领武岱者,辽东骁士也,见温公所为,浩叹曰:吾闻速拙,未闻迟巧。焉有屯兵贼境,而日以宴会为务者?吾固辽海健儿,未审兵法有若此而能致胜者也。温公大怒,罗织武以他罪致戍,以至人心不服。温公性复下急,遣绿营兵三五十人共取碉卡,有致伤者,温反督责之,人心益为忿懈。海超勇公兰察至,扣刀诮温公曰:身为大将,而惟闭寨高卧,苟安旦夕,非夫也。今师虽疲老,使某督之,犹可致胜。若公终不可出战,不若饮刃自尽,使某等各竭其力可也。温公拂袖起,亦无有所指挥也。又迁延月余,贼人侦知我兵疲弱,乃整劲旅数千,直攻营寨,我兵不战自溃。海公初对敌,即诧曰:云气已颓散,不可与战,余马首欲东,可与诸公期会于美诺寨也。因驰马破围去。温公方雅服督战,为贼所擒,董公天弼、牛公天畀、张公大经等皆死之,师遂大溃,我兵自相践踏,终夜有声。渡铁索桥,人相拥挤,锁崩桥断,落水死者以千计。吾方结营美诺,见溃兵如蚁,往来山岭间。吾遣人止之,溃兵知吾在,止者数千,吾为之收留犒赏。兵方安眠,适有持铜匜沃水者,误落于地,有声铿然,溃兵即惊曰:"追者至矣!"因群起东走,势不可遏,其丧胆也若此!故吾与阿文成公收兵养锐,至逾二载后,军心始振,然后用以克敌。大将用兵,慎勿使其心颓丧至此也。①

---

① 〔清〕昭梿:《啸亭杂录》卷一《木果木之败》,第217页,中华书局,2006。

明亮所说,未必能尽信。而阿桂的总结则较为客观。其称:"以各路大兵进讨,彼即竭力负隅,猖獗何至于此!实由董天弼本系衰庸,疏于防范,且不守碉卡,另立营盘,贼番窥伺已久。而各处站台,兵本无多,又皆怯懦,是以底木达等寨,一经失守,各处军台望风奔溃。至该督等查拿夹坝,并不于贼番出没之处擒剿,转照内地缉捕之例,分派兵于降番各寨逐一搜查,以致番众惊疑生怨,贼匪得易于勾引。一处煽动,各处皆因而滋扰。木果木一路,每次进攻,未曾得利,徒致损伤。而所拿卡寨,零星分布,其中仅有十余人及二三十人者,贼番窥破,并力于一二处,则其余各处相继溃散。至木果木失事时,登春、牛厂贼众尚属无多,惟因散出客民兵夫从此经行,兵即不战而逃,而美诺、沃克什相继失守。核其溃败之由,实因兵自逃散,并非贼番之力能致于此。"指出温福等不仅不体恤兵卒,还谎称瞒报:"木果木军营将军、参赞向来失于体恤,从不查看机宜,以定攻剿之局。惟于五六日、七八日后,将皆奏折之时,辄派兵丁硬扑碉座,以为塞责之计。其实每次进攻,未曾得利,皆有损伤。"① 随温福在军营的巴雅尔称:"温福性狠而愎,参赞以下之言概置不听,又不察地势之险易,不知士卒之甘苦,常令攻碉,多伤兵众。其实并未能得贼人紧要碉卡。安营之后,复距水甚远。平时既不得人心,临事又全无措置,以致于溃。"②

由此可知,木果木之败,与作为主将的温福有很大关系。高宗对任用温福为金川主帅也深为自责:"温福在昔岭时,将万余兵分作千余卡,修筑既令士卒疲劳,分守更复化多为少。此乃温福一大失算处。"③ 而"朕之误任温福,又误信其不发劲旅,悔亦无及,惟有引咎自责而已。朕之初用温福,原因其于军务尚曾经练,此外别无可用之人。……不料其昧于驭下,疏于自防,败绩丧师,轻以身殉"。④ 真所谓"主帅无谋,累死三军!"

再定小金川

在对相关人员进行处理后,高宗开始布置木果木之败的善后事宜,欲

---

① 《清高宗实录》卷九三九,乾隆三十八年七月戊寅。
② 《清高宗实录》卷九四〇,乾隆三十八年八月辛卯。
③ 〔清〕阿桂等:《平定两金川方略二》卷七六,文渊阁四库全书第361册第158页。
④ 《清高宗实录》卷九三八,乾隆三十八年七月丁卯。

二、两征金川

再启进攻。一是授阿桂为定边将军,选派京中健锐营、火器营及黑龙江、吉林兵赴金川前线,各省也预备抽调兵丁,希望重振军威。二是谕令将僧格桑之父小金川土司泽旺凌迟处死,悬首弃街,以泄其愤。同时,敕谕各土司,历数大、小金川的罪行,告知他们朝廷已选派包括满洲、索伦、厄鲁特兵在内的10万精兵征剿两金川,不灭不休,要他们坚心助讨,将来永图乐业,以安抚众土司,稳定其心。三是谕令丰升额、海兰察两路全力接应阿桂大军。

阿桂深具大局意识,筹谋远虑。他向高宗奏称:之前三路大军进剿,虽两路失利,现在只剩自己统领的当噶尔拉一路,而该路兵精粮足,后路无忧,仍可坚守两三个月。而且,小金川美诺官寨此时仍为海兰察占据,仍可作进攻之势,因此请求增调绿营兵1.2万名,八旗兵1万名,待新调之兵到达,仍可以此为基地进剿,变防守为进攻。但不幸的是,海兰察虽成功退守美诺,但兵已无斗志,金川兵来攻,官兵一触即溃。六月二十一日,美诺、明郭宗相继失守,海兰察被迫领兵退至日隆防守。而丰升额一路,也难以坚守绰斯甲布,被迫退至巴朗宗,将阿桂后路完全暴露在金川兵攻击之下。面对如此险境,阿桂并未慌乱。他意识到,既然后路已失,"此时最要事机,莫急于撤出官兵"。认识到做好后路的防守,是官兵能否顺利撤出的关键,"先防后路,官兵均可安全无恙。而据守各隘,尚可待续到之兵,为合力进攻之举"。于是,阿桂对之前已经占据的后路各隘口添兵驻防,对尚没有派兵驻防的地方酌量安设,将章谷、吉地等处作为防守的重点。于二十五日,开始分队撤离。阿桂亲领1600名滇兵断后,于七月初一日到达翁古尔墨,整旅全出,未损失一兵一卒。至此,之前已经攻占的小金川全境,除僧格宗以南为清军占据外,其余全部为大金川夺占。

阿桂能全师撤出,还有一个重要原因,就在阿桂筹划撤军之时,大金川土司差遣头目至阿桂军营,称:"我金川系大皇帝家旧土司,如今官兵、百姓等,我金川一点不敢侵扰。"要求阿桂领军退出金川地界。大金川土司之所以如此,是因之前金川兵屡次袭击阿桂后路,均被击溃。阿桂率领的万余名官兵未受任何损失,保持很高的战斗力,为其所忌惮。但此时阿桂深知自己的处境,于是将计就计,答应了金川土司的要求。金川土司在阿桂撤退时,也没有派兵袭扰。阿桂率兵退回,既保存了之后再次进攻的有生力量,又占据了前进基地,进可攻,退可守,更重要的是,稳定了军心,鼓舞了清军的斗志。高宗盛赞:"阿桂此次办理,事事妥协,甚属可嘉!已授为定边将军,统办进剿之事,实堪倚任。"① 把平定两金川的希望寄托在阿桂身上。阿桂也未辜负高宗的期望,"木果木溃后五日而复美诺,二年而扫金川"。②

木果木惨败和清军全线退守,丝毫没有动摇高宗剿平两金川的决心。他再一次通谕中外,声明用兵金川的原因,强调将特派京营八旗、简选大臣,以阿桂为全线统帅,再剿两金川。谕令此次进剿必须"壁垒一新,所向克捷,扫穴擒渠,以快人心而申国法"。③ 于是添兵易将,运粮转饷,筹划进攻路线。

阿桂奏请调派京营兵3000名、吉林兵4000名、索伦兵3000名,共1万名;又请调绿营兵:湖广5000名、山西5000名、云南2000名,共1.2万名。高宗遂派京城健锐营、火器营兵2000名,吉林、索伦兵各2000名,西安、荆州驻防兵3000名,察哈尔兵5000名,八旗兵9500名。但认为调山西兵赴金川,路既遥远,且亦不甚得力,于是派湖北、湖南、云南、陕甘各省绿营兵1.2万名,加上原已调各省绿营兵3.8万名及川省屯、土、练兵,总兵力达7.5万名左右;并谕令固伦额驸色布腾巴尔珠尔及久经战阵的侍卫、章京数十人赶赴金川军营,将阿桂由定边将军改授为定西将军,授明亮为定边右副将军。议定兵分三路:西路为进攻正路,拨兵2.5万余名,多为木果木溃散之兵。高宗认为,此路必须阿桂亲统,以色布腾巴尔珠尔为参赞大臣;南路以明亮为统领,富德为参赞大臣,拨兵2万余名;北路以丰升额统兵,海兰察为参赞大臣,拨兵15000余名,其余兵丁防守粮路和各要隘。

有关进攻时间和进兵路线,高宗与阿桂反复讨论。乾隆三十八年(1773)八月间,所调遣的绿营兵陆续到达。高宗认为,剿平大金川,必须先攻克小金川,而攻取小金川,现有之兵已足敷所需,要阿桂不必俟京兵到达,即率兵攻克小金川。因为高宗担心大兵云集,无仗可打,会消磨锐气。而更重要的是,金川军营每月约需饷银百万两,早一日攻灭两金

---

① 《清高宗实录》卷九三九,乾隆三十八年七月癸酉。
② 《碑传集》卷二八,见王春光纂《清代名人轶事辑览》第6册第2689—2690页,中国社会科学出版社,2004。
③ 《清高宗实录》卷九三八,乾隆三十八年七月丁卯。

二、两征金川

川，则可省不少经费。而阿桂则认为："此次收复小金川，惟在筹备齐全。……不如兵力稍齐，足资分拨，克日并举，则虽进兵稍迟，而收功自为迅速。"①又称西路多系木果木溃败之兵，需要整顿，且攻克小金川，也不是十分容易。因为前次攻剿小金川时，"巴郎拉至美诺一路，形势均为险峻。资哩攻至三月有余，沃克什攻至五月有余，路顶宗、明郭宗二处亦皆攻至两三月有余，而资哩尚以截后而得，沃克什尚以设计而得，历时一载，始能逐次开通。其大板昭一路，董天弼亦攻至三月之久，并无寸进。直至美诺既破，然后底木达、布朗郭宗望风而下。今此数处既复被贼番占据，则其备御愈严，守死愈力"②。坚持"收复小金川，惟俟吉林兵到来，即可同时并举"。高宗也未坚持己见，而是同意阿桂的意见，称"亦只可如此办理"。③

此次进攻两金川，高宗异常重视，欲选一个良辰吉日作为进攻日期，询之在京的章嘉呼克图。章嘉呼图克图称：十月二十三日不宜进兵，早或二十一日，迟或二十七日、二十九日，皆大利之日，进攻可迅得全胜。于是，确定十月二十九日为进攻之期。至于进攻路线和相关事宜，阿桂等也最后议定："（西路）达木巴宗之北，有路可通斯达克拉、阿噶尔布里、硕藏噶尔，若派兵潜击，占此三处，一路由别斯满攻底木达、布朗噶宗；一路攻取兜乌、沃克什、明噶宗，从此顺帛噶尔角山梁，即可直抵美诺；至美美卡一路，更为贼酋要地，拟于资哩北山下，乘其不备，派兵直抢，或于美美卡之东玛色尔渠占住，则前往硕藏噶尔之兵，下至别斯满时，官兵联络接应，色布色尔等处之贼自不能久据。臣等商定后，即派兵驻扎色布色尔山梁，以防贼断后路。令海兰察等带兵往阿噶尔布里等处，富兴等带兵自资哩北山上直取美美卡，成德等带兵夺占资哩南山，臣阿桂等从中路攻剿资哩，各处接应。而南路，绰斯甲布之兵同时进发。倘得已降复叛之番，请暂缓诛戮，恐前途望而怀沮。大寨、坚碉，概行撤毁。附近金川人户，亦当别筹移置，使贼无凭藉之地。"④进攻小金川的准备已很充分。

此前，大、小金川合力击退清军，重新占据小金川后，大金川土司索

---

① 《清高宗实录》卷九四一，乾隆三十八年八月己酉。
② 《清高宗实录》卷九三九，乾隆三十八年七月戊寅。
③ 《清高宗实录》卷九四三，乾隆三十八年九月甲申。
④ 《清高宗实录》卷九四六，乾隆三十八年十一月己未。

诺木并没有修复与当地其他土司的关系，而欲报之前九土司联合进攻之仇，因此遣人赴绰斯甲布，威胁说："尔等从前协助天朝攻剿，今尔等一路，官兵不久即欲退出，退出之后，我即发兵报仇。"绰斯甲布土司回答道："官兵退否，我等岂能预知？尔欲抗拒，亦由自取。"① 而大、小金川之间的联合也并不稳固，索诺木的目标是吞并小金川，因此，随着清军退出小金川，两金川之间的矛盾便开始加剧，联合也开始瓦解。之前，在清军攻取小金川后，僧格桑逃到大金川，索诺木利用僧格桑的威信，鼓动小金川部众反叛。木果木得胜之后，每夺取一处，索诺木即派大金川头人去监领小金川部众，并将所夺得的数量众多的银两、绸缎、弹药、马匹、粮食等全部运回大金川。而对僧格桑，索诺木先是加以利用，但后来夺取小金川美诺官寨后，并不让其留居，而是派冈达克（索诺木之兄）去管理美诺。索诺木兄弟"视僧格桑为孤豚腐鼠"。将其带回大金川，软禁在科思科目地方监视居住，将其左右之人全换成大金川的人。大金川对待僧格桑及其部众十分苛刻，"僧格桑住的寨子很平常，跟随僧格桑去的人，有力量的拿东西四散去换口粮，没力量的各自寻吃。如今僧格桑跟前伺候的人不过十五六个，勒乌围每日每人给馍馍两个，也不能吃饱"。及至后来，"僧格桑要从碉上头逃走，出来被人看见，又将他收在地窖里"。② 事实上，僧格桑及小金川之境已在大金川的监视和控制之下，沦为大金川的附庸，大小金川之间矛盾加剧，小金川人心摇动，战斗力大幅减弱，使之后清军再次收复小金川变得相对顺利。

自九土司联合进攻金川失败后，众土司担心索诺木等报复，遂主动与清政府合作，在清军攻剿大小金川时出人出力，探查引路。清政府则对众土司多加以笼络和利用。剿灭两金川，已成为清政府与众土司共同的目标。

阿桂奏报：自当噶尔拉撤出时，巴望、布拉克底、明正土司以及革布什杂土都司派出得力头人，率领土兵防守险隘，帮助清军把守后路。高宗认为众土司实力奋勉，甚属可嘉，降旨犒赏出力之土司和头人，对于所派

---

① 《清高宗实录》卷九四一，乾隆三十八年八月甲辰。
② 《军机处录副奏折》（民族类），乾隆三十八年五月二十一日阿桂奏折附呈小金川番民撒尔加供词、乾隆三十八年十一月初六日明亮、富德奏折附呈小金川番民聂噶供词，中国第一历史档案馆藏。

二、两征金川

出防守的土兵,按照在当噶尔拉参与作战的土兵之例,赏给一个月的盐菜银两,并要求阿桂将朝廷已调派包括京兵在内的满汉官兵数万人到金川前线,不灭金川誓不休的决心告知众土司,以坚其志。至此,嘉绒藏区人心向背已然明显,大金川愈发被孤立。逆流而行,困兽犹斗,失败只是迟早的事。

乾隆三十八年(1773)十月二十七日,清军三路齐进,进攻小金川。南路,阿桂统帅兵丁,于二十九日,连克资哩南北山梁、阿喀木雅、美美卡、木兰坝,收复沃克什官寨,大小金川番兵退守路顶宗。上次清军攻占小金川时曾花费五六个月时间才攻克的绝险之地,这次只用了两天时间便将其攻占。之后,又于十一月初一、初二日,连克路顶宗、明郭宗等处;初三日,攻克小金川美诺官寨,并攻占别斯满、兜乌、帛噶尔角等处。北路,丰升额督兵从宜喜攻夺沙坝山梁碉卡,杀敌百余,夺获炮位、器械等物。西路,明亮也于十月二十九日率兵将河南之得不甲、河北之喇嘛寺、得里两面山梁以及日寨、策尔丹色木攻克。大小金川守兵退守僧格宗,清兵上下夹击,于十一月初六日夺取僧格宗,得粮1000多石,火药50余包。大板昭、弥当、曾头沟各寨番众纷纷乞降。至此,仅用10天时间,清军势如破竹,便将小金川全境收复,取胜之速,大大超出高宗的预期。

高宗认为:此次能如此迅速地攻克小金川之地,皆由于各将军、参赞大臣调度有方,满洲劲旅奋勇绝伦,绿营兵皆得有所效法,新兵、旧兵奋勉争先。据所获投降的小金川兵称:从前美诺未破时,小金川安设碉卡,竭力防备,是以天兵攻打不能一时剿灭。自去年攻破后,大势残败,不似从前处处整顿。今年十一月,天兵一到,先至龙登尔打了一仗,小金川败了。又赶至阿卡木雅,小金川又败了一仗,美诺已是守不住,七图安堵尔等就各自逃遁了。七图安堵尔是小金川的管事大头人,所有小金川狡谋恶计多出自此人。此次攻灭小金川,没能将其抓获,高宗以为憾事,称:"虽闻克捷,不能慰怀也。"即谕令:"阿桂当一面酌量小金川善后事宜,及派兵防御后路,粮台诸务,交富勒浑、王进泰妥为经理,阿桂、明亮即一面带兵分路攻剿金川,乘将士新胜锐气,鼓勇直前。"①

与高宗所称"乘将士新胜锐气,鼓勇直前",立即展开对大金川进攻

---

① 《清高宗实录》卷九四六,乾隆三十八年十一月丁卯。

的想法并不一致,阿桂坚持认为:大金川情形与小金川不同,不能仓促进攻,必须筹划万全。他认为进攻大金川的路线还需再行审视,进剿的兵力也不敷分布,奏请再调4000名汉兵赴金川前线。鉴于之前清军在进剿时,攻占一处,便须派兵防守一处,导致处处防守,疲于应付,使投入进攻的兵力不足,因此阿桂谕令,对小金川实行"迁人焚寨"的政策:攻占小金川时,小金川的万余名土兵,除其中1000余名逃往大金川外,其余8000余名已投降清军。对这些小金川降众,除部分赏给瓦寺、鄂克什杂、巴旺、布拉克底、明正各土司,并将其中一部分拨往杂谷屯管辖外,所有查明系从前投降后又复行反叛的4000余人,则全部被处死;美诺、底木达、美都喇嘛寺等处的大小碉寨,均全部撤毁,并将小金川地面的庄稼也全部捣毁。阿桂奏称:"小金川全境番人既经内徙,寨落已悉焚烧,一带地方尽为荒山空壤,美诺亦成废地,即不设兵驻守,其小金川之窜在金川者,亦难再出占据。而金川正当分路进剿之时,亦断不能再占小金川之地。惟期后路稍省一兵,即多增一兵之用。"高宗责以"所言殊未当理!阿桂之意不过以后路稍省一兵,即可多增一进剿之用,所见者小,而所昧者大。……正当将克复之小金川全境妥为安置,使官兵藉以为根基,贼酋稍有所畏惧,所谓得寸则寸。前此西陲用兵,皆系如此办理,阿桂岂忽而忘之?"① 阿桂如此极端的做法,应当受到谴责!这样做,也促使小金川逃出之众更加依附于大金川,拼死抵抗,给清军的进攻增加了难度。

这时,大金川遣人向阿桂投禀:"僧格桑拘禁病重,请差一位大人来,即将僧格桑全尸献出。至头人七图安都尔、未利阿什杂,已为小金川百姓所杀"等语,虽并未明言是否投降,但明显有和缓之意。阿桂认为:大金川土酋向来狡诈,僧格桑是否病重断难凭信,索诺木此举意在官兵撤出后再将僧格桑献出,而并非要向清军投降。高宗则认为:"贼人投禀,敢于如此狂吠,真堪发指!……金川之必应剿灭,揆之理势,均难终止。若使稍涉游移,贼酋必尽将各土司蚕食,并成都亦且可虑,更复何成事体?思及此,尚可存不办之说乎?今满、汉、屯、土官兵调至七万有余,阿桂如尚以为不敷分用,即奏闻再添一二万亦非难事。只要大功必成,多费实所不惜。"② 谕令阿桂等:"两金川罪大恶极,万无可逭,并非缚献逆酋所能完

---

① 《清高宗实录》卷九四八,乾隆三十八年十二月丁亥。
② 《清高宗实录》卷九四九,乾隆三十八年十二月甲辰。

二、两征金川

局。况今各路进兵,尤不宜复通文檄。设或贼人情急,差人诣军门献俘求降,均宜置之不理。各路将军均当深体朕意,切实办理。朕惟早盼喜音之至。"① 高宗担心阿桂等对进剿大金川有所犹豫,或接受索诺木的投降,再次明确表达了对大金川不办不休的决心,堵死了允许大金川投降这条路。

高宗与阿桂经过一番商讨,筹定于乾隆三十九年(1774)正月初十日,兵分两路进攻大金川。原丰升额所领北路之兵并入阿桂处,由谷噶、凯立叶进攻,此为正路;另一路由明亮统兵由马奈、马尔邦进攻。阿桂于正月初二日到达布朗郭宗大营,整理军械,点齐1.5万余名兵弁,分作三队,每队5000余人,每人裹带10日口粮,为便于携带,中途不生火做饭,以面1斤做成饵饼,抵1日口粮。第一队由海兰察、额森特、普尔普、保宁带领,于初六日出发;第二队由色布腾巴勒珠尔率同福康安、乌什哈达、特成额、成德带领,于初七日出发;第三队由阿桂率同积福、福珠礼、特升额、海禄带领,于初八日出发,由布朗郭宗,经喀尔萨尔进抵谷噶。丰升额则率原所领之兵,于初八日占据萨尔赤鄂罗山顶,保护后路。明亮一路,率兵于正月初五日抵达格藏桥,设伏兵于桥北。金川河之北骆驼沟一路,派兵6000名,由富德统领;金川河之南博堵一路,派兵4000名,由奎林、三保统领,从中挑选满兵及滇、黔两省营兵,督率土兵前进;另派和隆武、科玛带兵600名,截取卡卡角;图钦保、拉布东阿领兵500名,截取马奈;德赫布、噶塔布各领兵200名,预备皮船,随土兵夹攻对河之木底、格鲁克古两处。余下汉兵700名,以珠尔格德、刘辉祖率领,为奎林、三保后援。明亮自统1600余名兵丁,在河北马奈,进攻正面碉卡。如此布置,高宗认为:"此次所觅进兵捷径,阿桂一路既甚妥协;其明亮一路,马奈、马尔邦路颇平坦,亦可易于攻克,较之上年攻剿功噶尔拉、当噶尔拉之路,应不啻事半功倍。惟盼克期奏捷,数日内即得捷音。"②

高宗认为,这次征剿大金川,能像克复小金川一样,数日内即可成功。他过于乐观,严重低估了大金川的战斗力和战斗意志,而完全没有料到,之后还要花上整整两年时间,才彻底将大金川剿灭。

乾隆三十九年(1774)正月初十日,阿桂一路,以海兰察率兵占据色

---

① 《清高宗实录》卷九五○,乾隆三十九年正月庚申。
② 《清高宗实录》卷九五一,乾隆三十九年正月乙亥。

依谷山，当日夜间，攻取海拔极高的登古山，已深入大金川境内百余里，后又攻得谷噶。明亮一路，也于初十日，攻占马奈正面的拉绰石卡五座和迤东山嘴大战碉1座；富德由骆驼沟攻取战碉2座、木城1座、大小碉100余座；德赫布领兵攻取格鲁克古敌寨40余处；陈世庚率领土兵攻取木底要隘2处；奎林率兵用皮船渡河，进攻斯第、博堵山梁，抢得木城2座。官军围攻马奈，经过数日战斗，夺取扼要之地马奈，开始进攻穆谷。丰升额一路，占据达尔扎克山顶后，进攻凯立叶以及舒常领兵进攻达尔图，皆因雪深路滑，不能攀越前进，只得另觅间道进剿。

　　高宗认为：丰升额、舒常一路进剿，原只是为帮助进攻谷噶做牵缀掎角之势，阿桂既已将谷噶攻占，即使凯立叶等处未能攻克，亦无关紧要，因此谕令丰升额带领部分官兵赴谷噶，助阿桂进剿，不必在凯立叶等处逗留。而阿桂则认为：攻取凯立叶非常重要，可使官兵进攻后路更为安全，因此他谕令丰升额不必赴谷噶。为确保能攻取凯立叶，阿桂派遣熟识路径的投降土兵到丰升额处，另寻进攻凯立叶路径。随清军参战的其他土司，在攻剿大金川的战斗中表现得非常积极。据舒常奏报：正月十五日，绰斯甲布头人松乃、温布等，察看到靠近俄坡的石拉沟、格尔格两处地方，大金川防守松懈，舒常据报后派官兵与土兵一齐进攻，杀敌95人，生擒5人。之后，绰斯甲布等土司提出，因迫于时令，请求将参加战斗的土兵撤回种地。高宗以土兵原系自行效力，朝廷并非专仗其力，同意其请，要求舒常带兵仍驻扎宜喜，守护好后路，不要再急于进剿。

　　此次清军进剿，遭到大金川的顽强抵抗，加之山险路滑，战斗十分激烈。即如阿桂一路，于正月三十日进攻登古山对面山梁时，开始连克4卡，但在进攻第5碉时，因峰高石大，未能攻克，只得绕越围截，花费不少力气才将其攻克。而明亮一路，在进攻卡卡角时，据报："卡卡角山形如丁字，凡官兵竭力上攻之处，即贼人加意防守之处。查木鸡山梁之半，东向峭壁，攀援俱绝。其上虽有滚石放枪之贼，而山峰一带并无卡隘，因将扎勒桑所带当噶尔拉牵缀兵一千名撤回，令各队官兵于十九日分路攻打。臣等亦带兵二百余名，在庚扎之上相机策应，用炮轰催，一面密挑健兵三百名，派扎勒桑带同蓝翎兴善保、守备田蓝玉，先于十八日往山梁峭壁下预伏。是夜，兴善保、田蓝玉二员，潜领吉林兵七名、索伦兵二名、屯兵八名，于万难容足之路攀附而行。比及黎明，臣等见兴善保、田蓝玉等已在峭壁之上，余兵亦接踵而至，贼番正当四面迎拒，突见我兵从此截

二、两征金川

出,惊慌失措,碉内各番望风溃散。官兵奋勇齐登,追杀五十余名,又截住碉内贼番,杀死十三人。当将两山梁全行占据。"①

进入二月,金川天气变得更为寒冷,清兵进攻将及一月,虽有所收获,但整体进展不大,此时则变得更为困难。丰升额一路,据奏:"占得莫尔敏山,攻克迪噶拉穆扎。"但仍然难以深入凯立叶,值天气晴朗,拟从达尔扎克东北觅路进攻。明亮一路,赶铸大炮,用力轰催,将穆谷攻克,但在进攻庚额特山时受阻,"查庚额特山前后,贼众愈多,据险死守。奎林一路,虽经土兵乘夜抢占喀咱普相连山腿,连修木城三座,而自深嘉布盘旋而上,山顶分左右两路,斯第、博堵寨落均在山岗环抱中间,遇有下压之处,贼即添调防护。自应另觅间道。"②阿桂一路,于二月十七日分路进攻罗博瓦山,海兰察、额森特率兵由正面进攻,小金川投降部众在头人僧格率领下,绕出碉后,抢占大石卡1座,杀敌30余人,与官兵一齐合围大碉。有金川兵400名来援,经岱三保、额森特领兵击退。之后又有金川兵从喇穆喇穆前来接应,经乌什哈达等由登古丫口截住痛歼。普尔普带兵绕攻后山丫口敌碉,金川兵于险仄路口与清兵相持。而正面大碉坚固,大金川兵顽强拒守,导致刨挖碉根的兵丁损伤众多。因此,至天亮时,阿桂将进攻之兵撤回。

此次进攻大金川,阿桂所采用的战术是稳扎稳打,步步为营,稳固推进。在进攻坚碉时,也不再令官兵强攻硬扑,而更多采取迂回包抄战术,尽量减少伤亡,并对后路严密布防,虽然进展有些缓慢,但也没有给大金川留下任何偷袭的机会。

各路进剿之兵进攻受阻后,阿桂派人仔细勘察地形,得知罗博瓦山系进攻最要之地,非抢占不可,便于二月二十三日,派兵于夜间进攻,"海兰察、达兰泰等绕至第二、第三峰丫口下,分兵爬越,贼番集众冲下,均被射退,我兵直上山梁,遂一面留兵占据碉卡,一面往抢第三、第四峰,各碉俱已攻克。贼因后路已断,转窜第一峰碉内死守。而额森特、乌什哈达及普尔普等所带兵均已会合并攻,即于二十四日攻开。此次攻克大碉八座、大小二十六卡,杀贼二百余人并大头目阿让里格、申则二名"。③ 罗

---

① 《清高宗实录》卷九五二,乾隆三十九年二月丁亥。
② 《清高宗实录》卷九五三,乾隆三十九年二月庚戌。
③ 《清高宗实录》卷九五四,乾隆三十九年三月庚申。

博瓦距逊克尔宗不远，本可以乘胜进攻逊克尔宗，但阿桂考虑到罗博瓦与逊克尔宗之间隔着喇穆喇穆，此为大金川防守的一个重要据点，又与勒乌围相通，对后路即粮运道路威胁很大，于是决定暂缓进攻逊克尔宗，先攻取喇穆喇穆。

阿桂稳扎稳打、逐步推进的战术有效地消耗了大金川的有生力量。阿桂从所拿获的大金川番人德尔日嘉处得知：大金川兵已被歼灭很多，兵不够用，将喇嘛都派出打仗。另据明亮奏称："斯都乎图克图情愿来营诵经。"高宗指示，将此事在军营内广泛传播，以泄大金川部众坚守之气。①而为防金川放夹坝滋扰，清兵凡遇箐林可以藏人之处，即派兵焚烧搜剿。

转眼进入三月，大金川欲故伎重施，"于初七日，乘雪雾弥漫，领贼八九百人，分为四股潜来偷劫。一股从罗博瓦山阳，两股从山阴潜上，合抢山峰中间常禄保营盘，当经常禄保放枪击打，并将跳入卡内之贼立时砍毙。乌什哈达、额森特、福康安等复闻声带兵接应，内外夹攻，贼俱败逃。其侵扰登古山梁一股，亦潜至湖广官兵石卡，经普尔普带满汉各兵，分两路冲杀，乌什哈达等复带兵由山坡斜下，截断贼人归路，枪箭齐发，伤毙无数，余俱滚山穿箐而逃。至初八日，又有贼百余潜来索柱、杨昆营盘，亦经官兵瞭见击退"。② 大金川虽然偷袭阿桂一路未能得手，但使明亮一路遭受不少损失。

据明亮奏报：在进攻当噶尔碉卡时，在喀普尔碉前受阻，无法乘船渡河，而奎林所占山梁，因取水困难，又遭金川派兵袭扰，清兵只得撤退。后在斯第之上的班得古觅得水泉一道。奎林认为，清军既已经从此地撤出，金川兵可能疏于防守，兵不厌诈，于是以巴旺番人为向导，分兵出击，欲占取水泉，遭到大金川兵伏击，幸得八旗兵拼死作战，没有重蹈木果木之覆辙，但仍致100余名兵弁伤亡。高宗以"究不免于少挫"，谕令明亮，只能整兵稍待，不能再冒险进攻，而将进攻获得突破的希望寄托在阿桂一路，因此谕令丰升额，除留下部分兵力驻守宜喜和已夺得的凯立叶山峰外，其余均交由武岱率领，赶赴阿桂军营协助进攻。

进入四月，金川境内仍雨雪时行。阿桂一路为雨雪所阻，原拟进攻喇穆喇穆，两个月没有取得任何进展。而要攻取喇穆喇穆，须先占领日则丫

---

① 《清高宗实录》卷九五四，乾隆三十九年三月丙寅。
② 《清高宗实录》卷九五五，乾隆三十九年三月丙子。

二、两征金川

口之日尔巴碉。按原来的布置,由阿桂率领之兵与丰升额一路相约共同夹击日则丫口之日尔巴碉。之后,阿桂考虑到日尔巴碉,"其地在山阴,箐林深密,崖磡险陡,兼之彼此隔远,雪雾时作,万一不能如约夹攻,即不免有失利之处"。① 因地势不利,进攻困难,相度形势,为保险起见,放弃进攻日则丫口。阿桂不使将士越险而进,懂得取舍,体现其统帅谋略。

为避开金川兵之锋镝,阿桂等议定绕道喇穆喇穆后路,但"久经部署妥协,因崖险泥深,未能攻扑"。之后稍有进展,"于(五月)十三日夜分兵进发。至十四日雨雪大作,海兰察等带兵直向喇穆喇穆高峰大碉,连夺碉卡、石卡三座,杀贼十余名。额森特、福康安等亦带兵由喇穆喇穆丫口木城背后前进,连夺石卡两座,毙贼数名。普尔普等进抵碉根,与海兰察合攻,杀贼十余人,余俱逃遁。至乌什哈达等进攻罗博瓦山冈下木城、石碉,有贼百余从内冲出,侍卫额勒登保即进迎击,复见山坳内一队贼人欲出救援,乌什哈达等复率兵截击,贼皆负伤逃窜。保宁等一闻枪响,知官兵业已进攻,随斜上攻扑山腿各碉,又令成德等攻贼木城,砍杀贼众过半。正在围击,贼众蜂拥救援,败回碉内,抵死据守。各队随以次撤回。臣等拟于罗博瓦山冈下添筑炮台,尽力轰击。因该处箐林深密,派兵砍取,并令先行埋伏。果有贼百余来犯砍木之兵,伏兵齐起,歼毙多名。至十六日黎明,成德见有骑马两贼诱敌,因派兵截其后路,成德即亲率官兵二百名冲入箐林,又见贼兵二百余伏于树内放枪抗拒。我兵正在击杀,适特成额带兵赶到,贼又见哈萨尔图等已上山梁,合兵下压,遂纷纷逃窜,我兵尾随追杀,复毙贼十余名,余贼逃回碉卡。共计三次,杀贼五六十人,而受伤窜去者更复不少,贼气自必日形消沮。"②

虽然清军的攻剿取得了一些战果,但这样零星的战斗和杀伤并未使大金川受到实质性的损伤,且随着时间的消耗,清廷压力激增,因此,高宗不甚满意,他希望在进攻上有实质性的突破。有鉴于此,在接获明亮等奏报"于穆谷豫为设伏,散放马匹,诱贼前来,杀死二十余人"时,高宗称:"较之株守,自觉差强耳。"③ 作为金川前线的统帅,阿桂感到了压力,开始积极寻求可以突破的机会。

---

① 《清高宗实录》卷九五九,乾隆三十九年五月戊辰。
② 《清高宗实录》卷九五九,乾隆三十九年五月壬午。
③ 《清高宗实录》卷九五九,乾隆三十九年五月辛未。

在经过一番考察后，阿桂奏称："欲别开生面，则惟正地一处。"他认为："正地一路，从未经大兵攻打，贼酋豫备稍疏，由此直捣中坚，洵为制胜良策。"只是此地离军营太远，不知是否可行，要明亮具体查勘。明亮在勘察后报称：正地可以进兵，但途长道险，需兵万余。阿桂与明亮经过一番筹划，认为虽然面临许多困难，但仍决定由明亮于五月二十六日带兵前往正地。明亮领兵于六月初一日抵达吉地，拟由此以达正地。但因正地山口山势险峻，又拟由甲尔垄坝翻山过去。经过一番周折，最后明亮奏报：正地一路实无机会可乘。于是，于六月三日，明亮统兵经由周叟，从噶克、卓克采回到凯立叶，于二十二日、二十三日分两队进攻甲尔垄坝。为配合明亮的进攻，阿桂统领大军已将铸好的大炮运至炮台，于五月二十七日开始轰击，颇有效果。但由于天气仍不时阴雨，六月初一日复降大雪，待雪稍停，又起大雾，金川兵趁机将损坏的碉卡修复。

为使进攻大金川获得突破，高宗使用了各种招数。因为在京的大喇嘛斯都呼图克图因年老患病，不能亲自前往金川前线念经，便派其徒弟喇嘛噶尔玛噶什赶赴金川军营。高宗还令人将新造的"利盆铃杆"发往金川前线，要阿桂留心察看，如噶尔玛噶什实系道行深厚之人，则将"利盆铃杆"赏给，"令其破贼番扎达邪法，以止雨开雾"。六月飘雪，乃因金川地势所致，并非所谓"扎达邪法"起作用。而以喇嘛念经驱邪，以"止雨开雾"，企图以邪止邪，不过是寻求心理安慰而已，但对提高士气还是有用的，据称"各土兵无不皈依"。① 这既是金川战争中的一个插曲，也反映出高宗急欲攻灭大金川的焦急心态。此外，阿桂还派兵将小金川地面成熟的麦子收割，既防止大金川兵抢夺，同时还可补充前线军粮。

为保障金川前线饷银充裕，高宗谕令再拨部库银500万两。至乾隆三十九年（1774）六月前，用于此次攻剿两金川的饷银已达3900万两。

因听闻金川前线所铸炮位威力较小，对摧毁高大坚碉作用有限，高宗命令将京中所藏"冲天炮"，即俗称的"西瓜炮"取出试射，效果不错，拟运往金川前线使用。但由于冲天炮重自300斤至380斤不等，由京城运往金川前线十分费力，高宗便谕令侍卫阿弥达率领造办处、钦天监人员，带上炮子及造炮式样赶赴军川前线，按图铸造。之后，又以测量之法，西

---

① 《清高宗实录》卷九六〇，乾隆三十九年六月丙申。

二、两征金川

洋人比中国人更为精熟,高宗又谕令,从钦天监官员蒋有仁(西洋人)、傅作霖二人中选派一人,派侍卫班长德保带同驰驿赴军营听用。七月十三日,德保带领三品京堂傅作霖自京启程前赴金川。

而在金川前线,进入六月后,清军加强了攻势。阿桂拟定于六月十二三日,各路会兵进攻。阿桂一路,进攻罗博瓦之色溯普。该处中间及左右碉下共设有6碉,阿桂以3000兵围攻,普尔普带兵攻击正面,总兵成德于喇穆喇穆右边牵制,"普尔普率兵直上,连抢两大卡,贼人合力抗拒,海兰察等遂直抵碉根,将第一碉围住,撬挖碉墙,抛防火弹,贼匪逃窜。各兵尽力攒射,歼毙无数,乘胜进图第二三碉,痛加歼戮,将三碉全行克获。其额森特及乌什哈达等所攻左右三碉,亦皆先后攻取"。① 这次战斗,攻克战碉11座、平碉40余间。参赞大臣副都统舒常也于十二日派兵攻打达尔图山梁,但"其地属险隘,官兵即奋勇设法,终不免限于地势,虽经毙敌数十,而官兵伤损过多"。② 高宗谕令:此路只宜严守营卡,乘机策应,不必冒险进攻。而凯立叶武岱一路,也派兵进攻,"杀贼只十余名,而我兵伤至三十余名"。高宗认为:武岱一路只能等阿桂得手后再进攻,"此时且毋派兵进取,惟将出而侵扰之贼痛加洗剿,不得冲击碉卡,与石相击,致有损伤"。③ 随后,阿桂一路传来捷报,于六月二十五日将日则丫口攻占,攻取战碉36座、木城5座、石卡50余处、平碉100余间、马骡11匹头,毙敌数百,擒得活口2名,夺获劈山炮1位,火药、铅弹、鸟枪、刀矛、口粮等物甚多。是役,"二十二日晚,令额森特、乌什哈达带兵,分为两路进攻色溯普南面山腿贼碉,福康安带兵接应,又令普尔普、海禄等进攻喇穆喇穆山梁东边战碉,保宁、彭霭等进攻其次贼碉,并令成德、特成额等仍于喇穆喇穆左边山腿进攻,海兰察等直取喇穆喇穆山梁后尾峰峦突起处两大碉,于满洲、索伦及绿营、屯、土各兵内挑选至勇至健之兵六百名,分队潜上。二十三日,额森特等见海兰察之兵已抵贼碉之下,督兵直奔山腿,官兵争先跳跃,越过三道沟壕,射歼多贼。其普尔普等攻扑喇穆喇穆第一贼碉,官兵不避枪石,抛放火弹,刨挖碉根。贼人窘迫出碉,官兵枪箭齐发,并射中穿红衣头人之胸,背带数箭逃窜。成德

---

① 《清高宗实录》卷九六一,乾隆三十九年六月丁未。
② 《清高宗实录》卷九六二,乾隆三十九年七月癸丑。
③ 《清高宗实录》卷九六二,乾隆三十九年七月甲寅。

等将贼人护碉木卡尽力攻开，连克石卡四座。维时，海兰察等所带各兵先于半夜月出之前鱼贯而上，不但并无人声，并将火绳藏起，从石壁陡滑处，官兵手足攀附而进，埋伏碉旁，黎明一涌而登，直上东边峰峦突起碉顶，砍开碉门，跃入碉内，将贼众尽行杀死，即扑进西峰尾碉围攻，奋力剿杀无遗，并将木城两座放火围烧，焚毙殆尽。成德、普尔普、保宁等带兵冒雨围攻山梁之碉，彻夜无倦，贼遂弃碉而逃。二十五日早，大雾迷蒙之际，海兰察等复率兵从喇穆喇穆山梁尾碉乘势抢杀西南两道山腿碉卡，官兵新胜之后，勇气倍增，并攻克日则丫口各碉卡，歼戮多贼"。高宗闻报，非常高兴，称："喇穆喇穆山梁，原为此路贼人第一要隘，山形绝险，碉卡最坚，而日则丫口亦进攻勒乌围要路，在所必争。今官兵等皆攀援超群，奋不顾身，虽遇雨夜雾晨，弥加勇往，杀贼攻碉，靡坚不破。而海兰察不避艰险，尤为超轶出群，堪称勇将。"①

海兰察，多拉尔氏，索伦人，后入满洲镶黄旗，"为阿文成公（即阿桂）所识拔，扬威阃外，屡立战功"。后随阿桂平定大小金川，又参与镇压甘肃回民起事、台湾林爽文起义，官至领侍卫内大臣。征廓尔喀，封一等超勇公。《名人轶事》称："乾隆朝名将，以超勇公海兰察为冠。边功战略，炳焉旗常，无待术也。其行军实由天授，有为自古名将所未尝到者。自结发从戎，每临阵，微服率属十骑，绕出贼后，知何处有暇可蹈，辄冲入贼队，左右疾射，使其阵乱，而我兵乘之。又参望云气决贼势之盛衰，此战之胜负，察山川脉络，知安营汲水之宜，听地窖，识贼马之多寡，验马矢，料敌去之远近。即仓促间手弹弓弦，亦能预测利钝，以故进必歼敌，退亦全师，操纵神奇，不可殚述。"海兰察虽勇略，但平生信服阿桂，"任其驱使辱詈，听命惟谨。尝告人曰：'近日大臣中知兵者，惟阿公一人而已，某安敢不为其下？其余皆畏懦之夫，使其登坛秉钺，适足为殃民具耳！某安能为其送死也？'"②御制功臣像赞曰："有勇有谋。"卒，谥"武壮"。

在阿桂一路攻剿获利的同时，明亮一路放弃进攻正地，转而进攻达尔图山梁，也取得重要进展。

---

① 《清高宗实录》卷九六二，乾隆三十九年七月己未。
② 李春光纂：《清代名人轶事辑览》第6册第2666页，中国社会科学出版社，2004。

二、两征金川

达尔图山梁绵延数里,碉卡林立,且相互联络,为大金川重点防守之地。据明亮奏报:"七月初四日,将近黎明,官兵冒雨直扑碉根,勇气倍壮,将达尔图一带贼碉皆以次克获,而俄坡、格勒古一带贼碉七座亦同时全行抢占。通计毙贼二百余人,割献首级二十二颗,耳记三十七件,生擒大头人丹巴阿汰一名,散番八名,共攻得战碉十五座、平房二十六间,抢获劈山炮四位、牛腿炮二位、枪、矛、糌粑什物甚多。"① 后于初六日,开始进攻木克什山梁。据拿获的金川头目丹巴阿汰供称:"金川知官兵欲攻正地,在树林内要隘地方派人埋伏,专等官兵进来下手。"可证明,当时阿桂、明亮放弃攻打正地,转攻达尔图山梁的决策,能审时度势,及时避开敌人埋伏,转攻薄弱之处,是正确的选择。之后,大金川头目丹巴沃咱尔"闻官兵已得达尔图山梁,即添调各寨百姓,亲自带领分开各处防守"。② 丹巴沃咱尔是大金川最有能力的人,其亲自前往达尔图救援,高宗提醒明亮必须加倍留心。

阿桂一路,在攻占日则丫口后乘胜进攻,于七月十八、十九日,连克布什达诺、甲得古、色溯普、格鲁瓦觉一带碉卡木城。据阿桂的奏报,此次战斗较能体现金川战争的残酷惨烈,阿桂用兵的智慧,海兰察、额森特等将领的奋勇超群,兹录于下:

> 布达什诺木城在山峦突起处,贼人聚守甚坚,且十三四等日阴雨连绵,间以飞雪,云雾四塞,贼人木城无从望见,又胶泥滑溜,亦不能攀跻用力。臣等熟察,木城之左即系山沟,并无路径,贼料官兵断难行走,若从此绕至该布达什诺木城之后山腿之上,即可断其后路。当派海兰察等带领索伦、吉林、屯、土兵练六百名从沟内绕过贼人木城,抢占后山腿。但箐林深长,必须步步接应。复派侍卫楚巴什等带兵下至沟底,为海兰察等接应,又派胡尼尔图带兵为楚巴什等接应,其该布达什诺左手之什尔德山梁贼卡,派令成德、特森额等带兵攻打,作为牵缀,而该布达什诺木城正面,则派令官色达、海禄、倭升额、保宁、玛尔占、格勒尔特、泰斐、英阿等督兵攻扑,不使贼人知我绕进之兵至色溯普前面碉卡。其右手山脊之下,前日虽从此进攻,

---

① 《清高宗实录》卷九六三,乾隆三十九年七月己巳。
② 《清高宗实录》卷九六三,乾隆三十九年七月甲戌。

但须下至沟底，路径辽远，已有贼人防守，未易绕进。因派乌什哈达等进攻贼碉之右木城、水碉，福康安、普尔普派等进攻向南山腿嘉德古碉卡，以分贼势，而额森特等仍从正面攻打大碉，富兴等带兵接应。分拨已定，至十六日，天气稍晴，即于是夜发兵。至十七日寅刻，先令官色达等带兵抵该布达什诺正面木城下，竭力攻打，海兰察等随即带兵由左手山沟潜进，绕过木城。各官兵攀林附石，不避险滑，奋勇迤行，贼人全未知觉。比至天色黎明，海兰察已绕过箐林，占据该布达什诺木城后山退之上，一面派兵将附近寨落焚烧剿杀。惟是此一带攒集贼人不少，一见官兵已出其后，要隘将失，悉力前来，连次冲扑海兰察之队。满洲、索伦官兵俱各向前迎击，鏖战经时。海兰察及侍卫官兵所带箭枝几尽，毙贼无数，并有两头人带箭窜回，余贼遁入木城、石卡。臣等见贼舍死抵拒，又派健兵四百名前往接济。而是日早间，已有微雨，及午未间，北风忽作，雪雾弥漫。海兰察等因官兵力战一日，且天时将晚，不能分兵砍运木植，官兵难以存驻，即从原路撤回。惟时官色达、海禄等兵在该布达什诺木城前面左右合力攻扑。讵贼人木城外又围木栅两层，每层之外挖有深沟，其木城上又有片板，以防官兵抛入火弹，而两旁林箐及木栅中间又掷石放枪如雨。官兵从枪石丛中将板片垫过第一层壕沟，扳开木栅，进至第二层，贼人守御愈坚，扳栅官兵被贼砍伤手指甚多。正在相持间，而海兰察等以从此撤出较为妥便，遂带兵转上山腿，作为夹攻木城之状，而密令土兵从山腿之右端开道路，带兵冲杀绕出，与官色达等会合，一同渐次撤回。至额森特等，遥见该布什达诺之后各寨烟起，知海兰察等业经绕出，料贼人必悉力往救，则色溻普右手山沟之下备御稍疏，可以乘势绕截，即令富兴等攻打大碉前面，带兵下沟前进，直上色溻普前面贼碉之后山梁，一面派兵焚烧山腿下寨落，一面将营盘拿住。臣等查，色溻普山腿迤逦而西南，该布达什诺山腿迤逦而西，其间有丫口一处，过此即逊克尔宗，本为贼人往来之地，是以务须绕过截断。但额森特之兵自山沟绕进已三十余里，路径极为险恶，且我兵既可截断贼人后路，贼又可从得斯东、逊克尔宗来截我兵之后。随于十七日晚，飞令普尔普、乌什哈达等带兵前往，于紧要处所分段防遏。但色溻普前面山腿地势甚长，官兵虽已环其三面，而向南之嘉德古沟一面，贼人尚可往来，且额森特所带官兵无多，未能悉行分兵截

二、两征金川

断。复于十八日,调令海兰察、胡尼尔图带兵二千,从色溯普北面山沟前往,既为额森特添助声势,且由额森特处横过逊克尔宗丫口,仍抢占该布达什诺木城后山腿,贼即难以据守。同日,仍令富兴等进攻色溯普前面大碉,福康安等进攻向南山腿嘉德古沟之上碉卡,成德、官色达等进攻该布达什诺木城,并令刻刻伺贼间隙迅攻奋取。而又令于十九日子刻,各处齐进,务期必得。是夜亥刻,海兰察等之兵已至额森特所据山梁,随带兵绕从嘉德古沟,仍往据该布达什诺木城后之山腿。贼见各处官兵合力奋攻,且又恐截其后,颇露恍乱情形。官兵乘势拆栅上碉,无不勇气百倍。富兴等将色溯普前面大碉攻克,福康安等将向南山腿碉卡攻克,成德、官色达等将该布达什诺木城、石卡攻克。其海兰察带兵将抵该布达什诺山腿之后,有贼百余名直前冲突,我兵矢发如雨,毙贼多人,余贼奔逃,于是督兵追杀,夺获毕里觉等寨,派兵烧毁。额森特带兵顺梁而下,随夺获巴咱拉噶尔、毕里觉、奈斯吉等寨,又令侍卫额尔特从色溯普山腿北面下沟,夺获斯达木、格拉斯、当噶克卡尔、巴岳等寨,乌什哈达夺获得斯东全寨,亦俱焚毁。维时,成德、官色达等所领官兵迅速前进,与海兰察会合,海兰察之兵又与额森特联络,现已并力进图逊克尔宗官寨。此一带即系格鲁瓦觉地方。①

此战,清军共计攻获战碉23座、木城9座、石卡60余座,烧毁寨落70余处、碉房数百间,歼杀男妇老幼三四百名,夺获军火、器械、口粮、牛羊等物甚多。高宗闻报,异常高兴,谕军机大臣:"阿桂调度得当,可谓善于用兵。而海兰察、额森特尤为勇略超群,是以此一路贼人险隘,俱经官兵攻克逊克尔宗,正可乘胜剿取,直抵勒乌围。"谕令将海兰察原有"额尔克巴图鲁"名号改为"绰尔和罗科巴图鲁",额森特原有名号"特丹巴尔图鲁"改为"墨尔根巴图鲁",并赏给二人银两。②

此役得胜后,阿桂欲乘胜攻取逊克尔宗,便督兵首先扫清逊克尔宗前

---

① 〔清〕阿桂等:《平定两金川方略二》卷一〇二,文渊阁四库全书第361册第436-438页,(乾隆三十九年)七月辛巳阿桂、丰升额等奏。

② 〔清〕阿桂等:《平定两金川方略二》卷一〇二,文渊阁四库全书第361册第440页,(乾隆三十九年)七月辛巳上谕军机大臣。

面屏障,"于七月二十五日,分路攻剿。黎明,海兰察、泰雯、英阿等从左上攻,额森特、普尔普、海禄等从右上攻,同时并到,贼人放枪滚石,悉力抵御。各官兵屡次得胜之后勇气倍增,业已跃入栅中,并直登碉顶,将各寨碉一齐攻克。随令官兵从碉栅之后环烧寨落。时东风大作,火势飞腾,所烧碉房计二百余间,其胡尼尔图及富兴、乌什哈达之兵亦烧毁十余处,均有杀戮"。官兵纵火烧寨,火乘风势,可以想象在烈焰中金川老幼之状之惨不忍睹,其号哭之声响彻山谷。虽然扫清了前方障碍,但逊克尔宗在山腿下峰峦复起之处,而自色溯普山腿相连逊克尔宗之间的一道峰脊上,金川兵又迅即竖立起4座大石碉、4座木栅,石碉之后又有寨落相连,层层布防,三面屏障,剩下一面,又系仰攻。阿桂认为,若强攻,必致官兵多有伤损,于是决定避开正面,而于官寨左右接起木城往前进逼,用大炮轰催,并断其水道,这样做肯定会耽延些时日。高宗对阿桂的筹划极为赞赏:"阿桂等筹办逊克尔宗,筑栅铸炮日渐就绪,自可克期集事。现届大功将成,倍宜慎重。阿桂不欲令官兵轻率扑碉,所见极是!"①

至此,阿桂一路推进到逊克尔宗,明亮一路攻克达尔图,距离大金川最大的官寨勒乌围仅数十里之遥,对索诺木产生极大震慑。于是,索诺木派人将之前已用药毒死后埋于逊克尔宗地窖内的小金川土司僧格桑尸首刨出,于八月十五日,遣头人呈献于阿桂军营,并将僧格桑之妾侧累及小金川头人蒙固阿什咱阿拉一同献出;又于十七日,将清政府所看重的小金川大头人七图安堵尔献出。其意是恳求官兵停止进攻,双方讲和。据七图安堵尔供称:听见大头人说,如今格鲁瓦觉、宜喜两路官兵打得狠紧,怕我们挡不住。从前大兵进来,原为小金川土司,今将僧格桑尸身及其妾侧累并大头人七图安堵尔献出,想来可以完事。绰斯甲布、布拉克底、巴旺、三杂谷如今虽打得利害,但都是我们的亲戚,若是大兵出去,过几年还可相好。② 可见,索诺木根本不了解高宗出兵金川的真正目的及不灭两金川不罢休的决心,还幻想着如第一次金川之役一样,主动投降后清军便会停止进攻,双方讲和,自己照样做土司。

高宗担心前线官兵征战经年,急图休息,索诺木等的乞降会动摇前线军心,谕令阿桂通告全军:"各路大军乘胜深入,自可直薄贼巢,指日成

---

① 《清高宗实录》卷九六五,乾隆三十九年八月庚戌。
② 《清高宗实录》卷九六六,乾隆三十九年九月丁巳。

二、两征金川

功。尔等俱仰邀优叙,得官受赏。况国家费如许力量,以期永靖边圉,岂可亏于一篑?若此时准其求降完事,则祸根不除,仍贻后患。且贼酋等明言大兵出去,过几年与各土司还可相好,则其野性难驯,更觉显然。若不彻底妥办,则大兵一撤,数年后贼人故智复萌,又将联络诸番,强吞弱并,抗逆鸱张,势不能不再兴师问罪,仍需尔等宣力戎行。与其数年之后重劳跋涉,何如就将成之绩勉力图功,速膺懋赏乎?"① 在此之前,高宗接阿桂奏报,各路连次克捷,开始进图逊克尔宗,无难破险催坚,径抵勒乌围,并听闻僧格桑已被索诺木毒死的消息后,即告诫阿桂:"勒乌围系贼酋巢穴,当必舍死守御。但官兵既近逼贼巢,大势已失,加以官军勇锐,贼酋自难以久持。第恐其情窘计穷,相率乞降,以冀缓死。将军等断不可为其所惑,稍存姑息!"并进一步强调:"金川负恩肆逆,罪大恶极,自取灭亡,必当明正刑诛,以快人心而慑边徼。况官军费如许力量始得平定其地,不当以受降完结,使诸番无所儆畏,且不可留此余孽复滋后患。"②

清军既不允索诺木投降,而大金川无法补充兵员,且口粮不济、弹药缺乏,但仍作殊死抵抗,不仅将14岁以上70岁以下的男子均派去打仗,并选取妇人穿上男子的衣服假充兵数,靠偷劫官兵营卡、施放夹坝抢些口粮和火药,维持与清军对峙。索诺木还以"官兵一到勒乌围,我们只好走到噶拉依官寨,自己放火烧死,这官寨就是我们的坟墓"③之言激励金川百姓,以期众志成城,抵抗清军的进攻。

清军攻下逊克尔宗及达尔图后,距离勒乌围不过几十里路程。但就是这短短的几十里路,清军竟又用了近一年时间才到达,并最终将勒乌围攻破。

逊克尔宗官寨建于河沟之旁,左面隔有河沟,且崖礄壁立,大金川在此建有水碉,右边有层叠坡坎,后又背靠高山,正面又系仰攻,防守严密,于寨墙下挖有深沟,沿沟遮有木板,以防击射,并于碉顶堆放石块,待敌兵至,乱推而下,杀伤很大。逊克尔宗官寨实在是易守难攻。

自八月底,阿桂等督兵攻打逊克尔宗,使用了各种方法,也取得不少

---

① 《清高宗实录》卷九六六,乾隆三十九年九月丁巳。
② 《清高宗实录》卷九六四,乾隆三十九年八月癸未。
③ 《清高宗实录》卷九七七,乾隆四十年二月乙未。

战果，但仍无法完全将其攻取。八月二十二日，趁天气晴霁，清军用炮轰击左面水碉，在连续不断的轰击下，战碉开始坍塌。二十四日夜间，阿桂令海兰察、额森特等督兵直至碉寨之下，或携带木梯扳上寨墙，或拆开缺口往内冲进，抛投火弹。金川兵放枪、抛石还击。清军从坍塌缺口跃入碉内，欲拔起碉内木梯以断金川兵上下，但因土石松动，无法着力。而金川兵在碉下挖有地窖藏身，从下往上放枪，在碉顶的金川兵又从上往下抛石击打。清军见无法攻取，只得撤回。左边攻不动，阿桂又拟从右边进攻，企图由小路绕进，以断驻守碉寨的金川兵后路。阿桂令额森特、乌什哈达领兵进攻，清军在攻得第一寨后，之后的进攻再未能得手，只得昼夜不停用炮轰击碉寨。但逊克尔宗碉寨墙垣坚厚，即使上半截被炮击塌，其下半截仍很坚固，且八月之后金川地区雨雪连绵，积雪至数寸厚，到九月初六日天气才转晴。待天气转晴后，于初七日，阿桂又令兵弁开始进攻，大金川兵仍一如既往地顽强抵抗，并使用之前从木果木所抢得的喷火筒射向进攻的清军。之后连续几日，清军将所有的各种大炮投入进攻，火力猛烈，将战碉轰塌甚多，使土石堆积墙下，形成慢坡，而大金川兵则在慢坡间挖成壕沟，抵挡官兵进攻。

此次攻打逊克尔宗官寨，虽杀伤金川兵颇多，清军也付出极大代价："护军校乌尔衮阵亡，二等侍卫库尔德、副将乌尔纳、护军校德布升额被枪石所伤。海兰察因贼枪打在石上回迸，左额稍有浮肿。额森特亦被石擦伤鼻，又中大腿。普尔普为贼小箭所伤，均无妨碍。其副参领巴图鲁兴奎先于初七日石伤腰脊，初十日，仍复贾（鼓）勇先登，石伤脸面；又头等侍卫巴图鲁佛泰亦两日皆受石伤。"清军虽然奋勇，但始终未能将逊克尔宗攻克。而此时，军营传出不和谐声音。

三等侍卫巴达玛、黑龙江协领那延泰被派令领兵 200 人，随海兰察、额森特进剿，没有按时到达指定位置。海兰察责其延误，巴达玛等则举动傲慢，并不心服。阿桂心急如焚，将此事上奏，并称："侍卫虽非领队大臣管辖，而当攻战时派在何队，则无论侍卫、章京，俱应听领队大臣约束指使。今巴达玛等临阵既退缩不前，又不服管辖，请旨将巴达玛革职，令其披甲效力。"高宗为严肃军纪，谕令："巴达玛、那延泰仅予革职，不足示惩。著鞭责一百，披甲效力。嗣后如仍不知奋勉，阿桂等即行参奏，从

二、两征金川

重治罪。"①

明亮一路，在攻得达尔图山梁后，遭到大金川的顽强阻击，未能再深入前进。

清军两路大军进攻受阻，与金川兵相持两月有余，高宗深为焦急，指示阿桂、明亮等："与其株守久待，何如设法改图。"② 阿桂奏称正在设法密筹，以为出其不意之计，已然胸有成竹。但具体如何筹划定计，阿桂甚至不肯向高宗泄露，使高宗都有些着急，称阿桂此举"固属慎重之道，但叙以入告，又复何碍?"

据《啸亭杂录》记载："闻其（阿桂）于军务倥偬间，惟于幕中独坐，饮酒吸烟，秉烛竟夜，或拍案大呼，持酒旋舞，则次日必有奇策。"③ 阿桂熟知兵法，领兵攻剿，一贯善于出奇用计。他认为"兵法相地，必先扼要。故善攻者，敌不知所守"。④ 既然大金川以重兵固守逊克尔宗，其后路必为防守空虚之地，如能绕至其后，必有机可乘。阿桂探得日尔巴当噶为驻守凯立叶的金川兵后路，又与宜喜、日旁声势联络，西接金川大河，从山而下，又可截断穆尔津岗之后。阿桂认为，若与五岱统领的清军合力攻压，则能扼奇制胜，势如建瓴，且能与党坝的清军互相遥应。而通过日尔巴当噶与荣噶尔博之间的墨尔格地方，可以绕进至日尔巴当噶。但要到达墨尔格，则须由得斯东往北直上。这一条道路，峰崖陡峻，林莽丛深，且冰雪凌结，即便当地番人也都从未走过，但阿桂决定由此冒险深入。

十月十六日夜，清军分队向得斯东进发。兵士手足并用，爬越而登，"十七日丑刻，海兰察、瑚尼尔图之兵将抵碉卡，贼已知觉，潜来迎敌，经海兰察奋力杀贼，即上墨格尔山梁占住。其额森特、官色达督率官兵，于海兰察等甫经绕过之时，亦即将墨格尔碉卡三座上下合围。贼虽放枪迎敌，而官兵攀援直上，砍开碉门，杀死二十余名，余俱坠入深涧。维时，

---

① 〔清〕阿桂等：《平定两金川方略二》卷一〇六，文渊阁四库全书第361册第486页。
② 《清高宗实录》卷九六九，乾隆三十九年十月癸卯。
③ 〔清〕昭梿：《啸亭杂录》卷二《阿文成公用人》，第57页，中华书局，2006年。
④ 〔清〕阿桂等：《平定两金川方略二》卷一〇六，文渊阁四库全书第361册第486页。

额森特等一面留兵交与富兴、乌什哈达、海禄等占据,一面与官色达带兵赶上山梁,同海兰察等会合。将至天明,相度地势,令瑚尼尔图带兵直占日尔巴当噶西南突起高峰,而海兰察、额森特等带兵向西面密拉噶拉木山巅往下攻压,遂将密拉噶拉木大寨一座、石碉四座攻克。其凯立叶官寨,大小与逊克尔宗等,附近寨落颇多,即在密拉噶拉木山阴,官兵乘势进攻,又将各寨落同时克获,剿杀男妇亦多。迨至未刻,败遁之贼与勒乌围等处应援之贼,分为三股来冲头卡。我兵亦分为三队,乘势下压,追赶数里,枪箭齐发,亦多杀戮。查此次官兵,因稽淹(延)时日,积愤愈励,从并无路径之处攀越仰攻而进,竟日彻夜,毫无歇息,无不踊跃争先。而贼人亦因出其不意,虽竭力堵御,而已张皇失措。是役,毙贼一百五六十名,擒获活口五名,割取首级三十七颗,占据大碉寨房二百余间,所夺炮位、马匹及牛羊、枪、矛诸物无算,而官兵内伤损甚少。今所据之密拉噶拉木,从右手山腿而下,距噶尔丹喇嘛寺不过十余里,而前抵勒乌围亦不过二十里,且日尔巴当噶虽尚有贼人占据,但前后皆有官兵,自不能复为死守,谅可与五岱之兵不久会合"。高宗闻报,上谕内阁:"此次将军等用间出奇制胜,调度有方,领队大臣及在事弁兵均奋勇出力,夺碉歼贼,甚属可嘉。"①之后,官兵又将日尔巴当噶各碉寨攻克,接通凯立叶,与丰升额一路会合。

就在阿桂一路取得胜利的同时,明亮一路也将日旁山后金川各碉寨全行攻克。阿桂、明亮两路大军在大金川河两岸隔河相望,眼看即将会合。经过此次胜利,清军已攻到离勒乌围仅20里之地。高宗君臣一致认为,从此"自可直抵勒乌围,扫穴擒渠,势如席卷"。但令他们意想不到的是,为突破这短短的20里,清军竟用了9个月的时间。

阿桂得胜之后,乘势进攻,又攻克格古鲁丫口,横越四道山沟、五道山梁,斩杀数百金川兵,攻克大战碉50余座、寨落200余处,以及平碉夷寨不计其数。大军压至大金川河边,已接通党坝,并欲乘胜直取得式梯,进而攻取噶尔丹喇嘛寺和勒乌围。但进剿得式梯、噶尔丹喇嘛寺,必须经过甲尔纳,大金川兵在此悉力据守,顽强抵抗,阿桂久攻不下。明亮一路在攻得日旁山后战碉后发现,此处并不能进兵,还是得攻占达尔图、

---

① 《清高宗实录》卷九六九,乾隆三十九年十月戊申。

木克什才能乘势压下,进攻勒乌围,但攻剿达尔图山梁也久无进展。其余各路,丰升额所在凯立叶、五福所在党坝,俱与阿桂军会合。富德领兵万余驻守戎布寨,也仅起到牵制的作用,并未能攻剿深入。

乾隆四十年(1775)正月,大金川索诺木遣头人斯丹增,将被俘的汉、土官兵26名及鸟枪等送至阿桂军营门乞降,遭到拒绝。清军不准大金川投降,据之后官军俘获的大金川奸细郎木太供称:"闻得所诺木等说,若不准求降,便把金银物件连寨子都烧了,我们也都烧死,不肯便宜官军。"其抗拒的决心愈发坚定。

转眼已交春令,金川气候,冬令多晴日,入春反而多雨雪。高宗担心雨雪天气会使官兵疏于进攻,坐待时日,因此告诫阿桂等:"雨雪虽云冻滑,前此攻剿各处碉卡,于雪中雨后得胜者甚多,可见事在人为。阿桂等不宜以雨雪为辞,稍存自画之见。"① 高宗之意,是考虑到金川前线用度甚巨,早一日成功,则可为朝廷节省不少银两,而成功在即,不能久拖,阿桂应当督率官兵奋力前进,以期迅速蒇事,如果一味坐守,何时能剿灭金川?

清军眼下的目标是首先攻取甲尔纳,只有攻下此地,才能进取得式梯、噶尔丹喇嘛寺,最后进围勒乌围。

清军进攻甲尔纳,遭到金川兵的顽强抵抗,战斗异常激烈,双方均付出极大代价,清军仍未能将此地攻克,再次形成对峙。

至此,自温福木果木惨败后,于乾隆三十八年(1773)十月开始,高宗以阿桂为金川前线统帅,率领清军功剿两金川以来,已历时一年零两个月,在取得较大战果的同时,也付出极大的伤亡代价,金川战事已进入最为关键,也是最为艰苦的时候。

攻陷勒乌围

为保持前线有充足的攻剿力量,阿桂奏请再调陕甘、贵州兵6000名赶赴金川前线。高宗称:大功将成,凡有益于进攻之事,自不吝惜费。但无论从何处调兵,所调之兵都得等到乾隆四十年五月间才能到达金川军营。指示阿桂不得以兵力不敷应用、所调之兵未到为借口,迁延进攻。谕

---

① 《清高宗实录》卷九七五,乾隆四十年正月癸卯。

令从富德军营抽拨6000名兵丁赴阿桂军营听用，称富德拥兵1.3万名，此一路攻剿并无进展。但当阿桂奉旨要求富德遵旨办理时，富德奏称：此处防守吃紧，最多只能抽调3000名。高宗怒斥富德：拥兵万余，自到戎布寨后半年多时间，不过攻得寻常碉卡数处，未能攻占任何紧要地方，虚张粉饰，敷衍塞责，阿桂调兵又不肯如数拨给，质问其是何居心？高宗对明亮也不满意，称其自攻取达尔图后山碉寨后，数月时间不得寸进，既不能进，又不设法另觅进攻路径，迁延株守。高宗质问：三路攻剿，"同系贼番碉卡，何以阿桂统兵所至，不论仰攻旁击，到处摧坚？"并进一步指出："阿桂所攻之西路，碉非不多，路非不险，而阿桂节节仰攻，层层越险，所至克捷。今距噶尔丹庙不过七八里，实非明亮、富德等所能及。伊等返衷自思，亦当各知愧恧。设使阿桂此时顿兵不前，并罗博瓦、格鲁瓦觉尚未能过，亦如富德之阻于庚额特而不进，朕必治阿桂之罪。功过俱在，难掩众人耳目，并非朕偏向阿桂，过于誉也。"谕令将明亮、舒常、富德传旨申饬，将成功的希望寄于阿桂，称："现在各路进攻，实惟阿桂一路最为可恃。""朕此时所盼，实惟阿桂一路统兵速进，捣穴擒渠。"①

在高宗的严厉督催之下，阿桂经与明亮等会商后，挑派吉林、索伦兵千余名，令海兰察、福康安带领前往宜喜，希望能从此打开缺口，奏称：自乾隆四十年（1775）三月至四月，宜喜沿河一带大雪，兵弁冒雪攻打，不使敌人得以休息。同时，派令兵士进攻木思噶克及得式梯两处，以分大金川之势。

明亮指挥的宜喜一路，到四月十二日，将甲索攻取；十五日，驻守达尔图、得楞、沙坝的金川兵弃碉潜逃，斯年木咱尔及斯布罗各寨落也相继被清军攻克。至此，此路清军将自东向西50余里内大金川各寨落全行攻克，继而又将俄坡、木克什一带碉卡占据，顺势又攻克茹寨一带寨落，进抵至大金川河边，所谓"一日而收三年未竟之功"。②

阿桂一路进剿木思噶克，在攻克下巴木通碉栅后，乘势夺得得式梯官寨，又分兵攻夺荣噶尔博山梁碉卡，经过一番激烈攻杀，于五月十日，攻占噶郎噶、噶尔丹喇嘛寺。噶尔丹喇嘛寺系大金川最著名寺庙。该寺所行奔布尔教被清政府视为邪教，清军攻取该寺后，便将其焚烧捣毁。噶郎噶

---

① 《清高宗实录》卷九七七，乾隆四十年二月丙申。
② 《清高宗实录》卷九八一，乾隆四十年四月甲午、壬寅。

二、两征金川

为大金川最大的寨落。清军冲雾越险,用三日四夜,将噶郎噶一带寨落100余处、战碉30余座、寨房2000余间全部攻占,大军进抵至大金川河边,与明亮军隔河相对,距勒乌围仅数里之遥。

丰升额一路,也将前次清军进攻半年之久也未得手的逊克尔宗全行夺取,扫除了清军进攻的后顾之忧。

清军全力展开进攻,于七月间,阿桂一路将勒乌围最后的屏障巴占攻克,三路清军开始合围勒乌围。

官兵进逼勒乌围,索诺木兄弟遣人到军营投禀,求饶乞降,称情愿将勒乌围官寨交出,又提出愿意照西藏之例,朝廷派兵到此驻扎管理,金川则派遣头人到成都轮班值宿,并承诺将之前侵占的其他土司地方全数退还,上纳青稞。

索诺木等此时仍抱有幻想,所提出的投降条件与第一次金川之役时几乎一样。高宗怒称:"逆酋兄弟罪大恶极,断难轻宥!今复敢如此措词狂诞,将来荡平噶喇依,不但其大小头人不可宽减,即散番之中稍觉桀骜者,亦当察明正法,以靖凶孽。"① 高宗还说,自己深悔第一次金川之役时过于姑息,准大金川投降,才致有今日之患。高宗不准大金川投降,索诺木兄弟便决心拼死抵抗,要求部众按照当地习俗,各人取下头发、指甲封成一小包,写上名字,交给都甲喇嘛,盛在匣内,并发下誓言,逃走者即受诅咒。索诺木还心怀侥幸,派人入藏求见达赖喇嘛,求其向高宗求情;又写信给邻近各土司,求他们向各将军大人们讨饶。其派往西藏之人,被革布什杂土兵拿获,送交到军营;写给各土司的信,也未能得到回复。此时,索诺木兄弟已是走投无路,只能做最后的挣扎了。

勒乌围官寨是大金川两个最大的官寨之一,在大金川河西岸,前临大金川河,后负高碉,河对面为扎乌古、阿尔古,为金川兵占据,其枪炮能够打到对岸,后面的高碉层层均设卡栅碉座,地势险要,墙垣尤为坚固,碉寨高坚,四周皆有战碉,甚至有高达24层者,南为转经楼,又过甲尔日磉桥往南,为科布曲山腿,与官寨互为犄角,卡寨鳞栉,联络接应,备御极严。阿桂一路在西岸,明亮一路在东岸。清军进围勒乌围,确定由阿桂一路直捣官寨,明亮一路则进攻扎乌古,这样,既可以防金川兵从水路

---

① 《清高宗实录》卷九八三,乾隆四十年五月丁卯。

逃遁，也可阻止河东的金川兵赴河西应援。

七月十五日，清军开始向勒乌围发起攻击。十七日，阿桂一路首先攻得勒乌围东南屏藩隆斯得寨。此寨为大金川贮藏弹药之地，清军将其攻占后，见贮存的弹药堆积地上高达数寸，火药有 100 余篓。夺得隆斯得寨之后，阿桂又指挥兵弁用炮轰击托古鲁山腿及冷角寺，并截断转经楼与各碉寨的联系。清军与金川兵两军对垒，短兵相接，战斗异常激烈。金川兵凭借坚碉险隘固守碉卡寨落，清军除充分利用炮火优势轰击碉卡外，在战斗中还使用多种方法。如进攻高碉，因其异常陡峭，碉有八层，兵力难施，阿桂"令官兵砍伐树枝作为柴捆挡排，并将口袋装盛沙土，令官兵匍匐地上，头顶柴捆土袋，以手推转而行，一至碉沿，层层堆起。赶运木植，连起三层高栅，以击碉下之贼"。又从碉下挖沟，于地道中运炮轰击。而攻打甲尔日磜桥，先用大炮排列轰击，当桥渐塌陷，"复于楚兵内募得善于泅水者，令其潜由水底，缚巨索于桥柱之上，合力扯拽，是桥亦经坍损"。① 经过一月鏖战，清军攻占碉房、寨落、木城、石卡 60 余处，斩杀数百金川兵。时因连日大雨，山水涨发，金川兵倒毙于泥淖之中，"纵横遍满，秽恶之气官兵至不可闻"。八月十六日夜，终于将勒乌围官寨攻克。阿桂驰奏红旗报捷，八百里加急，仅用 7 天时间，于二十二日，即递至热河避暑山庄的木兰行在。高宗闻捷，"嘉悦之余，几欲垂泪"。② 高宗的心情可以理解，国家花费如此巨大的人力、物力，经历数年的艰苦战争，终于攻下了大金川的重要据点，大金川仅剩下最后的巢穴噶喇依，离扫穴擒渠的目标已经很近，最终的胜利很快就会到来，能不感叹！

就在阿桂领兵进攻勒乌围时，富德一路进攻噶咱普，通过刨挖地道，堆放火药，于二十五日点着引线，将噶咱普山腿下石碉 1 座、木城 1 座、石卡 2 座立时轰塌，"飞起沙石、木块蔽天，轰毙贼匪甚众，并有数贼轰至半空支解而下者"。③ 而明亮一路，则被阻于扎乌古，直到勒乌围被攻破，仍不得进。鉴于此，高宗担心阿桂大军进剿噶喇依，后路又会被驻扎

---

① 〔清〕阿桂等：《平定两金川方略二》卷一二三，文渊阁四库全书第 361 册第 691 页。
② 《清高宗实录》卷九八九，乾隆四十年八月乙巳。
③ 〔清〕阿桂等：《平定两金川方略》卷一二二，文渊阁四库全书第 361 册第 682 页。

二、两征金川

于扎乌古的金川兵扰袭,要阿桂派出1000名官兵协助明亮进攻。阿桂则认为:现在大金川全力退防噶喇依,已无能力再施抄截后路之计,只要全力进攻噶喇依,防守扎乌古之敌可不攻自溃。高宗称:"今大功已届垂成,更惟阿桂是恃,一切悉听其调度。"①

征剿大金川,清军用兵7万多名,因担心大金川兵偷袭,为避免重蹈木果木失利的覆辙,将大量兵丁用于保护粮台和大军后路,实际用于战斗的兵丁不足2万名。阿桂所领一路官兵计3.2万余名,除布置防守外,可用于进攻的官兵实际仅有1.2万名;明亮所领一路官兵计有2.5万余名,但用于进攻的官兵仅有6000余名,而富德统兵于戎布寨牵制,防守后路。清军兵精粮足,声威也壮,似可立时取胜。虽然此时大金川仅剩下最后的据点噶喇依,但战争的进程仍非一帆风顺,战斗依然激烈而残酷。

清军攻下勒乌围后,阿桂并未停留,定拟用捣其腹心之计,于八月内整兵起程,前至昆色尔,欲从此绕道,由达思里、噶拉宇直捣噶喇依。为协调各路统一行动,明亮于八月十九日赴阿桂军营商议进攻事宜。会商之后,确定两路定于八月二十四、五日分别进攻。明亮一路,由甲索南面的碾占进攻下压,与阿桂军彼此互为犄角。维时连日阴雨沮滞,耽延了进攻时日,大金川兵已在阿桂拟进攻的各要隘增修碉卡。不得已,阿桂决定改道进剿,拟从更远的什尔德山梁进抵达乌达图,过勒乌沟,抢占朗噶尔丫口,攻占色里木喇嘛寺,再进至西里、科布曲。而明亮一路,也因大金川兵于碾占防守严密,明亮认为攻之无益,决定改攻巴扎木。两路官兵重新约定,于九月初八日同时进攻。

九月初八日,明亮军"约行十五六里,山路稍见宽广,贼皆弃而不守,另于陡崖之上连筑三碉,包以深壕一道,立有木栅,其外复挖深壕。我兵方得近前,枪炮甚密,断难进步。而左右两旁树林内可以抄出之路,贼复筑长墙堵截,墙内各有碉卡重叠,实属无隙可乘"。明亮提出放弃由北路进攻,与阿桂军合为一路,并力进攻。高宗责以"舍此就彼,甚属非是。……三将军俱聚于西路,而北路竟无一总统之人,亦无此理"。② 将明亮传旨申饬,要求其另觅道路前进。之后明亮奏称:河西一路进兵道

---

① 《清高宗实录》卷九九〇,乾隆四十年九月己酉。
② 〔清〕阿桂等:《平定两金川方略二》卷一二五,文渊阁四库全书第361册第712-713页。

路，只有碾占、巴扎木、扎乌古三处，屡攻屡试，金川兵防守严密，仍不得进，于是下决心全力进攻纳木迪官寨的屏藩斯底叶安。

明亮破釜沉舟，将所领之兵分为6队，每夜派1队于琅谷、什扎古等处往攻。其奏称：如此轮番攻击，看是否有机会将此处占据，即使没有机会，也能使金川兵疲于奔命。双方战斗十分激烈，清军隔沟用炮轰击，而金川兵则潜伏于壕沟底部，以避迎面大炮。在清军的持续攻击下，终于将扎乌古第一条山梁占据。为寻找进兵路径，明亮派出绰斯甲布土舍霍尔甲阿咱拉，带领8名土兵，觅得一条进兵小道。此道路荆棘丛生，陡峻险要，一旦金川兵在此设伏，清军可能遭受重大伤亡。明亮与舒常商议之后，决定冒险深入，从此处进兵。相关进兵情形，据明亮奏称："扎乌古第一条山梁，经官兵占据，其第二山腿在隔河勒乌围之北，第三山腿与勒乌围相对，下与阿尔古相接，非惟碉卡层密，且沿河一带俱系悬崖，贼人俱据险以待。惟查两山腿中间，夹有深沟，有一线可通之路，必须攀崖附葛而行，虽极为冒险，谅向来贼人力量不过能守一面，或转可以出奇制胜。"大金川守兵没有料到清军会从此处进来，毫无防备。清军出奇制胜，遂将扎乌古山梁全行占据，此一路进剿从此打开局面。高宗闻报，称："明亮、舒常如此奋勉，庶觉略增颜面。"鼓励二人乘胜深入，"若能统兵径赴甲杂，攻围贼寨，将索诺木及其得力头人概行擒缚，其功亦不为小，庶可与阿桂等同膺渥眷"。①

阿桂一路，在丰升额、额升特、海兰察等的带领下，清军顶风冒雨，涉险冲泥，不仅克取当噶克底、绰尔丹、色木里等碉卡，并将之前不易攻取、决定绕开的达思里、噶拉宇等寨攻占，这样便不用再远绕达乌达图，可直接进攻西里及科布曲。高宗称赞道："阿桂随地侦探部署，无一刻不切实用心，又且长于筹画，近亦思迅速蒇功，遇有应进之处，自能经理得宜。"② 但清军在进攻西里及科布曲时，遭到金川兵的顽强阻击，近一月时间内不得前进。闻此，高宗有些着急，谕称："阿桂实心调度，设法进攻，实为可嘉。而各路之兵，亦惟阿桂最为可恃，是以盼望尤切。但自攻得勒乌围以来，距今已七十余日，虽所至屡有克捷，而于西里及科布曲要

---

① 《清高宗实录》卷九九五，乾隆四十年闰十月壬戌。
② 《清高宗实录》卷九九二，乾隆四十年十月甲申。

二、两征金川

隘尚未攻克,朕因此昼夜焦急,阿桂自必深体朕心,力图迅速集事。"①之后,阿桂在详细勘察地形后,决定抢攻西里碉寨之上的黄草坪,自上下压。此战是阿桂所率领的一路清军进攻大金川最后据点噶喇依最艰苦的一次战斗,进行得十分激烈:

> (闰十月)初七日丑刻,各队官兵前进至黄草坪,贼人向下冲突,官兵分为数队,施放枪箭,奋迅攀援而登,直上黄草坪地方,合力剿杀,贼人踉跄奔溃,官兵遂占据其地,并乘势攻克寨落三处,一面令乌什哈达等督兵赶拿木栅。至午刻,贼人均攒集于乌什哈达所拿木栅山包之后,而各处之贼又已陆续前来,约共有三百余人,于山包之后突然呐喊,下压拿栅之兵。该处屯、土各兵故为少却,引至明敞地方,臣海兰察带兵从拿栅之地直前迎击,而诱贼之屯、土各兵复回身奋击,歼毙甚多,余贼始行逸去。至日落时,赶拿木栅二十余座。而贼乘官兵撤回之际,又从菁林中突出,经我兵回身冲杀,各栅官兵亦内外合击,始行鼠窜。及至亥刻,又攒集二百余人潜来。臣海兰察等饬令官兵凝然不动,俟贼至栅边,一齐放枪射箭,贼人倒毙纷纷,旋即败遁。计此数次,杀贼兵二百余人。日间,并见有红衣贼尸三具,为贼拖曳而去。至科布曲山腿,臣额森特于初八日丑刻,派兵分队进攻,保宁、特成额、乌尔纳一路官兵先行蹚水过河,并无声息,一抵山根,迅速抢上,将大碉一座、石卡一座克取,杀贼二十余名,乘势进攻东西山峦突起处大碉。维时,后队接应官兵正在陆续上登,贼亦分路迎拒。官兵向上仰攻,极力鏖战,直至辰刻,因山脊逼窄,不能一拥而上,而所得碉卡正在峰峦上,大碉之下贼人枪炮一一可及,难以久站拿栅,因将所得碉卡拆毁,暂行酌撤。此次科布曲打仗,二等侍卫宁珠布阵亡。西里打仗,总兵曹顺、二等侍卫萨尔吉岱因勇往太过,骑在木栅之上下射贼人,并指挥官兵。贼知为领兵官员,致被暗箭所伤阵亡。②

经过此战,阿桂一路也打开局面,从此进攻变得顺利。在清军强大的

---

① 《清高宗实录》卷九九三,乾隆四十年十月甲辰。
② 〔清〕阿桂等:《平定两金川方略二》卷一二七,第738—739页。

进攻压力之下,大金川人心开始涣散。据投降的金川兵称:"闻有百姓私议,若头人肯将土司投献,不但头人可以邀恩免罪,即我辈百姓亦得生全。"索诺木等为提升士气,告知部众:"你们好好堵挡,不过一两月,天朝就会准我们投降。"并放话称:"若大兵打到噶喇依时,算来无路可逃,惟有聚集大碉内,放火一齐烧死。"① 高宗提醒阿桂等前线将领:"从前班滚烧毁空碉之事,乃贼番等所习闻,自必蹈其鬼蜮伎俩。……设或见焚碉之事,尤须各路堵截严密,遇有轶出之众,无论何相服色番人,均即擒获,逆酋等自无从漏网。"②

此后,两路官兵越险直进,鼓勇催坚,争先攻杀,势如破竹。明亮一路克捷前进,在攻取扎乌古后,又连克日斯满、纳木迪、斯底叶安、耳得谷、碾占、乃当、阿尔古、格尔则、科布曲、索隆古、独古木、甲杂、独松、卡拉等处,之前未能攻克的木果木、昔岭等处也不攻自破,河西全境荡平;阿桂一路破险深入,在攻取西里后,又连下雅玛朋、科思果木、勒隈勒木通、格隆古、则朗葛尔丫口,即便如高宗所预计的大金川会全力固守、较难攻取的舍齐喇嘛寺、雍中喇嘛寺,也轻而易举被突破,将噶喇依官寨前障碍全行扫除;富德一路,也在攻取噶咱普、得尔窝后,进抵马尔邦、斯觉博堵,占据噶咱尔谷,与西、北两路清军会合。高宗称:"富德自至戎布寨以来,惟此次最为奋勉。"③ 清军此番攻剿,克获碉寨、石卡、木栅无数,皆焚烧殆尽,又一路斩杀无算,大金川投降之人也甚多,其中有不少大金川的大小头人。高宗及阿桂等不准索诺木投降,但并非不准其他大金川的大小头人投降。对诚心投降之人,一般都会准降,甚至还给予宽大奖励。如大头人布笼普阿纳木、达固拉得尔瓦,分别带领所属寨落部众千余人和500余人投降,得赏孔雀翎,四品顶戴;头人色木里雍中、斯达尔结投诚,得赏戴蓝翎,给以六品顶戴。

到乾隆四十年(1775)十二月十八日,三路官兵进抵噶喇依,将其四面合围:海兰察同福康安、普尔普、额尔特带兵至河沿噶喇依之左,乌什哈达领兵进抵噶喇依之上,额森特领兵至河沿噶喇依之右,舒亮带兵同侍卫讷松额驻扎南面山梁,明亮于西岸沿河一带堵防,在噶喇依上游赶造浮

---

① 《清高宗实录》卷九九三,乾隆四十年十月丁酉。
② 《清高宗实录》卷九九二,乾隆四十年十月戊子。
③ 《清高宗实录》卷一〇〇〇,乾隆四十一年正月癸酉。

二、两征金川

桥，设卡座巡守。至此，噶喇依官寨水陆俱断，索诺木等已是瓮中之鳖，逃生无门。高宗指示阿桂等："至就此时大局而论，扫穴实非所难，惟擒捕凶渠最关紧要，必须概行执缚献俘，方为全美。设或逆酋果致情急自戕，究不能谓之尽善。"并特别提醒阿桂等："促浸喇嘛好用镇厌，今所得舍齐、雍中两喇嘛寺，皆系喇嘛念经之所，恐有密藏镇厌物件，阿桂即应遣细心诚妥之人，于寺内寺外及附近处所，凡有可疑之物，悉搜查刨挖，毋令存留。"①

乾隆四十年（1775）十二月二十日，在清军进攻的强大压力之下，索诺木之母阿仓、其姑阿青、其妹得什安木楚以及僧格桑之妻得什尔章并大头人阿卜策妄、丹巴僧格等至军营投诚。阿仓称"索诺木年小，因听信头人怂恿，致干王法。今我等业经投出，若差人前往晓谕，他们想必出来"等语。阿桂认为："倘能因其母以致其子，亦系办理之一法。"于是允准阿仓所请，遣派与阿仓同来的喇嘛噶布则前往噶喇依，谕令索诺木出降。二十八日，索诺木之兄莎罗奔岗达克来至大营，而索诺木并未出来。据莎罗奔岗达克解释称："昨日我母亲阿仓打发喇嘛进来，我兄弟商量，因我居长，是以叫我出来，求将军大人恩典，容我与母亲商量，再差人去叫兄弟们出来。至向来所作不法的事，俱因我兄弟年幼，听信头人之言，如今悔之无及等语。"② 阿桂认为："噶喇依寨碉高坚，官兵断不能硬扑而入，以为手缚逆酋之计。现因炮位难于抬运，须另行铸造，而自索隆古以至大营，山路崎岖险仄，冰雪凝结，即铸炮物料亦不能迅速运来，是以仅成大炮一位。"阿桂的意思，官兵短时间内还不能展开对噶喇依的进攻，目前只能设法诱使索诺木投降。高宗则指出："索诺木势已穷蹙，经其母差人招谕，尚不即时出降，仅令其异母之兄至营试探，甚为可恶！此必丹巴沃咱尔等及逆兵张坤忠狡谋，以噶喇依运储粮食颇多，可供番众糊口，尚思观望支吾，苟延残喘。且冀抵御日久，使官兵糜耗军糈，或希将军等惜费解围，彼得复逞其伎俩，否则令我多费军储，亦可稍释其愤恨。"谕令阿桂等必须设法"上紧攻催，使其无坚可恃。即或参用招诱之法，亦不宜稍

---

① 《清高宗实录》卷一〇〇〇，乾隆四十一年正月癸未。
② 〔清〕阿桂等：《平定两金川方略二》卷一三一，文渊阁四库全书第361册第295－296页。

懈攻打,庶贼众惊慌窘迫,利害相权,或可冀其乞降免死"。① 在高宗的严厉督催下,清军展开对噶喇依的猛攻,而索诺木等仍然顽强坚持。

在胜负早已分明的情况下,大金川仍在做无谓的抵抗,对此高宗难以理解,称:"官兵如此奋力攻打,屡次破其碉卡,歼其丑类,逆酋等势已穷蹙,早应畏避求生,乃犹负隅顽抗,实非情理。"清军从乾隆四十年(1775)十二月十九日围攻噶喇依以来,已经一月有余,前线一天的饷银动辄需数万两,如果战事不能尽快完结,军粮供应也将出现问题,因此乾隆"盼望红旗,每至夜不能寐"。遂再次严谕:"阿桂等惟当一意轰击贼巢,速期摧破,毋致羁延。"②

遵照高宗的谕令,阿桂等一面指挥官兵上紧攻打,一面对索诺木展开劝降。乾隆四十一年(1776)正月初三日,阿桂用阿仓、阿青、岗达克的图记寄信给索诺木,称"汝等不肯出来,不过因无词免罪。若将小金川头人七图甲噶尔思甲布、七图阿甲及张坤忠等擒缚,亲身同头人前来献出,并禀从前抗拒大兵皆系此数人唆使,汝兄弟及头人自可免罪"等语。这实际上等于向索诺木等做出了一定承诺。但索诺木等经过一番商议后回禀"我们兄弟五人,已令长兄莎罗奔出,他自然备细禀求大人们转求大皇帝施恩,准我土司兄弟仍在噶喇依居住,算个头人。若是不准,求把我们尸首留在噶喇依官寨"等语。这次劝降没有成功,阿桂向高宗解释这样做的原因:"臣等初意,所以从阿仓、阿青等之请,令其差人往谕逆酋兄弟者,因是时大炮既难抬运,且又路远山长,连日大雪,即赶铸尚须数日,若于此际可以设法生致贼酋、贼目,方为全美,是以从权办理。今贼酋等死亡在即,犹为此狡猾之词羁延时日,更属可恨可恶!"他认为索诺木之所以仍如此行事,并非其本意,是受到其他大头人的挟制。阿桂还向高宗奏报,此时大炮已经铸好或运到,将四面力摧,不过数日,官寨即成齑粉。

在官兵强大的火力进攻之下,大金川已难以支撑。正月十三日晚间,索诺木彭楚克同大头人达尔什桑卡尔、雅玛朋阿库鲁投到大营,阿桂诘以索诺木及其他兄弟为何还不来营投降,据称:"我兄弟们原知在寨内必死,出来尚有一线生机,且知道我母亲、哥哥并未害性命,实在皆愿出来。但

---

① 《清高宗实录》卷一〇〇〇,乾隆四十一年正月癸未。
② 《清高宗实录》卷一〇〇二,乾隆四十一年二月己酉。

丹巴沃什杂尔等恐我兄弟出来，说出实情，俱必不能得活，是以不许。我们实在不得自由。"岗达克和索诺木彭楚克两兄弟又派人前往噶喇依，催促索诺木投降。索诺木答应次日出降。至次日，索诺木又称自己和其兄莎罗奔甲尔瓦沃杂尔两人皆患病，不能出去。高宗指出："索诺木秉性凶顽，至死不变。"阿桂即传令四面开炮轰打，不但白天不歇手，即夜间也乘月色环击。战斗继续进行，官兵已将噶喇依官寨大部分攻占，仅剩索诺木所在的扎木什克寨尚未攻克。

乾隆四十一年（1776）二月初四日上午，索诺木跪捧印信，带领其兄弟莎罗奔甲尔瓦沃杂尔、斯丹巴，其妻布拉克底土司之女、章谷土司之女，以及大头人丹巴沃咱尔、阿木鲁绰窝斯甲、都觉喇嘛、聂垄喇嘛和大小头人、男妇、老幼2000余人出寨乞降。阿桂奏报："其全家母子兄弟悉就俘擒，而助恶著名大头人亦皆概行擒获，无一逋逃藏匿。非但汉土官兵惊喜欢呼，咸谓出于意外，即臣等前此亦未敢必其全数生擒。"当日，红旗自军营驰发，沿途仅行8日，于十三日即递至桃花沟行在。高宗上谕军机大臣："今日正当抵谒东陵告成，回桃花寺驻跸，适阿桂等所奏红旗递到，此实仰赖皇祖默佑，是以捷报不期而至。"①

至此，自乾隆三十六年（1771）六月开始，至乾隆四十一年（1776）二月，前后历经4年零8个月，大小金川战争宣告结束。

3. 金川善后

两次金川之役，清军在军事上（装备、兵员数量和训练素质等）、经济上（后勤供应保障）占有绝对优势，原本是一场实力不对等的战争，但实际却打得异常艰难，用力之大、耗费之巨、动用全国各地兵力之多、如此旷日持久，原因何在？魏源在《圣武记》中针对第二次金川之役给出自

---

① 〔清〕阿桂等：《平定两金川方略二》卷一三二，文渊阁四库全书第361册第807页。

己的分析:"初,乾隆二十年,平准、回两部,辟地二万余里,用兵五年,用帑银三千万两。金川地仅千里,不及准、回两部十之一二,而用兵亦五年,用帑银至七千万!功半而事倍者,则以天时之多雨久雪,地势之万夫莫开,人心之同恶誓死,兼三难而有之。"① 除魏源所分析的天时、地势、人心三个原因外,战略目标的确定、主帅的能力、战场环境、战术运用以及士兵的战斗意志,也是影响战争进程的重要因素。

金川之役,清政府前后所调满、汉、土、练兵丁近10万名,加之雇用大量民夫,花费巨大,"先后拨过部库并协拨邻省及本省备贮等项共银六千二百七十万两"。② 又开捐纳银1000万两,合计7000余万两。以此计算,在征讨金川过程中,清政府每月耗费银两约为150万两。据《平定两金川方略》统计,"合计各路克复战碉二千四百余座、石卡五百余座、木城二百余座,焚毁寨落二万一千余间,歼戮番兵一万二千八百余名"。③阿桂曾奏报,两金川土兵数量,小金川约有7000名、大金川约有8000名,合计大约1.5万名,被清军歼灭达1.28万名,如再加上清军所屠杀的"降番",两金川之兵几乎被歼灭殆尽。征剿两金川,大小数百战,平均到每次战斗,所歼灭的土兵数量不多,而清军损伤甚巨,这是因为:"贼人所恃,只在地险碉坚,我攻彼守,形势既殊,而道路之夷险远近,贼匪较为熟悉,故以少拒多,是其惯伎。每遇碉寨,所踞地势危峻,官兵非但不能四面合围,即攀援一线,亦不能排列多兵而上,及经攻破,贼多从后一面滚山钻箐,逃窜无踪。总缘此地跬步皆山,并无平地,贼番生长习惯,其善于穴地藏躲,与兔鼠相类,其便于履险窜走,与猪猴无异。临阵之歼戮无多,实由于此。"④

大小金川兵士皆为"门户兵",并非额设,也不操练,一遇打仗,"各寨头人挨着门户每家派一人去出兵的,如各家没有成丁的,就是十三四岁小孩也要派去充数。器械是各人家里自己带去,土司并没得给他。至

---

① 〔清〕魏源:《圣武记》卷七《乾隆再征金川土司记下》,第308页。
② 军机处《录副奏折》,第13357号,乾隆四十四年四月初一日文绶、富勒浑奏折,台北故宫博物院藏。
③ 庄吉发:《清高宗十全武功研究》,第172页,台北故宫博物院,1982。
④ 军机处《录副奏折》,第18896号,乾隆三十七年十二月初一日温福奏折,台北故宫博物院藏。

二、两征金川

所需口粮,土司也没得给发,都是出兵的人家自己预备,起身时候先带着十五六天的粮前去,随后是各寨头人另行派人替他背送到打仗地方去接济的"。金川兵使用的武器,主要有挡牌、两头尖的摔棒、腰刀、长矛等,也使用鸟枪和各种大炮,多为从官兵处抢夺来的,还自制火药、铅弹,其原料"硝子是各处都有的,硫磺是在刮耳崖寨对过甲儿察克地方出的,铅子是眉矿里出的"。相比较而言,清军使用的武器要比金川兵先进得多,除旗兵善用的弓箭外,鸟枪、大炮是清军的主要武器。大炮名目繁多,有重达三四千斤的大将军炮,还有射击精度较高的冲天炮,以及杀伤力较大的喷火筒,"番地皆山,贼人凭恃地险,每于陡峻逼窄之处,筑有坚碉大栅,阻阨要路,潜伏死守,虽有多兵,骤难抄越,故历次攻剿,鸟枪之利十居一二,炮位之利十居八九"。①

早在乾隆四十年(1775)九十月间,当清军在攻克勒乌围之后,高宗君臣就已开始筹划金川平定后的善后事宜,内容涉及对逆犯的处置、投降番众的安插、于两金川设镇安营以及安抚嘉绒藏区其他土司等事宜。索诺木出寨投降,大金川被荡平后,各项事宜陆续展开。

第一 封赏功臣,特沛覃恩

因为生擒索诺木及大金川大小头人,实现了"捣穴擒渠"的目标,高宗上谕内阁:所有一切郊劳、献俘事宜及功成应行典礼,著各衙门查例具奏,将武成原委宣示中外,并拟加上皇太后徽号,并谕令照从前平定准噶尔、回部之例,于紫光阁图画功臣像。按功绩大小分为前后 50 名,前 50 名,由高宗亲自制赞,后 50 名由大学士于敏中等拟赞,以纪实铭勋,用昭褒宠。大学士忠勇公阿桂列为首功,封为诚谋英勇公,仍在军机处行走,并著紫禁城内骑马。封海兰察为勇毅侯、和隆武为果勇侯、明亮为襄勇伯。协助高宗办理金川军机的大学士于敏中、尚书公额驸福隆安、大学士舒赫德也列入前 50 名内。之后,高宗又上谕内阁:"大学士于敏中于办理金川军务,承旨书谕倍著勤劳,昨因大功告蒇,特沛恩纶,画入紫光阁

---

① 军机处《录副奏折》,第 18896 号,乾隆三十七年十二月初一日温福奏折,台北故宫博物院藏。

功臣像,与其余词臣不同,著加恩赏戴孔雀翎,并赏黄褂,以示优渥。"①于敏中遂成为鼎甲出身的汉大臣中第一个得赏花翎及黄褂之人。又因之前准噶尔萨拉尔、回部霍集斯伯克等曾被列入功臣图画,高宗谕令阿桂援例于随征土司头人内选取竭诚效力奋勇者奏报,一体列入功臣图画。

阿桂奏定:绰斯甲布土司雍中旺尔结、木坪土司嘉勒灿囊康、鄂克什土舍雅满塔尔、绰斯甲布土舍绰尔甲木灿、屯弁阿忠保泰穆尔,小金川投降后授予侍卫的穆塔尔、布拉克底头人雍忠尔结等7人,俱属奋勇著绩,列入后50功臣之内,一体列入功臣图画。高宗还谕令阿桂、明亮等,将两金川地方形势最号险恶,并经官兵艰难力战后攻夺的地方绘制得胜图,以彰武功盛典。

乾隆四十一年(1776)三月十五日至二十四日,阿桂、丰升额等带领凯旋将士,分4队启程回京,参加郊劳大典。郊劳大典非常隆重:

> 戊辰(四月二十七日),上幸良乡城南,龙袍衮服,乘十六人金漆亮轿,骑驾卤簿,王公大臣著蟒袍补褂,行郊劳礼。正南为坛,坛上左右列纛。上龙袍衮服,骑驾卤簿导行,将至坛,军士鸣螺,铙歌乐作,将军、副将军暨参赞、领队、侍卫、官兵戎服跪迎。上登坛拜天,自将军以下及在京王公大臣皆随行礼。上陞座,将军、副将军等率众行礼毕,复趋至御座前,跪行抱见礼。上抚劳之,传旨赐座,将军以下坐西帷,在京王公大臣坐东帷。赐茶毕,马上凯歌乐作,赐将军阿桂、副将军丰升额,参赞大臣海兰察、额森特,领队大臣奎林、和隆武、福康安、普尔普御用鞍辔马各一匹。扈跸,至行宫,命赐成都将军明亮御用鞍辔马一匹。②

令人意外的是,参赞富德被人告发扣罚土兵盐菜银两弥补赏须,高宗派遣刑部侍郎袁守侗等严审,查得"富德于赏须项下扣得元宝六个入己,又收受保举知府鲁承谟馈金五十两,又任性参革副将广著,不候明旨,即

---

① 〔清〕阿桂等:《平定两金川方略二》卷一三三,文渊阁四库全书第361册第811页。

② 〔清〕阿桂等:《平定两金川方略二》卷一三五,文渊阁四库全书第361册第841页。

二、两征金川

令充当兵丁,致广著自戕身死"。作为军营参赞,这些实不算大罪,但富德"密封清字奏单,所称阿桂手持黄钺,口发狂言",即诬告阿桂,招致丧命。此时的阿桂,威望正如日中天,是清政府征剿金川最大的功臣,富德诬告阿桂,无疑自寻死路。高宗认为,富德"以屡获重罪之人,蒙恩复加擢用,并不奋勉立功,猥鄙贪诈,至将狂悖之词写列奏章,上达御座,以律应寸磔之罪,有心诬陷,应照诬告大逆律拟斩,即行正法"。①

乾隆四十一年(1776)五月初一日,高宗率群臣恭奉册宝,加皇太后徽号"崇庆慈宣康惠敦和裕寿纯禧恭懿安祺"为"崇庆慈宣康惠敦和裕寿纯禧恭懿安祺宁豫",并特沛覃恩:一、五岳四渎遣官致祭;二、历代帝王陵寝遣官致祭;三、岳镇海渎庙宇及历代帝王陵寝,该督抚查勘,应修葺者动项报销;四、在京文武官俱著加一级,任内有降级处分者即予抵消;五、承办军需之户部军需局、兵部议功所量予议叙;六、军营自将军、参赞至将弁等,其劳绩懋著者,所有革职、降级留任处分概予开复;其无出众劳绩而曾经战陈者,所有降级处分亦著加恩宽免;七、大兵经过地方,办差官员俱属急公黾勉,著各督抚查明,咨部议叙;八、大兵所过州县,除侵盗钱粮及贻误军需外,一切降罚处分,事在五月初一日以前者概从宽免;九、川省军营前后所调马、步兵丁借支行装银两,例应于饷银内分扣还项者,加恩展限三年(后又于同年七月丁丑,谕令将此项银两展限十年);十、伤病回营兵丁,不能充伍者,该管将弁查明,本家如有子弟、至戚可以教练差操,即令顶名食粮,免致失所;十一、满兵跟役脱逃,如无偷窃军械、马匹等情,著照前降宽余丁谕旨,交部核拨发遣;十二、台站官员,已有旨交部议叙。其驿站夫役人等,军兴以来甚属劳苦,著该督抚加意抚恤;十三、在京满洲、蒙古、汉军马、步兵丁,俱著加恩赏给一月钱粮;十四、京城巡捕三营兵丁,著加恩赏给一月钱粮;十五、满洲兵丁披甲随征,效力被伤不能披甲,及年老有疾退闲者,均加恩赏赉;十六、国子监贡、监生及各学教习,俱免监期一月;十七、直隶、山东军流以下人犯,业因筆路,经由降旨减等发落。其在京刑部及各省军流以下人犯,并著加恩,概予减等发落;十八、凡流徙人犯在流徙处所身故,其妻子情愿回籍者,该地方官报明该部,准其各回原籍;十九、各省

---

① 〔清〕阿桂等:《平定两金川方略二》卷一三五,文渊阁四库全书第361册第847-848页。

要路桥梁间有损坏者，地方官查勘，应修之处，详报督抚查明修理；二十、各处养济院所，有鳏寡孤独及残废无告之人，有司留心，以时养赡，毋致失所。①

第二　处置逆犯，安插"番众"

乾隆四十一年（1776）四月二十八日，行受俘礼：

> 侍郎福康安率解俘将校，以逆酋将索诺木及莎罗奔岗达克、索诺木彭楚克、甲尔瓦沃咱尔、逆目山塔尔萨木坦、布笼普占巴、雅玛朋阿库鲁等，并函封逆酋僧格桑首级，豫俟于午门外之西。大乐鼓吹，金鼓振作，上龙袍衮服，御午门楼。侍郎福康安率解俘将校行礼毕，令逆酋索诺木等北向跪伏，置僧格桑首级于地。兵部尚书跪奏平定两金川、生擒逆酋索诺木等并获逆酋僧格桑首级，谨献阙下。奉旨交刑部，刑部尚书跪领旨，兵部司官以逆酋索诺木等及僧格桑首函授刑部司官，自天安门出，王公、百官行庆贺礼。上幸丰泽园，亲讯逆酋索诺木等罪状，遂命刑部将索诺木及莎罗奔岗达克、索诺木彭楚克、甲尔瓦沃咱尔、逆目山塔尔萨木坦凌迟处死，仍枭索诺木等及僧格桑首级于市。上御紫光阁，行饮至礼，将军、副将军暨参赞、领队、乾清门侍卫等及奉旨入宴之王公大臣列坐阁内，从征官员列坐阶下左右幄内。上亲赐阿桂、丰升额等卮酒，奏凯宴乐，各番人等以次歌舞毕退。②

索诺木及其兄弟、大小头人等暨各犯家属250余人，于乾隆四十一年（1776）二月初六、初七、初八日，分为3起，由内大臣户部侍郎福康安督率火器营、健锐营兵丁押解至京。清政府分别其罪行的大小，给予不同的处理：凌迟寸磔的共12名，均被认定为罪大恶极。除索诺木等5名于献俘后被凌迟外，其余7名，即索诺木之姑阿青、逆目丹巴沃咱尔、庸中

---

① 〔清〕阿桂等：《平定两金川方略二》卷一三五，文渊阁四库全书第361册第844–845页。
② 〔清〕阿桂等：《平定两金川方略二》卷一三五，文渊阁四库全书第361册第841–842页。

二、两征金川

旺嘉勒、阿木鲁绰沃斯甲、七图甲噶尔思甲布以及都甲喇嘛雍中喇嘛、堪布喇嘛色纳木甲木灿,在之前已被凌迟处死。而索诺木之母阿仓、头人尼玛噶喇克巴、阿布颇鲁等19名,则被处斩刑。其中,在碾占带兵守卡的小金川头人喀什巴拉木奔,到京后已患重病,清政府为了不致使其倖逃显戮,在其病死之前仍行斩决。两金川逆犯的妻妾、子女及跟役等,被永远圈禁者16名,赏给厄鲁特为奴者52名,赏给索伦兵丁为奴者45名,赏给三姓为奴者34名,赏给功臣之家为奴者15名。索诺木之妻得尔日章,原拟给予功臣之家为奴,因其系布拉克底土司之女,考虑到该土司宣力抒诚,高宗法外施恩,特降谕旨,仅令将其永远圈禁。

对那些罪行稍轻的大小头人及其眷属,高宗认为其系投降乞命,且人数较多,不忍全行诛杀,但又不能让其仍留居原地,便将他们全部押解至京城。这一部分人,据《钦定回疆则例》记载:"乾隆四十一年,大学士等议定:现在驻京之两金川番子,共计男、妇一百八十九名口,照依乾隆二十五年将驻京之回子编为佐领之例,编为一佐领,入于内务府正白旗,为内务府及理藩院所属,与包衣管领一体,定位骁骑校一员,领催四名,马甲额缺七十名,由包衣佐领下马甲内,令占三十五缺,俟有缺出裁汰外,另添设三十五。暂于包衣佐领下拣派骁骑校一员,领催二名,写档传事马甲三名,带领番子佐领下之骁骑校、领催等,教办佐领事务。此七十名马甲钱粮米石,暂行不必分给,贮于公所,另派信实妥善包衣官一员,将伊等银米撙节办理,养赡伊等,于每年年终报销,内务府查核。俟过数年,伊等晓事之时,再将此项包衣官员、骁骑校等兼摄代办之处停止。伊等内有银匠、木匠、写字人四名,刻字、画佛像喇嘛二名,共番子六名,交中正殿造办处,与京城匠役等一同学习行走,仍交内务府大臣等,于伊等内酌其明白去得者,拣派同本处马甲学习当差。伊等住房,交管理健锐营大臣于香山附近地方,令其自行建造碉楼,其工食,动用健锐营公项支给。伊等内即暂不得可用之人,于包衣官员内拣选妥善者带领引见,补放佐领,俟伊等内有能办事者,再以番子等补放。其佐领图记,交礼部照例铸给。再现有留京能唱番曲、跳郭(锅)庄之番子二十八名,与前次留京番子杨苏等十一名,亦皆入于此佐领下,将现在杨苏等所食马甲钱粮十一副，亦作为此佐领之缺。"① 由此，在北京香山形成了一个具有鲜明特点的金川藏族村。

对投出的2万余大小金川部众，阿桂等采取的办法是："稍有可疑可恶情节，现即随时正法，断不肯稍存姑息"。其余部众，则将其分散安插于绰斯甲布、革布什咱、巴旺等12土司地方，建立档册，分别交头人管束，并谕令比照丹坝、绰斯甲布、得尔格忒各土司之例，遵制剃发。几年之后，乾隆四十五年（1780）三月，据四川总督文绶、成都将军明亮奏称："两金川荡平后，安插种地降番，当即概令剃发，然后分派各屯，且现在新疆番众皆自诩为天朝百姓，不特久经剃发，并半已穿戴内地民人衣帽，不屑更服蛮服，其力未能换制者，咸以为耻。"②

第三　安抚土司，改革宗教

金川之役结束后，为安抚当地土司，高宗仿照第一次金川之役后的做法，特颁用满、汉、西番三种字体缮写成的饬谕一道给各土司，其原文为：

> 皇帝诏谕四川各土司曰：两金川与尔等同为内地服属土司，曩因小金川为金川侵扰摧残，特兴师征讨，莎罗奔、郎卡穷蹙乞命，宥不加诛，理应感激悛改，曾未十年，郎卡既与邻境土司构衅滋扰。彼时，因其与各土司不过微隙相争，尚无大损，亦遂释而不问。郎卡既死，其子索诺木等济恶益甚，与僧格桑狼狈为奸，蚕食邻邦，志图吞并。僧格桑攻围鄂克什，总督、提督亲往训谕，阳虽受约，阴竟抗违，索诺木复乘隙杀害革布什咱土司，占其境地，负恩反噬，各修碉卡，抗拒官兵。此而不声罪致讨，殄灭擒诛，则尔等土司懦弱者将无以自存，而犷悍者必致效尤滋甚，王法尚安在乎？特命定西将军阿桂及副将军、参赞大臣等统率八旗劲旅分路进兵两金川，以次削平巢穴。僧格桑早服冥诛，索诺木兄弟及助恶之大头人现俱擒获解京献俘，倍受极刑，寸磔枭示。此皆逆酋等罪恶贯盈，孽由自作，实为覆载所不容！而锄强诛暴，扫荡蛮氛，俾尔众土司得以安居乐业，久无

---

① 《钦定回疆则例》卷五《驻京番子等编为佐领入旗学习当差》。
② 军机处《录副奏折》，第25682号，台北故宫博物院藏。

二、两征金川

侵扰危迫之虞。此朕数年来不得已而用兵之心也。今于两金川之地设营驻兵,令提督统兵分守,并于近边添设将军控驭,以保卫尔各土司,使长享太平之福。此又朕善后之殷怀也。尔土司等年来出力随征,共效恭顺,甚属可嘉,已节次加恩赏赉,并命照回部之例轮班入觐,除土妇及土司中未曾出痘不能至内地者毋庸轮班外,其余土司头目俱按应行入觐之期,令于冬间,由将军、总督、提督等照料进京,俾随班朝贺,瞻仰受恩,尔等并得身受荣宠,增长见闻,岂非尔等之大幸欤! 至尔崇尚佛法,信奉喇嘛,原属番人旧俗,但果秉承黄教,诵习经典,皈依西藏达赖喇嘛、班禅喇嘛,修持行善,为众生祈福,自无不可。若奔布喇嘛传习咒语,暗地诅人,本属邪术,为上天所不容。即如从前鄂克什土司,因有诅咒镇厌僧格桑之事,屡经兵革,若非大兵救援,几至灭亡。又如索诺木令都角堪布喇嘛等咒诅将军大臣,今大功告成,将军大臣等班师凯旋,受朕重恩,而索诺木等及所用之喇嘛等俱解京,共受重罪,均不能保其躯命,咒诅之术不足信,欲害人而适以自害,更显然可见矣。尔众土司当从此悔悟,永为鉴戒,共秉诚顺之心,永荷安全之庆,不亦休哉? 其各凛遵毋忽。特谕!①

在此饬谕中,高宗除叙述了用兵金川的原因,还叙及建立朝觐制度,劝谕金川民众勿信邪教,改信黄教等内容。

清政府为怀柔、笼络、控制嘉绒藏区各土司,建立起川西土司进京朝觐制度。早在乾隆三十九年(1774)七月,高宗就有此动议,指示阿桂等:"欲俟两金川全定后,令各土司仿照回部之例,轮流入觐,使其扩充知识,得见天朝礼法。"② 乾隆四十年(1775)八月,当清军再定小金川后,高宗即指示阿桂,在得胜还朝时,"酌带土司数人来朝,令其瞻仰天朝礼法,承受恩典,将来即照新疆年班之例,轮流入觐。除巴旺、布拉克底土妇不便轮班外,此次着先带绰斯甲布土司雍中旺尔结、布拉克底土司阿多、沃克什土司雅满泰随同来京,事毕再令回巢。伊等共相传播,久之

---

① 〔清〕阿桂等:《平定两金川方略二》卷一三三,第815-816页。
② 《清高宗实录》卷九六三,乾隆三十九年七月己巳。

必以入觐受恩为荣，亦如准部之永承恩泽矣"。① 之后，又考虑到雍中旺尔结等三土司"从未进京，恐其见将军等挈此数人入觐，虑有他意，心生疑畏。因思明正土司于内地礼仪最为相习，向为各土司总领，而瓦寺土司亦于内地为近，伊等若闻准其来京觐谒，皆欣然乐从。莫若令明正、瓦寺同绰斯甲布等共五土司俱随阿桂来京"。② 平定两金川后，于乾隆四十一年（1776）三月，高宗谕令："各土司内，宣慰司、宣抚司、安抚司、招讨司等职，其每年轮班入觐时应作何按次轮派，并听将军核定，会同总督、提督料理送京。"之后，军机大臣议定："明正、木坪等土司，现令于本年冬间进京。统俟各土司入觐后，再照回疆例，定以年班。应令将军明亮等妥为酌派，以均体恤。"③

乾隆四十一年十二月二十日，成都将军明亮率领明正宣慰司甲尔参得沁、木坪宣慰司甲尔参纳木、瓦寺安抚司桑朗遇春、霍尔章谷安抚司汪尔甲策尔丹、绰窝安抚司朋楚克拉布丹、孔撒安抚司策丹纳木扎尔、巴塘宣抚司衮布甲木沁、理塘宣抚司丹津衮布、下董寨土游击穆塔尔、杂谷脑土守备阿旺帛噶尔、角克碉土守备二等侍卫穆塔尔、别斯满土守备阿忠保、管理金川河西暂充土守备丹比西拉布、管理金川河东暂充土守备达图拉得尔瓦、鄂克什土舍斯丹怎甲木错、绰斯满土舍绰尔甲木灿、梭磨土舍阿拉从、噶克土舍彰布木、绰窝土舍色纳木达尔结、巴旺大头人雍中太、布拉克底大头人雍中尔结、丹坝大头人策旺称拉、卓克采大头人阿结、麻书大头人登珠、头人诺尔结德尔格式、头人楞拉布坦策旺邦及番众、通事共200余人到京。这是嘉绒各土司第一次进京朝觐。为确保众土司头人顺利到京，理藩院做了详细的安排，给予较高规格恩赏和款待。

十二月二十三日，即各土司抵京第二天，高宗御驾瀛台，甲尔参得沁带领土司、头人29人叩仰天颜。高宗赐膳，并赐巴塘宣抚司衮布甲木沁孔雀翎。此后，众土司、土舍、头人获赏缎匹、荷包、器具、食物迨无虚日，或随高宗至皇太后宫、太和殿行礼，或观看阅兵、观赏火戏，或蒙恩于保和殿、紫光阁、山高水长幄次与宴，各土司获"赏戴二品顶戴，并令其子孙承袭后一体戴用。其随来之土舍、头人等向有越级戴用帽顶者，亦

---

① 《清高宗实录》卷九八九，乾隆四十年八月癸卯。
② 《清高宗实录》卷九八九，乾隆四十年八月乙巳。
③ 《清高宗实录》卷一〇〇四，乾隆四十一年三月辛巳、丙戌。

二、两征金川

著加恩仍旧赏戴,以示优奖"。① 甲尔参得沁等 29 人得赐朝帽、帽顶、朝珠、蟒袍、补褂,侍卫穆塔尔得赐号"默克赞巴图鲁"。至乾隆四十二年(1777)正月初四日,甲尔参得沁等启程回四川,高宗命派官护送,真可谓"柔远绥遐,无微不至"。嘉绒各土司在获得朝廷恩典的同时,也亲见清王朝的国威和富足,增强了其输诚向化、畏威怀德之心。此后,嘉绒各土司轮班到京朝觐成为制度,直到清朝覆亡,使清政府与众土司的联系增强,有利于该地区的稳定。

除两金川外,嘉绒藏区其他 12 土司中,霍尔、章谷、纳林冲孔撒 3 土司未曾随清军进剿金川,但曾派令其土兵在革布什杂、甲鲁一带防守,并派乌拉辕运军粮,他们请求随甲垄等土司进京觐见。阿桂奏请照绰窝土司之例给予花翎顶戴。而革布什杂土舍诺尔布堪都尔才 14 岁,没有顶戴,不足以弹压属众,部众恳请将大头人达尔结等因打仗奋勇所得之顶戴挪给诺尔布堪都尔,经阿桂奏请,也得到高宗批准。

为在金川地区杜绝奔布尔邪教,推行黄教,改变该地民众的信仰,高宗谕令阿桂将大小金川地区规模最大的雍中喇嘛寺拆毁,将寺中铜瓦及装饰华美的什件拆运至京师,择地照式建盖,以纪金川武功盛绩,同时谕令四川总督文绶在金川建造广法寺,装塑佛像,并派班第达堪布喇嘛桑载鄂特咱尔前往该寺住持。堪布喇嘛抵达广法寺后,见寺内所供塑像及画像形状诡异,当即要求拆毁,改塑黄教所奉佛像。之后,乾隆又谕令重新选派诚谨并通晓黄教经典的喇嘛为小金川美诺寺住持,归广法寺堪布喇嘛管辖。堪布喇嘛又重塑美诺寺佛像,工竣开光,"堪布喇嘛上座讲经,番人环集耸听,欢喜无量"。上述措施取得很好的效果。乾隆四十四年(1779)十一月间,成都将军特成额奏称:"两金川番子素来敬奉佛教,今蒙皇上天恩,复于美诺寺选派喇嘛焚修,与广法寺互相联络,加以堪布喇嘛管领化导,往来讲经,番人信心崇佛,皈依日众,黄教益加振兴,于新疆地方甚为有益。"②

---

① 〔清〕阿桂等:《平定两金川方略二》卷一三六,第 853 页。
② 军机处《录副奏折》,第 25933 号,乾隆四十四年十一月二十五日成都将军特成额奏折,台北故宫博物院藏。

第四 设镇安营,改土为屯

乾隆四十年(1775)年底,金川战争还未结束时,高宗君臣在开始筹划善后事宜时,便提出仿照新疆实行的办法,将大小金川改土为屯,设镇安营,添设将军控驭。阿桂提出,特设成都将军驻扎雅州,统兵镇守,节制绿营,并于两金川之地安设营汛,移驻提、镇,以资控驭。经军机大臣议复,高宗上谕内阁:"至新设将军,原议驻扎雅州,将成都副都统一缺议裁。今思各省驻守将军俱有副都统协同办事,其成都副都统自应仍留,驻扎省城。所有额兵二千名,酌量一半在成都,同副都统驻守,止须移一千名随将军在雅州镇守,于体制既合,即移建兵房等事,亦较为省便。"乾隆四十一年(1776)三月,清政府正式设置成都将军,任命明亮为第一任成都将军。高宗特别说明之所以设置成都将军,"原因此次逆酋抗拒不法,皆由历来地方官酿成。向来管理番地各员,于土司漫无经理,惟近府州之明正土司等数人引而亲之,加以礼貌,其余则皆视同膜外。众番已久怀不平,且于软弱者纵胥吏肆其鱼肉,而于强横者畏如虎狼,益为番众所轻,遂致毫无忌惮。历任总督,如开泰、阿尔泰,又皆无整理之能,畏葸贻误,即从前莎罗奔、郎卡之事,亦未必非彼时督抚之优柔畏事,积渐而成。今费五年之力,十万之师,七千余万之帑,始能将两金川削平,扫穴俘酋,用申国威而肃法纪。兹议以其地安营设汛,移提镇大员统兵驻守,并添设将军驻边弹压,固足以震慑诸番。但所设之将军,若不委以事权,于地方文武不令其统属考核,仍与内地之江宁、浙江等处将军无异,尚属有名无实。且番地事宜,仍由地方文武办理,仅禀之总督而行,而将军无从过问,非但呼应不灵,即于绥靖蛮陬之体制亦不相合"。认为"此乃善后之最切要者",明确其职权为:"成都将军文武兼辖,除内地州县、营汛不涉番情者,将军无庸干预外,其管理番地之文武各员,并听将军统辖。凡番地大小事务,俱一禀将军,一禀总督,酌商妥办。所有该处文武各员升迁、调补及应参、应讯并大计、举劾各事宜,皆以将军为政,会同总督题奏,庶属员有所顾忌,不敢妄行,而番地机宜亦归划一。"①

具体而言,成都将军所统辖管理"番地"的文武各官,文职为松茂、

---

① 〔清〕阿桂等:《平定两金川方略二》卷一三三,第818-819页。

二、两征金川

建昌两道及所属之府、厅、县分管口外各土司者,武职为松潘、建昌两镇,阜和一协及所属分管口外各土司者。成都将军职权的特殊之处在于,不仅统帅驻防川省的满洲八旗,节制绿营,还具有管理"番地"、统辖文武的行政职权,以达到控驭川边藏区,震慑抚治西藏的目的。之后,又考虑到将军驻雅州、总督驻成都,相距较远,遇事不便商议,且雅州地势逼仄,满兵难以挈眷,于是令成都将军与四川总督同驻成都府,四川提督原拟驻扎美诺,现改移驻雅州。随又设立将军标中军副将1员、都司1员、守备1员,承办绿营事务,将提标后营改为军标,原设额兵400名增至600名,并将永宁协副将调补军标副将,以永宁左营都司移驻龙安营,永宁协改为永宁营,以龙安参将、守备移驻。

清政府还议定,在大小金川各驻兵3000名。于大金川,设总兵、游击各1员,都司、守备各2员,领兵3000名驻扎勒乌围;设副将1员、都司2员,领兵700名驻扎噶喇依;设游击、守备各1员,领兵300名驻扎噶尔丹寺;设参将、守备各1员,领兵400名驻扎茹寨;设游击、守备各1员,领兵300名驻扎马尔邦;设守备1员,领兵300名驻扎曾达。于小金川,设总兵、游击各1员,领兵1000名驻扎美诺,其余2000名兵丁,分驻于底木达、大板昭、僧格宗、翁古尔垄、约咱等处。

清政府不仅在大小金川设镇安营,还推行改土为屯。初期,以兵丁3人给地1分,其中2人当差,1人耕种,以1人耕种所获,供2人之食用,并于其地分建碉房,以资兵丁居住。清政府于两金川续建碉房供兵弁居住,不仅因为此地山高风大,建盖其他房屋不能经久,还因为碉房有较好的防守作用。因为碉房具有特殊作用,还被推广到其他地方。据魏源《圣武记》记载:"自金川削平,中国始知山碉之利。湖南师之以制苗,滇边师之以制猓夷,蜀边师之以制野番,而川陕剿教匪时亦师之坚壁清野而制流寇。"①

之后,成都将军明亮奏请将大小金川的"降番"改为屯防兵丁,以一半耕种、一半当差,驻防官弁兼管屯田事宜。安插于两金川的屯练和降番,均赏给口粮、籽种、牛具,拨给土地。一段时间后,"安插之土弁、

---

① 〔清〕魏源:《圣武记》卷七《乾隆再征金川土司记下》,第308页。

降番等,均各守法力耕,比户相安,莫不欢欣感激。所设营汛声势联络"。①

清政府在大小金川设镇安营、改土为屯的同时,还设置行政机构:乾隆四十一年(1776),于小金川之地设美诺直隶厅,大金川之地设阿尔古直隶厅。乾隆四十四年(1779),以阿尔古厅并入美诺厅。乾隆四十八年(1783),美诺直隶厅更名为懋功屯务厅。民国三年(1914),改懋功屯务厅为懋功县。1953年,改懋功县为小金县。

---

① 军机处《录副奏折》,第25933号,乾隆四十四年十一月二十五日成都将军特成额奏折,台北故宫博物院藏。

二、两征金川

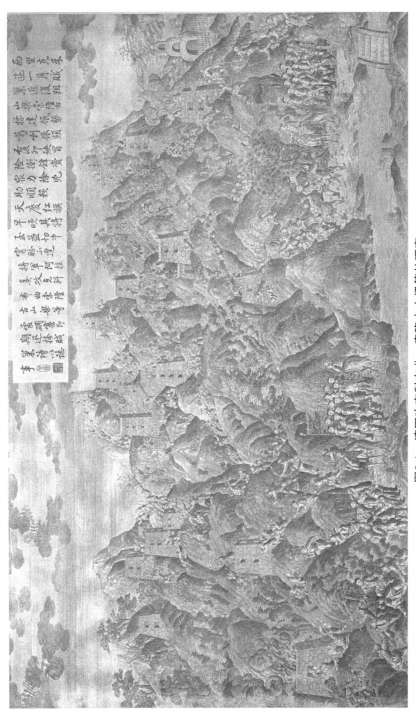

图2.1 清军攻克科布曲、索隆古山梁等处碉寨

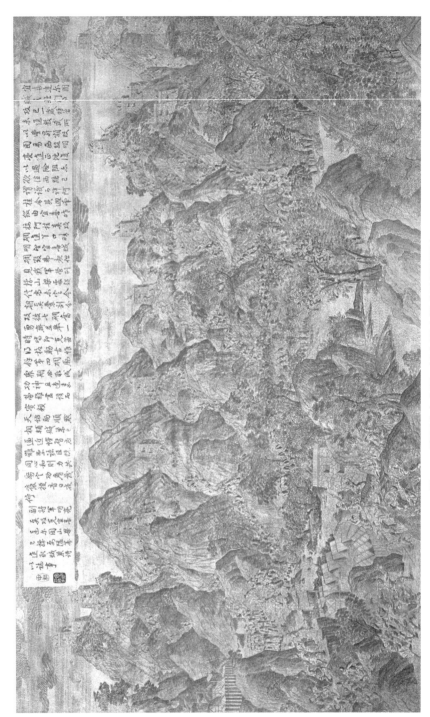

图2.2 清军攻克宜喜、达尔图山梁（已据要隘）

二、两征金川

图2.3 清军攻克木思工噶克丫口等碉栅

图2.4 清军攻克日旁一带碉寨

二、两征金川

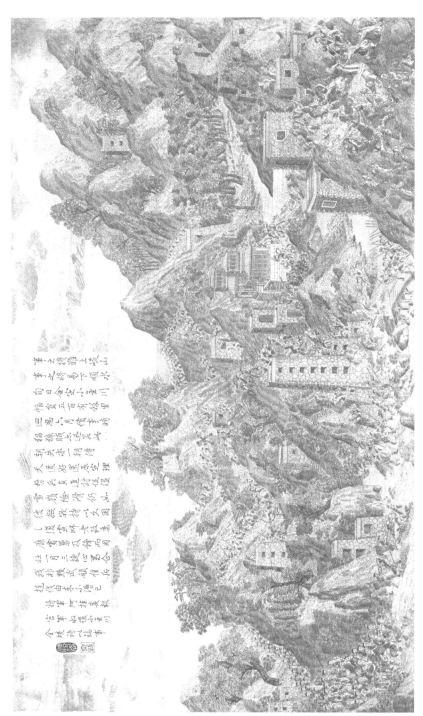

图2.5 清军收复小金川全境

西南边疆之战

图2.6 清军攻克罗博瓦山碉

二、两征金川

图2.7 清军攻克宜喜、甲索等处碉卡

西南边疆之战

图2.8 清军攻克勒乌围

二、两征金川

图2.9 清军攻克石真噶碉

图2.10 清军攻克喇穆喇穆山梁及日则丫口

二、两征金川

图2.11 清军攻克康萨尔山梁碉寨木城

西南边疆之战

图2.12 清军攻克噶喇依

二、两征金川

图2.13　清军攻克噶尔丹则大海、昆色尔山梁、拉枯喇嘛寺等处

西南边疆之战

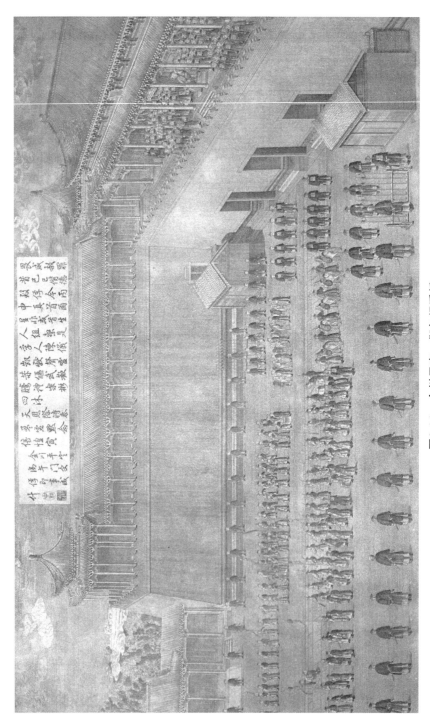

图2.14 金川平定,御午门受俘

二、两征金川

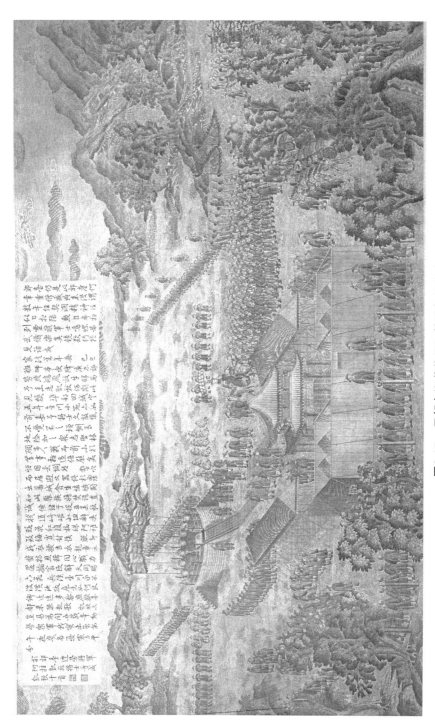

图2.15 于郊台迎劳将军阿桂及凯旋将士

西南边疆之战

图2.16 紫光阁凯宴成功诸将士

三、清朝与缅甸的战争

三、清朝与缅甸的战争

中国与缅甸山水相连,两国的边境线长达2000多公里,尤其是地处西南边疆的云南,很多地方与缅甸交界。历史上,中缅两国不仅有过友好的交往,也有过冲突和战争。乾隆三十一年(1766)至三十四年(1769)间,清朝与缅甸雍籍牙王朝之间就爆发过一场历时4年的战争,这也是有清一代清朝与缅甸进行的唯一一场大规模战争。

清道光年间彭崧毓所著《缅述》后附《缅国纪略》,对这次战争有过极为简略的概述:

> 缅甸,古越裳地,接于南交,为《禹贡》梁州外境,在哀牢之外,汉所谓西南夷者也。汉曰掸国,唐曰骠国,至宋而缅之名始见。元封以王,明初颇衰,不过在三宣六慰土司之属;中叶渐强,蚕食诸土司,遂与明为敌;迨其季也,为木邦、猛密所弱。万历十年,刘綎、邓子龙率兵大破之,直抵阿瓦,自是稍敛戢。二十三年,巡抚陈用宾用暹罗间缅,缅顿衰。至我朝顺治十八年,缅王莽猛弑兄自立,不通中国者六七十年。雍正七年,缅与整买构兵,求进贡而不果。至乾隆十九年,缅王哒喇为得楞子所杀,翁籍牙败得楞,自立于木梳城,寻徙阿瓦,遂篡缅甸,而莽氏绝。二十五年,翁籍牙死,其子孟络嗣,与各部构兵如故,猛养、木邦以次归缅。三十年,猛络死,弟猛驳嗣,时犯车里、九龙江,出入无忌,然不过蠢动巳耳。而疆臣举动张皇,辄轻进以罹祸机。三十一年三月三日,总督刘藻至于自杀。自总督杨应琚至,事已靖矣,而听副将赵宏榜之说,生事邀功,至于新街败衄,边事几无宁日。三十二年三月,杨应琚逮入都,而以承恩公明瑞代。九月进兵,分两路:明瑞由木邦进,额尔登额由老官屯进。明年正月,明瑞殁,以忠勇公傅恒

经略，兵至老官屯，缅人乞降，遂班师。①

清朝与缅甸雍籍牙王朝之间这场历时4年的战争，是高宗所谓的"十全武功"之一。长期以来，众多中外学者对其进行研究，尤其是对战争的性质、进程、结果和影响的研究十分深入，业已取得丰硕成果，而对战场环境、战略战术、战斗细节等战争史的重要内容，仍有拓展的空间。

1. 缅军对"内地土司"的侵扰

缅甸王朝更替与中缅关系变化

明朝乘元朝之余绪，在平定云南后，在元代的基础上，陆续在包括今天缅甸、泰国、老挝广大地区在内的云南边境沿线设置了大大小小很多土司："初定滇时，止车里、麓川宣慰司，已又立缅甸、老挝、八百大甸、木邦、猛养皆为宣慰，皆百夷种也。七宣慰司包括西南夷，直尽南海，汉唐未有也"②；永乐年间，"云南西南夷大古剌、小古剌等部落皆来朝，诏置宣慰使司、长官司五以统之"③，于是又制大古剌、底兀剌、底撒马三宣慰司，以及孟艮、孟定二御夷府，形成所谓"十宣慰、二御夷府"，即车里宣慰司（今云南西双版纳一带）、麓川宣慰司（今云南瑞丽、陇川一带）、木邦宣慰司（今缅甸掸邦西北部）、孟养宣慰司（今缅甸钦敦江流域一带）、缅甸宣慰司（今缅甸中部地区）、八百大甸宣慰司（今泰国清

---

① 〔清〕彭毓崧：《缅国纪略》，原刊《问影楼舆地丛书》，转引自李根源辑《永昌府文征》卷十八《纪载》，云南美术出版社，2002。

② 〔明〕诸葛元声撰，刘亚朝点校：《滇史》卷十，第283页，德宏民族出版社，1994。

③ 〔明〕诸葛元声撰，刘亚朝点校：《滇史》卷十一，第301页，德宏民族出版社，1994。

三、清朝与缅甸的战争

迈一带）、老挝宣慰司（今老挝一带）、大古剌宣慰司（今缅甸白古地区）、底兀剌宣慰司（东吁，今缅甸锡当河一带）、底撒马宣慰司（约在今缅甸丹那沙林一带）、孟艮御夷府（今缅甸景栋一带）、孟定"御夷"府（今云南孟定、耿马、孟连一带）。然而，明王朝对这些土司地区的统治并不稳固。正统年间，麓川酋长思任发叛乱，明朝廷"倾国家之力，集数镇之兵而先后十年之久"①，才将叛乱平定，遂废麓川宣慰司，改置陇川宣抚司（今云南陇川县）、南甸（今云南梁河县）宣慰司、干崖（今云南盈江县）宣慰司，合称"三宣"。自明嘉靖年间，大古剌、底兀剌、底撒马三宣慰司逐渐脱离明朝的控制，明朝所管辖和控制的宣慰司剩下车里、缅甸、老挝、八百大甸、木邦、猛养，即所谓"六慰"。明朝后期，随着缅甸东吁王朝的崛起，以及明王朝对西南边疆控制力的减弱，"云南西南边疆已大大向后缩"②，到万历末年，"三宣六慰"只有车里宣慰司和南甸、干崖、陇川三宣抚司等还保留在中国境内，相关文献称其为"内地土司"，其他则已在境外，统称为"边外土司"，中缅双方的边界也基本稳定下来。但即便如此，缅甸东吁王朝对中国境内的"内地土司"还时有侵扰。

清顺治十六年（1659），清军攻占云南，南明永历帝逃入缅甸，平西王吴三桂带兵入缅，擒获永历帝后回至云南。之后很长一段时间，清朝和缅甸东吁王朝都没有往来。清政府默认了明末以来中国对木邦、孟密等"边外土司"管辖权的丧失，至于对"内地土司"，如车里宣慰司，则向其颁发宣慰使印信，缅甸东吁王朝也委任其为缅方宣慰使，并索要"花马礼"。清政府对此虽有所察觉，但并未深究，"由此隐藏的危机被漠视了"。③ 这成为之后清朝与缅甸冲突的主要原因。

雍正九年（1731），因南掌等国遣使到北京朝贡，东吁王朝也欲遣使至北京，但未能成行。乾隆十三（1748）、十四年（1749），东吁王朝又请入贡，清政府未予允准。十五年（1750），在地处葫芦王地的茂隆银厂

---

① 〔清〕谷应泰：《明史纪事本末》卷三十《麓川之役》，中华书局，1997。
② 林超民：《明朝云南边疆问题述论》，《中国边疆研究通报》第2集，新疆人民出版社，1998。
③ 杨煜达：《乾隆朝中缅冲突与西南边疆》第45页，社会科学文献出版社，2014。

课长、云南石屏人吴尚贤斡旋下,并经云南巡抚图尔炳阿上奏朝廷,高宗批准了东吁王朝入贡之请。

茂隆银厂位于今云南省临沧市沧源佤族自治县班老乡上班老村西不远处,时在卡瓦界内。卡瓦"北接直隶耿马宣抚司界,西接外域木邦界,南接生卡瓦界,东接孟定土府界,距永昌一十八程,地方二千里",其酋蜂筑(又称蜂筑),"自号葫芦王国,不知其所自始。有世传铁印,缅文'法茏湫诸木隆',犹华言大山箐之长也"。乾隆十年(1745),吴尚贤赴该地采矿,开获堂矿,聚众至数万。吴尚贤等议给山水租银,蜂筑不敢收受,托耿马土司报云南督抚,愿照内地厂例抽课报解。经云贵总督张允随奏报,议准"此项厂课(每年11000余两),饬令减半抽收……再将所取课银以一半解纳,以一半赏给该酋长"。①葫芦酋长纳银归附,吴尚贤被清政府任命为茂隆银厂课长,管理银厂事务。吴尚贤挟此自重,壮大势力,与缅甸勾连,"会缅兵三千余人至德岭城,与贵家数挑战……为贵家所败"。正是其向云南督抚禀报"缅甸国王蟒达拉情愿称臣纳贡,永作外藩",并"谋说缅酋莽达拉遣使入贡",②其后又伴送缅使入京。吴尚贤的活动引起了云南地方官的警惕,担心其滋事。在乾隆十五(1750)年,吴尚贤伴送缅使进京之前,云南布政使宫尔劝奏称:"吴尚贤初到厂地,恃强凌弱。今率缅甸来归,实有邀功之意。且外国归诚,亦断无借一厂民为媒进。"③乾隆十六年,吴尚贤伴送缅使回到云南之前,云南督抚即接廷寄:"茂隆厂远在边外番夷之境,司其事者,必得信实可靠之人,乃不致生事。吴尚贤本系无籍游民,平时与夷境交通,往还熟悉,招摇引诱,势所不免,断不可复令再为课长。"④遂议定茂隆银厂课长每3年更换,并以吴尚贤侵没给葫芦酋长的3万余两赏银,将其拘禁省城,于乾隆十七年(1752)三月病死于狱。后人针对清政府对吴尚贤的处理,有"尚贤死而厂徒散,群蛮自是轻汉人矣",以及"自去边防两虎"之说。事实上,茂隆厂一直存在到嘉庆年间,"硐老山空"后才将其封闭。且从之后中缅发

---

① 《明清史料》庚编第7本,第602-603页。
② [清]昭梿:《啸亭杂录》卷五《缅甸归诚本末》,第115页。
③ 《清高宗实录》卷三六九,乾隆十五年七月乙丑。
④ 乾隆十六年九月初四日云贵总督硕色等《会奏遵旨详议茂隆银厂情形折》,《宫中档乾隆朝奏折》第1辑第563页。

三、清朝与缅甸的战争

生冲突,茂隆银厂厂练积极参与进击缅军的情形看,清政府处理吴尚贤,意在消除边疆的不安定因素,对茂隆厂的控制是有效的。

缅甸贡使于乾隆十六年(1751)六月抵达北京,高宗在太和殿"受缅甸国使臣朝贺"。① 中国与缅甸中断了200余年的宗藩关系得以恢复。然而,这是清廷与缅甸东吁王朝之间唯一一次,也是最后一次的官方往来。乾隆十八年(1753),缅甸孟族军队占领阿瓦城,俘获缅王及其家族,缅甸东吁王朝宣告覆灭。次年,莽族军队在缅甸木梳头人雍籍牙的领导下,打败孟族军队,建立起新的王朝,史称雍籍牙王朝(或贡榜王朝)。在缅甸东吁王朝使臣一行返国的途中,正使希里觉填于当年十月初六日染病后死于贵州安顺毛口驿,副使打慢觉填一行行至云南耿马,即闻国内发生内乱,耿马土司罕国楷派人伴送打慢觉填一行至木邦。由于缅甸政权更替,清廷与缅甸东吁王朝刚刚建立起的朝贡关系也随之终结。

对于缅甸国内政局的激烈变动,清廷虽有关注,却采取不插手、不干预、静观其变的态度。乾隆十九年(1754)十月初七日,云贵总督硕色、云南巡抚爱必达会奏:去年冬间,从往来云南和缅甸之间的商人处获得缅甸国内有仇杀之事,便令永昌知府探访。永昌知府派遣猛卯土司衎玥赴缅打探,"探访得缅甸国王被伊所辖之得冷子(又称为得楞子,即孟族)将阿瓦大城攻破,缅甸国王逃避无踪。其起衅之由尚未得知"。还奏称:"臣硕色于今年四月内在京瞻仰天颜,将缅甸国王蟒达喇被伊属下得冷子逐去无踪之事面经奏闻。迨臣回到滇省之后,复与抚臣爱必达加意密访,兹访查得起衅之由,系因缅国大和尚撒喇惰,同大头目捧夺貌、捧夺纪、波林四人办事不公,以致所辖之得冷子怨恨,于上年三月内,率众将缅国大城攻破,随将大和尚撒喇惰杀死,其大头目三人逃走,不知去向。惟有缅国所辖之鬼家不服,仇杀数次,互相胜负,尚未定局。该国王蟒达喇现在避迹海边,其蟒达喇二子同在该国所属之猛乃地方守护御赐物件,均未回国。"② 对云南督抚的奏报,高宗只批了一个字"览",并未重视。清政府对缅甸局势变动的信息来源仅限于沿边土司的报告,有很大的局限性,导致对缅甸局势的发展和缅甸新王朝的扩张政策认识不足,缺乏预判,没能

---

① 《清高宗实录》卷三九三,乾隆十六年六月庚申。
② 乾隆十九年十月初七日云贵总督硕色、云南巡抚爱必达《奏报缅甸国内乱缘由折》,《宫中档乾隆朝奏折》第9辑第728页。

采取有效的应对之策和做出实质性的反应，只是消极等待。

由于上述原因，雍籍牙王朝取代东吁王朝，虽然清朝认定其为"僭越"①，但当雍籍牙王朝的军队进攻木邦（今缅甸木邦），在木邦的东吁王朝王子色亢瑞冻携眷渡江，进入猛卯时，云贵总督爱必达、云南巡抚郭一裕竟将其驱除出境。②清朝拒绝对朝贡之国的落难王子施以援手，目的是避免卷入缅甸的内斗。不仅如此，乾隆二十一年（1756）四月，署云贵总督爱必达等上奏："据镇康土司刀闷鼎报称：缅甸王子因鬼家仇杀，穷蹙无归，随带头目人等由二瞪坡在木邦所属之蛮弄寨暂住等语。查缅属木邦地方，与滇省镇康、孟定、耿马等土司接壤。现移行文武，并饬各土司，于沿边隘口严加防范。"③乾隆二十三年（1758）八月，爱必达还奏称："永昌府西南边界与缅甸相联，而缅属木邦与内地各土司犬牙交错，多有世联婚姻者。现缅甸国王蟒达喇被得楞野夷所害，所辖木梳铺头目翁籍牙僭窃，边界宜严防。业敕沿边土司慎密巡防，毋得与木邦土司往来。报闻。"④即约束沿边土司，不许其卷入缅甸内乱。作为云贵地区的最高军政长官，爱必达在其任内一直持谨守疆界和不干涉缅甸内部事务的态度。雍籍牙王朝则致力于恢复东吁王朝曾经的势力范围，在统一下缅甸后，开始征服上缅甸缅北掸族诸邦，战争持续多年，逐步逼近中缅边境。之后，面对雍籍牙王朝的侵扰，封疆大吏则多因循姑息，不能积极作为，所采取的防御性政策显得过分软弱，甚至对积极抗敌者加以责难或诛杀。例如，擒杀桂家宫里雁之事就对边疆形势产生恶劣的影响。

所谓"桂家"，史书中又称为"贵家"或"鬼家"。有记载称："桂家者，江宁人，故永历入缅所遗种也。"或"贵家者，随明主入缅之官族，其子沦于缅，自署曰贵家，据波龙厂采银"。⑤即随南明永历帝入缅后流落在缅甸之人，居住在上缅甸曼德勒澳报地区的称为桂家，居住在下缅甸勃固地区的称为敏家。他们认为是桂王和岷王子带他们进入缅甸的，因此

---

① 乾隆二十三年八月癸未，云贵总督爱必达奏称："现缅甸国王蟒达喇被得楞野夷所害，所辖木梳铺头目翁籍牙僭窃，边界宜防范。"见《清高宗实录》卷五六九，乾隆二十三年八月壬午。

② 〔清〕昭梿：《啸亭杂录》卷五《缅甸归诚本末》，第117页。

③ 《清高宗实录》卷五 ，乾隆二十 年四月丁卯。

④ 《清高宗实录》卷五六九，乾隆二十三年八月壬午。

⑤ 〔清〕昭梿：《啸亭杂录》卷五《缅甸归诚本末》，第117页。

三、清朝与缅甸的战争

自称桂家和敏家。敏家曾随缅甸孟族起义,攻下阿瓦大城,导致东吁王朝的覆灭。据《啸亭杂录》记载,雍籍牙王朝崛起后,"桂家据波龙厂采银,向有岁币,至是不复输。雍籍牙击溃之,追至猛乃,获所贮敕书御赐"。之后,桂家首领宫里雁联合木邦土司抵抗雍籍牙军队,坚持数年,最终连同木邦一起被击败,穷蹙无归,于乾隆二十七年(1762)率残部3000余人,"乞内附,寄住孟连地方"。孟连土司刀派春将其兵器收缴,又索取银两,并将其部众安插于各村寨,"总督吴达善知其有七宝鞍,乃亡明至宝,太监王坤由北京内库窃去者,向其索取。宫里雁以其祖宗所传重物,吝不与吴,遂挈其妾婢六人赴石牛厂"。即受石牛厂之邀去护厂。而留在孟连的宫里雁之妻囊占及部众受刀派春的勒索,愤而将刀派春及家口30余人杀死,并焚烧孟连城后逃窜。对此,宫里雁并不知情,但永昌知府杨重谷檄令耿马土司罕国楷带练将宫里雁诱擒,解赴省城。如何处理宫里雁,云南地方大吏出现分歧,"布政使姚永泰曰:'孟连之变,雁不与之,况其夫妻不睦,雁是以避居两地。今若留雁,可以为缅酋忌惮,不可代敌戮仇也'"。姚永泰意识到宫里雁有钳制缅甸的作用,主张不杀。而按察使张坦麟则认为"断不可仍留夷地之害,应正法。吴达善以前鞍不与,故切齿于雁,遂左袒张议"。然而,吴达善却上奏:"查孟连土司剥削降夷,以至鬼匪起意焚害,原非外夷擅入边疆劫杀。然宫里雁在缅甸构衅多年,今复流毒孟连,该酋一日不除,恐生事端。"① 结果,宫里雁被处斩。吴达善既达目的,于是檄谕缅人,以宫里雁业经诛杀,要求缅方将宫里雁之妻囊占等人送归。其时囊占已改嫁缅酋懵驳,因此缅人以为吴达善有心羞辱,益加忿恨,于是勾结木邦头人罕黑,越境滋扰耿马。至此,云南封疆大吏之失策已可概见。昭梿在其《啸亭杂录》中即认为:"其(吴达善)督云贵时,以谋宫里雁珠鞍不遂,故乃妄加刑戮,以致构起边衅,颇为人所訾议。"②

"花马礼"与缅军的侵扰

缅甸雍籍牙王朝建立后,不仅致力于恢复和巩固过去东吁王朝的势力范围,还奉行对外侵略和扩张政策,进攻暹罗、景迈等邻国,侵扰中国边

---

① 〔清〕昭梿:《啸亭杂录》卷五《缅甸归诚本末》,第118—119页。
② 〔清〕昭梿:《啸亭杂录》卷七《吴达善》,第211页。

境。这是因为"缅甸经历了将近20年的战争,大批壮丁死于战场,生产受到极大破坏,国内劳动力缺乏,国库空虚。新兴的雍籍牙王朝统治者渴望通过战争手段,迅速地掠取财富和人口"。① 在以武力征服靠近中缅边境原受东吁王朝控制的缅北掸邦诸土司后,雍籍牙王朝的军队开始进入中国边境,侵扰车里、耿马、孟连等"内地土司"。

"逆酋连年滋扰土司边界"②,其目的是为所谓的"花马礼"。王昶《征缅纪略》称:"自永昌迤逦而东为顺宁,又东为普洱,其边袤亘二千余里。永昌之盏达、陇川、猛卯、芒市、遮放,顺宁之孟定、孟连、耿马,普洱之车里数土司外,又有波龙、养子、野人、根都、佧佤、濮夷错杂而居,非缅类,然多役于缅。土司亦稍有馈遗,谓之'花马礼',由来已久。暨缅人内讧,礼遂废。翁(雍)籍牙父子欲复其旧,诸土司弗应,乃遣兵扰其地。"③

"花马礼"的内容,就是与缅甸接壤的"内地土司",每年以花银和马匹为主,私下给予缅甸王朝的"贡项",以免遭受其侵扰,求得安宁。正如清人赵翼所说:"盖我诸土司之近缅者,往时皆于缅私有年例。"④ 由来已久的"花马礼",曾由于缅甸内乱一度废止,雍籍牙王朝"欲复其旧"。对此,高宗和云南的封疆大吏却不明其缘由。云南巡抚常钧奏报:"伏查永昌、顺宁、镇沅、普洱四府,系云南西南边境,边境之附隶者,有孟连、孟定、耿马、猛猛等各土司,沿边藩卫。大小不等之土司外,有缅甸之边境木邦、木梳、阿瓦、整线等处,俱系荒僻弃置之地,今为野夷窟穴,每每彼此勾结,东窜西奔,形同鬼蜮,连年骚扰土境。因各土司昔年原有规礼之陋例,借为口实,频来需索,遂其意则掣众而去,拂其意则肆行抢掠。而土司素常懦怯,一闻贼警,虽调练防御,仍不免暗给礼物遣去。如遇有劫掠肆横情事,则饬拨邻练,加以官兵督率驱逐。此向来办理情形"。高宗谕以"此等荒僻野夷,鼠窃狗盗,原属不成事体,只可如此

---

① 贺圣达:《缅甸史》第155页,人民出版社,1992。
② 乾隆二十八年正月初九日吴达善、刘藻、额尔格图《奏报耿马土司剿退抢掳不法之贼夷折》,《宫中档乾隆朝奏折》第16辑第547页。
③ 〔清〕王昶:《征缅纪略》,国学扶轮社校辑,古今说部丛书四集,中国图书公司和记,1915。
④ 〔清〕赵翼:《平定缅甸略述》,转引自李根源辑《永昌府文征》卷十八《纪载》,云南美术出版社,2002。

三、清朝与缅甸的战争

办理"。① 把缅军视为"荒僻野夷",足见高宗君臣对缅甸情形缺乏了解。

乾隆二十七年(1762)十一月间,缅军2000余人,分为两股侵入中国境内。一股在缅军领兵头目普拉布和木邦头人罕黑两人带领下先至孟定,劫持孟定土司罕大兴,命其带路,至耿马催取所谓的历年贡项,沿途掳掠人畜、烧毁房屋。这时,耿马土司罕国楷正在孟定募乃厂,闻讯后立即调集土练,并传知募乃厂属之石牛厂砂丁,由舍目罕朝玑等统领土练追剿缅军。双方于十二月初八日在滚龙江边展开激战,包括普拉布在内的缅军100余人被土练杀死,罕大兴被擒。另一股五六百人的缅军潜赴茂隆厂抢劫,被沿边佤族葫芦酋长率众打败,在败退途中又被耿马土练截杀,"复斩其一百余人",罕黑带领余众败逃。② 这次雍籍牙王朝派兵向耿马土司索取贡项,是缅甸新王朝为恢复"花马礼"而对"内地土司"展开的第一次大规模侵扰。同年冬间,缅甸又遣人向车里土司索取贡物而未遂。③

乾隆二十八年(1763)十一月,缅军进犯猛笼,并声言普洱之十三版纳原隶缅甸,于是遣其头目播定酥寄缅文给车里宣慰司,索取贡献,并进至打乐隘口,劫掠村寨,土弁刀乃占、召拿等遇害。所谓"十三版纳",是指普洱府管辖下在今西双版纳州的13个大小土司。据《啸亭杂录》记载:"普洱在省城之西南,幅员辽阔,与缅甸之孟艮、猛勇、整欠接壤,南通南掌,所属有九龙江、车里宣慰司及倚邦土守备、六困土守备,猛遮土千总、普藤土千总,猛阿、猛笼、勐腊、猛旺、整董、猛乌、乌得土把总,大小十三土司,俗称十三猛,又称十三版纳。其间九龙江、猛遮、猛笼、勐腊并猛遮所属之猛海,及九龙江所属之橄榄坝、小猛仑、猛拿、补角等处,均逼近外域。"④

普洱镇总兵刘德成闻知缅军侵扰车里,即领兵前赴思茅堵御。云贵总督吴达善札令多拨土练,"以夷制夷",于内地边界要口,亦拨兵严防宷

---

① 乾隆三十年十二月二十七日云南巡抚常钧《奏报永顺边情折》,《宫中档乾隆朝奏折》第27辑第177页。
② 乾隆二十八年正月初九日吴达善、刘藻、额尔格图《奏报耿马土司剿退抢掳不法之贼夷折》,《宫中档乾隆朝奏折》第16辑第546—548页。
③ 乾隆二十九年二月十九日云贵总督吴达善《奏报贼夷窥扰边界,拨练防堵敉宁折》,《宫中档乾隆朝奏折》第20辑第595页。
④ 〔清〕昭梿:《啸亭杂录》卷五《缅甸归诚本末》,第120页。

入，如有窜入，即行剿逐。时车里土司刀绍文禀报："莽匪纠合野夷渐多，约有二千四五百人，陆续来到土界。"因靠近思茅的元江府土练十分强悍，缅军素所畏惧，吴达善遂行令挑选该处勇健的土练 600 名前往车里协剿。其后，侵入车里的缅军遭到车里军民的打击。据车里土司禀称："（乾隆二十八年）十二月二十九日，莽匪来打土弁打舟隘地方，土职即遵照总兵屡次檄示，暗解贼人胁从之党羽，并率练打死莽子三十一人，其酋首召罕彪亦遭枪身死，余贼尚盘踞土界未散。"之后，所调元江土练到达，"莽匪闻土司要隘处处防守严密，元江土练头拨二百名亦到九龙江边。贼人以元江土练来数必多，遽尔胆怯，于（乾隆二十九年）正月二十六日尽数溃散"。① 昭梿则认为，促使缅甸军队从车里退回的原因，是因为此时缅王莽纪觉病死。②

雍籍牙王朝的第一任缅王雍籍牙，于乾隆二十四年（1759）年底发动对暹罗的战争，并围困暹罗都城阿瑜陀耶（又称大城），最终未能攻克，被迫撤军，于乾隆二十五年（1760）病死于回军的路上。雍籍牙死后，其子莽纪觉继位，继承了雍籍牙的扩张政策，但其在位仅两年余，即于乾隆二十八年（1763）病死，王位由其弟（雍籍牙的次子孟驳）嗣立。孟驳能征善战，具有军事才能，继位后，势益强横，攻占了其西面的结些和南面的白古、大姑拉、小姑拉等地，并于当年进犯普洱。③ 缅军四处征战，不仅再次大举进攻暹罗，围攻暹罗都城长达 14 个月，最终将大城攻陷，使暹罗阿瑜陀耶王朝灭亡，还加大了对中国"内地土司"的侵扰。虽然在乾隆二十九年（1764）正月，"木贼在遮放、芒市土司附近地方，声言欲来找木邦头人"，但并未入境滋扰。此时，其在云南边境索贡和滋扰的主要对象是车里、耿马、孟连土司，还尚未涉及永昌府境内的土司。即王昶所说："缅人内讧，礼遂废。雍籍牙父子欲复其旧，诸土司弗应，乃遣兵扰其地，而普洱独先有事。"④ 这就是为何之后中缅冲突最早起于普洱府

---

① 乾隆二十九年二月十九日云贵总督吴达善《奏报贼夷窥扰边界，拨练防堵敉宁折》，《宫中档乾隆朝奏折》第 20 辑第 594 596 页。
② 〔清〕昭梿：《啸亭杂录》卷五《缅甸归诚本末》，第 120 页。
③ 〔清〕昭梿：《啸亭杂录》卷五《缅甸归诚本末》，第 120 页。
④ 〔清〕王昶：《征缅纪略》，国学扶轮社校辑，古今说部丛书四集，中国图书公司和记，1915。

三、清朝与缅甸的战争

境内的原因。

乾隆二十九年九月，缅军头目召播率众130余人至九龙江，要车里宣慰司前赴阿瓦会盟①；同月，缅军"因整卖夷人未经赴缅输诚纳钱粮，该缅遣莽练八百名前往剿服，后又调侵南掌"。②

进入乾隆三十年（1765）后，缅甸侵扰"内地土司"的频次开始增加，重点是车里和孟连土司地区。

车里地区。乾隆三十年四月二十六日，"莽匪"头目素领三撰等带100名兵士、20名"野夷"来到九龙江后，分30余名前往猛遮勒索礼物。勐腊土弁召刀文报告，有来自外域猛辛的400名"莽匪"，分300名往九龙江一带，分100名分经由猛棒往勐腊、猛乌、乌得、整董、普藤，守边土练率众驱逐，与之发生战斗，"莽匪"遂退去。之后，据云贵总督刘藻奏报："普洱府属之车里土司境接外域，年来莽子乘衅为匪，常挠边境。本年夏秋间，有莽木播定觇窜入勐腊抢掠，经普洱府饬令土目刀铣等率练攻剿，擒获该匪阿温、波半、札乃占，经臣等奏，奉旨正法。"③阿温、波半、札乃占3人之名，被昭梿记为叭信、波半、阿泡，并称："是时缅酋虽恣肆，亦不敢抗官兵，实遣人于十三猛索赋。十三猛系雍正年间招降，而亦输赋于缅。叭信三人传为在十三猛之贸易人，悉歼之，贼因愤而思逞。"④同年八月，孟定土司罕大兴报告：探闻"莽酋"打发头目莽已觉带领2000名多人，于八月初二日到木邦猛店地方驻扎，令木邦官与耿马索要旧规，若不与，就要过江来袭耿马。⑤

孟连地区。据孟连土司刀派先称："缘孟连始祖罕法系缅甸国王第十子，每遇故替，必将缅国所赐象只及金银镶刀盒等物交还，复赐新物。至父派春被鬼党（按：即桂家）杀害，刀派先年幼，避居厂寨，未经报知缅国。本年二月，缅差到连索取旧物，只存象只，余俱焚毁无存。因令刀派新往缅缴还象只，回明刀盒遗失。"到八月时，莽兵护送孟连应袭土司刀

---

① 〔清〕昭梿：《啸亭杂录》卷五《缅甸归诚本末》，第120-121页。
② 《明清史料》庚编第7本，第606页。
③ 乾隆三十年十一月二十九日云贵总督刘藻、云南巡抚常钧《奏报缅匪滋扰，筹画办理攻剿折》，《宫中档乾隆朝奏折》第26辑第741页。
④ 〔清〕昭梿：《啸亭杂录》卷五《缅甸归诚本末》，第121页。
⑤ 乾隆三十年十二月初九日云贵总督刘藻、云南巡抚常钧《奏陈木匪贼夷窥伺土境，防守无虞折》，《宫中档乾隆朝奏折》第26辑第838页。

派先之兄刀派新来到孟连,索要礼物。刀派先无奈,给了700两银子,莽匪始退去,但刀派先并未将此事向地方官禀报。① 之后,"莽匪"又到孟连索要银两、马匹,并要孟连土司出兵协助其攻剿车里土司,之前刀派先给予"莽匪"银两之事遂被暴露。云南地方官认为,孟连土司与缅军表里为奸,其中不无勾结串通情弊。

车里土司、孟连土司虽为"内地土司",而亦输赋于缅,自有其不得已之苦衷,但他们都清楚地知道自己是属于中国境内的土司。因此,当遭受"莽匪"侵扰时,车里土司才会派土练将其驱逐,而"莽匪"要孟连土司出兵攻剿车里土司时,"应袭刀派先与众商议,前送应袭之兄来连的莽子索礼酬谢,言明再不骚扰孟连地方,今方才得起身。又有莽子索兵相助。若助他破了猛遮,即同叛逆,若不兴兵,必被他涂炭;若将前莽追回,令其将后来五十人逐去,两地无事;若仍不能逐去,止有纠合练民,一并逐杀,夺回前送礼物,亦可养兵"② 等语。充分说明车里土司和孟连土司对中国的认同。

清人赵翼将中缅冲突的原因归结为:"我诸土司之近缅者,往时皆于缅私有年例。自木梳据位,号诸土司以其故,夷等不复予,而木梳方与贵家诸夷相攻,未遑远问。及贵家、木邦相继为所并,乃渐及我土司。此起衅之由。"③ 其观点与这场战争的亲历者王昶的观点一致。王昶认为:"缅人内讧,礼遂废。雍籍牙父子欲复其旧,诸土司弗应,乃遣兵扰其地,而普洱独先有事。"④ 在探讨这场冲突的起因时,中外也有许多学者持相同

---

① 乾隆三十年十二月二十七日云南巡抚常钧《奏报永顺边情折》,《宫中档乾隆朝奏折》第 27 辑第 176 页。
② 乾隆三十年十二月二十七日云南巡抚常钧《奏报永顺边情折》,《宫中档乾隆朝奏折》第 27 辑第 176 页。
③ 〔清〕赵翼:《平定缅甸略述》,转引自李根源辑《永昌府文征》卷十八《纪载》,云南美术出版社,2002。
④ 〔清〕王昶:《征缅纪略》,国学扶轮社校辑,古今说部丛书四集,中国图书公司和记,1915。

三、清朝与缅甸的战争

的观点。①

应当说，乾隆年间爆发的清朝与缅甸的冲突及之后发展成大规模战争的原因，是多种因素掺合在一起造成的，核心是缅甸雍籍牙王朝向"内地土司"索贡而不断滋扰边境，且规模和频次越来越大，并"渐逼内地"，清军被迫反击。之后清政府从自身的角度对这场冲突的发生进行检讨，认为："封疆大吏果能绥靖有方，俾知慑我威德，自可相安无事。乃自爱必达、吴达善等先后姑息因循，不克示之节制，遂至养痈遗患。"②

爱必达于乾隆十五年（1750）由贵州巡抚调任云南巡抚，又于乾隆二十年（1755）升任云贵总督，乾隆二十六年（1761）改调湖广总督，云贵总督之位由河南巡抚吴达善继任。而刘藻于乾隆二十二年（1757）由湖北布政使迁任云南巡抚，乾隆二十九年（1764）接替吴达善任云贵总督。他们任职总督期间，正是缅甸雍籍牙王朝崛起并开始不断侵扰"内地土司"的时期。他们对缅甸政局变化缺乏充分了解，对雍籍牙王朝的不断侵扰以"姑息因循"应对，确是造成缅甸不断侵扰并最终导致冲突的一个重要原因。

乾隆二十七年（1762）十二月，雍籍牙的军队2000余人，在头目普拉布、罕黑等的带领下到耿马焚掠。耿马土司罕国楷传讯石牛厂，并领土练在滚龙江边与缅军会战。石牛厂厂委周德惠率其厂练于滚龙江截杀缅人退路，击杀普拉布，缅军溃败逃散。周德惠乘机派人越过滚龙江，将投顺木梳的木邦小头目沙正湖擒拿过江。③ 两军对垒，于敌营擒拿敌首，无论动机如何，皆属正常。但云贵总督吴达善不以激励，反而参奏其"贪功心切，因见冬间贼夷远退，无功可冒，起意妄拿外夷头目，假装叛逆冒功希

---

① 黄祖文认为："缅军强行征税，造成边境不宁，这是导致武装冲突的真正原因。"（《乾隆年间中缅边境之役》，《四川大学学报》1988年第2期）；台湾学者庄吉发则说："（中缅冲突发生的）主要原因是由于缅甸频年滋扰云南边境所致。"（《高宗十全武功研究》第284页）；日本学者铃木中正也指出："战争的直接原因是由于新兴的缅甸新王朝要求云南西南部各掸族小邦领主重新向新王朝交纳在王朝更迭混乱时期终止的贡物。"（《清缅关系（1766—1790）》，《中外关系史译丛》第1辑第78页，上海译文出版社，1984。
② 《清高宗实录》卷八○四，乾隆三十三年二月丙寅。
③ 〔清〕昭梿：《啸亭杂录》卷五《缅甸归诚本末》，第120页。

赏……拷逼诬陷,法无可贷"。① 遂将周德惠处斩。杀敌者不记功,反而有罪,这岂不使人心寒!斩杀周德惠,严重挫伤了边疆地区有志于抗击缅军侵扰之人的斗志,反而助长缅军的气焰。昭梿便认为:"吴达善以周德会(惠)为杀良冒功,竟置之于法,而缅人益轻中国。"②

另外,虽然清政府对"内地土司"和"边外土司"做了明确的区分,已具有一定的主权观念,但对沿边土司地区实行的只是间接控制,将这些土司地区作为"内地"与域外国家的缓冲地段,强调"惟在清理我疆,严谨关隘""持重不生边衅",如果"外夷"侵扰,则实行"以夷制夷"政策。即只要"外夷"的侵扰不危及内地安全,便以"内地土司"和邻近地方的土练、厂练进行防堵,让双方厮杀,而"仅批拨兵防御,不令与敌对垒"。即只调拨防边的绿营兵进行被动防御,不准其与敌军正面接触。高宗及云南封疆大吏在面对雍籍牙王朝对"内地土司"的侵扰时,继续施行他们惯用的"以夷制夷"策略,即便知道"土司素常懦弱,一闻贼境,虽调练防御,仍不免暗给礼物遣去",但仍然实施既定的政策,"如遇有劫掠肆横情事,则饬拨邻练,加以官兵督率驱逐。此向来办理情形,久蒙圣明洞见"。③ 不仅如此,还抱着天朝上国的心态,盲目自大,轻视对手。当云贵总督吴达善奏报乾隆二十八年(1763)因耿马土司被焚掠,派土练堵剿,高宗上谕:"吴达善等奏木梳夷人往抢耿马,现已剿败擒治一折。此等荒僻野夷,鼠窃狗偷,原属不成事体!只可如此办理。"④ 封疆大吏也认为:"即偶遇外夷侵扰,原不难驱逐。"在这种认识之下,乾隆二十八年年底,缅军侵扰车里,总督吴达善便只布置靠近车里的普洱镇营兵于思茅一带防守,并强调"仍约束各兵,毋许出口滋事"⑤,而远调元江土练赴车里协助堵剿。昭梿便认为:"是时缅酋虽恣肆,亦不敢抗官兵",但

---

① 乾隆二十九年四月初一日云贵总督吴达善、云南巡抚刘藻《奏报诬拿外夷逼认希功之厂徒,请旨正法折》,《宫中档乾隆朝奏折》第21辑第98页。
② 〔清〕昭梿:《啸亭杂录》卷五《缅甸归诚本末》,第120页。
③ 乾隆三十年十二月二十七日云南巡抚常钧《奏报永顺边情折》,《宫中档乾隆朝奏折》第27辑第177页。
④ 《清高宗实录》卷六八〇,乾隆二十八年二月丙申。
⑤ 乾隆二十八年正月初九日吴达善、刘藻、额尔格图《奏报耿马土司剿退抢掳不法之贼夷折》,《宫中档乾隆朝奏折》第16辑第548页。

"吴达善畏葸,惟诫官兵不与之战而已"。① 二十九年(1764)九月,"匪酋召播率众一百三十余人至九龙江,要车里宣慰司前赴阿瓦会盟。时吴达善已调陕甘,总督为刘藻,老儒也,不识事体,以'王者须正疆里'为言,命驱逐之"。② 这既有地方大吏的畏葸偷安,无进取之心,担心落得个"轻开边衅"的罪名等原因,更是清政府惯用的"以夷制夷"政策的具体表现。之后,为防御缅军侵扰,云南督抚做了一些布置。如乾隆二十八、二十九年间,因顺宁府为耿马门户,云贵总督吴达善奏请将驻扎此地的顺云都司改为参将,增加防兵287名;在原已改土归流的威远厅猛戛等处增设土千总、土把总各1名,以钤束土练;将耿马、孟连、猛猛三处土司由较远的永昌府所辖,改为较近的顺宁府所辖,但只一再要求沿边镇、府,严令各土司于边界多拨土练,益加固守,于险要隘口建挖壕垒,设险保固,而不主动抗击。

乾隆二十九年(1764)十二月,云贵总督刘藻奏定拨练巡防中缅隔界的天堑滚龙江的章程,从镇康、耿马、孟定、芒市、遮放、猛卯以及茂隆厂各土司派拨练丁450名,于每年九月十五日秋末瘴消时拨防,至次年三月十五日瘴盛时撤回,每年所需口粮银、盘费银4000余两,由云南省加卯鼓铸所获息银支付。③

可以看到,清朝大员上述措施均仍未突破"以夷制夷"的藩篱,均属被动防御性的,缺乏积极主动的作为,对雍籍牙的军队并不具有威慑力。故此,缅甸新兴的雍籍牙王朝对中国边境的侵扰不断加剧。乾隆三十年(1765),缅甸控制下的孟艮土司内乱,孟艮土司之侄召散勾引缅军侵入车里地区,成为中缅冲突的诱因。即事后高宗所认为的:"(缅甸)滋衅之由,召散实为祸首。"④

---

① 〔清〕昭梿:《啸亭杂录》卷五《缅甸归诚本末》,第120-121页。
② 〔清〕昭梿:《啸亭杂录》卷五《缅甸归诚本末》,第121页。
③ 乾隆二十九年十二月十六日云贵总督刘藻《奏陈拨练防江事宜折》,《宫中档乾隆朝奏折》第23辑第493-495页。
④ 《清高宗实录》卷七五五,乾隆三十一年二月壬戌。

2. 冲突的爆发和升级

清军的反击与刘藻自杀

景栋位于缅甸掸邦东部，与暹罗、南掌相邻，地理位置十分重要，明初虽曾在此设置孟艮"御夷"府，万历以后就一直处于缅甸东吁王朝的实际控制之下，成为缅军进攻暹罗、南掌的前沿阵地。缅甸王朝更替时，对此地的控制大为减弱。缅甸雍籍牙王朝崛起后，很快便重新控制了景栋，并开始扶持效忠于自己的势力以取代原土司，引起景栋境内的孟艮土司内乱。乾隆三十年（1765），土司召猛容与其弟召猛必争斗，召猛容以召猛必滋扰"夷民"，将其驱逐。① 在雍籍牙王朝的支持下，召猛必之子召散欲谋夺孟艮土司之位，与缅军联合，攻杀召猛容，并将其执拿。召猛容之子、孟艮应袭土司召丙先逃至南掌，后又逃至车里土司属下猛遮地方躲避。召散欲将召丙擒获而后快，遂联合缅军，率众数千侵入车里，分路而进，窜入猛棒，焚掠勐腊，势甚猖獗。车里土司刀绍文难以抵御，急报总督求援。

云贵总督刘藻闻报，饬令普洱镇、府前往相机筹办，命令调集各猛土练堵剿。适逢云南提督达启阅兵至普洱，刘藻命其暂住普洱城督率指示，达启派委土弁带练1000名前往剿逐。对缅军的侵扰，沿边各土司带领土练做了顽强抵抗。缅军的两个大头目素领散撰和素领散听，分别被猛棒土司叭先捧和其妻戳死和杀死。但土练终究抵抗不过受过军事训练的缅军。之后，据达启及普洱镇、府相继禀报，"莽匪"由勐腊阑入小猛仑、补角、补龙等处，肆其焚掠，所派土练不能抵御。刘藻又令靠近普洱的元江、临安二府拨土练1000名迅速往援。之后，达启报称：缅军窜入易武地方，

---

① 《清高宗实录》卷七五八，乾隆三十一年四月甲寅。

已接近思茅。思茅在雍正年间置于流官管辖之下，辖境宽广，隘口较多，所属防兵不敷分守，经督抚议定已就近调拨元江营兵300名往来协防。十一月二十七日，当接到普洱镇、府禀报"莽匪渐逼内地，各处土练望风披靡，不战自溃，若非加以兵威，骤难剪灭"，得知缅军逼近内地，云贵总督刘藻感觉到了事态的严重性，认识到仅靠土练已不能抵御，便于当日调拨督、抚两标及城守营兵600名，令参将何琼诏带领赶赴普洱，听候调遣；又续调临元、楚姚等镇、协、营兵2000名陆续进发，以资攻剿。刘藻也于十一月二十八日驰往普洱，会同提督达启筹商攻剿之策。之后，云南提督达启又调拨元江他郎兵300名、普洱镇标防守要隘之兵800名往援。① 而在赶赴普洱途次，刘藻以曲寻、楚姚、寻沾三镇、营距普洱程站较远，难以应急，于是将三处所调之兵1000名飞檄撤回归伍。② 实际所调营兵为3100名，加上之前调派的土练四五千名，合计不到8000名，并议定："兵练口粮，除沿途供应外，即于宁洱县兵内支给。至一切盐、菜、赏号等项，于藩库盐余款内暂动银一万两，……于省城钱局添炉五座，加铸钱文，将所获余息银两，除归款外，余银添搭支用。"③

　　刘藻于十二月初六日黎明从省城昆明赶到普洱府，从普洱知府龚士谟处了解到：缅军虽号称有数千人，其实所勾引胁从的厂棍、汉奸亦多杂入其内，并不全是"莽匪"。领兵大头目二人：一名素领散撰，一名素楞散党。素楞散党手下又有小头目三人：一名阿瓦辅，一名木卖乃，一名者列补鲁，带象4只，驮枪炮兵器，在橄榄坝、整控、小猛仑等处扎营10余座。"初一日，贼至猛笼，将应袭土把总召扁猛、伊叔召听拿赴贼营，声言十三版纳原系莽土，欲来收复。"刘藻遂与达启计议，以普洱镇总兵刘德成为军营总统，等待所调兵练到齐，拟分为四路进剿：三路由普藤进发，攻剿缅军驻扎于橄榄坝、易比、撒袋、整哈渡口营盘，一路由奇木岭攻剿，使之四面受敌，并于沿路或追或截，最后会勐腊，断缅军归路，并

---

① 乾隆三十年十一月二十九日云贵总督刘藻、云南巡抚常钧《奏陈缅匪贼滋扰、筹画办理攻剿折》，《宫中档乾隆朝奏折》第26辑第740－742页。
② 乾隆三十年十二月初九日云贵总督刘藻《奏陈到普日期及攻剿情形折》，《宫中档乾隆朝奏折》第26辑第843页。
③ 乾隆三十年十一月二十九日云贵总督刘藻、云南巡抚常钧《奏陈缅匪贼滋扰、筹画办理攻剿折》，《宫中档乾隆朝奏折》第26辑第742页。

堵截猛捧、挝沙后应之敌。考虑到当地的气候条件，认为此次进兵攻剿，须在 40 天之内完结，一旦超过 40 天，则此地将起烟瘴，到时便再难以用兵。①

高宗在接到刘藻的奏报后，于十二月十九日发出上谕："此等丑类，野性难驯，敢于扰害边境，非大加惩创，无以警凶顽而申国法。刘藻等既经调兵进剿，必当穷力追剿，捣其巢穴，务使根株尽绝，边境肃清。恐刘藻拘泥于书生之见，意存姑息，仅以驱除出境，畏威逃窜，遽尔苟且了事。不知匪徒冥顽不灵，乘衅生事，视以为常。……此次若复稍存宽纵，难保其不再干犯。养痈贻患之说，尤不可不深以为戒。"② 高宗的意思非常明白，对敢于侵扰边境的缅军，决不能再只是消极的防御，或仅限于利用土练将其驱除出境，而是要利用正规的营兵进行坚决反击，对其大加惩创，使之再也不敢侵扰边境。

面对缅甸雍籍牙王朝不断侵扰边境，并"渐逼内地"，清政府改变之前仅以土练防御堵截的做法，调集云南省内绿营兵对入侵的缅军展开反击，既标志着中缅冲突的爆发，也标志着之前清政府"以夷制夷"消极防御政策的破产。

清军与缅军的冲突一开始就是一场混战，双方互有胜负。

刘藻调兵反击，但兵练尚未集齐，反击还未展开时，又有一股缅军在大头目阿乌弄的率领下，从西路由车里境内的打乐隘口侵占猛遮土千总地方。缅军一路从左面而进，由猛拿至小猛仑、橄榄坝渡江，攻破九龙江，蔓延至猛混；一路从右面的打乐而进，攻破猛遮，两路汇合，焚毁附近村寨，延至整控，并将率兵防守土锅寨的清军游击司邦直部围困。③ 猛遮西北与永顺、孟连、耿马土司毗连，控遏整控江，战略位置非常重要。刘藻听闻猛遮失守，缅军蔓延至整控江，急令参将何琼诏、游击明浩率提标兵 500 名、顺云营兵 400 名往援，确定进攻的战略战术为：以阻截打乐隘，

---

① 乾隆三十年十二月初九日云贵总督刘藻《奏陈到普日期及攻剿情形折》，《宫中档乾隆朝奏折》第 26 辑第 844 页。
② 《清高宗实录》卷七五一，乾隆三十年十二月庚申。
③ 《清高宗实录》卷七五七，乾隆三十一年三月己丑。

三、清朝与缅甸的战争

断阿乌弄去路为要。①

乾隆三十年（1765）十二月十九日，普洱镇总兵刘德成等率领兵练由小猛养分两路进发：一路进攻被缅军占领的九龙江，斩杀敌兵5名，枪伤、淹死水中者200余人，夺获渡船26只，并连夜渡江，截断缅军后路；一路进攻橄榄坝，于二十日，连破缅军营盘6座，斩杀100余人，其余缅军溃奔渡江，清军追击，击翻渡船2只，缅军落水及投江淹死者100余人，兵练带伤者不过数名。② 清军初战告捷。但紧接着的二十一日，发生何琼诏、明浩兵败整控江之事。何琼诏等原定带兵900名赴整控江往援，后刘德成令其带省城之兵600名驻扎整控江内，以防缅军窜入；又以广罗协兵200名为后应，待剿灭九龙江一带的缅军，即追杀，直至猛笼、猛遮等处，前后夹攻。但据刘藻奏报：二十一日，何琼诏领兵行至猛往，猝遇"莽匪"伏于山箐，三路而出，将清军冲散，装备悉被抢去，仅退回兵丁一二百名，领兵游击被缅军镖伤，参将何琼诏等下落不明。刘藻急令作为后应的广罗协领兵都司田灏收兵暂驻，抽调倚邦防兵100名、土练200名前往应援，并将情况知会提督达启和普洱镇总兵刘德成。之后了解到：整控江有山僻小径可通普洱府城，而府城内存有藩司解到的银两及火药、炮位、军装等，存城守兵仅有350名。刘藻担心缅军进攻普洱，遂带人退回，防守普洱，并将何琼诏、明浩不奉军令，妄图邀功，冒昧轻进，遽尔渡江，致被败衄，何琼诏业已阵亡等情，以及所绘制的当地地图一起上奏。

乾隆三十一年（1766）正月十六日，高宗接到刘藻的上述奏报，谕令："卿系之此事，似断不可终止，小小惩创了事矣。"要求刘藻"只宜居中调度，审机宜而彰赏罚"，至于"攻战之事，应督催达启奋勇为之"。但接下来，乾隆从刘藻的奏报和所绘制的地图中看出自相矛盾的地方："今按图内道里详为记志，则橄榄坝等处在小猛养之前，猛往在后。官兵既分路剿截"，为何缅军"复得潜越小猛养渡江，退至猛养窜伏，以致冲

---

① 乾隆三十年十二月十九日云贵总督刘藻、云南提督达启《奏报莽匪侵占猛遮土千总地方，拿获莽匪奸细并催兵进发剿逐折》，《宫中档乾隆朝奏折》第27辑第64页。

② 乾隆三十年十二月二十六日云贵总督刘藻《飞报军情折》，《宫中档乾隆朝奏折》第27辑第156页。

散官兵，明浩、何琼诏等有遇贼被伤之事？其理殊不可解。此非绘图有舛，即系所报不实"。① 刘藻身为总督，负有军事指挥之责，面临战事须调度得宜。但其毕竟只是一介书生，未娴军旅，"设于用兵机宜稍有不当，既于剿贼之事无裨，而用违其材，亦非朕所以成全刘藻之意"。② 此时，高宗已意识到刘藻不再适于继续办理对缅军务，于当日便发下密旨，以熟悉军务的陕甘总督杨应琚调补云贵总督，将刘藻调补湖广总督，并谕令所降谕旨暂不必颁发，要求刘藻积极进取，不可略存等待之心，待杨应琚到任后交接完毕，再赴湖广新任，又以湖北巡抚汤聘替代常钧为云南巡抚。

就当时战场形势而言，清军虽兵败整控江，但在九龙江获胜利。乾隆三十年（1765）十二月二十七、二十八两日，在参将刘明智等的率领下，由九龙江大渡口进攻缅军营寨，与之前被缅军围困的游击司邦直相呼应，夺获土锅寨敌营1座，攻破九龙江敌营3座。参将刘明智又从侧翼夹攻，攻陷白塔寺敌营1座，土弁叭先捧也率土练追入双龙寺敌营，杀敌甚多，清军乘势夺回之前被缅军占据的车里宣慰司土城。③ 但在战事正胶着之时，却发生云贵总督刘藻自杀之事。

刘藻，字素存，山东菏泽人，初名玉麟，以举人授观城教谕，乾隆元年（1735），荐举博学鸿词，试一等，授检讨，更名。累迁左佥都御史。二十一年（1756），授陕西布政使。二十二年（1757），擢云南巡抚。二十九年（1764），授云贵总督。④

清军反击已取得成果，但此时云贵总督刘藻的日子却并不好过，或者说，备受煎熬。之前，刘藻曾奏报整控江兵败，何琼诏等阵亡，但不久后何琼诏等陆续返回军营。刘藻提审何琼诏等，在审理后将何琼诏等以轻进失事参奏，但对其中关键环节并不细究。乾隆三十一年（1766）二月初二日，高宗指出：刘藻审理此案"情节甚属含糊纰缪"，且"所讯供词，于紧要情节全未问及"。何琼诏等在猛往遇敌败逃，刘藻并不详查，即奏报伊等阵亡，但在"伊家人呈缴关防时，即应详究其是否打仗阵亡，抑系窘迫毕命，或回营后畏罪自戕，以定情罪。乃惟任兵弁张皇谎报，信为实

---

① 《清高宗实录》卷七五三，乾隆三十一年正月丙戌。
② 《清高宗实录》卷七五三，乾隆三十一年正月戊子。
③ 《清高宗实录》卷七五三，乾隆三十一年正月戊子。
④ 赵尔巽等：《清史稿》卷三二七《列传一百十四》，第10884页。

三、清朝与缅甸的战争

事,一切概置不究。及何琼诏等陆续逃归,该督又不究从前谎报情由,治以畏葸退缩之律,尚信其一面虚词,谓系轻进失事,其何以申军律而惩欺罔乎!即如何琼诏所供,架着藤牌扑杀,并称被莽子刀戳其马,连马跌入江之语。试思马上岂能使用藤牌?此其支吾捏饰,难以欺三尺之童者。而刘藻竟受其蒙混不觉,不觉可笑乎?"高宗考虑到刘藻本属书生,军行机宜非所娴习,因此不肯以其所不能加以责备。但调度赏罚诸事,刘藻尚可力为筹办。但审讯此案情节,竟舛谬若此,实不能够胜任总督之任。决定将刘藻降补为湖北巡抚,并谕令在杨应琚未到之前,刘藻须实力经理,如若稍存五日京兆之见,以致贻误事机,必更重治其罪,并下旨以畏葸退缩之律将何琼诏等处斩。①

鉴于云南边情危急,高宗再发谕旨,提醒刘藻要全力办好目前军务。刘藻遂制定了分路攻防的策略,将所调 8000 余名兵练分散各处:整控江 1200 名,习本江 200 名,小黑江 100 名,小猛养、普藤 100 名,思茅 200 名,其余兵练 4100 名,交普洱镇总兵刘德成,令其于九龙江各处分拨,并飞调楚姚镇总兵官华封驰赴整控江一路筹划,会合进攻。对刘藻的调度,云南巡抚常钧认为并不妥当,于乾隆三十一年(1766)二月初七日奏称:"刘藻调取各镇、协、营官兵,有调至中途停止撤回者,或初调赴此处,中途改调赴彼处,更有已改赴彼处,复有仍令赴此处,并再撤回者。"刘藻对行军打仗一窍不通,见缅甸军务难办,在与提督达启等商量后,奏称要"轸念瘴乡,整兵稍待,再图大举"。高宗怒斥其"大谬",严令刘藻在杨应琚未到之前,当督促调集之兵奋勇征剿,断不可惑于瘴疠之说,轻议撤回,再干罪戾。乾隆三十一年二月二十三日,吏部议定将刘藻、达启革职。高宗历数刘藻种种非是:缅兵进犯车里时,刘藻虽即亲赴思茅,调兵攻剿,但后来"乃轻信何琼诏等谎报猛往失事之语,心怀畏葸,托称整控江有小径可通内地,惧贼窜入,遽自思茅退回普洱。其恇怯无能,实可骇异!……至何琼诏等渡整控江失事之故,由于将兵器捆载行装,将弁徒手散行,毫无纪律。突然遇贼冲出,星散奔逃,旋即陆续投归。刘藻则率报兵弁阵亡,张皇失措,继则以贪功轻进。何琼诏等以不备致逃,岂为冒勇轻进?……至其檄调通省兵丁,忽调忽撤,漫无成算。而节次所奏诸

---

① 《明清史料》庚编第 7 本,第 611 页。

折，可笑可鄙之处，尤不可枚举。督乱乖方，实出意料之外！"他同意吏部拟定的意见，指出"特念刘藻本系书生，未娴军旅，不忍即加重遣。但复令其觍颜尚为巡抚，其何以示惩创，亦何以示各省慎重封疆耶？刘藻著照部议革职，留滇效力。所有调兵不合定例、靡费军饷之处，将来报销时，俱著落伊赔补"。达启也被革职，云南提督之缺由湖广提督李勋调补。①

二月二十六日，刘藻接到高宗斥责其审理何琼诏案的谕旨后"恐惧战栗，惶悚无地"，奏称自己因"正月初间忽患中满之症，二十余日饮食减少，精神恍惚"，致使所办案件多有舛谬，经过调养后精神略复，查看何琼诏等的口供，实多纰缪，并报称已严催各路兵练并力进剿。三月初三日，刘藻又接到朱批奏折4件及廷寄谕旨1件，惶恐之际，于当日夜间自刎，经人抢救后苏醒过来，写下"君恩难报，臣罪万死"。后因伤重不能饮食，延至初十日气绝身亡。②

"边外土司"内附与冲突升级

新任云贵总督杨应琚于乾隆三十一年（1766）三月初八日抵达云南府城，十七日至普洱府。

在杨应琚抵达普洱之前，虽然清军兵败整控江，总督刘藻指挥不力、调度失宜，但缅甸此时尚未向车里地区增兵，清军在数量上占有优势，对来犯缅军的反击取得重大效果，在战局上占据主动。

据王昶《征缅纪略》载："乙亥，应琚至云南，楚姚镇总兵华封已平打乐、勐腊，参将哈国兴已平大猛养，合剿孟艮，召散遁，官军得其城。而刘德成与达启及副将孙尔桂攻整欠，亦克之。普洱边外悉平。"③ 据继任的云贵总督杨应琚奏报：清军不仅将侵入车里的缅军驱逐出境，并乘势分路追击。总兵华封领兵收复被缅军占据的猛混、猛遮，并一路追击，深入域外猛艮、景线等处；普洱镇总兵刘德成率领兵丁克复猛笼，并深入到

---

① 《清高宗实录》卷七五五，乾隆三十一年二月癸亥。
② 乾隆三十一年三月十六日云贵总督杨应琚、云南巡抚常钧《奏报前任云贵总督刘藻身故日期折》，档案号：04-01-16-0045-039，中国第一历史档案馆藏。
③ 〔清〕王昶：《征缅纪略》，转引自《永昌府文征·纪载》卷十七。

三、清朝与缅甸的战争

外域猛歇、猛堪,进攻整欠。① 之后,总兵刘德成、副将孙尔桂以土弁叭先捧为向导,预备两路夹攻整欠。三月四日,刘德成率军攻克整欠附近的孟辛。三月五日,孙尔桂带兵抵达整控江边,见江水滩高势涌,又无桥梁舟筏,于是分派兵丁、土练扎筏并打造浮桥,渡过整控江,出其不意地攻克整欠。② 楚姚镇总兵华封、参将哈国兴则带领兵练,在孟艮应袭土司召丙导引之下,于三月初十日将孟艮攻克,祸首召散出逃,清军四处搜捕,拿获参与作乱的召猛烈、召猛珍等。

杨应琚得到清军攻克孟艮、整欠的战报,以"孟艮、整欠两区虽属莽缅,实则自为雄长"。即认为雍籍牙王朝对上述两地并没能有效控制,奏请将孟艮、整欠两个"边外土司"变为"内地土司",并"照甘省之例给予指挥职衔"。又派遣新任云南提督李勋至孟艮、整欠,"正经界,集流亡,厘户口,定赋税,附入版图,以为久远计"。③ 四月间,杨应琚奏报:已谕令"沿边土司所属夷民及新定之整欠、孟艮等处夷民,一体剃发留辫"。④ 七月间,又奏定整欠、孟艮两土司照车里十三土司之例,以乾隆丁亥年(乾隆三十二年,1767)为始,每年分别上纳条编、火耗米折银470两1钱和565两9钱零。⑤

高宗接到杨应琚有关清军攻克整欠、孟艮的奏报,虽系之前刘藻布置取得的成果,却将此功记在杨应琚的头上,认为:"莽匪滋扰土司地方,不过乌合之众,原属不成事体。从前皆因刘藻中情怯惼,漫无设施,遽尔张皇其事。今杨应琚甫临滇省,将弁、兵练据各奋勇出力,即能剿平巢穴,而外夷召丙亦率众望风投顺。益见办理军务,全在详审机宜,如果得其要领,自不难刻期竣事。"谕令将杨应琚所奏攻克整欠、猛艮各奏折宣示中外知之,赞赏杨应琚"办理动合机宜""井井有条,深可嘉予",将其交部议叙。高宗在奖赏杨应琚的同时,还不忘惩处和奚落前任云贵总督吴达善和刘藻,称:"据奏到莽匪于乾隆二十八年间即侵扰土司境土,彼时

---

① 《明清史料》庚编第7本,第613页。
② 乾隆三十一年三月十九日云贵总督杨应琚《奏报捣平整欠巢穴及复饬查办折》,档案号:04-01-03-0027-016,中国第一历史档案馆藏。
③ 〔清〕王昶:《征缅纪略》,转引自《永昌府文征·纪载》卷十七。
④ 《清高宗实录》卷七六一,乾隆三十一年四月丙申。
⑤ 乾隆三十一年七月十二日,云贵总督杨应琚等《奏报酌定云南地方新增赋额事折》,档案号:04-01-35-0016-001,中国第一历史档案馆藏。

吴达善据总兵、知府禀报,仅批拨兵防御,不令与贼对垒,遂致伊等积玩无忌等语。怯懦者必有以吴达善为持重不生边衅为是者,不知督臣膺封疆重寄,似此养痈遗患,致令匪徒敢于跳梁,酿成事端,所持持重不生事者安在?今贼巢虽已剿平,而前此办理不善之愆难为曲贷,吴达善着交部议处。……夫以本系易为之事,使刘藻居此,可以告成功而邀恩叙,乃畏怯急遽,以致自戕,为缙绅羞,不亦大可笑乎?"① 高宗在谕令将吴达善革职,从宽留任的同时,指出吴达善之误非比寻常,因此对其革职的处罚,须俟8年无过,到时再行请旨开复。

高宗将有组织的缅军看成"乌合之众",将双方激烈的冲突视为"易为之事",可见其对这场冲突的性质、事态的严重性和缅军的战斗力缺乏准确的认识,判断严重失误,这是之后导致清政府对缅政策失误和清军失败的深层次原因。

孟艮(又记为孟揵、猛艮,即今缅甸景栋),东为车里界,南为八百界,西为木邦界,北为孟连界,明永乐三年(1405)置孟艮御夷府,后为木邦所并,周围2000余里,共有3波猛、4大猛,管辖18小猛。整欠即景干,处车里之南,在今西双版纳以南的老挝会晒省北部澜沧江两岸,与孟艮相连,为景栋、老挝、暹罗交接地带,周围1800余里,共有16大猛、7小猛,地广土宽,沃壤亦多。这一地区受缅甸控制,该土司头人与缅甸有矛盾,内部有斗争,常被缅甸利用,相互争斗仇杀,并扰及车里等"内地土司"地方,影响边疆的稳定。清军攻克孟艮、整欠,其目的是要擒拿肇事的召散,并清除滋扰车里的缅军。高宗批准杨应琚的奏请,授予投诚的孟艮、整欠头人召丙、叭先捧"内地土司"职衔,这一举措起到了示范效应,一时间缅甸境内的土司纷纷请求内附。

乾隆三十一年(1766)五月,杨应琚奏报:有外域猛勇头目召斋及伊弟召汉喃前赴军营投诚,而自称原是广南夷人的猛龙沙人头目叭护猛也要求内附。猛勇位于猛艮、整欠之间,猛龙幅员2000余里。杨应琚认为,猛勇、猛龙与南掌、老挝接壤,如此两地归附,不仅可与整欠、孟艮形成犄角之势,还可使天朝境土直接与南掌、老挝相接,提出"似应均准其投顺,一体附入版图"。奏请赏给召斋、召汉喃土千总职衔,归普洱镇府管

---

① 《明清史料》庚编第7本,第615页、第618页。

三、清朝与缅甸的战争

辖,给予委牌;叭护猛照甘肃省指挥同知之例赏给四品职衔,归临元镇、元江府管辖,仍照土司之例,缺出准其承袭。

七月间,杨应琚又报:位于猛龙之西的补哈大头目噶第牙翁次子麻哈喃,在叭护猛派人带领之下前来投顺,要求内附;猛撒头人鲊喇悉利押着10名所擒获的缅兵也来投顺。清政府均照杨应琚所请,分别赏给土千总职衔,给予委牌。

域外土司头人纷纷投顺,促成了云南政区的一次重大调整。

八月初十日,杨应琚等以"外域荡平,普洱府十三土司之外复设有孟艮、整欠两土司,更有猛勇、猛龙、补哈、猛撒等处头人纷纷归附,新入版图者不下六七千里,而后此之望风向化者正自有人"。鉴于上述地方广大、耳目难周,且"普洱地方近连新旧各土司,外接缅甸、南掌诸夷,实为临边扼要之地,必须大员驻扎,始足以资控制,遇有边外事务,亦可就近速为筹办"。而云南全省当时仅设有迤东、迤西两个地方道,地处滇南普洱府由驻扎滇东北的曲靖府属寻甸的迤东道所辖,道里绵长,鞭长莫及,奏请调整政区设置,增设加兵备衔的迤南道,管辖普洱、镇沅、元江、临安4府。① 清政府接受了杨应琚的建议,增设迤南道,驻扎于普洱府。自此,直至清末增设临安开广道之前,云南设有迤东、迤西、迤南3个地方道,因之也就有了"三迤大地"的别称。

十月,杨应琚再奏:远居孟艮西南之外的整卖(今泰国清迈)头人召斋约提、景线头人呐赛、景海头人召罕彪差小头目闷细体到孟艮投顺,并据召斋约提称,他属下的六本头人召猛斋也将投顺。整卖即元朝时的八百媳妇国,所属有18大猛、18小猛,绵延3000余里;景线所属有10猛,地方亦大;虽景海只有1猛,而周围也有1800余里。杨应琚奏请给予召斋约提、呐赛四品宣抚司职衔,召罕彪、召猛斋分别赏给土守备、土千总职衔,并声称"绝域遐荒靡不输诚""计新入版图者不下万里,……请仿照孟连土司之例,每年征收差发银两,以示怀柔之意"。②

至此,清政府将车里边外缅甸新王朝控制薄弱的广阔地域内众多大小土司纳为"内地土司",根据其所管地方大小,分别给予不同职衔,确定

---

① 乾隆三十一年八月初十日,云贵总督杨应琚等《奏陈滇省版图愈扩,请添设迤南道,裁该永北府折》,档案号:04-01-35-0016-001,中国第一历史档案馆藏。
② 《明清史料》庚编第7本,第628页。

了每年所纳赋额或差发银两，令该地夷人一体剃发，并通过调整政区设置以加强控制，使缅甸在其东北掸族地区的统治面临崩溃。而这时，缅甸军队正在围攻暹罗都城，无法抽身。但这并不意味着雍籍牙王朝会坐视不顾，只是因其与暹罗的战争正在激烈进行，无暇顾及。但接下来，当木邦、蛮暮土司请求内附，并得到清政府的允准后，中缅更大规模的冲突也就不可避免，战事进一步升级。

木邦在顺宁、永昌二府西南境，处耿马、孟定、孟连土司之外，为缅甸东路之门户，古蛮地名曰"孟都"，亦名"猛邦"，元时置木邦军民总管府，领三甸，明洪武十五年（1382）改为木邦羁縻土府，永乐初置宣慰司，于六宣慰中分地最广。其后，数以从征功益地，隆庆后附于缅，万历中复内属，寻仍入于缅，不通中国。蛮暮在永昌府所属南甸、干崖、盏达三宣抚司外，其西面为戛鸠、猛拱、猛养，东面为猛密、波龙，为入缅扼要之路，明初属于木邦，成化时为猛密所有，弘治时复为猛养所有，万历间曾置蛮暮安抚司，其后附于缅。缅甸雍籍牙王朝崛起，欲控制木邦，木邦头人罕莽底率众与之抗争。乾隆二十七年（1762），罕莽底病故，雍籍牙王朝立罕莽底异母弟昆象为木邦头人，木邦人众不服，将昆象戕害。缅人挟罕莽底之子五格为人质，木邦人众复立罕莽底胞弟甕团为头人，缅酋派人对其进行监视。

是时，清政府上下都认为侵扰车里的是一群"乌合之众"组成的"莽匪"，而侵扰孟连、耿马的是"木匪"，即"木梳夷"的军队；以为"莽匪"与"木匪"有别，"莽匪"的产生是由于"年来因缅夷篡夺无主，以致所属莽子抗顺不一，称衅为匪"，并不清楚"莽匪""木匪"均是雍籍牙王朝的军队。基于上述认识，清政府开始时将"莽匪""木匪"分案办理。刘藻调派官兵赴车里办理的是"莽匪"侵扰之案。至于侵扰孟连、耿马的"木匪"，"则俟普洱莽匪办有端绪，即将孟连土司之案办理完结"。杨应琚开始接手办理的，仍然是"莽匪"一案。他认为："莽匪一案，原属不成事体。但想来聚匪无多，仅于土司境内需索财物、粮米，无识土司狃于便安，亦即赂以财物，并不呈报。嗣因外域年年杀夺，夷户离散，不能种地，僻壤收成又薄，无业莽子艰于觅食"，便四出为匪打劫。直到乾隆三十二年（1767），将军明瑞奏称："缅甸，土人呼为老缅，或呼为莽子，盖指前酋之姓。木匪乃今酋，原为木梳长。是一非二。"对这一问题才彻底弄明白。

三、清朝与缅甸的战争

对于滋扰孟连、耿马的"木匪",清政府虽有意要解决,但一直非常谨慎,担心由此开启边衅。还在乾隆十四年(1749)时,木邦土司便请求内附,清政府当时就意识到"木邦乃缅甸所辖,中外攸分,准木邦投诚,木邦即缅甸之叛逆,必至大起衅端,亦有妨于国体"而加以拒绝。然而,清政府在解决了车里"莽匪"一案之后,接受了木邦、蛮暮两土司请求归附的请求,成为中缅冲突扩大和升级的重要原因。

关于此事的缘起,《啸亭杂录》记载:"是时闻各土司乐于内附,又传言懵驳之母劝其儿子臣服,时有机可乘。赵宏榜,楚人,少为波龙厂丁,习缅事,野人皆与之善。总督杨应琚初弗听,以'吾官至一品,年逾七十,复何求,而以贪功开边衅乎?'赵宏榜复怂恿之,杨信其言,于是令道镇府州各议。迤西道陈作梅、永顺镇总兵乌尔登额、永昌知府陈大吕皆议以贼势大,边衅不可开,腾越州知州陈廷献则锐意进取。杨应琚怒阻议者,陈大吕惧,改初议。乌尔登额阻益力,书凡七上,杨滋不悦。而陈大吕、杨廷献革职。开化同知陈元震即驰檄缅甸,号称合各国精兵五十万,大炮有千尊,有大树将军统领震慑之,又密布牒,分遣通事至各土司说降。"① 而据云南布政使钱度在事后的乾隆三十二年(1767)四月遵旨查复奏中缅启衅的缘由时所说:"缅匪一事,乾隆三十一年五月中,杨应琚自普洱回省,即谕臣等司道办理征缅粮饷。……后腾越协副将赵宏榜到省面禀杨应琚,蛮暮土司情愿投诚,我兵占住新街,缅匪无难办理等语。杨应琚遂误听赵宏榜之言,以为机有可乘,缅匪易办,一面令赵宏榜前往受降,据守新街,只调各镇营兵三千三百名,于九月中前往永昌。"②

乾隆三十二年六月,明瑞奏称:在从省城前往永昌途中,于五月十五日在云南禄丰县遇到被解拿进京的杨应琚,询问之下,杨应琚顿首涕零,称:"数年来缅匪不时滋扰内境土司,我想若不将伊等从重办理,地方不得宁静。正当筹划之计,得木邦、蛮暮等恳求内附之信。我因办理此事,初到永昌,而贼众即带兵三万,分路掳掠境内土司。我想伊等此来,其意并不止于夺取蛮暮、木邦。盖贼于八月间已带兵前来,适值木邦、蛮暮内附之时,贼匪即借此以为名,肆行滋扰。此即起事之由。"③

---

① 〔清〕昭梿:《啸亭杂录》卷五《缅甸归诚始末》,第 123 页。
② 《明清史料》庚编第 7 本,第 634 页。
③ 《明清史料》庚编第 7 本,第 637 页。

综上,杨应琚受命临滇,接替刘藻办理"莽匪"之案,其对"木匪"情形也一直予以关注,对征讨"木匪"早有预谋,赵宏榜之言只是推波助澜,促使其下决心的一个重要因素。而高宗的暧昧中带有鼓励的态度,则起到最为关键的作用。

其实,早在乾隆三十一年(1766)二月二十日,杨应琚在赶赴云南接办军务途中,即奏称:"木邦久欲投归内地,恳内地土司转达。"五月,杨应琚从普洱回到省城,开始准备征缅粮饷。后赵宏榜到省城告知杨应琚蛮暮土司情愿投诚,杨应琚令赵宏榜速回腾越。六月,赵宏榜带兵500名抵铁壁关,开化同知陈元震遣人至蛮暮。杨应琚调永昌知府陈大吕到省,谕令其缮写檄文,派人前往招抚缅酋投诚。七月初间,杨应琚奏:"木邦土司呈称,因遭缅酋残刻,情愿归附。请俟天兵到彼,即将缅匪遣来监视之人擒献。并现今召散逃往缅甸,已行文前往索取,如其不献,应发兵办理。"高宗上谕:"杨应琚久历封疆,夙称历练,筹办一切事宜,必不至轻率喜事,其言自属可信。缅夷虽僻在遐荒,其在明季尚入版图,亦非不可臣服之境。但其地究属辽远,事须斟酌而行。如将来办理,或可相机调发,克期奏功,不至大需兵力,自不妨乘时集事。倘必须劳师糜饷,或致举动张皇,转非慎重边徼之道。该督务须详审熟筹,以定进止。"① 高宗此旨虽在提醒杨应琚慎重一些为好,但鼓励之意也甚明显。而这时,蛮暮土司请求降附,杨应琚派赵宏榜领兵进驻蛮暮所属之新街,促成了木邦内附。其具体情形,《啸亭杂录》记为:"(蛮暮)土司瑞团赴阿瓦未归,其母、妻及弟坤商,以所属五十六寨三千余户请降。宏榜遂率二百人袭蛮暮之新街(今缅甸八莫),一鼓克之。坤商率头目于七月甲午赴永昌,途次为赵宏榜要至军营。宏榜于关外抚止丹、弄种、六醋、喇痛、邦领、蚌林、暮习、鲁缅、喇同、草尕、习董各山寨头人。八月乙卯,陈元镇以戛鸠、允冒投降,头目线篾、猛猛、捧甕撒老安等男妇五人解报。陈廷献报猛密土司亦欲乞降,遂关请永顺镇调集兵马,欲领赴猛密。未行,而赵宏榜先于七月内赴新街。瑞团自缅甸回至速帕请降,猛密所属之孟连坝头目线官猛赴新街军营请降。赵宏榜又遣人招抚猛拱、猛养。九月,木邦降。"②

乾隆三十一年(1766)九月十二日,杨应琚以蛮暮土司归诚,木邦杀

---

① 《清高宗实录》卷七六五,乾隆三十一年七月庚寅。
② 〔清〕昭梿:《啸亭杂录》卷五《缅甸归诚始末》,第123-124页。

缅甸监视之人后请降,起身前往永昌查办,并奏报高宗:"如果易于集事,即当乘机妥办。倘木邦归附之后,缅甸亦有向化之机,自知悔罪,将召散擒献,臣自当请旨办理。断不敢草率,上尘宸衷。"高宗批谕:"欣悦览之,伫候佳音。"并谕杨应琚:"如缅酋此时因所部蛮众相率内属,亦知慑我先声,愿效臣服。该督能不动声色,一并招抚归降,固属妥善。若其畏避潜匿,即将召散擒献,则罪人既得,莽匪全局已竣。天朝本无事求多于外夷,亦可收功藏事。倘或怙恶不悛,果有可乘之机,不致重烦兵力深入,而成勘定之功,以永靖南服,尤为一劳永逸。该督老城历练,遇事素有斟酌,一切事宜悉听其随时审量,妥协经理可耳。兹因留心筹画缅酋,招徕木匪,不但勤劳远涉,特赏荷包二对,以示优眷。如能顺势集事,招致缅匪,迅奏肤功,另当格外加恩,用昭酬奖。"① 高宗幻想着缅甸也能就此称臣纳贡,对杨应琚所奏给出了三个层次的解决方案,并声言"一切事宜悉听其随时审量,妥协经理",又赏给荷包,明显带有鼓励之意。正因为如此,杨应琚在兵败之后,高宗谕令将其锁拿解京时,才会辩称:"至于秋冬大兵进剿一事,实出自皇上明断,降旨训示者。因我折中将此事告知傅灵安之处,声叙不明,转似自我主意。如此,我岂敢以皇上睿断之处攘为己有?"杨应琚显然不愿承担因贪功而开边衅的骂名,但因其措置失宜而最终导致清军战败,这个责任是不能推脱的,应该由他承担,他也愿意承担,故此才会说:"总之,此事我始而办理未能筹画,继而新街一失之后我即患病,五十余日昏愦不省人事。后虽稍愈,而忽明忽昧,遂致事未能妥协,辜负圣主重恩,更有何可说处?"②

3. 杨应琚乖张偾事

杨应琚,字佩之,汉军正白旗人,广东巡抚文乾子,起家任子③。乾

---

① 《清高宗实录》卷七六九,乾隆三十一年九月乙未。
② 《明清史料》庚编第 7 本,第 637 页。
③ 任子,即因父兄的功绩,得保任授予官职。

隆初，自员外郎出为河东道，调西宁道，后累迁至两广总督。二十二年（1757），移闽浙总督。二十三年（1758），加太子太保。二十四年（1759），移陕甘总督，旋进太子太师。二十九年（1760），拜东阁大学士。三十一年（1761），移云贵总督。①

赵宏榜兵败新街及"楞木之捷"

早在乾隆三十一年（1766）五月，杨应琚就开始做进剿缅甸的准备：议定调云南各镇、营兵丁8000名，广南、元江两府沙练3000名，加上驻扎永顺、普洱的督标之兵，共约14.5万名。谕令粮道罗源浩于永昌府腾越州采买米1.2万石，于顺宁府各土司处采买米4000石，普洱府各土司处采买米3000石，以备分路进兵之用。七月间，赵宏榜只带200官兵即将新街攻占，杨应琚便错误地相信赵宏榜所称"缅甸之事易办"，大幅减少之前议定所调兵练，只调各镇、营兵3300名，于九月中旬前往永昌。②表明清军前方将帅对新兴的雍籍牙王朝一无所知，轻敌疏备。而清军选择新街作为进攻防御的战略支撑点，是因为新街为缅甸的水陆之冲，自新街下速帕，再到缅甸都城，水路四五天可到，陆路自猛密、波龙，七八日可到，以为计日便可成功。③殊不知，铁壁关外江干的新街一区，因通水路，自来都是中缅两国边民的交易之所，商民往返向无查禁，随意出入。此地原无居民、庐舍，不过冬春时贸易之人搭盖草棚交易。雨季来临，至交夏后即成一水坝，当地缅人亦不能在此停留，无险可据，实非扼要处所。④且此地瘴热最盛，每年九月以后边民贸易，略成村市，一交三月，俱各散归，仍为废墟。其地平衍临江，四面无险可据，夏月大雨时行，在在毒流，不可汲饮。猛英洗泊河一带山水暴涨，运粮维艰，两国边民对此知之甚详。⑤赵宏榜领兵200名驻扎于瘴深水恶之地，兵弁染瘴者多，战斗力大减。鉴于此，杨应琚饬令永顺镇都司刘天佑、腾越都司马拱垣领兵400余自翁冷出关，于九月初三日到新街，协助防守。九月二十日，缅军

---
① 赵尔巽等：《清史稿》卷三二七《杨应琚传》，第10885页。
② 《明清史料》庚编第7本，第634页。
③ 〔清〕昭梿：《啸亭杂录》卷五《缅甸归诚始末》，第124页。
④ 《明清史料》庚编第7本，第641页。
⑤ 《明清史料》庚编第7本，第640页。

三、清朝与缅甸的战争

来攻新街,"赵宏榜方祭纛飨士卒,缅军乘船猝至,帆樯衔接,倏忽蜂拥蚁屯者数千人,登岸功栅。翌日,贼势益张,都司刘天佑死之。赵宏榜力战,相持者两日,官兵被困不能御。赵宏榜收病伤各兵同军械,于草房内焚烧,乃与马拱垣等溃围,间道由野人寨退驻铁壁关",① 新街失守。

此时,杨应琚正带着大好心情赶赴永昌受降,当其到达蒙化(今云南巍山县)所属之汉鼻地方之时,得到赵宏榜兵败、新街失守、蛮暮土司瑞团逃入内地的消息,急调滇省各镇营兵8000名,广南、元江两府沙练1500名堵御,并调永北镇总兵朱仑赴永昌督办。杨应琚于十月初六日到达永昌,而这时云南提督李勋已在军营病故。杨应琚忧心如焚,于十月十四日染患痰症,二十日后便不能办事。

高宗接到杨应琚患病及新街失守的奏报后,即谕令两广总督杨廷璋取道广西,驰往永昌接办缅甸军务,又遣首席军机大臣傅恒之子侍卫福灵安带御医前往前线诊视杨应琚病情,顺便查看军营情形。十一月初八日,云南巡抚汤聘也赶到永昌。之后,新任云南提督李时升也已赶到。杨应琚在病中做出布置:一是增加兵力。在原所调兵基础上又加调兵丁4000余名,加上最初所调3300名,所调兵练已近1.7万名。二是确定兵分两路进攻。所调兵练还未齐集,便令永顺镇总兵乌尔登额驻宛顶(今云南畹町),进剿木邦,是为东路;永北镇总兵朱仑进铁壁关,进攻蛮暮以复新街,是为西路。提督李时升居中调度。②

缅军方面。雍籍牙的次子孟驳嗣立为缅王之后,于乾隆二十九年(1764)再次发动对暹罗的战争。云南边外土司纷纷归降清朝的时候,缅军正全力围攻暹罗都城阿瑜陀耶,是双方战事最为激烈的时候,无暇他顾。但当得知木邦、蛮暮土司归降清政府,清军占据新街后,缅甸的反应就截然不同。木邦是缅甸控制下的最大土司,而蛮暮、新街是云南通往缅京阿瓦的水路要冲。清军攻占新街,阿瓦已是门户洞开,若清军乘缅军主力正围攻暹罗都城,集中兵力直趋阿瓦,有可能一举将阿瓦攻克。因此,对缅甸而言,已是生死攸关。于是,孟驳立即调遣兵众数万,分道四出。③ 九月,缅军先以兵出落卓,攻木邦。木邦土司线翁团不能守御,便

---

① 〔清〕昭梿:《啸亭杂录》卷五《缅甸归诚始末》,第124-125页。
② 〔清〕王昶:《征缅纪略》,转引自《永昌府文征·纪载》卷十七。
③ 〔清〕昭梿:《啸亭杂录》卷五《缅甸归诚始末》,第124页。

逃入内地遮放。缅军又以兵溯江而上,攻新街,致有赵宏榜新街之败。①

十一月十八日,永北镇总兵朱仑领兵 4000 进至铁壁关外楞木地方,于山上扎营,云南提督李时升领兵进至铁壁关应援,缅军一路由新街至楞木,双方在楞木展开激战。

关于楞木的战事情形,《啸亭杂录》记载颇详:

> 甲申卯刻,贼约二万余众喊叫前进,我兵营栅距山之巅,向下施放枪炮,杀贼甚众。贼复缘山箐盘绕,向上仰攻,我兵施放连环枪炮,杀贼数千而不退。朱仑见贼势猖獗,至丁亥,相持四日,请援甚急,提督李时升拨宛顶官兵七百名赴援。是日,我兵出栅下攻,贼佯败,山腰炮火起,官兵受伤者二百余人。戊子,贼张象皮档牌,自辰至午,方放连环枪,档牌忽撤,已立营栅一座,益逼近大营。李时升告急于杨应琚,不应。己丑,官兵坚壁不出。庚寅,贼诈为岂罢兵,杨应琚乃以楞木之捷入告。②

按杨应琚所奏:"据总兵朱仑报称:'督兵赴楞木地方,与缅兵相遇,自十一月十八日接仗,至二十一日,及四昼三夜,并未停息。'官兵奋勇争先,贼兵四路抗拒。该镇安其险要,分路剿杀。贼兵抵挡不住,俱滚匿山箐,及杀死约共四千有余,夺获器械甚多。"③

有关缅军的兵力和战法,王昶总结为:"缅人素不养兵,有事则于所属土司之寨籍,以户口多寡因以出夫,名曰'门户兵'。自雍籍牙据阿瓦,蓄胜兵万人,一人给以饷四十两,其余派夫如故。每战,则以所派土司、濮夷居前,胜兵督其后,又以马兵为两翼,战既合,两翼分道而进,因以取胜。度未可战,则发连环火枪,兼以炮,比烟开,则栅木已立,入而据守。其用兵如此。"④

楞木之战,清军占有地利,而缅军在人数上占有优势,实形成相持。清军不能前进,克复新街无望,朱仑只能在楞木扎营坚守,并未取得什么

---

① 〔清〕王昶:《征缅纪略》,转引自《永昌府文征·纪载》卷十七。
② 〔清〕昭梿:《啸亭杂录》卷五《缅甸归诚始末》,第 125 页。
③ 〔清〕王先谦:《东华录》,乾隆三十一年十一月甲午。
④ 〔清〕王昶:《征缅纪略》,转引自《永昌府文征·纪载》卷十七。

三、清朝与缅甸的战争

大捷。而缅军则采取长途包抄迂回的战术,一面在楞木与清军对峙,一面派出一股部队绕道北上,长途奔袭,突破清军防守薄弱的万仞关、巨石关,进入中国境内,入掠盏达(今云南省盈江县)后,迂回南下,越过大盈江,蔓延至户撒、腊撒,将铜壁关清军冲散,造成驻守铁壁关的清军腹背受敌,受到两面夹击。因担心后路被截断,李时升、朱仑等被迫将所统之兵从楞木撤回至陇川(今云南省陇川县),于是,楞木、户撒的缅军便会合一处,进围陇川。李时升、朱仑又退至杉木笼山,缅军将陇川焚掠。相关情况,《啸亭杂录》也记载得十分详细:

> 万仞关在腾越西,与神护、巨石二关并列。时神护、巨石每关仅兵一百余名,万仞驻兵二百名,都司马拱垣领之。马拱垣以拿解奸犯回至干崖。十一月己丑,缅贼二千余众由戛鸠遂犯万仞关而入。时都司张世雄领兵四百名驻盏达,赴铜壁关,谋与驻守之游击班第会攻贼众,贼益近至盏达,焚掠土司城及太平街民居。壬辰,贼抵铜壁关下,班第等于翁冷立栅抵御。贼众仰攻,相持者竟日。贼旋纵火焚烧,官兵撤回关上。甲午,贼众潜逾关,在山岭架炮于树下击,火光四起,官兵溃散。班第出关外,贼兵蹑其后,死之。张世雄间道回营,贼遂踞铜壁关。时李时升驻铁壁关,闻警,临沅镇总兵刘德成领曲寻镇兵七百、寻沾营兵二百,游击清泰领抚标兵四百,游击郝壮猷领督标兵八百,已于丙戌出襄宋关至南甸。李时升遣游击马成龙,守备马云、沈洪等带兵九百名由户撒前攻,檄催刘德成等从后夹击。刘德成既拥兵干崖,迁延不进,马成龙等复迟回海巴江外,不能径渡,李时升差把总田荣督战。戊子,马成龙等始渡江,水没腰,火药皆湿。伏贼突起冲杀,游击马成龙阵亡,守备汪纪亦于坝尾阵亡,兵丁伤亡者众,仅存未及渡江之七八十人。十二月丁酉,贼渡江至户撒,李时升遣游击邵应泌、守备刘世雄等带官兵一千二百名前赴户撒救援,贼连营扎驻于平原。壬寅,李时升遣副将陈廷蛟、都司陈斌抽调楞木官兵六百名。甲辰,李时升又遣游击刘国良,都司张璋、周印,守备程辙等带兵一千名均赴户撒山头,树立营栅。贼众来攻,我兵随枪炮拒敌。时刘德成尚驻干崖,饮酒高会,掳妇女纵兵淫虐,取富户资为"缠头费"。李时升连檄七次,刘德成拥兵不进,作跋扈语。总督杨应琚闻之,遣缅宁通判富森特持令督战,不从则以军法从事。刘

不得已，始于乙巳日领兵抵达盏达。贼既见户撒兵渐添加，而又惧刘德成之击其后也，是夜，于营外添设号火，散放马匹，仍作疑兵，贼已潜退。我兵不知，尚枪炮竟夜，至晓践入其栅，皆空垒也，始觉其遁。总督杨应琚遂以大捷奏闻。①

明明是缅军在战场上居于主动，出入无忌，清军处处被动，疲于应付，缅军损失较小，清军伤亡惨重，且缅军已将战火延至中国境内，清军中甚至有弃守腾越（今云南腾冲市）而退往守潞江（今保山市隆阳区西南潞江镇）的议论："夫画江议倡，则弃腾于江外，公私汹汹，谁不惶惧！"② 而杨应琚却以"大捷"奏闻：朱仑一路，于十一月十六日出铁壁关，十七日至楞木，次日与缅军接仗，会战四昼三夜，杀死贼匪约共4000有余，缅军撤退，朱仑又率军乘势追剿，两次共杀死缅兵6000余人。缅方加调二三万人欲犯铁壁关，十二月初六、七日，杀死缅兵1000余人，之后又几路抄杀，计前后所杀缅兵几及万人。③

虽然缅军在战场上取得相对优势，但杨应琚已增兵前线。缅方见清军即将齐集，如双方就此纠缠，缅军也须增兵应对。而此时缅军正在全力攻打暹罗都城，缅甸与暹罗的战争正处于紧张时刻，此时无兵可派，因此缅方主动提出和谈，以做缓兵之计。据孙士毅《绥缅纪事》载："是日（十二月辛酉，即二十六日），缅目莽聂眇遮在陇川河干都司张璋营外乞和罢兵。追后，贼连次乞和。辛亥，求见哈国兴。贼目至陇川河西，哈国兴出营至陇川河东，各遣通事一人，于河中土墩传说。"④ 莽聂眇遮为表示诚意，送来混金镯一双、大红呢一块、花布一床，并称："天朝大皇帝乃天下共主，我国何敢逆犯天朝，自取灭亡？实因我国所属之蛮暮及他处土司向年俱有贡献，今皆逾期不纳，是以发兵前来索取，不愿冒犯天兵，致被剿杀。今情愿罢兵回国，禀明酋长，归顺天朝。"还说要将兵众遣散。⑤

---

① 〔清〕昭梿：《啸亭杂录》卷五《缅甸归诚始末》，第125－127页。
② 乾隆《腾越州志》卷二。
③ 《清高宗实录》卷七七三、七七六，乾隆三十一年十一月、乾隆三十二年正月乙亥。
④ 〔清〕孙士毅：《绥缅纪事》，转引自《永昌府文征·纪载》卷十七。
⑤ 《清高宗实录》卷七七七，乾隆三十二年正月庚寅。

三、清朝与缅甸的战争

但当哈国兴要缅方进呈降表,缅军头目莽聂眇遮却称"我不能作主,若要降表,必得回去说与猛毒(孟驳),教猛毒出表"。在战场上取得主动的一方居然提出"乞和",杨应琚、李时升等也不大相信,奏称:缅军在"屡败之后即称情愿归顺,虽似有畏威悔罪之诚,但该酋猛毒赋性狡诈,部众亦多,安知其非因兵败难支,阳言纳款,阴图益兵再举。且该酋于伊所属地方暨内地各土司边界频年侵扰,习以为常,今既称系向所属索取贡献而来,又安保其不乘机侵扰内地土司边界?"但又称"缅酋猛毒之四胞弟卜坑、领兵头目莽聂眇遮诣军营乞降,恳赏给蛮暮、新街以为贸易资生之路"。① 并进一步认为:"缅甸原系边南大国,密箐崇山,阻江为险,水土恶劣,瘴疠时行。若欲直捣巢穴,恐旷日持久,得不偿失。如猛毒等果倾心凛惧,愿效臣服,似即可宥其前愆,酌以自新之路。"② 统而言之,杨应琚认为可以接受缅甸的"归诚",双方罢兵,就此完局。

高宗在接到上述奏报,联系之前杨应琚所奏情形,认为其办理缅甸事务捏饰乖张,指出:缅军侵扰蛮暮、新街等处,其兵力总数仅2万余人,若杀敌果至万人,则已去其近半,实非寻常之捷,肯定远近传闻,缅军早已风声鹤唳,惊窜不及,何以尚敢拥众相抗?之前平定准部、回部之时,前后大小战斗不下百余次,而所毙敌尚不及万人。杨应琚称两次交锋,俄顷之间,于方隅之地,何能杀敌盈万?杨应琚既称军威大振,缅军望风慑服,则有可乘之机,何以复称地险瘴多,欲将就了事?前后自相矛盾。且蛮暮、新街既已纳降,并遵制剃发,则已隶版图,何以转而要赏给缅人贸易?至于缅方请求罢兵乞和,高宗认为:"如实系诚心乞降,愿附属国,其酋自当请罪纳款,具表输诚,效安南、暹罗之通职贡,奉正朔,并将蛮暮、新街呈现中国,尚可将就了事"。因蛮暮、新街已经内附,若准其贸易,则该地重归缅甸,"如此,则几视受降如儿戏,何以靖远夷而尊国体?"③ 也即是说,高宗并不接受缅方的"投诚",认为缅甸名为纳降,实不过暂退其众,以为缓兵之计,而杨应琚之意,不过是想借此完局。

很明显,缅方的"乞降"确只是缓兵之计,一面以和谈试探,一面于乾隆三十二年(1767)正月初一日,又从陇川进犯猛卯(在一些文献中,

---

① 〔清〕昭梿:《啸亭杂录》卷五《缅甸归诚始末》,第129页。
② 《清高宗实录》卷七七七,乾隆三十二年正月庚寅。
③ 《清高宗实录》卷七七七,乾隆三十二年正月庚寅。

写作猛卯。今云南瑞丽)。缅军进犯猛卯,是因为其认为猛卯与木邦关系亲密,木邦降顺清朝,其事实由猛卯左右,因此怨恨,故欲蹂躏猛卯。① 当李时升遣副将哈国兴、孙尔桂等带领 2500 余名兵练赶赴猛卯应援时,缅军先已退走,城虚无人,于是清军进入猛卯城,与当地土司一起坚守。正月初五日,缅军七八千人又围攻猛卯城,双方展开激战,"贼攀城而上者用沸汤注之,杂击以石块。哈国兴登城督战,枪伤左腮,穿落牙齿者十一,把总朱才进受枪破脑而死"。缅军借着人多势众,连营城下,围城 7 日。② 哈国兴遣人由山箐小路赶往陇川军营,将情况飞报提督李时升。李时升先已调刘德成领兵 1400 名至陇川协剿,又令乌尔登额领兵 2000 名由宛顶渡过速养江,遣游击素克全泰领兵 800 名由虎踞关一带小路前进,陈廷蛟领兵 2000 余名由邦中山前进。正月初十一日,哈国兴率清军在猛卯坚守 8 天后,见援军到达,与赴援的陈廷蛟部里应外合,将缅军击退,并追至麻底江,游击毛大经、都司徐斌、守备高乾被缅军"回马标"打伤身故。而乌尔登额却拥兵不前,未能于江岸截杀,致使缅军得以安全渡过麻底江,由宛顶一路进取木邦。杨应琚、李时升以"约共杀贼四千有余,……我兵阵亡者甚少"③ 上奏。至此,由该路进入中国境内的缅军全部退至缅境。

其后,杨应琚饬令朱仑、乌尔登额追剿占据木邦的缅军,李时升、哈国兴夺取新街。朱仑等领兵 8000 千名、土练 1000 进剿木邦,但一路迁延,自二月三日启程,二十七日才到达木邦。杨应琚令副将孙尔桂持令督战。木邦缅军约有万余,双方于是日展开激战,缅军败退,清军占据木邦。但缅军仍占据江边,留营 9 座,与清军对峙。清军军糈须从内地辇运,护台兵丁只有 800 名,不敷分布。缅军袭扰清军粮台,于清军防守薄弱处劫掠运粮牛马、粮石,杀死马夫,阻断粮道。

高宗在接到杨应琚、李时升相关战报后,与其随折所进呈的地图相核对,发现李时升、朱仑等自新街一战,即已退回楞木,而杨应琚两次所报交战之地,仅称铜壁、铁壁关外,依所进呈之图所示,楞木已在新街之内,而两关更已退至中国境内,表明李时升、朱仑等早已将蛮暮、新街弃

---

① 〔清〕王昶:《征缅纪略》,转引自《永昌府文征·纪载》卷十七。
② 〔清〕昭梿:《啸亭杂录》卷五《缅甸归诚始末》,第 129 页。
③ 《明清史料》庚编第 7 本,第 628 页。

三、清朝与缅甸的战争

而不守，双方实际上是在中国境内交战。并进一步指出，李时升身为统兵提督，从未曾亲赴军营督办，总兵朱仑也始终从未临阵杀敌，兵丁已退至内地，还称有楞木之捷；缅人诣军营乞降，李时升又不亲至军营察其诚伪，委之朱仑，朱仑又仅委参将哈国兴出营传谕，视受降如儿戏。乾隆三十二年（1767）正月二十八日，高宗降旨将李时升革职查办。时任广州将军、素以勇敢著称的杨宁恰好在京陛见，高宗即以杨宁补授云南提督，令其速赴新任。原奉命到永昌前线预备接替杨应琚办理军务的两广总督杨廷璋，见缅甸军务难办，奏称杨应琚痰疾已经痊愈，便启程返回广东。二月十三日，高宗再降谕旨，将李时升、朱仑拿解入京，交刑部治罪。

赐死杨应琚及清军失败的原因

乾隆三十二年（1767）三月初五日，新任云南提督杨宁到达木邦军营，遂展开对缅军的攻击，两军相持甚久。据杨宁奏称："木邦约有缅兵万余，我兵未及四千，彼此相持。"① 战至四月，清军粮道再次被缅军阻断，至己酉（十七日），已断粮7日。杨宁等奏报："四月十七日夜，缅兵施放枪炮不绝，我兵相持至晓，贼势甚众。臣等调集各路官兵尽力决战，讵右翼各营弁兵散乱，贼遂乘势侵扰，所余兵丁俱由山梁远避。贼分两翼将营盘围住，臣等聚集散兵，退至龙陵据守。"② 清军溃逃，游击莫淳、俊德身死，奏报中所开列的逃兵达到240余名。高宗接报，愤怒至极："伊等临阵畏葸，望风远飏，情罪深为可恶！我朝军纪严明，人知奋勇自效，从未有见敌潜逃，毫无顾忌，至于若此之甚者！"③

缅军在木邦与清军相持的同时，于三月初四日，又派出一部由木邦侵入孟连，占据孟连，烧劫募乃银厂，并窜至猛猛土司地面，进入耿马、孟定四处焚劫。清军远离该地，不能即至。缅军饱掠之后在此盘踞20余日，始由滚龙江两路而去。

新街一路。李时升被高宗下旨锁拿后，参将哈国兴等领兵3000名再次进抵新街，但缅军早已退去，并无一人。杨应琚据哈国兴禀报，以克服新街奏闻。时当春夏交令，该地炎瘴已炽，许多兵士染病，战斗力减弱，

---

① 〔清〕王先谦：《东华录》，乾隆三十二年五月己巳。
② 〔清〕王先谦：《东华录》，乾隆三十二年五月丁丑。
③ 〔清〕王先谦：《东华录》，乾隆三十二年五月丁丑。

哈国兴禀请撤兵。杨应琚派人核查确实后，同意撤兵。哈国兴于三月间自新街撤出，驻扎杉木笼。

在车里边外，清政府在将孟艮、整欠置为"内地土司"后，杨应琚于乾隆三十一年（1766）九月奏请将驻扎整欠、孟艮的清军全数撤回，由楚姚镇总兵华封协同普洱镇总兵宁珠沿线防守。同年十二月间，当中缅两军正在猛卯激战之时，缅军一部进入该地，各土司不能抵御，缅军仅用两月多时间内便将车里边外降顺清朝的众多土司地方占据，并窜入车里境内的打乐等地。相关情形，《啸亭杂录》有记：

> 缅贼忿整卖、六本、景线、孟艮、整欠之背己也，谋以报之，遂据整卖、六本，蔓延至景线，逼孟艮，又由六本趋整欠。十二月，六本土司召猛斋闻贼欲至六本，征调景线、景海土练。景线集练九百，景海集练四百从之，而缅贼先已破六本，景海土守备召罕彪回景线防守。三十二年正月，缅贼至景海，召罕彪等领练迎战，不克，退回景线。甲午，缅贼至景线，景线宣抚司呐赛同召罕彪等合力攻战四日，不克。呐赛、召罕彪奔孟艮，孟艮指挥使召丙亦挈族远徙。是时，楚姚镇华封驻扎普洱，乃与普洱镇宁珠同遣驻防打乐、猛混之游击司邦直、守备潘鸿臣带兵九百名进守孟艮，游击权恕带兵二百名赴打乐策应。时止把总韩荣，外委赵喜、马伯贵三员带兵二百名驻打乐，司邦直等均在猛混，观望未进。而缅贼已据孟艮，前趋打乐，六本一路之贼众亦至猛勇。猛垒弁冶进前往迎之，被贼围困受害，贼遂犯猛垒，欲入猛笼。整欠头目召教之子召渊敛银贿贼，谋结内犯，诸猛震恐。二月辛酉，缅贼至打乐。时把总韩荣、外委卜发等及兵二百余名住打乐，闻警，韩荣即派卜发领兵三十名往三岛垒路堵御。贼猝至，韩荣及兵众皆战死，生还者三四人。游击司邦直遣潘鸿臣领兵二百名往援，途遇受伤兵，知打乐已陷，引军回。邦直、鸿臣及游击权恕俱遁回九龙江驻扎，缅贼遂入猛混、猛笼。时华封已出九龙江，遣都司甘其卓赴整控堵御。猛笼之贼欲赴整欠，叭先捧乞救甚急，贼遂渡整欠江，逼近猛犇。华封自九龙江前往补角，遣司邦直驻小渡口，权恕至橄榄坝以御之。缅贼之由孟艮窜入打乐也。司邦直等遽行退避，转以

三、清朝与缅甸的战争

接阵杀贼捏报。①

鉴于车里情况危急,高宗以鄂宁取代汤聘为云南巡抚,驰赴普洱,并要求其"即速督率兵弁悉力剿逐,勿使稍侵内地",即将缅军驱逐后,等待秋后瘴退,将军明瑞抵任之后,再"厚集兵力克期大举,以张挞伐"。②乾隆三十二年(1767)四月间,云南巡抚汤聘参奏坐镇普洱的楚姚镇总兵华封和普洱镇总兵宁珠,并不加意防守,当缅军占领孟艮、整欠、景线,诸猛震恐,又侵入车里土司所属打乐、猛混等处之时,并不统率官兵出击截杀,仍坐守普洱,以致缅军乘虚而入;而奉命带兵进剿的游击权恕、司邦直及都司甘其卓、守备潘鸿臣等,因称兵数较少,迟回不进,致缅军窜入孟艮地方,而当缅兵侵入打乐、猛混时,又一味迁延观望,及闻敌至,遽行退避,转以接仗杀敌捏报。高宗以这些统兵之人"如此畏葸不前,种种贻误,情殊可恶!"③谕令将这一干人革职拿问,解送刑部治罪。

面对边事日棘的窘况,杨应琚还希望皇帝再给他机会挽回败局,于乾隆三十二年四月上奏,请于秋间再大举进剿,并列事宜五条:一、分兵五路,东路孟艮及木邦、锡箔,中路由猛密,西路渡大金江,由猛拱、猛养水路,从新街顺流下阿瓦,共调用湖广、四川、云南本省兵5万同时并进;二、于湖南、四川、贵州、广西调马1.2万匹,其余本省自备;三、筹储军糈5万石;四、广制枪炮火药;五、敕谕暹罗夹攻。高宗斥其"明系其心仍不欲进兵,故为张大其词。以其事非易集,苟不如数拨给,又可借口兵力不足,非伊退阻不前之咎。……至欲约会暹罗夹攻一节,更属荒唐可笑!用兵而借力外藩,不但于事无济,且徒为属国所轻,乃断不可行之事。……我朝兵威远播,所向慑服,安借此海外穷荒为王师犄角?"④

随着时间推移,边境一线瘴疠日甚,已不宜用兵。高宗遂谕令务必将缅军驱逐出界,并将沿边一带严密堵御,进剿官兵暂行撤回,俟秋深厚集兵力,再行深入。⑤双方的战斗暂时停止。

---

① 〔清〕昭梿:《啸亭杂录》卷五《缅甸归诚始末》,第131-132页。
② 《清高宗实录》卷七八二,乾隆三十二年四月辛丑。
③ 《清高宗实录》卷七八二,乾隆三十二年四月辛丑。
④ 《清高宗实录》卷七八三,乾隆三十二年四月乙卯。
⑤ 〔清〕王先谦:《东华录》,乾隆三十二年五月己巳。

自杨应琚接替刘藻出任云贵总督,于乾隆三十一年(1766)三月初六日抵云南,至三十二年(1767)三月二十九日被革职拿问,五月间被锁拿进京,办理缅甸军务一年有余。战事初始较为顺利,不仅将侵扰车里的缅军悉数逐出国境,还乘势将车里边外孟艮、整欠等地纳为"内地土司"。然而,当木邦、蛮暮等土司内附,战事转至永昌边外,自赵宏榜失守新街后,虽然调集1.4万余名的军队两路进剿,但杨应琚措置混乱,顾此失彼,疲于应付,各战线均受挫,不仅于"域外"所置土司之地尽失,缅军还进入"内地土司"境内焚掠,出入无忌,清军伤亡惨重。之后,缅军又占据普洱边外孟艮、整欠、景线等已归顺清朝并予授职的土司地区,并侵入车里。

乾隆三十二年五月二十三日,奉高宗谕令查明用兵缅甸以来阵亡、伤亡、迷失及瘴故兵弁情形。于乾隆三十三年(1768)八月间据报:自用兵缅甸起至奉旨查询之日止,"失散未归并无下落之弁兵,上年曾经前督臣明瑞奏明,其中不无窜匿被掠之人,应请无庸置议。其原任提督杨宁原报打仗未出之革职游击素克金泰,据本年自阿瓦出来之兵丁许尔功等供称,已在阿瓦身故。又原报迷失之守备程辙、卢怀亮,候补守备马子健三员,现在阿瓦,已奉旨另行办理外,其余阵亡官四十四员,马步兵一千六百九十一名,余丁十二名;军前自尽官二员,伤亡官一员,马步兵一百四十五名,余丁四名;在军营及在途瘴故官三十员,马步兵一千八百二十名,余丁二百六十六名;并未出官十五员,马步兵一千四百九十一名,余丁八十六名"。① 统计肯定不全,但仅按上述统计,损失官员近百名、兵丁超过5500名,损失的土练尚未统计在内。战事未能取胜,损失又如此巨大,清政府开始检讨战争的得失,追究责任,并着手处理相关人员,身为主帅的杨应琚首当其冲。

高宗早已从杨应琚的奏报中逐渐看出其矛盾乖张、捏饰虚夸之处,早在乾隆三十二年(1767)正月初五日即指出:"据杨应琚等奏,似未协机宜。该督既奏节次剿杀缅兵多至万人,我兵现在奋勇直前,军威大振,缅兵望风慑服。使果系确切情形,则实可乘之会,正当厚集兵力,因势深入,不难迅奏肤功,何以复称地险瘴多,转欲将就了事?正恐该督等只据领兵将弁呈报,不无绿营旧习,虚张粉饰之弊。其前后所报剿杀克捷之

---

① 故宫博物院编《史料旬刊》(上,第24期)第3册第311页,北京图书馆出版社,2008。

处,俱未可信。"但此时,高宗仍对杨应琚这位"公忠体国"大臣抱有信心,只是提醒他"无庸稍涉虚浮"。①

再接杨应琚有关猛卯一战杀贼 4000 余名的奏报,高宗便将此与杨应琚所进呈地图相核对,发现其声明以蓝线为中缅分界线,其奏称缅军偷越的盏达、猛卯皆在蓝线以内,而盏达之外尚有万仞、巨石等关,猛卯附近则有虎踞、天马两关,何以中国之境会允许缅军出入无忌?而杨应琚前后所调官兵超过 1.4 万余名,何以仅株守铜壁、铁壁两关,而将其余关隘视为膜外?且缅兵原在铁壁关之西,如何又绕关到东面,并进至猛卯?高宗在杨应琚"猛卯一战杀贼四千余名"句旁朱批"此等虚词,只可欺汝,不能欺朕,必无之事也"。②

乾隆三十二年正月辛卯(十七日),高宗谕军机大臣:"昨据杨应琚等奏'缅酋请将蛮暮、新街等处赏给贸易等因'一折,所见实大不是!已有旨详悉饬谕矣。今复思此事,杨应琚等办理既已不得窾要,恐其中茫无主见,调度机宜必致日益歧误,于事大有关系。且将来筹妥,朕仍不能他诿。若俟其偾事而后为整理,则须别起炉灶,不若此时核实斟酌,审机集事之为宜。因复明白谆谕,使知所猛醒,不堕迷途。"高宗历数自赵宏榜新街失守后杨应琚办理军务的种种错谬,称"此事杨应琚始终经理,因何冒昧若此!伊实不能辞其责!"③ 在同一天的另一份上谕中,高宗语气更加严厉:"杨应琚等办理缅甸之事,种种舛谬之处,已降旨明切饬示,由六百里加急驰谕矣。兹复按阅地图,再四审度,愈觉该督等前后所办,其大不是,实出情理之外,不胜愤懑!……看来该督迩日所奏,皆系听信绿营粉饰,全非实情!即从前所称受降诸事,亦不过诡语铺张,希图耸听。今则破绽自露,虽欲掩饰而不能尽掩,岂公忠体国大臣所宜出此乎?"④ 高宗令人将杨应琚所绘地图照绘一份,黏签发去,令杨应琚再将该处情形查明后据实覆奏;为使杨应琚专心任事,又令其子浙江按察使杨重英驰往永昌省视,并襄助军务。此时,高宗仍希望杨应琚能够醒悟,因此在二月十三日谕令将李时升、朱仑拿解至京的上谕中仍说:"杨应琚办

---

① 〔清〕王先谦:《东华录》,乾隆三十二年正月乙亥。
② 《明清史料》庚编第 7 本,第 628 页。
③ 〔清〕王先谦:《东华录》,乾隆三十二年正月辛卯。
④ 〔清〕王先谦:《东华录》,乾隆三十二年正月辛卯。

理此事，前后错谬之处屡经开导指示。如该督福运未尽，当及早醒悟，遵旨妥办，尚可稍赎前愆，或可仍受朕恩眷。若再不知改悔，甘为将弁欺蒙，致有贻误，则其取罪更大，断不能曲为原贷矣。"①

但杨应琚坚称之前杀敌近万人所奏属实，是派人核查过的，提督李时升也在军前查明，实系确情："节次所报杀贼几及万人，均经臣差人察核，又经李时升就近查明。至于缅兵越杀越多，是因为其部众繁多，遇有杀伤，随时加添。"高宗于此句旁夹批："不妥之处不可枚举，大不是也！朕之过也！"② 加之杨应琚又奏报所谓猛卯大捷，杀贼4000有余，高宗指其"荒唐舛谬，实出情理之外，阅之不胜骇异！"至此，高宗对杨应琚已彻底失望。因此，当杨应琚再奏称缅军窜入新附的孟艮、整欠土司地区，拟亲往普洱就近督率堵剿，高宗批示："试思普洱距永昌尚远，计伊到彼，贼匪又不知窜往何地。且目下已非进兵之时，伊即亲往又何益于事？明系新街有贼，惮于前进，故欲退回普洱，希图潜避。颠倒错谬如此，实不解其具何肺肠！此皆杨应琚罪案彰著之处，难以自行掩饰。"③

乾隆三十二年三月，高宗以杨应琚"到此时仍不知幡然悔悟，奋勇自效，诸事荒谬若此，若再令其在滇经理，其误事更不知何所底止！"于是谕令其回京入阁办事，对其功过将等事定后再说，谕令伊犁将军明瑞代其总督之任，办理对缅军务。之后，又以杨应琚"舛误日甚一日，断难期其后效"，命革去其大学士头衔，谕令吏部议处。其后，吏部议定："杨应琚照抚绥无术革职例革职。"④ 解京交刑部治罪。其次子湖南宝庆府知府杨重谷亦革职，将伊父子任所资财详细查明，以补糜费之项。⑤ 之后，原云南巡抚汤聘已调补贵州巡抚，但高宗仍以其"驻扎永昌日久，以缅匪一案，目击杨应琚乖张欺饰各情节，代为狗隐，并未据实入奏"，将其交部议处，并"所有动用帑项内虚糜妄费者，自应著落杨应琚名下赔补，如杨应琚不能陪完，即著汤聘陪缴"。部议："汤聘照应奏不奏，杖八十，私罪

---

① 乾隆三十二年二月三十日，云贵总督杨应琚《奏报遵旨查办李时升、朱仑等员临阵畏葸，拿解递京折》，档案号：04-01-12-0123-047，中国第一历史档案馆藏。
② 《清高宗实录》卷七七九，乾隆三十二年二月辛亥。
③ 《明清史料》庚编第7本，第633页。
④ 《明清史料》庚编第7本，第629页。
⑤ 《清高宗实录》卷七八一，乾隆三十二年三月癸巳。

三、清朝与缅甸的战争

降三级调用律降三级调用。"五月，高宗再降谕旨，将汤聘革职拿问。①

至此，云南前线自总督、巡抚到提督、总兵、游击、都司、守备都被革职逮问，并分别受到不同处理："五月，李时升、朱仑至京，鞫之伏罪，并戮于市。刘德成、权恕、司邦直、甘其卓亦坐斩。汤聘、华封、乌尔登额、宁珠、赵宏榜法司论死，上特缓之。至明年，释华封等，使从军自效，赵宏榜行抵湖南病死，汤聘于三十四年毙于刑部狱。八月，杨应琚械至热河行在，甲午赐死，其子杨重谷适以笞杀人抵罪，而傅灵安亦受瘴卒于永昌。"②

这一时期，以杨应琚为统帅的清军在战场遭受失败，其原因主要有以下方面：

第一，战略上无整体设计。

高宗以杨应琚接替刘藻出任云贵总督，按高宗所说，其任务只是办理好滋扰车里土司地区的莽匪一案，至于滋扰耿马、孟连土司地区的木匪一案，清政府虽有意解决，但一直较为慎重，担心由此而开边衅。杨应琚到达云南后，侵入车里的"莽兵"已被逐出境外，按高宗所说，其任务"不过经理疆界，搜剿逸众诸务"。而此时清军为搜寻肇事的召散而深入孟艮、整欠，孟艮应袭土司召丙和整欠头人叭先捧投诚，杨应琚奏请置孟艮、整欠两处为"内地土司"，此举起到了示范效应，一时间，缅甸境内的土司纷纷请求内附，"绝域遐荒靡不输诚""计新入版图者不下万里"，缅甸在其东北掸族地区的统治面临崩溃。杨应琚以奏请增置迤西道，调整政区设置以加强对新附地方的控制。

此时，缅甸雍籍牙王朝正陷于与暹罗的战争，无暇他顾，但随着木邦、蛮暮土司内附，赵宏榜屯兵新街，对缅甸而言，已是生死攸关，缅王猛驳立即派出一支3万人的军队进攻木邦。

在接受木邦、蛮暮土司的降附后，作为主帅的杨应琚，对新兴的缅甸雍籍牙王朝缺乏了解，认为缅事易办，轻视对手，并未从战略上通盘筹划，轻敌疏备，未能抓住时机做出妥善布置，仅以赵宏榜带兵200名驻扎新街，而将原准备调往前线的8000兵丁裁减缓调，坐失机会。清军攻占新街后，阿瓦已是门户洞开，若此时乘缅军主力正围攻暹罗都城，集中兵

---

① 《明清史料》庚编第7本，第633页、第636页。
② 〔清〕王昶：《征缅纪略》，转引自《永昌府文征·纪载》卷十七。

力直趋阿瓦，有可能一举将阿瓦攻克。但杨应琚仅将新街作为清军战略支撑点，正如巡抚鄂宁所指出："（新街）瘴热最盛，遇夏月，万难驻扎，并非可守之地。惟秋冬克捷，乘胜锐入，直捣贼巢，方为一劳永逸。"① 清军不识地利，固守其地，而据守的兵数少，又无应援之备，面对缅甸的几万大军，其地得而复失，已是必然。正如高宗所指出的："该督自受降以后，毫无调度。新街虽已驻兵，而一旅孤悬于蛮暮（今缅甸八莫），并无声援掎角之势。"② 新街失守之后，双方在楞木接仗，沿边一线各关隘俱应当以重兵严守。但杨应琚失于防范，致缅军绕道从万仞关窜入。因担心楞木之兵被缅军抄截后路，遽将楞木之兵全撤，以致缅军侵入"内地土司"境内。③ 再如猛卯之战后，缅军渡过麻底江，由宛顶一路进取木邦。杨应琚饬令朱仑、乌尔登额追剿占据木邦的缅军，李时升、哈国兴夺取新街。但正如之后明瑞所指出："（杨应琚）非不知彼时瘴疠已盛，难以奏功，不顾事机，不恤将士""皆其一时搪塞之计"。④ 其结果已如前叙，哈国兴禀请从新街撤回，杨宁兵败木邦。

第二，战术上调度乖方，措置失宜。

俗话说"兵马未动，粮草先行。"但清军的相关军务，如辇运军粮、安设台站、购备马匹各事宜，杨应琚都未能通盘筹划，办理掣肘，呼应不灵，甚至军书文报往往稽迟。因所拟定的章程草率，营站所需马夫，差调往返，运送浩繁，皆形竭蹶，协济帮添顾此失彼。作为主帅的杨应琚，见新街一失，缅事难办，便忧惶成疾，神智昏聩，事鲜熟筹，毫无运筹决胜机宜。紧接着楞木一战，清军兵力尚强，假使杨应琚调度得宜，将弁用命，再加进攻，必能克捷。但杨应琚满无成算，惟零星调兵，以供堵御，后者未至，前者已被伤衄，迁延至今，损威失望。⑤ 缅军采用迂回战术，突破万仞关，将楞木清军前后夹击。之后，缅军诈降，杨应琚不察其伪，又无布置，致使缅军乘机从陇川进犯猛卯。猛卯之战，总兵刘德成本与华封同在东路驻守，朱仑本在西路征剿，但杨应琚于去年冬间，将刘德成调

---

① 《明清史料》庚编第 7 本，第 638 页。
② 〔清〕王先谦：《东华录》，乾隆三十二年三月丁丑朔。
③ 《明清史料》庚编第 7 本，第 635 页。
④ 《明清史料》庚编第 7 本，第 640 页。
⑤ 《明清史料》庚编第 7 本，第 639 页。

三、清朝与缅甸的战争

至近西之盏达一带,而对付窜入底麻江的缅军,则又舍去最近缅军的乌尔登额一部不用,也不委派东路的华封等相机迎击,转而令朱仑自西而东从后尾追。高宗称:"当此军务紧要之时而东西更调,措置失宜,实不解其何意?想该督漫无定见,亦未调度,任无能之总兵等东西自由,虽称剿贼,实乃避贼耳!"①

总之,杨应琚前后檄调兵丁通计有 8 次,共 22718 名,咨报兵部 14240 名,没有报部的 8478 名。但杨应琚胸无成算,朝令夕改,所调之兵,有已经入奏并派拨之后忽然终止的,有已经启程在道忽然终止的,有终止之后又行续调的,且各营奉调后亦有不能如数调拨的。②

第三,绿营将各一心,兵鲜斗志,战斗力不强。

这一时期清军与缅军打仗,所用皆云南绿营兵。云南所具有的绿营兵总数,督、抚、提三标暨各镇、协、营共有 4.2 万余名,除分守仓库、塘、卡之兵外,能调动的兵力只有 2 万余名。杨应琚前后调拨官兵达 2.2 万余名,几乎将可调之兵悉数调动。但按云南布政使钱度所说:"滇省绿旗积习更为不堪,将各一心,兵鲜斗志。臣细为访察,闻昭通、东川、开化、曲寻四镇营兵尚敢与贼对仗,其余皆退缩不前。又闻前在楞木打仗,官兵声威颇振,后缅匪于万仞关窜入,大势全非,以致千疮百孔,进剿之兵几至防御不暇,所以迁延半载,迄无成功。"作为主帅的杨应琚,驭下过于姑息,诸事代为宽容;而领兵大将,如李时升、朱仑等则"畏葸不前,不敢亲临行阵,闻有缅匪,只知分兵堵御,朝东暮西,以致官兵疲于奔命,稍有斩获,即行混报"。③

将军明瑞对云南绿营兵的看法与钱度颇为一致,其抵达云南后不久即上奏称:"滇省绿营积久废弛,无人整顿,迨至奉调,率多未经训练之兵,仓促起程,行至半途,驮载马匹已疲毙殆尽。每兵担负军装、口粮不下数十斤,步行长战,及值进剿,则兵力已瘁。而领兵将弁又不知体恤,到处草木,皆令每程站每夜必令伐木,树栅扞御,昼夜罔息,尤为疲惫。是以兵心涣散,各无斗志。至于各营将领,闻只哈国兴数员略属奋勉恤兵,其他将弁既皆未谙阵战,且无人指授机宜。凡带兵与贼对垒,不识地势,不

---

① 《明清史料》庚编第 7 本,第 629 页。
② 《明清史料》庚编第 7 本,第 640 页。
③ 《明清史料》庚编第 7 本,第 635 页。

过督令兵弁施放枪炮,总兵大员身则居后遥观。即为进攻,鲜有摧坚陷阵、身先士卒与贼交锋短接之事。每遇马贼一冲,则将领失措,兵练弃械溃走,不能抵御。且调拨兵弁,移东补西,朝更暮改,又不令本营将弁带领本标兵丁。各营杂凑成伍,毫无纪律,兵将互不相识,故前后伤亡、病故以及失伍逃避漫无稽考。"①

庄吉发先生《高宗十全武功研究》中转据萧日章所称:"云南绿营兵丁,因调赴军营,近者数站,远者数十站,自己携带枪一杆、刀一把、铅子一百、火药一斤、火绳三盘、钉板一块、口袋一个,还有些许衣服、口粮,大约走百里路,多系高山,上下很陡,所以兵丁才得到营,已经疲乏。再每一百步兵内马兵十名,又十匹马驮载锅帐等项,行至中途,驮载之马如有倒毙,即将骑马驮载。是以马也不中用了。"至于缅兵,其兵制前已叙及,不同于清军,"每次打仗,先将近缅边地夷民驱集在前,我兵枪打毙者多系此种,名叫'肉档牌',所以缅兵一时不得进行歼灭"。同时,在武器装备上,缅军多使用英法等国制造的"自来火"鸟枪,也优于清军。②

第四,瘴疠影响巨大。

云南为立体气候,十里不同天,与缅甸接壤的边境一线地处亚热带,水土恶劣,寒燠不时,潮湿炎热气候形成的瘴疠对人的健康伤害巨大。即如双方反复争夺的新街,瘴热最盛,每年九月以后中缅边民在此贸易,但一交三月,起瘴后无人在此居住。其地平衍临江,四面无险可据,一到夏月,大雨时行,水体污染,不可汲饮,且猛英洗泊河一带山水暴涨,运粮维艰。③ 赵宏榜领兵驻扎于瘴深水恶之地,官兵染瘴者多,战斗力大减。乾隆三十二年(1767)四月,据云南巡抚鄂宁所称:"上年九龙江外,兵以瘴死者不可胜数,官弁兵役死亦过半,马匹并多瘴毙。"④ 中缅冲突之后,"节次征战官兵阵亡及染瘴伤亡患病回营者不下万余名"。⑤

从战争的进程和结果看,缅兵不仅在战略上远较清军周密,战术上更为灵活,且比清军更能适应当地的水土气候,因此出没无定,常以逸待

---

① 《明清史料》庚编第 7 本,第 641 页。
② 庄吉发:《清高宗十全武功研究》第 296 - 297 页,台北故宫博物院,1982。
③ 《明清史料》庚编第 7 本,第 640 页。
④ 〔清〕王昶:《征缅纪略》,转引自《永昌府文征·纪载》卷十七。
⑤ 《明清史料》庚编第 7 本,第 639 页。

劳。而清军则囿于上述原因，全无优势，名为征讨，或疲于奔命，或株守瘴乡，原有攻势常沦为守势，最终将各一心，军无斗志，遂致屡次败绩。

4. 明瑞统兵再征

明瑞（？—1768），字筠亭，富察氏，满洲镶黄旗人，承恩公富文之子，首席军机大臣傅恒之侄，以官学生袭爵，授二等侍卫，以副都统衔赴西路军营，凡遇战阵，领兵奋勇行走，屡立战功，授为承恩毅勇公。乾隆二十六年（1761），图像入紫光阁，御制赞曰："椒室懿亲，年少志雄。谓可造就，俾学从戎。独出独入，既忠且壮。屡列宏勋，惬予所望。"二十七年（1762），授为伊犁将军。高宗以明瑞取代杨应琚，是因征讨缅甸之事已势成骑虎，断难终止，必须大张挞伐以伸天讨，寄重望于明瑞。以明瑞为云贵总督，接替杨应琚办理对缅军务，特别指出："虽系总督，现在行间，究以将军名号，足彰威烈。明瑞著为将军，管理总督务。"①

此次进剿，清政府大幅增加了在兵员和物资上的投入，派出包括500名京师健锐营兵、百名巴图鲁在内的八旗兵3000名，四川绿旗兵8000千名、贵州绿旗兵1万名，加上调拨的云南绿旗兵5000名及防兵，投入的兵力总数超过3万名。拨银600万两，其中户部拨银及各省协济银各300万两，调拨马匹1万余匹。高宗称：之前勘定准部、回部之时所调兵力都未动至数万，这次拣选劲旅赴滇，已足壮声威。

两路进兵与蛮结大捷

明瑞于乾隆三十二年（1767）五月二十四日抵达永昌，所做的第一件事，即查实"缅、莽是一非二"，增加了对缅甸的认识。第二件事，奏劾杨应琚及其他领兵大员罪状，处理并更换云南的一批军政官员，奏请以贵

---

① 〔清〕王先谦：《东华录》，乾隆三十二年十月庚辰。

州提督谭五格调补云南提督，原提督杨宁革职。高宗又派额尔景额为参赞大臣。第三件事，筹划进剿缅甸相关事宜，提出：因军粮大半采买于土司，必须先筹马匹、粮石，待粮、马等项酌计停妥后，再行核派兵数，并提出：云南沿边关隘甚多，在在驻兵防守，则会使兵力分散，驻守关隘之兵其实沦为缅军之饵，提出待秋冬大举时，应集中兵力直捣巢穴，使缅军不暇分兵袭扰。

高宗认为明瑞筹办进兵各事宜俱属妥协，对进剿缅甸充满信心："现在广集兵粮，期于秋冬大举，自必势如破竹，迅奏肤功。"并开始筹划善后，提醒明瑞在凯旋时，要虑及缅甸"既经剿灭，其土地人民皆我幅员赤子，不可不为抚靖，俾共享太平之福"。又因此地难以同内地一样设立郡县，"莫若量各城大小，分置土司，使各守疆界，不相联属，则伊等势涣情睽，不能骤合为一，或可不致滋生事端"。①

令明瑞未想到的是，清军尚未展开进攻，普洱边境却发生官兵遇贼即张皇失措、弃械溃逃之事。

乾隆三十二年六月间，孟勇头人召工和整欠头人召教、召渊，对清政府授予叭先捧为土指挥使管理整欠心怀不满，纠合二三千人谋执叭先捧。叭先捧力战不敌，遁入茶山之漫了寨。七月二十九日，召工等率1000余人至小猛仑，镇守此地的开化镇总兵书敏率兵200余名与之隔江施放枪炮。当日午后，书敏退驻30里外的缅寺，留都司那苏泰督兵抵御。至夜，敌兵绕至上游渡过江后，将官兵冲散。那苏泰即随书敏退至茨通，路遇从猛撒江调来官兵200名，书敏令那苏泰带往蛮颊堵御，遇见"缅匪"，复被冲散，那苏泰不知下落，书敏则逃往倚邦，于闰七月二十日染瘴身故。明瑞奏劾书敏在兵丁堵御之时，并不亲身督率，指示机宜，竟先回缅寺，以致缅军偷渡，将兵练冲散。而茨通地方并无缅军，兵丁即行狼狈而走，畏怯退缩，殊殊不堪。而更令人气愤的是，带有六七百兵丁防守九龙江一带的普洱镇总兵德保，一听闻小猛仑失守，即心怀畏惧。闰七月初八日，其先将赏号银两1000两、缎子、箱子等物交与车里土司收领。之后，听到橄榄坝失守，小猛仑火起，缅军将至，便连夜带兵出营，令土司引往小路而逃，因坠马跌伤，步行9昼夜回到思茅。为掩饰其逃跑行为，在明知

---

① 〔清〕王先谦：《东华录》，乾隆三十二年七月辛未。

三、清朝与缅甸的战争

缅兵已渡江而去的情况下,德保于闰七月二十四日,挑选兵丁赴九龙江,造成官兵追敌逐贼之势的假象。明瑞奏称:"如果贼至,自应身先士卒,督率进剿。乃未见一贼,未临一阵,闻贼欲至,即张皇失措,遗弃军械兵粮而走,且令宣慰引往小路奔避,步行抵思,几至惑乱军心,怯懦畏葸,已属无耻!"① 统兵大员畏敌如虎,狼狈若此!虽然高宗谕令将德保即行处斩,但这一事件暴露出绿营上下的畏战心理,成为之后清军再次兵败的预演。

明瑞原拟兵分三路进剿,后高宗与明瑞君臣间经过一番讨论,商定进兵缅甸,分东西两路:一路由宛顶至木邦以进阿瓦,为腾越州东南之道,由将军明瑞亲自统领,参赞大臣朱鲁讷等随行;另一路由虎踞关至猛密,先攻老官屯,再进攻阿瓦,为腾越州西南之道,由额尔景额统领,预定两路会师于阿瓦。云南巡抚鄂宁则驻扎永昌筹办调度军需。额尔景额为猛密一路西路军统领,是高宗钦点的将。明瑞原拟以额尔景额之弟额尔登额为统领,再由谭五格领绿营兵随进,而高宗认为:"朕命额景额统领此路者,非不用谭五格与额尔登额也。止以各路进兵,参与绿营,必和衷共济,方于事体有益。谭五格出身包衣佐领,虽久任提臣,未更战阵。额尔登额虽久任戎行,未免有乌拉齐习气,器度狭隘。若令二人同在一路,必至各执己见,于事无益。额尔景额身系满洲,虽未经战阵,若论办事,额尔登额决不能及。伊系参赞大臣,令其统领大兵,应约束者约束,应调停者调停,即可收兵丁之力,而额尔登额等亦不致各执己见矣。"② 从之后的结果看,高宗对额尔登额了解充分。此次征缅最后以失败告终,额尔登额是一大因素,后招高宗诛杀。

至于进兵时间,必须充分考虑到当地瘴气的影响。边外瘴气从四月起至九月方止,七、八、九三月最盛,山上透风之处比坝子内瘴气要少些,最适宜用兵的时间为当年十一月至次年三月的五个月时间内。但如果按此常规时间进兵,缅甸必会提前预防。最好是提前进兵,乘其不备,才能收到好的效果。且当年有闰月,因此高宗要求明瑞于九月内进兵。

虽然所添调的京兵尚未全数抵达军营,但明瑞仍统领约2000八旗兵及万余名绿营兵,于九月二十四日冒着滂沱大雨,从永昌启行,平添一份

---

① 《明清史料》庚编第 7 本,第 648-649 页。
② 〔清〕王先谦:《东华录》,乾隆三十二年十月癸亥。

"风萧萧兮易水寒，壮士一去兮不复还"的悲壮气氛。因山路陡滑，当日抵达蒲缥（今保山市隆阳区西南部的蒲缥镇）之冷水箐山顶，"天色昏暗，人马阻塞，风雨总至，衣服淋漓，尺寸不能进，下鞍亦无驻足地，遂于马上度夜"。① 大军随后渡过潞江，经龙陵、芒市、遮放到宛顶（今瑞丽市畹町镇），从宛顶入缅甸，于十月初一日抵达木邦，计程六七百里。木邦地势开阔，以木栅为城。清军抵达时，缅军已先行遁走，仅遗空栅，沿途村寨为墟，人员断绝。清军搜获遗粮数百石，令土司召抚当地民众，以参赞大臣朱鲁讷率兵5000驻守木邦，保护明瑞军后路。

明瑞率军续进曰白，途经大山土司之地。大山土司罗外耀特向清军投诚，明瑞给予其顶戴，令其往木邦参见朱鲁讷，会同木邦土司翁团一起协助朱鲁讷防守。明瑞还称，大山地方米粮丰盛，酌量采买，作为木邦兵丁口粮，可省内地转运之费。明瑞率军转至曰小地方，仅遇到缅军的小股军队抵抗，斩杀敌军数十人后抵达锡箔江岸。锡箔江宽数十丈，江流湍急，缅军将渡船尽毁，兵不能渡。清军用了3天时间编制竹篓，将土石装入后以为桥基，架桥渡至南岸，进至蒲卡。十一月二十七日，途遇缅兵500余名堵截道路，清军将其杀退，但未穷追。次日，又有百余缅兵伏于林中，清军即行截杀，斩杀40余人，生擒4人。明瑞从俘获的缅兵处得知，缅军在蛮结原聚集有9000余兵众，之后又陆续增添，于各要隘立有木寨16座。

十一月三十日，明瑞大军师次蛮结。蛮结四面环山，树林深密。缅军在险要之地立有16座木栅，在密林之内层次排设，兵士聚于栅中，栅之外又开深壕，壕边再置坚竹。缅军有栅保护，清军枪炮不能伤到，而缅军可从栅隙处发鸟枪射击清军。以竹木筑栅安营，是缅军的特长。② 明瑞在与缅军对仗之后的奏折中，对缅军的木寨有更细致的描述："所筑木垒俱用二丈余湿木交互排列，用土筑砌，内外俱挖有深沟，外约二三十步，密立木栅，栅外又用木排挡御。我兵不能用火攻，欲直前激入，须得撤毁木栅，方得直抵贼垒。贼人见我兵逼近，即施放枪炮不绝。若用档牌、藤牌冲截，又以地势险峻，人力难施。"③ 缅军既占有地利，又有坚固的木寨

---

① 〔清〕周裕：《从征缅甸日记》，转引自《永昌府文征·纪载》卷十七。
② 〔清〕昭梿：《啸亭杂录》卷五《缅甸归诚始末》，第137页。
③ 《明清史料》庚编第7本，第653页。

三、清朝与缅甸的战争

防护，还列有象阵，易守难攻。

明瑞令领队大臣扎拉丰阿、镇将李全带兵占据东面山梁，领队大臣观音保、镇将常青带兵占据西面山梁，自己居中策应。十一月三十日，缅兵从密林内冲犯观音保所据的西面山梁，明瑞遣兵接应，双方激战至晚，清军斩杀缅兵200余人。之后，缅兵坚守寨内，无论清军如何挑诱，拒不出战。明瑞担心相持日久，粮尽马疲，于己不利，因此与众将商议后，定计强攻，三路齐进，首先突破缅军防守最为坚固的西边山梁，此处一破，便会使缅军全线溃退。

十二月初二日，明瑞留下2000余名兵丁保护行李、掩护大军，将其余兵众分为12队，分三路进攻。时值大雾，清军由密林险峻之处潜至敌寨。明瑞身先行列，亲冒矢石。将帅冒死于前，于是"军士皆奋"。此时，明瑞领兵出边已一月有余，并未真正与缅军接仗过，这次是真正意义上的两军对垒。此战极为惨烈：缅军于栅内施放枪炮，排列象阵，隔木栅用刀枪砍戳，并抛掷火球。因地势险峻，人力难施，清军擅长的弓箭不便展开，藤牌、档牌亦难使用。但清军上下一心，满汉兵弁齐力，不避枪炮，力战不退，人人奋勇，并敢于与缅军短兵相接，砍伤象只，双方缠斗在一起，甚至彼此抱持，以手相搏。清军在进攻敌寨时，面对缅军的坚栅，有一名叫王连的贵州兵率先跃入敌栅，十多人随即继进，缅军恇乱，不知所措，多被砍杀。攻破此一栅后，清军乘势攻下另外3座木栅，剩下的12座木栅内的缅军乘夜逃遁，所有16栅全被夺取。① 扎拉丰阿首先攻得一寨，明瑞、观音保也相继各攻得一寨。至夜，缅军复来夺寨，清军奋力击杀，相持至二更时分，缅军不支，包括其他木寨在内的缅军将一切辎重抛弃，弃寨而逃。清军追剿并搜拿诛戮逃匿的缅兵，直至黎明，战果颇丰：斩杀敌军2000有余，生擒34名，缴获鸟枪、腰刀、长枪、火炮、火药、铅弹无算，牛马200余匹、米粮200余筐，烧毁敌军粮石甚多。② 清军方面，虽然明瑞奏报仅称"我兵亦间有阵亡、受伤者"，损失当也不小。明瑞身为将军，摧坚陷锐，右眼眶遭受枪伤。明瑞确有英雄气概，虽眼目中伤，几至殒命，但据他自己所称："毫无困倦，能照旧乘马，临阵指麾，

---

① 〔清〕昭梿：《啸亭杂录》卷五《缅甸归诚始末》，第137页。
② 《明清史料》庚编第7本，第653页。

惟两三日内稍觉头晕,看字略为费力。"①

蛮结大捷,这是清军与缅军自新街交兵以来所取得的重大胜利。捷报至京,高宗异常高兴,深为嘉慰。明发上谕,特沛恩纶,授明瑞一等诚嘉毅勇公,赏给黄带子、红宝石顶、四团龙补服,其原承恩公爵位由其弟奎林承袭。

西路木邦失守致东路成悬军

蛮结大捷后,明瑞领军在此地休整几日后,进抵隔弄山(也称革龙山)的天生桥渡口。所谓天生,即天然生成的险隘。据明瑞奏称:"天生桥,乃隔弄山中断之处,下有河一道,其势险急,两岸石峰高出二三里,峰上盘曲小径,止容一人行走。其桥系天生一片大石,缅人将两旁旧有帮置大木俱行拔去,不但乘骑不能过渡,即步行亦难。"② 大有"一夫当关,万夫莫开"之势。据说桂家部落酋长宫里雁曾率领数百名坚守此地,缅兵数万不能过。有千余缅兵在天生桥对岸驻扎防守,清军强攻不能,随军通事马必兴告知往北有小路可以绕过。明瑞遂令达兴阿带兵2000名做夺取渡口之势,令巴图鲁侍卫带兵由小路绕进,自己领兵随进至河水发源处。缅军于此处也立有木栅,但并未拨人看守,河水虽然湍急,但水并不深,清军大队于十二月初十日全行渡完,顺利越过奇险之地。防守天生桥的缅兵以及从蛮结败退的缅兵皆逃往宋赛,十二月十三日,明瑞军进至宋赛。

明瑞率领的东路大军一路深入,而进剿猛密的西路军,先被缅军阻挡在老官屯,其后又退至旱塔。再之后,驻守木邦的朱鲁讷军战败,木邦失守,明瑞大军后路遂被缅军截断,成孤悬之军。

额尔景额统领由1000余名八旗兵及7000余名绿营兵组成的西路军,于十月二十八日抵达腾越,十一月五日出虎踞关入缅,向猛密进发,6天后抵达老官屯。

老官屯在清缅战争中为一极重要之地,其地望,中文档案文献没有明确记载。杨煜达在其《乾隆朝中缅冲突与西南边疆》一书中,考订出老官屯即缅甸人所称的"恭屯",位于蛮暮沿伊洛瓦底江(即大金沙江)南下

---

① 《明清史料》庚编第7本,第653页。
② 〔清〕王先谦:《东华录》,乾隆三十三年正月辛卯。

三、清朝与缅甸的战争

不远。① 清佚名《缅甸兵事略》记载:"乾隆三十五年,曾密探其路,……老官屯路出铁壁关,五十里猛卡,五十里楞木,十里洗帕河,历猛允、猛映至新街,南行即老官屯,临大金沙江。"② 台湾三军大学所编《中国历代战争史》所绘战图,则将老官屯置于缅甸中部伊洛瓦底江边的太公城,距阿瓦城不到200公里,距新街则超过200公里,明显与上述记载不符。③

当清军抵达老官屯时,缅军已于江边竖立木栅据守。参赞大臣额尔景额随即率军围攻老官屯,连日攻打,久攻不下。额尔景额领兵攻取缅军木城,昼夜靡宁,积劳身死。④ 乾隆遂授额尔登额为参赞大臣,伊柱为领队大臣,不久,伊柱也染瘴身故,随征的陕西兴汉镇总兵王玉廷左腿中枪,不治身亡。

清军围攻老官屯月余,缅军坚守木寨不出,清军付出很大代价,仍毫无进展。额尔登额奏报军中余粮无几,骑驮疲瘦,并称若据守孟连坝、苏帕等处的缅兵在旱塔、马脖子要隘处所扎寨,必致分清军兵势,因此移兵旱塔,派遣绿营兵300名、沙练300名至马脖子山,在通往新街、铜壁、铁壁等关各要隘固守,称为"诱敌出战"之计。⑤ 高宗发出上谕:"额尔登额此奏甚不明晰。伊等或仍由老官屯一路前进,或由别路前进,并未明白陈奏。倘仍由老官屯进兵,现缅兵固守不出,伊等已撤兵至旱塔驻守,如何能进? 倘由别路进兵,伊等并未筹及可以进兵之路,惟思在旱塔、马脖子山固守,岂有固守即能剿贼之理? 额尔登额等前往老官屯,惟欲攻木城,旷日持久,徒劳兵力,已属无能,今尚不另筹破贼之计,更属错谬! 著传谕额尔登额,如剿缅兵已过老官屯,即整顿军威,由猛密一路直抵阿瓦城。倘尚在旱塔驻守,即舍老官屯,带兵探听明瑞一路,接应前进。"⑥ 高宗已预感到额尔登额要误事,遂谕令:因明瑞在宋赛统兵进剿,猛密一路的参赞大臣,之前已降旨令额尔登额补授,但又虑其督率调度未能胜

---

① 杨煜达:《乾隆朝中缅冲突与西南边疆》第14-15页,社会科学文献出版社,2014。
② 〔清〕佚名:《缅甸兵事略》,中国国家图书馆藏抄本。
③ 《中国历代战争史》卷十七,图17-723,(台北)军事译文出版社印。
④ 〔清〕王先谦:《东华录》,乾隆三十二年十二月己卯。
⑤ 〔清〕王先谦:《东华录》,乾隆三十二年十二月辛卯。
⑥ 〔清〕王先谦:《东华录》,乾隆三十三年正月辛卯。

任，令协办大学士阿里衮前往云南，办理军营策应事宜，并即授为参赞大臣，要求所有随带人员一体驰驿前往。①

然而，战场形势瞬息万变，此时正朝着不利于清军的方向发展。

乾隆三十二年（1767）十二月初九日，额尔登额将大军退至离老官屯40里外的旱塔，虽声称诱敌出战，其实并未设伏迎击，以致缅兵尾随至而来，竖栅与清军对峙。额尔登额已受缅军牵制，被困其地，难以前进，驻守木邦的朱鲁讷军即成为缅军攻击的对象，而一旦木邦失守，缅军横亘其间，即可截断明瑞大军与国内的联系，使其孤悬在外。

朱鲁讷领兵驻守木邦时，开始有缅兵数十人来降，朱鲁讷怀疑其诈降，将其全部诛杀。当明瑞大军深入宋赛时，朱鲁讷即于乾隆三十二年十二月十三日，令贵州参将王栋带兵300名、贵州守备郭景霄带兵200名、总兵官索柱带兵200名，分赴锡箔江、天生桥、宋赛安设台站，解递文报，沟通联系。十二月二十日，王栋等抵达锡箔，索柱、郭景霄带兵继续前行，于二十四日行抵蒲卡地方，遇见赍折返回的兵丁，据其所称，清军在蛮结坝子被缅兵抄杀，伤亡殆尽。索柱等即督兵赶往蛮结，清军、缅军俱早已散去，索柱便领兵于二十八日回至锡箔桥防守。乾隆三十三年（1768）正月初二日，缅兵数千来攻锡箔，激战二日，守护锡箔桥的清军力不能支，纷纷溃散，守备郭景霄等阵亡，索柱、王栋领兵冲出包围圈，于初四日抵千家寨。因千家寨地势空旷，清军兵单，缅兵又尾随而来，难以据守，索柱等即取道葫芦口撤回木邦，随索柱退回的兵丁仅剩100余名。听闻缅军围攻锡箔，朱鲁讷即于木邦军营遣普洱镇总兵胡大猷领兵往援。但胡大猷师行仅五六十里，便闻锡箔已失，总兵索柱等已从千家寨退回，便也即退回至木邦。锡箔失陷，明瑞与木邦之间的联系被切断，一旅孤悬在外。

当时，朱鲁讷率领近5000名兵丁驻守木邦，设大营5座，木城、木栅甚坚，所挖防守壕沟亦深阔，军营中牛马甚多，有米一仓，可支数十日。②缅军来攻木邦，开始并不敢逼近大营，仅先于小河南岸立营，时来窥伺。据朱鲁讷所称："缅目两次约请杨重英议事，因欲得将军信息，赏

---

① 〔清〕王先谦：《东华录》，乾隆三十三年正月丁未。
② 〔清〕王先谦：《东华录》，乾隆三十三年二月壬辰。

三、清朝与缅甸的战争

以缎匹,复来请,以诡诈,未可深信,斥逐而退。"① 如果木邦守军能众志成城,坚守营垒,额尔登额能及时派兵赴援,战局或许不会如后来那样糟糕。

据云南巡抚鄂宁奏报,征调而来的所有可用之兵俱已随明瑞和额尔景额出征,仅留一千数百名于杉木笼等处防御。当接到缅军围攻木邦信息后,鄂宁即派总兵乔冲杓统领游击袁梦麟、守备陈言志等,带兵800名迅即往援,但被缅军冲散,应援木邦,只能寄望于手握八九千重兵的额尔登额。因此,鄂宁在半月之内7次檄令飞催,但额尔登额接鄂宁往援木邦移文,却答称:"因各处要隘贼皆扎寨防守,其势日增,若即分兵从间道前往,计程虽近,但路甚逼窄,不能乘骑。宜暂收退兵至铁壁关之陇川地方,再派兵三千,或臣额尔登额,或臣谭五格带领,急速赴援。俟至陇川,再相机筹办"等语。② 额尔登额等不仅不赴援木邦,还奏称:"因猛卯有贼冲出,将满汉官兵、沙练俱撤回蛮笼驻扎,并撤虎踞关、铁壁等关官兵同至蛮笼"。③ 鄂宁"不胜骇异!"上奏高宗,以"蛮笼在陇川之内,系'内地土司'地方,额尔登额等何以渐次退回内地?即使猛卯有贼,何难奋力剿逐?乃退入蛮笼,离宛顶、木邦一路更为遥远。"④

木邦四面被围,又无应援,境况危急。朱鲁讷领兵出城御敌,将参赞大臣印信及皇帝赏赐明瑞将军的荷包交给随营办事的大理府同知陈元震保管。而陈元震却假传朱鲁讷口令,命把总张傑带兵护送自己,于正月初十日逃回永昌,在木邦支放粮饷的大理府知府郭鹏翀也一同逃出。陈元震、郭鹏翀之后被捉拿,讯明后凌迟处死。

木邦清军陷于缅军重围,双方激战至正月十八日,南营盘小路被缅军截断,朱鲁讷令副将刘连捷将南营兵丁移归中军大营。当日晚间,朱鲁讷中军大营被缅军四面围住,缅兵从右后营门爬栅而入,又值营盘失火,怯懦成习的绿营兵丁纷纷惊溃,刘连捷等阵亡。五更时,朱鲁讷见事已不可为,自尽而死,普洱镇总兵胡大猷战死,索柱、王栋等下落不明,按察使杨重英及贵州兵丁许尔功等被俘,送至阿瓦。 (按:乾隆三十三年

---

① 〔清〕王先谦:《东华录》,乾隆三十三年二月壬辰。
② 〔清〕王先谦:《东华录》,乾隆三十三年正月戊午。
③ 〔清〕王先谦:《东华录》,乾隆三十三年二月辛未。
④ 〔清〕王先谦:《东华录》,乾隆三十三年二月辛未。

（1768）三月，乾隆给予朱鲁讷祭葬，赏云骑慰世职；赏还胡大猷因不能坚守葫芦口而被革去的总兵原衔。）

蛮化之战

高宗在接到锡箔失守、缅军围攻木邦，明瑞大军已成悬军的禀报后，即一面谕令额尔登额、谭五格急速应援木邦，肃清道路，接应明瑞；一面谕令明瑞酌情撤兵，称："明瑞深入剿贼，如大功指日可成，甚善。若一时不能剿办，与其徒伤精锐，不如暂时撤兵。令明瑞驰驿来京，熟筹该处情形，再图秋冬大举。"① 巡抚鄂宁在木邦失陷后，也即"觅素谙缅地道路之人，给与清字书札，令其探听将军明瑞大营投递，知会明瑞现在两路光景，酌量统兵回剿，再图进取"。② 据《啸亭杂录》记载：在蛮结大捷之后，因明瑞右眼中枪受伤，领队大臣观音保、扎拉丰阿等就劝明瑞先退兵至木邦，之后再整旅复进。"明将军负锐气，欲直抵阿瓦。观音保曰'我兵出师时已失军装，今军器日见其少，粮饷不足，恐难深入以受其给'。明忿然曰'汝气绥否，非夫也'。观音保傲然曰'若非满洲丈夫，吾侪共将军死可也'。因进军象孔，去阿瓦只七十里。失道，而军中粮已尽。明将军集诸将议，诸将惩前言，莫敢有言退者。明瑞念粮既断，势不能复进，而有虑猛密之师或已先入，而将军转退兵，则法当死。"③

据周裕《从征缅甸日记》及《明清史料》庚编所载额尔登额、谭五格奏折的记载：乾隆三十二年（1767）十二月十三日，明瑞领军抵达宋赛，休息几日后，于十六日由宋赛启程，进抵邦亥（也称邦海）地方，一路并未遇到缅军。十七日，明瑞遣巴图鲁侍卫莽克察、诺尔奔等领兵探路，前行四五十里到达象孔（也称相孔，或写哄）地方，在农怕之南，距阿瓦城只有二三站，大约70余里，但道路甚为险隘，林深菁密，马匹难行，加之粮米不继，兵丁也多染病，又探无路径，又久无额尔景额统帅的猛密一路音信，难以续进。便捉拿当地土人询问，了解到猛笼土司备有粮米甚多，且地近猛密，遂决定趋附猛密，因粮于敌，待额尔景额一路到达，再图进取。于是，十二月十九日，明瑞领兵由邦亥寻道前往猛笼，途

---

① 《清高宗实录》卷八四〇，乾隆三十三年二月甲子。
② 〔清〕王先谦：《东华录》，乾隆三十三年二月辛未。
③ 〔清〕昭梿：《啸亭杂录》卷五《缅甸归诚始末》，第138页。

三、清朝与缅甸的战争

中遭遇缅兵袭击大军后路,且战且走。但屋漏偏逢连夜雨,军中营盘失火,风烈草茂,难以扑灭,军装、食物被烧毁大半。其后大军进至一个叫不借的地方,两山壁立,溪流一线,官兵沿溪旁行数十里,盘旋而出,路更险阻。由不借至珠河,山岭甚窄,行至山腰,枪炮骤至,缅军于山旁蜂拥而上。当时军中辎重阻塞道路,进退不得。清军组织反击,将缅军击退,大军得以续行,于二十七日到达猛笼。猛笼土司和当地民众业已逃避,寻获其埋藏的 2 万余石粮食。军中无粮,人心不安。清军在粮尽米缺、极度困厄的情况下,获得 2 万余石粮食,人马得以饱食,军心得以安定,士气大振,为接下来的蛮化之捷准备了条件。

明瑞大军在猛笼停留,在枪炮声中和与缅军连日交战中度过除夕,于乾隆三十三年(1768)正月初二日,携带所得粮食启程前往猛密。一路上,因缅军不断滋扰,便欲转由大山土司地方绕道木邦,又于途中闻得木邦兵败失陷之信,于是明瑞决定由大山转向,前往宛顶,退回境内。师行至猛弄蛮栽谷,扎营山顶上。当夜烈风雷雨,帐房尽被吹倒,灶火焰发,映红天际。大军继续前行,在即将到达一个名叫蛮化的村寨时,缅军已事先在山口堵截。明瑞遣前锋营乘着夜色突击,缅军溃遁,清军进入蛮化村,扎营于山顶,缅军复于山坡列栅。

清军自象孔迷失道路后,缅军获知清军不再驱行阿瓦,且粮尽马乏,染瘴生病者日增,便在清军从邦亥转至猛弄的行军过程中,不断尾随骚扰,抄截清军后路,每日必战,大小数十次,尾随清军来到獐子坝。① 在此状况下,清军行军缓慢,且战且行,每日先以一军拒敌,即以一军退至数里外成列,待军至,则成列者复迎战。明瑞及观音保、哈国兴更番殿后,步步为营,每日行军不到 30 里。② 明瑞以"贼轻我甚矣,益将肆毒于我,无噍类矣",③ 决定设伏痛击缅军。

缅军一路跟随清军,逐渐熟悉了清军的号令声,知道清军每天早上三声螺号后大军即启行,缅军也起而追随。明瑞遂决定以此用计设伏,斩杀缅军。正月十二日夜,明瑞下令翌日清晨仍像往常一样吹螺启行,全军不许一人留营,设伏兵于林箐之中。第二天清晨,三声螺后,清军启行,缅

---

① 〔清〕赵翼:《平定缅甸略述》,转引自《永昌府文征·纪载》卷十八。
② 〔清〕魏源:《圣武记》卷六《乾隆征缅甸记》,第 266 页。
③ 〔清〕昭梿:《啸亭杂录》卷五《缅甸归诚始末》,第 138 页。

军也如以往一样蜂拥跟随。当缅军进入伏击圈后，清军万众突出，枪箭并发，鼓勇而前。缅军猝不及防，前退后进，自相践踏，趾及顶背，乱作一团，堕崖落涧，死者不可胜数，身死者足有2000余人。清军乘势掩杀，又毙敌一两千人，尸体堆满坡涧，并生擒数十人。此战，清军受伤身阵亡仅数人，总兵官李全中枪，数日后身故。①

此一战，明瑞设伏计谋得当，又占得地利，从上向下攻击，势若建瓴，因此大获全胜，重创缅军，充分体现明瑞有勇有谋，智勇皆备。此后数日，缅军再不敢靠近，只在数十里外施放枪炮。在整个转战过程中，将军明瑞身先士卒，亲率领队大臣、巴图鲁侍卫殿后，即便有带伤或染病官兵也不忍令其落后，使其免遭缅军戕害，并"陆续杀贼约计数千名有余"。②虽然清军官兵人人激愤，士气颇高，但由于额尔登额的西路军已退回国内，围攻旱塔的部分缅军和在木邦获胜的缅军便转而多路会师，围攻明瑞大军。缅军越聚越多，而清军孤军奋战，之前虽然取得胜利，并未改变于己不利的局面，决战时刻即将来临。

明瑞身死及征讨失败原因

蛮化之捷后，明瑞率军由蛮化至邦迈、虎布、蛮移、小天生桥、僮子坝，又经历大小数十战，后到波龙银厂。波龙银厂为著名银矿，往时内地平民至此采矿者以万计，商贾云集，比屋列肆，俨一大镇。③明瑞军在此稍为修整后，由波龙厂众引路，避开缅军栅寨，进入大山土司地面。大山土司瓦喇特遣其弟罗望育迎接清军，并率其子阿陇从军。④二月初六日，明瑞大军行至孟育（也称孟域）地方，落入缅军包围圈，四面皆列木栅，围绕甚密，将清军去路截断。清军于孟腊山顶结大小寨14座，数万缅兵随即将四面紧要的30余处山口全行围住。

明瑞率大军自乾隆三十二年（1767）九月二十八日出征，师行近5月，转战数千里，除阵亡、受伤及染瘴者外，能用于作战的兵丁仅剩5000

---

① 〔清〕昭梿：《啸亭杂录》卷五《缅甸归诚始末》，第138页；周裕《从征缅甸日记》；孙士毅《绥缅纪事》。
② 《明清史料》庚编第7本，第659页。
③ 〔清〕周裕：《从征缅甸日记》，转引自《永昌府文征·纪载》卷十七。
④ 〔清〕王昶：《征缅纪略》，转引自《永昌府文征·纪载》卷十七。

三、清朝与缅甸的战争

余名,火药已甚少,口粮亦尽,已是弹尽粮绝,难以正面与数倍于己的敌人决战,唯一的选择只能是突出重围,奔向距离百余里之外的宛顶。

这时,额尔登额军正驻守旱塔。额尔登额自退回旱塔后,未能赴援木邦,反而再退至虎踞关,随后,又舍虎踞关不守,退回内地猛笼。经高宗严旨催令及巡抚鄂宁14次檄令,始由猛笼启程,于乾隆三十三年(1768)正月十七日到达虎踞关。十八日,木邦失陷。十九日抵遮坎。遮坎离宛顶已不远,仅三站路程,此时若额尔登额顺道星驰赶赴宛顶,不仅可以牵制老官屯的缅军,使其不能去参与堵截明瑞大军,还可与明瑞声势联络,相互接应。可额尔登额并未径赴宛顶,而是迁延迂回,于二十七日又退回猛笼。之后,再由猛笼赴宛顶。其具体行军经过,据随额尔登额办事的虎踞关办粮人员遐龄称:"正月十七日到虎踞关,住一日。十九日到遮坎,又住六日。二十六日,启行不远,即将营扎住。二十七日,由大陇川复回蛮笼。二十九日,由杉木笼山至唎咪,住五日。因连奉严旨,始于二月初四日由唎咪岔小陇川、芒市,赴宛顶。……且忽而拨兵铁壁关,忽而拨兵邦中山,忽而调兵堵御南甸、沙冲口,到处停留迁延。其实自入虎踞关后,沿途未遇一贼。"① 正如高宗所指出的:"以数日可达之程,迟至二十余日方抵宛顶,……致老官屯贼众转得并力拒我大军。"②(按:乾隆三十三年四月,额尔登额被凌迟处死,谭五格被处斩。)

明瑞军到达大山土司地界后,派遣随军的木邦摆夷线当、弄线二人向内地投文报信。鄂宁等接信后,派人联络明瑞,但"差往大山投文之马夫董上勋回到宛顶,据禀:伊同摆夷二名自宛顶起身,由暮董、寒盖小路到勐腊,见将军明瑞大营扎在坡顶,四围贼扎营七座。伊等住二日,不能进去,是以回来等语。查勐腊系猛育地方,离宛顶不过八站,而此八站,董上勋等止两三日即回宛顶,则取道甚易"。③ 鄂宁据此再次檄令额尔登额速往应援。

清军扎营于勐腊山顶,缅军早已于路旁立栅,四周皆是缅兵,于是明瑞将兵弁分为7营,并遣兵丁探路,探明山下有一小路可通宛顶,且离缅军稍远,决计从此突围。在与众大臣商议后,明瑞将所有疲瘠马骡留给殿

---

① 〔清〕王先谦:《东华录》,乾隆三十三年三月癸丑。
② 〔清〕王先谦:《东华录》,乾隆三十三年二月丙戌。
③ 〔清〕王先谦:《东华录》,乾隆三十三年二月丁丑。

后的大臣,而官兵每人则分派一匹,剩下的宰杀后以作三日口粮。二月初十日,明瑞令达兴阿、本进忠等率领官兵于半夜时分向宛顶方向突围,文职人员也一并跟随,自己则与领队大臣扎拉丰阿、观音保,总兵哈国兴、常青、德福等,以及巴图鲁侍卫数十人,领数百亲兵殿后。清军大队冲锋,由于夜黑,时值浓雾,缅军虽已觉察,但不敢出营,只是施放枪炮,弹如雨下,被伤者众,而前方20余里道路险窄,又有深溪一道,兵丁争渡,践踏溺毙者甚多。十一日,领队大臣扎拉丰阿中枪阵亡,而观音保则将身上所有箭镞射向敌军后,剩下最后一支箭,原准备射出,"忽收而策马向草深处,以其镞刺喉死,恐矢尽无以自戕而被执也"。① 明瑞先是右臂受枪伤,接着胸前又中弹,知道难以继续支持,亦虑落入缅人之手,遂令亲随章京双喜护马前行约五里许,"乃从容下马,手自割辫发,并脱所配指琫授家人,使归报,而死于树下。家人以木叶掩其尸"。② 冲出的清军各自取道前行,一路艰辛,历三昼夜到达宛顶。冲出的官员,不仅有乾清门侍卫诺尔奔、伍三泰、莽克察、齐里克齐、德尔森保及总兵哈国兴、常青、达兴阿等武将,更有军机处行走司员傅显、冯光熊及道员诺木亲、钱受谷等文官,就连"体质素弱,不耐艰苦"③的云南县(今祥云县)知县周裕也都能突围而出。如高宗所说:"合计次第撤回者,所失乃不过十分之一二。……并不至大有损伤。"④所言不无夸大,但大部得以保存,应是实事。

缅军的损失也很大。据乾隆三十六年(1771)暹罗所献俘获的缅军小头目供称:"至阿瓦连年用兵,闻得没了的人很多。即如我从前住的莫且诺寨子内,派出二百人在蛮结、天生桥一带出兵,回来时只剩下一百多人。"⑤而据乾隆三十二年(1767)四月被俘后逃回内地的把总崔直中所称:"两下打仗,大兵三分内死了一分,缅兵四分内死了一分。"⑥

有关明瑞之死,记载传说不一,除上引孙士毅《绥缅纪事》称"死于树下,家人以木叶掩其尸"外,《清史列传·明瑞传》称"胸背中枪,

---

① 〔清〕赵翼:《平定缅甸略述》,转引自《永昌府文征·纪载》卷十八。
② 〔清〕孙士毅:《绥缅纪事》,转引自《永昌府文征·纪载》卷十八。
③ 〔清〕周裕:《从征缅甸日记》,转引自《永昌府文征·纪载》卷十七。
④ 《明清史料》庚编第7本,第664页。
⑤ 《乾隆朝上谕档》第6册第811页,档案出版社,1991。
⑥ 军机处录副奏折崔直中供单,档案号:7648-14,中国第一历史档案馆藏。

三、清朝与缅甸的战争

阵亡";《清史稿·明瑞传》曰"负创,缢于树下";王昶《征缅纪略》则说"枪伤于肋,呼从者取饮,水至,饮少许而绝";赵翼《平定缅甸略述》又称"缢于树下,家人以木叶掩其尸而去";《明清史料》庚编额尔登额、谭五格奏折称:"令亲随章京双喜等护马前行,约五里许身故,双喜等将将军遗骸择于路旁草树多处,用土掩埋标识。"

对于明瑞,清廷历来皆予以褒扬。随明瑞征缅的周裕称:"裕随将军逾半载,见其处事明决,自奉极俭,俸廉外丝毫无所染,其清操已大过人。且骁勇绝伦,兵卫尚众,宁不能身入永昌,特因保护全军,以一当百,见危授命,效死疆场。可胜痛哉!"① 曾随阿里衮征缅的赵翼称:"计自獐子坝与贼相接,贼日增,我兵日少,孤军无援,转战五六十日,未尝一败。明瑞每晨起,即躬自督战,且战且撤,及归营,率以昏时,勺水犹未入口,粮久绝,仅啖牛炙一脔,犹与亲随之战士共之。所将皆饥疲创残之余,明瑞体恤备至,有伤病者,令土练舁以行,不忍弃,故虽极困惫,无一人有怨志。其死也,非不能自拔归,盖以阿瓦未平,惧无以返命。上亦有'全师速出'之旨,而路阻不得达。遥望阙庭,进退维谷,故彷徨辗转,决计以身殉,而又不忍将士之相随死也。结对徐行,持重自固,使贼不能覆我。直至小猛育,距宛顶不过二百里,度将士皆可到,然后遣之出,而自以身死贼中。呜呼!此意良悲也。方军势日蹙时,斗愈力,尝谓诸将曰:'贼已知我力竭,然必决战死者,正欲贼知我国家威令严明,将士用命。虽穷蹙至此,无一人不尽力,则贼知所畏,而后来者易接办'。此其谋国之深,尤非徒慷慨赴死者所可同日语矣。"②

将星陨落,高宗深为轸悼,特降谕旨:明瑞照班第之例从优议恤,入昭忠祠。因其无子嗣,以其弟奎林之子袭封一等诚嘉忠勇公。御制挽诗:

> 蛮结之捷鼓勇进,孤军深入心牵萦。屡催继援竟弗援,偾辕驾马诚堪惊。然犹因粮剿猛密,计当两路兵合并。谁料援师竟避贼,强弩未被鲁缟轻。蜂屯蚁杂截归路,将军体恤诸孱兵。携数勇士独殿后,不意中要害斯倾。嗟哉捐躯因为国,痛惜如失股与肱。双忠双烈及双义,三逢斯四何为情?要当专祠表勋绩,俾尔千古存如生。恨缅事益

---

① 〔清〕周裕:《从征缅甸日记》,转引自《永昌府文征·纪载》卷十七。
② 〔清〕赵翼:《平定缅甸略述》,转引自《永昌府文征·纪载》卷十八。

难终止，雪仇大举期功成。

之后，阿桂遣人至猛育，寻得明瑞遗骸，运至京师。乾隆三十三年（1768）四月，明瑞灵柩至京，高宗亲临祭奠，赐祭葬，谥果烈，并于地安门外建专祠，扎拉丰阿、观音保、李全、王玉廷均入祠从祀。有御制怀旧诗一首：

> 凡经百余战，战必先众军。不谓世家胄，而有如此人。读书知大义，挽劲鲜与伦。短身既精悍，谋略兼出群。功难偻指数，嘉赉匪因亲。征缅次勐腊，独入克捷频。恨愚忌功者，逍遥河上陈。力战绝后继，终焉捐其身。于尔无悔怨，于我增悲辛。不须读杜牧，谓过赵使君。①

此次征缅，清军损兵折将，未达目的。庄吉发先生认为："主要原因是由于匆促出师，高宗轻敌所致。"②

高宗以上国大皇帝的姿态，轻蔑地认为："缅甸本南徼么么，久置化外"，是"弹丸僻处、胜之不武"之地，将其归于"难齿于不足臣、不足守之列"，只因其"始则侵扰土境，继乃抗拒颜行"，以将军明瑞统兵致讨，达到"以伸国宪而辑边隅"的目的。待木邦失陷，朱鲁讷自刎，明瑞大军成孤悬之军时，高宗始明白造成此局面是由于他们君臣"皆失于轻敌"。并进一步检讨："明瑞受任之日，朕意轻量蛮穷，谓其不值张皇措置，惟简派巴图鲁侍卫百人，并选健锐、火器二营劲旅三千，以为可备军前调遣使用。无如滇省弁卒，经杨应琚不善驾驭，以致恇怯成性，遇贼辄退，不足充用。而命往禁军，在在分资调拨，未免不敷。是朕蔑视缅酋，未为深思远计，不得不引为己过者。"③

第一，战略上布置不当。清军3万大军分两路进剿，直捣阿瓦，以为缅军必然难以抵抗，退保阿瓦，因此将所有可用之兵尽行带往，未预留任何机动兵力应对可能出现的困难局面。当额尔登额军被阻于老官屯，继而退回国内，缅军围攻木邦朱鲁讷军时，便再也无兵可派，束手无策，只能

---

① 《清史列传》卷一二，第1662页。
② 庄吉发：《高宗十全武功研究》第304页，台北故宫博物院，1982。
③ 《明清史料》庚编第7本，第656页。

眼睁睁看着木邦失陷，明瑞一路成孤悬之军。

第二，从战术、装备与环境适应上看，清军皆不如缅军。绿营兵虽然懦弱，装备差，战斗力不强，但八旗劲旅弓马娴熟，作战勇敢，长于平地马战，缅军非常忌惮，称"天朝骑剖鼻子马拿了箭的兵最厉害，骁勇可怕"。据乾隆三十二年（1767）四月被俘后逃回内地的把总崔直中所称："我前此出兵的时候，人人总怕的是箭，说箭比不得枪炮，放时有声音，难以躲避。"① 被缅军俘获后逃回内地的楚雄民人何士顺则称："闻缅子们传说，大兵所用火箭甚是厉害，火箭来时，人走的快，箭也赶的快，人走的慢，箭也慢些，大家听见甚是害怕。"② 而大军一旦深入缅境，山高坡陡，道路崎岖，环境陌生，路径不熟，清军的优势便难以发挥。加之战线又长，补给困难，且气候湿热，瘴疠盛行，染瘴生病或死亡的官兵很多，马骡倒毙严重，战斗力也大打折扣。关于缅地的气候，据随征的周裕记述："外域早晚多凉，日出后隆冬亦如盛夏。黎明大雾迷漫，昔日高升，天始开朗。惟过锡箔江，清晨少雾，而炎蒸不渐他处。瘴气春深始发，涉冬尽消。冬月绝无雨泽，交春雨水渐至，夏秋则无日不雨。我兵初冬出宛顶，从未遇雨。次年正月至蛮栽谷，始大雷雨。后至猛域（育）及回赴宛顶至木邦、锡箔、宋赛，一路间有坦途，邦海至猛弄、大山，一路跬步皆山，极其险阻。"③ 在如此恶劣的条件下，据乾隆三十八年（1773）九月清政府查核统计，明瑞率军征缅时，参与征剿的兵丁30108名，其中包括健锐、火器两营在内的八旗兵3212名，川、黔和滇省绿营兵及土练26896名。八旗兵领带骑驮马骡8080匹，全部倒毙；绿营兵及土练领带骑驮马骡13753匹，仅交回101匹，其余全部倒毙。④

虽然周裕认为："缅甸不过西南一部落耳，人非健勇，器非铦利，不及中国兵远甚。"⑤ 但缅军熟悉环境、路径，服水土，耐瘴疠，善于翻山

---

① 军机处录副奏折崔直中供单，档案号：7648-14，中国第一历史档案馆藏。
② 《缅档·何士顺供词》，转引自庄吉发《清高宗十全武功研究》第304页，台北故宫博物院，1982。
③ 〔清〕周裕：《从征缅甸日记》，转引自《永昌府文征·纪载》卷十七。
④ 乾隆三十八年九月初三日署理户部尚书永贵、户部尚书王际华《题为查核滇省造报各路进征缅匪官兵领过骑驮马骡，分别免赔、著追各数事》，档案号：02-01-04-16497-007，中国第一历史档案馆藏内阁题本。
⑤ 〔清〕周裕：《从征缅甸日记》，转引自《永昌府文征·纪载》卷十七。

越岭，在家门口作战，补给又便利，相对清军而言，更擅长于山地作战。且缅军扬长避短，战术灵活，不与清军在平地接仗，"只待大军在两山中间路窄之处及山坡险峻难行地方始来拦截，且预备枪炮等候，待我兵自下而上渐至疲乏之时，方来冲突。再缅子领兵头目俱穿红衣，兵丁俱穿青衣，每队后另有人众挑着粮米跟随。总因贼数众多，所以打仗轻便，而粮石也不致短少"。① 缅军所使用武器，据周裕称："缅兵交战无甲胄、弓矢，所用惟枪，其子坠帐房前，重四十八两。马匹亦甚少，然皆膘壮。携带象只，止驮运器物，间或乘骑，不用以战。"② 耿马土司罕朝玑则称："缅子多用镖子、短刀、枪炮，亦多有地雷一种，埋在大路中间，上用树枝架住，将土盖上，人马踹着即时发火轰烧"；其"枪闻系西洋人所造，其枪皆自来火，子有重五六十两者，铅弹率在五六钱以上"。③ 所谓"自来火"，即后膛枪，比清军使用的前膛鸟枪要先进得多。

  第三，用人不当，军纪不严，军令不行。缅军围攻木邦朱鲁讷军时，旁近小营失火，整个军营便乱作一团，兵丁溃散，致木邦失陷。额尔登额等拥兵观望，巡抚鄂宁前后14次檄令，其拒不设法赴援，"前此已失机宜，后由小陇川一路纡迟，将及一月始到宛顶，且知将军大营所在，又不即日星驰前往，致明瑞悬军无援"。④ 高宗明知额尔登额"只可供人驱使，不能独当一面"；谭五格"未经战阵，又系内务府微末出身，气局本小，不足以压众"。参赞大臣额尔景额病故后，仍用额尔登额为参赞大臣，统领猛密一路大军。待额尔登额、谭五格抗命不援，丧心偾事后，则称"设使去年即用阿里衮分剿猛密，舒赫德镇守木邦，居中接应，则大功早已告成"。高宗把其用人失策解释为"特以其事不值大举，是以未经策遣"。⑤ 清军从皇帝到领兵统帅，一开始就轻敌，在战略、战术上均有失误，战争失败也就成为必然。即便如高宗所说，一开始就用阿里衮、舒赫德，而不是用额尔登额、谭五格，也未必就能取胜，这在接下来的战争实践中就能证明。

---

  ① 《缅档·罕朝玑供词》，转引自庄吉发《高宗十全武功研究》第304页，台北故宫博物院，1982。
  ② 〔清〕周裕：《从征缅甸日记》，转引自《永昌府文征·纪载》卷十七。
  ③ 《缅档·罕朝玑供词》，转引自庄吉发《高宗十全武功研究》第305页，台北故宫博物院，1982。
  ④ 〔清〕王先谦：《东华录》，乾隆三十三年二月丁丑。
  ⑤ 《明清史料》庚编第7本，第656－657页。

三、清朝与缅甸的战争

5. 傅恒执钺再征

筹划进剿事宜

乾隆三十三年（1768）二月二十七日，高宗获悉明瑞等战殁，当即决定："缅甸徼外幺么，本不值兴兵办理，朕并无剿灭之意，前降谕旨甚明。特以刘藻、杨应琚舛谬，失律于前，而额尔登额等丧心偾事，又出意料之外，致将军、大臣奋力捐躯，办理势难终止。现已特派经略将军、参赞大臣，并调拨八旗劲旅厚集续进，以期扫荡蛮氛。"① 确定以大学士忠勇公傅恒为经略，阿里衮、阿桂为副将军，舒赫德为参赞大臣，鄂宁补授云贵总督，以江苏巡抚明德调补云南巡抚。

高宗这次派出的阵容十分强大。傅恒（1720—1770），字春和，富察氏，满洲镶黄旗人，高宗孝贤纯皇后之弟，第一次金川之役出任经略，之后便接替讷亲一直担任军机首揆，襄赞筹划最为得力，是高宗最为信任之人。阿里衮时为户部尚书、协办大学士；阿桂时任伊犁将军，舒赫德时暂署步军统领，皆久历戎行、战功卓著，为乾隆朝中期有名的战将和名臣。

舒赫德于乾隆三十三年四月初六日先行抵达云南，与鄂宁等筹办进剿缅甸的相关事宜。在与鄂宁反复计议后，二人联衔向高宗奏陈缅甸军务难办实情，开篇即称"滇省山多路远，非四通八达之区，一切筹办不易"。接着便叙及征调兵士马匹、米粮不易。明瑞征缅，用兵3万余名。舒赫德等认为，此番大举，须用兵4万，需马10万匹。所需马匹，滇省无法筹办，须由各省拨解。即使所调马匹各省都能按数拨解，而抵达前线，道路遥远，水土各别，所到之马恐亦不能完全适用。且马至10万，云南地方又不生长喂马之草，只得以草料代替，日需草100余万斤，永昌一隅购备实难。而4万之众，日需米400石，以10个月计算，需米12万石。永昌

---

① 〔清〕王先谦：《东华录》，乾隆三十三年二月甲申。

地处前线,既无草料,只能以米喂马,每马1天需米1升,日需米1000石,以10个月计算,需米30万石。合计每天需米1400石,10个月共需米42万石。运米1石需人夫3名,合计用夫需100余万,且往返转运,远的二三十站,沿途转运又得需夫三四十万。永昌府属潞江以外,腾越州属南甸以外,又俱系土司地方,连年用兵,当地民众逃避甚多,一切军装、粮运无夫可雇,而内地民人雇令出口,虽重价不应,即迫协使行,往往半路逃亡。再叙水土恶劣,道路崎岖险峻。永昌百里之外以至潞江,烟瘴盛行,其余土司地方亦皆有瘴,每年冬月渐减,至正月复生,一年之内,无瘴时甚少。且边外冬月虽无瘴疠,而水寒土湿,易患痢疾。大兵从永昌出发,从虎踞关和宛顶出关,两路山峻道窄,两人不能并行。每路数万人,绵长至数十余里,前营已到,而后营尚未启程,前后难以相顾。其地险峻异常,"缅子形同狗兔,登山下箐如走平地。我兵得以施展之处,缅子即避匿无踪,至于兵不能成列、马不能并行地方,却四处引逗,倏出倏没,我兵无可用武,及至深入,兵将即使精壮如常,马行险峻数月,大半疲敝无用"。舒赫德和鄂宁最后给出的结论是:"征剿缅甸,实无胜算可操。"提议暂息兵戈,令哈国兴、钱度密为招降。①

高宗接到舒赫德、鄂宁的奏报后,斥之为"甚属乖谬,可鄙可笑"。指其计算进剿所需10万匹马是"拘泥成数""其说甚诞";指责舒赫德"一到滇省,即张皇其词,忽忙入告,有似滇省之事朕总不知,藉彼奏而朕始悉其端委者然,有是理乎?"尤其是对折内所称设法招致缅甸投诚一节,斥为"所见尤属荒唐无耻,迥非情理所应有"。高宗在回顾办理缅甸之事的前后经过后指出:"至现在筹办机宜,原欲从长审慎,并不急于为扫穴歼酋之计。第将军、参赞既勤事效节,谊难置之不问。而国体所系,应行应止,亦当随时制宜。如机有可乘,则整兵缮边,厚集继进,无妨稍待时日。使将来果不必办理,朕即明降谕旨暂行撤兵,中外闻之,孰不以为光明正大。若如舒赫德所奏,乃汉、唐、宋、明庸懦无能之君臣所为。我堂堂大清,势当全盛,简卒偫粮,殄此丑类,于力有何不给,而肯效掩耳盗铃,恬不为耻耶?"并明确指示:"即此时贼众自知得罪天朝,惧干申讨,或有遣人乞降之信,尚严加拒斥,责令凶酋束身归命,或遣大头目赍

---

① 乾隆三十三年四月初九日,舒赫德、鄂宁《密陈缅甸军务难办实情折》,《宫中档乾隆朝奏折》第30辑。

三、清朝与缅甸的战争

表输忱，庶可代为具奏。"高宗从维护天朝上国体统的角度和天下共主的尊严，指出："朝廷一举一动，皆臣民所属，何所庸其粉饰？况军国重务，岂可自欺欺人！设无知之徒闻有此事，疑朕授意舒赫德所为，无论朕不肯受，且朕何所主，若于此等事稍有游移，则前者底定西陲，何以克奏肤功于二万余里之外哉？"① 决定将舒赫德、鄂宁二人交部议处。部议舒赫德革职，并革云骑尉世职，给都统衔，授参赞大臣，赴乌拉办事；鄂宁降补福建巡抚，云贵总督员缺以阿桂补授。时阿桂尚在伊犁，总督印务由阿里衮暂署。

还在舒赫德未到云南之前，高宗就预计缅甸会派人乞降，担心到时云南地方大吏办理不善，于四月谕令军机大臣："此时大兵陆续到滇省驻扎，缅酋畏惧，遣人乞降亦未可定。但缅酋甚属诡诈，或系诚心乞降，或系使人试探，均宜详察办理。将此传谕舒赫德，伊到彼时缅人遣人乞降，或其酋长亲来，或遣大头人来时，舒赫德代为具奏请旨。若仅遣微末头人前来，则不可信。……不但不代为具奏，尔等所呈文书亦不拆看。一面驳回，一面奏闻。若乘缅人乞降，即借此苟且了事，断乎不可！"②

果然不出高宗所料，乾隆三十三年（1768）四月，阿里衮等奏报，缅甸遣发被俘的贵州兵丁许尔功等8人返回国内，带来文禀3件："一系缅匪呈将军原文；因恐内地无识缅字之人，以致误译，又令译汉字一件；一系杨重英等禀称投降情形；又杨重英等清字呈文一件，与汉字呈文相同。"许尔功等回国途中经过腊戍时，该处缅人头目苗温③又让其带来蒲叶文书一件。书禀大概为"彼此罢兵，照旧各通贸易之意"。因缅甸大头目未到，仅遣被擒兵丁带呈，阿里衮等商议后，决定"不但不代为奏请，亦不须给与回文"。并转述许尔功等的话："缅酋自知罪重，大头人不敢即来。大皇帝如肯恩准伊等投诚，随后即遣头人进呈贡物、表文。"提议："是以本年暂不进兵，且听伊信。臣等遵谕，作拟驳文呈览。"在接到阿里衮等的奏报后，高宗以缅酋并未束身归命，或遣大头目赍表前来，只令被掠兵丁投

---

① 《明清史料》庚编第7本，第663-664页；《清史列传》卷二十，第1525-1526页。
② 〔清〕王先谦：《东华录》，乾隆三十三年夏四月己未。
③ 苗温者，缅人守土官之称。见〔清〕王昶《征缅纪略》，转引自《永昌府文征·纪载》卷十七。

献,"实属不成事体!"指示阿里衮等"即用檄严词指斥,亦同于筹答,于中朝体制,断断不应出此!"要求对檄文少加修饰,但不必急于发去,因为"径行发文前往,反似先去催逼矣。莫若权且不发,俟伊着急,自必复遣人来"。①

缅甸遣人致书罢兵求和,其原因在于:虽然雍籍牙王朝在与清朝的战争中获得胜利,但也付出极为惨重的代价,心有余悸。明瑞大军孤军深入,在缅甸境内师行近5个月,纵横数千里,且"直抵阿瓦附近地方,又由猛卯等处转回,杀贼几及万余;蛮结、蛮花(蛮化)二处屡挫贼锋,大加剿杀。贼人深恐大兵重来,将各处可通大路俱挑挖大濠,派兵看守。而阿瓦旧城之外罗卓地方,增筑城垣一堵。看来缅匪惧我天威,胆虚魂丧"。② 正如赵翼所说:"明瑞之死,缅人不知也,而余威尤震。"③ 整体上,缅甸与清朝的国家实力存在很大差距,如果战争继续下去,于新兴的雍籍牙王朝来说是难以承受的。据阿里衮奏报:"闻缅酋猛毒之母不愿与天朝打仗,时常劝阻伊子。"④ 其母还对猛驳说:"天朝就如一只睡着的老虎。从前缅甸进贡,如今你不进贡,天朝不来责问,就如同老虎睡着一般。如今老虎醒来,此时天朝兵来,如何抵御?"⑤ 再者,虽然缅军于1767年(乾隆三十二年)4月攻破暹罗都城阿瑜陀耶城,但在主力皆撤回用于与清军作战后,暹罗人民便乘机反抗,掀起复国的浪潮,并于当年,在暹罗民族英雄披耶达信(中文名郑昭)的领导下,"遂占领吞武里,旋乃领兵北上,攻破三丹之缅兵,缅兵大败,遂克复大城。大城各官尹闻耗,遂纷纷归附。旋皇(指披耶达信)重返吞武里,而立吞武里为国都,华暹民众即请皇正式登位"。⑥ 暹罗与缅甸的战争还在继续,在此情况下,缅甸首先提出罢兵请和,便不难理解。

缅甸遣人致书,清军将领根据高宗指示未做答复。之后,缅甸方面又屡次遣人,或致书,或探听消息。驻守腊戌的缅甸头人苗温在其缅文书信

---

① 〔清〕王先谦:《东华录》,乾隆三十三年夏四月己未。
② 《明清史料》庚编第7本,第670页。
③ 〔清〕赵翼:《平定缅甸略述》,转引自《永昌府文征·纪载》卷十八。
④ 〔清〕王先谦:《东华录》,乾隆三十三年六月庚申。
⑤ 军机处录副奏折崔直中供单,档案号:7648-14,中国第一历史档案馆藏。
⑥ 棠花编著:《暹罗国志》,1938年印。转引自杨煜达《乾隆朝中缅冲突与西南边疆》第62页。

三、清朝与缅甸的战争

中称:"自一千一百一十一年(公元1749年,乾隆十四年)上,九龙江十二处土司都我们得了。至一千一百二十八年(公元1766年,乾隆三十一年)上,有九龙江、蛮暮、木邦的人从中播弄是非,是以大国领兵到我们新街、蛮暮、木邦等处,要占我们地方,并未说明情由。我们差兵前去堵御,两下里就打仗,……若照古例一般贡赐往来,彼此通买卖,就永远息兵,照旧和好。倘若不准,仍要兴兵,必须有字相通。"① 苗温在致遮放等八土司的缅字文中称:"如今有木邦土司带领众头目、百姓,不守我们主子的法,都反到天朝八土司地方去了。我们王子有话,叫我们把摆夷、养子、波龙、卡瓦各种人都招回去,各自安插栽田种地。你们八土司同我因为中间人挑唆坏事,把大家地方百姓都烂了,两下里动了气。怎么能把大家气都平了,须把我们的人在八土司地面的都还了我们才好。若要收留在你们地方,理上便不应该。恐怕后来带兵来要这些人,你们天朝大皇帝又要见怪了。因此我才差人到你们八土司地方,要你们八土司找寻我们木邦的人还了我们才是。若是还了,天朝地界就是一掌之地,我们也不敢踹着的。"甚至叫嚣:"若准他讲和就不添兵,若不准讲和,要进兵打仗,一得实信,可以七日七夜由阿瓦添兵到腊戍。"缅甸大头目诺尔塔也致书称:"若天朝肯依,我们两边就都好了。若天朝不肯依,必要打仗,我们也怕不得了。"② 缅甸将索回已投诚清朝的土司人众及双方开展贸易作为罢兵讲和的条件,并将已久为"内地土司"的十二版纳等地称为其属地,正如庄吉发所指出的:"缅甸虽欲罢兵,但态度强硬,尚无进表纳贡。"阿里衮在给诺尔塔的驳文中痛斥缅王:"不知天高地厚,肆口妄言,竟与犬吠无异。"因此,高宗态度强硬坚决:"一年无绪,再办一年,自然贼匪畏惧兵威,计穷归款。"③

战争是政治的继续。事实上,此时双方都希望和平,都不愿再继续打下去,但对罢兵和谈又开出不同的条件,希望达到的目标并不一致,立场相去甚远,当时又没有正常的沟通机制和渠道,和平的愿望没能变为现

---

① 乾隆三十三年四月十三日副将军阿里衮《奏将缅甸乞降文书译为满汉文恭呈御览折》,军机处满文录副奏折,档案号:03-0183-2298-036。转引自王巨新《清代中缅关系》第84页,社科文献出版社,2015。
② 《缅档·达木供词》,转引自庄吉发《高宗十全武功研究》第307-308页。
③ 庄吉发:《高宗十全武功研究》第307页。

实，战争还将继续。

清朝方面决定当年暂缓进兵，等待缅方进表纳贡。在乾隆三十三年（1768）年底至三十四年年初，一年时间内，清政府通过封锁关口，严查偷贩偷运违禁物品，断绝与缅甸的贸易，并派小股人马袭扰缅军，尤其是九龙江一带的缅军，希望在给予缅甸强大压力的同时，使其自相惊扰，以疲其力。

乾隆三十三年七月间，铜壁关户撒民人张文连自阿瓦脱出，携带被俘清军守备程辙的秘密书信："言缅人方与暹罗仇杀，可以夹攻也。"此时阿桂正准备由京赴滇，高宗遣人驰问阿桂，阿桂奏称："官军会合暹罗，必赴缅地。若由广东往，则远隔重洋，相去万余里之遥，期会在数月之后，恐不能如期。"但称由落卓、戛鸠一路较利于进取。高宗又传旨令两广总督李侍尧访察。李侍尧奏：称暹罗遭缅甸攻击，自顾不暇。联络暹罗夹攻缅甸之议遂寝。①

乾隆三十三年（1768）冬，清军开始为进剿缅甸做准备，将曾经随明瑞征缅后留在云南的八旗兵遣回京城，另选旗兵5000名赴云南，加上荆州、贵州、四川兵，共1.3万名。阿里衮将这些兵丁分布于沿边各地：副都统绵康、曲寻镇总兵常青率2000人驻陇川，侍卫海兰察、乌尔图纳逊率2000人驻盏达，又增派侍卫玉林、普尔普率500人协防盏达，领队大臣丰安、鹤丽镇总兵德福率2000人驻遮放，侍卫兴兆、巴郎率3000人驻永昌，广东右翼镇总兵樊经文率1000人驻缅宁，荆州将军永瑞、四川副都统雅郎阿、提督五福率6000人驻普洱，令绵康兼辖腾越兵1000人。高宗要求派兵不断袭扰，使缅军疲于奔命，"于是，遣侍卫达里善等捣南坎，杀二百余人，海兰察等捣顿拐，亦杀二百余人。会副将军阿桂亦至营，两将军合，将八百人袭戛鸠，杀六七百人"。② 据王昶《征缅纪略》记载，袭击万仞关外的戛鸠是阿里衮提议的。阿桂于乾隆三十三年十一月至永昌，参与了十二月间袭扰戛鸠的军事行动，"出关，焚数寨，歼众数百人，止丹山。濮夷团五辛者，率四十余户来降，迁之盏达"。③ 这次征剿戛鸠，清军占得便宜，并侦探了进兵路径，为之后傅恒率兵进征缅甸提供了一条

---

① 〔清〕王昶：《征缅纪略》，转引自《永昌府文征·纪载》卷十七。
② 〔清〕赵翼：《平定缅甸略述》，转引自《永昌府文征·纪载》卷十七。
③ 〔清〕王昶：《征缅纪略》，转引自《永昌府文征·纪载》卷十七。

可选择的路径,其时三路进兵,其中一条就选择从戛鸠而入。

乾隆三十四年(1769)正月,高宗上谕军机大臣:"今及年余,缅人虽曾投降,并未遣其大头目前来,且书词多不恭顺。阿里衮、阿桂去岁屡次遣兵毁其卡座,擒其活口,并未深入其境,痛加惩创。"①傅恒自请挂帅出征,获得高宗同意,令其前往云南经略军务,并以阿里衮、阿桂为副将军,卸去阿桂的总督之职,擢云南巡抚明德为云贵总督,云南巡抚员缺以副都统喀宁阿补授,专办云南地方事务;命署副都御使傅显、护军统领乌三泰前往云南军营监造兵船;在之前已调遣索伦兵2000名的基础上,再调索伦、吉林兵各1000名赴云南,替换湖广等省无用的绿营兵。

傅恒出京时的仪式颇为隆重。乾隆三十四年二月十八日卯时,在太和殿举行颁授敕印大典,由内阁大学士转授印信。高宗谕令将第一次征讨金川时赏给傅恒的吉尔丹纛随行带往,赐宴傅恒及随征将士,并即席制诗一首:

> 缅酋弗靖扰滇邦,螳臂居然试莛撞。健骑重驱厄鲁部,骁材兼选黑龙江。弼予中国原无二,平彼今时岂有双?就事熟筹应一往,于浮得挈胜千扛。必能合众成城奏,早日牵牛袒肉降。湛露和风士凫藻,伫看饮至酌金缸。②

二月二十一日,傅恒恳辞经略仪注,率军启程,于三月二十四日抵达云南省城,四月初四日至永昌,随与阿里衮、阿桂等筹划后,会奏进剿事宜十项:

一、老官屯为缅人水陆咽喉,今拟于上游蛮暮、戛鸠一带造船,进兵时,一由戛鸠江西取道猛拱、猛养直捣木梳;一由水路,令福建水师顺流而下;别遣兵一支,在江东猛密地方相机剿杀,老官屯腹背交攻,不战自溃。

一、前拘泥避瘴,九月后进兵,缅匪得计期预防。此次应出其不意,先进数十日,将来旋师,不致遇次年瘴盛,更可从容展布。

---

① 〔清〕王先谦:《东华录》,乾隆三十四年春正月庚寅。
② 《清史列传》卷二十,第1491页。

一、马匹已由远及近，递调沿边喂养，进剿可期膘壮。惟分马时，先尽大臣挑用，次官员，再次兵丁，非鼓励军心之道。今拟分为三等，膘壮者分给索伦，次及别项兵丁，大臣、官员分例本多，再次者均匀搭散。

一、火药、铅弹，照兵丁应得分数给与，每致遗失。今酌于应得之数十给二三，其余专员运送，随时接济。向来用竹篓、木箱装贮，遇雨辄漏，且易抛散。今酌改用牛皮袋。

一、弓箭非绿营所长，此次毋庸佩戴，箭枝转可匀给索伦备用，绿营兵饬令多带鸟枪、藤牌、刀矛。又思短兵相接，用斧亦可，而攻斫木栅尤为得力。现饬制三斤重斧，酌量配带。

一、现觅善铸大炮工匠，先造炮，并带铜铁随时铸造备用。又多带劈山、五子各大炮，均能打远适用。至鸟机等炮，徒费扛抬，不济实用，俱不运带。至绿营鸟枪，大半堂空口薄，止食药三钱，演时多在平地，临阵下击，火未发而子已落。现按提水枪法，令枪子与枪口吻合，间有小者，将黄土、树叶探塞，并新造食子药四钱鸟枪，分给演习。

一、兵将贵于相习，现交提督哈国兴查明，各归各伍。续到之兵，亦各按标、营统归一队。即有添派别省将领者，亦必预期指派。

一、从前进兵，意在缅甸，其胁从土司不忍概诛，反致尾扰大兵。此次除实在归诚者，收其米石、牲只，倘首鼠两端，即行剿灭。

一、现在运贮并各处采买之米共九万石，合计调集之兵，现给两月口粮，约需二万五六千石，所储尚有赢余。进剿时，口内按站关支，口外分领裹带，并多备干粮，便于轻赍速进。

一、永昌、顺宁十四土司，荷戈御贼原非所长。此内或有熟悉缅中径路及与边外土司相识者，亦拟不拘名数，酌带备用。其边外波龙、养子、野人、摆夷等，如有实心投顺者，亦可供向导之用。①

高宗批准傅恒等的意见："此次进兵，傅恒等一切筹画甚周，自应照所奏相机办理。"②傅恒等遂按照上述议定各条开始做进剿准备："续遣满

---

① 《清高宗实录》卷八三三，乾隆三十四年四月壬申；〔清〕王先谦《东华录》，乾隆三十四年四月壬申。
② 〔清〕王先谦：《东华录》，乾隆三十四年六月甲寅。

三、清朝与缅甸的战争

洲、索伦、鄂伦春、吉林、西羮、厄鲁特、察哈尔及自普洱调赴腾越之满洲兵，共万余人，又福建、贵州、本省昭通镇兵，共五万余人。河南、陕西、湖广与在本省曲靖各府饲养之马骡，凡六万余匹。益以四川工咒术之喇嘛，京城之梅针箭、冲天炮、赞叭喇鸟枪，河南之火箭，四川之九节炮，湖南之铁鹿子，广东之阿魏，在云南省城制造之鞍屉、帐幕、旗纛、火绳、铅药，及钉铁、灰油、麻枲诸船物料，悉运往以充军实。"① 此次征缅，相较于前几次，准备时间较长，所调动的兵力和物资也更多。

自中缅两国兵戎相见，双方交战皆在陆地。按照傅恒等拟订的进剿计划，此次进攻的核心和重点确定在老官屯。

老官屯西临大金沙江，缅军背靠金江在东岸建有坚固的木栅。明瑞征缅时期，额尔景额、额尔登额率兵进攻老关屯不克，其中一个重要原因，就是因为据守老官屯的缅军能得到由阿瓦沿江而来的兵员和物资的支持。此次傅恒等计议于上游造舟，沿江而下，水陆并进，据称是受元朝征缅的启示。王昶《征缅纪略》称："方傅公在京师与僚属熟计，或曰'元伐缅，由阿禾、阿昔二江以进，今其迹不可考矣，意为大金江无疑。前鄂宁言腾越之银江，下通新街，南甸之槟榔江，流注蛮暮，两江皆从万山中行，石磡层布，舟楫不可施。若于近江之地为舟具，使兵扛抬至江浒，合成之以入于江，下阿瓦既速，且可免运粮，加以师期较早一二月，缅人必不暇设备，又以一队渡江而西。如此，缅不足平也'。"② 可以看出，傅恒等议订的进剿计划实与之相吻合，看来确是受此启发。确定水陆并进，还有欲直捣阿瓦的考量。据赵翼《平定缅甸述略》所记："阿瓦城在大金江之西，若从锡箔路进，则阿瓦仍隔江外。惟腾越州西有夏鸠江，即大金江之上流，过江则为猛拱、猛养两土司地。前明王骥征麓川，追思机发至此，刻石江边，所谓'石烂江枯，尔乃得渡'者也。由猛拱、猛养可捣缅酋之木梳老巢，由木梳至阿瓦又皆陆行，步骑可直抵城下。"③

造船之事，高宗十分关注，指出："至造船一事，水陆并进，实征缅

---

① 〔清〕王昶：《征缅纪略》，转引自《永昌府文征·纪载》卷十七。
② 〔清〕王昶：《征缅纪略》，转引自《永昌府文征·纪载》卷十七。
③ 〔清〕赵翼：《平定缅甸略述》、孙士毅：《绥缅纪事》，引自《永昌府文征·纪载》卷十七、卷十八。

最要机宜。"① 高宗之前就派傅显和乌三泰专办造船事宜，但二人以沿江一带实无造船处所覆奏。傅恒到永昌后，派遣哈国兴带领投诚的戛鸠头人贺洛之子贺丙再往行勘。哈国兴等寻访得离蛮暮一百五六十里的铜壁关外野牛坝地方，树木茂盛，有昼楠、夜槐两种树木适合造船，且该处气候凉爽，不易染瘴，当地民众也极为恭顺服劳，可以屯聚兵将，在此所造船料也容易搬运至江边。高宗接傅恒寻得野牛坝造船之奏，赋造舟行诗一首：

> 造舟造舟何处祸，乃在铜壁关外野牛坝。缅匪险据老官屯，必资水军顺流下。用是屡敕预刳木，率以难成中止罢。经略尽心博访咨，得地得材命工价。犹然边外岂异区，事在人为语非假。野人效顺气凉爽，颇觉炎瘴轻往复。忠诚天佑有如斯，我亦为之额手谢。昇至蛮暮乃入江，诸事从公堪奖藉。闽人使船如使马，鼓勇艨艟凌波驾。水陆兼进缅岂当，定知袒肉牵羊迓。安民合众武常经，不为所欺不妨赦。②

傅恒令傅显、乌三泰赴野牛坝督工赶造船只，常青等领兵3000名、湖广工匠460余人往驻。拟定船只板料、橹楫等造好后，由满汉兵丁及大臣、官员家奴抬至蛮暮河岸，再装配成船。

傅恒还访闻茂隆银厂有善造大炮之人，便聘来军中铸炮。据报称："（六月）初五日，制得大炮一位，用铜二十斤，中安铁子一，重十六两，群子十余，各重二两。竖立木栅约三里外，安炮施放，炮子直冲木栅，复进散山石，入土五六尺。若将模子略放，即三千斤重炮亦属易办。查铸炮，先分节作成泥坯模子，临时将模子对缝，埋入土炕，然后灌入铜斤，阅三时，炮身可就。土坯必俟自干，不可火烘。又中间所用铁杆，亦须豫造。用时，将官员、兵役分带铜斤立时熔化，即可铸成。炮身热退约须二日，掘取土炕，以及钻打火门，统不过四五日，即对敌施放，无论木寨、砖城，无不应手立破。"③ 所称新铸大炮威力巨大，"至是，乃鸠工匠运铜斤，备极艰难"。④ 据王昶《征缅纪闻》记载，铸造大炮很是艰辛，"先

---

① 〔清〕王先谦：《东华录》，乾隆三十四年六月乙亥。
② 《清史列传》卷二十，第1492页。
③ 〔清〕王先谦：《东华录》，乾隆三十四年六月壬申。
④ 〔清〕孙士毅：《绥缅纪事》，转引自《永昌府文征·纪载》卷十八。

三、清朝与缅甸的战争

是,在腾越铸大神威炮,重不克举,乃命人工制范,且于永昌运铜万斤,于铜壁关烧炭二万斤,用骡马驮载,令副将马德胜、都司苏尔相董其事。至是在蛮暮铸成大炮,重三千斤,食子三十二斤,将以舟载至新街"。① 高宗钦赐此炮名"大神威"。

云南沿边一线及缅甸境内水土恶劣,瘴气伤人,清军谈瘴色变,人人畏惧。据署理云贵总督明德奏称,有一种广东采办的名叫"阿魏"的药材能避瘴气,当地人所共知,只是云南不产此药材,药铺里所有的阿魏已被抢购一空,身为总督的明德自己都买不到。高宗谕令两广总督李侍尧购备,多多益善。李侍尧遵旨采办了上好阿魏3000斤,派人解送至云南,据称"每用一块,襄入香囊,佩于胸前,甚为效验"。② 傅恒等将解到的阿魏分给兵弁,"以斤准两,计阿魏三千斤,有四万八千两,以一两为一分支给,尽有盈余"。③ 避瘴药物,除阿魏外,还有种叫"蟾酥锭"的药材,产自宫中。乾隆三十二年(1767)六月,因军前官兵染瘴的人多,时任云南巡抚的鄂宁称:"奴才闻蟾酥锭可疗诸病,因将端阳节上赐蟾酥锭试给,调服一二人,皆获痊愈,连试数人,俱效。"④ 请求高宗再多赏些。

为了掌握缅军的动静,傅恒等或派当地土人前往新街、老官屯打探,或据当地头人禀报,得到的情报真真假假,有的则纯属子虚乌有。如贺丙招来的猛拱头人脱猛乌猛称:"缅酋懵驳已于四月十五日身死,现议立子弟未定,一切事俱缅目雷迥步管理"⑤;孟连土司线官猛禀称:"老官屯缅目诺尔塔,经缅酋懵驳调回阿瓦城,约止留兵五百名把守,将戛鸠之缅众由水路全行撤回"⑥;摆夷金袄称:"新街地方并无寨子,有贼舡一二十只在彼停泊";等等。

---

① 〔清〕王昶:《征缅纪闻》,转引自《永昌府文征·纪载》卷十七。
② 乾隆三十四年五月二十三日,暂署云贵总督江苏巡抚明德《奏报粤东采办避瘴药材阿魏三千斤到滇折》,乾隆朝朱批奏折,档案号:04-01-35-0207-011,中国第一历史档案馆藏。
③ 乾隆三十四年六月初一日,傅恒等《奏报广东办送避瘴药物阿魏分给官兵缘由折》,乾隆朝朱批奏折,档案号:04-01-01-0278-029,中国第一历史档案馆藏。
④ 乾隆三十二年六月二十五日鄂宁奏折夹片,乾隆朝朱批奏折,档案号:04-01-01-0270-026,中国第一历史档案馆藏。
⑤ 〔清〕王先谦:《东华录》,乾隆三十四年秋七月丙午。
⑥ 〔清〕王先谦:《东华录》,乾隆三十四年秋七月辛卯。

七月十五日，贺丙带同猛拱大头目脱猛乌猛至腾越谒见傅恒，报称清军在野牛坝造船，缅子早已知晓。傅恒奏称：照目前的形势看，担心缅军于蛮暮西岸设伏，滋扰在东岸造船的清军，须派数千兵丁先渡过戛鸠，由猛拱经陆路直抵蛮暮西岸，占据渡口，使东岸造船官兵得以从容集事，东岸兵渡过西岸也较容易。且由戛鸠渡江后，将戛鸠的渡船顺流放至蛮暮，到时又可添加由东岸至西岸过渡的船只。因此，谕令脱猛乌猛先行回至戛鸠，预备渡船，傅恒拟亲率已到腾越的4000余名兵丁，于七月二十日启程前往戛鸠，阿桂、阿里衮也于是日领兵出铁壁关前往野牛坝，督理造船事务，并拟定好写给猛拱土司浑觉和结些土司的檄文，交脱猛乌猛差人寄往。

边外瘴盛，霜降之后瘴疠渐消。为避瘴疠，进剿缅甸本应在霜降之后。傅恒急于在霜降之前提前出兵，是为实现之前既定的乘缅甸未及准备的方针。但按照之前的计划，从戛鸠一路进剿的兵丁应为9300名，但现在到达腾越的只有4000余名，其余仍在赶赴军营的途中。高宗认为，傅恒系天朝的经略大臣，只带4000余名兵丁前往戛鸠，体统未称，谕令各官催趱在途兵丁速进，赶赴接应。

兵行野人山

乾隆三十四年（1769）七月十五日，时值中元节，傅恒率军祭奠之前征缅阵亡的将士，又于十八日祭祀山川、风雨、旗纛诸神，七月二十日启行，"是日，天荣澄霁，云日爽朗，士女观者如堵墙"。① 傅恒、阿里衮、阿桂统率大军由腾越启程，经曩宋关、南甸土司署、猛宋、干崖土司署，二十三日至盏达，驻干崖土司署，次日分路前进。时阿里衮业已病重，傅恒让其留下修养。阿里衮誓死从征，后随傅恒军行走，阿桂遂独自率军前往野牛坝。

傅恒一路，此时实有兵丁为5800名，而非七月十日奏报所说的4000余名。这是因为，傅恒向高宗奏报到达腾越的兵丁有4000余名，时在七月十日，到七月二十日出发时，10日内，又有兵丁陆续达到。5800名兵丁中，京兵1000名、索伦兵2000名、吉林兵500名、厄鲁特兵300名、贵州兵2000名，以1100名安台设站，自腾越出发时率兵实为4700名。

---

① 〔清〕王昶：《征缅纪闻》，转引自《永昌府文征·纪载》卷十七。

三、清朝与缅甸的战争

之后，高宗以傅恒所率兵丁太少，不足以壮声威，谕令伊犁将军伊勒图率兵接应。伊勒图于八月十五日，率领到达腾越的满汉官兵2300名，分为五路往蛮暮，接应傅恒。

傅恒率军从盏达出发，经万仞关出境。万仞关以外即系"野人"地界，"野人散处诸山，人多少不一，各自为头目统帅，不属于缅甸及各土司"。① 七月二十五日驻猛弄，二十六日驻奇木岭，二十七日驻来夏，二十八日驻南底坝。出万仞关至南底坝，山路险仄，树木丛密，且大雨泥泞，行军速度很慢。南底坝为戛鸠头人贺丙旧属之地，各处"野人"携佩刀于竹木丛密处砍开路径，帮助清军。其地有水一道，戛鸠头人贺丙已备好渡船。该河水势宽深，难以搭桥。傅恒又令索伦兵结筏，亲自督率而渡，于八月初一日将官兵渡完。傅恒在南底坝驻了3天，至初二日启程，刚行走30里，有宽十余丈的水塘，清军遂伐木成桥，架设大木架渡过。之后，抵南蚌，其地一望数十里，直接南大金江。初三日，行30里抵南拐，亦有水一道，名南笼河，宽四五丈，深急，夜半桥始成，乃渡。初四日，行50里至戛鸠。这五六十里之路，路径险隘，官员兵丁都只能步行而过。戛鸠有木寨一座，缅甸头目盏拉机曾率千余缅兵在此驻守，现缅兵已撤，只留有空寨。戛鸠江宽3里许，水不甚溜，但江心有沙洲，须接渡两次。傅恒乃将渡口选在戛鸠上游数里外的允帽寨。明瑞征缅时曾投诚的猛拱头人预备了十余只小舟。小舟刳独木而成，长而狭，仅能承载两三人，不能渡马。于是，傅恒便命令先用小舟渡过部分兵丁，占据对岸，再令其余兵弁扎筏而渡。但连日以来雨多江涨，巨木千万乘流而下，不能即渡。待水势稍平，傅恒先率绿营、索伦兵各1200人于十三日先行渡过，其余兵丁于望后渡毕。② 傅恒在允冒停留其间，因贺丙甚属出力，奏请将其由千总衔升为守备衔。贺丙之父贺洛前来谒见，当地不少头目先后前至军营，敬献盐、米、瓜、烟等物，并称愿随营调遣。十八日，抵邦木纳。邦木纳至猛拱，沿途有南堤、南拱两河，因江水泛涨，将当地头人刚搭好的浮桥冲毁，只好用独木船济渡，但独木船较窄，稍欹即覆，用了19天时间也未能将全部兵丁渡过。③ 二十七日抵达猛拱，未遇缅军，猛拱土司

---

① 〔清〕王昶：《征缅纪闻》，转引自《永昌府文征·纪载》卷十七。
② 〔清〕王昶：《征缅纪闻》，转引自《永昌府文征·纪载》卷十七。
③ 〔清〕王昶：《征缅纪闻》，转引自《永昌府文征·纪载》卷十七。

浑觉已逃往节东地方，被清军捉住而投诚的猛拱头目兴堂扎愿意往寻。九月二日，猛拱头目兴堂扎回营禀称：他到节东寨内，寻见土司浑觉，并头目渗笼笼诸人，一并带来投诚，并献驯象4匹、贝叶书1卷、牛百头、粮数百石。① 傅恒命人乘骑驯象，手持大纛开路。②

高宗接到傅恒收复猛拱土司的奏报，颁谕嘉奖："傅恒等不避雨水泥泞，迅速进兵，收复猛拱，措置有方，即措办口粮等项，亦属妥协，朕心深为嘉悦，已于折内批示矣。经略大学士傅恒，著给三眼孔雀翎、小荷包四个，并赐诗示奖。阿里衮著赏给小荷包三个。向来三眼孔雀翎无赏给大臣之例，傅恒出师以来，筹办军务实心实力，悉合机宜，是以格外加恩赏给。傅恒接到，即行戴用，于行兵更觉威严，且使缅子、摆夷等观瞻，益知尊重。"③ 并制诗二首，一曰：

> 猛拱输诚舟济师，朱波早自失藩篱。
> 乌梁海譬先收附，准噶尔斯易扫夷。
> 身先诸军共辛苦，心嘉硕辅佛肩仔。
> 秋霖中喜瘴江渡，巴偾兵行两月期。

一曰：

> 伊犁耆定久戈弢，讵缅昏狂事疥搔。
> 昔时谟猷赞帷幄，今资奔走效弓刀。
> 东山那学谢安逸，上蔡还过裴度劳。
> 伫待红旗飞捷报，重开紫阁勒勋高。④

九月十一日，傅恒从猛拱启程，十七日抵达猛养。行军情况，据傅恒奏报："臣等至猛养地方，前哨兵击杀数贼，兴堂扎夺取猛养寨，并令官兵搜取附近贼寨。十七日留住一宿。官兵寻得已熟田禾数处，即令刈获，

---

① 〔清〕王先谦：《东华录》，乾隆三十四年九月癸卯。
② 〔清〕赵翼：《平定缅甸略述》，转引自《永昌府文征·纪载》卷十七。
③ 〔清〕王先谦：《东华录》，乾隆三十四年九月癸卯。
④ 《清史列传》卷二十，第1493页。

三、清朝与缅甸的战争

以作军粮。浑觉、脱猛乌猛等所办粮石陆续运至猛拱,足以敷用。臣等于十八日启程,住南洞、干崖地方,三更时候,千总霍明崇、把总哈德隆及兴堂扎等还报,夺取南隼寨、莫邦寨,复夺二寨,共夺得牛二十八只,粮十五石,男女三十五名口,寨长邓睦、莫邦博孟一并擒来。臣等审讯,邓睦、莫邦博孟俱未从贼抗拒,宽宥不杀,以示恩惠。交浑觉、兴堂扎带同前往,以备驱使。所擒拉匪、拉赛,即行正法祭纛。臣等复行三站,至蚌板雅地方,派兵搜剿,贼皆逃避。寻得熟田六七顷,令官兵收获充粮。"① 十八日,傅恒自猛养启程,向东前往哈坎,伊勒图率千余兵丁过江西行接应,将驻守哈坎临江木寨的百余名缅军驱散。十月初一日,阿桂过江见傅恒及阿里衮,三位将军一起返回蛮暮,留阿思哈、常青督率西岸清军驻守,占据西岸后,与到达东岸的水师一起沿江而下,实现攻占老官屯的战略目标。傅恒不无自得,向将士宣称:"昔王骥将十万人,临江不渡。而吾率二十八骑,越数千里来此,讵不壮耶!"②

阿桂率领的一路清军,自七月二十四日与傅恒一路于盏达分路后,出铜壁关,行30里即到达野牛坝,监造船只。阿桂到野牛坝时,所造船进度已完成一半。所造之船,"凡大者四十,容五十人;次者四十,容三十余人;又次者四十,以供绝流而渡"。③ 而据在永昌贸易的湖广民人邓清安所说:"缅兵所用战船约长六七丈,每边安桨二十,船头、尾安放炮位,旁列鸟枪,来往甚快。"④ 相比之下,缅军的船比清军临时建造的渡船要先进得多。野牛坝离蛮暮江边只有5里,气候湿热,即便入秋以后,仍酷热难耐,"每食,飞蝇群集,伴盏皆黑。金蛤蟆大数寸,往往盘栅而出,青蛇亦夕见枕箪间"。即所谓"寒藤老木被光景,深山大泽皆龙蛇"。⑤ 清军于此地伐木造船,条件十分艰苦,不仅要克服当地恶劣的气候和环境的影响,还要时刻应对缅军的骚扰。在此监造船只的傅显、乌三泰均染疟身故。造船所需的板料、橹楫等船料于野牛坝备妥之后,阿桂派兵3000名,连同各大臣家丁共同扛抬至蛮暮河岸装配,规定每60斤为一背,每人至

---

① 〔清〕王先谦:《东华录》,乾隆三十四年九月丁未。
② 〔清〕王昶:《征缅纪闻》,转引自《永昌府文征·纪载》卷十七。
③ 〔清〕王昶:《征缅纪闻》,转引自《永昌府文征·纪载》卷十七。
④ 〔清〕王先谦:《东华录》,乾隆三十四年四月丁丑。
⑤ 〔清〕王昶:《征缅纪闻》,转引自《永昌府文征·纪载》卷十七。

少一背，一百五六十里的运程，道路崎岖，全靠人力，足足花了20天时间才将船料运抵蛮暮。

九月十三日，阿桂闻傅恒抵达猛拱业已多日，便决定于是日带兵渡过蛮暮江，沿西帕江西行，屯扎位于蛮暮西南的新街，并于十八日，派遣侍卫巴郎攻占位于两江汇合之处的沙洲，控扼江面，遣伊勒图率1000余兵丁过江，迎接傅恒大军。

激战老官屯

傅恒与阿桂两军会合后，新造船只也已完成，便于十月初一日，水陆并进，沿江而下抵达新街，占据江口后，准备进攻老官屯。而首先发生的是新街之战。

初十日，缅军30余船只沿江逆流而上，停泊于西岸，欲抢占被清军占据的滩地。傅恒派遣水军攻击，清军枪炮齐发，缅军退入江中之沙洲木栅内。清军见插红纛的缅军涂金大船之上有穿红衣之人，认定是缅军大头目，侍卫阿尔苏那便率先带兵冲击大船，护军校乌什哈达跃入水浅处，射伤缅众。大船之内的缅军头目持枪抵御，被乌云保射杀。东边江岸缅兵拥出，海兰察率兵赶到，与阿尔苏那等弃船上滩，合力将缅军击退，夺获大寨3座，器械、米粮无算，共杀死缅军500余名。西岸阿里衮、明亮、常青等直冲缅军寨垒，击败缅军，乘胜追入大寨，缅军逃遁。西岸官兵也剿杀缅军500余人。①

同一战事，王昶《征缅纪闻》记载大致相同：

> 初十日辰刻，有贼舟十余泊西岸，将沿缘溯流而上，乃遣水军击之。傅公、阿公［桂］、阿公［思哈］皆立江浒督战，我军发炮洞贼舟，贼稍退，泊江中沙洲，州山有栅，恃以为固。侍卫阿尔苏那先率其徒乘一小舟冲击，众继之，从栅隙中射毙数人，贼溃走。涂金船中有头目赴水，思泅去，我军跃入水斩之，或云即宾哑得诺也。获贼船六，旗纛、器械无算。而是日，西岸之贼潜从林莽中树栅，以逼我军，阿公［里衮］及伊公［勒图］率六百人驰往，破二栅，至第三

---

① 〔清〕王先谦：《东华录》，乾隆三十四年十月甲子。

三、清朝与缅甸的战争

栅,路益窄,我军仰而攻,创者七十余人,总兵宁珠、永平皆伤于枪。及四鼓,贼始弃栅逃。所获之纛长方丈许,洋布所为,中绘菩萨、天魔暨狮、象、马、虎,空处皆写梵字经云。①

昭梿《啸亭杂录》叙及此次战斗则略有不同:"贼轻我兵,遂以大众水陆来犯。阿桂将步兵,哈国兴将水兵,陆路之贼先沸唇至,旌旗蔽野,势甚张。阿桂麾兵以鸟枪连环进,弓矢继之,旗兵又从旁蹂之,贼不支,遂大溃,我兵追杀无算。哈国兴率舟师顺流下,贼犹列舰以拒。有闽兵跃入贼船,一贼泅水遁,闽兵即入水斩之。贼夺气,我兵骧而入,因风水之势蹴之,贼舟自相撞击多覆,凡杀溺死者数千,江水为之赤。江之西亦有贼,结栅自固,阿里衮提兵往攻之,连破二栅,余贼皆逃。"② 赵翼《平定缅甸略述》所记与之完全相同。

此次战斗,是傅恒自任经略以来所指挥的第一次真正意义上与缅军的正面战斗,并获得胜利。高宗闻讯十分高兴,上谕:"此次初与贼人接仗,即射殪头目,杀贼众多,又连破贼垒,夺获纛帜、军械、米粮等物,军行甚为顺利,且官兵俱各勇往,朕心甚为嘉悦。"并赋诗一首:

> 师会新街可进航,贼人迎拒据芦塘。
> 数番研阵贼锋挫,两队夺舟我武扬。
> 斩将搴旗嘉此众,水凶土劣虑其方。
> 老官屯得当振旅,观象玩辞易义长。③

清军于新街获胜,但经略傅恒染瘴,腹泻不止,副将军阿里衮业已病重,"诸将欲遂以此蒇事。阿里衮曰'老官屯有贼栅,前岁额尔登额进攻处也。距此仅一舍,不往破之,何以报命?'策马先行,经略以下皆随之"。④ 但没过几天,副将军阿里衮于乾隆三十四年(1769)十月十

---

① 〔清〕王昶:《征缅纪闻》,转引自《永昌府文征·纪载》卷十七。
② 〔清〕昭梿:《啸亭杂录》卷五《缅甸归诚始末》,第145-146页。
③ 《清史列传》卷二十,第1493页。
④ 〔清〕赵翼:《平定缅甸略述》,转引自《永昌府文征·纪载》卷十七;〔清〕昭梿:《啸亭杂录》卷五《缅甸归诚始末》,第146页。

九日卒于舟中。

清军决定进攻老官屯,以伊勒图、阿思哈督率水师,傅恒、阿桂率领东岸之兵,令千余人搬运炮位,总兵常青、护军统领乌三泰率西岸之兵,并令驻守旱塔的4000兵丁赶往,各兵鼓勇而前,水陆并进,合围老官屯。

老官屯位于大金江东岸,是由江水冲击而形成的沙洲,西面临江,东通猛密,北至猛拱、猛养,南达阿瓦,是进入缅甸腹地的水陆咽喉,缅军必然拼死固守。为应对清军的进攻,缅军做了充分准备,不仅在此屯驻了大量的军队,还修筑了坚固的木寨以为防御。驻守老官屯的缅军指挥官为布拉莽傥,曾于九月十一日遣人向阿桂送来蒲叶文战书,声称"已遣波猛乜缪、绥东觉傥率人马二万、船二百余艘来"。① 缅军所立木栅,或称"周二里许,自坡迤逦下插于江。栅木皆径尺,埋土甚深,遇树则横贯之,以为柱。栅之外掘深壕三层,壕外又横卧木之多枝者,锐其末而向外,名曰'木签',守御甚备"。② 或称"贼栅径围三里许,栅尾迤逦属于江中,潆水可泊舟,盖布拉莽傥所居也。西岸头目得楞孝楞率船一百三十、兵三千,起两栅,与东斜望"。③ 或称"贼栅有三,共长五里许,其实皆相连也。栅尾迤逦属于江中,开渠引江水入之,可泊舟"。④ 从上述记载可以看出,缅军所筑木栅十分坚固,易守难攻,且寨与寨相通,可相互应援,岸上的木寨又与江水相通,船只可以进入,补给也较为方便。

清军于十月二十日抵达老官屯,二十二日开始进攻。据傅恒奏报:"臣等于十月二十二日,分兵两翼,由江岸左右攻击缅寨。臣等在中蘉催趱,哈国兴带兵直抵东南一面,撤毁木栅丈余,杀伤甚众。西栅缅兵来援,经西岸官兵击退。江心缅船乘势冲出,经东岸官兵击损大船六只,缅众逃入寨垒。查缅兵新立大寨五座,木植纵横,编排坚固,难以军力攻取。现一面仍近栅环围,一面伏兵僻处,由沟外掘入,拆去木桩,攻其不备。"⑤

对老官屯之战的过程,王昶《征缅纪闻》和昭梿《啸亭杂录》记载

---

① 〔清〕王昶:《征缅纪闻》,转引自《永昌府文征·纪载》卷十七。
② 〔清〕赵翼:《平定缅甸略述》,转引自《永昌府文征·纪载》卷十七。
③ 〔清〕王昶:《征缅纪闻》,转引自《永昌府文征·纪载》卷十七。
④ 〔清〕王昶:《征缅纪闻》,转引自《永昌府文征·纪载》卷十七。
⑤ 〔清〕王先谦:《东华录》,乾隆三十四年十月戊子。

三、清朝与缅甸的战争

较详。为捣毁缅军的坚固木栅,清军用尽各种办法。先是用大炮轰击,"发威远大炮,炮重三千斤,子三十余斤,声奔如雷,遇木辄穿洞以过,栅不为塌";"先用大炮击之,栅木甚坚不折,有折者,贼辄补之";"我军用九节、劈山诸轰其栅,贼掘窖避之,瞰者升树以望。言栅中人少,哈国兴信之,趋攻栅,傅公、阿公亲往督战,距栅才三十步许,枪子伤及兼众,指挥益急"。炮轰无效,清军又派人跃入深壕,欲以人力破栅,"我军贾勇以先,而栅外有深壕,壕内密布竹木签及鹿角,我军下壕拔去之,进砍其栅,栅内复有木板楗柣,不可猝破。贼又掷铁丸、石子无算,且厉镖以待"。当日,总兵德福中枪身亡,奎林腿部亦中枪。入夜撤兵,哈国兴提出乘夜色掩护,带兵与缅军肉搏,被阿桂制止。

之后,清军又尝试用火攻,"以火燔其栅,贼于栅上先籔土压之,复沃以水,火遂熄";"积柴以燔之,而江自四更雾起,重如雨,迄晨已时始熄,栅木皆沾润,火不得爇";"经略又命火攻,先制档牌御枪炮,一排可护十数人,以两人舁而前,十数人各挟薪一束随之,百余排同时并举,如墙而进,拨签越壕,至栅下,方然火,忽西南风起,火反烧我军,随却回"。火攻也不奏效,遂采取掘地填埋炸药以炸毁木栅的方法。十月二十九日,"马君彪掘地道成,深数十丈,纳药其中,欲裂地以陷其栅。火发,栅轩轩然欲拔,顷之如故,以贯串坚,弗能毁也";"遣兵穴地道至其栅底,实火药轰之,栅果突然起高丈余,贼惊扰,喊声震天。我兵皆挺枪抽刀,待栅破而掩杀。无何栅忽落而平,又起又落,如是者三,不复动,栅如故。盖立栅之坡斜而下,而地道乃平进,故坡土厚不能迸裂也"。此法无效,清军又尝试系以铁钩拽拉木栅,"哈国兴砍箐中老藤长数百丈者,系铁钩于端,募敢死士夜往钩其栅,三千人曳藤以裂之,为贼觉,砍藤断而罢";"马君又用生牛革属为长绁,维巨钩投于栅杪,役数千指曳之,力急绁辄断"。能想到的办法都已用尽,敌栅依然如故,清军被阻于缅军栅下,一筹莫展,而伤亡却与日俱增。

除陆上交战外,双方水军亦发生战斗。十月二十二日,"水师在西岸亦麋战,碎其二舟。贼东西两栅间水急,且有沙汕,我水师恐胶于浅,固舟未邃下"。至十月二十六日,"水师相持不下,伊公〔勒图〕及叶君〔相德〕决计直下,断其南来水路。四鼓,乘微月,各舟以次发出。贼不意我师发枪如雨,且大噪,获其舟二,俘十一人,余贼舟退舣水栅下,我舟进泊西岸沙洲,水、陆军皆为气壮"。清军暂时切断了缅军水陆之间的联系。然而，到十一月初一日，"时伍三泰等在西岸攻栅，贼潜穿林箐来援，先依山为栅，次移而前，以栅自护，从栅上发火器，又于江岸立栅，以枪炮击我舟，舟时有损裂，乃移泊沙洲，始得稍安，而贼人由江西馈江东铅丸、火药、粮米者如故"。清军水师在缅军的攻击下被迫后退，缅军水陆之间的联系得以恢复。

经十余日鏖战，清军于水陆两路均遭挫折，伤亡很大，攻势渐弱，主帅傅恒又已染瘴，腹泻不止，攻取老官屯无望，若再继续下去，只能是徒伤兵众。万般无奈之下，傅恒等于十一月丙申（十八日）上奏："臣等进攻老官屯，日夜黾勉，急图成功。现在贼情，不过借木栅为固守计，若分兵前取木梳、猛密等处，贼必接应，再绕后夹攻，自当易克。奈因本年瘴疠过甚，交冬未减，原派各营兵三万名、满兵一千名，现计仅存一万三千余名。加以领队大臣亦多患病，未能分路击取，缅兵得以全力自固。"高宗降旨："以此观之，撤兵为是，早已降旨矣。"① 要求傅恒以"暂时退驻，明年再行进兵"之言宣示于众。

议和撤兵

早在乾隆三十四年（1769）十一月初十日，高宗在接到傅恒奏报十月二十二日第一次进攻老官屯，与缅军接仗的情形后，即发出上谕："看来缅众情形，竖立栅寨，骤难攻取。此旨到时，万一仍相拒守，则环攻已有月余，贼垒之内粮石何由接应，是必先有储备矣。我兵与其旷日持久，多伤勇士，不如相机徐图。即令已得老官屯，亦当计出万全。阿瓦为缅人巢穴，固守必甚。现在军营人少，奎林、鄂呢济尔噶勒等亦皆受伤，尚需调养。即由京派人前往，以属不及。若不悉心筹画，恐有疏失。况此次大兵已将夏鸠、猛拱、猛养等处收复，军威大振，撤兵不为无名。"② 此后，高宗为此次撤兵找了个顺天应事的理由："傅恒请往，朕早谓地方险峻，气候恶劣，究竟可办与否，须到彼详加审度。复以事机难定，于今岁祈谷时，默祝昊苍，若此事必难办理，则傅恒患病，即不复举兵。前已谕知傅恒及军机大臣矣。乃傅恒至腾越，一路无恙，收复猛拱、猛养，并在新街、蛮暮屡获大捷，是以令其前进。及至老官屯，水土毒恶，日夜攻取，

---

① 〔清〕王先谦：《东华录》，乾隆三十四年十一月丙申。
② 〔清〕王先谦：《东华录》，乾隆三十四年十一月戊子。

三、清朝与缅甸的战争

积劳成疾,今未就痊。此即上苍垂示,勿庸深入之意也。"① 并进一步认为这是审时度势、知难而退之举。

作为主帅,傅恒以"此次用兵,众以为难,独臣执意请行,致负委任,应请从重治罪",主动提出承担责任。高宗也认为:"此次出兵,原属万不得已,并非好大喜功。"傅恒承命经略,办了他分内应办的事,"设以为办理非是,朕当首任其过,其次方及傅恒"。并援引康熙时期议撤"三藩"致吴三桂等反叛,圣祖对力主撤藩而受责难的米思翰、明珠等人的处理事例,仅收回原赐给傅恒戴用的三眼花翎,认为"即此与伊请罪之意适足相当"②。谕令傅恒即驰驿赴京,留阿桂在彼筹划撤兵事宜。

缅甸方面。缅军在清军日以继夜的围攻之下,损失也很大,仅能固守,没有能力主动向清军发动进攻,相持下去也只能是继续双方的消耗战,因此便主动提出议和。据王昶《征缅纪闻》所记,在乾隆三十四年十月二十七日,缅军就用箭将蒲叶文书射入清军军营,"言欲议降"。十一月初九日,又一次来书请求息兵,且其词稍逊。初十日,傅恒答复缅方,如要议和,当遣人面议。缅方遣小头目节盖来到哈国兴军营,双方各自交换条件,回报主帅,并约定第二天再议。说明双方都有了和谈的意愿,并愿意进一步接触,交换意见。

十一月十一日,缅方送来缅王孟驳(懵驳)用红毯包好并封以胶漆的书信。译出书信内容,大意为:内外有界,缅未敢侵天朝尺地,何以屡见征伐?往年遣人持书议款,久之未报,今又围老官屯,未审欲如古行事,抑或战耶?王昶认为,这是缅人盖求款也。但从字面而言,缅王的信中仍有很强的挑战意味,并非只是"求款"。因此,十二日,阿桂问傅恒如何作答。傅恒云:此大事,岂我辈一两人可定,宜谋于众。及询之领队大臣及侍卫等,皆云:此时兵势度未能进,愿与缅人乞降罢兵。因傅恒已生病,便"颔之"。十三日,告知缅方:缅既惧讨,当如吴尚贤时纳贡,送还所掠兵民。其木邦、蛮暮、新街、猛拱土司,遣还故地,勿得扰害。如奉约,当奏闻撤兵。王昶另在《征缅纪略》中记此事在十四日,内容也稍有出入:"壬辰,作檄答之,言汝国欲贷讨,必缮表入贡,还所系官兵,

---

① 〔清〕王先谦:《东华录》,乾隆三十四年十一月甲辰。
② 〔清〕王先谦:《东华录》,乾隆三十四年十一月丁未。

永不犯边境。如背约，今次撤兵，明年复深入。"① 顷之，缅目布拉莽傥出寨与哈国兴相见，乞降。也即是说，中方提出了三项和谈条件。十四日，缅人出见经略、副将军，愿如约，永不犯边。傅恒等乃具奏陈请。是晚，撤舟师。缅方同意上述三个和谈条件后，傅恒便上奏："大兵围攻老官屯，贼势窘迫，贼目诺尔塔致书恳乞解围，经臣等传谕训饬。嗣又遣小头目叕赍呈懵驳书函，吁请停兵，词颇恭顺。诺尔塔复谒见哈国兴，叩求回书。臣等察其情词，似非狡诈，遂缮书晓谕，令其具表求降，送还内地被留之人，其投诚土司，嗣后不得侵扰。若能悉遵约束，即当奏请撤兵。付书遣去。"并将缅人请求通商贸易之事一并奏报。在接到傅恒的奏报后，高宗谕称："前因缅地水土毒恶，官兵不耐瘴气，曾经降旨撤兵。今懵驳又遣使乞降，自应照所请办理。"高宗在同意撤兵的同时，又强调："但此后须定规模，不可令缅酋骄纵。即如书内恳求通商一事，尚应斟酌。懵驳如愿为臣仆，纳贡输诚，则缅地归我版籍，贸易无妨相通。止求撤兵，未请纳贡，通商断不可行。著传谕傅恒等，即将此旨明白晓谕。再严禁内地商贩不得出关贸易。"② 在未得到高宗上述旨意情况下，傅恒等便开始撤兵。十五日，撤西岸兵。十六日，缅人管马兵头目藉万基（孟驳妻舅），率13人出寨求见诸将帅议事。傅恒遣哈国兴同明亮、海兰察、哈青阿、明仁、常青、马彪、常依阿、于文焕、雅尔姜阿等会议往见。各头目言：往年因吴尚贤入贡，乃系先遣人来，今亦当如旧。哈国兴言："尚贤本厂长，藉天朝以压服蛮众，故为此。天朝闻之，已正其罪。缅甸与天朝大小悬绝，理宜小先事大。"缅人无以应，又言：猛拱土司在我，宜归我。哈国兴言："猛拱土司已令入觐，觐回，令归故里，不归缅也。"双方商议很长时间，至二更始定。哈国兴又言：汝国越在海裔，不知藩臣礼，往时来书，有"管理飞刀、飞马、飞人、有福好善国王"等语，鄙俗殊甚。兹纳款入贡，当具表文，文首行书"缅甸国王臣某"，与安南、高丽各外藩等。万基云：谨受教。视其左右后，签字而回。双方这次会谈，对议和的条款进行讨论，直至二更，争论很激烈，主要集中在对投诚土司的归还问题上，最终双方达成协议，并签字认可。这就是后世史家所称的"老官屯和约"。十八日，凿大神威炮，沉入江，又焚舟。十九日，傅恒先行，缅

---

① 〔清〕王昶：《征缅纪略》，转引自《永昌府文征·纪载》卷十七。
② 〔清〕王先谦：《东华录》，乾隆三十四年十一月丁未。

三、清朝与缅甸的战争

人陈鼓乐请哈国兴入寨,并令其众跽迎,且求通贸易。是夕,傅恒至旱塔。二十一日,阿里衮尽撤老官屯之兵。① 历时四年多的中缅冲突以双方的议和而宣告结束,清军焚舟毁炮,撤回境内。

傅恒以经略之身执钺征缅,于乾隆三十四年二月二十一日率军启程,于三月二十四日抵达云南省城,四月初四日至永昌,十一月二十六日撤兵回至虎踞关,十二月十二日回抵永昌,十九日自永昌启程回京,历时9个月。其间,确定水陆并进的战略和进攻路线、筹划军需、铸造神威大炮、于野牛坝造船;为达出其不意的效果,提前至七月出兵,率数千兵众,军行两个多月,奔走数千余里,过夏鸠,收猛拱、猛养土司,取得新街之捷;与缅军激战于老官屯,久攻不克,折将损兵,总兵德福受枪伤身死,副将军阿里衮、副都御史傅显、领队大臣奎林(明瑞之弟)、护军统领乌三泰、领队大臣绵康、提督本进忠、叶相德、总兵吴士胜、都统蒙武尔岱、副都统公丰安等先后病殁,傅恒自己也于老官屯染瘴,回京后不久即于乾隆三十五年(1770)病卒。出境时率领的31000多兵丁,竟只剩13000余人,最后以议和完局,焚舟毁炮,撤兵回境。

关于傅恒率军征缅的人马数目及军需物资,按乾隆三十五年四月阿桂、彰保的查核统计:"由夏鸠西路进征官兵六千四百八十员名,实领过马骡一万八千五百四十七匹头,撤兵后,交回马骡四百四十四匹头,计倒毙马骡一万八千一百零三匹头。至江东路,由蛮暮进剿,龙陵进剿官兵并福建水师共计二万三千四百六十四员名,实领马骡四万三千四百二十九匹头,撤兵后,交回马骡九百一十匹头,计倒毙马骡四万二千五百一十九匹头;又驮运炮料骡九百二十四头,全数倒毙。统计各路各项,共支给过马骡及以牛抵马,共六万二千九百匹头,除交回一千三百五十四匹头外,实共倒毙六万一千五百四十六匹头。"② 乾隆三十八年(1773)九月,又经户部查核,自虎踞关出境策应官兵及野牛坝造船兵匠人等共1510名,领过马骡1234匹,交回494匹,倒毙749匹;奉派解送冲天炮官兵及宛顶声援、陇川防堵滇黔官兵4463名,领过马骡596匹,交回139匹,倒毙

---

① 〔清〕王昶:《征缅纪闻》,转引自《永昌府文征·纪载》卷十七。
② 乾隆三十五年四月二十七日,兵部尚书缅甸军事副将军阿桂、署理云贵总督彰保《奏为遵旨查明上年时用过及缴还马骡数目折》,档案号:04-01-01-0286-026,中国第一历史档案馆藏。

457 匹。① 另外，傅恒出征，带至前线军营的箭枝为 441600 余枝，配给官兵 117400 余枝，使用 112980 余枝，剩余 328600 余枝；开始共裹带火药 143269 斤，铅丸 143220 余斤，后有续添火药 460010 斤，铅丸 50830 余斤，用过火药 142410 余斤，铅丸 156320 余斤。② 据此，傅恒征缅，共投入官兵 35854 名，其中东路、西路进剿官兵 29964 名，与傅恒所说的 31000 名基本一致。需要说明的是，在 3 万名左右的兵弁中，有相当一部分非战斗人员。兵丁中，有的或患病，或摆台，不能参与战斗。王昶《征缅纪闻》就有记载："九月初五日，总兵余文焕自永平来于军，领兵号二千余人，除书识、马夫暨病者，实兵一千三百。"以此估计，实际参与战斗的官兵不足 2 万人。

对傅恒这次征讨缅甸所制订的战略和选择的进攻路线，论者历来颇有微词或诟病。民国年间编纂《永昌府文征》的李根源在编纂王昶《征缅纪略》后的按语中就认为：

> 缅事初起，清政府惟图安边，无意大兵征讨，而边事日深，事难中辍。已数遣兵，未集事，至是始调满汉重兵，陆水并进，期以犁庭扫穴，而老官屯一战，猝未能下，即撤兵。经年老师动众，如此结局，殊为上国耻。傅恒之未能收全功者，其失有三：缅境水土非满汉兵所习，然其时木邦、猛密、猛拱已降，可使出兵助战；又茂隆、波龙厂众，素为缅兵所畏，号召部署，即成劲旅。而傅恒不知招徕也，此其失一。出兵攻阿瓦，以取道木邦为近，元明征缅多经此途。明瑞自此进取，因后援未继败归。今集大兵数倍于明瑞，直捣阿瓦，破其巢穴必也。若老官屯路，虽足牵制缅兵，而不宜以主力赴之。今傅恒不取木邦道，且未从此出兵，以分缅势，此其失二。若欲先破老官屯，顺流下阿瓦，则宜出其不备取之。今傅恒自盏达北出万仞关至戛

---

① 乾隆三十八年九月初三日，署理户部尚书永贵、户部尚书王际华《题为查核滇省造报各路进征缅匪官兵领过骑驮马骡分别免赔著追各数折》，档案号：02 - 01 - 04 - 1697 - 007，中国第一历史档案馆藏。

② 乾隆三十五年四月二十七日，兵部尚书缅甸军事副将军阿桂、署理云贵总督彰保《奏为遵旨查明用过、尚存军器、马匹、箭枝、铅药等情形折》，档案号：04 - 01 - 01 - 0287 - 029，中国第一历史档案馆藏。

三、清朝与缅甸的战争

鸠,渡大金沙江入猛拱、猛养,折至八莫与阿桂合师,行兵已二月余,士卒已疲,且使缅兵从容布防老官屯,以逸待劳,无怪攻之不克也。夫猛拱、猛养既已输诚效忠,劳师巡阅,于事无益。傅恒不省,此其失三。傅恒出京时,即以自蛮莫进兵入奏,后至滇,亦未审势行事,宜其无功,幸而缅酋愿罢兵归顺,纳贡臣服,得完此局,非然,则将何以处之?①

昭梿在《啸亭杂录》中对傅恒取道戛鸠也颇有微词,称:"是役也,奔走数千里,疲乏军力,而初无遇一贼,经略之声名遂损,因羞恚得病。贼轻我兵,遂以大众水陆来犯",且还称:"所历二千余里,皆不血刃而下。惟途间忽雨忽晴,山高泥滑,一马倒,则所负粮帐尽失,军士或枵腹露宿于上淋下湿之中,以致多疾病。猛拱、猛养虽属缅,非缅腹地,故缅不遣兵来。"②

杨煜达也称:清军出关,出奇兵的目的虽达到了,但傅恒军行千里,收猛拱、猛养两土司,未遇缅军,以兵少路险,将士多病,只得返回和蛮暮新街之军汇合。……这样,清军出关,既未能袭据要地,亦未能和缅军主力决战,提前出师两个月的优势化为乌有。而炎热潮湿的气候,倒是给清军带来了大量的病员。③

高宗则称赞道:"傅恒自七月中由腾越统兵进剿,仅裹带一月口粮。而自戛鸠渡江以后,历经猛拱、猛养,已两月有余,所致购办军粮,随宜措置,并未资借内地续为转运,而赡军裕如。且足用之外,尚可留余备给蛮暮、新街一路军营之用",认为"所办悉合机宜,如此方合大臣忠诚体国、实心出力之道"。④

客观地说,傅恒师出戛鸠,其目的是占据蛮暮江西岸,与东岸的清军和水军配合,顺江而下攻克新街和老官屯,再直捣阿瓦。这一目的应该是

---

① 李根源编:《征缅纪略·按语》,《永昌府文征·纪载》卷十七。
② 〔清〕昭梿:《啸亭杂录》卷五《缅甸归诚始末》,第145页,中华书局,1980。
③ 杨煜达:《乾隆朝中缅冲突与西南边疆》第108页,社会科学文献出版社,2014。
④ 〔清〕王先谦:《东华录》,乾隆三十四年十月甲子。

达到了,并取得新街之捷,在老官屯战斗中也起到了牵制大江西岸缅军的作用。且在人迹罕至的野人山兵行数千里,能够就地因粮,将大军完整带出,已属奇迹。说明傅恒确有过人之处。昭梿所称傅恒在前线患病,是"因羞恚得病"①,也有可商量之处。作为大军的统帅,亲历野人山,操劳过度,心力交瘁而致生病,是完全可能的。当时傅恒急于霜降之前进兵,称"若是须坐守四五月,既糜饷,且军初到,当及其锐用之,久则先懈,非计也"。②但军行2000余里,没遇一缅兵,却使军力疲乏,并增加了许多生病的兵丁,总理粮运事务大臣傅显在野牛坝染瘴身故,云南提督本进忠、总兵吴士胜、领队大臣绵康、都统蒙武尔岱等在军营病卒,副将军阿里衮于一个月后也病死于战船之上,清军战斗力减弱,也是实事。再者,傅恒原拟"自戛鸠渡后,可将舟楫顺流放至蛮暮,添备东岸官兵过渡"③的设想,也因九月初六日,随傅恒抵达戛鸠的福建水师游击黄海"帅八十人由戛鸠顺流至蛮暮,至猛宋遇贼,力战死之"④而化为泡影。

傅恒为达克敌制胜的目的,想了很多办法,除水陆并进、提前进兵等战略部署外,在武器装备上也做了很多改进,但总体上效果一般。如野牛坝造船,集数百工匠,用数千兵丁守护,历经数月完工,费时费力费银,而"船身大小尺寸与江路不能适合",使用无多即有损坏,根本敌不过缅军战船,在战斗中发挥的作用十分有限。傅恒奏请将用过物料价值及匠工人等所支各项赔补,高宗以"此次进剿缅甸,兼用舟师,乃出自朕意,并非傅恒一人倡议承办。且伊于造船一节,任劳任怨,始能克期集事",谕令"无庸置论"。再如铸造大神威等炮用以攻栅,运铜、烧炭、制范、成炮,需千人驮载专运,虽在进攻中发挥了一定作用,但终未能摧毁敌寨。倒是在战后的善后安排时,傅恒奏称:"查此次军营制造炮位,最为得力,缅夷甚属畏惧。……臣傅恒等所铸大炮二位,业已钦赐'大神威'名号,应请存于腾越,留镇地方。又臣在老官屯铸造食五十余两子神八位,将四川送到之九节十位,应请于永昌、腾越、龙陵、普洱分贮,均令每年各各

---

① 〔清〕昭梿:《啸亭杂录》卷五《缅甸归诚始末》,第145-146页,中华书局,1980。
② 〔清〕赵翼:《平定缅甸略述》,转引自《永昌府文征·纪载》卷十七。
③ 〔清〕王昶:《征缅纪略》,转引自《永昌府文征·纪载》卷十七。
④ 〔清〕王昶:《征缅纪闻》,转引自《永昌府文征·纪载》卷十七。

三、清朝与缅甸的战争

操演十日。再因各营位不敷应用,于四川咨取劈山八十位。"① 对绿营堂空口薄,止食药三钱,火未发而子已落的鸟枪,傅恒也做了改进,但仅用黄土、树叶探塞,其作用可想而知。

6. 善后安排

"不战不和"局面的形成

清朝为征讨缅甸付出了重大人员伤亡,且耗费巨额财物的代价。

四任统帅中,刘藻自杀,杨应琚被赐死,明瑞战殁,傅恒染瘴且回京不久便去世。战死或在战场上自尽的将领有:参赞大臣朱鲁讷,领队大臣观音保、扎拉丰阿,总兵王玉廷、索柱、胡大猷、李全、德福,游击班第、马成龙、黄海等。染瘴病故的有:副将军阿里衮,参赞大臣额尔景额,副督御史傅显,护军统领乌三泰,散秩大臣噶布舒,都统蒙武尔岱,副都统公丰安、绵康、伊柱,总兵书敏、国柱、吴士胜、永平、左秀,提督达启、李勋、本进忠、叶相德、立柱等。被诛杀的大臣有:额尔登额、谭五格、李时升、朱仑、刘德成、权恕、司邦直、甘其卓等。前后调拨兵丁、土练9.5万名左右,其中刘藻调动官兵、土练8000余名,杨应琚调动官兵2.2万余名,明瑞调动官兵3万余名,傅恒调动官兵3.5万余名。

至于战争花费,因刘藻和杨应琚领兵时期,仅调用云南绿营兵和土练剿逐,清政府并未拨给银两,而是以云南藩库银两及省城钱局添卯鼓铸所获息银支放。清政府拨解云南军需银两始自乾隆三十二年(1767),自乾隆三十二年至乾隆三十四年(1769)征缅大兵全撤,共拨银8次,共计13721800两,实际支用银9118374.317两,其中:"办理缅匪一案共销银三万七千九百九十九两四钱四分四厘,将军公明瑞大举五十六案共销银二

---

① 傅恒等奏"善后事宜",军机处《录副奏折》,中国第一历史档案馆藏,转引自杨煜达《乾隆朝中缅冲突与西南边疆》第 135 页。

百三十三万一千八百一十四两七钱三分三厘,副将军阿里衮驻兵三十案共销银七十九万八千七百一十二两三钱四分一厘,经略大学士公傅恒大举九十三案共销银五百三十四万九千八百四十七两七钱九分九厘,又两次钦奉恩赏银六十万两,通共一百八十案,共支用银九百一十一万八千三百七十四两三钱一分七厘。"①

  纵观乾隆年间中缅之间这场历时4年的战争,起源于缅甸新兴的雍籍牙王朝奉行扩张政策及对沿边内地土司索要"花马礼"的侵扰,并挑战中方对车里地区十三版纳的主权,危及边疆的稳定与安全,清政府被迫还击。然而,此时清政府并未弄清楚频年滋扰车里土司地区的"莽匪"和滋扰耿马、孟连土司地区的"木匪"其实都是缅甸雍籍牙王朝的军队,认为侵入车里的只是"一群乌合之众"的莽匪,因此,仅调集少量的绿营兵和土练对其进行剿逐,以力图恢复这一地区的秩序,双方冲突的规模不大。之后,清军为搜获肇事的头人召散,深入车里边外的孟艮、整欠等地。这一地区实际久为缅甸控制的"边外土司",当地土司头人欲摆脱缅甸的统治,纷纷降附。清政府在认识不清,且未做好充分准备的情况下,贸然接受其请求,在车里边外缅甸新王朝控制薄弱的广阔地域内设置了众多"内地土司",根据其所管地方大小,分别给予不同职衔,确定了每年所纳赋额或差发银两,令该地夷人一体剃发,将其纳入"内地土司"管理体系,并通过调整政区设置以加强控制,使缅甸在其东北掸族地区的统治面临崩溃。而清政府则以为,自己只是解决了频年滋扰"内地土司"的"莽匪一案",与缅甸无涉。但接下来清政府接受木邦、蛮暮土司的投诚,直接导致了清缅冲突的升级。

  孟艮、整欠土司头人降附,被清政府接受,此举起到了示范效应,很快,包括永昌边外木邦、蛮暮在内的土司也纷纷请求降附。木邦是缅甸控制下面积最广的土司地区,如接受木邦等土司的降附,中缅之间必然大起衅端,对此清政府是清楚的,也一直非常谨慎。还在乾隆十四年(1749)时,木邦土司即请求内附,当时清政府就意识到"木邦乃缅甸所辖,中外攸分,准木邦投诚,木邦即缅甸之叛逆,必至大起衅端,亦有妨于国体"而加以拒绝。但之后的情形似乎与之前不同,"莽匪"问题已经解决,并

---

① 《明清史料》庚编第7本,第685页。

三、清朝与缅甸的战争

未引起什么麻烦,木邦又主动内附,便认为有了可乘之机,已具备解决滋扰孟连、耿马土司的"木匪"问题的条件。而一旦"木匪"问题解决,说不定缅甸也能向化,何况如高宗所认为的"缅夷虽僻在遐荒,其在明季尚入版图,亦非不可臣服之邦"。这样便可不致重烦兵力而成勘定之功,以永靖南服,一劳永逸地解决与缅甸的问题。因此,当蛮暮土司请求内附时,清军统帅杨应琚便下决心遣兵屯驻蛮暮所属之新街,准备接受木邦的投诚。木邦、蛮暮是缅甸境内最大的土司,雍籍牙王朝不会坐视此地丧失,紧急从围攻暹罗都城的缅军中抽调3万余众对抗清军,导致冲突的升级,战争规模逐步扩大。由于措置失宜,清军兵败新街,丢失其地,双方又激战于楞木,缅军长途奔袭,突破清军防守薄弱的万仞关、巨石关,进入"内地",横行无忌、四处焚掠。清军被僻在荒徼的缅甸打败,对处于国力鼎盛时期的大清王朝而言,是不可接受的,其事已难中止,必须大张挞伐,以申"天讨"。于是再调兵遣将,筹物添饷,选派京中健锐营、火器营及吉林、锡伯、索伦、厄鲁特等八旗劲旅及川、黔等邻省绿营兵开赴前线,战争的目标也由最初维护边境秩序转变为"犁庭扫穴"。然而,由于各种条件的限制,明瑞和傅恒两次率兵进征,均未能达到"犁庭扫穴"的目标。最后,双方在战场上形成均势,任何一方都难以战胜对方,在此情况下,只得以和谈的方式结束战争。

高宗将征讨缅甸未获成功的主要原因归结为当地恶劣的气候和环境条件,认为:"瘴乡绝徼,气候与内地迥殊,我兵之不宜久驻彼土,实属地势所限,非兵力不足,军储不充也。"① 滇缅边地潮湿闷热的气候及所产生的毒瘴,不仅限制了清军进兵时间的选择,也确实给远道而来的清军造成很大的伤害,大量官兵染瘴生病甚至死亡,马骡倒毙,人马损失严重,战斗力下降,再加之该地山高坡陡、江河纵横,又给清军的后勤补给和相互之间的支援联络带来很大困难,即便调拨大量兵丁保护,粮运、文报台站仍时常遭缅军袭击,常常中断。清军作为进攻的一方,在此地域内,所具有的骑兵野战优势难以发挥,常常陷入攻取坚垒栅寨,或长途跋涉于山径狭窄的泥泞荒野之中。

缅军能够与清军抗衡,甚至打败清军,绝不仅仅是凭其地险瘴盛。缅

---

① 〔清〕王先谦:《东华录》,乾隆三十四年十一月丁未。

甸的国力自然无法与处于鼎盛时期的大清王朝相比，但新兴的雍籍牙王朝在统一缅甸和四处征伐的过程中也建立起了一支强大的军队，装备有西方的洋枪洋炮，还有一支具有颇强战斗力的水军，不仅在武器装备方面优于清军，还更熟悉环境，比清军更耐瘴疠，其军队的组织形式也能保证其后勤的供给，具备了与清军相抗衡的能力。且作为防守的一方，建栅筑垒尤为其所长。如英国人哈威所说："军中有甚多战士，携有锤和铁钉，缘其特长为筑栅，即英国工兵亦示钦佩。"① 其建造的坚固栅寨，使作为进攻方的清军一筹莫展。据王昶所说，战后交涉，清军将领哈国兴曾到缅军军营，见到"其寨凡五层，横竖贯串，皆钩心斗角，布梯其间，上下探望。又掘地为窖，深三尺，周于寨内，每窖仅容一人坐立，盖用以避，而离伍又易察也"，从心底里发出"其严密如此"的感慨。②

两军对垒，清军以己之短攻敌之所长，缅军以己之长克敌之所短，因此胜利的天平常常倒向缅甸一方。但毕竟清朝与缅甸之间实力差距悬殊，与清朝相较，缅甸能够投入的人力、物力毕竟有限。因此，虽然在战场上占有优势，缅方仍然首先提出和谈的请求。清军在战场上处于被动，高宗君臣已知难以取胜，决定撤兵，只是虚张声势地宣布"暂行退驻，明年再行进兵"。而就在此时，缅方先行提出和谈的请求，清朝虽然求之不得，但既然和谈首先是由缅方提出的，清政府便以胜利者的姿态提出条件，最重要的是要求缅甸"具表纳贡"。将缅甸纳入清王朝的藩属体系之中，已成为清朝追求的首要目标，因此才有了之后的所谓"老官屯和约"。

虽然"老官屯和约"得到双方的签字认可，但因双方对和约的理解并不一致，抑或高宗和缅王孟驳得到的信息与双方前线将领议定的三个条款有出入，因此双方之后都没有遵守这一和约。庄吉发先生认为："哈国兴、阿桂所称议和三款，是专就清军方面所提出三项条件而言。至如遣还土司及开关互市等缅甸所提条件，阿桂等似未向高宗据实奏闻，此实系中缅长期纷争的症结所在。"③

事实上，缅方提出的通商贸易要求，傅恒已向高宗报告过，只是高宗认为，通商贸易的前提条件是缅甸必须具表纳贡，"贡表一日不至，内地

---

① 〔英〕哈威著，姚梓良译：《缅甸史》第 426－427 页，商务印书馆，1973。
② 〔清〕王昶：《征缅纪闻》，转引自《永昌府文征·纪载》卷十七。
③ 庄吉发：《高宗十全武功研究》第 317 页。

三、清朝与缅甸的战争

贸易一日不能通",此"乃中国制驭外夷之道"。即要求缅甸必须进入清朝的宗藩体系,双方才能通商贸易,这在之前给傅恒的上谕中就说得十分清楚:"懵驳如愿为臣仆,纳贡输诚,则缅地归我版籍,贸易无妨相通。止求撤兵,未请纳贡,通商断不可行。"在接到傅恒于乾隆三十四年(1769)十二月奏报"缅酋懵驳遣人致书,恳求罢兵,情愿缮具表文,十年进贡一次"后,高宗就批示:"前此懵驳遣人恳求通商,曾经降旨传谕傅恒,不允所请。今既愿奉表纳贡,通商自应可行。但此时且不必晓谕,俟其来京时再降恩旨。"① 而对于投诚的"边外土司"的遣返,既是议和时,也是罢兵后双方争论的焦点。

在议和时,清政府实际上已经同意将木邦、蛮暮、猛拱等投诚土司遣还,即已承认缅方对上述地区的控制权,只是要缅方做出不得加害这些投诚土司的承诺,而并非要与缅方争夺该地区的控制权。清政府并未明确声明过不遵守和约,只是缅甸也迟迟不遵守和约,具表纳贡,而坚持要求清朝将之前投诚的土司遣还,双方通商贸易。清政府既没有达到迫使缅甸进表纳贡的目的,又考虑到将投诚的"边外土司"遣返后无法保证他们的安全,反而失信于远人,非"抚夷"之道,因此才未遵约将这些土司遣返,而是采取听其自愿,愿意回去的,派人送回,不愿回去的,安插于内地。质言之,双方都对遵守和约设置了先决条件,都要求对方首先履行和约条款。缅方甚至首先将清政府派去质问其为何不遵守和约的都司苏尔相等人拘留,清政府同样也将缅方派来投书之人拘禁,因此形成僵局,这种不战不和的状态一直维持近20年。

高宗非常关注战争结束之后的善后事宜,在乾隆三十四年即谕令经略傅恒、副将军阿桂、云贵总督彰宝会商。傅恒等很快便将相关善后事宜上奏,经大学士尹继善等军机大臣于乾隆三十五年(1770)议定为十条:

> 遮放、猛卯、陇川、盏达四土司,经贼扰散来归,无力耕作,且军兴曾出力。应如所请,交地方官查借牛具、籽种,并酌借银二三千两修署,分限五年缴还。
>
> 普洱边外十三版纳,现隶内地,未被贼,耕作纳税如初。应如所

---

① 〔清〕王先谦:《东华录》,乾隆三十四年十一月丁未。

请，交督抚于本年瘴退后，查其曾被扰之穷户，借给牛具、籽种，设法安集。其近日招降之整欠、景海野人，未与各土司同供职，应令地方大员晓谕，令就各处土产，数年一贡。

猛密大山境内波龙老长、新厂等处，恐兵后有潜往开挖滋事者。应如所请永禁，犯者从重治罪。至茂隆厂，自葫芦酋长献厂纳贡，相安已久，且距缅远，无庸防禁。惟沙丁丛集，应责厂员造册，按季由府申院，查核收除人数，仍饬沿边各土司，禁内地厂民越江偷渡。

永昌、腾越人所典干崖、盏达、南甸、陇川、猛卯、遮放、芒市各土司地，应如所请，派道、府督同地方官查禁，示之该民夷，立将典押产开报，造册毋隐，照本利多寡，收过年租若干，定限八九年，以次退出。嗣后永禁，犯者地入官，承典人治罪，并严禁内地人在夷地开铺，及与摆夷婚。

龙陵地无烟瘴，其外即芒市、遮放，与外夷密迩。查永昌府同知无专辖事，应如所请，移驻该处，定为龙陵厅，并于应裁武职内移驻游击、守备各一，拨留应裁兵六百，定为龙陵营，同司稽查弹压。

腾越以外万仞七关，邦中山、杉木笼等处旧设抚夷，该州、协等并不申报上司，又无定额，有名无实。应如所请，定为额缺，每关、每处设抚夷正副二人，给以外委职衔顶戴，并于马兵，钱粮按季支。现即行令该州、协会遴承充，报督抚给印照，咨部存案，缺出照旧遴选。仍令该管上司留心访察，毋许滥充滋弊。不惟弹压野人，保护行旅，并可稽查内地民人私越关隘。

滇省绿营怯懦成习，永昌、腾越、顺宁为全省西南门户，专营紧要，应募兵半系游手无赖，不堪训练。应如所请，现期按户充选，如一家有丁壮三人，察其年力、汉仗，挑一人。该地方官先查所属乡里户口若干，约挑若干，详上司察核后，会同该镇、协遴选登记，申督、抚、提存案，遇缺以次充。其年久衰弱，不堪顶补者，临时更换。至挑兵时，胥役等不得藉端需索，硬派私放，犯者加倍治罪。

此次进剿，炮位最为得力，除京城送往冲天炮四位仍送京外，所有经略大学士公傅恒所铸大炮二位，蒙恩赐名大神威，应即存腾越，留镇地方。又续在老官屯铸食五十余两神炮八位，及四川解往九节炮十位，亦应于永昌、腾越、龙陵、普洱分贮，均令每年各操演十日。其四川咨送劈山炮八十位，据川督奏明，已另行补造，并留滇省，酌量分给各标营。

查木邦土司线翁团、蛮暮土司瑞团等,先经阿桂、彰宝奏,伊等或令回故土,或择地安置,俟询明再办。其余久经归顺之整欠土弁叭先捧、六本土司召猛斋、景线土司召罕彪、猛龙土司叭护[猛]、孟艮土司召丙、整欠土司召拿、孟勇土司召阃南[喃]、孟艮土司召猛乃,分住普洱沿边一带之猛拿、小猛仑、橄榄坝及思茅、普藤、勐腊等处,人数众多,情形亦殊。应如所请,并俟彰宝等秋间查办十三版纳,到普洱查明应回应留妥办。

耿马土把总罕朝玑,奉旨赏五品顶戴,给与花翎,以守备题补。查罕朝玑等,前岁回滇染病,留省城,未随进兵,且系夷人,题补守备,不能办绿营事。应如所请,毋庸题补,只给守备奉薪,俟病痊,归总督衙门差委。至大山土目之侄阿陇,安于内地衣食,不欲即回。仍与养赡,留住永昌,俟大山有人来内地,阿陇如见伊亲故,意欲同回,该督抚再行查明,令归故土。①

傅恒等拟定的善后措施,涉及诸多方面,在此后的时间内,清政府对这些措施加以实施和进一步的强化。

对"域外土司"的安置

高宗对曾经降附并帮助过清军的域外各土司十分关注,还在傅恒率兵进讨之时就曾问及:"整欠土司叭先捧久经内附,且为土司中出力之人,伊现在何处?……大山土司久请内附,昨明瑞至彼,亦曾供馈军粮,极为恭顺。前谕鄂宁赏赉,曾否办及?该土司动静如何?我大兵退出后曾否遣人前来复申前说?木邦土司雍团现在作何下落?"② 傅恒等在善后措施中做了交代。中缅双方和谈时,清廷又要求缅甸做出对投诚土司不得加害的承诺,并将其写入议和条款,是要尽到对这些投诚土司的保护义务。其后,清朝对投诚土司的处理,原则是强调听其自愿,愿意返回的,听其自便,量为犒赏;不愿复归旧境的,酌量分别安插。因缅方在双方谈判时专门提出要清廷将猛拱土司遣回,被哈国兴拒绝。高宗也特别关注,谕称:

---

① 《清高宗实录》卷八五一,乾隆三十五年正月丁未。
② 〔清〕王先谦:《东华录》,乾隆三十三年四月丁卯。

"土司浑觉、兴堂扎等如愿内移,即择一善地安置,并所属小户,仍令各居本处。"① 经傅恒询问,浑觉禀称:"蒙大皇帝天恩,原欲在内居住,但家口俱在猛拱,且所有属下地方亦需前往管束,仍愿回至猛拱,为边外土司。"② 傅恒即遣人伴送浑觉出境,并移文缅方嗣后不得对其滋扰。但浑觉回去后,即被缅王孟驳召至阿瓦,予以软禁。浑觉属下头目兴堂扎,先不愿与浑觉一同回去,后又提出愿返回,清政府"随将钦颁猛拱宣抚司印信交给,量为犒赏,给予口粮,差弁伴送,赴腾越州出关,饬盏达土司防护前进"。③

根据善后安排,乾隆三十五年(1770)三月,阿桂、彰宝等拟定对投诚土司土目的安插意见:"木邦土司线翁团、蛮暮土司瑞团等禀称,已与缅夷为仇,回本处恐被残害,恳求安置内地。拟于沿边附近之永昌、蒙化、大理一带择地安插,谅其家口多寡,建屋给田。……再猛密司所属孟连土目线官猛,于三十三年投诚,住陇川之户南山,地土荒芜,生计艰难,应一并赏赉安插。又戛鸠投诚土目贺丙,系瑞团所属,现已转饬,俟其来日,一体安插。"④ 至九月,阿桂等又奏称:"投诚各土职,不愿复归夷境,酌量分别安插。应将召丙安插于宁洱通关哨蕨簊坝地方;召猛乃安插于九龙江一带;土目叭护猛安插小猛仑地方;土目召拿、召阚喃安插他郎通判所属之阿墨江。以上五土职,按照伊亲丁夷人数,即于各该处拨给可垦旷土,每名赏给牛具、籽种、银两,令地方官留心照料。至召那赛、召那花、召罕彪、召猛斋、线官猛,虽经归顺,如仍安置近边,未必能长久安贴。应查内地州县设有土官地方,酌给房屋、口粮,俾资衣食。其所有夷民,即于普洱所属各土司境内安插。至叭先捧,与普思夷民不睦,情愿移居内地。应令同叭豸,均于内地安插。"⑤ 叭先捧身份较为特殊,其原为"内地土目"。清军攻克整欠后,授予其为整欠土指挥使,后被缅军联合"域外土目"击败后退回内地。清政府对投诚土司均妥善安置,使他们免于缅方的伤害,并有稳定的生活来源,尽到了应承当的义务。

---

① 〔清〕王先谦:《东华录》,乾隆三十四年十一月戊子。
② 〔清〕王先谦:《东华录》,乾隆三十四年十二月乙亥。
③ 〔清〕王先谦:《东华录》,乾隆三十五年九月壬申。
④ 〔清〕王先谦:《东华录》,乾隆三十五年三月丁亥。
⑤ 《清高宗实录》卷八六九,乾隆三十五年九月壬申。

三、清朝与缅甸的战争

乾隆三十六年（1771）六月，经云南督抚会议，又对投诚土司土目的安置做出调整："将召丙安插于宁洱县通关哨蕨簸坝、清水河二处，召猛乃安插于九龙江，土目叭护猛安插于猛伴小猛仑，召阄喃、召拿均安插阿墨江之坝哈。伊等亲丁眷属，即于各该处安插。至召那赛、召那花、召猛斋、线官猛等，性情未驯，未便安插近边，应并眷属移于省城安插。又召罕彪、叭先捧、叭矛并眷属，均安插于宁洱县之磨黑地方。各土司所有夷民，停其概迁内地者，即于普洱各土境小猛仑、橄榄坝、猛往各处，交普洱府属各土司管束，即作该土司民人。叭先捧、叭矛二土司停迁夷民，交九龙江宣慰司受管安插。"① 乾隆三十八年（1773）六月，又将之前安插于蒙化厅漾濞地方的线翁团改移置大理府城，与瑞团等于同一处安置。②

乾隆三十八年初，发生了召猛乃诱同车里土司刀维屏逃往缅甸之事。三十九年（1774），召拿、召阄喃也逃去无踪。是年六月，云贵总督图思德、云南巡抚李湖奏称："查现在各土弁内，除召猛斋、召那花、召那赛、羡（线）管猛等安插省城，尚皆安分，惟召丙、叭先捧、叭矛、召罕彪四户，在宁洱县属清水河等处安插。该处逼近夷境，恐又为召拿之续。应请照内地土司犯军流等罪者迁徙江西等省安插之例，将召丙等四户发往江西，交地方官严行管束。"获高宗批准。③ 四十一年（1776）年底，图思德等又奏请将之前安插的土司、土目及其眷属均照召丙等4户安插江西之例，一并前往江南安插。高宗谕令阿桂和李侍尧议奏，阿桂等称应分别办理，又经军机大臣等议准："木邦土司线翁团眷属一百二十名口，蛮暮土司瑞团眷属五十五名口，孟连土目线官猛及其子罕凹眷属七十三名口，俱在大理府城安插，现皆乐业安居，毋庸改迁。六本头人召猛斋、景线头目召那赛、猛扒头目羡管猛等眷属攻六十余名口，及桂家叭立斋等眷属四百六十名口，迁往乌鲁木齐等处。"④ 再后来，又将线翁团等眷属迁往云南东川府安插。⑤

清朝之前对边外投诚土司的授职及战后的安置，对沿边内外的土司都

---

① 《清高宗实录》卷八八七，乾隆三十六年六月戊戌。
② 《清高宗实录》卷九三七，乾隆三十八年六月壬子。
③ 《清高宗实录》卷九六一，乾隆三十九年六月丙戌。
④ 《清高宗实录》卷一〇三四，乾隆四十二年六月癸卯。
⑤ 《清高宗实录》卷一二四二，乾隆五十年十一月戊午。

产生很大影响。战后，仍有边外的土司请求投诚内附。对此，清政府在谨慎对待的同时，也予以接纳。乾隆三十四年（1769）十二月，车里边外的整欠、景海土目至军营投诚，傅恒奏称："此种夷境，僻处九龙江外，离内地较远，且瘴疠甚盛，内地之人断不能驻扎彼处，即伊等从前属缅时亦不纳赋输粮。上年雅尔郎阿带兵至九龙江，该头人惧我兵威，来营叩见。我兵一退，伊等仍潜居巢穴。臣等再三酌议，但书谕：尔等诚心归向，悃诚自属可嘉。惟是远隔边陲，难与内地土司一例供职，嗣后亦不征尔税赋，尔等惟就本地土产数年纳贡一次。"① 之后的乾隆三十六年（1771）四月，署云贵总督德福奏称："普洱边外整欠土目召教、景海土目刀撒倾心投诚，愿按六年一次，各供象牙、旱犀角等件，届期遣头目赍赴云南省城交纳转呈。"② 到乾隆四十年（1775）十月，署云贵总督图思德奏报："整欠土目召教、景海土目刀别（撒）遣使目四名解献象牙、犀角，并具禀恳求代为申悃。其应否遣员伴送进京，请旨遵行。"高宗谕称："整欠、景海两土司前曾两次投诚，且经定期六年一贡，是该土司等久归服属，自当与内地土司相仿。何以图思德折内尚称其为外夷土目，并指为缅匪夷目？殊不可解！……至该土司等既知依期纳贡，并欲令使目瞻仰天颜，自不妨准其来京朝贡，俾知天朝威德，益切畏怀。"③

强化边境管控

强化边境的管控是清政府的重要善后措施，体现在政区调整和营制的改变上，而营制的改变，又因与缅甸的交涉和对其防控遏制紧密相关。

前面已讨论过，乾隆三十一年，杨应琚奏请增设迤南道，其目的就是要"制内控外"。三十二年，清政府又给迤南道、迤西道加以兵备衔，使其军政合一，能更有效地对与缅甸接壤的边境一线实施管控。增设龙陵厅，目的也在于增强边防。龙陵在潞江以西，距离芒市很近，可控扼要冲，就近管理芒市、遮放等土司，较过去由永昌府管辖，距离缩短了400余里，更为近捷。而将万仞等7关及邦中山、杉木笼旧设的"抚夷"之官

---

① 军机处《录副奏折》，傅恒等奏"善后办法"，转引自杨煜达《乾隆朝中缅冲突与西南边疆》第118页，中国第一历史档案馆藏。
② 《清高宗实录》卷八八三，乾隆三十六年四月庚子。
③ 《清高宗实录》卷九九二，乾隆四十年十月丁亥。

三、清朝与缅甸的战争

定为经制额缺,"不惟弹压野人,保护行旅,并可稽查内地民人私越关隘。责成既专,于边防亦为有益"。①

乾隆三十四年(1769)年底,战争刚结束,高宗就做好善后事宜,提出:"滇省不特营镇应议裁并,即知府一项额缺亦多冗设,有一府不过一、两属者,甚有竟无属邑者。核其所治,尚不及腹内一剧县之大,而寄以知府专诚,殊非体要。……自当究各府情形,量为改并裁减,以重官制而专职守。"② 随后,经略大学士傅恒上奏裁改意见:降武定、元江、镇沅、广西4府为直隶州,广南、永北、蒙化、景栋4府为直隶厅,裁改后云南境内从原23府降为14府,并对相关散厅、散州、县做了改隶、裁并。③ 这次对云南行政区划的调整影响深远,自此后直至清末,云南一直保有14个府的建制。

云南营制的调整和边境一线巡防守备的加强,则与同缅甸的交涉密切相关。

在战争中,不仅云南绿营兵丁表现得"怯懦成性""颓靡已甚""屡屡弃逃溃散,玩律误机,实已不堪应用",④ 且在营制上"轻重未协",兵额分布上,腹里与边疆"多寡未当",边防空虚。还在征缅战事紧张进行中的乾隆三十三年七月八日,时任云贵总督的阿里衮、云南巡抚明德就提出:云南设有9镇,腹内省份不过一二镇,边疆如四川则设4镇,甘肃为最要边地,亦止5镇,广东、福建均属海疆,水陆则各只设有7镇,都没有如滇省设至9镇之多。故建议保留临边的永顺、普洱、开化、临元、鹤丽以及改流后新设的昭通等6镇,将腹里的永北、曲寻、楚姚3镇裁汰。⑤ 当时正处于战争时期,高宗批示:"滇省九镇本属过多,自应量为裁改。但现在正议厚集兵力进剿缅匪,若遽行明裁镇缺,与目下情事不甚相合。……此时惟但默为调剂,遇有应裁之总兵缺出,或暂以副、参委署,

---

① 《乾隆朝上谕档》第6册第35页,军机大臣议奏,档案出版社,1991。
② 《清高宗实录》卷八四九,乾隆三十四年十二月丁卯。
③ 《清高宗实录》卷八五二,乾隆三十五年二月庚戌。
④ 《清高宗实录》卷七九五,乾隆三十二年九月丁巳;卷八○三,乾隆三十三年正月丙辰;卷八○七,乾隆三十三年三月乙巳。
⑤ 乾隆三十三年七月初八日,阿里衮、明德《为敬陈滇省营制轻重未协,悉心详筹折》,《宫中档乾隆朝奏折》第31辑第248-251页。

是不必明裁而隐已改镇为协，则不动声色而措置裕如也。"① 战争刚一结束，高宗就指示："滇省各镇内，前经兵部议有应行裁汰之缺，彼时因办理进兵之事，曾谕俟军务告竣再行办理。今已降旨撤兵，傅恒等现筹善后章程，此事亦应办及。著传谕傅恒等，会同（云贵总督）彰宝，即将裁镇事宜一并详议，妥办具奏。"② 傅恒很快将调整方案上奏，大体上仍与乾隆三十三年阿里衮等提出的裁减方案一致，要点有二：一是减少云南境内镇的设置。提出："除永顺、普洱、临元、开化、鹤丽、昭通俱边疆不可裁"外，"永北毗连鹤丽，曲寻壤接省城，楚姚在省与大理之间，与督、抚、提三标联络，无庸特设大员"，改设永北营以及曲寻、楚姚二协。二是在减少云南绿营兵总数的同时，增加以腾越边外为重点的沿边境一线的兵力。永北、曲寻、楚姚三镇改置后，裁兵 2925 名；裁督、提两标前、后二营，兵 3160 名；裁骑兵营兵 200 名；抚标及广罗协新嶍营、武定营、寻沽营兵 1144 名。增加顺云营兵 230 名；添设腾越守备一员，兵 530 名，龙陵关游击一员，兵 600 名。这次裁减，实际裁官 61 员，兵 6079 名。③ 之后，又再次裁减云南绿营兵的数量。乾隆三十六年（1771），云贵总督彰宝以"滇省步守兵内因缺粮稍多，致有老弱充数"，奏请"于云南绿营兵中每百名内裁四"，裁兵 896 名。④

乾隆三十四年（1769）十一月二十六日，中缅罢兵停战后，傅恒领兵退至虎踞关时，考虑到"兵俱全撤，将来㦬驳纳贡至关，无人驻守，不足示威，遂令马彪、雅尔江阿领兵一千五百名在虎踞关暂驻，马德胜领兵一千名在盏达暂驻，孙尔贵领兵一千五百名在遮放暂驻。其余满洲、吉林、锡伯、索伦、厄鲁特兵，分队前行，各绿营亦随后续退。此内惟成都、福建兵，出派日久，即令各回原省"。⑤ 乾隆三十五年（1770）正月，缅甸未遵照"老官屯和约"进表纳贡。高宗认为："看来缅甸此番乞降，其始未尝不慑我兵威，诚心归命。及我军撤退时，贼匪或窥见我有不得不退之

---

① 《清高宗实录》卷八一七，乾隆三十三年八月甲戌条。
② 《清高宗实录》卷八四九，乾隆三十四年十二月丙寅。
③ 乾隆三十五年正月十九日，傅恒、阿桂、彰宝、明德《酌量裁该滇省营制折》，档案号：04-01-01-0285-001，中国第一历史档案馆藏；《清高宗实录》卷八五三，乾隆三十五年正月壬辰。
④ 《清高宗实录》卷八八〇，乾隆三十六年三月丙辰。
⑤ 〔清〕王先谦：《东华录》，乾隆三十四年十二月甲子。

势，故尔观望迟回，或并悔其前说，亦未可定。则永昌边防一带，不可不留心防备。"① 因贵州兵作战勇敢，谕令将贵州兵丁酌留若干，与滇兵一起协同防守。缅甸不仅不纳降表，其老官屯头目布拉莽傥还差人送来棕叶缅文，要求中方开通贸易。高宗称："缅匪降表一日不至，一日不许其与内地贸易。此一节乃中国制驭外夷扼要之道，把握自我而操，最为长策。……若缅酋已奉表纳款，果属诚心，即可奏闻，许令通商，即滇兵亦毋庸驻扎。"② 然而，3个月过去，缅甸贡表仍然未至，高宗再次强调："缅酋既如此迁延，其情伪殊不可信。彼略有顾恋者，惟贸易一节，急欲求通中国；而内地亦惟此一节，尚足扼其肯綮。总之，彼贡表一日不至，沿边货物一日不可令通。"要求云南地方大员严密防查，并准备遣人前去质问缅方。此时，缅方驻守老官屯的将领诺尔塔遣人赍送禀文，索要木邦、蛮暮、猛拱3土司。高宗异常愤怒，谕令军机大臣代拟好檄谕缅王的文稿，以副将军阿桂、云贵总督彰宝的名义，派遣都司苏尔相、陇川土把总多朝相、通事段彩霞等人送至老官屯，檄文除强调"贡表一日不至，贸易一日不予开通"外，多为指责和威胁恫吓之语，如"万一大皇帝责尔欺慢，复命本将军等率兵进剿，尔自度尔国力量尚能当我大兵之压境乎？"中方的檄文同样激起缅方的愤怒，诺尔塔称："领着很多雄兵，依着势力大，来与我们看，得意了。当真要比武，我们将地方上的城池、濠沟、粮草预备停妥了，并不缺少。……莫说是天朝大皇帝地方，就是各国的人来，出不过我的手。"并告诉苏尔相："你送来的文书骂我们比做粪坑驱虫一般，我们王子叫我留下你们哩。"缅方遂将苏尔相等人扣留。③

五月间，彰宝奏报：缅方让多朝相带回的回文"狂吠可恨"，应再调集军队征讨。高宗认为，之前几次出兵征讨都无功而返，再行征讨也只能是徒劳，因此指示彰宝："此时自宜处以镇静，严饬边防，以防贼匪潜谋侵轶。或俟秋冬间瘴退时，选派精锐二三千人，统以勇敢将领，乘其不备，袭击而进，掩杀贼众，以申我威棱。虽于事无甚大益，亦庶几稍舒愤

---

① 《清高宗实录》卷八五二，乾隆三十五年正月己酉。
② 《清高宗实录》卷八五〇，乾隆三十五年正月己丑。
③ 军机处《录副奏折》，转引自杨煜达《乾隆朝中缅冲突与西南边疆》第120页，中国第一历史档案馆藏。

瀣耳。"① 话虽如此，高宗准备派兵袭扰，是想要给缅方持续地施加压力，让其无时无刻都感到威胁的存在，迫使其奉表纳贡。乾隆三十五年五月，高宗指示阿桂等："俟秋末冬初瘴消之时，拣派贵州精壮者及昭通镇所留得用之兵二三千人，令侍卫等统领前往，出其不意，或破彼附近小寨，剿戮贼众；或取彼田禾，蹂躏其地，使彼猝不及防，庶足示之惩创。"② 并遣派勇将海兰察、哈国兴等赶赴前线。

九月间，正当清军准备袭扰时，驻守老官屯的缅目诺尔塔派遣小头目摆拉机、他矣细、波翁3人入关，"请停止今岁进兵"。中方以为缅方接下来会有其他示好的动作，便扣留摆拉机、波翁，将他矣细遣回，并停止当年的袭扰计划。之后，见缅方没有动静，高宗于当年十二月再下谕令："今年缅贼遣人送书，因而停止，明年岂可又不攻剿耶？"命阿桂等通盘筹划，详议具奏。阿桂先是奏称应于当年大举，接着又改称大举并非于当年即办，而是要先行筹备，并提出进剿缅甸需兵4万、马骡3.4万余匹，可于一二年内筹备好。高宗质问阿桂："朕因贼匪地方路险瘴深，原不宜于内地之人，故从前令于秋后瘴消时带兵进剿，只图为困贼之计，俟有可乘之机，即当一举成功，此阿桂岂有不知？"③ 谕令将阿桂传旨申饬，将其召回京师，以大学士温福署理副将军，驰驿前往云南筹备袭击之事，并开始调派兵马，还计划从京城派遣2000名八旗兵驻防云南。④ 而就在此时，金川事起，清政府开始了第二次征讨金川的战争。高宗权衡轻重后，认为："缅地水土恶劣，我兵难以深入，自不宜复议大举，堕其术中。而缅匪反悔顽梗，亦岂可竟置之不问？因议于秋冬之间派兵袭击，出其不意，并非欲直捣阿瓦，亦非欲竟取猛密，不过蹂彼疆境，乘势诛掠焚烧，令贼匪知我并未歇手，庶几稍识畏惧，送还内地之人，以完此局。"⑤ 谕令温福将军带领军中所有满洲兵，并精选贵州绿营兵千余名星驰赶赴金川前线，袭击缅甸之事，"即迟一年再办，亦无不可""至于滇省边务，惟有

---

① 《乾隆朝上谕档》第6册第177－178页，谕军机大臣，档案出版社，1991。
② 《清高宗实录》卷八五九，乾隆三十五年五月辛丑。
③ 《清高宗实录》卷八八四，乾隆三十六年五月乙巳。
④ 《清高宗实录》卷八六三，乾隆三十五年六月戊戌。
⑤ 《清高宗实录》卷八九一，乾隆三十六年八月丁酉。

三、清朝与缅甸的战争

派兵紧守关隘,加意巡逻,并令带兵侍卫等分派各处守御"。① 至此,派兵袭击缅甸的设想始终未能实施。

作为善后的一项重要政策和与稽查透漏相配套的措施,清政府强化云南沿边防务,重点在腾越和思茅一线。

腾越一线的防务。乾隆三十五年(1770)二月,云贵总督彰宝奏称:"前遵旨留黔兵并云南昭通兵共三千名,分令昭通、鹤丽、永顺三镇臣带驻虎踞关及盏达、遮放等处,严查商贾私漏。又于小江口,严饬地方官防范。其永昌、腾越沿边道路,添派弁员稽查。……各处官兵星罗棋布,声势联络,俟有瘴时,酌移南甸、龙陵等处,离关隘不远,声气相通,缅夷必不敢犯边,设有侵扰,定率弁兵剿杀。"② 此后,这一办法逐渐成为常例:"每年秋防,于通省各标、镇、协、营内调兵四千五百名分拨巡防。春深瘴发,留兵二千五百名,移驻曩宋、龙陵二处,其余二千名撤回本营。"③ 乾隆四十年(1775),云贵总督觉罗图思德以"各路调兵所费既繁,且该兵丁等往返跋涉,心悬两地",奏请"移腹内之兵携家常驻"。并提出裁撤永顺镇,设腾越镇,以及相应协、营、兵丁的裁设改移。清廷批准了图思德的奏请,改永顺镇为腾越镇,将永顺镇标裁拨兵丁1500移驻腾越,加上原腾越协兵1500,组成该镇3000名额兵,以备曩宋以外各关隘防守;又将增设的龙陵营改为龙陵协,除原有的600名兵丁外,再于永顺镇标裁拨兵840名,提标裁拨兵60名,组成1500名额兵,以备分防三台山一带;永顺镇原驻永昌,移驻腾越后,设永昌协,将驻扎楚雄的楚姚协1500名中的700名移驻永昌,再于督标裁拨兵400名,提标280名,鹤丽镇兵340名,昭通镇兵200名,组成2000人的永昌协额兵;原驻扎楚雄的楚姚协改为楚雄营,以原楚姚协裁留兵800名,组成楚雄营额兵,归提标统辖。并规定,新设腾越镇,除辖本标中、左、右三营外,兼辖永昌、龙陵二协及顺云一营,并控制各土司。④ 这样,在腾越一线,驻扎兵

---

① 《清高宗实录》卷八九二,乾隆三十六年九月戊申。
② 《清高宗实录》卷八五三,乾隆三十五年二月壬申。
③ 《清高宗实录》卷九八三,乾隆四十年六月壬寅。
④ 《清高宗实录》卷九八六,乾隆四十年六月壬寅;卷一〇〇三,乾隆四十一年二月己酉。

丁达 6500 名，每年秋冬仍按照原来的办法，派 4500 名兵丁出防各关隘，春深瘴发时撤回。所不同的是，原每年出防兵丁由通省各标、镇、协、营抽拨，现只需由腾越、龙陵、永昌各镇、协抽派，既便于统一管理，又可节省不少费用。其后，图思德进一步奏定了派拨的办法，即每年出防陇川、盏达、张凤街三路所需兵 3100 名，拨腾越镇兵 2100 名、永昌协兵 1000 名；出防龙陵、三台山一路所需兵 1000 名，由龙陵协调拨；出防缅宁一路所需兵 400 名，由顺云营调拨 300 名，调拨分防缅宁兵 100 名。①

乾隆四十二年（1777），一度传闻缅甸要进贡还人，高宗命大学士李侍尧为总督云贵，办理此事。最终缅甸没有此举，但清缅双方的紧张态势有所缓解。在此情形下，云贵总督李侍尧提出减少防兵的设想，于乾隆四十三年（1778），奏称："连年出防，不值每岁如此办理。今查有户撒、杉木龙、盏达三处，水土既佳，地形亦最扼要。拟于户撒设一大汛，杉木龙、盏达各设一小汛，与壤接缅匪之虎踞、天马、铁壁、铜壁等关声势联络，足资防守。其兵只须于南甸、龙陵两处抽拨。自后出防，即可议裁。"② 这一办法的核心是将原来每年的出防变为长期驻防，并减少兵数，将防线收缩，并以查禁关隘为主要任务，防守已降为次要任务。具体的布置为："于杉木龙设一大汛，驻兵五百名；于干崖设一小汛，驻兵二百名。至查禁关隘，最为紧要。拟于杉木龙汛内拨兵二百五十名，分布虎踞等关及陇川等处，于干崖内拨兵一百名，分布铜壁等关及盏达等处，严查出入。又声息相通，必咨塘递。查南甸至沙冲口二十里，为东西总汇，应增设一塘，安兵十名。沙冲口以东至陇川，旧有四塘，应增一塘。沙冲口以西，旧有一塘，应于干崖一路增设两塘，户撒一路增设两塘，各安兵五名。一切文报，在陇川等处以内，令塘汛驰递，以外令土练驰递。龙陵以南之三台山地方，最为扼要，拟于此处设一小汛，驻兵一百名；又于此内拨兵五十名，分布夏中、弄臭、遮帽、猛戛等处，率同土练，严查出入。……顺宁一路，每年出防时，亦派兵四百名驻守缅宁。查缅宁本有兵三百名常住，今拟于顺宁营再拨兵一百名添驻，可免每岁派拨之烦。"高

---

① 《清高宗实录》卷一〇一三，乾隆四十一年七月乙亥。
② 《清高宗实录》卷一〇四九，乾隆四十三年正月戊子。

三、清朝与缅甸的战争

宗同意了这一方案。① 如此一来,不仅减少了驻防兵丁,在春深瘴发的时候,又可将一部分驻防兵撤回,只留数量很少的兵丁稽查防守。其办理方法,如乾隆四十七年(1782)丙寅云贵总督富纲奏:"腾越、龙陵以外杉木龙、干崖、三台山等处驻防弁兵,现届春深,节气渐暖,例应撤回。除三台山弁兵全撤,无庸留驻外,杉木龙汛酌留将弁七员,兵二百名;干崖汛酌留千、把、外委五员,兵一百名,分布关卡,率同抚夷弩手实力巡逻。"② 仍规定,每年兵弁出防、撤回,均需奏报。此后,又不断在要隘地方增设汛塘,缉拿私贩。

乾隆五十三年(1788),中缅双方重建宗藩关系,高宗于五十四年(1789)三月二十四日上谕:"滇省与缅甸交界之杉木龙等处,向亦驻兵巡守。现在缅甸抒诚纳款,沿边一带亦可毋须多兵驻扎,并著富纲酌量情形,奏明减撤。"③ 富纲遵旨酌议,自然是裁多设少,仅留少量汛塘,实际等于裁撤了这一带的边防。

普洱一线的防务。除腾越一线外,普洱一线也是当时防御缅甸的重点地区,中缅战事就是从这里开始的。征缅战事结束后,高宗就着手布局普洱一带的防务。乾隆三十五年(1770)五月二十六上谕:"普洱边外九龙江一带,为向来贼匪出没之所,且召散潜窜彼处,恐其乘间滋事,以谕令阿桂、彰宝留心防备,并令将作何经理之处妥议具奏矣。"阿桂等奏:"防范九龙江一带,查普洱各营兵,除分驻外,存城只一千余名,秋冬沿边派驻,力难充足。应添兵一千名,与边外土练一千五百名,给粮同驻,相机堵剿。"④ 随后,副将军阿桂、云贵总督彰宝又奏报布防情况:"查该处现在奏请复设土练一千五百名,散布之各土司地方,原不见多,其协防官兵及普洱本镇之兵,若又零星分布,则贼匪骤至,势不能一时毕集,及调集,而贼又远扬,终不得大示惩创。惟在审度地势,择其要害,分驻官兵,勤加侦候,并将贼匪每年窜入之路踩访确切。该镇与迤南道唐庚衡等度情形,将某处为贼匪必由之路,某处为贼匪旁逼之区,务期了然于心。

---

① 《清高宗实录》卷一〇五八,乾隆四十三年六月己亥。
② 《清高宗实录》卷一一五三,乾隆四十七年三月丙寅。
③ 《清高宗实录》卷一三二三,乾隆五十四年二月庚戌。
④ 《清高宗实录》卷八五九,乾隆三十五年五月壬寅。

谕令各土司，将来遇有贼匪滋扰，如其为数无多，即就本土司所有之土兵，尽力剿杀，或知会邻封土司，彼此合力堵剿；若贼势稍众，土司等不妨坚壁清野，使贼无可掠，仍将贼众情形及向往路径飞报官兵，镇将即带兵对面扑杀，而各土司亦调集土练截其归路，前后截击，必能多有擒杀。而乌合流匪亦可知所惩创，一二次后，自不敢复蹈故辙。"并以思茅以外瘴疠最盛，每岁防兵住于补角、茨通，一遇初夏瘴发，即行撤防。① 可以看出，由于自然条件的限制，清军在普洱一线的防守，较腾越一线薄弱些，沿边最前沿的防守，实际上是交给车里土司负责。然而，在乾隆三十八年（1773）时，发生了车里土司刀维屏携眷逃往境外之事，云贵总督彰宝遂奏请将车里土司"改土归流"并设专营在茨通驻守，拨景蒙、元江两营都司一、中军守备一、左右两哨千总各一、把总各二、外委千总各一、外委把总各二，共兵500名组成此专营。并将土练改为屯兵，拨给庄田耕种。高宗钦赐营名为"普安营"。② 之后，又将驻扎镇沅的左营游击及其属下兵丁475名移驻普洱。③ 这实际上将防线前移，把防控体系推进到了九龙江以外地区。

重建藩封

乾隆四十一年（1776），原车里土司刀维屏携眷投回，被拘禁省城。鉴于"刀氏管理车里夷众已二十四代，众不能忘。自刀维屏弃职潜逃，曾委刀应达暂管宣慰司，转滋事故"，而且"普安营瘴深，兵丁等惮于派拨应募，且孤悬江上，不足控制各猛""弁兵瘴故甚多"，经大学士阿桂、云贵总督李侍尧奏请，以刀士宛为宣慰土司，恢复设置车里宣慰司，并奏请裁撤了普安营，原各营派来的兵丁仍归本营。此奏获得高宗的批准。④ 普安营的裁撤，实际上使普洱沿边的防守又恢复到了原来的态势。

---

① 乾隆三十五年闰五月二十九日，阿桂、彰宝《复设土练助剿贼匪折》，档案号：04-04-01-0286-010，中国第一历史档案馆藏。
② 乾隆三十八年五月十三日，云贵总督彰宝《遵旨查办刀维屏携眷潜逃案并请裁撤车里宣慰司改设专营拨兵驻防折》，档案号：04-01-01-0320-037，中国第一历史档案馆藏；《清高宗实录》卷九六四，乾隆二十八年八月庚了。
③ 《清高宗实录》卷九六三，乾隆三十九年七月戊寅。
④ 《清高宗实录》卷一〇三四，乾隆四十二年六月己巳。

三、清朝与缅甸的战争

其后，清廷采取孤立和遏制缅甸的措施，严禁关市，一度还派兵袭扰，并建立和强化与老挝、暹罗、越南的宗藩关系，使缅甸在东南亚愈感孤立。乾隆四十一年（1776），缅王孟驳死后，缅甸政局发生动荡，在内外交困中，遂于乾隆五十二年（1787），"缅酋孟云遣大头目叶渺瑞洞、细哈觉控、委卢撒亚三名，……恳求进贡"。乾隆五十三年（1788），缅甸再次向清朝具表纳贡，并派遣使臣于乾隆五十三年九月至北京。"五十四年，孟云遣使贺（高宗）八旬万寿，乞赐封，又请开关禁以通商旅。帝皆从之，封为缅甸国王，赐敕书、印信，及谕制诗章、珍珠手串，遣道员、参将赍往新都蛮得列（即曼德勒），定十年一贡。"① 高宗正式敕封孟云为缅甸国王。至此，清缅双方结束敌对状态，宗藩关系得以重建。

---

① 赵尔巽等：《清史稿》卷五二八《属国传三·缅甸》，第 13680 页。

四、安南之役

四、安南之役

1. 清前期与安南的关系

宗藩关系的建立

越南古称交阯（趾），与中国广西、云南壤境相接，两国关系源远流长，其国家发展及其与中国的关系，清人陈其元曾有过大致的记述："交阯古属中国，尧典宅南交，此见于经文最古者。汉魏六朝及隋唐五代，均设官置守。至宋初，丁氏始建国，称安南。二世十三年，亡于太宗时。黎桓二世三十二年，亡于真宗时。李公蕴八世一百二十年，亡于理宗时。陈日煚十二世一百七十年，至明建文时，为黎季犁所篡而亡，明成祖发兵灭之，交阯仍归中国三十年。宣宗时，复为黎利所据，传十世，至黎譓，为莫登庸所逐，时嘉靖元年也。世宗削其王封，改为安南都统使，传二世，至神宗，又为黎维潭所并。维潭传至裔孙维祁，于我朝乾隆时，为阮光平所灭。"①

秦汉以降，千余年间，今越南北部曾置于中原王朝郡县辖区之内，称交阯。唐末五代，中原王朝在交阯的统治开始动摇，至宋代始脱离中央王朝的统治，独立建国，由内郡变为藩属，并改称"安南"，与其后中原各王朝始终维持着名义上的宗藩关系。明永乐三年（1405），明成祖以黎氏篡夺陈氏政权而自立，以30余万大军攻入安南，占领其北部，并在此驻军。此后，明朝在安南的统治难以为继，至宣宗元年（1426），明朝军队从安南撤出，安南豪族黎利称帝建国，国号"大越"。明宣宗四年

---

① 〔清〕陈其元：《庸闲斋笔记》。

（1429），明廷敕封黎利之子黎麟为安南国王，双方正式建立起宗藩关系。隆庆六年（1572），安南权臣莫登庸篡夺黎氏政权，建立莫朝。而黎朝另外两位权臣阮淦、郑检，则拥立黎朝宗室在安南北部的清化、义安地方重建政权，形成以清化为界，北部由莫氏控制，南部由黎朝后裔掌握，长久陷于南北纷争的局面。嘉靖十八年（1539），明朝廷出于维护与安南黎朝宗藩关系的需要，声言要派军队讨伐莫氏。受此威胁，莫登庸即于次年亲入镇南关请降，明朝封其为安南都统使。此后，在黎朝的不断打击之下，莫氏势力渐衰，所能控制的地区仅有高平一带地方。明朝对安南境内存在的两个政权，即安南黎朝、高平莫氏均予以承认。而在黎朝内部，阮氏与郑氏共同扶持黎朝的局面不久即被打破，权臣郑检及其子孙开始操纵黎朝朝政。为避免遭到郑氏迫害，阮氏自请镇守顺化。之后，阮氏被封为顺化广南将军，并加予世袭王爵。阮氏经营顺化、广南，势力逐渐壮大，与把持黎朝朝政的郑氏矛盾日渐尖锐。经过几次战争，双方谁也没办法将对方消灭，形成划江而治、南北对峙的局面。明清鼎革之际，在今越南境内存在安南黎朝、高平莫氏和广南阮氏三支较大的政治势力。

顺治元年（1644）清军入关，明清鼎革，南明隆武、永历两个小朝廷相继建立，活动于福建、广东、广西、云南等省。至十六年（1659）清军攻占云南，永历帝逃入缅甸之前，安南黎朝、高平莫氏都拒绝与清朝发展官方关系，而与南明隆武、永历政权保持接触与联系，甚至双方还建立过宗藩关系。广南阮氏由于其辖地离中原较远，与南明各政权几乎没有过往来。随着清朝统治的逐渐稳固，面对强大的近邻，安南黎朝与高平莫氏都不得不开始与清朝往来。

高平莫氏所据有之地与广西归顺州（今广西靖西、那坡两县境）接壤，南明永历政权曾控制这一地区，并一度升归顺州为兴明府。当清军进入归顺州后，南明德阳王朱至㵞等逃入莫氏所控制的地区避难，清政府要求莫氏将其交出，莫氏拒不受命，于顺治十五年（1658）秋，乘明清更替之机侵占归顺州部分地区。劝告无效，清军反击，将莫氏势力驱赶出境。是年冬，安南都统使莫敬耀行文两广总督李栖凤，称颂"恭遇大清一统四海"，特遣使"谢罪"，并"纳款投诚，代申贺揭"，恳请清朝"义体九经，情垂异域，准首先向化，悯其波荡播迁，布圣人大赏之恩，施天地栽培之德，使本司得以恢复旧疆，述陈厥职，事事仰朝廷之德，年年沐朝廷

四、安南之役

之恩，与国家同其天地久长"，称是"本司之大愿望也"。① 很显然，莫敬耀已明白清朝取代明朝统治中国的事实，表达了"纳款投诚"和与清朝建立宗藩关系的意愿，希望通过建立起与清朝的联系，获得清朝对其地位的确认，借助清朝的力量"恢复旧疆"。此时，清政府并不清楚莫氏只占有高平（今越南之最北端，今名与之同）地方，以为莫氏是"安南远方一国"的统治者，因此对兵部拟定仍沿袭明朝敕封莫敬耀为安南都统使的建议予以否决，称"授都统使，给与敕印，系故明之例，本朝不宜沿袭。安南远方一国，莫敬耀倾心向化，自当另授官职，以示鼓励"。但当弄清楚莫氏只占有安南之一隅的情况后，便做出改变，仅将莫敬耀"封为归化将军，以示鼓励"。莫敬耀还未得受封即已亡故，清政府于顺治十八年（1661）年底，仍按明朝之例，敕授"归化将军之子莫元清为安南国都统使"。②

安南黎朝与清朝建立联系，始于顺治四年（1647）。是年，清军攻占福建，安南国王向南明隆武政权进贡的使臣仍滞留于此，被拿获，"执送京师"。清廷未将其杀害，而是赐给衣帽、缎帛等物，让其将清朝颁发给安南国王的敕书携带回国，交与国王。敕书大意为：安南国世世臣事中国，遣使朝贡，业有往来。今大清王朝已抚定中国，视天下为一家，尔国若能顺天循理，将明朝所给封诰、印敕遣使送至京城，朝廷照旧封赐。③ 表达了与安南建立宗藩关系的意愿，但未得到安南的回应。顺治十六年（1659），清军平定云南，安南国遣使至军。④ 顺治十七年（1660），安南国都将、太傅、宗国公武公悠遣玉川伯邓福绥、朝阳伯阮光华等"赍启赴信郡王军前，摅忱纳款"⑤；十八年（1661）又"奉表投诚，附贡方物"。清政府以安南国王"输忱向化，深可嘉悦"，⑥ 不应以"故明卑视外国之礼议复"。⑦ 不仅发给其敕书，还厚赏黎氏。至于双方是否建立宗藩关系，清政府所开出的条件是安南必须首先缴出明朝所颁赐的印信，而黎朝则坚

---

① 《明清史料庚编》上册第 32 页，《两广总督李栖凤揭帖》，顺治十七年二月初六日，中华书局，1987。
② 《清圣祖实录》卷五，顺治十八年十一月乙卯。
③ 《清世祖实录》卷三二，顺治四年六月丁丑。
④ 〔清〕魏源：《圣武记》卷六《乾隆征抚安南记》，第 275 页。
⑤ 《清世祖实录》卷一二七，顺治十六年七月丙申。
⑥ 《清世祖实录》卷一四〇，顺治十七年五月癸丑。
⑦ 《清圣祖实录》卷二，顺治十八年三月甲申。

持"前朝旧制，原不缴换敕印，唯待奉准贡例，依限上进"①，不肯缴出，双方于此产生分歧，建立宗藩关系之事被暂时搁置。对于清朝而言，要安南国缴出明朝的敕印，属原则性的问题，涉及安南对明朝的态度和对清朝统治合法性的认可，不可能让步。康熙二年（1663），黎朝遣使"如请岁贡"，且因黎神宗崩逝向清政府告哀，并为之前"请敕谕并馈银两"向清朝"谢恩"。② 对黎朝的"初次入贡"及表现出建立宗藩关系的愿望，清政府很重视，在"优赏安南国王嗣黎维禧"的同时，派出内秘书院编修吴光为正使、礼部司员朱志远为副使，前往安南致祭。③ 二月，安南提出派遣官员携带明朝敕印至镇南关当面销毁的折中方案。清朝认为此举"殊非尊奉天朝之礼"，并以严厉的措辞晓谕安南国王："速将伪敕印送京，准其入贡，否则绝其来使。"④ 迫于形势和清朝的压力，康熙五年（1666）夏间，黎朝遣人"缴送伪永历年敕命一道，金印一颗"后，清政府于次年正式册封黎维禧为安南国王，并确定之后安南"六年两贡并进"⑤，双方正式建立起宗藩关系。

上述过程表明，清朝与安南黎朝双方均有建立宗藩关系的愿望和需求，焦点在于建立宗藩关系的前提。清政府要求安南承认其统治的继承性、合法性，并"恪守藩封，长为屏翰"，⑥ 形成万邦来朝、天下一家的局面；安南则希望通过清政府的册封，得到承认和保护，以增强其对内的统治并从与清朝的交往中获取经济利益。双方的往来，作为属国的安南，须保证"臣事中朝，恪修职贡"，国王去世则须向清政府遣使告哀；作为宗主国，清政府则要向安南颁发敕印，安南国王去世告哀，则要遣官致祭，册封新国王；安南进贡则需赏赐，等等。

就在与清政府正式建立宗藩关系后不久的康熙六年（1667），安南黎朝"大举进征高平"，安南都统使莫元清无力抵抗，率部众进入中国避难，并向清朝"上疏陈述"。清朝以宗主国的身份传谕黎朝，指出：虽然黎、

---

① 《清圣祖实录》卷四，顺治十八年闰七月庚子。
② 《越史通鉴纲目》正编卷三三。
③ 《清圣祖实录》卷一一，康熙三年三月丙午。
④ 《清圣祖实录》卷一八，康熙五年二月己卯。
⑤ 《清圣祖实录》卷一九、卷二六，康熙五年五月壬寅、康熙七年五月甲子。
⑥ 《清圣祖实录》卷一〇七，康熙二十二年正月戊辰。

四、安南之役

莫之争"已世远年久",但莫朝"先经纳贡归诚",即莫朝在黎朝之前就已受封,清政府将莫朝与黎朝都视为藩属国,因而指责黎朝"残破高平地方,杀戮兵民,殊为不合"。① 康熙八年(1669),清政府派出内秘书院侍读李仙根、兵部职方司主事杨兆杰为正、副使,到安南调解。迫于清政府的压力,黎朝将高平所属石林、广渊、上琅、下琅四州归还莫朝。② 其后,莫元清再次上疏,提出还有"保乐、七源二州,昆仑、金马等十二总社未还,请再敕谕黎维禧全归侵地"。康熙十二年(1673年),清政府以当初莫朝只提出归还高平,未提及上述这些地方,且"事属外国,结案已久,屡行妄奏,殊为多事,应毋庸议。"即要求莫朝承认现状,不愿再过多插手黎朝、莫朝之间的纷争。

至康熙十六年(1677),正值清军在平定"三藩之乱"节节胜利之际,清朝敕谕安南国王黎维禧,向其通告吴三桂叛清的罪状,"恐其穷迫,逃窜滇南,依恃险阻,致稽天讨"。要求黎朝"遴选将士,协心勠力,攻其险要,捣其巢穴,早靖逋逃之寇,用彰忠义之猷"。③ 对清朝的要求,黎朝并未正面回应,而是向清朝控告高平莫朝接受吴三桂给予的"伪号"和"资其兵粮"等罪状,借机出兵攻打莫朝。莫朝再次率众逃入中国避难,并向清朝申辩其"并无从逆助恶,扰害地方之迹"。在平定"三藩之乱"后,康熙二十一年(1682),清朝宣布将已病故的莫元清"革去都统使之职",将莫元清之弟莫敬光及其眷属等"一并发回安南",责令安南"将敬光等毋致残害,务令安插得所"。在解送途中,"莫敬光续经病故,及族眷、百姓陆续逃故"。④ 至此,高平莫朝政权覆灭,安南北部尽归黎朝所有。

安南黎朝虽与清朝建立起宗藩关系,但其内部长久以来"黎氏为王,郑氏执政"的局面依然如故,朝政由郑氏子孙所把持,任意废立君主,而郑氏仍假借黎朝之名向清政府进贡不绝,于旧君去世,新君继位,也向清政府告哀、请封,尽藩封之责,而其国内的实在情形,清朝并不知晓。

---

① 《清圣祖实录》卷二五,康熙七年四月庚寅。
② 〔清〕李仙根:《安南使事纪要》,齐鲁书社,1996。
③ 《清圣祖实录》卷六九,康熙十六年十月丁巳。
④ 《清圣祖实录》卷一〇二、卷一一一,康熙二十一年四月丁亥、康熙二十二年七月癸巳。

总体而言，清政府处理与安南黎朝的关系，一直以不干涉其国内事务为原则，双方的宗藩关系也一直维持。进入18世纪后，黎朝国内各种矛盾交织，并不断激化，各类起事、起义不断，甚至扰及中国边境。对此，清朝要求封疆大吏"严守疆宇，以徐观动静""严饬弁兵，稽查防范"，不得"乘安南多事之秋，时萌好大喜功之念"。甚至对安南所提出的无理的领土要求，也时行退让。雍正时期，安南黎朝侵占大赌咒河以北、马伯汛以南的大片中国土地，云南封疆大吏向世宗奏报并主张收回，而世宗以安南国王"恭顺""天朝不与小邦争利"的心态处理此事，最终将此大片土地"赐给安南国王"。

而对安南境内的广南阮氏政权，清朝与之辖境相距较远，仅以海洋相接，除民间贸易以及处理一些遭风飘至安南的官民事务外，双方往来不多。与安南黎朝相较，清朝对广南阮氏政权的了解不多，但视其为与安南黎朝一样的独立政权。乾隆时期纂修的《清朝通典》《清朝文献通考》，虽介绍"广南"的内容较少，并称"广南，古南交地，王阮姓，本中国人，历代未通职贡"。将"广南"与"安南"并列，都视之为独立国家。在越南史籍中，有广南阮氏政权曾于康熙年间向清朝求封的记录。① 而对此，清朝官方文献没有任何记载。

西山阮氏崛起与黎氏失国

18世纪中期，在今越南境内，除安南黎朝与广南阮氏政权继续对峙外，在广南阮氏政权辖境内之顺化（今越南顺安）西山悄然兴起另外一股势力，并很快发展为一支强大的力量，相继攻灭广南阮氏政权、安南黎朝，并导致其与清朝发生战争。

世居安南怀仁、绥远的乂安县豪富阮岳、阮惠、阮吕三兄弟（史书又书为阮文岳、阮文惠、阮文吕），因家道中落，逃债避居西山，在此集聚起一帮人马，打劫官府、攻城略地，声势日盛，史称"新阮"，而称原广南阮氏为"旧阮"以示区别。又因其崛起于西山，因此也称为"西山阮氏"。是时，黎朝权臣郑森当道，窃取国印，废立世子，甚至欲谋取大位，但忌惮广南势力，于是诱使西山阮氏进攻广南阮氏，即以"新阮"攻

---

① 见〔安南〕黎贵惇《抚边杂录》卷五。

四、安南之役

"旧阮",自己希图坐收渔利。① 此时,广南阮氏政权内部正发生着重大变化:乾隆三十年(1765)五月,广南王阮福阔卒,世子阮福昊又早故,嗣孙阮福旸年幼,权臣张福峦拥立阮福淳嗣统,操纵国政,专恣暴虐,民心叛离。② 乾隆三十四年(1773),"新阮"的阮岳、阮惠兄弟以讨伐张福峦为名,于西山起兵,并迅速攻占归仁城,掠延庆、平康等地,占据广义以南之地,在一些史籍中被称为"西山起义"。

安南黎朝与广南阮氏政权(旧阮)长期构衅,黎氏欲除"旧阮"而后快,因此,"西山起义"后两年,即乾隆三十九年(1774),黎朝也派兵南下攻打"旧阮"。在"新阮"与安南黎朝的夹攻之下,"旧阮"抵抗了不到两年便即覆灭。于是,"新阮"归顺黎朝,黎朝权臣郑森封阮岳为广南镇守宣慰大使。是时,广义恶疫流行,黎朝军队退回富春(今越南顺安之西),广南之地遂尽归"新阮"所有。不久,黎朝权臣郑森病故,郑氏子孙争权,内部政局不稳,镇守义安的黎朝参军阮有整投降"新阮",将黎朝国内政局动荡及防守布置情况尽告知于"新阮",致使"新阮"有了觊觎黎朝京城的可乘之机。"新阮"储饷缮械,厉兵秣马,声势日盛。阮岳于乾隆四十三年(1778)称帝,以是年为泰德元年,为进攻黎朝做准备。

"乾隆五十年,国王黎维禟老病,长子早殁,嗣孙黎维祁年少,国印被辅政郑栋攘窃。到五十一年六月间,西山土酋阮岳作乱,以诛郑栋为名,令他兄弟阮文惠攻破黎京,郑栋战败逃奔,在路上自尽,国印遗失。"③ 乘黎朝内部混乱之际,乾隆五十一年(1786)五月,阮岳以大将阮文仕统帅左路军,以降将阮有整统帅右路军,以其弟阮文侣统帅水师,以其另一弟阮文惠为龙骧将军,节制水陆各军,借口郑氏专国,人心不附,打着"伐郑扶黎"的旗号分道北上,直趋富春。在攻下富春后,阮文惠听从降将阮有整的建议,在未获得其兄阮文岳的首肯之下,率军攻入黎朝都城昇龙(今河内)。为表明自己"尊扶黎王",并没有独王安南的野心,阮文惠奏请黎王设大朝仪,并献上兵民簿册。国王黎为禟带病接受,颁布一统诏书,并册封阮文惠为"元帅扶正翊运威国公"。此时,黎王病

---

① 〔清〕魏源:《圣武记》卷六《乾隆征抚安南记》。
② 转引自蒋君章《明遗民对越南建设与统一的贡献》,《中越文化论集》第 48 页。
③ 乾隆五十四年六月初四日阮辉宿等供折,转引自庄吉发《高宗十全武功研究》第 338 页。

势沉重，向阮文惠托以国事。阮文惠覆称："早晚南归，国事非所敢预。"是年七月十七日，黎王黎维禟病逝，皇太孙黎维祳即位，后改名黎维祁，以明年为昭统元年。

此前，阮文岳派遣阮文惠等攻取富春时，并没有计划要乘势进取黎朝都城昇龙。当阮文岳在得知阮文惠攻下昇龙的消息后，大惊失色，认为在没有准备好的情况下仓促深入到黎朝都城，得之易，守之难，且阮文岳知道自己的这个兄弟向来"狡很性成"，攻下昇龙后有了资本，踌躇满志，定会据地自雄，以后便再难以驾驭。于是，阮文岳率领亲兵抵达黎京，表面上声称是防其弟阮文惠遇有不测，前来接应，实际是为监视其举动。"阮岳外示尊扶，内怀反侧，官民都忿急赴援。到八月里，阮岳们就遁去了。闻得兄弟不和，阮文惠在顺化地方据城拒兄，阮岳就往广南去了。"① 阮氏兄弟于是年八月间，将昇龙城洗劫一空，撤兵南归，满载珍宝货物回到归仁城，昇龙遂成为一座空城。阮氏兄弟在占领昇龙城后，没有长期占据，或以此为据点扩张其势力，其原因：一是"各处官民忿激赴援"，说明此时黎朝统治区的官民并不认可阮氏的统治，这令阮氏兄弟难以应付。二是，此次出兵打着"尊扶黎王"的旗号，长期在黎朝都城赖着不走，道义上也说不过去。另外，阮氏兄弟之间存在矛盾，若不撤出昇龙，阮氏兄弟之间的矛盾便会进一步激化和公开化。

阮文惠等从昇龙撤出时，因"有向依阮岳之供靖，即贡整（按：即阮有整），先同阮岳都在黎京，阮岳恐他泄计，把他弃下。嗣孙察他无贰，委令带兵讨寇"。② 此处阮岳，当为阮文惠。"恐他泄计"，是指之前阮文惠听从阮有整的建议，进兵昇龙，阮文惠害怕阮有整将此情况泄露出来，因此将其留在昇龙城内。阮有整颇有才干，乾隆五十一年（1786）九月，郑氏后裔兵围黎都，逼迫黎维祁继续维持以往郑氏专国的局面时，嗣孙黎维祁急召阮有整入朝保卫。阮有整领兵击败郑氏，因此受黎维祁赏识和信任，拜阮有整为"平章军国重事大司徒"，委以军国重任。阮有整执掌黎朝朝政后，威权日重，结党妄行，专横独断，逼凌王室，黎维祁对此无可奈何！

---

① 乾隆五十四年六月初四日阮辉宿等供折，转引自庄吉发《高宗十全武功研究》，第340页。

② 乾隆五十四年六月初四日阮辉宿等供折，转引自庄吉发《高宗十全武功研究》，第340页。

四、安南之役

阮文岳、阮文惠兄弟自昇龙城南返之后，阮文岳留其心腹大将阮睿镇守义安。义安"在安南之南十二站，距内地龙州（今广西龙津县）二千余里。其广南地方又在义安之南三站，离内地边界甚远"。① 战略地位十分重要，为阮氏之根本重地，猛将精兵云集。乾隆五十二年（1787）四月，阮文岳于归仁城称帝，自称"中央皇帝"，封其弟阮文惠为北平王，镇守富春，阮文吕为东定王，镇守嘉定。之后，阮文岳、阮文惠兄弟之间的矛盾激化，直至兵戎相见。阮睿密商阮有整共同进攻阮文惠，阮有整并未答应，而阮文惠召令阮有整南返归营，阮有整也拒不赴召。阮文惠、阮文岳两军在义安展开激战，阮文惠军获胜，之后便乘机北上，命其心腹大将伍文仕带兵进攻清化，以大将吴文楚（又称吴初）为接应。清化守将不敢应战，阮文惠军占领清化，并突破祯山江，进逼昇龙。阮有整亲率数万精兵，仓促间在青厥江北岸筑垒固守，拒抗阮军。阮有整军疏于设防，至深夜被伍文仕派人抄袭劫杀，全军溃散，阮有整仅带领数百人众脱逃，奔回黎京，黎朝宫室一片惊恐。乾隆五十二年（1787）十二月，黎维祁命其弟黎维袖保护后宫母后、王妃、宫嫔及王子逃出京城，奔高平避难，自己则在阮有整等数千残兵散卒的护卫下逃奔处北。伍文仕带兵进入昇龙城，黎京失陷，黎氏失国。

黎维祁及其眷属出奔后，阮文惠派兵追杀。黎维祁一路在奔逃途中与追兵接仗数次，阮有整被擒，被送至黎京肢解而死，安南各处望风披靡，纷纷投降阮文惠。黎维祁无可依归，仅在数名随从的保护下东躲西藏，潜匿于处北山中的农户家里，十天半月便变换一次住所。安南王眷一路，由谅山奔高平。忠于黎氏的高平镇都统阮辉宿闻知，即前往迎候，暂时将王眷安顿在高平住居。乾隆五十三年（1788）春，高州藩目闭阮俦、闭阮仕兄弟投降阮文惠，并引导阮文惠军追杀王眷，阮辉宿等保护王眷向中国边境方向奔逃。五月初四日，逃至广西边界博淰地方，因为此地不是两国的正式关口，王眷等不能进入中国境内避难，于是又逃到龙州斗奥关隘。斗奥隘口在距龙州120里之外，隘口外有一条溪河，即水口关大河，为中国与安南的界河，河面较宽，但河水不深，也不甚急。王眷等一行奔逃到河岸，便隔河呼救。此时后面追兵赶至，情急之下，阮辉宿等背负其国王母

---

① 乾隆三十九年七月初二日，广西巡抚熊学鹏《奏陈访得安南内讧情形事折》，《宫中档乾隆朝奏折》第三十五辑。

亲等老幼涉水过河，来不及过河的都被追兵赶上杀死。恰在此时，龙州通判陈松、护凭营都司陈洪顺巡查边隘路过此地。驻守斗奥弁目黄成凤、邹升等听到河岸对面的呼救声，便迅即向陈洪顺等报告，陈洪顺即会同陈松等带兵前往河边察看。陈松等正在向呼救之人盘问之时，河对岸追兵仍欲下河追赶，见北岸清兵甚多，阵势也强，便不敢过河，随后遁去。陈松等查明情况后，知是安南国王眷，男、妇、老、幼共62口，其中有安南国王黎维祁之母阮玉素、王妃阮玉端、王子黎维诠。陈松等一面将情况飞报广西巡抚孙永清，一面将王眷等暂行安置于龙州城内。① 之后，阮辉宿等向陈松、陈洪顺呈递禀帖，说明安南内乱、黎京沦陷、王眷避难到此，越关进入中国避难的情形，其云：

安南高平府都同阮辉宿、长派侯黎侗、迪郡公黄益晓等，奉本国王嗣孙母阮氏玉素命，谨熏沐顿肃束于天朝广西龙州分府陈、龙凭营都闻府陈上堂会照：由于上年十二月初二日，本国适有广南伪节制阮岳，一名文平，伪泰德十一年，这系别阮姓，非辅政阮姓者，彼弟阮惠，伪称上公，差伪节制阮任（按：即阮文仕）领兵数万，直犯京城。本国王嗣孙领各道兵马会剿，敌众屡败。本年三月，阮惠毕众赴援，国王避于山南下路。职等奉王母、王子、王妃避居高平之那侣。五月初九日，蛮兵突来劫寨，追杀甚迫，无处奔逃，奉王嗣孙母命，走依贵辖。窃思本国黎王累世臣事天朝，仰蒙圣天子柔远涵育。今遭此变，故越壤投生，统祈列台上堂垂顾，转呈上宪，以事题奏，仰惟天覆地载，非所不容，轸及南服，国王臣黎维祁一门母子均在衿恒，庶得穿吃有依，偷生岁月。待国王凭仗天朝威德，幸克旋京，仍修礼祈请奉迎还国，恢恢荡荡难名天皇帝至仁盛德，亦由列台厚邻悯穷之赐也。今肃束！乾隆五十三年五月十二日。②

---

① 《钦定安南纪略》卷一，第18页，《上谕军机大臣》，海南出版社，2000。
② 军机处月包折，乾隆五十三年五月十二日安南夷目阮辉宿原呈。

四、安南之役

2. "扶黎复国"之决策

判定安南内乱性质

安南内乱,清朝曾获得过一些零星信息,但这些信息既不系统也不完整,更重要的是,未能引起重视。

阮文岳、阮文惠、阮文吕兄弟于西山起兵,并与"旧阮"构衅,之后黎朝派兵北上,与"新阮"联合攻击"旧阮"等情形,在乾隆三十九年(1774),时任两广总督的李侍尧就曾奏报告过一些情况:"(安南)海面往来兵船甚多,风闻安南国王之兄向来分驻西山,今日率众至安南城征战。"并称"该国内乱之际,已秘饬员弁留心防范",以防止"该国夷民窜入滋事"。高宗在要求其"细访其故"的同时,指示"彼国自乱,只可听之",即明白告诫两广封疆大吏,清朝不干涉、不插手、不介入安南国内之事,只需慎重防边即可。① 之后,广西巡抚熊学鹏查访后奏报:"该国黎王及辅政臣郑姓并分驻广南之夷亲阮姓构衅,阮姓领兵打至该国乂安地方。"双方相持不下,广西各边隘"俱属安静",地方已加强巡防,"毋致有匪夷窜入滋事"。② 由是可知,此时清朝君臣对安南内讧情形仍不明就里。及至乾隆四十年(1775)十二月,两广总督李侍尧奏报:"据海口营参将王中立拿获在洋劫夺各盗犯,巡检刘毓琇起获盗首洪阿汉,并究出李阿集等私越外番,得受伪职等情。"高宗指示:"安南阮、黎二姓彼此相仇,即阮翁衮之乘机觊觎,原可置之不问。至李阿集等,以内地民人,胆敢私越外番,乘其内讧,听受伪职,实属不法之尤,自应迅速审明,从重

---

① 《清高宗实录》卷九五九,乾隆三十九年五月。
② 乾隆三十九年七月初二日,广西巡抚熊学鹏《奏陈访得安南内讧情形事折》,《宫中档乾隆朝奏折》第三十五辑。

究拟。"① 对安南内讧可置之不理，但对内地民人私越进入安南，并接受阮氏伪职，参与其事之人，则认为是不法之尤，可见清朝处理自己国内的内部事务和藩属国内部事务的原则和态度迥然不同。接着，福建巡抚钟音又奏报："据拿获自安南回闽之欧盛祖、王四海等供称，安南黎姓驻扎东京，本受我朝封号，其西南一带向为阮姓占据，近因阮王身故，庶子继立，有阮岳，即阮翁衮，自称西山王，以除奸立嫡为名，召集内地民人李阿集、李阿智，分管兵马船只，争得地方，并索诈民番，受职役使。嗣有东京王遣国老带兵攻击，阮岳败走，李阿集、李阿智等始分头逃窜等语。"高宗指出："此案前据李侍尧节次奏报，拿获各犯讯供，止称阮岳招集民番，构兵滋事，旋因兵败人散，并无东京王遣国老带兵击败之语。今闽省欧盛祖所供，此一情事，与粤省原供不符。黎、阮二姓素来不睦，今阮姓自相构衅，与黎姓本无干涉，黎姓之王自不值为其发兵攻击。或系黎姓欲乘阮姓内讧，借兴兵靖乱为名，希图吞并其地，以除后患，亦未可定。"② 乾隆四十一年（1776）三月，两广总督李侍尧会同广西巡抚熊学鹏覆奏：闽省拿获欧盛祖等，系李阿集等一同在番地滋事之犯，饬提详审，供称并无东京国老兵来之事，并请示高宗，可否行文安南国王查覆。高宗谕令："亦不必矣。外国之事，总以安静为要。"③ 易言之，即藩属国之事，只要没有影响到清朝自身，那就是藩属国自己的事，与"天朝"无关，不必深究和干涉。虽然此时清朝对安南国内的局势已有了进一步了解和认识，但信息都是来自从安南回到国内的民人所述，并非来自安南官方，仍属不得要领。如果清朝想对安南情况有深入了解，原可行文安南直接询问，但其谨守"置之不问"的原则，不愿过多干涉。及至乾隆五十二年（1787）五月，再不见清朝官方对安南局势变动有过任何的记载。

直到乾隆五十二年五月，清朝才知道安南国内正发生重大变故。时任两广总督孙士毅、广西巡抚孙永清奏报，接到安南国王黎维祁咨文："其祖黎维禟病故，其父早亡，以嫡长孙权管国事。"并报告"该国辅政郑栋专擅威福，乾隆五十一年，有西山土豪侵入国城，郑栋败走，出奔被戕，

---

① 《清高宗实录》卷九九八，乾隆四十年十二月壬子。
② 《清高宗实录》卷九九九，乾隆四十年十二月壬戌。
③ 《清高宗实录》卷一〇〇四，乾隆四十一年三月壬午。

亡其国印"，因而请求清政府"另颁新印"。① 此事颇为蹊跷。正如之后孙士毅在咨复黎维祁时所指出的，安南国失去国印事在乾隆五十一年（1786）五月间，此时老国王黎维禟尚在，为何不即"具题请补"？黎维禟病故，安南也未尽藩属国义务向清政府"具题告哀"。安南国事已岌岌可危，黎维祁在咨文中也未将其国内现状如实报告。再者，乾隆四十九年（1784）八月，安南贡使范阮达到热河朝觐，高宗赐宴，范阮达也未将安南实情奏闻。高宗谕令孙士毅咨复黎维祁，明确指出其祖病故，安南并未"具题告哀"，不合藩封之礼，其本人"既未承袭藩封，则名号未定，将何字样给为凭信？"即暂不给予更换国印，要求其派出使臣"询阙告哀"。但为免其"往来跋涉"，允许"将请封、给印二事一并具本陈奏"。② 差不多又过了一年，黎维祁仍未派人前来。就在安南国王眷于乾隆五十三年（1788）五月四日逃到斗奥隘口叩关呼救前半月，即乾隆五十三年四月十九日，孙士毅、孙永清还奏报安南国内讧依旧，认为"该国请印、请封至今未到，自缘内讧耽延"。③

无论如何，毕竟藩属国内部发生重大变故，因此，高宗收到广西巡抚孙永清有关安南国王眷属内投求救的奏折后，便立即就此突发之事做出安排：

第一，命令两广总督孙士毅，"接奉此旨，即驰赴广西龙州办理安南国求救内投之事"。虽然孙永清奏报，自己"接据禀报，即于六月初一日往太平府一带地方巡阅边隘，直抵龙州，查询实在情形"。但高宗认为"孙永清未经历军务，恐于此事不能得有主见"。而孙士毅作为总督大员，曾随赴军营，在其两广总督任上办理军务"亦皆妥协"，因此确定由孙士毅来主办此事。

第二，查明此事的原委和性质。高宗认为："安南若本系阮姓所有，后被黎姓占夺，今阮姓复攻破黎城，是不过恢复旧业，尚易于办理，或竟可从而安抚。若本非阮姓所有，则黎氏传国日久，且臣服天朝最为恭顺，

---

① 乾隆五十二年五月初八日，两广总督孙士毅等《奏为谨拟安南檄谕文稿及该国原文并旧存封印一并呈览折》，《宫中档乾隆朝奏折》第六十四辑。
② 《清高宗实录》卷一二八九，乾隆五十二年九月癸未。
③ 乾隆五十三年四月十九日，两广总督孙士毅等《奏问安南请封未确，探闻该国内讧未靖折》，《宫中档乾隆朝奏折》第六十八辑。

今猝被强臣篡夺,其夷官等带同该嗣孙眷属前来吁救,若置之不理,殊非字小存亡之道。况黎城攻破后,阮姓所占不过一二处地方,则他处尚属黎姓,虽黎维祁懦弱无能,其支姓尚可徐图恢复。若阮姓竟将安南地方全行占据,或黎姓子孙俱被其杀害,又当另为设法查办。"高宗表明了应对此事件的态度,即在查明是非曲直和事件性质的基础上,再确定是承认阮氏占有安南的现状,安抚黎氏,还是将阮氏占据安南确定篡夺性质。如系阮氏篡夺,作为宗主国竟"置之不理",就未能尽到宗主国的道义,"殊非字小存亡之道"。至于采取何种措施,得根据现在安南国内的具体情况而定。

第三,妥善安排内投的安南国王眷属,查找黎维祁下落。高宗指示已驰赴龙州的广西巡抚孙永清:"所有该国现在投到之男妇老幼人等,系避难来投,且有黎维祁母、妻在内,俱应妥为安插,并优给廪膳,毋使失所。"并要其查明"黎维祁究竟现在何处"。

第四,弄清安南国内还有哪些势力继续拥戴黎维祁。高宗认为:"黎姓在安南日久,今被阮姓攻夺,其臣下忠于黎姓者自不止阮辉宿、黎侗二人。阮辉宿等虽已前来吁救,而该国中岂无心怀故主、思灭阮存黎?可以资其力量,相机设法办理者。"要求孙士毅抵达龙州后,向安南陪臣阮辉宿等了解清楚。显然,高宗希望最好能通过黎氏自己的力量复国,而不必劳烦清朝代为办理。①

第五,调遣官兵,加强边防。孙永清在奏报安南国眷属内投时就已报告,已将情况"飞移提督,并饬左江道、太平府会同督饬兵勇,于沿边各隘口严密巡防"。两广总督孙士毅接到广西左江镇的情况禀报后,也立即奏报:"该嗣孙因被追窘迫,挈眷前来,叩关乞命,情殊可悯,自应妥为安顿,力加防护。"且不待高宗谕令,即命令"在于附近地方檄调兵一千名,协同该处兵练分布关口,以壮声威"。并称自己"即日由潮州启程,驰赴龙州,悉心调度"。② 高宗令军机大臣传谕孙士毅,对其"一接禀报即启程速往"之举十分赞赏,称:"如此能知轻重得体,方无愧封疆大臣,实属可嘉!"赏其"大荷包一对,小荷包两对"。但对其奏称黎维祁亲自挈眷内投则颇有疑窦,嘱其见到黎维祁时"详加询问,务得实情"。

---

① 《钦定安南纪略》卷一,第16-17页,上谕军机大臣传谕孙士毅、孙永清。
② 《钦定安南纪略》卷一,第18页,乾隆五十三年四月十九日庚戌孙士毅奏。

四、安南之役

并首次提及清朝出兵安南的想法:"朕意,此次安南内讧,该嗣孙窘迫内投,呈内虽无请兵之语,但其镇目等果能纠集兵民,扫除凶逆,迎还嗣孙,故属甚善。若阮姓仅占据黎城一带地方,而他处尚为黎姓所有,其镇目等虽不能殄灭阮姓,事定后仍可迎还嗣孙,另为布置安顿,是黎姓国祚不至断绝,亦不值兴师代为大办。若阮姓攻破黎城,竟将安南地方尽行占据,或黎姓子孙俱被戕害,是该嗣孙将来竟无国可归。安南臣服本朝,最为恭顺,兹被强臣篡夺,款关吁救,若竟置之不理,殊非字小存亡之道。自当厚集兵力,声罪致讨矣。届期朕自有定夺。"同时又强调,对内投眷属"务宜妥为安插,虽多费廪给,亦不可靳惜";又指出,虽然孙士毅已将广西边关隘口增加 1000 名兵勇,兵力仍不够,"不妨于附近营分再调二三千名,分布关隘,以壮声威",并谕令广西提督三德"在彼统率,妥为弹压稽查"。①

清朝君臣上下开始一面收集信息判断形势,一面商讨对策。

随着信息逐渐清晰,清朝逐渐弄明白:"阮岳并非辅政阮姓,其辅政阮姓六七年前已被阮岳逐去,在嘉定府驻扎,今日不知音耗"。于是将阮岳等人的行为定为"恃强篡夺""为法所不容",并将其称为"贼""贼匪";认为"黎维祁系安南国嗣孙,虽尚未受封,但伊系应嗣封之人,即与国王无异"。高宗此时已做出判断,即承认黎维祁为安南国王位合法继承人,且安南"国中从贼者尚不过牧马、谅山等处,而黎城西圉及迤北等处俱不肯降贼"。因此,"该国境土既未尽归贼匪,人心又戴旧足恃,尚可徐图恢复"。于是,高宗声言:"方今国家全盛,伊犁、金川等处俱以次平定,安南有此篡逆之事,自不能不声罪致讨。"指示孙士毅,可剀切告知黎维祁并檄谕安南各镇目等:"天朝已派调大兵在广西预备,若(阮岳)等仍前猖獗,负固不服,甚至将该嗣孙伤害,其各镇目等亦甘心从逆,天朝即当派员,统帅大兵四路会剿,将阮岳及党羽人等全数擒剿,明正其罪。"② 很显然,高宗已下决心"扶黎复国",但是否真正出兵,尚在犹疑。此情形,从高宗命令军机处将上述寄信孙士毅、孙永清的内容发给阿桂阅看,征求其对此事的意见,亦可概见。

阿桂曾率军平定金川,是乾隆朝中后期的重臣。阿桂在接奉并阅看有

---

① 《钦定安南纪略》卷一,第 19-20 页,上谕军机大臣传谕孙士毅。
② 《钦定安南纪略》卷一,第 22-23 页,上谕军机大臣传谕孙士毅等。

关安南国内情形的奏折后，在遵旨回奏中指出，安南自宋朝建国以后，朝堂更迭数姓，且因其地难以控制，明朝时弃之徼外，之后建立藩封，但其国内政局一直反复，人心也不思定，建议朝廷不值为黎氏兴师大办。考虑到黎氏现已出奔，至今毫无音信，待有确信，权衡轻重缓急，再做定夺。① 显然，阿桂对清朝出兵安南持保留态度。阿桂是高宗所信赖的股肱大臣，他的意见对高宗的决策无疑会产生影响。乾隆五十三年（1788）七月初十日，孙士毅在奏复高宗的询问时也认为："属国内讧，遽费内地兵马钱粮，……似不值如此办理。"建议采取"先声后实"的办法，即在与安南接壤的广西太平府、广东廉州府以及云南的开化府、临安府等处大张旗鼓地"整饬兵马船只，操练扬威，声言克期分道进讨。"檄谕与这四府接壤的安南地方官，要他们"去逆效顺，协力剿贼，护送嗣孙返正，并令将阮岳缚解天朝"。认为一旦上述信息传到安南，"不独未经从逆者坚定心态，自必勠力前驱，即已经从逆者震警风声，亦必反戈相向"。到时，"皇上特派大臣，统领官兵，护送该国眷属出关，令该嗣孙亲至界首，奉母而归"。② 高宗显然接受了阿桂和孙士毅的建议，认为"嗣孙下落尚无确信，若遽声言进讨，不免太早"。同意孙士毅"先声后实"的建议，称"此亦一办法"，是"不动声色之举"。谕令孙士毅，以两广总督的名义向安南国内发出檄谕，声言："天朝已派重兵，预备兴师问罪。"③

清朝在明确"扶黎复国"政策和"先声后实"策略后，所面临的最为急迫之事，就是尽快查明嗣孙黎维祁的下落。此时，护送黎王眷属进关的安南陪臣阮辉宿主动提出，他们陪臣6人，愿留下3人照顾眷属，另外3人分作两路潜回安南寻找嗣孙。一路走旱路，从云南临安府蒙自县进入安南宣光、兴化；一路走水路，从广东钦州龙门海面抵达安南海阳、安广，此二处皆尚未投降阮惠，又与黎维祁的两个兄弟黎维祗、黎维袖驻兵之地及活动据点相通。④ 高宗谕令沿途地方官为其预备好夫马口粮，并每人赏银各100两。⑤

---

① 乾隆五十三年七月五日阿桂奏折，《宫中档乾隆朝奏折》第六十九辑。
② 《钦定安南纪略》卷二，第29页，乾隆五十三年七月初十日孙士毅奏折。
③ 《钦定安南纪略》卷二，第30页，上谕军机大臣传谕孙士毅。
④ 《钦定安南纪略》卷二，第31页，乾隆五十三年七月十四日孙士毅奏折。
⑤ 《钦定安南纪略》卷二，第32页，上谕军机大臣传谕孙士毅等。

四、安南之役

黎王眷属的安全和健康也是清朝所关注的。因"龙州一带逼近关隘,地方窄小,兼值酷暑盛瘴,该眷属不服水土",孙永清等奏请将黎王眷属从龙州移至省城南宁住居。① 另外,鉴于广西境内与安南接壤的镇南、平而、水口三关及各处要隘绵长数百里,虽然孙士毅已遵旨续调附近镇营兵丁分布防守,但仍显单薄,为加强巡防,高宗又谕令两广总督孙士毅、云贵总督富纲在其所辖区域内与安南相接隘口多派弁兵,备齐器械,张大声势。

此时,清朝仍冀望以天朝表明声罪致讨的声威,能使黎维祁振作,使阮氏胆寒,以黎氏自身的力量复国,而不用烦清朝出兵,即达到所谓"吊伐之师未动,兴继之业可成"的目的。但接下来发生的事,则一步一步推动清廷向出兵安南的进程迈进。

乾隆五十三年(1788)七月二十四日,孙士毅奏称:"查阮、黎仇杀由来已久,虽询之阮辉宿等,阮岳系西山小姓,并非辅政大臣,但彼此攻杀,亦以历有年所。即使安南地方此时半归阮岳,如嗣孙在山南一带有地可守,有兵可战,是黎氏国祚未绝,即我朝封爵犹存。至地土之广狭,国势之衰旺,我天朝外藩甚多,势不能为伊等尺寸之计算,自不值以内地兵马钱粮代为大办。倘阮岳竟欲全踞安南,不欲嗣孙得阶寸土,则百几十年来朝贡之国忽焉澌灭,为天朝体制攸关,不得不调集官兵,伐暴讨罪(夹批:朕之所以踌躇,正为此尔!)。谕旨大公至正!臣惟有随时随事恪尊办理。至臣详征舆论,细访夷情,以阮岳包藏祸心,必欲全踞安南而后已。如此时内地不为黎氏助势扬威,恐举国以嗣孙难兴图存,渐就涣散。其时阮岳尽有安南之地,气局已成,非大费内地兵力不能迅速蒇功,转上紫宵旰。是以臣愚请,于附近各省多拨兵弁,训练操防,声言约定师期,分道进剿。臣闻阮岳虽极犷悍,颇晓事体,自问有何力量,岂能抗拒各路王师?势必让出黎城,仍赴贼巢潜匿,以避各路之锋,以伺安南之隙。黎城既复,嗣孙即日仍列藩封。以臣下见,似可不致用兵。抑臣更有请者,如蒙谕旨敕令各路集兵,预备进讨,仰祈特简望隆威重之大臣,面承皇上指示机宜,带领巴图鲁来粤,外夷闻信,以事由睿断,势在必行,愈加震动,当可事半功倍,收效更捷。"②

---

① 《钦定安南纪略》卷一,第24页,乾隆五十三年七月初三日孙永清等奏折。
② 《钦定安南纪略》卷二,第33—34页,乾隆五十三年七月二十四日孙士毅奏折。

细读孙士毅此奏折,可以看出,孙士毅是在试探高宗是否已下决心出兵安南。因为他一会儿说"似可不致用兵",一会儿又说"详征舆论,细访夷情,以阮岳包藏祸心,必欲全踞安南而后已","倘阮岳竟欲权踞安南,不欲嗣孙得阶寸土,则百几十年来朝贡之国忽焉渐灭,为天朝体制攸关,不得不调集官兵,伐暴讨罪"。从高宗的所批"朕之所以踌躇,正为此尔"看,孙士毅所说"百几十年来朝贡之国忽焉渐灭",对高宗触动很大。如果"天朝上国"对安南这样谨守藩封的藩属国失国无动于衷,其他藩属国会如何看待"天朝"?这关系到清王朝所建立起来的"天下一家"的秩序和高宗天下共主的威望。出于对藩属国"字小存亡"的道义担当,助安南黎氏兴灭继绝,申大义于天下万世,便成为高宗的必然选择。

至于孙士毅建议高宗特简望隆威重之大臣带领巴图鲁来粤,也是在试探高宗是否已考虑将自己作为主办安南之事的人选。高宗对此批示:"此又可稍待。安南现在情形,看来尚可不烦我兵力。若由京遽派大臣带领巴图鲁等前往,与用兵何异?况孙士毅如果不能办理此事,朕亦即拣员更换。今孙士毅筹画一切诸合机宜,是此事该督尽能妥办。目下又不至用兵,何必差人前往,致骇听闻!若阮岳始终玩(顽)抗,或竟全踞安南,将黎氏子孙戕害,不得不申天讨,届期朕自有定夺。"由孙士毅主办安南之事,得到了高宗肯定的答复,且再次声明天朝出兵的前提条件,即"阮岳始终玩(顽)抗,或竟全踞安南,将黎氏子孙戕害,不得不申天讨"。

同日,孙士毅还奏报:自己在由潮州赶赴龙州途次接到禀报,称阮岳(实为阮文惠)遣其文渊州夷目黄廷球、阮廷琏到镇南关(今广西凭祥市友谊关),请求赉表进贡,听闻此信后便立即赶往镇南关,于七月初一日,亲自到镇南关顶,督令署理新太协副将王檀站立关墙上,向黄廷球大声呵斥:"尔阮岳逐主乱常,妄思篡窃。总督闻信,亲自到此,正在奏请大皇帝,调取云、贵、川、广、福建各省官兵数十万分路进剿。尔阮岳不思悔罪自新,迎还故主,保全阖家身命,胆敢渎恳天朝纳尔贡物?且尔等夷目,为黎氏职官,一旦反面事仇,代为叩关呼请,实属不知廉耻!本应立拿尔等,请旨正法,姑念微末夷官,不足惩治。可即归谕阮岳,祸福即在

四、安南之役

转瞬，惟其自取。"① 王檀呵斥完后，即将表文掷出墙外。

高宗认为："阮岳逐主乱常，差人进贡，断无即准其纳款之理！"猜测其是害怕清军真的致讨，因此先以此作为试探，"若令不晓事体之督抚在彼，收则惧失国体，不收又虑生事端，岂不至进退无据？"赞赏孙士毅所拟内容"词严义正，足使阮岳闻之胆落""所办实属可嘉"。② 孙士毅此举，在彰显清朝作为宗主国的威严的同时，又表达"拒阮扶黎"决心，也可看成讨伐阮氏的宣言，得到高宗的赞赏，无疑增加了其在皇帝心目中被视为能臣的分量，同时也使清廷朝着出兵安南的方向又前进了一步。

黎氏王眷叩关内投后，陪臣阮辉宿屡次声称：阮氏虽占据黎城，但安南国内仍有许多地方并未投降阮氏，且人心依然戴旧，都想着灭阮扶黎，若得到清朝的出兵进剿，安南兵民必然闻风响应。当孙士毅向安南各地发出清朝预备集兵进剿阮氏的檄文后，在安南国内确实产生很大震动，影响很大，一些土目、厂众等纷纷召集人马，表示愿随清兵进剿，恢复黎氏国祚，甚至阮文惠手下也有倒戈之人。

据孙士毅奏报，原安南国文渊州夷目阮廷沛，携带文渊州印篆，挈同眷属8人来到关隘，口称要见国母。孙士毅明白，因为阮岳已另外派遣名叫黄廷球的"伪官"到文渊州任职，原由安南黎氏任命的阮廷沛"不甘夺职"，才携印挈眷而来。但如果拒纳，安南民众"咸知内地不肯收留，除附从阮岳，更无别路"。在此情形下，孙士毅将内投的阮廷沛等接纳，目的是"适以坚众人之心"。③ 孙士毅将阮廷沛等安插于"内地土司"地面，并令其谒见嗣孙之母，"以坚其内向之诚，而去其从逆之志"。此举意在表明清朝的态度，即安南国内之人，只要心怀故国，前来投靠者，无论何人，清朝都欢迎。

安南国内前来内投之人，还有很大一部分是厂众。安南境内矿藏丰富，明清以来，有所谓"急走夷方穷走厂"之说。许多人迫于生计，从中

---

① 《钦定安南纪略》卷二，第36页，乾隆五十三年七月二十四日孙士毅奏折。《宫中档乾隆朝奏折》所收孙士毅原折，在"胆敢渎恳天朝纳尔贡物"句后，有"我大皇帝行事在三代以上，要使万世瞻仰，岂肯听尔逆臣颠倒衣冠，紊乱王章"，而《钦定安南纪略》则无此内容。

② 《钦定安南纪略》卷二，第37页，上谕军机大臣传谕孙士毅。

③ 《钦定安南纪略》卷二，第36页，乾隆五十三年七月二十四日孙士毅奏折。

国偷逃至安南等地开挖矿藏。这些厂众人数甚多,集聚在一起,形成一股很大的势力。阮文惠占据黎京后,以"十年之内免输厂税"为诱饵,诱惑厂众为其助力,并搜擒黎维祁。乾隆五十三年八月十二日,孙士毅奏报:此前得到消息,距镇南关不到百里的送星、福山两厂头人,对阮文惠诱饵没有允诺,"内地官府"便派人联络两厂,送星厂头人张天厚派遣江朝英、陈忠二人来到镇南关,表示向受黎王恩德,现黎朝存亡未定,闻之不忍,情愿随同天朝大兵进剿阮文惠。但又称因连年荒旱,十室九空,米粮昂贵,集聚数万人,米粮无法供应,又不能去向百姓抢夺,请求清政府接济米粮。孙士毅回称:只要尔等能率领厂众齐心杀贼,对安南而言是仗义,对天朝来说是出力,将奏请皇帝,拨米粮三四万石存贮管内,陆续应付;将来黎王复国后,还将奏请皇帝敕令黎王,不仅宽免尔等十年厂税,并赏给出力头人顶戴,得朝廷官职荣身。① 高宗认为,目下正是需要这些人出力的时候,孙士毅许以恩赏并宽免厂税,令厂众出力剿贼,"此亦一办法";酌量给予米粮接济,"亦无不可",只是强调米粮只能运到隘口囤积,令厂民自行前来领取,并指示对这些人"所有从前偷越之事,亦可不必追问"。②

八月二十四日,孙士毅又奏报:安南谅山镇目潘启德,在投降阮氏后,被视为心腹,于八月初六日,突然带领夷目3名、跟役6名到关,称"身为黎氏人民,误从阮姓。今伏读天朝榜文,愧悔交集,情愿迎回故主,以赎前愆"。潘启德禀报:阮文惠军十分强横,数月以来,安南多数地方已投降阮文惠,之前没有投降的,也被逼勒投顺,嗣孙黎维祁藏身的山南一路也复如此,是以嗣孙不得不逃入山里潜藏。此时,在黎维祁三兄弟中,老二黎维袖被阮兵追获,已经遇害;老三黎维祗,听说被波龙厂民出力保护,没有被害。同日,孙士毅又奏报:有之前也已投降阮文惠的谅山镇文渊、文澜、脱郎、七泉、温州、禄平、安博等七州夷官连名具呈,情愿统率七州义勇效力前驱,并绘制七州地图进呈。又据镇南关守关将领禀报:当阮氏任命的牧马镇伪官带兵路过文渊州时,被州民黄僚达、何锦清等率众截杀,杀死3名,杀伤多名,伪镇官带领余众逃走。黄僚达等将夺得的马匹、枪刀、首级等赴关呈献。孙士毅谕令对出力民人从优给赏,将

---

① 《钦定安南纪略》卷二,第43-44页,乾隆五十三年七月二十四日孙士毅奏折。
② 《钦定安南纪略》卷二,第45页,上谕军机大臣传谕孙士毅等。

四、安南之役

夺得的马匹、枪刀等仍给民人。又有七泉州庄社山头目阮仲科、阮仲邓等5人到关,声称愿带领700人随同清军剿贼。并称阮文岳、阮文惠兄弟见到孙士毅所发檄文,甚为惶惧,已逃往广南旧巢。

据孙士毅报称:清政府榜文一出,安南举国震惕!在奏报上述情况的同时,强调安南国嗣孙黎维祁"现在尚无实在信息。倘因前此为贼追杀,畏葸已深,是以迟疑不出,未能乘此收复地方,则土酋(阮文惠)兄弟窥破黎氏衰弱,将来断难复振,势必故智复萌,散而复聚。并恐夷众见黎氏无人,安南无主,竟而归心阮姓"。他认为此时朝廷如果"并无举动",便使阮氏有机可乘,则"未免现功尽弃"。其意,安南之事"未便置之不办"。更何况"安南地方喧传天朝大兵数十万将次进剿,万难抗拒,人心已渐离散",只要悉心调度,"可以次直达黎城,不致费手",并称已秘调广东兵2000名,派总兵张朝龙、李化龙统领,驰赴太平一带驻扎,预备进剿之用。① 显然,孙士毅认为安南国内状况发生变化,但人心未变,仍爱戴旧主,各地义民都愿意随同清朝大兵进剿阮氏,主张应乘此机会有所举动,迅速出兵安南。

高宗谕令军机大臣传谕孙士毅:"阮惠等因见该督檄谕,惧天朝致讨,振詟远窜。若内地竟无举动,贼匪知该督檄文内所称调备大兵不过虚张声势,必益无畏惧,故智复萌,竟图篡夺。孙士毅所请先期调兵预备之处,自当如此办理。"受孙士毅奏报的鼓舞,鉴于时下的形势,高宗虽然认为黎维祁畏惧阮氏,潜匿山中,"看来竟是一无能为之人,难望其振作恢复",但从维系黎氏国祚考虑,只有出兵安南,尽"字小存亡"之道,"以期一线之延"。同时强调,孙士毅作为两广总督,关系甚重,"断不可亲领前往","看此情形,止须令(提督)许世亨并总兵一二员,带兵数千前进,孙士毅再备兵数千在关隘驻扎,声言续发",并要求云贵总督富纲派兵预备。② 据此可以看出,高宗此时已下定用兵安南的决心,并在领兵人员、出境兵额上都已有所考虑。

九月初九日,孙士毅又奏报:据署理中军副将庆成禀报:阮氏手下牧马镇伪官兼管高平督镇朱文琬,听到"天朝"将要发兵进剿,于七月二十一日夜间带兵逃回黎城,留下阮远猷、朱廷理等驻守牧马,被牧马土司闭

---

① 《钦定安南纪略》卷三,第46-52页。
② 《钦定安南纪略》卷三,第52-53页,上谕军机大臣传谕孙士毅等。

阮律、闭像带领土勇擒获，请示孙士毅可否解送"天朝"。称如果同意其呈献，土司们就可放胆抗拒阮氏。如置之不管，只好将擒获之伪官放回，以免阮氏报复。鉴于此，孙士毅认为，"自应准其将伪官解送内地，以绝伊等观望之心"。其后，闭阮律等带领数百名土司兵将所获千余人解送到关隘，并称回去拣选1600名精锐土兵前赴谅山，会同潘启德一同进剿。孙士毅等审讯阮远猷、朱廷理等，得知"阮岳逃回广南之后已经病死。阮惠、阮岳本不相上下，今阮岳已死，阮惠尤思独王安南，虽已让出黎城，其心未已"。到此时，清政府才真正弄清占据黎城的是阮氏兄弟中的阮文惠，而不是阮文岳。

高宗得此信息，更进一步坚定了出兵安南的决心。其审阅朱廷理所供"阮惠让出黎城，带一万多兵退至富春，他心里还不肯舍却黎城，意存观望，仍留下七八千兵分守黎城及各隘要地方，打听天朝进兵，便一并撤回，保护旧巢。倘大兵不进，且令防守各处险要，以作后图"等语，认为"看此情形，现在内地官兵若不及时前进，不特阮惠妄思窥伺，即安南各镇目亦未必不恐阮酋衔恨，各相观望。而黎维祁又系无能之人，逃往山中藏匿，不能力图恢复。是此时粤西官兵竟以速进为是"。要求孙士毅察看情形，做好准备，仍按之前的谕令，派提督许世亨等带兵前往，孙士毅带兵驻扎关隘策应，并一再强调"毋庸轻进"。指出："就该督（孙士毅）节次奏报情形而论，安南之事，似可无须多兵办理。"高宗定下出兵安南的首要目标是收复黎城，获得黎维祁下落，将该国眷属派兵护送至黎城，使黎氏复国即可。发出指示：一旦大兵深入，"自当使首恶速就擒获，永绝根株，方为一劳永逸之计"。①

九月十二日，孙士毅奏称：各厂头人派人来关回禀，称黎维祁的第三弟黎维祗逃到波龙厂，阮文惠手下到厂索取，被波龙厂民堵杀退去，后又派刺客行刺黎维祗。黎维祗虽遭行刺，因受厂民的保护，未被杀死，只是受了点伤，养了一段时间已渐痊愈。并称：各厂厂众都表示愿意跟随黎维祗杀奔黎城，但厂民散漫，需要有人统领，居中调度约束，以辅助黎维祁。孙士毅将此情形告知安南陪臣阮辉宿，要其赴厂统领。但阮辉宿不敢担当，因此找了一个叫林际清的，20年前曾在龙州衙署做过幕友，办理

---

① 《钦定安南纪略》卷三，第56-57页，上谕军机大臣传谕孙士毅等。

四、安南之役

刑名,后到厂上接替其叔管理厂务。此人在厂年久,为人正道,不仅厂上一切公事全仰仗其主持,颇能压服厂众,并且自愿力任担当,即给予其印札,以便统率厂民。同时报称:安南保乐州,甚至之前已经投降阮文惠的江坪、思勒一带及安广镇、山南一带,也纷纷反正。①

高宗对孙士毅所办事宜非常赞赏,称其"可谓尽心料理"。谕令孙士毅赏给林际清知县职衔,并许诺"将来果能成事,并即以实缺补用",但强调:"朕意:此时内地似不得不稍进官兵,以壮声势。"② 至此,清朝出兵安南已是箭在弦上。

九月二十日,孙士毅又奏报:据投顺的谅山镇目潘启德禀报,阮文惠手下陈名炳带兵前来攻夺谅山,请求清政府发兵救援。并称正准备整兵出关时,又接到潘启德派人禀报,因陈名炳见到一路张挂"天朝"檄文,心里害怕,情愿归顺黎王,并欲亲自前来求见总督,面听吩咐。孙士毅从陈名炳处得知,阮文岳、阮文惠兄弟已离开黎城,逃回广南旧巢。阮文惠封吴文楚为大司马,领兵8000名占守黎城,调度一切。吴文楚听到谅山镇目潘启德背阮归黎后,便派陈名炳领兵攻夺谅山。陈名炳行至中途,见到处张挂"天朝"檄文,知各处兵民已归心黎氏,清朝又将进兵,阮氏肯定不能抵御,而潘启德归顺后得到重用,极为体面,愿与潘启德会合,反戈相向,迎请黎王归国。③

潘启德、陈名炳弃阮归黎,投顺清朝,在安南国内引起很大震动。留守黎城的阮文惠手下大将吴文楚致函二人,责其忘恩负义。其原函称:

> 盖闻人臣之意,当尽忠所事。公等自攀鳞附翼,奉我王上,推食解衣,恩情何似,经百余战,追随冲冒,靡惮勤劳,幸而成功,以有今日。昨委以潘翰重寄,以谓公尽心图报,必不负我王上知遇之恩,以均享尊荣之庆。铁石肝肠,非可得而转移也。兹者风闻内地官秘谕公等归降,公等即已投忱内附,是何忘恩背义乃如此其甚耶!盖不思国家兴亡自有天数,天将兴之,谁能废之?天将废之,谁能兴之?乃者黎柄下移,郑奸上僭二百余年,更不知亢龙有悔之意,侵取富春一

---

① 《钦定安南纪略》卷四,第60-62页,乾隆五十三年九月十二日孙士毅奏折。
② 《钦定安南纪略》卷四,第62-63页,上谕军机大臣传谕孙士毅等。
③ 《钦定安南纪略》卷四,第65-66页,乾隆五十三年九月二十日孙士毅奏折。

带，水火其民，乃相率而奔西山。我王上上顺天意，下悦民心。甲午之役，南风助顺，旬月收复富春，直抵昇龙城。本欲绥定其难，拯救其民，非有心于取国也。此时黎氏尚在，让以国权，我王上再三辞避。迨黎王厌世，复立其后而还。此公等所见也，何此曾利人之境土者乎？驾回之后，讵知黎维祁肆其淫暴，信用奸慝，杀叔淫妹，内离外叛，大乱复作，民坠涂炭，惟望拯救之不亟。我王上不得已跋涉重来，以拯斯民之急。到城之后，黎维祁忙遽出奔，国内无统，国人同辞推戴，咸愿我王上权理国事。用是勉为所请，以慰舆情。即以具述情繇，缮修奏本，委行价前诣南关，投文叩请，望达天庭。数月于兹，存当伫候，此公等所亲见也。伏而思之，我王上向来举措，名正言顺为何如？仁至义尽为何如？其畏天事之大之诚又为何如？纵非天将兴之，曷可臻此！只缘本国公文未得递达，国内事情未蒙天朝洞悉，致内地边官偏咱一面之辞，辄欲动兵。公等职在守边，谓宜随机转拨，使我国内来历情繇得以上达，庶几国事早济，边衅不开，岂不是大功于国？今乃轻咱片言，委身北面，不知公等处心积虑以为如何？毕竟谓大国兵力，我官兵未必能敌，故先为自全之策耳。不知兵家胜负，在理曲直，不在众寡。我国虽微，天理可恃。自古有废有兴，乃常事也。今王业之兴，亦顺天而已。内地虽有精兵百万，却不究兴废因繇，即欲骤加于我，是何名也？公等独不见我王上英武如此，兵精将勇又如此！起义之初，区区一旅，占城、暹罗无不摧靡，况今奄有全越，土广民众，百倍昔时，即使恭顺诚悃弗克上达，大国有征伐之兵，小国亦自有备御之固，公等何忧焉？且黎维祁获罪逃亡，已毙于山虫水毒，即果见存回国，亦必能保守其国否乎？兴亡之理，妇孺通知，公等又何为惑？如果念旧恩，合可就中回斡，俾我前日柬文得以投递，列位大人照会，仍许通价使赍捧奏本诣阙陈情，欲蒙天朝洞悉前因，必有议行处置，内外相安无事，岂不美哉？倘或改心携二，坚意不回，即背叛之责实无所逃，去就之间关系不细。公等当熟思之，毋贻后悔。兹晓！泰德十一年九月十一日。①

---

① 军机处月包折，《伪官吴初吓诱潘启德、陈名炳原信》，转引自庄吉发《高宗十全武功研究》第 359 - 360 页。

四、安南之役

吴文楚的意思是：国家兴亡自有天数。黎维祁众叛亲离，而阮文惠绥难救民，阮兴黎亡，上顺天意，下悦民心，只是天朝未能洞悉，欲兴师问罪。他指责潘启德、陈名炳忘恩背义，投忱内附，背叛之责实无所逃，诱吓其幡然悔悟。陈名炳受此挟诱，又转为投降阮文惠，带兵与清军交战，此为后话。

孙士毅又报称：安南保乐州土官农福缙情愿召集夷众随同进剿，拟令农福缙带领本州义勇赴与邻近保乐州的高平防守，保护拟从谅山进兵的后路，但对农福缙不太放心。恰在此时，有广西土田州土官岑宜栋赴太平关禀称："因感激皇上天恩，愿带土兵一千五百名随营进剿。"① 孙士毅大喜过望，嘱咐其带人前赴保乐州，与农福缙一同防守。

在清朝出兵进剿的声威震慑之下，安南国内许多曾投降阮氏的地方兵民归附日众，义兵四起，都愿随清兵一起征讨阮文惠，迎回黎维祁。高宗认为："此是极好机会！看来此时内地官兵竟有不得不动之势。"并补充说："该督（指孙士毅）之意，不值劳动大兵，固为正办，然亦不可存将就完事之见。" 如果考虑到安南国内兵民"皆因闻天朝声罪致讨，是以群起响应"，彼此互不统辖，因此"必得有大员领兵到彼，统摄调度，方为得力"。此时，高宗再次强调只派许世亨领兵3000名进剿，孙士毅不可亲统大兵出关，只需领兵驻扎关内，做进剿之势。②

据此可知，此时高宗已真正下定决心进兵安南征讨阮氏，帮助黎氏复国。

孙士毅获知高宗进兵安南的意图后，便主动要求担任主帅，领兵进讨。十月初三日，上奏高宗，陈述其对进兵安南的设想：

第一，征讨阮氏，恢复黎城，仅仅依靠黎维祁兄弟二人及安南国内拥戴黎氏的势力是不够的。清朝一直希望安南嗣孙黎维祁能够振作，号召和带领忠于自己的力量收复黎城，但几个月过去，"该国尚无成局"。之后，仰仗"天朝"声称厚集兵力，振武扬威，并广发檄文，使安南人心震动，纷纷反正。即便如此，黎维祁仍观望迁延，潜匿近一年，始终不敢出面，"足见其无能为。若专凭黎维祁举事，成败尚未可知"。

第二，应大张旗鼓进兵安南。现在清朝大兵屯集边关，久稽岁月，

---

① 《钦定安南纪略》卷四，第66页，上谕军机大臣传谕孙士毅等。
② 《钦定安南纪略》卷四，第71页，乾隆五十三年四月二十日孙士毅奏折。

"撤去,则黎氏势孤,立见灭亡;不撤,则徒为属国终年防守,均非胜算"。鉴于此,孙士毅明确提出,天朝官兵"与其驻扎本境暗为黎氏糜费钱粮,不如建竖旗鼓,出关进剿"。

第三,建议以1万兵力直捣黎城。此前,乾隆认为办理安南之事,无须多兵,提出只需以广西提督许世亨带兵3000名进剿,并护送安南世孙黎维祁及眷属归国,便可助黎氏复国。孙士毅奏称,已遵旨从广东调拨5000名兵丁,由水路赴广西,加上广西各关隘驻防兵4000名,如再调派1000名,即可凑足1万名。提出以8000名进剿黎城,以2000名驻扎谅山以防后路。安南厂众及其他安南义勇,是跟随清军进剿还是派令守卫险要地方,则视情况而定。至于进兵路线,从镇南关到黎城,有谅山、高平两路。孙士毅建议从谅山一路进兵,调拨部分兵力,加上保乐州、土田州的土兵,一起防守高平。

第四,再发檄谕告知安南臣民,说明清朝进兵的目的。指出所有域外各国,一旦臣服天朝,双方便休戚相关。黎氏对天朝极为恭顺,其因国内内讧而失国,朝廷有义务帮助其复国。此次出兵,目的就是绵延黎氏国祚,是"字小存亡"之道义,而"不贪尔安南境土,为天朝增此太仓一粟"。

第五,自请为帅,统兵出关。孙士毅称:"臣在粤年久,关外夷人颇能见信,是以闻臣一到边境,叩关求见,日有数起,俱愿随臣剿贼。现在提镇诸臣虽威望素著,而深入夷地,究不如臣呼应较灵。臣冲锋打仗本非所能,而激励士卒,与同甘苦,使之有进无退,尚所优为。且臣已面许各夷官督兵进剿,倘临时知臣不在军营,未免心生携散,于公事殊有关系。"又表示,自己并没有邀功之念,只是军行重务,"此次若不带兵前进,实有不能放心之处"。至于粮运后勤等事,认为广西巡抚孙永清定能办理好。①

高宗接到孙士毅奏折后,谕令军机大臣传谕两广总督孙士毅、云贵总督富纲,称孙士毅提出的意见"所见甚是!"指出:"孙士毅既胸有成竹,力肩巨任,自请出关进剿,则此事竟交与该督一手承办,庶呼应更灵,蒇功更速。"正式明确以孙士毅为主帅,统兵出关进剿,助黎氏复国。高宗

————————
① 《钦定安南纪略》卷四,第69-70页,乾隆五十三年十月初三日孙士毅奏折。

四、安南之役

认为:"该国人心尚思黎氏,今见总督亲自督兵进剿,声势壮盛,自必更踊跃前驱,协同官兵直抵黎城,办理更易集事。"高宗踌躇满志,认为有孙士毅挂帅,"大兵一到,势如拉朽摧枯。趁此兵威,自可为一劳永逸之计",一切无可担心,"惟计日盼望捷音速至耳!"①

孙士毅(1720—1796),字智冶,一字补山,浙江仁和人。少颖异,力学。乾隆二十六年(1761)进士,以知县归班待铨。二十七年(1762),高宗南巡,召试,授内阁中书,充军机章京,迁侍读。大学士傅恒督师讨缅甸,以士毅典章奏,叙劳,迁户部郎中,擢大理寺少卿。后累官广西布政使、翰林院编修、山东布政使、云南巡抚、两广总督。五十二年(1787),台湾林爽文为乱,士毅诣潮州戒备。师行,遣兵助剿,刍茭、器械皆立办,加太子太保,赐双眼翎、一等轻车都尉世职。五十三年(1788),台湾平,图形紫光阁。② 后作为统帅,兵进安南。

两路进兵之筹划

高宗决计出兵安南,定下"扫穴擒渠"的战略目标。"扫穴"即攻入黎京,帮助黎维祁恢复统治;"擒渠"即将阮文惠等悉数擒拿,不留后患。他谕令军机大臣传谕孙士毅:"黎维祁系无能之人,全仗内地大兵代为恢复。若不趁此将阮文惠等悉数成擒,倘大兵撤后,乘虚构乱,断难抵御,势必至将该嗣孙及送回眷属一并戕害,岂不虚此一番进剿?且将来又须另办,倍觉费手,殊非一劳永逸之计。自须全行拿获,方可蒇事。"③ 此前,清廷已获得信息,据说阮文惠将亲自到黎城坐镇。高宗君臣认为,如阮文惠真的在黎城,完成"扫穴擒渠"会变得容易。但之后又有消息称,阮岳已退回到广南,身患重病,但并未如之前传说的已经亡故。阮文惠回到富春,黎城由阮文惠大将吴文楚带领几千兵丁防守。这样,"扫穴"的目标不难达到,但将增加"擒渠"的困难。为达到"扫穴擒渠"战略目标,清廷做了较为充分的准备。

据魏源《圣武记》卷六《乾隆征抚安南记》:乾隆末年时,"安南地

---

① 《钦定安南纪略》卷四,第66页,乾隆五十三年九月二十日上谕军机大臣传谕孙士毅等。
② 赵尔巽等:《清史稿》卷三三《孙士毅传》,第10924-10925页。
③ 《钦定安南纪略》卷六,第92页,上谕军机大臣传谕孙士毅等。

东距海，西接老挝，南与占城隔海，北连广西、云南，东西千有七百余里，南北二千有八百余里。有五十二府，其十二府为土司所居，实止四十府，共分十三道"。《钦定安南纪略》载："安南进兵路三：一出广西镇南关，为正道；一由广东钦州泛海，过乌雷山至安南海东道，为唐以前舟师之道；一由云南蒙自县莲花滩陆行至安南之洮江，乃明沐晟出师之道。"

此次进兵安南，并未选择广东水路，而由广西、云南陆路而进。

广西一路，原定以提督许世亨领兵3000名进剿，后改由两广总督孙士毅统兵1万出征安南，前已述及。

云南方面，开化、临安、广南三府与安南的宣光、兴化两镇相通。据云贵总督富纲奏报：安南内乱，黎氏失国，宣光、兴化二处为安南的偏僻处所，似乎并不知国内已发生重大变故，人民生产、生活一切照旧，显见信息尚未传到该处。但富纲仍遵照高宗的指示，加强了沿边各关隘的防守力量，在原有汛兵1100名之外，加拨950名，另从开化、临安两镇战兵内挑派1000名，配给器械，勤加操练，以备调拨。而他本人即于乾隆五十三年（1788）八月十二日从省城昆明启程，赴该二镇查阅营伍，并赴边关查察。但很快就有消息传来：宣光城已被阮文惠的人马占据，而宣光所属的归化、大蛮等府、州俱未投降阮氏，此地民心思旧，仍拥戴黎氏，正在调集兵众，图复宣光。

十月初三日，富纲奏报：开化府属之马白汛关口（今云南文山州马关县境），是云南所有城镇中离边最近的地方，从马白汛出口，再由宣光以达黎城，只有20余站，比从蒙自出关要近得多。而且马白汛气候较为平和，烟瘴也小些，距离广西口外安南的高平、谅山等处也较近便。如将来进兵，则不需舍近求远，可从马白汛出关。因此，富纲调整和增加了兵力部署，除原已调集300兵丁用于防守堵御之外，再于开化、临安两镇战兵内调拨2000兵丁，由开化镇总兵孙起蛟统领，前赴马白汛屯驻。另于督、抚、提三标及附近各镇、协、营再密备数千兵丁，以资续调。通计滇省已派备兵丁1万余名。富纲还报告，自己到达开化城后，与两天前就已到达开化、由陆路寻找安南国嗣孙黎维祁的安南陪臣阮廷枚见了面。该陪臣及跟役等原定自广西到云南，再由临安府蒙自县出关，到达安南兴化镇地界。在他的建议下，一行人于乾隆五十三年九月初三日，改由开化府马白关出境，奔赴宣光。

阮廷枚等出境后到达都竜银厂，听闻宣光已经被阮文惠的人马占据，

四、安南之役

道路不通，只能在都龙银厂暂住。而此时，被阮文惠的人马拿住并拘禁的原管宣光协镇将黄文桐，与大蛮州目麻允敏里应外合，诳诱敌寇，脱身逃回。黄文桐的儿子黄文凑、黄文潢以及南山土目黄金提等，也都怀恋故主黎氏。他们一同号召附近各土目，纠集兵民，欲夺取宣光，派遣都龙土目黄文凑到马白关，恳清朝发给号令，以便使众人踊跃，人心奋发。据保胜屯土目黄文韬禀报：奉到清朝檄文后，当即四处张挂，并说自己身为黎氏臣庶，理应出力杀贼，但因缺兵少粮，之前又打了败仗，元气未复。幸有清波县土目阮迪玔、阮迪俊兄弟愿来协助，也请求清朝赐给号令，以便呼应更灵。

富纲还奏称：宣光镇为云南进兵安南黎京的必经之地，原由宣光协镇将黄文桐及安南嗣孙黎维祁的二弟黎维袖把守，但该地现在已被阮文惠的人马夺占，黄文桐、黎维袖被俘。黎维袖被解往黎京，不知下落，而黄文桐得以脱身逃回。现在黄文桐在陪臣阮廷枚的协助下，欲调集兵马，纠集各土目攻取宣光，此举也可以遥助粤西声援。因此，未及奏请高宗批准，在与提督乌大经商量后，富纲当即发给阮廷枚、黄文凑、黄文桐号令各一份，交黄文凑赍往分交，并各给印谕奖励，并许诺如果能迅速蒇功，将奏请皇帝渥加恩赏。

高宗称赞富纲"所办皆是"，并进一步指示："云南、广西均与安南接壤，前令该二省于各关隘多派兵弁以壮该国声威。今粤西一路既经孙士毅带领大兵前进，而云南一路若仅令该土目等自行出力剿贼，恐伊等见内地按兵不动，无所依仗，又不免如潘启德等心生观望。是此时云南一路，亦不可不略为前进。"考虑到富纲虽身为云贵总督，但军务非所谙熟，要求其"止须于边关一带弹压稽查，查办粮饷，一得该国信息，随时具奏"。并明确指示富纲："进剿一事，著派（提督）乌大经带兵三千名出关前进，并鼓励土目人等齐心剿贼。若能长驱直入，与孙士毅一路会合，固属甚善。倘道路辽远，不能会合，亦足为犄角牵制之势，使首尾不暇相顾，成擒较易。"指示乌大经："当晓谕阮惠等，以孙总督现统大兵进剿，务在擒渠，一经拿获，万无生理。若能投至本提督军前，束身归命，尚可代为奏请，贷其一线。"① 至此，广西、云南两路进兵安南的战略得以确定。

---

① 《钦定安南纪略》卷五，第88页，上谕军机大臣传谕孙士毅、富纲、乌大经。

富纲在接到高宗谕令云南一路由提督乌大经带兵出关，不允许自己随同深入安南后，再次上奏："臣满洲世仆，受恩深重，虽于军旅之事未曾深历，然臣蒙恩擢任总督，管理营伍，时与历练将备留心讲求，于行军各事亦略知大概。且军营粮饷及伴送军装，皆系文员，臣在军营就近督催饬办，似较提臣呼应更灵，且遇事得以提臣妥商酌办，更于军行有俾。"①高宗仍未准其请，命军机大臣传谕孙士毅、富纲、乌大经，对上述安排做出说明："富纲之意，自因伊与孙士毅同系总督，而富纲又属满洲，见孙士毅既带兵出关，是以有此一奏。不知富纲才具，若果能承办此事，料理妥协，则伊系满洲总督，朕早将此事交与专办。皆缘富纲平日办事才具见知于朕者不能如孙士毅，是以剿捕安南事宜专交孙士毅督办。况军行之道，事权贵有专属。乌大经以提督带兵，可以受孙士毅节制。若富纲前往，则同属总督，未便受孙士毅之节制。而事权不能归一，必至彼此观望，各不相下，于军务大有关系。"指示富纲只需专心做好本职就行，并再次强调："此事朕惟专交孙士毅一手经理，成功必优加恩赏。若办理不妥，亦惟孙士毅是问。"指示乌大经："出关后果能督率土目人等收复宣光、兴化等处，固为甚善。否则只须遥为声援，以分贼势，亦不必为深入之举。惟听孙士毅知会，以作进止。"②

富纲还奏称：征剿安南，大兵深进，道里较远，且路径丛杂，旁道斜出，于紧要处均需留兵防堵，大兵攻占所得之地也须留兵看守，以待黎氏差人接替。而安设台站，拨运粮储，也在在皆须兵力。因此，奏请将征剿兵力从 3000 名增至 5000 名，高宗予以批准。这样，征剿安南的清军兵力，广西一路为 1 万名，云南一路为 5000 名，两路合计共 1.5 万名。以广西一路为正兵，云南一路为偏师，形成犄角牵制之势。

为有利于尽早完成"扫穴擒渠"的目标，孙士毅还奏请邀约暹罗夹攻阮氏老巢广南，其称："广南即古占城国，已尽为阮氏所有，惟留一小邑为占城子姓所居。该处距黎城甚远，地方尤险要，又濒临大海，遁逃甚易。将来扫穴擒渠之后，该处地方险阻，黎氏断难遥制，终成奸徒窃据之所，仍为安南遗患。"他进一步报告："风闻暹罗国海道逼近广南，曾与阮惠彼此攻杀，未知是否确凿？"提出："暹罗郑王臣服天朝甚属恭顺，兼系

---

① 《钦定安南纪略》卷六，第 100 – 101 页，乾隆五十三年十一月十五日富纲奏折。
② 《钦定安南纪略》卷六，第 103 页，上谕军机大臣传谕孙士毅、富纲、乌大经。

四、安南之役

新造之邦，兵力亦必充裕。与其多费内地兵马钱粮，将广南取回归于黎氏，仍贻后患，可否请旨谕之暹罗国王，趁此天朝进剿之时，阮氏不暇他顾，令其就近占取广南，即将其地永隶暹罗，缴纳赋税，该国自必乐从。阮惠进退失据，无所逃命，惟有向云南边境乞哀，效黄公瓒安插故事，求贷一死，似亦为安南永绝后患之一法。"①

孙士毅提出邀约暹罗夹攻阮氏老巢广南的计策，高宗认为："初闻之似属一策，及细思之，此为下策。从来抚驭外夷，惟仗天朝威重，绥靖戢服，全不藉外域兵力攲助。况暹罗本与阮惠等彼此相攻，今若令其发兵占取广南，将来安南事定后，自必将广南一路给予暹罗。现在以黎氏本国之人为乱尚至迁播流离，凭仗天朝兵力始能复国。若暹罗复取广南，与安南接壤，以一国兼并一国之力，更较阮惠倍蓰。设将来复行攻扰，安南势益难支，又将如何办理？且暹罗国王仰邀封号，已属格外恩施，亦不值令其无故益土。况天朝统驭中外，遐迩一体。广南旧系占城地方，该国全境为阮惠所得，只有一邑为占城子姓居住。与其令暹罗坐获广南，何若即以占城旧地还之占城，更为名正言顺。该国当式微之际，得复国土，感戴天朝，则兴灭继绝之义更为一举两得。"否定了孙士毅的建议，要求"事定之后，孙士毅再当查明广南地方是否旧隶黎姓，抑系新为阮惠所得，据实奏闻，或给安南，或给占城之处，再行请旨，酌量办理"。②

安南位于热带，气候炎热，冬夏气温相差甚微，由于临海，受海上季风影响，每年只分干湿两季，自十一月至来年四月为干季，气候相对温和；五月至十月为雨季，湿热难耐，瘴疠流行。

据黎维祁派遣到镇南关呈送公文的阮时杰禀报：因为安南当年交秋以后雨水甚大，山径道路被冲断，江水湍急。自谅山到黎城，有江流四道，以富良江（即发源于云南境内的红河）最宽，大炮可以打到。若大兵出关，最好在十月中下旬，到时天气晴朗，大兵方可前进。并说，待回到安南回禀黎维祁后再返回镇南关，到时将安南道路、水陆情形详细绘成图送来，并愿做向导，跟随大兵进发。

因此，孙士毅将大兵进剿的时间初定在十月中旬以后。此中还有一个原因，即之前原定以广西提督许世亨带兵3000名进剿并护送黎维祁归国，

---

① 《钦定安南纪略》卷五，第80页，乾隆五十三年十月十一日孙士毅奏折。
② 《钦定安南纪略》卷五，第81页，上谕军机大臣传谕孙士毅。

之后孙士毅奏请增至 1 万名，即从广东调兵 5000 名、广西调兵 2000 名，所征调的兵丁赶到也需时日。孙士毅因此奏称，后悔自己增兵之请太迟，耽误了进剿时间，贻误事机。高宗安慰道："此迟未必非所以为速。边关附近地方秋间雨水过多，道路不免阻滞。若早檄调官兵出关守候，亦不能进征。现届十月中旬，该处晴霁日久，正可趁此时带领官兵赶紧前进，实属事机凑合。此即上年福康安统兵剿捕台湾逆匪，在大担门守风月余，及至续调官兵齐集，由崇武澳放洋，一日直抵鹿仔港，成功迅速之明征也。"①

寻找安南国嗣孙黎维祁的两路人马，一路由阮廷枚带领，从广西取道云南，从马白关出口进入安南，被阻于都龙，遂与当地土目人等联络，欲夺取宣光；另一路由安南陪臣黎侗带领，于八月初四日抵达广东钦州，即日由海路向安南安广道前进，涉溪越岭，到处探访，于九月初八日在海阳道下洪府四歧县一农户家中见到嗣孙黎维祁，将孙士毅拟定的檄文转交黎维祁，告知清朝预备调集大兵进剿，并了解到安南多数地方已投降阮文惠，黎维祁无所依归，只能潜匿于村民家中。九月十五日，黎侗携带黎维祁缮写给两广总督孙士毅的申文启程返回，但迟至十月二十八日，孙士毅才将上述情况奏报高宗。黎维祁申文写道：

> 伏见大皇帝丕图荡荡，冠皇王帝宿之成功，仁道肫肫，以天地父母而为量，咸加有截，德溥无边。祁家祖宗茅土久辑共球，逮祁抚驭乖方，致沦黎社，微躯躲避于穷檐，骨肉投生于天界，锦稻六十余口，老小均沾笾篁，夏秋及冬，怵惕弥至，旷菲编而未有，沐天涯以忘亡，虽祁哀未达于微忱，而恤愚先恢于宸断，立启旌钱，调五省数十万之貔貅，并集艘舻，运几路亿万千之银米，点齐王旅，正使天时。更念祁身处忧危，令探行止，优锡陪臣归访之眤，荷天贶而铭心。郑重母氏回国之凭，仰圣厘而坠泪，抚上德哀矜不置，知下郊恢复有期。蠢尔阮渠，未知悔罪，括本国二百年之积，植基洞海富春，握夷落五六万之兵，诧威国城列镇，到处伏莽，列象阵于江边，敢抗颜行！效萤张于雾里。螳螂何能当辙，燕雀空自处堂。行见天网四

---

① 《钦定安南纪略》卷五，第 80 页，上谕军机大臣传谕孙士毅。

四、安南之役

张,豺狼不漏。圣人一怒,玉石俱焚。伸大义于普天,扶纲于属国,祁幸得苟延残喘,窜伏草间。惟皇圣德如下,立予存亡继绝,倾听王师入境,亲为箪食壶浆,祁虽糜身粉骨,不足以仰报天朝大造之恩。第国印沦逸,不敢上干天听,恭祈代为转奏,叩谢皇恩,祁不胜激切危悚之至。谨申!乾隆五十三年九月十五日

安南陪臣黎侗,除向孙士毅递交黎维祁申文外,还上亲笔呈词一纸,其内容如下:

安南有国以来,惟黎氏得国为正,其恩惠足以维兆亿之心,其礼仪足以结士夫之志。故中间莫氏僭位六十余年,而戴旧之心未改。迨中兴二百余载,有郑氏辅政,权在世臣。吾王虽为下国之主,而南则阮氏辅政,专其地,北则郑辅政,揽其兵权,迄于今,郑与阮俱为阮岳所逐。当时人心,以其国为去疾,遂不之拒。自夫阮贼心迹既露,猖狂滋甚。初则见于私下纪年,阮贼自号国曰"泰德",今复见于窃国犯上。于是,樱枊棘矜就起为兵,咸称黎氏恩泽在人,不谋同辞,固知仁则民归之义,阮贼虽强,亦不能强使顺从。如蒙天朝垂字小之仁,施恤穷之德,偏师压境,即可以为下国之声援。而国人闻得消息,便能内攻,必不烦天朝兵力之加,而阮岳、阮文惠之头可立致矣。①

黎维祁申文和黎侗呈词,从不同的角度表达了冀望清朝派兵进入安南,行"字小存亡"之道,施"兴灭继绝"之仁,灭阮兴黎。这可看成安南黎氏正式向清政府请兵入境之举。

还在十月十二日,孙士毅奏报:黎维祁遣派阮时傑、阮世挺带3名跟役到镇南关,转送黎维祁呈送广西督抚公文及禀伊母并札谕陪臣阮辉宿的信件。孙士毅向阮时傑等了解到,黎维祁原逃至清化海洋一带,此地有纷纷起义之人,但黎维祁察看到力量悬殊,担心被害,便瞒着众人,微服潜逃。又担心人多暴露,身边只带有3名跟随,藏在顺安府良才县春兰社民

---

① 《军机处月包折》,转引自庄吉发《高宗十全武功研究》第352—353页。

人家中，此地距黎城只有两站路程。孙士毅认为："以众人为伊出力，黎维祁正应激励鼓舞，振作士气，乃反私自潜逃，岂不令人解体？"高宗和孙士毅都认为黎维祁"竟系一无能为之人""并无兴复气象""此时难保不为贼害，即将来恢复黎城，亦恐难以支持"。① 即便如此，考虑到"安南臣事天朝最为恭顺"，清朝应尽到宗主国的责任，使黎氏国祚得以绵延，并根据实际的情况，在对册封黎维祁为安南国王的方式做出改变。

一开始，高宗认为：清朝帮助黎维祁复国后，黎维祁必须亲身入朝请封，"安南臣事天朝最称恭顺，向届朝贡之期，俱系遣陪臣来京。将来该嗣孙黎维祁复国受封，自必照常请封。第思该国自阮惠等称兵逐主，攻陷黎城，眷属内投，嗣孙奔避，国祚几不可保。朕以其臣服年久，不忍见黎氏灭亡，特命该督传檄安南，擒拿阮惠，并令孙士毅带兵督同进剿。该国镇目及厂民、义勇等闻内地声罪致讨，皆思灭阮扶黎，纷纷响应。大兵一到，即可全行恢复。是安南之得延宗祀，危而获安，全仗天朝之兵为之主持。将来事定请封，非寻常朝贡可比，不便仍遣陪臣，自应亲身入朝瞻觐行礼，以感其感戴悃忱"。后考虑到黎维祁性格迟疑多虑，又提醒孙士毅："若该嗣孙不甚踊跃，该督亦不必相强，致令生疑。或即令曾孙黎维诠前来瞻觐。倘黎维诠年岁幼小，不能远行，即于该嗣孙兄弟内，如黎维祗者，遣令入京朝贡，亦无不可。"② 经慎重考虑，高宗对黎维祁请封之事又做出指示："将来孙士毅带兵出关，直抵黎城。与其俟该嗣孙吁请封号，莫若于攻克黎城后，即将黎维祁传旨敕封国王，俾得及早复国。"要求孙士毅到时传旨谕知黎维祁："以天朝统领大兵为该国力图恢复，现在黎城已克，该嗣孙自应恳请封号。但念该国遭兵燹之后，若循例具奏请封，必须遣使纳贡。该国疮痍甫复，实难备办。若即于此时册封复国，既可省赍表纳贡之劳，且定例：天使册封，其衔级较小。不若以天朝总督带兵收复国都，即颁赐封号，声威更重，尤足以镇复人心，招徕离叛。如此详细晓谕，曲加体恤，该嗣孙自必益加感激，永思孝顺。"③ 这样，即使黎维祁兄弟俱遭阮文惠戕害，亦可立伊子黎维诠为安南国王，不用再费一番周

---

① 《钦定安南纪略》卷五，第78－79页，乾隆五十三年十月十二日孙士毅奏折。
② 《钦定安南纪略》卷五，第76页，上谕军机大臣传谕孙士毅。
③ 《钦定安南纪略》卷五，第82页，上谕军机大臣传谕孙士毅。

四、安南之役

折。高宗命礼部铸造颁给黎维祁为安南国王的新印,交孙士毅带至安南册封之用,即使将来找到原已遗失的旧印,属不祥之物,送部销毁。又命令内阁撰拟好册封敕文,其内容如下:

奉天承运,皇帝制曰:朕惟抚驭中外,绥靖遐迩,义莫大于治乱持危,道莫隆于兴灭继绝。其有夙共朝命,久列世封,遭国家之多艰,属臣民之不靖,则必去其蟊贼,拯厥颠隮,俾还钟簴之观,以肃屏藩之制。尔安南国嗣孙黎维祁,化沐炎陬,序成冢嗣。当尔祖奄逝之日,正阮氏构难之时。肇衅萧墙,失守符印,孑身播越,阃室迁移,弃彼故都,依于上国。溯百五十年之职贡,能不念其祖宗?披一十三道之舆图,原非利其土地。且柔远人,所以大无外;讨乱贼,所以儆不虔。是用辑尔室家克完居处,励尔臣庶共复仇雠,特敕大吏以濯征,爰董王师而迅剿。先声所詟,巨憨奚逃,内难斯宁,群情更附。释其琐尾流离之困,加以生死月骨之恩,旧服式循,新纶允赍。兹封尔为安南国王,锡之新印。王其慎修纲纪,祇奉威灵,戢和民人,保守疆土,勿迫荒而废事,勿怀安而以败名,庶荷天朝再造之仁,益迓国祚重延之福。钦哉!毋替朕命!①

高宗还告诫孙士毅,大兵出关后要约束兵众,不可因为前往安南剿贼,稍存居功之念。孙士毅奏称:"拟于所过安南城市、村庄刊刻告示,到处张挂。谕以此次大兵进剿,全为尔国百姓遭阮惠滋扰勒索,不堪其苦。是以钦奉大皇帝恩旨,令总督统兵进讨,恢复黎氏境土,救民水火之中。凡经过地方,秋毫无犯,并另派出妥干弁员弹压巡查。如有兵丁擅入民居,妄取尔等一草一木,立照军法处斩,并枭首该处示众。总期尔等间阎安堵,照常耕作,不必稍涉惊惶。倘有不法奸民为阮惠煽诱,敢于随同贼匪抗拒大兵,则是憝不畏死,全无天良,即当尽杀无赦。尔等地方,如有此种奸民,大兵经过时即行缚送,毋为所累。"并警告领兵大员:"出关以后,一切事务须仰体圣怀,益加谨慎。倘略形器小,恃惠凌人,居心卑鄙,索取土物,夷地无知,将不以为德,反以为怨,岂不大负我皇上委任

---

① 《钦定安南纪略》卷五,第89-90页,上谕内阁。

之恩!"高宗赞赏孙士毅:"所见甚大,深合朕意!"①

大兵进剿,须粮饷随行。孙士毅奏称:大兵进入安南,为黎维祁复国,按理军粮应由黎维祁供应。但现在黎维祁自顾不暇,难以供应。且安南节年荒欠,本年雨水又过多,收成欠薄,民间有一点粮食也被阮文惠搜刮殆尽,进剿大军的军粮不可能就地采买,只能从国内备办。一路安设台站供应,随进剿大兵而行。文报、粮运及支放兵饷各事宜,广西一路由广西巡抚孙永清负责,云南一路由云贵总督富纲负责。之前承诺赏给各厂厂民及谅山七州人等的3万余担口粮,由于之前连日阴雨,道路泥泞,运送不便,只领去数百担。孙士毅奏请将此项剩余粮食用作进剿大兵的口粮,而应给厂民等的口粮,按广西粮食价格折发银两,让他们就地买食。这样,既节省了运脚银两,也方便了厂民。并强调,大兵出关,安南如有投顺之人,令他们去攻打被阮氏占据的地方,如能攻破,"即将伪官所贮米粮一任分取食用。伊等口粮有资,自必踊跃前去。如此,既不多费内地军粮,并可夺回安南侵地,似属一举两得"。高宗对孙士毅提出的"因粮于敌"之法给予肯定,只是提醒他"不必存靳惜之见"。②

除米粮外,高宗谕令:"官兵进剿安南贼匪,所有一切军需兵饷需用较繁,自应宽为筹备,以资接济。……著户部于附近省分酌拨银五十万两,解赴广西备用。"③ 至于铅弹、火药、炮位等项,也已筹备齐全。但因安南山径陡峻,大炮难以携带,只能携带20尊体质轻便的劈山炮应用。

总之,对孙士毅为进兵安南所做筹划,高宗深为满意:"孙士毅筹画一切诸属妥协,且该国民心感旧,黎维祁所到之处均有出力保护,则大兵所向,自必纷纷内应,无难克期蒇事。"④

孙士毅认为:清朝大兵两路夹攻,气势旺盛,不难攻破黎京。若阮文惠在黎城,可期俘获。若已其逃回富春,待册封黎维祁后,即分兵收复该国四镇,廓清道路,直捣贼巢。高宗称孙士毅"所见甚正",但提醒:"办理大事虽不可存畏难将就之见,而筹画亦当归于万全。"如能攻破黎城,捣穴擒渠,将阮文惠及其党羽全数擒获,永清该国后患,固属全美。

---

① 《钦定安南纪略》卷五,第90页,乾隆五十三年十月二十二日孙士毅奏折。
② 《钦定安南纪略》卷五,第98-99页,乾隆五十三年十月二十二日孙士毅奏折。
③ 《钦定安南纪略》卷六,第98-99页,上谕内阁。
④ 《钦定安南纪略》卷六,第96页,上谕军机大臣传谕孙士毅等。

四、安南之役

倘到时阮文惠逃窜藏匿，则搜捕需时，安南又有瘴气，不值以中国钱粮、兵力久驻炎荒，为属国防戍。要求其到时"将黎维祁敕封，妥为安顿，令其加意自强振作，并将要隘处所酌派该国可信有用之土官、兵民严密防堵，并令该镇目等为之齐心固守，御侮有方。孙士毅亦可撤兵回至内地，不必在安南久驻"。并指出："该督此次带兵前往，能将阮惠等生擒，固为上策。否则，收复黎城，俾黎维祁得复其境土，不失天朝字小存亡之体，足以蒇事，亦为中策。"其认为：收复黎京尚为易办，但生擒阮文惠则不易做到。担心到时孙士毅不肯将难办情形据实陈奏，一意强为，因此强调："朕反复思维，不得不预为指示，予以退步，俾临期有所遵循，不至涉险持久。"但又说"该督系晓事之人。倘阮惠无难速获，断不至拘泥此旨，将就了事"。总之，到时如何临机处置，高宗的意思是："惟在该督善体朕意，动出万全。"①

高宗一语成谶，结果不幸被其言中。《钦定安南纪略》中《臣等谨按》语，对高宗的上述思想做了说明："黎氏以孱弱之余，自罹倾覆。皇上念其素称恭顺，穷蹙来归，爰命兴师戡乱，俾延世祚，扶危继绝之义已无可复加。至事定后搜捕鼠匿，御侮守疆，乃黎维祁所应为之事。天朝士马虽强，储胥虽广，自毋庸久在炎荒，为一隅属国重劳防守。睿照如神！当初奏进剿时，早谕以收复黎城，妥为安顿，即撤兵回至内地，不必久驻安南。于事定之先，洞若观火，嗣后又屡经降旨，申诫再三。使臣孙士毅遵旨速回，不至就稽时日，尚何有意外之虞钦？"②

---

① 《钦定安南纪略》卷七，第112—113页，乾隆五十三年十二月二十四日上谕军机大臣传谕孙士毅。

② 《钦定安南纪略》卷七，编者案语，第113页。

3. 克复黎京，册封黎维祁

清剿三异、柱石之敌

乾隆五十三年（1788）十月，广西边关及安南境内天气放晴，但从广东所调5000名官兵要到十一月以后才能赶到镇南关。孙士毅认为，如果要等到所有进剿兵弁到齐再出兵，未免有些迟延，因此奏定于十月二十八日祭旗开关，整队出兵。

十月二十八日，天气晴明，两广总督孙士毅、广西提督许世亨带领广西进剿官兵从镇南关出境。从镇南关至谅山，虽山势崒岉，还有江面不甚宽阔的江水一道阻隔，但一路兵行无阻，没有遇到任何抵抗，兵不血刃即占据谅山。

清军在谅山停留2天，除分拨部分兵丁防范后路及防护粮运、文报外，能用于进剿之兵仅剩有3800名。此间，又有500名广东提标兵丁赶到谅山，合计有兵丁为4300名。孙士毅认为：虽然用于进剿的兵丁数量没有凑足，但为数已不为少，不能再在谅山停顿，如等待后续广东兵弁赶到再一起进发，致使久稽时日拖延进兵，无疑是示敌以怯，必须鼓勇速进，以詟敌胆。

从镇南关至黎城，中间有寿昌江、市球江、富良江三道大江阻隔。从整条道路看，自镇南关出发，渡过最后也是江面最为宽阔的富良江再到黎城，两头均较平坦。而从谅山至富良江，中间数百里，峻岭崇岗，灌莽丛杂，险仄难行，大军难以行走，且不易展开。孙士毅与许世亨商定，兵分两路：一路由总兵张朝龙、李化龙率领广东兵，从谅山左边的枚坡地方进兵。此道路相对更窄，兵多难行，决定再分兵1000名，以此前给予知县衔的林际清率领土兵、厂民、义勇为向导和前驱。另一路，由总兵尚维升、副将庆成率领广西军，从谅山右边江汉地方进兵。此道路为从前安南国向清廷进贡的道路，地势略宽，但因近年安南内乱，未曾进贡，商贾绝

四、安南之役

迹,道路已废,沦为盗贼渊薮,山径益复蒙茸郁结,又有俗名"母子岭""鬼门关"等绝险处。孙士毅等议定分兵两路而进,不仅有利于提高行军速度,也有利于之后赶到的广东兵接续前进,还可使敌人感觉到处处皆有清军,声势更大,使之难以防堵。待将抵达黎城前,道路变得平坦,大兵再由分而合,军威更壮。

为提高行军速度,并保证军队的战斗力,每名兵丁仅携带 5 日口粮,其余兵粮主要由随军安设的粮台提供。但官兵分路后,很难再于各处安设粮台,只可于兵丁随身裹带外,雇佣夫役帮同裹带。另外,从谅山到黎城,沿途共有 6 个大屯,每屯有一二千至三四千人不等的当地土民守军。孙士毅认为,难保这些人中有希图凭借地势,于险峻处设伏扰袭官兵,提出变被动为主动:"与其我兵为贼所乘,不若出其不意,派令官兵直扑贼屯,彼必骇而溃逃,不能抗拒。中间尚有分路进剿之处,臣俟临时再行亲身察看,与许世亨熟商妥办。"①

云南一路,据富纲奏报:若要等抽调进剿的 5000 名官兵会齐再出关,未免太迟,因此决定于十一月十七日,带领已到的督标兵丁 1000 名,加上屯驻马白汛的 2000 兵丁,共 3000 名,由云南提督乌大经带领出关,形成两路夹击之势。

十一月二十四日,孙士毅奏报:枚坡一路,因道路丛杂,再分兵为二,一由枚坡,一由苔高、菊椿,会合于嘉观。嘉观为沿途之一大屯,此前已被阮文惠的人马占据。清军将屯围住,即有土官潘钦允、黄玉伯带领数百土民投诚,并告知原驻屯的广南兵听闻清军进剿,便将人马撤去,发给土官刀枪、火药,要他们带领土民抗拒清军。清军令土官将屯内军火、器械一一交出,给予土官奖赏,留兵驻屯。江汉一路,由仁里、磨甲、枚稍、桄榔等处前进,经过号称绝险的"母子岭""鬼门关",并未遇到抵抗。

清军未遇到任何抵抗,主要是因为其改变进军方式,多路进兵,而广南阮文惠的军队曾预估清军由大路进剿,待了解到清军分路进剿后,作为应对,将人马收缩到先丽、芹驿及诃护、柱石等屯地,以待清军。

清军深入安南境内,由于兵力分散,到达军营的 4300 百名兵丁,除去分拨防守、保护粮台之外,能用于进剿的兵丁只有一千几百名,即使加

---

① 《钦定安南纪略》卷七,第 104 页,乾隆五十三年十一月十七日孙士毅奏折。

上刚刚续行赶到的广东督标兵1000名，兵力仍显不足，且因山路崎岖，运粮台站没能跟上大兵前进速度。另外，兵粮也不足，因此只好等待所调拨的5000名广西兵中缺额的1200名赶到后再行进剿，并就进剿机宜做了谋划：先丽、芹驿一路，须由"鬼门关"到达，诃护、柱石一路，系由嘉观抵达，后续官兵赶到后，再分成两路：一路直扑先丽、芹驿，尽力剿杀，待攻破该屯后，渡过寿昌江、市球江，由处北直抵富良江，并设法济渡；另一路过先丽后，横趋三异，绕出柱石、诃护敌人之后，与嘉观之兵前后夹攻。

三异、柱石、诃护、嘉观、先丽、芹驿、处北等，均为安南谅山镇境内大屯。清军搜寻这些地方，主要目的是清除这些地方的敌军，避免大军深入后敌军袭扰后路台站和运粮通道。

清军从谅山出发，一路上见敌军屯寨新筑了许多坚固的木寨，四周掘壕，密插竹签，为防守阵地。但奇怪的是，寨内却无兵防守。而山径丛杂，自下而上，一线羊肠，对面两人不能往来，假如敌军"于两旁从木纠结之内设伏抗拒，大兵实有难以遽进之势。乃贼人舍险要不顾，转坚竖空栅弃而不守"。此种情形，很是令清军迷惑。很快，从抓获探信的8名敌兵处得知："贼人满拟大兵只走一路，是以设寨屯扎。贼兵探听大兵从何处走，即从何处截出，以阻粮运。不料大兵各路俱进，无从掩袭后路，因将贼众陆续撤回，总在寿昌、市球、富良三处坚拒，使大兵不得过江。"孙士毅在了解到上述情形后，意识到阮文惠军既已将兵力收缩于江岸防守，清军也必须有所准备，便立即派左江镇总兵尚维升、副将庆成、参将王宣等带兵1200名，连夜兼程赶往寿昌江岸抢渡。

而南澳镇总兵张朝龙、李化龙率领广东兵两路夹击诃护、柱石，其中一路，由总兵张朝龙带领1500广东兵，由三异绕至诃护、柱石后面，令游击刘越带兵200名，埋伏于颖继地方山坳之内。另一路由游击张纯、都司珠敖从所带领的清军，从嘉观直扑诃护、柱石。

十一月十三日，张朝龙带兵行至三异、柱石交界之处，正准备扎营，忽从对面山坡竖立起红、白、黑多面大旗，鼓声响起，大队敌军蜂拥前来。两军接仗，清军痛剿，敌军死伤无算，生擒50名，夺获米粮20余石及军械、铅药、旗帜等。十四日黎明时分，见溃败的200余名敌军奔窜而来，刘越率兵突出，敌人惊慌之下跳入水势甚急的溪流之中，或死或逃。清军追至河边，杀死2名，生擒11名。此战，清军受伤5名，无人阵亡。

四、安南之役

游击张纯等领兵往诃护、柱石,在途中与敌军遭遇,两军对仗,清军奋勇剿杀,见戴红帽首领中枪后落马身死,敌军四散,张纯等带兵一路追击至诃护,正好张朝龙得胜后领兵赶到,两面夹击,敌军大败,死伤百余人,生擒52名。有3名敌兵乘马逃出,被副将庆成带兵拦截,3人逃入村庄,被清军搜获。经过审讯后得知,此3人中,一名为陈名炳,即之前阮文惠派去攻夺谅山,后归顺清军,又受吴文楚寄信哄吓,"畏惧贼势,托称家口为贼所拘囚,已仍投回黎城,为其所用"①,领兵防守三异、诃护等地。另两人"一系伪指挥黎霆,一系伪内卫栗全"②。至此,寿昌江以北之敌被全部肃清。

抢渡寿昌江,计破市球江

阮军以富良江为重点,依托三道江险设防,对此高宗和孙士毅早已预料。孙士毅奏称:阮军充分备战,在富良江上造有大船,每船两旁设有多桨,各架大炮,其生铁炮子每个重达二三十斤,并以"战亦死,退亦死,降亦死。不如深沟高垒,固守贼屯为善策"之言鼓舞士气。③ 高宗提醒孙士毅:"大兵前往黎城,必由富良江济渡。此江附近黎城,为该国险要之区,……阮惠等惧大兵进讨,亦必预为设备,令官兵难以径渡。"但即便如此,"富良江面宽阔,阮惠岂能处处设防?"因此指示孙士毅,"统兵到彼时,如贼在对岸迎拒,该督仍当督率将弁,作为奋力迎击之势,牵缀贼势,一面分兵,令许世亨带领,绕至富良江上游或下游一带,乘其不备,设法速渡,使贼人惊官兵从天而降,其沿江贼屯自必纷纷溃散。此史册所载暗渡之计,行之有效者"。④ 高宗提出的战术,在之后的战斗中应用,较为有效。

十月十三日五更十分,尚维升率领清军赶到寿昌江北岸,见对岸已有敌军扎住,江面上搭有竹筏浮桥,数百名从谅山退回的敌军正从浮桥过

---

① 《钦定安南纪略》卷七,第111页,乾隆五十三年十一月二十四日孙士毅奏折。
② 《钦定安南纪略》卷八,第123页,乾隆五十三年十二月初六日孙士毅奏折。
③ 《钦定安南纪略》卷七,第111页,乾隆五十三年十一月二十四日孙士毅奏折。
④ 《钦定安南纪略》卷七,第116-117页,乾隆五十三年十一月二十四日孙士毅奏折。

渡，随即令施放枪炮攻击。阮军尚未完全退至寿昌江对岸，清军即已赶到，展开进攻。阮军恐慌之下，争抢过渡，以致互相践踏，将浮桥挤断。时值重雾弥漫，据称搞不清有多少敌人落水。而千总廖飞鸿不知浮桥已断，带兵追击，连同20余名清兵一齐落入江中。好在落水的清兵都攀援上岸，并无伤亡。尚维升等立刻组织兵士砍竹编筏，在短时间内即编好竹筏，载兵渡过寿昌江。阮军望风溃散，退守市球江。号称天险之一的寿昌江，就这样轻而易举地被清军突破。弁员张兆璠则带领厂民、义勇，埋伏于寿昌江下游树林之内，劫杀溃逃的敌军，生擒3人。此战，生擒敌军7名，清军阵亡1人，受伤3人。

清军肃清后路之敌，突破寿昌江，捷报至京，高宗令军机大臣传谕孙士毅："此次官兵进剿，孙士毅分路前进，使贼无从掩袭后路，又预派弁兵埋伏，歼毙、生擒多贼，并砍竹筏，俾大兵直过寿昌江，余贼望风溃散。其沿途村庄人等跪迎道左，孙士毅不但不受其馈献，且赏给银牌，明白晓谕，夷众凛遵悦服。所办悉合机宜！军行伊始，即能多有斩获，贼匪定当破胆。事机顺利，从此长驱直入，直抵黎城。如阮文惠等尚敢前来抵拒，即可就势生擒，解京办理。计此旨到日，将届封篆，距新岁不远，为迎祥集福之时。著将年例福字一个，荷包、金银、八宝一分，并油糖一匣、鹿尾三个、鹿肉、野鸡一分，随报赏给，以示优眷。"①

十一月十五日，孙士毅率领清军赶到市球江北岸，见江面较宽，江上搭有浮桥，沿江一带竖满竹木坚栅，弥望连绵。市球江南岸高于北岸，清军由北向南，由低到高，不得地利。阮军占有地利，未将浮桥弄断，而是将防守之兵屯扎南岸对面山梁及两边坡岭上，居高临下拒敌。清军一面垒砌土墙防守，一面仰攻，抢渡浮桥。阮军凭借地利，在高处施放枪炮以拒。清军多次冒着密集的枪炮抢过浮桥，都未能奏效，且伤亡较多，游击于宗范中炮身亡，游击陈上高、守备张云、千总陈连贵等身受重伤，总兵尚维升的手指也被枪伤。进攻受阻，而阮军则屡从浮桥和架小船冲击，清军十分被动。据孙士毅所称：曾考虑将浮桥砍断，但这样做等于向敌军示怯。而虽有浮桥，仰攻又难；欲乘船渡江，所有船只又被敌军全部收在对岸；扎筏抢渡，不仅缓不济急，且敌军火器密集，竹筏又无遮拦，以上招

---

① 《钦定安南纪略》卷八，第121页，上谕军机大臣传谕孙士毅。

四、安南之役

数均难以奏效。只能另想办法,以突破敌军江防。

孙士毅遂采用高宗提示的战术,一面强攻,一面暗渡。十五日中午时分至十六日黄昏,清军于江岸列炮,隔江攻打,做强攻状,并令义民等于市球江上游办运竹木,做搭盖浮桥欲渡之象,以转移阮军的注意力,而密令总兵张朝龙带兵2000名,裹带干粮,在当地义勇的带领下,行至市球江下游20里处阮军耳目所不及地方,觅得农家小船,并扎编竹筏。孙士毅担心张朝龙所带兵丁不够,又令总兵李化龙带兵500名接应。张朝龙以500名兵丁守护渡口,利用农家小船及竹筏陆续暗渡,将2000清军悄然运过市球江。

十七日深夜,兵弁饱食之后,孙士毅下令强攻。清军或抢攻浮桥,或架小船奋勇冲突。阮军仍然凭借险要,顽强抵抗。双方激烈攻战之时,张朝龙带领悄悄渡过市球江的2000名兵丁突然从敌后杀出,敌军不知清军从何而来,惊恐万分,弃寨奔逃,乱作一团。大队清军乘机冲过浮桥,一路追击,枪伤刀砍,"积尸几满,江面漂流亦复不少"。据孙士毅所说:"总在千人以上。"① 此战,生擒敌军500余人,并获炮位34座,其余军械无算。

高宗接获大军突破市球江的捷报,心情大悦,称:"本日奏到之折,尤为大快人意!"令其如此高兴的原因,一是大军没费多少周折便顺利突破了寿昌江、市球江两道防线;二是所采取的进攻策略,正是高宗之前所授意的。高宗称:"昨因富良江(按:此当为市球江,因此时尚未突破富良江)为该国险要之区,恐贼在彼屯守,官军难以径渡,谕令密分弁兵于江之上下暗渡。兹据孙士毅奏,一面排列多炮,隔江攻打,一面暗令备弁在沿江一带密踩地方,探至左边二十里之外,派总兵张朝龙带兵二千名,于夜半用竹筏及农家小船暗渡等语,正与昨降谕旨适合,实在可嘉!"还有一件令高宗感到高兴的事,即拿获陈名炳并将其正法。高宗指出:"陈名炳前曾进关,亲向孙士毅乞降,愿效前驱。经孙士毅晓谕,奖赏遣回。乃陈名炳因接贼党吴初寄信,复行从贼,并率领贼众抗拒官兵,情节可恶!今孙士毅令副将庆成、守备黎致明带兵潜伏要路,拦截剿杀,将陈名炳暨伪官黎霆、栗全一并拿获,并令潘启德随同看视行刑,实属大快之

---

① 《钦定安南纪略》卷八,第122页,乾隆五十三年十二月初六日孙士毅奏折。

事!"高宗将此功劳归给孙士毅,称:"此皆由孙士毅调度有方,故能所向如志。而事机顺遂,即此可卜迅速成功。"并以阿桂办理金川事务、福康安办理台湾事务所得奖励鼓舞孙士毅,让他努力完成"扫穴擒渠"的目标:"此次大兵剿办安南贼匪,为天朝字小存亡体统攸关。且该国道路险峻,又有数重大江阻隔。孙士毅力肩重任,亲率官军致讨。据该督奏,现在距黎城不及百里。若能将阮文惠等设法生擒,解京办理,厥功甚巨!阿桂平定金川,生致索诺木等,福康安剿捕台湾贼匪,生擒林爽文等,蒇功完善,俱特沛殊恩,晋封公爵,赏给红宝石顶、四团龙褂、带紫缰及四开褉袍,以昭宠异。孙士毅能生致阮惠等,则其功与阿桂、福康安相埒,朕心当照阿桂等之例,一体格外加恩。俟红旗捷音一到,即降恩纶。该督务当加倍奋勉,迅奏肤功,仰膺懋赏。"为使清军顺利突破进攻黎城的最后一道屏障富良江,高宗谕令:"著再传谕乌大经速行前进,与孙士毅会合夹攻,以冀可期蒇事。"为鼓舞清军士气,高宗对孙士毅奏请对在战斗中出力的官员加赏的请求一概照准,称:"用兵之道,全在赏罚分明,方足以昭激劝。除现照该督所请,分别赏戴花翎、蓝翎及给予职衔外,着再将孔雀翎、蓝翎各十枝发去,交与孙士毅,遇有打仗出力将弁,即酌量一面赏给,一面奏闻,俾将士等益加鼓励,奋勇杀贼,更可迅速成功。"①

为鼓舞士气,高宗对有功人员给予奖赏:"此次大兵进剿安南贼匪,孙士毅调度有方,带兵提镇将弁等无不争先用命。一到该国境内,屡次克捷,设法渡江,每逢贼匪抗拒,即能痛加剿杀,所向披靡,实属奋勇可嘉!孙士毅著赏给玉如意一柄、御用汉玉扳指一个、大荷包一对、小荷包二对。许世亨著赏给御用玉扳指一个、大荷包一对、小荷包二对。张朝龙、李化龙、尚维升各赏给荷包二对。除张朝龙、李化龙本有花翎外,尚维升酌赏戴花翎,用示奖励。其出力将弁等,经孙士毅开单,奏请加恩,着照所请行。副将庆成、邢敦行,参将海庆、杨兴龙,都司刘光国、黑子、虎彪、守备张云等,俱著赏戴花翎。庆成仍加赏锡朗阿巴图鲁名号。都司陈元燮、珠敦,守备郭升荣、刘永泰、七十九,千总陈洪顺、路世逊、甘雨民、廖飞鸿、马正强,俱著赏戴蓝翎。游击刘越准其开复。厂民等随同官兵打仗杀贼,踩探道路,均属出力。厂民李宏旺、林槐端、徐绍

---

① 《钦定安南纪略》卷八,第126－127页,上谕军机大臣传谕孙士毅、富纲、乌大经。

四、安南之役

富,俱著赏给千总顶戴,陈秉钧、何景昌、魏荣标、冯陶、曾君元,俱著赏给把总顶戴。至副将庆成,擒获贼目陈名炳,守备黎致明一同擒拿,均属奋勉。庆成既赏给巴图鲁名号,黎致明也著赏给坚勇巴图鲁名号,并照例各赏银一百两,遇有应升缺出,即行升用,以示鼓励。游击于宗范,因奋勇攻扑,中炮阵亡,殊为可惜,著加恩照例议恤。又游击陈上高、千总陈连贵,因抢渡受伤较重,著该督先行优赏,上紧调制痊愈,即一面赏戴花翎,一面奏闻。其余受伤阵亡各官兵,并着该督查明,分别等第,咨部赏恤。"①

强渡富良江

清军突破市球江后,距离黎城最后一道防线富良江已不足百里。清军未做停留,一路急进,未遇抵抗,于十一月十九日黎明抵达富良江岸。

富良江面宽三里许,水深流急。阮惠军已全部退至南岸,将浮桥撤毁,并将北岸的船只,或拖过对岸,或尽行烧毁,甚至将附近的竹子砍伐。清军无竹编筏搭桥,孙士毅派兵丁四处搜寻,觅得被阮军遗漏的农家小船数艘、竹筏几片,以竹扎筏,所有的船只和编织的竹筏加在一起,只能配载 200 余人乘渡。

阮惠军在江对岸防守,大小船只游弋于江心,见清军达到,便用船上大炮轰击。孙士毅以"贼兵虽多,势甚错乱,知其心已不固",鼓舞斗志,并命百余名兵丁搭乘农家小船,至江心与敌船接仗。两军激战于江心,清军以小船战敌军大船,施放枪炮,抛掷火球,居然取得优势,夺获敌船 1 只,戳翻 1 只,敌军被迫退去。之后,两军又在江面激战五六次,据孙士毅奏报,杀贼百几十人,生擒 17 人,致使敌军不敢再战。清军因船筏无多,体量太小,也不能追至对岸。两军隔江相持数日,无奈之下,孙士毅与许世亨、张朝龙、尚维升、庆成等商定,以仅有的船筏载兵强渡。

二十日五鼓,清军 200 余人趁着黑夜乘坐数只船筏冲向南岸,阮军猝不及防,"有下船逃遁者,有在江岸乱窜者"。此战,清军生擒 46 人,夺获小船 30 余艘。清军将夺获的船只驶回北岸,轮番将 2000 余名官兵渡过。致黎明时分,又杀敌无数,生擒 187 人,夺获船只十余艘。此时,有

---

① 《钦定安南纪略》卷八,第 127-128 页,上谕内阁。

十余艘敌船自江心顺流而逃，游击张纯带领30余只小船追赶。敌军仰仗船大，调头迎战。清军枪炮齐发，又抛掷火球，围烧敌船。敌船被烧沉1只，烧毁2只，数百人无一得脱。清军将烧毁的2只敌船拖至岸边，发现船上之敌已尽为枪毙火烧，取获铜质、象牙印信数枚，"一系兴化镇，一系龙普侯，一系指挥高宋"。①

关于阮惠军防守富良江及黎城的兵力，以及清军攻剿所取得的战果，据孙士毅所称："十九、二十两日杀贼多寡情形，与市球江约略相似。据黎氏宗室及百姓人等禀称，贼兵防守黎城本来不过六七千人，闻大兵进剿，又从贼巢调到七八千人。昨因寿昌江兵败，即从黎城抽调五六千人添赴市球江，一同抗拒。十七日将晚，见市球江贼兵一二千人纷纷败回，听得被大兵杀死过半，贼人十分慌乱，连夜将黎城细软物件及银钱、粮米等项搬运下船，即于十八日五鼓，从水路逃往富春，留贼兵二三千人在此拒守等语。臣查前次市球江痛剿贼匪，据各将备禀报，杀贼数千。臣以语近不经，当系绿营粉饰习气加以呵斥。而目击杀贼实多，因以约计千人以上入奏。今据黎城宗室人等所禀，则市球江杀贼之数竟似不止千人以上。再向来军营以割取贼人首级或耳记为功。臣以追杀贼人，间不容发，与其割已死之首级、耳记，而纵生贼于数十步之外，甚至彼此争割，耽误尤甚。是割取首级等事，徒为该弁兵等记功起见，于剿杀贼匪，大属非计。臣此次不令于剿杀吃紧时割取，致滋延误，是以杀贼较多。至生擒贼匪，均系受伤不能行走之人，于追杀之后，回兵转送，原属无碍。臣惟严谕将备开报弁兵功绩，倘有偏私，一经察出，从重治罪。"② 由此可知，阮文惠曾于富良江岸布置重兵防守，之后不知为何，将大部分军队调离，实际防守富良江的军队人数有限，致清军攻剿获胜变得相对容易。

黎城为安南京城，紧靠富良江岸而建，"周围用土垒城，高四尺，上种丛竹，土城内有砖城二座，不甚宽广"。③ 清军突破富良江后，驻守黎城的阮文惠军弃城而走，黎京不攻自破。孙士毅"与许世亨仅带数名将弁，轻骑入城，至大街出示安抚毕，即刻出城扎营，兵丁无一人入城"。

---

① 《钦定安南纪略》卷九，第132页，乾隆五十三年十二月初九日孙士毅奏折。
② 《钦定安南纪略》卷九，第133-134页，乾隆五十三年十二月初九日孙士毅奏折。
③ 《钦定安南纪略》卷九，第133页，乾隆五十三年十二月初九日孙士毅奏折。

四、安南之役

黎氏宗室及百姓人等出城跪迎。

清军克复黎京，还有意外收获，即由广西右江道宋文型、南宁府知府顾葵、镇安府知府陈玉麟等，搜获阮文惠军分藏于四处地方的"稻谷共五千一百三十石""又起出两处地窖钱文二千八百二十二千"。①

孙士毅率军自十月二十八日出镇南关，突破阮文惠军以江为险的三道防线，于十一月二十日占领黎京，仅用了 23 天时间。在兵力、武器、地势均不占优的情况下，在战术上，依靠偷渡，避实就虚，出其不意，突破寿昌江、市球江，又乘胜出击，凭借将领无畏，三军用命，鼓足余勇突破富良江，连战连捷。而反观阮文惠军，在兵力、武器、地势均占有优势的情形下，则连战连败，最后弃城而走，颇令人费解。

册封黎维祁，筹剿广南阮氏

孙士毅统兵于十一月二十日克复黎城，是日二鼓时分，黎维祁才赶至军营面见孙士毅，"望北叩谢皇上再造隆恩，自陈国家已经倾覆，不料能承受大皇帝恩典，伏地感泣，不能自已"。② 孙士毅见到黎维祁，"其萎靡不振，实属可虑"。清军出关，目的是帮助黎维祁复国，恢复对安南的统治，黎维祁理应出面协助清军。但其优柔成性，"因贼氛甚恶，恐官兵未必遂能恢复黎城，不敢出头"。③ 藏匿于黎城附近，待清军克复黎城，才于半夜赶至军营。

十一月二十二日，孙士毅进入黎城，按照仪制，册封黎维祁为安南国王。据《钦定越史通鉴纲目》记载："册文有曰：披十有一道之提封，原非利夫土地。朔百五十年之职贡，能不念其祖宗？帝深信之！"④ 黎维祁"望阙行礼，恭具谢恩折"。孙士毅告诫黎维祁："从此应奋发自强，力备守御，庶几仰答圣慈，绵延国祚。万一优柔寡断，不克自振，将使我天朝

---

① 《钦定安南纪略》卷九，第 138 页，乾隆五十三年十二月初九日孙士毅奏折。
② 《钦定安南纪略》卷九，第 137－138 页，乾隆五十三年十二月初九日孙士毅奏折。
③ 《钦定安南纪略》卷九，第 127－138 页，乾隆五十三年十二月初九日孙士毅奏折。
④ 〔越南〕潘清简等编撰：《钦定越史通鉴纲目》（正编）卷四七，台湾"中央"图书馆 1969 年影印本。

为尔一隅属国，积月经年，劳我大兵，成何事体？"①

孙士毅带兵克复黎城，所收复的是一座空城，阮文惠军将黎城扫荡一空后退回广南，主力得以保存。孙士毅敕封黎维祁为安南国王，在使黎氏国祚重延的同时，清朝既定的"扫穴擒渠"目标仅完成一半，即"扫穴"，而"擒渠"的目标尚未达成，一旦清军撤离，黎氏政权必将面临来自阮氏的严重威胁。因此，孙士毅提出乘势进军广南，直捣阮惠巢穴，完成"扫穴擒渠"，彻底消灭阮氏势力。

进剿广南，孙士毅提出如下意见②：

一是水陆并进。孙士毅认为："阮岳、阮惠贼巢，一在顺化，一在广南，彼此相近。自黎城至彼，有水陆二路，大兵水陆并进，收效方捷。"水程半月即可到达，但需经历洋海，风大浪高，非大船不可。然而，所有可以放海之船，都被阮文惠军弄至广南。孙士毅提出雇觅船匠，在黎城赶办中号船40只，可载兵2000名。陆路山径崎岖，计程二十五六站，每站八九十里、一百里不等，需60余日才能到达，须安设粮台50余处。

二是筹备运粮。孙士毅认为：进剿广南，所需米粮最好能在黎城购备，这样便可节省由镇南关至黎城的17处运粮台站。但其与黎维祁相商后，黎维祁"以安南连年积欠，虽今岁收成略好，遭阮惠到处搜刮，现在民间积贮无几，颇有难色"，仍然只能由镇南关滚运米粮。如此一来，进剿广南须安设70余处粮台，需要增加管理粮台的佐杂50余员，因此提出以广西实缺试用佐杂充用，其遗缺暂令附近人员兼摄，俟广东各员到时，即令署理广西之缺。孙士毅声明："俟筹办台站事宜就绪，即领兵前赴广南，进捣巢穴。"

三是添补进剿官兵。进剿安南时，孙士毅领兵1万，其中2000名留防后路，以8000名进抵黎城。现筹划进兵广南，此时已是十一月下旬，"转瞬即交春令，南方雨水盛行，恐官兵或因湿蒸致病，必须酌量添补"。提出："广东各标营再调三千名，即赴镇南关一带驻扎，预备就近调遣。至大兵现在已到黎城，其谅山留后官兵，无庸二千名之多。请

---

① 《钦定安南纪略》卷九，第137-138页，乾隆五十三年十二月初九日孙士毅奏折。

② 《钦定安南纪略》卷九，第135-137页，乾隆五十三年十二月初九日孙士毅奏折。

四、安南之役

留三百名在彼防范,其余一千七百名,即撤至军营,以备深入贼境、防后之用。"

四是乌大经一路不必再赴黎城,直接开赴广南。孙士毅认为,黎城已经克复,现在筹备深入广南,乌大经所带滇省营兵不用再赴黎城,可直奔广南。这样一来,可能还会收到意想不到的效果,因为"遵奉节次谕旨,以臣处官兵所到,尽杀毋赦,(阮惠等)不如投至该提督军前,尚可宽其一线。谅阮惠此日正在丧胆之时,得此生路,或可自行投出"。

乾隆五十三年(1788)十二月初九日,高宗接到孙士毅有关清军突破富良江,克复黎城,册封黎维祁为安南国王,以及筹划进兵广南的系列奏报,非常高兴,降旨加赏孙士毅和进剿官兵,还对孙士毅深入广南擒拿阮文惠等的筹划给予支持,称:"孙士毅奏官兵连日乘胜剿杀,现已度过富良江,克复黎城一折,所办可嘉之至,不能笔宣!……又据奏剿贼吃紧时,不令官兵割取耳级,致误追杀,是以歼贼甚多等语。所办更是!不料孙士毅以读书之人,竟能具此识见,朕览之,以手加额,庆国家得一全材好大臣,较之平定安南,尤为快意!此次孙士毅带兵出关,未及一月,即能痛歼贼匪,收复黎城,实为迅速。且贼匪经此一番歼戮之后,魂魄俱丧,再行整师前进,势如摧枯拉朽。是办理安南一事,大局已定,成功业过大半,自无克期蒇功。先已明降谕旨,将孙士毅先行晋封公爵,并赏给红宝石顶。一俟红旗奏到,再加赏四团龙褂,及黄带紫辔,四开禊袍,以昭懋赏。……至黎维祁,……看此光景,竟系一萎靡不振无能之人,全仗孙士毅为之主持安顿。……黎维祁袭封之后,又得天朝敕印崇封,自足以资镇抚。而孙士毅现筹诸务,皆能周妥。所有安设粮台及添调官兵等事,著传谕孙永清、图萨布,即照孙士毅所奏妥速办理。并传谕乌大经,即速沿途探听,自都龙带兵径赴广南一带会剿。……孙士毅办理此事,力肩重任,不避艰险,断无虑其半途而废,致滋疏纵。但用兵固不可稍存畏怯,然知进而不知退,亦非大将计出万全之道。现在黎城已经收复,复传旨将该嗣孙敕封为国王,于天朝字小存亡体统已得。兹阮惠畏惧逃窜,若仍在安南境内潜匿,自不难于设法围擒,以绝后患。倘竟潜逃入海,或窜匿附近他国,又不值以内地钱粮兵力为属国搜集逋逃,深入穷追,久耽时日。此事在他人,朕方加之策励,而孙士毅向来遇事勇往,为朕素知,又不得不豫为指示,俾临期有所遵循也。"①

可以看出，高宗对孙士毅欲深入广南擒拿阮文惠的筹划，在给予支持的同时，也告诫其不可强力而为，这等于给予孙士毅视具体情况临机处置的灵活性和自主权。高宗的这一思想是一贯的。还在清军准备抢渡寿昌江之时，在孙士毅奏报已将安南谅山镇境内诃护、柱石、嘉观、先丽、芹驿、处北、三异等处的敌人清除，肃清后路，气势旺盛，黎京不难攻破，并称倘若阮文惠在黎城，可期弋获，若其逃回富春，待册封黎维祁后，即分兵收复该国四镇，廓清道路，直捣贼巢。乾隆五十三年（1788）十一月二十四日，高宗在给孙士毅的谕旨中即提醒道："该督此次带兵前往，能将阮惠等生擒，固为上策。否则，收复黎城，俾黎维祁收复其境土，不失天朝字小存亡之体，足以蒇事，亦即为中策。看来收复黎城尚为易办，而生擒阮惠，或不免远窜负隅。在孙士毅既力任于前，自不肯复将碍难办理情形遽行陈奏；而朕反复思维，不得不预为指示，予以退步，俾临期有所遵循，不至涉险持久。想该督系晓事之人，倘阮惠无难速获，断不至拘泥此旨，将就了事，反至疏纵。设实有难办之处，不妨俟收复黎城，使黎维祁复国后，若果阮惠远遁，难于生擒，即据实奏明，带兵回粤。惟在该督善体朕意，动出万全。"②

接着，高宗又反复指示孙士毅："黎城收复，仍立黎维祁为国王，于字小存亡之体实为尽善尽美，超越千古，即此足以蒇事撤兵。"并补充说道："若事机大顺，竟能迅捣贼巢，将阮惠等速行擒获，该督自不肯因有此旨，于功届垂成之际，转滋疏纵，致贻后患。若此旨到时，阮惠已经避匿海洋，或窜入他国，自不直（值）将天朝兵力久驻炎荒，为之搜缉遭逃，耽延时日。孙士毅既应遵照前旨，妥为安顿，传谕该国王振作自强，并派该国有能为可恃之人，督率土兵等实力防守，以御外辱，孙士毅即可撤兵回粤。倘黎维祁不能振作自立，仍复萎靡废弛，过三五年后，又生外患，则是该国王自贻伊戚，断无屡烦天朝兵力再为恢复之理。"并强调：

---

① 《钦定安南纪略》卷九，第 139 – 141 页，乾隆五十三年十二月初九日上谕军机大臣传谕孙士毅等。
② 《钦定安南纪略》卷七，第 112 – 113 页，乾隆五十三年十一月二十四日上谕军机大臣传谕孙士毅。

四、安南之役

"该督系晓事之人,于进退缓急机宜,自能酌筹妥善。"①

然而,孙士毅进剿广南的筹划并不顺利。乾隆五十三年十二月十九日,在清军克复黎城后已近一月,据孙士毅奏报:造船一事,"臣面商该国王雇觅船匠,购备板片及桅木、油钉等项,以便粤东水师将备督率匠人即日兴工;并告知该国王,伊才经复国,库藏空虚,所有造船经费系动天朝帑项,详悉谕知。该国王初犹唯唯,逮阅数日,毫无举动。臣复再四催办,该国王以人民离散,所有船匠及木植物料等项,虽蒙给发经费,实属无从赶办,坚词以复"。无奈之下,孙士毅奏称"必须另行打造"。设台运粮一事,孙士毅提出,由镇南关至黎城,雇觅安南民人运送,而内地民人负责自黎城至广南的粮运,但"商之该国王,黎维祁总以夷民散失,不能多雇"。② 孙士毅只得令广西布政使孙永清加紧办理。

高宗在了解到上述情况后,指示孙士毅:"此事办理至斯,已足撤兵完局。若此时必欲穷追深入,而贼巢险远,万一稍有阻滞,不能迅速擒渠,转致欲罢不能。办理大事之人,必须通盘筹划,计出万全,不可知进而不知退。孙士毅当遵前旨,酌量情形,或略进兵,巡其边界,代黎维祁划定疆域,设立卡汛,妥为安顿。谕令该国王振作自强,并派该国有能为可恃之人,率领土兵人等严密防守,以御外侮。孙士毅即趁巡查边界之便,撤兵回粤。不可遽由黎城撤回,致贼知我虚实。"高宗之意,是要求孙士毅撤兵,但同时做出进剿广南的姿态,以此使阮文惠感到畏惧,并稳定安南国内人心。因此谕令:"目下孙士毅宜略为前进,乌大经亦带兵赴广南一路,遥为粤西声援,仍探听孙士毅信息以为进止。"③

---

① 《钦定安南纪略》卷九,第143-144页,乾隆五十三年十二月十四日上谕军机大臣传谕孙士毅、乌大经。
② 《钦定安南纪略》卷九,第150页,乾隆五十三年十二月十九日孙士毅奏折。
③ 《钦定安南纪略》卷九,第153-154页,乾隆五十三年十二月十九日孙士毅奏折。

4. 孙士毅败逃回国，福康安奉旨收局

黎城之败

孙士毅统兵于乾隆五十三年（1788）十月二十八日出镇南关，十一月二十日克复黎城，取胜较速，失败也快。清军滞留黎城筹备进剿广南，转眼过去一个多月时间，进入年关。乾隆五十四年（1789）大年初一，"军中置酒张乐，夜，忽报阮兵大至，始仓皇御敌。贼皆象载大炮冲阵，我师众寡不敌，黑夜自相蹂躏。黎维祁挈家先逃，滇师闻炮声震天，亦退走。孙士毅夺渡富良江，即斩浮桥以断后，由是在南岸之军，提督许世亨、总兵张朝龙以下官兵、夫役万余，皆挤溺死焉。士毅走回镇南关，尽焚弃关外粮械、火药数十万，士马还者不及一半。其云南之师，以黎臣黄文通向导，得全返"。① 而据孙士毅所奏：

> 其迤南一带，与贼境毗连，中隔江面数重，收复之后，令该国王黎维祁派出得力人员，带领土兵前往该处防守。本年正月初二日卯刻，据该国王黎维祁向臣告知，接据防守夷官禀报，有敌人过江赶逐，不许伊等在彼防守，只得退回。并传称，阮惠扬言黎维祁母子赴天朝陈诉，以致大兵将我广南、富春人杀戮数千，此仇必报，将来拿住黎维祁母子，必要泄恨等语。黎维祁向臣哀恳，只好挈母逃至内地，求大皇帝赏饭一碗，以全性命，断断不愿再做安南国王等语。臣开示大义，加以呵斥，黎维祁含泪而去。臣遂与许世亨传齐众将，告知看此光景，阮惠已在中途，不久仍即占据安南，将黎维祁母子戕害。我等前此不即进捣，全因道远粮艰，势难办理。今阮惠既欲占据

---

① 〔清〕魏源：《圣武记》卷六《乾隆征抚安南记》，第278页。

四、安南之役

安南，必亲自前来，竟是就我樊笼，未便因奉有撤兵谕旨，置之不管。众人同声，情愿奋勇剿杀，断不敢稍涉退缩。遂派令总兵张朝龙，挑选精锐兵三千名，及勇干出色将备，即于正月初二日前进；又令许世亨带兵一千五百名，臣带兵一千二百名，共五千七百名，先后接应。初三日，张朝龙途次即遇见匪众，奋力剿杀，旋即败退，黑夜又复前来。初四，一日一夜，复蜂拥而至，我兵痛加诛戮，无不以一当十，杀死无算。于初五日五更，复又败去。讵黎维祁闻阮惠亲至，心胆俱裂，即手抱幼孩，随同伊母逃过富良江，不及携带其妻。百姓见此情状，俱慌张乱窜。报至军营，阮惠亦已闻信，其势愈张。臣与许世亨等商酌，此种情形，大兵不能站住，惟有谆谕将弁人等，决一血战，以答主恩。许世亨等遂各大呼直前，枪炮之后，纯用短兵相接，贼人伏尸层积，何止数千！我兵俱人人裹血力战，所向披靡。无如愈杀愈多，将大兵四面密围。臣率同将弁，与提镇等直赴前敌。许世亨以臣系总督大臣，非镇将可比，设有疏虞，关系国体，再三劝阻，遂派庆成护送，并令千总薛忠将臣马缰牵挽。臣用鞭打喝禁，誓欲奋往，薛忠不肯放手。臣复思许世亨之言，有关大体，因率领庆成等整队殿后而出。因思提镇处尚有兵五千余名，犹不为少，此外黎城各江岸尚有分驻兵三千余名，必须将此项官兵分驻两边江面，以待全师之出。及臣赶至江岸，则此分驻之三千名已经总兵尚维升、副将邢敦行、参将王宣等率同土田州岑宜栋一齐带领，另从他路前进接应。臣即同庆成等前至浮桥，将官兵三百余名扎住南岸，保守浮桥。讵贼匪已到江岸，彼此放枪敌住，转瞬即集有贼匪三四千人，官兵只三百余名，众寡不敌。适总兵李化龙带兵二百余名前来，臣即令其过江，占住北岸，以便臣将南岸之兵归并北岸，隔岸用枪炮悉力抵御。乃李化龙驻马，行至桥心，失足落江。所带弁兵见总兵溺水，各各慌乱。臣无可若何，令副将庆成等回头施放鸟枪，臣带兵徐徐由浮桥撤至北岸。贼人乘势追赶过江，均被我兵枪炮打落江面，余贼不敢过来。臣占住北岸江口，满望提镇回兵。虽对岸现有贼匪，而所带官兵现有八千余人，贼匪断难挡住，我兵似尚易渡江。乃候至一日，毫无消息，而对岸贼人已多，用小船四散渡江，各处上岸，截我后路。臣所带官兵只有数百名，势难前后受敌，只得率同庆成等三员回抵市球江。贼船已有一二百只在半里外停泊，遥放枪炮，见我兵尚整，不敢登岸进逼。①

据广西巡抚孙永清所奏："询问连日进关官兵，佥称初三初四等日，贼匪被官兵痛剿之后，散而复聚，将总兵张朝龙营盘四面围裹，复有贼众数万并象只、火炮遍野四出，蜂拥而来，势甚猖獗。初五日早，提督许世亨见寡不敌众，遣人将印篆赍送过江，即与总兵张朝龙、参将杨兴龙、英林、游击明柱同时战殁。又副将王宣杀贼极多，亦力战被戕。其余将弁因被贼冲截，彼此不能闻信。"②

以上记载相互有出入，但对此次战斗的惨烈以及清军损失的惨重表述基本相同。此战之概况，还可见于被俘之后又被阮文惠遣人送回内地的清军弁员劳显和张会元的供词：

劳显所供：

> 跟随尚总兵及参将王宣带兵在黎城南门外扎营，正月初四日，贼匪前来窥伺，劳显随参将带兵奋力进剿，杀贼甚多，即败退。嗣初四日夜间，尚总兵闻头敌上贼兵甚多，即同王参将带各营盘兵前往接应。至初五日天明，贼人数千来攻，营盘存兵无多，劳显督令施放枪炮。至午饭时，贼人愈多，象只亦到，乱放火箭、火毬，官兵冲散，独立难支，劳显即带兵冲杀出营，被贼众将马腹戳伤跌倒，劳显右脚被长矛戳伤，不能行走，被贼人拥至城中空屋内。随有贼目告知，现奉天朝大人来文，叫我们将官兵好好送出，断不加害等语。后来就在空屋内居住，每日俱有人送饭。至二月十六日，贼人给与马匹，同众兵送出。从未见过阮惠，听见尚总兵、王参将被贼人围裹遇害，劳显未曾见过是实。③

---

① 《钦定安南纪略》卷十三，第190-192页，乾隆五十四年正月二十五日孙士毅奏折。
② 《钦定安南纪略》卷十三，第198页，乾隆五十四年正月二十六日孙永清奏折。
③ 劳显供单，转引自庄吉发《高宗十全武功研究》第378页。

四、安南之役

张会元所供:

> 此次奉派带兵在黎城南门外十里扎营,正月初五日寅时,与贼打仗,杀死贼匪多人。直至未时,贼匪愈杀愈多,将官兵冲散。会元带兵冲杀至江边,见浮桥已断,不能过江。彼时尚有兵百余名,会元声言与其束手待毙,莫若拼命杀进黎城,多杀敌人,死亦瞑目。众兵闻言,各各奋勇,随回身一路冲杀,直至黎城,被贼四面围裹。会元在马上,咽喉偏右及左肋被贼长矛戳伤,昏晕坠马,颈下又被刀伤一处,不省人事。①

此次清军败退,各种记载中有两个细节出入较大:

一是在阮文惠军进攻时,是黎维祁挈家先遁,还是孙士毅先弃城而逃?魏源《圣武记》称:"黎维祁挈家先遁,滇师闻炮声震天,亦退走。"《钦定越史通鉴纲目》也称"(孙士毅)方在幕次,忽闻贼兵逼近昇龙,不知所为,遂拔垒渡河而走",并进一步说明:"辰帝方与士毅会于幕次,黄益晓、阮国栋、黎昕、范如松、阮日肇、范廷僎、黎文张、黎贵适八人入侍,适败报至,士毅走,帝亦匹马与士毅偕北,独日肇执靮以从,命黄益晓等驰归内殿护太后、元子济河,皇帝弟维祗扈皇妃宫嫔等至河津,桥断不得渡,望西遁走。"② 而据孙士毅奏报:"黎维祁闻阮惠亲至,心胆俱裂,即手抱幼孩,随同伊母逃过富良江,不及携带其妻。"另有学者认为:"首先弃城而北走者是孙士毅,并非黎维祁。"③ 笔者认为,此说符合实情。

二是孙士毅在败退时,是否主动砍断富良江浮桥以防阮文惠军追击,致包括提督许世亨在内的官兵被困南岸,全部被杀或被俘。魏源《圣武记》称:"孙士毅夺渡富良江,即斩浮桥以断后,由是在南岸之军,提督许世亨、总兵张朝龙以下官兵、夫役万余,皆挤溺死焉。"张会元供词也称,其领兵至富良江岸时浮桥已断。而孙士毅则奏称:"臣占住北岸,满望提镇回兵。虽对岸现有贼匪,而所带官兵现有八千余人,贼匪断难挡

---

① 张会元供单,转引自庄吉发《高宗十全武功研究》第380页。
② 〔越南〕潘清简等编撰:《钦定越史通鉴纲目》(正编)卷四七。
③ 庄吉发:《高宗十全武功研究》第379页。

住,我兵似尚易渡江。乃候至一日,毫无消息,而对岸贼人已多,用小船四散渡江,截我后路。臣所带官兵只有数百名,势难前后受敌,只得率同庆成等三员回抵市球江。"① 似乎此时浮桥未断,更非其主动砍断。笔者认为,孙士毅此说实不足采信。

清军败退,是由多方面原因造成的,可从清军克复黎城后,孙士毅、黎维祁以及阮文惠三方的表现加以考察。

阮文惠军方面。在孙士毅率清军克复黎城的过程中,并未伤及阮军主力,其仍保持了很强的战斗力。在侦知清军虚实后,当阮惠大将吴文楚率败军退回清化,报称清军声势壮大,阮惠便不以为然,笑称:"何事张皇,彼自来送死耳。"有条不紊地积极备战:为聚拢人心,阮惠自行称帝,改泰德十一年为光中元年;扩充武备,增兵8万,亲率将士渡河北上,并遣人致书孙士毅,佯为乞降,实则麻痹清军。

清军一方。孙士毅自率兵出关后所至克捷,并顺利克复黎城,遂启轻敌之意,一心要进捣广南,贪俘获阮惠之功,在粮台、战船等进剿事宜筹备毫无进展的情况下,不能审时度势,立即班师。如魏源所说:"孙士毅轻敌不设备,散遣土兵义勇,悬军黎城月余。阮氏谍知虚实,于岁暮,倾巢再举,而我师方信其来降之诳词。"② 高宗也指出:"阮惠乘撤兵之时前来滋扰,自系孙士毅不能慎密,豫露撤兵信息,将士思归,军纪未能整肃,以致阮惠闻而生心,伺隙侵扰。从来受降如受敌,总须时刻留心,即撤兵亦如临战,倍加慎重。乃孙士毅疏于防范,以致变生意外,实属不能辞咎。"③

黎维祁一方。孙士毅率清军助其复国之后,再三"嘱其以用人爱民为第一要事,其次御侮,再次理财,与夫设汛练兵。筑台安炮,及查察奸宄、潜消反侧等事,劝该国王上紧举行。并谕以此次大皇帝耗费多少兵马钱粮,为国王恢复安南全境,惟在继绝存亡,并不利尔寸土。此种恩德,实为千古之未有之事。该国王自应发愤自强,力图善后。内治既举,外侮难乘,国势自然巩固。万一因循怠忽,偷安目前,致为敌人窥破,复遭蹂

---

① 《钦定安南纪略》卷十三,第190-192页,乾隆五十四年正月二十五日孙士毅奏折。

② 〔清〕魏源:《圣武记》卷六《乾隆征抚安南记》,第278页。

③ 《清高宗实录》,乾隆五十四年正月二十七日。

四、安南之役

蹦,则是尔国无福承受大皇帝恩典"。但黎维祁懦弱无能,不思笼络人心,致力国事,而是一面大肆封赏,一面诛戮报复,"论扈从功升职有差,治降贼罪"①,渐失人心。《钦定越史通鉴纲目》称:"帝性褊刻,宗室女有嫁贼将而孕者,命刳之;又刖其皇叔三人,投于宫市,人情稍稍疑贰。"黎维祁的母亲被由广西迎请回黎京,"闻帝所为乖戾,以喜怒行诛赏,大恚曰:'我辛苦请得援兵来,国家能经几番恩仇破坏?亡无日矣。'号泣不肯入宫,从臣阮辉宿劝解之,乃止"。②安南黎氏数世以来,国柄被权臣操弄,黎维祁之祖父黎维褍已是徒拥虚位,黎维祁更是不知国事为何物,茫无头绪。

再者,其所信任和重用之人又并不辅佐其治国理政。即如随黎维祁一同出奔的心腹黎侗,受封中军都督之职,但"黎侗并不帮辅黎维祁,惟日事屠杀,报复平日睚眦之私,于黎维祁毫无出力之处。经孙士毅加之训饬,伊即称病不出,以此人心涣散,黎维祁一蹶不能复振"。③孙士毅力图禁阻黎维祁君臣的所作所为,"面写数百言,谕以此时务须宽大,收拾人心,以安反侧,万不可日图报复,致令众叛亲离"。④

另外,如《钦定越史通鉴纲目》所称:"辰连岁荒歉,是年为甚。清兵在京者肆行抄略,民愈厌之。朝廷征催兵粮,州县皆不应,帝乃命官分理其事,民至有涕泣输纳者。清人饷馈道远,所得钱粮尽以供之,诸道义兵及清人旧兵数万人皆枵腹从戎,人心益离散矣。"清兵军纪如何暂且不论,安南连年构兵,频年灾荒,兵连祸结,国家已是残破空虚,用度匮乏。清军以及义勇数万聚集于黎城,虽说兵粮由广西设台滚运,但滋扰民众之处在所难免,舆情难免惊疑。

总之,阮文惠一方取攻势,准备充分,而孙士毅及黎维祁一方取守势,轻敌疏备,仓促应敌,遂致败退。

此次伤亡兵丁数量,魏源有"士马还者不及一半"的记载。进兵安

---

① 〔越南〕潘清简等编撰:《钦定越史通鉴纲目》(正编)卷四七。
② 〔越南〕潘清简等编撰:《钦定越史通鉴纲目》(正编)卷四七。
③ 《钦定安南纪略》卷二五,第356页,乾隆五十四年十二月十一日福康安、孙永清奏折。
④ 《钦定安南纪略》卷二六,第361页,乾隆五十五年正月初三日四川总督孙士毅奏折。

南，广西一路原拟调兵 1 万名，之后调集兵丁增至 1.5 万名，"乾隆五十三年，奏调广东兵丁五千名，广西兵丁一万名，共一万五千名，内以一万名出关进剿，二千名防守谅山后路，一千三百名巡护关外十八粮台，一千七百名分防关内各隘。"① 以此计算，随同孙士毅出关的兵丁实际为 1.33 万名，但随其退回镇南关的仅有三千几百名。② 随后又陆续有被冲散的官兵回到镇南关，到乾隆五十四年（1789）正月三十日，从安南回到镇南关的官兵达到五千几百名。③ 之后，从各处小路回到镇南关的官兵又有数百名。④ 绕道由云南回国的广西军营官兵共计把总 2 名、兵 556 名、田州土练 25 名。⑤ 其后，阮文惠还遣人将俘虏的官兵送回，相继送回 700 余名。⑥ 据福康安奏称："前后进口官兵共有八千余名。"⑦ 按此计算，孙士毅带领出关的官兵共 1.33 万名，最后回到国内的有 8000 余名，阵亡官兵数目超过 5000 名，接近魏源所说"士马还者不及一半"。阵亡的将弁除提督许世亨、总兵尚维升、张朝龙外，尚有参将杨兴龙、王宣、英林，副将邢敦行，游击明柱、张纯、王檀、刘越，都司邓永亮，守备黎致明等。而云南一路，未经战阵，官兵得以全数而还。

福康安奉旨收局

孙士毅兵败黎城，逃过富良江，于乾隆五十四年（1789）正月初九日抵达谅山，十一日回至镇南关，连向高宗奏报兵败情形，并称上负委任，罪无可逭，奏请革职，从重治罪。高宗接到孙士毅奏报，连下谕旨，大体

---

① 《明清史料庚编》上册，第 329 页，两广总督福康安等题本，乾隆五十五年正月二十日。
② 《钦定安南纪略》卷十三，第 196 - 197 页，乾隆五十四年正月二十六日孙士毅奏折。
③ 《钦定安南纪略》卷十三，第 206 页，乾隆五十四年正月三十日孙士毅、孙永清奏折。
④ 《钦定安南纪略》卷十四，第 210 页，乾隆五十四年二月初九日孙士毅、孙永清奏折。
⑤ 《钦定安南纪略》卷十五，第 221 - 222 页，乾隆五十四年二月二十六日富纲、乌大经奏折。
⑥ 《钦定安南纪略》卷十九，第 273 页，乾隆五十四年四月二十一日福康安、孙士毅奏折。
⑦ 《钦定安南纪略》卷十八，第 259 页，乾隆五十四年四月初八日福康安奏折。

四、安南之役

有以下意见①:

第一,高宗认为此次兵败是天意,称:"朕从来办事,无不顺天而行",而"黎维祁巽懦无能,毫无振作,看来竟是天厌黎氏,不能护助"。

第二,认为此为意外之变,是孙士毅意存贪功志满,知进而不知退,耽延时日,未遵旨撤兵所致。并称:"朕与孙士毅均不能辞咎""我君臣均不能不引以为过"。且强调孙士毅并非有心贻误,因此对孙士毅奏请革职治罪,谕以"此事系出自意外,非该督冒昧之罪,何出此言?"还以"从来行军之际,原不能一往顺利,即如新疆、西路及两金川等处亦皆有小挫,旋即成功"之语为其开脱。

第三,认为孙士毅有功有过,其收复黎城办理妥速,曾著劳绩,且素称能事,在尚书中系出色之员,因此"不但不治以失律之罪,转为怜惜"。但其败退黎城,威望已损,不适宜再任两广总督,降旨以福康安调补,谕令在福康安未到之前,仍由孙士毅暂行署督篆,在镇南关驻扎,但撤回其之前所封公爵及所赏红宝石帽顶。

第四,决计不再用兵安南。虽然高宗声称:"阮惠以安南土酋逐主乱常,经天兵致讨,屡次败逃之后尚敢纠众潜扰,伤及官兵,实属罪大恶极!"但已无意再兴师问罪,称:"方今国家全盛,若厚集兵力,四路会剿,亦无难直捣巢穴。但该国向多瘴疠,与缅甸相同,得其地不足守,得其民不足臣,何必以中国兵马钱粮糜费于炎荒无用之地?是进剿阮惠一事,此时非不能办,揆之天时、地理、人事,俱不值办。"

第五,确立将来与阮氏交往的原则。高宗谕令:"福康安抵镇南关后,若阮惠等闻风畏惧,到关服罪乞降,福康安当大加呵斥,不可遽行允准,俟其诚心畏罪输服,吁请再三,方可相机办理,以完此局。"并对办理安南之事做出具体指示:"此时阮惠等自知伤损官兵,获罪甚大,惧天朝大举进剿,自必差人至关悔罪乞降。福康安、孙士毅俱系封疆大臣,仍宜示以严厉。若差人再四吁恳,情词恭顺,俟奏到时朕自当相继而行。方今国家全盛,阮惠以安南土目,若集兵会剿,不难为捣穴擒渠之计。但该处向多瘴疠,即便收入版图,照新疆之例,又须分派多员驻扎。而该处贡赋所入必不敷经费,况安南民情反复,胜国以前郡县其地者不久仍生变故,历

---

① 《钦定安南纪略》卷十四,第195-206页,乾隆五十四年正月二十五日、二十六日、二十七日上谕。

有前车之鉴。朕再四思维，实不值大办。莫若量宽一线，俾其畏罪输诚，不劳兵力而可以蒇事之为愈。福康安等不可不知此意也。"① 此外，还采取了增加边境一线驻兵的数量，加强边境巡查，禁止内地民人进入安南贸易等措施。

福康安，字瑶林，满洲镶黄旗人，姑母是高宗的孝贤皇后，父亲是大学士傅恒，满门贵盛。在此之前，福康安参与过征讨缅甸、平定金川等多次重大军事行动，并出任过吉林将军、盛京将军、成都将军、四川总督、陕甘总督、云贵总督、闽浙总督等职，以其超凡的政治见识、卓越的军事才能和办事能力，深得高宗信任，誉以"秉性忠纯，才猷敏练"，又刚率军镇压了台湾林爽文起义，威望日隆，以其出任两广总督，主持安南之役的善后，是最合适不过的人选。

乾隆五十四年（1789）正月二十九日，高宗御制书《安南始末事记》：

> 春日斋居，敬观皇祖御制《心经》，张照等跋录，御制"戒之在得"之谕，憬然有悟。因忆安南始末事，为之记曰：我皇祖"戒之在得"之训，孙臣固建堂于避暑山庄，其义其事，已见之前后之记矣。昨岁夏，居山庄，因有缅甸归顺之事，不无为之喜。无何而有孙士毅复黎城封黎王之奏，则又不无为之喜。夫喜者，惧之对也。惧则若有所失，喜则无所更虑。若有所失，心不敢放；无所更虑，心或放乎？缅甸归顺，无过宴赉山庄，事则已矣。安南之事，虽云复其城、封其王，而其凶首未擒，弗屑费中国之力为藩国扫荡擒渠，因降旨班师。使孙士毅速遵旨班师，即逆凶复扰黎城，则固外藩之事变乱无常，亦不屑每问之。乃孙士毅驻彼逾月以待，或有所擒献，而又未曾谨设防，以致逆凶席卷而来，我师仓促与战，遂有所失，而提镇三臣同以致命。幸而孙士毅全师以归，尚不致有伤国体，然而赫濯威重实不无少损焉。夫兴灭继绝，弗利其土地人民，此非欲得也。然得其名，与得其实同之。安南之事，予果无得名之意乎？喜而忘惧，谓之能戒可乎？故予不咎孙士毅之贪功，久驻失防，致损威重，而自咎予之未能

---

① 《钦定安南纪略》卷十五，第220页，乾隆五十四年二月二十五日上命军机大臣传谕福康安。

四、安南之役

体皇祖圣训诫之在兹。书以志过，抑亦慎守此志于永久弗替云尔。

所谓"戒之在得"，即清军出兵安南，已尽了兴灭继绝的宗主国道义，不在于得其地、王其国，胜固然好，败也无妨，仍可以用处理缅甸问题之法与安南阮氏重建藩封，继续保持两国之间的宗藩关系。

不出高宗所料，在福康安到镇南关之前，阮惠已三次遣人至镇南关奉表请降。第一次在清军败退半月后，即乾隆五十四年正月二十二日，阮惠专门派人将情愿投诚纳贡的降表送至谅山，并称愿意将俘获的数百名清兵送还。他担心清政府不肯接受，便令通事赍送至镇南关。孙士毅令管关文武斥其并不将官兵先行送出，遽请奉表称藩，系阮惠借此尝试，随将表文执还。高宗认为：仅于此还不足使阮惠震惧畏慑，要坚其悔罪投诚之念，须以新任两广总督福康安之名檄谕阮文惠，历数其罪，令其将官兵先行送出，并将戕害提镇之人缚献，或可代为奏闻，求大皇帝恩宽一线，否则唯有统率大兵四路会剿，行扫穴擒渠之计，天戈所指，洗荡无遗。以此震慑其声威，待其再四哀求，届时再请旨办理。① 对孙士毅能突围而出，高宗先认为是因为阮文惠无能，称："该国道路险阻，如阮惠在富良江、市球江等处据险拦截，邀我道路，孙士毅岂能突围而出？幸而阮惠无能，官兵虽有挫失，尚不致全被拦截。此皆上苍默佑，朕方深为钦感。"② 之后，似乎改变看法，悟出阮惠军似乎是有意对逃回的官兵不加拦截，为之后与清政府的交往预留地步，称："前此官兵由富良江等处撤回，阮惠如果有心拦截，则粤西迷失官兵岂能绕道至滇？是阮惠虽至黎城，于官兵尚不敢肆行伤害。"③ 并将此作为接受阮惠投诚的理由，称"阮惠于未出官兵，戒其党类不须（许）戕害，俾得陆续进关。看其作为尚属恭顺，将来再行遣人到关呼叩，情词恳切，即可相机蒇事。"④

乾隆五十四年二月初九日，阮惠遣阮有晭、武辉璞二人再次赍表呈

---

① 《钦定安南纪略》卷十四，第210－211页，乾隆五十四年二月初九日上谕军机大臣传谕福康安、孙士毅、孙永清。
② 《钦定安南纪略》卷十三，第204页，乾隆五十四年正月初二十六日上谕内阁。
③ 《钦定安南纪略》卷十四，第225页，乾隆五十四年二月二十六日上命军机大臣传谕福康安。
④ 《钦定安南纪略》卷十八，第262页，乾隆五十四年四月八日上命军机大臣传谕福康安。

送。孙士毅令左江道汤雄业谕知阮惠，其获罪甚重，至今并未将官兵送出，如此怙恶不悛，而仅以虚词敷衍，总督正奏请大皇帝调兵进剿，并将表文再次执还。阮有晭恳求管关大臣将表文拆看，称无一字略涉假意。汤雄业初时不许，后方拆看，见文内恭顺认罪，情愿纳贡，再谕以必须将官兵送出，才敢转禀督抚。阮有晭即日便赶赴黎城禀报，武辉璞暂留谅山，禀请于二月内务将官兵送出。高宗谕以"阮惠得罪天朝，此时虽遣夷目两次赍表至关，究难遽允其请"。①

二月二十一日，阮有晭等又再次到镇南关，禀称已将500余名官兵陆续送出，明后日即可抵关，表文、贡品一同赍送至关，并恳求左江道汤雄业代为周旋，许馈送礼物。汤雄业谕以"阮惠既不敢戕害官兵，现在一一送出，并已三次乞降，悔罪自新，尚属能知顺逆。但须敬候大皇帝谕旨准行，方可开关"。② 高宗谕令福康安檄谕阮文惠，说明因孙士毅威望已损，朝廷以福康安补授两广总督，"尔以安南土酋，胆敢抗拒官兵，戕害提镇大员，其罪甚重。今虽将官兵先行送还，尚不足以赎尔之罪，可即将戕害提镇之人缚献正法。尔若不能遵奉献出，本部堂惟有统率大军分路进讨。试思天朝何等力量，尔自揣度，能逞其螳臂否？"③ 很快，阮有晭到关呈表，并称已将戕害提镇之人查出正法。汤雄业谕其孙士毅已奉旨回京，福康安即日到关，待其到后，再代为恳求转奏。

阮惠表文内容如下：

> 安南国小目阮光平谨奏：为冒沥微诚，仰干天听事。窃惟大皇帝陛下受天明命，为万国君，临御五十余年，洪恩溥洽，华夷内外同风共贯。臣安南界居炎徼，久沐声教。乃因二百年来，国王黎氏失柄，权臣郑氏专有其国，暨前王黎维祹年老，辅政前郑昏懦，兵骄民怨，国内乖离。臣以西山布衣乘时举事，丙午夏，兴兵灭郑，还国于黎。

---

① 《钦定安南纪略》卷十五，第228页，乾隆五十四年二月二十八日上命军机大臣传谕福康安、孙士毅。

② 《钦定安南纪略》卷十六，第234页，乾隆五十四年三月初七日上命军机大臣传谕福康安。

③ 《钦定安南纪略》卷十六，第236页，乾隆五十四年三月初七日上谕军机大臣传谕福康安、孙士毅。

四、安南之役

其年前王谢世，又拥立其嗣孙维祁袭位。维祁为人淫暴，不恤国政，朝纲驰于内，边衅生于外，方且陷害忠良，诛锄族姓，国内之臣若民奔愬于臣，请为出兵除乱。臣自惟国者天朝所封之国，臣何敢自行置废？丁未冬，遣一小将以兵问其左右之助桀者，而维祁望风宵遁，自诒伊戚。戊申夏，臣至黎城，复委前黎王之子维䄄监国承祀，经遣行价叩关，备以国情题奏，日者边臣反书却使，不即递达。去年冬，调动大兵出关征剿。臣远道闻信，自念从来一片敬天事大真衷壅于上闻，令前黎王子维䄄及臣民禀文三道，偕行价叩禀辕门。不料大兵直趋黎城，杀守兵甚众。臣自揣进退无据，且其事总由黎维祁不道所致，于今年正月初五日进抵城下，并不敢与官兵抗拒也。乃官兵杀戮太多，势难束手就缚，迹似抗衡，臣不胜惶惧！现在已将对垒之人查出正法。伏为大皇帝体天行化，裁培倾覆，一顺自然，恕蛮貊无知之过，谅款关吁奏之诚，树牧立屏，用祈宠命，俾臣得以保障一方，恪共侯服，则事有统摄，民获乂安，皆出大皇帝陛下帱覆之仁。臣谨当奉藩修贡，以表至诚。臣拱北驰神，不胜激切屏营、瞻仰候命之至！谨表贡以闻。一恭递上进仪物：金子十镒，银子二十镒。一谨遣行价二名：阮有晭，武辉璞。乾隆五十四年二月日。①

高宗称："阮惠所进表文措词恭顺，尚知畏惧悔罪。但伊连次乞降，自应示以迟难，以坚其畏罪内附之心。"② 之后，又指示："阮惠畏惧天朝，表文内情词恭顺，且称已将戕害提镇之人查出正法，并将未出官兵全行送回，其情事与昔日懵驳迥别。福康安檄谕阮惠，亦须于严正之中开以一线之路，当谕以尔等悔罪求降，如表文内措词未能妥协，本部堂自当驳回，如情词恳切，立言恭顺，亦必为尔陈奏，候旨遵行。……如此明白宣谕，阮惠等不致绝望，必当恳切乞降。俟可以允准时，福康安酌量情形奏

---

① 阮光平奏表，军机赵月仓折，转引自庄吉发《清高宗十全武功研究》第386页。
② 《钦定安南纪略》卷十六，第239页，乾隆五十四年三月初九日上命军机大臣传谕福康安、孙士毅。

闻，候朕再酌量降旨。"①

福康安接奉补授两广总督之信，即奏称："将来办理此事，惟有上纾九重之宵旰，中慊朝野之听观，下昭史册之纪载，国威于是乎立，国体于是乎尊，方为不负使命。"② 表明其办理安南之事的态度，并兼程赶往粤西。高宗赞其"秉性公忠，能视国事如家事，其才猷识见又能明敏周到，如此方不愧为休戚相关、实心任事之大臣"。③ 在接奉补授两广总督谕旨时，便陈奏对办理安南之事的认识："安南之事，孙士毅鼓勇于前，疏虞于后。臣此时前往，自以养军威、存国体为要。至阮惠等，风闻四路会剿，势必穷蹙款关。臣必不肯轻受其请，俟其畏极感生，然后据情陈奏，断不敢好大喜功，触瘴行师。"高宗嘉其"所奏已得大端"。④ 之后在广西贵县接受督篆时，又进一步明确了与安南阮氏交往的策略："黎维祁弃印潜逃，竟系一童骏昏竖，不足惜，其国中亦并无爱戴故主者。阮惠既欲号召国人，自必仰藉天朝声势，其畏惧震慑似非虚假。惟曾抗我颜行，此时未便遽略跡原心。臣到关后，当于拒绝之中予以转旋之路。总须审慎提防，一有把握，即当驰奏请旨。"⑤

福康安于三月十六日抵达镇南关，即令左江道汤雄业传唤阮有晭等来关听谕。阮有晭等闻之，即星夜从黎城奔赴镇南关。二十八日早间，汤雄业于管内昭德台接见，阮有晭等至台下，行三跪九叩礼。汤雄业询问其阮惠如何敢抗拒天朝，据阮有晭称："安南小国僻在炎荒，黎氏、阮氏分有境土，黎氏在黎城，阮氏在广南，两姓世为婚姻，并无君臣之分。从前黎维禟之臣郑栋擅权，人皆称为郑王，黎维禟仅拥虚位，欲诛郑栋而不能，因以女妻阮惠，令其起兵诛杀郑栋，国政复归黎氏。阮惠即将手下官员留于黎城，帮辅黎维禟，自己仍回广南。及黎维禟既没，黎维祁嗣位，听信谗言，不念阮惠诛郑栋之功，转将阮氏所留官员寻衅诛逐，且欲并诛阮

---

① 《钦定安南纪略》卷十六，第243页，乾隆五十四年三月十二日上命军机大臣传谕福康安。
② 《钦定安南纪略》卷十七，第252页，乾隆五十四年三月二十七日福康安奏折。
③ 《清史列传》卷二六《大臣传次编一·福康安》，第1971页。
④ 《钦定安南纪略》卷十四，第224页，乾隆五十四年二月二十七日上命军机大臣传谕福康安。
⑤ 《钦定安南纪略》卷十七，第252页，乾隆五十四年三月二十七日福康安奏。

惠。是以阮惠愤恨称兵，欲为复仇之计。初不料黎维祁奔归天朝，乞师出讨。其时，阮惠并不敢抗拒天朝，曾具禀，遣人诣军门吁求息讨，而官兵在市球等江痛加杀戮。阮惠手下人皆怕死，其逃奔不及者未免误行抵御，迹似抗衡。及天兵收复黎城，阮惠即退回广南，不敢复出。因奉前宫保孙大人檄文，要来剿灭广南，是以情急，复至黎城，要问黎维祁何以遽请天兵来讨，不想误伤官兵，实属悔罪无及等语。"① 汤雄业谕以阮惠既有心投诚，亦须哀恳迫切，实有展忱输悃之处，方见志诚畏罪，并要其将福康安檄文转阮惠阅看，照檄文内要求遵行。阮有晭等连夜赶回黎城，并称一旦商议定夺，便星夜赶来禀覆。对阮有晭等所说，福康安奏称"该夷目等此次来关，其畏罪感恩之意露于言表，所称黎阮构衅缘由，臣等查访，亦系实在情形"。福康安显然是接受了阮有晭等的说辞，并称"想阮惠一见檄文，知圣主鉴及伊与黎氏寻衅尚非有心抗拒官兵。伊此时畏惧迫切，且欲保有黎城，传之子孙，断断不敢再有违抗"。② 预料阮有晭等必于立夏前到关禀覆。高宗谕以"看此情形，阮惠实已诚心畏罪。安南地方险远，又多瘴疠，不值大办，自不如俟其再来乞降，相机葳事"。③ 并要福康安再对阮惠施压，使之束身归命，诣关恳请，到时再行降旨定夺。

四月二十一日，福康安奏报：讯问从黎城退回的官兵，或因迷失道路，或因伤病不能行走，阮文惠不但不加戕害，还令沿路民众收留养赡，且给盘费，遣人送回，"据此情形，实有不必加兵之势"，并借退回官兵之口，称众口一词都认为："阮惠如有心抗拒，则黎城撤兵时，伊于富良、市球等江聚众拦截，则我军断不能径渡，即既渡后，或从后追，则我军回战，必更有损伤。乃自黎城至于镇南关，并无追截之事，以此知其实非抗拒。"还从官兵死亡原因对其所称阮文惠实非抗拒的说法加以分析说明，称："官兵死于兵者十之二三，死于溺者十之七八。死于兵者，当阮文惠复来黎城，欲与黎维祁寻衅，我兵与之相遇，痛加歼戮，彼众因而抵御，遂致互有杀伤；其死于溺者，缘富良江岸南北相距三里有余，江面编竹为筏，连筏为桥，撤兵时人马拥挤，桥断筏沉，一时落水，是以淹毙较多。"

---

① 《钦定安南纪略》卷十八，第266页，乾隆五十四年四月十四日福康安等奏。
② 《钦定安南纪略》卷十八，第267页，乾隆五十四年四月十四日福康安等奏。
③ 《钦定安南纪略》卷十八，第270-271页，乾隆五十四年四月十四日上谕军机大臣。

最后表达了自己的判断："阮惠与黎氏为仇，构争蛮触，其欲攘取者黎氏之国土，其欲凭仗者天朝之声威。伊若有心抗拒，则是自绝于中国，将何以号召其国人？阮惠决不出此！"联系阮有晭等来关听谕的态度，认为"此时阮惠之悔罪输诚自非虚假"，而这一切，"皇上在数千里之外——指示，早已洞若观火，臣等不胜钦服！"① 福康安论说了阮文惠并非有心抗拒官兵，表达了对高宗不再用兵安南决策的拥护。高宗谕令将办理安南之事始末通谕中外，宣称"朕之抚驭外夷，恩威并著，大义昭然，无不仰体上天好生之德，从未敢稍萌穷兵黩武之见"，宣布"决计不复用兵"。对于阮文惠，"伊若果诚心恳乞，赴关求恩，或可鉴其悔罪悃忱，量加封号"。② 首度公开了对安南之事的态度和政策。

《清史列传》称："四月，（福康安）奏安南阮广平恭顺输款，不必用兵，上允其奏。"③ 似乎清朝不再对安南用兵是因为高宗接受福康安的奏请，将功劳归于福康安。《钦定越史通鉴纲目》更将清朝罢兵说成是福康安接受了阮惠贿赂而奏请罢兵的："二月，康安至广西太平幕府，文惠随使其臣吴壬潜往归降谢罪，又多以金赂，恳康安为之主张。康安既得厚赂，又幸其无事奏请，因而许之毋开边衅，清帝从之。"④ 这一说法，显然是无稽之谈。

前已述及，早在接到孙士毅兵败黎城的报告时，高宗就明确表达不再用兵安南的态度。重建宗藩关系，是清朝与阮氏共同的愿望，而阮氏于此愿望则更为迫切。自安南独立建国后，与中国历代王朝始终维持宗藩关系。作为藩属国，获得宗主国的承认，经由册封，获得封号，正名定分，是其政权合法性的基础，并可借以收拾人心，号召国人，顺利实施统治。因此，阮文惠才会在占据黎城后急切遣人接洽输诚事宜，并在遭清朝拒绝后仍屡次乞降。而作为宗主国，清朝与藩属国的交往秉持的原则是："逆则加以征讨，顺则永受恩荣"。高宗认为，清朝已履行了对藩属国"字小存亡"的道义，但黎氏政权气数已尽，随着兴灭继绝理想的破灭，应当正

---

① 《钦定安南纪略》卷十八，第272页，乾隆五十四年四月二十一日福康安、孙士毅奏。
② 《钦定安南纪略》卷十八，第274页，乾隆五十四年四月十四日上谕内阁。
③ 《清史列传》卷二十六《大臣传次编一·福康安》，第1971页。阮光平即阮惠，在之后清朝与安南交涉中，安南的禀文和清政府颁给安南的表文及其他文书中俱改书阮光平。
④ ［越南］潘清简等编撰：《钦定越史通鉴纲目》（正编）卷四七。

四、安南之役

视现实，采取欲擒故纵之策，向阮文惠施加压力，迫使其悔罪输诚，尽快消除兵败的影响，恢复安南国内的稳定和边境的安宁。做出弃黎纳阮的决策，正是这一原则的体现。高宗在《御制记事文》中对此也予以说明：

> 安南虽南瀛小邦耶！然亦有民人焉，有社稷焉，且奉本朝为正朔，称外藩者百余年。其邦遭乱，兴灭继绝，礼亦宜之，是盖奉天道也。然彼邦之遭乱岂无所由？岂其据黎城而擅号召者原非一姓也，则自古至今，主中华而称正统者率可知矣。虽乘除有命，而兴亡在人。顺天者昌，逆天者亡。吁，是不大可畏乎？黎城既复，嗣孙重封，其陷于阮贼之土地，以次传檄而定。二贼穷蹙，窜归广南。广南去黎城又二千余里。是役也，官军裹粮以进，设台站以运，不资安南一草一木，而安南荒乱之余，亦不能供军储也。官军才万余，而台站运粮之夫将用至十余万，则劳内地矣。因护外小邦为之扫穴执丑而劳内地，是大不可也。且既为之兴灭继绝，则彼之窜寇，应付彼平之。夫以国家之力，抵广南，执二丑，亦优为之。但权其轻重，知止不殆，佳兵不祥，且安南亦一小邦也。黎氏近代以来鲜有能为自强之君，或者天厌其德乎？夫天厌其德之邦而予助之，则予岂敢？出师以定乱，班师以知退，或者不违天道，而合于王者之师乎？是为记。①

高宗既已公开表明其态度，清朝与阮氏之间重建宗藩关系便只是时间问题了。

很快，阮文惠便遣其长兄阮光华长子阮光显诣关请降。四月十八日，阮有晭受阮光显之命到关，面见汤雄业，呈递表文，声明阮文惠令阮光显进京代躬瞻觐，隐露求封之意，并呈进金银方物。双方议定：阮光显于十九日清晨进关。是日，汤雄业在昭德台摆设仪仗，导引阮光显进关。汤雄业询问阮光显：阮文惠何以不亲来吁恳？阮光显称："我系阮惠嫡长侄，阮惠抚我如子。我父阮光华早殁，次叔光岳现在广南，三叔光华即阮惠，四叔光泰居广南西山中。我叔光平与黎氏本系婚姻至戚，实无君臣之分，缘因黎维祁不道，以致劳动天兵。我叔光平时运乖舛，遭此事会，致有抗

---

① 《钦定安南纪略》卷首，记功成班师事宜，第11－12页。

拒官兵之迹，万喙难辩。自本年正月以来，在黎城寝食不宁，一腔心事又无从表白，是以每逢天朝迷路落后兵丁，即资其口粮盘费，导送进关，希冀藉其口中转达悃忱。今蒙公爷大人发下檄文，许其自行陈诉，不啻拨云雾而睹青天。我叔光平即欲亲自到关，面求公爷大人代奏纳降。无如举国民人尚未安集，现在黎城修筑城郭，诸事草创，实在不能遽离，而其子年尚幼小，无人可遣，是以令我赍表到关。临行时将令我代禀之言再四嘱咐，又向我说：我们小国人都知敬天，大皇帝即天也。人若得罪于天，则祸及自身，灾及其国。尔见督抚后，即求进京瞻觐大皇帝天颜。所有赍进金银方物，不敢云贡，不过聊表此时悔罪之忱。若蒙大皇帝准其投降，恩同再造，当谨修职贡，附于藩封之末。一俟国中部署稍定，即当匍匐诣阙，泥首于大皇帝之前，乞宥无穷之罪，申锡无疆之福，俾世世子孙列于王会，则不胜感戴。"①汤雄业担心通事翻译未确，要阮光显将所说写下，并告以代为转奏，让其在谅山静候圣旨。

高宗接到福康安的奏报，十分高兴，称"此时大局已定"，谕准阮光显来京，并明降敕谕发往安南，要点为：

第一，阮文惠与黎氏有无名分，原无辩证，不加深究。

第二，所称目睹将戕害提镇大员之人正法之语是否属实，也不深究。

第三，阮文惠既已派其侄随表入觐，前罪可赦，不加进讨，但因尚未列藩服，所进贡物不便收纳。

第四，乾隆五十五年（1790）八月，正逢高宗万寿，到时，安南国内亦已安集，阮文惠当亲自赴京以遂瞻云就日之私。

第五，阵亡提镇，虽系临阵无心误行伤害，亦当于安南地方建立祠宇，春秋虔祭。

第六，黎维祁现安插于桂林，断不会在阮文惠入觐时将其送回安南，令其主国之理。阮光显入觐时要经过桂林，可让其与黎维祁相见察看。

第七，特赐阮文惠珍珠手串一挂。

此外，还应安南之请颁示正朔：每年冬间颁给时宪书（按：时宪书即历书，为避高宗之名弘历之讳，改历书为时宪书）20本，并开放水口等关通市贸易。高宗还宣布："现在阮惠屡次吁请乞降，并先遣伊侄阮光显

---

① 《钦定安南纪略》卷十九，第280－281页，乾隆五十四年五月初三日福康安等奏。

四、安南之役

赍表入觐。朕鉴其悃忱，俯加允准，军事业已告蒇。"① 遂裁撤防守兵丁，调整边境一线的防守。

需要强调的是，清朝并没有因阮惠多次乞降而对安南提出任何领土要求。事实上，在乾隆五十二年（1787）二月十四日，军机处曾寄信福康安等，提出要令阮文惠献出边外厂地以赎其罪，才能准其归顺。二月三十日，军机大臣又于《一统志》内查出雍正年间特赐予安南铅厂山以外40里土地，议定双方以赌咒河为界，以六百里加急寄信福康安，令阮文惠献出这片土地，以作为纳降的条件之一。但之后清朝并未向安南正式提出过此要求。②

清朝既已同意阮光显进京瞻觐，给予阮文惠敕谕，与安南重建藩封只是时间问题，必须对原安南国王黎维祁妥善处置。

清军败退安南，黎维祁于乾隆五十四年（1789）正月初七日携其母、妻、儿子及跟役20余人叩关请纳。黎维祁无能失国，弃印潜逃，失守藩封，但清朝仍将其接纳，酌给养赡，先安插于南宁府。高宗认为："黎维祁本系无能之人，屡经播越，失守藩封，今已敕封为国王，又复弃国逃遁，律以内地官常，亦应斥革治罪，将来即欲恳请观瞻，亦不值准其来京，只可等诸边氓，予以衣食之资，俾足存活。"③ 表明了对黎维祁的态度，并考虑到南宁距边境甚近，担心黎维祁与安南境内戴旧之人潜通信息，影响清政府与阮氏政权的关系，又将其从南宁转至桂林安插。之后，陆续有黎氏宗族旧臣从安南投到内地，清朝亦给予接纳并安置。现在清朝与阮氏接洽重建藩封，阮光显将在桂林与黎维祁相见，为消除阮氏的疑虑，令黎维祁及随从人等一体剃发，改用清朝服色，使阮光显见黎维祁时，见其已经剃发易服，断无再回安南之念。

在高宗的要求下，安南为阵亡的提督许世亨和总兵尚维升、张朝龙建立祠宇，春秋祭祀。许世亨先受封子爵，后又晋为壮烈伯，爵位令伊子承

---

① 《钦定安南纪略》卷二一，第302-303页，乾隆五十四年闰五月十七日上谕内阁。

② 乾隆五十四年三月十七日寄信上谕，转引自庄吉发《清高宗十全武功研究》第387页。

③ 《钦定安南纪略》卷十四，第205-206页，乾隆五十四年正月二十七日上谕军机大臣传谕孙士毅、孙永清。

袭；尚维升、张朝龙则皆予世职。为方便祭祀，许世亨谥昭毅，尚维升、张朝龙分别谥直烈和壮果，祭葬如例，三人均入昭忠祠。对阵亡的官弁，也均给予世职或其他抚恤。之后又查出"阵亡都司把总外委共十一员，均照例给与云骑尉世职，俟袭次完时，给与恩骑尉世袭罔替。至称册开冲散未出之游击、都司、守备、千总、把总、外委一百二十员，均照阵亡例减半议恤，俱给与恩骑尉世职，承袭一次"。① 而"因伤残废兵丁，其粮缺即于该兵子弟内挑补。若并无子弟，当于公费内养赡。其撤出官兵，尚系出力之员，应赏一月钱粮"。②

对于曾随清军进剿的土目、厂民等义勇，高宗也十分关注，认为："其边外土目人等，从前因力不能敌，本多附阮。继见大兵出关，始行效顺，将来有无变更，亦可不必问。"③ 对投顺的谅山镇目潘启德和广西土田州土司岑宜栋格外关注，多次询问他们的下落。之后，经福康安奏请，以潘启德曾拒绝阮文惠大将吴文楚的劝降，投降清军，并在孙士毅率兵进剿时为向导，撤退进镇南关后安插于宁明州。以其颇知大义，初通文墨，先拟以千总、守备等官录用。后以其语言不通，确定赏其都司衔俸，加赏银100两，令其在提标学习。阮廷沛、黄廷球、阮廷琏3人，挈其家口入关，则以千总补用。安南生员阮贤，曾同妻子阮氏指引官兵进入安南，后随官兵一起进关，求为内地民人，被安插于平乐府，令其入儒学肄业。岑宜栋于乾隆五十四年（1789）正月初五日被敌军围裹，遣人将印篆送回，自己冒敌前进，打仗阵亡，其所带出关的2000名土兵仅返回六七百名。福康安奏请"将土田州世职以伊子岑煜，系属庶出，与承袭之例不符，请暂行协理，俟伊孙岑裕垲年已及岁，再行请袭"。高宗谕："岑宜栋以边土世职，深明大义，于官兵进讨安南，即带兵助剿，又复策马陷敌，临阵捐躯，情殊可悯。该土州前因出力，经前任督臣李侍尧奏明，赏给四品顶戴。著交部，即照四品之例从优议叙。"④ 知州系五品，谕令不必复拘嫡

---

① 《明清史料庚编·上册》，第446页，兵部题本，乾隆五十九年三月十二日。
② 《钦定安南纪略》卷十八，第262页，乾隆五十四年四月初八日上命军机大臣传谕福康安。
③ 《钦定安南纪略》卷十五，第262页，乾隆五十四年二月二十六日上命军机大臣传谕福康安、富纲、孙士毅、孙永清等。
④ 《钦定安南纪略》卷二十二，第325页，乾隆五十四年十月十四日上谕内阁。

四、安南之役

庶之例，其土司世职由岑煜袭替，并加恩赏戴四品顶戴。

5. 清朝与安南重建藩封

阮光平入觐

乾隆五十四年（1789）六月初五日，阮文惠因高宗准令其降附，并谕其进京参加高宗八旬圣寿大典，遣人赍表谢恩，并提出册封之请，称："今亲赐瞻觐天颜，祝釐上寿，希奇之遇，何幸加之？臣与臣亲侄阮光显款关代躬行礼，实会（中缺字）恩，封以王爵，世世子孙长守安南。仰见圣人之心，天地父母之为量，臣揣分知，不胜忻庆。惟是朝贺大礼，庶邦君长咸在臣口，奉列诸王会，跼蹐无地，愧惧交并。又臣本国自黎祚告终，干戈旁午，民坠涂炭，茕倪皇皇，日颙绥辑，幸得早有系属，即国内日就和宁。伏望圣德洞烛微情，特格加恩，假臣封号，臣奉有□□□□，以凭藉天宠，鸠集小邦，实蒙圣天子覆载再生之德，自臣及其子孙世守南服，为天朝之屏藩，惟有恭顺口念，铭佩天恩于无穷也。臣遥瞻（下缺）"①

高宗上谕内阁："黎氏已为天心厌弃，而黎维祁又弃印潜逃，自无复令其立国之理。王者有分土，无分民。安南虽属小国，亦不可无人统率。阮光平以造邦伊始，吁求天朝封爵，以为绥辑民人之计，措词尤为肫实。阮光平著即封为安南国王。所有应行颁给印信、敕书等项，著该衙门照例撰铸，俟伊侄归国时恭捧赍回。至阮光平，既封为安南国王，其所进贡物即著收留，另行加赏。"② 随即撰拟颁给阮光平之册文、敕谕以及御制诗章。

敕谕新封安南国王阮光平曰：

---

① 《明清史料庚编》上册，第305页，安南国小目阮光平残奏本，无日期。
② 《钦定安南纪略》卷二二，第317页，乾隆五十四年六月二十二日上谕内阁。

据协办大学士两广总督公福康安奏,为尔具表谢恩,展陈觐恫。朕批阅,表内词义肫恳,并请于明年进京入觐祝釐,祈吁殷切,具见恭谨。所有赍到贡物,已谕令赏收,以遂尔芹曝之献。至表内恳请格外加恩,给以封号,俾得奉有名分,鸠集小邦等语。安南以黎维祁庸愤无能,天厌其德,国祚告终。尔现已悔罪投诚,遣亲侄阮光显奉表瞻觐,祈求恳切,不啻再三。朕顺天而行,有废有兴,悉归大公至正。本拟俟明岁亲行叩觐时赏给王爵,兹阅尔表内所称,造邦伊始,必须仰赖天朝宠荣,方足以资驾驭。因念尔国甫经兵燹之余,民人未获安辑,若不重以天朝封号,恐一切呼应不灵,自系实在情形。尔既据实陈明,并不稍事虚饰,朕深为嘉与。且王者有分土无分民。安南虽远在炎荒,皆吾赤子,中外自当一体。尔能凭藉宠灵,抚绥整顿,使国内民庶悉就安宁,实朕所深愿。用是即降恩纶,封尔为安南国王,俾资镇抚,并亲谕制诗章,赐为尔国世宝。嗣后,凡有呈进表词及本国行文之处,据准其书写国王名号。其应行颁给印信、敕书,现交各衙门撰文铸篆,俟尔侄阮光显到京,交与赍回。至天朝提镇大员临阵捐躯,尔国内立庙享祀,亦足征悔惧之忱。所请官衔、谥号,亦即敕部随后颁发。尔其益当小心敬畏,恪守藩封,永承恩眷。特谕!①

御制诗曰:

　　三番耆武匪佳兵,昨岁安南重有征。
　　无奈复黎黎厌德,爰教封阮阮输诚。
　　守封疆勿滋他族,传子孙恒奉大清。
　　幸沐天恩钦久道,不遑日监凛持盈。②

福康安遵照高宗的旨谕,照会安南国王,告知大皇帝已特降恩纶,宠赐封号,并御制诗章,将遣人恭捧交国王祗领。并强调之前所用檄文,以

---

① 《钦定安南纪略》卷二二,第317-318页,敕谕新封安南国王阮光平。
② 《钦定安南纪略》卷首,第5页,封阮光平为安南国王诗以志事。

四、安南之役

尔汝相称，是因其未受封号。现国王已受封，今后同为天朝臣子，与藩王一体改用照会，不再以尔汝相称。还告以不将黎维祁及其眷属遣送回安南，而安插于内地，是因大皇帝好生之德，不忍稍令失守，也是为国王筹善全之道。如果将黎维祁留于安南，新政权不免要对其时加防范，而安插于内地，便可相安无事。

七月二十四日，抵达北京的安南国正使阮光显、副使阮有晭、武辉瑨一行，在汤雄业的带领下入觐，并同王公大臣及蒙古王公等一起赐宴会、观戏，厚加赏赉。

同日，以安南纳降功成，高宗再书《安南始末记》：

> 今春书《安南始末记》者，不在悉自昔安南事之成败，而在戒予画安南事之喜惧大端，已见前弗赘。兹因孙士毅陛见热河，而此事亦去岁驻兹经理也，故志其详而书之。盖黎维祁之庸昏，孙士毅之失算，以致阮惠复据安南，向固言之详也。然使孙士毅即早遵旨班师，而阮惠亦必复来，是不过无伤我官军之事耳。但甫经兴灭继绝之藩国，视其仍灭绝而弗救，可乎？则是师独无了期也。兹黎氏实因天厌其德，而自丧其国。而阮惠以获罪王朝，震悚悔过求降，并请诣阙乞封，斯则不劳师而宁众，与封黎氏无异。若夫一镇二提捐躯行阵，国家酬庸自有恒典，朕且责其于安南立庙崇祀，亦足以表国家有勇烈之臣，而自古死绥者，或鲜其匹矣。壮士临阵，非死即伤，领兵之臣，所弗讳也。若孙士毅，则总督而为帅臣也，设亦如三武臣所为，则所系国家咸重者，其事体大，将不可止。所嘉者许世亨，左右其间，必令督臣全师而归。孙士毅原不欲生还，既而纳许世亨之正论，宁全师振旅，归阙请罪，是皆以国为重。予嘉悯不已，不啻不以为非，而且以为是也。夫予临御五十四载，经大事屡矣。每以危而复安，视若失而乃得，即予自问，亦不知何以臻此？所为非人力也，天也。天之眷予者独厚也，不忍言报，惟恐弗胜。即此纳降安南一事，恐后人未悉轻重久长之至计，故复叙而书之。①

---

① 《钦定安南纪略》卷首，第 13－14 页，再书《安南始末记》。

清政府派遣军机处满洲章京成林到黎城，将高宗敕谕及御制诗章交付阮光平，并予锡封。乾隆五十四年十月十五日，成林按照仪注举行典礼，锡封阮光平为安南国王。阮光平祗领敕书及御制诗章，报称于来年三月间进京，恭祝大皇帝八旬万寿，并具表文，备谢恩贡品一分、本年例贡一分，遣陪臣随成林一同进关后，再赴京师。谢恩贡品：金子二十镒，银子一百镒，土绢一百匹，罗𬘘一百匹，象牙三封，该重二百斤。例贡一分：金香炉花瓶四对，该重二百九两，折作金子二十一锭；银盆十二口，该重六百九十一两，折作银子六十九锭；沉香八百八十二两，速香乙千九十五两。① 高宗认为安南于例贡之外又复进谢恩贡品，两贡并进，太过费力，谕令将本年例贡留抵下次正贡。②

据成林奏报，安南十三道内十二道都已归附阮氏，仍有高平一道，由黎维祁之弟黎维祗占据，纠集宗党旧部与阮氏争衅。高宗认为黎维祗等是在做无谓的抵抗，谕令一旦黎维祗败退来投，须验放进关，送京安插，此所谓"既衰之国自不可扶，而孑遗之黎亦不可灭"。但担心黎维祁安插于桂林，仍密迩安南，黎氏臣庶假以为名滋生事端，致阮氏仍心存疑虑，考虑将其搬移至北京安插，"且黎维祁柔懦无能，不可自振，投回内地，本无大罪，若竟齿于齐民，亦非朕兴灭继绝之意。应令黎维祁率同属下人户全行来京，归入汉军旗下，编一佐领，即令黎维祁为世管佐领。黎维祁既有官职承袭，所属人户皆得食钱粮生聚，亦可以出仕，伊等自然乐从"。③ 之后，福康安查明，陆续有黎维祁的亲属和旧部来到内地，分别安插于广西各地，提出：如全部进京，需安插的属人共有376人，人数太多，超过编一佐领的人数。高宗谕令"酌量分别将黎氏支属亲戚即曾任管制者约计百余人，足编一佐领之数，分起送京。其余从人等俱送江南、浙江、四川等省，分隶督抚标下，令其入伍食粮，藉资约束，以徐归民"。④ 黎维祁

---

① 《明清史料庚编》上册，第306—307页，十一月初五日，新封安南国王阮光平谢恩奉贡表文。

② 《明清史料庚编》上册，第308页，十一月十二日，礼部"为内阁抄出大学士公阿等奏"移会，接见安南国王仪注。

③ 《钦定安南纪略》卷二四，第337页，乾隆五十四年十一月初五日上谕军机大臣传谕福康安、孙永清。

④ 《钦定安南纪略》卷二五，第357页，乾隆五十四年十二月初十一日上谕军机大臣传谕福康安、孙永清。

四、安南之役

遂由安南国王成为清朝的一名世管佐领。

安南自独立建国后,一直与中国保持宗藩关系,但从未有任何一位国王亲赴阙庭。阮光平恭诣京师祝釐瞻觐,无论是其自愿,或高宗授意,均属创举。因此,高宗十分重视,要求议定阮光平进京觐见时与沿途督抚相见仪注,并拟定以宾主之礼相待,预备好相关接待事宜。

乾隆五十四年(1789)十一月二十九日,阮光平一行150人自安南新都义安启程,乾隆五十五年(1790)四月十五日进入镇南关,之后由福康安陪同,一路北上,受到盛情接待,甚至一天尖宿用银达4000两之多。七月初十日到达热河避暑山庄。十一日入觐,班次在亲王之下郡王之上,与高宗行抱见请安礼,之后屡蒙召见、赐宴、听乐、赏赐。七月二十四日,高宗自避暑山庄回銮,在紫禁城举行盛大万寿庆典,安南国王及陪臣同朝鲜、缅甸、南掌等国使臣,以及金川土司、台湾"生番"等环跪称庆。阮光平在京期间,召见、赐宴、观戏、赏赐殆无虚日,"奉赏冠带袍马、金玉器玩不可数纪""宝玉奇品、膳馐珍味恩赐络绎"。在阮光平启程回国之前,高宗宣其靠近御座旁,亲抚其肩,谕以温语。阮光平于祝寿礼毕后,在福康安、陈用敷的陪同下返回,于乾隆五十五年十一月二十九日出镇南关,十二月二十日到达义安。在热河和北京期间的感受,诚如所言:"不以寻常藩封见待""处臣以藩,待臣以子""特加异典,赐以亲王冠服""屈指九千里行迈之遥,回思四十日趋陪之幸,骨镂心铭"。①

重建藩封

关于阮光平入觐,有并非其本人亲临,而是冒名顶替之说。《清史稿·越南传》记载:"五十五年,阮广平来京祝釐,途次,封其长子阮光缵为世子。七月,入觐热河山庄,班次亲王下郡王上,赐御制诗章,受冠带归。其实光平使其弟冒名来,光平未敢亲到也。其谲诈如此!"《大南实录》也载:"(世祖)庚申十一年(乾隆五十五年)三月,西贼阮文惠使人朝于清。初,惠既败清兵,又称阮光平,求封于清,清帝许之,复要以入觐。惠以其甥范公治貌类己,使之代,令与吴文楚、潘辉益等俱。清帝丑其败,阳纳之,赐赉甚厚。惠自以为得志,骄肆益甚。"

---

① 《钦定安南纪略》卷二九,第410—412页,乾隆五十五年八月二十日安南国王阮光平奏。

关于封安南世子，高宗还闹了个乌龙。阮光平进京祝釐，奏报带其子阮光垂、陪臣吴文楚等一同前往，并以高宗为师为父。高宗鉴其悃忱，"王既以父视朕，朕亦何忍不以子视王？"视如家人父子，且王子"年甫垂髫，情殷瞻就"，特降旨封阮光垂为世子。① 进关之后，阮光垂便生病，福康安奏请派人护送出关，回国调摄。高宗令福康安告以阮光平："王子髫年聪颖，志切瞻天，大皇帝格外加恩，封为世子。今因染恙旋国，虽未能随同入觐，而心中爱戴。大皇帝深为嘉予，特赐世子玉如意一柄，以为吉祥嘉兆，自应即日安痊。"② 一行人到达清远县时，高宗敕封阮光垂为世子的谕旨抵达，阮光平称尚有长子光缵，现在监理国政，光垂为次，蒙恩封为世子，非敢承当，特俱表申谢。高宗以阮光平并无隐饰，披诚具奏，深晓大义，令阁臣改撰敕书，改封阮光缵为世子。

关于入觐的安南国王是否为阮光平本人。阮光平自乾隆五十四年（1789）十一月二十九日从安南新都义安启程，乾隆五十五年（1790）四月十五日进入镇南关，返程后于乾隆五十五年十一月二十九日出镇南关，十二月二十日到达义安，前后近一年零一个月，离开安南的时间则为半年多。阮氏立国未久，内忧仍在，国事正殷，作为一国之主，虽说其进京祝釐也很重要，但离开如此长的时间，阮光平未必肯为，"假王"之说似有所据。但成林曾赴安南册封，见过阮光平，除非其册封之人原就是假冒的，否则册封的是一人，进京觐见的是另外一人，必然会露馅。再者，安南国王入觐祝釐，对清朝和安南都是大事，议定专门仪注，如是"假王"，仅是长相相似，而气质和内涵迥异，在那样的氛围中，很难不会露馅。不论是否真假阮光平，所代表的就是安南国王，其悔罪求降，诣阙乞封，环跪称庆，这是获得清朝纳降赐封的前提。

安南之役，自乾隆五十三年（1788）十月二十八日派孙士毅率清军出关，到乾隆五十四年（1789）正月十一日败退进关，前后仅2个多月时间，清军损失5000余人，"关内关外陆续支放过共银一百万两有零，米共

---

① 《钦定安南纪略》卷二七，第388页，乾隆五十五年四月二十三日敕谕安南国王阮光平。
② 《钦定安南纪略》卷二九，第403页，乾隆五十五年六月初二日上谕军机大臣传谕福康安。

四、安南之役

八万余石"。① 此役,清朝绝非穷兵黩武,更不是为开疆拓土,而是不得已而用兵。百余年来最称恭顺的安南黎朝猝遭内难,嗣孙黎维祁弃城出奔,其母叩关吁救,高宗出于宗主国"字小存亡"的道义,力图"兴灭继绝",派兵致讨,克复被阮惠军占据的黎城,助黎维祁复位,"曾不利其尺土一民,曾不扰其壶浆箪食"。② 但黎维祁懦弱无能,不能振作,而孙士毅率领的清军滞留黎城,又不设备,被阮军击败。清军撤回关内,黎氏失守藩封,挈眷叩关,清政府给予接纳安插,并决计不再用兵安南,而通过政治协商,和平解决。

战争是政治的延续,是实现政治目标的手段。清朝与安南长期以来保持宗藩关系。安南之役,就战争的结果而言,清朝由胜利到失败,阮文惠军则从失败到胜利;从政治层面而言,正是由于在战场上获胜,阮惠才具有了与清朝交往的资格,并通过主动悔罪乞降,输诚请封,得到了作为宗主国的清朝的赐封和承认。尽管阮氏之后对清朝并不恭顺,其国运也并非如阮光平所说"臣国从今有磐石之安,苞桑之固"③,而是至二世即亡(按:阮光平于乾隆五十六年,即1792年,躬身觐见后一年因病去世,其子阮光缵继位,嘉庆七年,1802年,被旧阮军队擒杀),但实现了其取得统治合法性的目的。清朝出兵安南,讨逆扶黎,虽然遭到失败,但尽到了作为宗主国的道义担当,其宗主国的声望不降反升。并因时制宜,认可了安南国内政权改变的现实,通过纳降和赐封,实现不劳师而宁众,重建与安南的宗藩关系,稳定了安南国内政局,两国边境重归安宁,双方在政治上各自达成目的。黎维祁一方,因失守封藩,虽然其生命安全得到清朝的保证,却丧失了对安南国内的统治权。可以说,由安南国内之乱引发的这场战争,最终获得圆满结果。

---

① 《明清史料庚编》上册,第324页,两广总督福康安等题本,乾隆五十五年正月二十日。
② 《钦定安南纪略》卷三十,第427页,臣等谨按。
③ 《钦定安南纪略》卷三十,第426页,乾隆五十六年三月初九日阮光平奏。

西南边疆之战

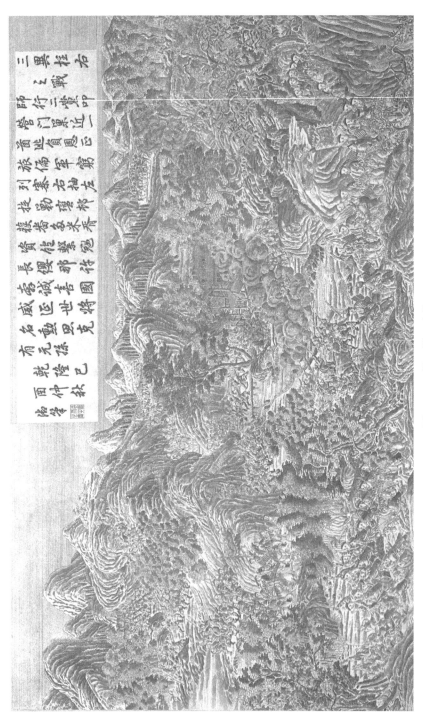

图4.1 三昇、柱石之战

四、安南之役

图4.2 寿昌江之战

西南边疆之战

图4.3 市秋江之战

四、安南之役

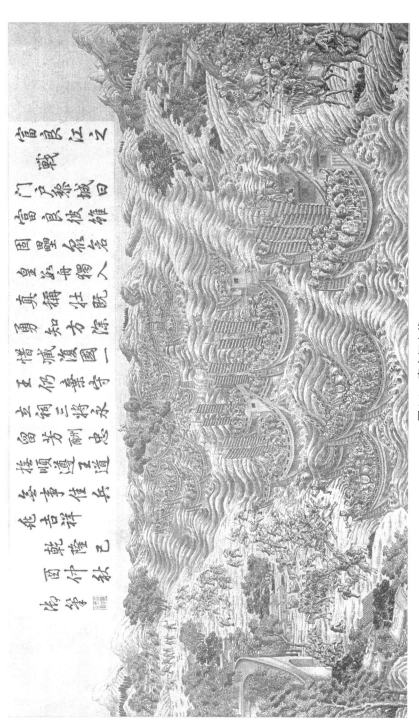

图4.4　富良江之战

图4.5 嘉观、河护之战

四、安南之役

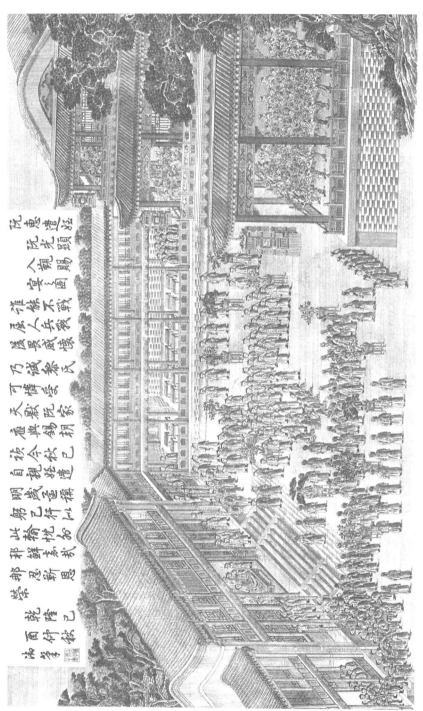

图4.6 阮惠遣侄阮光显入觐赐宴之图

结　语

在前面的章节中，对西南边疆之战中的每场战争分别作了叙述，力图以翔实、丰富的史料，全面、系统地展现这几场战争的全过程，毫不隐晦地直书清世宗、高宗两位皇帝及其统兵将帅们的主观动机、作战方略和战略目标，真实地揭示战争的真相。接下来，我们再将这几场战争合起来进行观察讨论，总结其所具有的整体性特点，以期进一步加深对这几场战争的认识，并将其作为本卷的结语。

第一，西南边疆之战是围绕解决土司之患展开的。

对上述几场战争发生的原因稍加分析，我们会发现，除"安南之役"外，"改土归流之战""两征金川""征讨缅甸之战"都与存在于西南边疆地区的土司问题密切相关。只有认清土司制度的本质和雍正朝大规模"改土归流"所具有的局限性，才能正确认识西南边疆之战中各次战争的性质。

土司制度作为历史的产物，具有两重性：在初期，封建中央在"以夷制夷"思想指导下，施行土司制度，实现了使西南各民族由"化外"到"化内"的转变，即由"不治"到"间接治理"，有利于沟通边疆与内地之间的联系，增进区域内社会、经济和文化发展，促进多民族国家的统一。此时期，土司制度表现出与西南边疆民族地区社会经济发展的适应性。然而，在西南边疆地区施行土司制度，原仅是封建王朝一时的权宜之计，随着土司制度的发展，随之产生以下严重后果：一是西南边疆广大区域大部分被土司占据。元代，西南边疆地区整体上已被纳入行省的统治。由于土司制度的发展，至明代中叶后，土司林立，大部分地区已是土司盘踞。仅以云贵而言，至清初时"流官管辖者十之三四，土司管辖者十之六七"①,甚至在一些已设郡县的地方,"虽有府、州、县、卫之名,地方皆土司管辖"②"流官徒拥虚名",严重削弱了封建国家的整体性。二是土司天生所具有的割据性、落后性逐渐暴露。土司制度,就其本质而言是西周以来世袭分封制的延续,"所谓土官者,犹得古人分土之遗意,世世相承,如古之诸侯"③。土司不由选举,世代相袭,游离于中央王朝的管理体制之外,"世领其地,世掌其民",独立一方,控制着其治下的土地和人民,掌控着其辖境内的一切权力。随着其势力膨胀,擅土自雄,"小者如子男,大者竟数倍于公侯",争为黠悍,尾大不掉。内部争袭夺印,压榨土民,鱼肉百姓;外部相互兼并,以大欺小,以强凌弱,相互仇杀;一些势力强横的土司,邀截道路,抢掠行旅,威胁郡县,"地方官莫敢指",根本不把官府放在眼里,"土人知有土官而不知有国法久矣";甚或称兵构衅,拥兵叛乱,挑战中央王朝权威,因此有"西南祸乱半酿于群彝"之说。"前明三百余年,号称全盛,而土酋日寻干戈,竟与明运相终始。纵豺虎于郊坰,欲不噬人,不可得也。"④ 此语道出土司制度实质的同时,也充分说明,土司制度绝不是如某些学者所称的具有"先进性",而是具有与生俱来的割据性、落后性,是"天地间一大缺陷",是明清时期西南边疆地区动乱的根源!

针对土司之患,明清王朝也采取一些措施,或通过完善制度,加强对土司的管理和控制,或通过征讨打击不法土司,将其地"改土归流",以流官取代土司。然而,在有明一代及清初的相当长时期内,因受历史条件制约,封建中央施行的"改土归流"仅仅是作为"惩一儆百之计",都是零星的、局部的和被动的,而不是主动进行的,仅作为控制土司的一种手段和防范土司之患的一种应急措施。虽然也对不法土司进行过多次大规模的军事征剿,但并非针对土司制度本身,因而未能从根本上触动土司制度,对土司的治理陷入"非姑结之以恩而能安,亦非骤加以威之所得治"⑤ 的两难境地。

---

① 《朱批谕旨》第16册,雍正四年七月二十六日常德寿奏。
② 《(民国)贵州通志》卷三《前事志》。
③ 《(道光)云南志钞》钞七《土司志上·世官·永昌府》。
④ 《(康熙)云南通志》卷二七《土司》。
⑤ 《(康熙)云南府志》卷十八《艺文志二·奏疏·制土人疏》。

进入雍正朝后，土司之患与封建国家实现"大一统"要求之间的矛盾越来越尖锐。此时期，清朝已发展至鼎盛时期，加之许多有力因素的集合，具备从制度层面解决土司问题的条件。鄂尔泰主政云贵，为解决长期存在的土司之患，奏请实施大规模"改土归流"，在西南广大区域内将打击不法土司和开辟流土俱不受限、形同化外的"苗疆"结合起来一并进行，消除其分裂割据状态。这是实现大一统、完成国家真正统一的客观需要，有利于西南边疆社会的稳定和发展，是一项具有重大意义的社会变革，与清世宗所具有的"大一统"政治理想高度契合。大规模"改土归流"便在西南边疆广大区域内开展起来。然而，土司们不甘心自己所享有的世袭特权被剥夺，或进行武装反抗，或在其地已改流后又组织武装叛乱，杀流官，毁衙署。在此状况下，以武力保证改流的实施，成为清政府的必然选择，与土司之间的战争便不可避免。

雍正朝大规模"改土归流"的实施，是清政府以武力或以武力为后盾，针对西南边疆区域内的土司之患和"化外苗疆"所实施的一项有目标、有计划、有组织的重大政治改革，不仅将许多势力强横的土司改流，使土司所控制的区域大大缩减，还通过制度的完善，削弱未改流的土司的政治、经济、司法等特权，给予土司制度巨大冲击，使其产生一系列根本性的变化：土司势力膨胀的趋势得到根本控制，分裂割据的状态被消除，土司之患得到很大遏制，促进了多民族国家的统一。然而，我们在肯定雍正朝大规模"改土归流"所具有的历史作用的同时，还应清楚地看到其所具有的局限性，即改流的不彻底。虽然土司的统治受到冲击，土司之患得到遏制，但其制度仍得以存留，在一些区域内（如大小凉山、川西北藏区、云南边境一线等）仍继续保留着大量土司。从某种意义而言，乾隆时期"两征金川"和"征缅之役"的发生，正是由于雍正年间大规模"改土归流"后该地区的土司问题未能得到彻底解决，清政府对上述地区控制力不强所导致的。

川西北藏区地近成都，远连卫藏，战略地位突出。该区域内的众多土司在雍正大规模"改土归流"时仍被保留。进入乾隆朝后，该地区的土司相互仇杀、互相兼并，大小金川土司通过蚕食邻封，势力日盛，渐成强横，不仅打破土司之间的均势，引发该地区的动荡，甚至侵扰汛地、枪伤官兵，威胁到内地的安全，已超出清廷所能容忍的限度。为永靖边圉，清政府兴师进剿，不灭不休，而大小金川土司则凭险负固，抵抗清军，从而

结 语

引发两征金川之役。

须要强调指出的是,"改土归流之战"和"两征金川之战",展现出战争的残酷性,清军在平叛过程中的确存在过度使用武力,滥杀无辜的现象,使当地百姓的生命财产遭受严重损害,应当予以谴责!对此,我们在本卷相关章节中也给予揭露。但因此就否定这两场战争的必要性和正当性,如一味强调或夸大"改土归流之战"中的伤亡人数,或称金川之役"是一场得不偿失的战争",而看不到进行这两场战争对国家统一所具有的深远历史意义,这不是历史唯物主义看问题的方法。而国外有的学者将乾隆年间征讨缅甸和"安南之役"指为清王朝对邻国的"侵略",则更是罔顾事实。

澜沧江外与缅甸接壤的广大区域内,山高林密,气候炎热,瘴深水恶,王朝的统治难以深入。明清时期于此设置土司,示以羁縻,控制力较弱。这一区域内的土司首鼠两端,远通外国,近患腹心,虽为内属,又私下给予缅甸各王朝"花马礼"作为"贡项"。雍正朝大规模"改土归流"时,清廷曾用兵深入六茶山等"久叛之区",将车里土司控制下的人民全数招抚。但鉴于江外水土恶劣,难以开衙行政、置镇驻兵,提出所谓"江外宜土不宜流,江内宜流不宜土",即以澜沧江为限,将江内地改流,增设普洱府、思茅通判、攸乐同知,置普洱镇,辖中左右三营和元江营,分汛防守,江外仍遍设土司。

缅甸雍籍牙王朝取代东吁王朝,奉行侵略扩张政策,在控制缅北掸邦等"域外土司"后,开始侵扰车里、耿马、孟连等"内地土司",索要"花马礼"。而清廷抱残守缺,仍实施"以夷制夷"之策,仅以土练进行堵御,而令绿营兵驻地防守,不准其与敌军正面接触。随着缅军滋扰的规模和频次越来越甚,"渐逼内地",并声言十三版纳原属缅甸,挑战中国主权,清政府遂改变之前仅以土练堵御的做法,调集云南省内绿营兵对入侵的缅军展开反击,既标志着中缅之间由小规模冲突发展为大规模的战争,也标志着之前清廷"以夷制夷"消极防御政策的破产。

从上述分析可以看到:乾隆年间清朝与缅甸雍籍牙王朝的冲突及之后发展成大规模战争,是多种因素掺合在一起导致的,诱因是清廷对澜沧江外的"内地土司"控制力弱,使缅甸雍籍牙王朝有了可乘之机,侵扰土司,挑战中国主权,危及边疆的稳定和安全,清廷被迫还击。因此可以确认:"改土归流之战"和乾隆时期的"两征金川""缅甸之役",与存在于西南边疆地区的土司问题密切相关。战争的根本目的，是清廷为消除长期以来存在于该地区的土司之患，完成对西南边疆的真正统一，实现国家"大一统"，捍卫这一地区的领土主权，保障边疆的长治久安。

"安南之役"的性质，则与上述几场战争不同，不涉及土司问题，而是由于百余年来最称恭顺的藩属国安南黎朝猝遭内难，崛起的西山阮氏攻入黎京，黎氏失国，叩关吁救，作为宗主国的清朝出于"字小存亡"的道义担当，派兵进入安南，力图助黎氏复国，实现"兴灭继绝"，以维系其所主导的宗藩关系和世界秩序，是不得已而用兵，绝非穷兵黩武，更不是为开疆拓土，为获得邻国的土地。这一原则一开始即已确立。清廷确定出兵安南，高宗敕谕安南国王时即指出："惟在继绝存亡，并不贪尔寸土。"领兵入安南的两广总督孙士毅赞叹："此实为万古未有之事。"① 因此，称清朝出兵安南为"侵略"，是毫无根据的。

第二，西南特有的地域环境、气候等客观因素对战争产生重大影响。

"国家有万军之勇，而我有万山之险"。② 这是明代洪武间越州土司阿资在对抗明朝大军征讨时说的话，说明西南多山的地理环境可成为影响战争的重要因素。西南边疆地区特有的战场环境，除地理因素外，还有气候和当地民众因地制宜构建的防御设施等，同样对战争产生重要影响，这在西南边疆之战中体现得十分明显。

西南边疆之战，就战争双方而言，清军常常是进攻的一方，对手则是防守的一方。清军的优势，主要体现在军队组织性高、武器精良、后援充足、兵弁作战素质高，尤其是八旗兵丁，最具骑兵野战优势。而在西南地区作战，跬步皆山，山高坡陡，山径逼窄，箐大林深，所进行的不是平原战而是山地战。作战区域的气候，不是潮湿闷热，瘴深水恶（如滇南、广西及缅甸、安南境内），就是雪大雾重，阴雨绵绵（如两金川、苗疆、滇东北等地）。这些因素对清军而言十分不利，成为其进攻中巨大的障碍。而这些因素之于对手，则非常有利，是其能与清军抗衡的重要条件。在这样的环境下作战，清军大量兵弁生病或死亡，马骡倒毙严重，加之路径不熟，环境陌生，战线又长，补给困难，战斗力大打折扣。且清军旗兵野战的优势难以发挥，常常陷入或长途跋涉于山径狭窄的泥泞荒野之中，或攻

---

① 《钦定安南纪略》卷九，第137页，乾隆五十三年十二月初九日孙士毅奏。
② 《明太祖实录》卷一九五，洪武二十三年二月己巳。

结　语

取对手因地制宜构建的坚垒栅寨。而对手虽在后勤供给、武器性能、战斗组织等方面不如清军，但作为防守的一方，在家门口作战，熟悉环境、路径，补给便利，占有地利，且服气候、水土，尤擅长于山地作战，常使用灵活的战术，扬长避短，不与清军在平地接仗，或潜伏于深硐密箐之中，或占据山岭，据险放枪，置滚木、擂石抵抗，或翻山越岭，袭扰文报粮台，使清军苦不堪言。上述情况，清军前线将帅在向高宗的奏报中常提及。两军对垒，清军常常陷入以己之短攻敌之所长，对手则以己之长克敌之所短的境地，胜负之间此消彼长。

即如"改土归流之战"，在征剿滇东北土司时，最激烈的战斗为攻占乌蒙境内的伐乌关、豆沙关、大关，"三关均属天险，悬岩峭壁，箐大林深，失之虽易，得之较难"。① 尤其是伐乌关，24个山头连绵20余里，丛山峻岭，峭壁悬崖，一望罗列。清军为攻取此三关付出了很大代价。而用兵滇南，瘴疠则成为清军的最大敌人，使清军遭受极大伤害，染瘴病故千总2员、把总2员、巡检1员，带伤把总2员，兵丁阵亡13名，受伤后不治身故3名、染瘴身故189名，土练阵亡6名、染瘴后病故6名，带伤兵丁、土练35名。进剿广西西隆州八达寨，因山横箐密，烟瘴酷烈，"叛民"又构筑炮台，挖壕设陷，相当数量的将弁兵丁，或死伤于阵前，或死伤于瘴疠。邓横寨则凭仗险阻坚寨、深壕高墙，也使清军在进剿时吃了不少苦头。在开辟"苗疆"的过程中，该地特有的地域环境对战争的影响更为明显。清军首攻长寨，深入其地，便即刻感受到贵州"苗疆"地域环境所带来的冲击。该寨峰岭峻嶒，丛箐隐秘，人迹罕到，鄂尔泰察看后慨叹："大抵凶顽皆由此恃险负固，得肆猖狂。凡烧杀劫掳之返，即明知其人，无论千数名兵役，不敢直入，而巢穴诡秘，亦难以搜捕。"② 谬冲一寨，花衣苗"恃险负固，频年劫杀"，全仗其地"三方峭壁，一线通门，羊肠曲径，鼠穴盘踞，汉彝不能侦探，兵役无从捕觅"。③ 丹江诸寨，紧临江岸，沿河相依，环寨箐林茂密，地势极险，是所谓"汉兵自古不渡河，诸葛武侯立石为信"的地方。号称至险的"牛皮大箐"，"绵延数百里，横亘新疆之中，丹江、鸡讲在其北，古州、上江在其南，八寨、九门

---

① 《朱批谕旨》第28册，雍正八年十一月二十八日鄂尔泰奏。
② 《雍正朝汉文朱批奏折汇编》第8册第448页。
③ 《雍正朝汉文朱批奏折汇编》第13册第709页。

居其西南,清江、台拱环其东北,山势插天,树竹幽密。黔地本多雨,而此箐内更复罕见晴霁,阴雾迷漫,数丈莫辨,即遇晴明之日,必至辰巳刻以后,雾气方开"。① 尽管鄂尔泰制定出因地制宜的作战原则:"群苗负险,狡诈莫测,天时可乘,地利宜审,近功速效,终虑远图。"② 但在这样的地域环境中作战,清军虽有枪炮之利,因多系向上仰击,枪炮难施,优势难以发挥,虽然最终成功开辟"苗疆",但也付出了极大代价。

两征金川,滇西北的地域环境、气候和坚碉,更成为影响战争的重要因素。第一次征剿时,主帅张广泗在奏报攻剿情形时称:"番地皆山,贼人凭恃地险,每于陡峻逼窄之处筑有坚碉大栅,阻隘要路,潜伏死守,虽有多兵,骤难抄越,故历次攻剿,难见成效。"第二次征剿时,主帅温福则奏称:"贼人所恃,只在地险碉坚,我攻彼守,形势既殊,而道路之夷险远近,贼匪较为熟悉,故以少拒多,是其惯伎。每遇碉寨所踞地势危峻,官兵非但不能四面合围,即攀援一线,亦不能排列多兵而上。及经攻破,贼多从后一面滚山钻箐,逃窜无踪。总缘此地跬步皆山,并无平地,贼番生长习惯,其善于穴地藏躲,与兔鼠相类,其便于履险窜走,与猪猴无异。临阵之歼戮无多,实由于此。"③ 两征金川,几乎每一次战斗都是攻坚战、拉锯战。清军攻剿耗时费力,付出极高代价的原因,魏源总结为"功半而事倍者,则以天时之多雨久雪,地势之万夫莫开,人心之同恶誓死,兼三难而有之",④ 将气候和地势视为影响战争的最重要原因。

征讨缅甸未获成功,高宗也将主要原因归结为当地恶劣的气候和环境条件:"瘴乡绝徼,气候与内地迥殊,我兵之不宜久驻彼土,实属地势所限,非兵力不足,军储不充也。"⑤ 缅甸境内潮湿闷热的气候及所产生的毒瘴,不仅限制了清军进兵时间的选择,也给远道而来的清军造成很大的伤害,大量官兵染瘴生病甚至死亡,马骡倒毙,人马损失严重,战斗力下降,再加之该地山高坡陡、江河纵横,又给清军的后勤补给和相互之间的支援联络带来很大困难,即便调拨大量兵丁保护粮运、文报台站仍时常遭

---

① 中国第一历史档案馆藏"朱批奏折",档案号:04-01-01-0005-016。
② 《雍正朝汉文朱批奏折汇编》第13册第709页。
③ 军机处《录副奏折》,第18896号,台北故宫博物院藏。
④ 〔清〕魏源:《圣武记》卷七《乾隆再定两金川土司记》,第308页。
⑤ 《东华录》,乾隆三十四年十一月丁未。

缅军袭击,常常中断。

"安南之役",清军选择十月中下旬进兵,即是受瘴疠的制约。清军由安南败退后,朝野要求再行征讨的呼声很高,而高宗审时度势,决定不再兴师问罪,其给出的主要理由即是用兵受限于该国气候环境:"方今国家全盛,若厚集兵力,四路会剿,亦无难直捣巢穴。但该国向多瘴疠,与缅甸相同,得其地不足守,得其民不足臣,何必以中国兵马钱粮靡费于炎荒无用之地?是进剿阮惠一事,此时非不能办,揆之天时、地理、人事,俱不值办。"①

第三,西南边疆之战体现出的鲜明时代特征。

西南边疆之战发生在雍正四年(1723)至乾隆五十四年(1789)的50余年时间内,为清朝的百年"盛世"时期,每场战争都烙上鲜明的"盛世"印迹。

大规模"改土归流"发生在雍正朝,即是因为此时清朝处于"盛世"时期。一方面,土司制度的发展与清王朝实现"大一统"的要求相冲突,其已不被封建政权继续接纳,改流成为客观需要;另一方面,清王朝发展到雍正朝时,已进入"盛世",具备了能够进行大规模改流的政治、经济、军事实力。这两方面的条件缺一不可。而有明一代及清代初年,都没能同时具备这两个条件,因而如雍正朝这样的大规模"改土归流"也就不可能施行。再者,对不法土司的征剿和"开辟苗疆",体现的是政治和军事实力,而做好善后,体现的是经济实力,需要具有强大的经济能力作为保障。这正如主持其事的鄂尔泰所指出的:"善后之难,尤难以创举。"② 可以说,大规模"改土归流",从战争的发生到战后的善后,都体现出清朝"盛世"的时代特征。

而发生于乾隆十二年(1747)二月至乾隆十四年(1749)二月,历时两年的第一次金川之役,清政府先后调集满、汉及土兵8万余众,耗饷银千万余两;乾隆三十六年(1771)六月至乾隆四十年(1775)二月的第二次金川之役,更耗时近5年,先后调派7省满、汉及土兵十余万人,费饷达7000余万两。如果不是正值清朝鼎盛时期,国库充盈,为征剿小小的边疆土司而耗费如此庞大的军事开支,这是难以想象的,也是不可能

---

① 《钦定安南纪略》卷十三,第201页。
② 参见《朱批谕旨》第27册。

的！从这一意义而言，两征金川也只能在封建王朝鼎盛时才能进行，同样也体现出清朝"盛世"的时代特征。

"征讨缅甸"和"安南之役"所具有的时代特征，不仅体现在清政府为维护主权、安定边疆，以及尽到宗主国的义务而毅然出兵的行动上，也体现在对战争最终结果的把控上。

与缅甸的战争，清军为进攻的一方，但在战场上并未真正获得主动。虽然缅军在战场上取得相对的主动权，但国力无法与处于鼎盛时期的大清王朝相比，能够投入的人力、物力十分有限，实际上最后双方在战场上形成均势，任何一方都难以战胜对方，只得签订"老官屯和约"，以和谈的方式结束战争。然而，双方都对遵守和约设置了先决条件，不仅涉及对"边外土司"的处置，缅方还提出中方首先要同意通商贸易，才能"贡象还人"，中方则坚持"贡表一日不至，内地贸易一日不能通"，即都要求对方首先履行和约条款。因此形成僵局。

这种不战不和的状态一直持续近20年。其间，清朝以"天朝"的影响力，通过建立和强化与老挝、暹罗、越南的宗藩关系，使缅甸在东南亚愈感孤立，并采取严禁关市、派兵袭扰等措施，迫使缅甸主动"具表纳贡"，最终将其纳入清王朝的藩属体系之中。

安南之役，清朝出兵讨逆扶黎，虽然在战场上由胜利转为失败，但其"天朝上国"的地位不降反升，并因时制宜，把控住局面，以宗主国的名义认可了安南国内政权改变的现实，通过对阮氏的纳降和赐封，实现不劳师而宁众，达成了重建与安南的宗藩关系的政治目标，稳定了安南国内政局，使两国边境重归安宁。

上述两次战争，清朝在战场上都不是胜利者，而最终都成为政治上的胜利者。这样的结果，只有在国家强盛时，具备强大的政治、经济、经济实力和对局面的把控能力才能实现，因此带有鲜明的时代烙印。

参考文献

[1] 陈其元. 庸闲斋笔记［M］. 北京：中华书局，1989.

[2] 陈宗海.（光绪）普洱府志稿［M］. 清光绪二十五年刻本.

[3] 程穆衡. 金川纪略［M］//中国西藏及甘青川滇藏区方志汇编：第43册. 北京：学苑出版社，2003.

[4] 戴逸，华立. 一场得不偿失的战争：论乾隆朝金川之役［J］. 历史研究，1993（3）.

[5] 鄂尔泰.（乾隆）贵州通志［M］.《景印文渊阁四库全书》本.

[6] 方国瑜. 西南历史地理考释［M］. 北京：中华书局，1987.

[7] 方略馆. 平定金川方略［M］.《景印文渊阁四库全书》本.

[8] 方略馆. 平定两金川方略［M］.《景印文渊阁四库全书》本.

[9] 方显. 平苗纪略［M］. 清同治十二年武昌刻本.

[10] 谷应泰. 明史纪事本末［M］. 北京：中华书局，1997.

[11] 故宫博物院编. 史料旬刊：第三册［M］. 北京：北京图书馆出版社，2008.

[12] 哈威. 缅甸史［M］. 姚梓良，译. 上海：商务印书馆，1973.

[13] 贺长龄. 皇朝经世文编［M］. 台北：文海出版社，1972.

[14] 贺圣达. 缅甸史［M］. 北京：人民出版社，1992.

[15] 黄廷桂.（雍正）四川通志［M］. 清雍正十三年刻本.

[16] 黄祖文. 乾隆年间中缅边境之役［J］. 四川大学学报，1988（2）.

[17] 蒋君章. 明遗民对越南建设与统一的贡献［C］//中越文化论集. 台北："国防"研究院，中华大典编印会，1968.

[18] 金鉷.（雍正）广西通志［M］. 南宁：广西人民出版社，2009.

[19] 李春光. 清代名人轶事辑览［M］. 北京：中国社会科学出版社，2004.

[20] 李根源. 永昌府文征［M］. 昆明：云南美术出版社，2001.

[21] 李瀚章. （光绪）湖南通志 [M]. 长沙：岳麓书社，2009.
[22] 李世愉. 清代土司制度论考 [M]. 北京：中国社会科学出版社，1998.
[23] 李仙根. 安南使事纪要 [M]. 济南：齐鲁书社，1996.
[24] 李心衡. 金川琐记 [M]. 上海：商务印书馆，1936.
[25] 林超民. 明朝云南边疆问题述论 [C] //李国强，方铁. 中国边疆研究通报：第二集·云南专号. 乌鲁木齐：新疆人民出版社，1998.
[26] 铃木中正. 清缅关系（1766—1790）[C] //中外关系史学会. 中外关系史译丛：第一辑. 上海：上海译文出版社，1984.
[27] 倪蜕. 滇云历年传 [M]. 昆明：云南大学出版社，1992.
[28] 潘锡恩. 嘉庆重修一统志 [M]. 上海：上海古籍出版社，2008.
[29] 彭毓崧. 缅述 [M]. 清同治刻本.
[30] 彭陟焱. 乾隆朝大小金川之役研究 [M]. 北京：民族出版社，2010.
[31] 钱仪吉. 碑传集 [M]. 北京：中华书局，2008.
[32] 钦定回疆则例 [M]. 清光绪三十四年铅印本.
[33] 清高宗实录 [A]. 北京：中华书局，1986.
[34] 清圣祖实录 [A]. 北京：中华书局，1986.
[35] 清世宗实录 [A]. 北京：中华书局，1986.
[36] 清世祖实录 [A]. 北京：中华书局，1986.
[37] 孙士毅. 绥缅纪事 [M]. 清抄本.
[38] 孙冶，等. 清史列传 [M]. 王钟翰，点校. 北京：中华书局，2005.
[39] 台北故宫博物院. 军机处月包折 [A].
[40] 台北故宫博物院. 宫中档乾隆朝奏折 [A]. 台北：故宫博物院，1982.
[41] 台北故宫博物院. 录副奏折 [A].
[42] 台北故宫博物院. 缅档 [A].
[43] 台湾"三军大学"中国历代战争史编纂委员会. 中国历代战争史 [M]. 台北：军事译文出版社，1983.
[44] 台湾"中央"研究院历史语言研究所. 明清史料庚编 [A]. 北京：中华书局，1987.
[44] 棠花. 暹罗国志 [M] //乾隆朝中缅冲突与西南边疆. 北京：社会科学文献出版社，2014.

[45] 田汝成. 炎徼纪闻 [M]. 嘉庆十三年刻本.
[46] 屠述濂. （乾隆）腾越州志 [M]. 清光绪二十三年刻, 民国二十年印本.
[47] 王昶. 征缅纪略 [M] //春融堂集. 上海: 上海文化出版社, 2013.
[48] 王巨新. 清代中缅关系 [M]. 北京: 社科文献出版社, 2015.
[49] 王士性. 广志绎 [M]. 北京: 中华书局, 1981.
[50] 王崧. （道光）云南志钞 [M]. 昆明: 云南社会科学院文献研究所, 1995.
[51] 王先谦. 东华录 [M]. 上海: 上海古籍出版社, 2008.
[52] 魏源. 圣武记 [M]. 北京: 中华书局, 1984.
[53] 温达. 钦定安南纪略 [M]. 海口: 海南出版社, 2000.
[54] 杨廷硕, 罗康龙. 西南与中原 [M]. 昆明: 云南教育出版社, 1992.
[55] 杨煜达. 乾隆朝中缅冲突与西南边疆 [M]. 北京: 社会科学文献出版社, 2014.
[56] 佚名. 缅甸兵事略 [M]. 中国国家图书馆藏抄本.
[57] 袁枚. 小山仓房诗文集 [M]. 上海: 上海古籍出版社《四部备要》本.
[58] 潘清简. 钦定越史通鉴纲目 [M]. 台北: "中央"图书馆影印本, 1969.
[59] 张廷玉, 等. 明史 [M]. 北京: 中华书局, 1974.
[60] 昭梿. 啸亭杂录 [M]. 北京: 中华书局, 1980.
[61] 赵尔巽, 等. 清史稿 [M]. 北京: 中华书局, 1977.
[62] 赵翼. 平定缅甸略述 [M] //李根源. 永昌府文征. 昆明: 云南美术出版社, 2001.
[63] 郑祖光. 金川旧事 [M]. 北京: 中国书店影印本, 1991.
[64] 中国第一历史档案馆. 宫中档朱批奏折民族事务类 [A].
[65] 中国第一历史档案馆. 军机处汉文档簿·金川档 [A].
[66] 中国第一历史档案馆. 军机处录副奏折 [A].
[67] 中国第一历史档案馆. 军机处满文录副奏折 [A].
[68] 中国第一历史档案馆. 内阁题本 [A].
[69] 中国第一历史档案馆. 乾隆朝上谕档 [A]. 北京: 档案出版社, 1991.
[70] 中国第一历史档案馆. 乾隆朝朱批奏折 [A].

[71] 中国第一历史档案馆. 雍正朝汉文朱批奏折汇编 [A]. 南京：江苏古籍出版社, 1989.

[72] 周裕. 从征缅甸日记 [M] // 李根源. 永昌府文征. 昆明：云南美术出版社, 2001.

[73] 庄吉发. 高宗十全武功研究 [M]. 台北：台北故宫博物院, 1982.

附录 本卷涉及的战役战斗名录

1. 长寨之役（1726）
2. 剿洗谬冲（1727）
3. 滇南之役（1727）
4. 乌蒙、镇雄武力改流（1728）
5. 平定米贴、阿驴之役（1728）
6. 开辟八寨、丹江之役（1728）
7. 征剿八达寨之役（1728）
8. 开辟古州、清水江之役（1728）
9. 平定乌蒙"叛乱"之役（1729）
10. 再辟古州之役（1729）
11. 平定邓横寨之役（1729）
12. 解围台拱之役（1731）
13. 初次征剿大金川之役（1747）
14. 二征大金川之役（1748）
15. 进攻大金川半途而止（1749）
16. 攻占小金川之役（1771）
17. 木果木惨败（1773）
18. 再定小金川之役（1773）
19. 进征大金川之役（1774）
20. 逊克尔宗、达尔图之役（1774）
21. 进取勒乌围（1775）
22. 攻占噶拉依（1776）
23. 中缅两军整控江、九龙江混战（1765）
24. 新街、楞木之役（1766）
25. 蛮结大捷（1767）

26. 守卫木邦之役（1768）

27. 蛮化诱敌之役（1868）

28. 勐腊突围（1868）

29. 老官屯之役（1869）

30. 三异、柱石之役（1788）

31. 突破寿昌江、市球江之役（1788）

32. 激战富良江（1788）

33. 黎城败退之役（1789）

后 记

"清代战争全史"丛书即将付梓,首先要感谢李治亭、杨东梁二位先生!

一部学术丛书的成功,须具有敏锐的学术眼光、整体的设计、完备的体例和突出的学术组织能力,这主要有赖于丛书的主编。李治亭、杨东梁两位先生即是这样的学术丛书主编。他们二人均是享誉学界的清史研究大家,具有组织从事大型项目研究和编写大型研究丛书的丰富经验,这是"清代战争全史"丛书获得成功的首要条件。

作为一名晚进后学,蒙两位先生不弃,两次受邀参与由他们主编的大型清史研究丛书写作,真是莫大的荣幸!第一次是九卷本"数读清史"丛书,已于2020年1月由辽宁民族出版社梓行,我受邀写作其中第五卷《雍正变革》。"清代战争全史"丛书之《西南边疆之战》,是我第二次参与两位先生主编的学术丛书写作。从承担"数读清史"丛书写作到最后完成"清代战争全史"之《西南边疆之战》的写作,前后算来,已有七八年时间。

在承担"清代战争全史"丛书写作的诸君中,我由于担任云南师范大学历史与行政学院院长一职,可能俗务最多。由于有了第一次合作的经历,在写作《西南边疆之战》的过程中,两位先生给予我更多理解和信任的同时,也担心我不能如期完成,会拖后腿,常督促叮咛,并给予"重点照顾"。从书稿的定名、体例、谋篇布局,到一些提法、字词的使用,或提出中肯的意见,或亲自改定。可以说,我能够按时、保质地完成《西南边疆之战》的写作任务,是两位主编悉心指导和督促叮咛的结果。也正由于此,使我获得更多与他们联系和就教的机会,与他们的关系也发展为亦师亦友,交谊日深。七八年来,自己不仅添了两部专著,还更多从两位先生处受教受惠,事业、学业皆得进步。在此,特向两位先生致以由衷的敬意和谢意!

再者，一部高质量丛书的出版，离不开各方的支持帮助。为写好此书稿，我曾赴台北故宫博物院查阅资料。我的老朋友、台北故宫博物院文献处的陈维新先生不仅提供获得资料的便利，还帮助复印了所藏第二次征金川和安南之役的"得胜图"。这些图片，庄吉发先生在所著《清高宗十全武功研究》中使用过，可惜不太清楚。此次用于本书内，增色不少，谨致谢意！

在本书编辑出版过程中，中山大学出版社的李文、王延红等编辑所具有的职业精神，尤值得称道。他们不仅为本丛书成功申报了国家出版基金资助，提升了丛书的档次，还确定本丛书九册中每册各有独立书号，确保各位作者的版权，并在对本人书稿的审核、编辑过程中严格把关，精益求精，提出不少中肯的意见和建议，保证了书稿的质量。在本书即将付梓之际，谨向诸位编辑道一声辛苦！

另外，还应向参与本丛书写作的诸君表示祝贺！正是诸君勠力同心，本丛书才得以如期交付出版。事实证明，这是一支可信赖的学术团队。希望还能有机会，再一次在李治亭、杨东梁二位先生带领下开展学术研究。

邹建达

2020 年 10 月于云南师范大学